DBT® PRINCIPLES IN ACTION

살아있는 DBT®

변증법적 행동치료의 원리와 실제

Charles R. Swenson 지음

남지혜, 남지은 옮김

Σ 시그마프레스

살아있는 DBT® : 변증법적 행동치료의 원리와 실제

발행일 | 2020년 11월 10일 1쇄 발행
2022년 1월 20일 2쇄 발행
2022년 8월 25일 3쇄 발행
2024년 1월 5일 4쇄 발행

저 자 | Charles R. Swenson
역 자 | 남지혜, 남지은
발행인 | 강학경
발행처 | (주)시그마프레스
디자인 | 고유진
편 집 | 이호선

등록번호 | 제10-2642호
주소 | 서울특별시 영등포구 양평로 22길 21 선유도코오롱디지털타워 A401~402호
전자우편 | sigma@spress.co.kr
홈페이지 | http://www.sigmapress.co.kr
전화 | (02)323-4845, (02)2062-5184~8
팩스 | (02)323-4197

ISBN | 979-11-6226-294-8

DBT® Principles in Action
Acceptance, Change, and Dialectics

* 책값은 뒤표지에 있습니다.
* 이 도서의 국립중앙도서관 출판예정도서목록(CIP)은 서지정보유통지원시스템 홈페이지(http://seoji.nl.go.kr)와 국가자료종합목록 구축시스템(http://kolis-net.nl.go.kr)에서 이용하실 수 있습니다.(CIP제어번호 : CIP2020044025)

역자 서문

이 책을 번역하게 된 동기와 역서의 제목을 '살아있는 DBT : 변증법적 행동치료의 원리와 실제'로 정한 이유는 크게 두 가지다.

살아있는 DBT는 사람을 살린다. 정신역동적 배경이 짙었던 미국 동부에서 임상 훈련을 받을 적, DBT는 '제일 어려운' 환자들을 치료하는 데 효능감을 얻게 해준 모델이었다. 덕분에 미국 매사추세츠 멘탈헬스케어의 낮병동에서 멋진 스승 리즈 심프슨 박사(Dr. Liz Simpson)와 루디 블라이어 박사(Dr. Rudy Blier)와 함께한 2010~2011년은 행복한 기억으로 남았다. 엄격성과 유연성이 매력적인 조화를 이루는 DBT를 통해 딱딱하다고만 생각했던 행동치료에 대한 나의 편견이 무너짐을 경험하였고, 치료자로서 DBT의 틀 안에서 안정감을 느끼며 창의성을 발휘할 수 있었다. DBT는 치료 전반에서 여성주의, 다문화주의 치료 같은 다른 관점들도 쉽게 통합할 수 있을 만큼 유연했다. 이 접근이 소수문화나 민족, 불우한 환경 배경으로 인한 구조적·환경적 요인들을 다루기에 탁월한 이유가 여기 있다. 또한 오랫동안 치료를 받았음에도 불구하고 효과적인 도움을 받지 못하고 계속해서 잦은 자해 및 자살행동과 해리, 정신증 등 정서 및 인지 조절 문제를 보이는 환자들이 우리 부서로 와서 DBT를 통해 경과가 좋아지는 것을 목격하였다. 그렇게도 불투명하던 자신의 미래를 이제는 보다 선명하게 그려볼 수 있게 되었다며 내 눈 앞에서 말 그대로 '살아나는' 환자들을 보았을 때 그 감격은 이루 말할 수 없었다.

치료는 살아있는 자들의 춤이지, 일방적인 가르침이나 행위가 아니다. 4년 전 귀국하여 한국에서도 DBT에 대한 관심이 높다는 것을 알게 되었다. 이러한 관심은 어쩌면 당연할지도 모른다. 우리나라는 OECD 국가 중 자살율이 1위이며, 자해와 섭식장애 등의 '현대 문제'가 급증하고 있고, DBT는 이러한 어려운 문제를 효과적으로 다룰 수 있는 증거기반 모델이기 때문이다.

그러나 상담 현장에서 많은 치료자가 실수를 두려워하여 창의성과 유연성을 발휘하지 못하고, 자신과 아주 다른 환경에서 자라온 사람이 보이는 이해할 수 없는 무질서한 행동이나 당혹스러운 행동 앞에서 경직되는 것을 보았다. 심지어 치료자의 불안과 과잉반응으로 인해 내담자가 불필요한 입원을 하거나 상담 과정 중 효과성이 검증되지 않은 자살방지계약서만 써내는 등 안타까운 상황들을 목격하였다. 이러한 상황에서 DBT 훈련의 필요성을 느꼈다. DBT를 자세하게 설명한 치료 매뉴얼(Linehan, 1993a, 2015b)은 이미 번역되어 있었지만, 상담 수련생들에게 '살아있는' DBT의 정신과 핵심을 생생하게 잘 전달해줄 만한 교재는 찾을 수 없었다. 아무리 DBT에 대한 훈련을 받은 전문가들이라도 임상 현장에서 매 순간 펼쳐지는 수많은 결정의 기로 가운데 무엇을 어떻게 해야 할지 아는 것은 쉽지 않다. 이 책은 그 험한 바다를 항해할 수 있도록 지도해주는 대가의 손길이 담긴 지침서다. 창시자 마샤 리네한(Marsha Linehan)에게 '스승의 스승'이란 영광스러운 호칭을 받은 찰스 스웬슨(Charles R. Swenson) 박사의 이 책은 여러 생생한 임상사례를 통해 DBT의 핵심, 즉 DBT 원리와 정신을 다루며 '치료는 춤이지 세미나가 아님'을 잘 보여준다.

이 책은 임상현장에서 DBT로 '살아난' 많은 환자를 떠올리게 하였다. 끝이 보이지 않는 고통과 절망 가운데 나름의 안도감을 얻고자 역기능적인 행동을 하며 숨을 쉬고 있던 환자들. 그러나 DBT 치료를 통해 진정으로 '살만한 삶'을 함께 찾아가는 과정 속에서 놀라운 회복탄력성을 보이면서 치료자에게 웃음과 가르침을 선사해준 환자들… 스웬슨 박사의 재치, 따뜻함과 재능이 고스란히 녹아 있는 문체 덕이기도 했지만, 우리들은 번역하는 과정 동안 우리가 상담 현장에서 만났던 환자들을 떠올리며 웃고 울었으며 또한 많은 사색과 이야기를 나눌 수 있었다. 그 어떤 교재보다 우리에게 큰 교훈을 준 환자들뿐만 아니라 우리 각자 개인의 삶에서도 DBT 원리들을 실천하게끔 해준 주위 사람들에게 이 책을 바친다. 이 책을 통해 많은 상담자, 치료자들의 치료가 진정한 춤이 되고, 그 춤을 통해 앞으로도 많은 환자들이 더욱 살아나길 기도한다.

2020년 10월 체코 프라하에서

역자 대표 남지혜

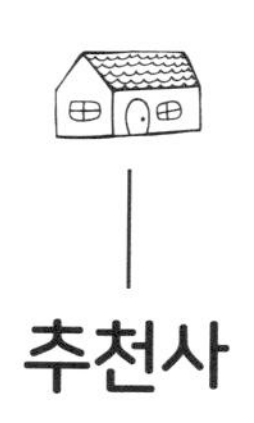

추천사

찰스 스웬슨(Charles Swenson)은 1987년에 처음으로 나에게 전화를 했다. 당시 나는 변증법적 행동치료(DBT)의 최초 무작위 통제실험을 하며 계속해서 치료방법을 미세 조정하고 있었고, 아직 워싱턴대학교 연구실 외에서는 그리 알려지지 않은 상태였다. 찰리는 자신을 뉴욕의 정신과 전문의로 소개하며, 코넬대학교 의대 정신건강의학과 부교수이자 중증 성격장애 장기입원 병동의 원장임을 밝혔다. 그의 멘토이자 의료부장은 성격장애에 대한 이론으로 널리 알려진 정신분석학자 오토 컨버그(Otto Kernberg)였으며, 그의 치료 프로그램은 이제 전이중심 정신치료(transference-focused psychotherapy, TFP)로 알려진 컨버그의 치료모델에 바탕을 두고 있었다.

찰리는 동료로부터 DBT에 대해 알게 되었다며, 아내인 임상심리학자 메러디스 굴드(Meredith Gould)와 함께 시애틀에 방문하여 나에게 DBT를 배울 수 있는지 문의했다. 나는 유명한 뉴욕 병원에서 존경받는 치료 프로그램의 책임자인 한 정신과 의사가 아직 미발표 치료법을 가지고 있는 하찮은 심리학자를 방문하기 위해 모든 것을 내려놓고 오고 싶어 한다는 사실에 충격을 받았다. 단지 동료로부터 그가 치료하고 있는 자살 환자들에 대한 가장 효과적인 치료법을 내가 가지고 있다고 들었기 때문에 그런 결정을 한 것이었다. 분명 특이한 선택이었다. 더 중요한 것은, 그는 엄청나게 겸손했고, 환자들을 열정적으로 보살피는 전문의라는 것이었다. 나는 찰리와 메러디스를 내 연구실로 초대했고, 그들은 곧 일주일 정도 방문했다. 자신의 정신분석학적 배경에도 불구하고 행동주의, 선(禪), 변증법을 바탕으로 한 다른 모델에 눈을 뜨려는 찰리의 의지에 더욱 깊은 인상을 받았다. 방문 후, 찰리는 돌아가 DBT를 기반으로 새로운 입원 치료 프로그램을 개발하기 시작했다. 나는 본래 프로그램을 외래 치료법으로 개발했었기에 이것은 작은 일이 아니었다. 찰리가 개발한 프로그램은 최초 DBT 입원환자 프로그램으로, 앞으로 수년간 입원환자 DBT 프로그램의 표본이 되어주었다.

나는 찰리의 병원과 프로그램에서 안식년을 보내는 동안 DBT 치료 매뉴얼을 쓰면서, 매일 그의 병동을 방문하여 그와 직원들, 그리고 그의 환자와 함께했다. 정신분석학자로서 쉽지 않은 변화였을텐데, 찰리는 DBT를 신뢰하게 되었고 그는 그의 팀과 함께 1993년 열린 첫 10일 DBT 집중 훈련에 참가한 20명의 치료자 중 한 명이 되었다. 이후 그는 독립적으로 집중훈련을 제공하기 시작하여 지금까지 꾸준히 이어오고 있다. 나는 그와 함께 첫 연수 프로그램을 진행했을 때부터, 나는 찰리가 치료법을 잘 알고 있을 뿐만 아니라 매우 효과적이고 창의적이며 따듯하고 카리스마 있는 DBT 교육자라는 것을 알게 되었다. 이제 그는 스승의 스승으로, DBT를 모든 전문가와 실무자가 명확하고 쉽게 접근할 수 있도록 하는 방법에 있어 다른 전문가들에게 모범이 되고 있다. 제자들과 내가 DBT의 개선과 교육을 위한 국제학회(International Society for the Improvement and Teaching of DBT, ISITDBT)를 설립할 때 그는 우리와 함께했고, 1996년과 1997년, 연차 총회의 첫 2년 동안 프로그램 이사를 맡아 주었다. 2003년에 찰리는 ISITDBT가 수여하는 첫 번째 신디 J. 샌더슨(Cindy J. Sanderson 우수 교원상을 받았다. 지난 20년 동안 그는 북미와 유럽 전역의 다양한 치료 환경에서 DBT 구현에 큰 역할을 했다.

수천 명의 학생들을 대상으로 워크숍, 세미나, 상담 및 감독 장면에서 제공한 모든 것을 이제 독자들을 위해 이 책으로 정리했다. 아직 세상에 이러한 책은 없다. 이 책은 명확하며, 깊고, 설득력 있으며, 때로는 웃긴다. 이 책은 DBT 모델에 충실한 동시에 개성이 있어, 마치 그가 당신을 직접 수련감독하는 것처럼 느껴질 것이다. 이 책은 당신이 DBT 훈련의 어떤 단계에 있든지 도움을 줄 것으로 확신한다.

마샤 리네한(Marsha Linehan), PhD, ABPP
교수 및 센터장
워싱턴대학교 행동연구 및 치료 클리닉

저자 서문

오리건주의 알바니라는 도시에서 초등학교 6학년이었던 시절, 난 엄청난 느림보였다. 체육 시간에 다 같이 실내 운동장을 가로질러 최대 속력으로 달리기를 하면 항상 부끄러운 꼴찌 자리는 나의 몫이었다. 그 당시 나의 유일한 꿈이 프로농구 선수였다는 사실만 아니었다면 좀 덜 굴욕적이었을지도 모르겠다. 운동광이었던 나는 농구를 하기 위해 밤이고 주말이고 열린 체육관을 찾아다녔다. 내게도 유리한 점이 있긴 했다. 난 키도 야망도 컸으며, 수없이 연습한 덕분에 정확한 슈팅 능력이 있었다. 하지만 그렇게 느린 상태로는 모든 게 부질없었다.

오리건대학교의 육상 코치의 구체적인 조언에 따라 약 2년 동안 속도, 순발력, 힘을 키우기 위해 아침저녁으로 훈련을 감행했다. 고등학생이 되었을 때도 난 튼튼한 다리를 가지고 있었지만 그다지 빨라지지는 않았다. 고등학교 시절을 지나면서 다른 선수들은 급속도로 성장하였고 나의 소걸음은 더욱 큰 약점이 되었다. 열여섯 살이 되면서 나의 꿈은 좌절되었다. 그 대안으로 골프와 공부를 선택했지만, 그 당시 나의 가장 중요한 경험은 평생의 꿈이 산산조각이 났다는 것이었다.

이제 체육 시간에서 꼴찌로 들어온 그날로부터 18년이 지난 1978년으로 거슬러 올라가보자. 나는 의대를 졸업해 의사가 되었고, 예일대학교에서 정신과 레지던트로 훈련받고 있었다. 거기에 있으면서 레지던트 과정에서 요구하는 정신분석 훈련을 받으면서 나 자신에 대한 정신분석 또한 받고 있었다. 나는 나의 정신분석가와 함께 산산조각이 난 나의 꿈에 대한 괴로움을 세세하게 들여다보았다. 나는 그에게 꿈에 대한 이야기를 하면서 나의 느린 속도는 생물학적인 불리함이며 부모님으로부터 유전적으로 물려받았노라고 설명하였다. 그는 나에게 이상한 질문을 하였다. "당신은 왜 당신이 그렇게 느리다고 생각하는 거죠?" 나는 답했다. "왜냐하면 전 정말 느렸으니까요! 전 아직까지도 느려요. 100마일, 440마일, 심지어 1마일 기록은 진짜 말하기 부끄럽다니까요." 잠시 후 그는 다시 나에게 질문하였다. "그런데 왜 당신은 당신이 그렇게 느리다고 생각하게 된 거죠?" 당황스럽고 짜증이 났다. "말씀드렸잖아요. 전 느리다니까요! 느림보예요. 달리기가 느리다는 것은 저의 기록이 보여준다고요." 그쯤에서 나는 이 주제를 그에게 꺼낸 것을 후회하고 있었고, 그는 운동에 아무런 관심이 없다고 확신하였다. 잠시 후 그는 세 번째로 똑같은 질문을 하였다. "그렇지만 뭐 때문에 당신은 당신이 그렇게 느리다는 생각을 하냐고요." 난 더 이상 어떻게 대답을 해야 할지 몰랐다. 당황스러움은 충격으로 바뀌었고, 짜증에서 분노 상태가 되었다. 난 그가 걱정스러워지기까지 했다. 무슨 일이지? 내 말을 못알아듣나? 날 짜증나게 하려는 건가? 더위를 먹었나? 난 더 이상 그 주제에 대해 말하지 않기로 결심했다. 너무나 화가 났다. 다른 주제로 넘어갔다.

그러나 주 4회 진행되는 그 정신분석 회기 밖에서는 그 주제로부터 벗어나지 못했다. "Yale Bowl"이라고 불리는 예일대학교의 운동장의 경주로를 예전처럼 조깅하면서 그곳에서 자주 운동을 하는 육상선수가 보이길래 나는 용기를 내어 그에게 다가가 물어보았다. "여기서 자주 뵙는 것 같네요. 당신은 누가 봐도 잘 달리는 사람이지만 전 보시다시피 아닙니다. 더 빨리 달리고 싶어서 예전부터 계속 노력해왔는데 아무런 변화가 없어요. 혹시 제가 뛰는 걸 좀 봐주시고 조언을 좀 해주실 수 있을까요?" 그는 나의 요청에 기뻐하는 듯 보였다. 그는 나에게 40야드를 전력을 다해 뛰어보라고 했다. 그 후로 몇 주 동안 한 주에도 몇 번이나 그는 나에게 달리기 과외를 해주었다. 나에게 이런저런 제안을 해주기도 하고, 나의 기록을 모니터링해주면서 격려를 해주었다. 헌신적이라고 할 수 있을 만큼 기꺼이 도와주는 태도 외에도 나에게 정말 도움이 되었던 것은 그의 제안들의 구체성이었다.

- 당신은 키가 커서 달리기 폭을 좀 줄여야 해요.
- 보폭이 정말 짧다는 느낌으로 달려야 해요.
- 엔진의 피스톤처럼 다리를 땅에 쿵쾅 찍어 내리세요.
- 시선을 좌우로 하지 말고 경주로 저 멀리 앞쪽을 똑바로 보세요.
- 얼굴 쪽으로 넘어질 것처럼 당신이 뛰는 방향으로 몸을 앞으로 기울이세요. 그러면 다리가 더 빠르게 움직일 거예요.

- 다른 곳 말고 바로 당신 앞에 있는 땅에만 집중하고, 그냥 스스로 “더 빨리, 더 빨리”를 외쳐 봐요.

나는 그의 조언대로 하면서 더욱 열심히 연습했다. 그는 그의 제안들을 통해 나의 노력을 강화시켰고, 몇 주 내로 나는 나의 기록을 갱신했다. 1마일을 이전 최고 기록보다 무려 2분이나 빠른 5분 35초 만에 뛰었다. 그때 나는 이미 서른 살 문턱에 와 있었고, NBA로 나의 진로를 바꾸기에는 너무 늦었지만 나의 달리기 속도를 그렇게 극적으로 높일 수 있다는 점을 알게 된 건 놀랍고 황홀한 경험이었다.

그 와중에 나는 나의 정신분석가에게 이러한 노력과 업적에 대해 이야기하지 않았다. 나는 반복적인 질문을 하면서 나에게 공감을 해주지 않은 점에 대해 그에게 아직 화가 나 있었던 것이다. 그의 행동이 날 동기 부여했다는 인상을 주기 싫었다. 실은 그의 불쾌한 집요함은 내 마음속에 나의 부족함의 필연성에 대한 의심의 씨앗을 심어주었다. 그의 코멘트들은 내가 확신하고 있었던 나의 부족함에 대해 다시 한 번 생각해보게 했고, 스스로를 채찍질하면서 코칭을 요청하도록 하여 결국 스피드를 향상시킬 수 있도록 하였다. 그가 반복적으로 했던 그 질문에 대해 그 후로 몇 번이고 되풀이하며 생각했다. 그가 바보가 아닌 것은 명백했다. 그가 상대방의 기분에 둔감한 사람 같지도 않고, 더위를 먹은 것도 아니었다. 그가 날 자극시키려고 했다고 생각하지도 않는다. 결국 난 그가 진심으로 무엇이 나 자신을 느리다고 생각하게 만들었는지 궁금해 했다는 결론을 내렸다. 나의 ‘내적 목소리’를 들으면서 사실은 나 자신도 나의 달리기 속도에 진전이 없었던 점에 대해 당혹스러워 하고 있다는 걸 알아차렸을 것이다. 아마도 그는 ‘제3의 귀’로 나의 설득력 있는 ‘유전학적’ 설명에 균열이 생기는 소리를 들었던 거 같다. 내가 더 빨리 달릴 수 있는지는 그의 관심 밖이었을 것이다. 그가 관심이 있었던 부분은 나의 내면세계에 대한 이야기였고, 내가 나 자신을 어떻게 나타내며 이해하는가였다. 그는 나의 스토리라인에 존재하는 불일치를 들었거나 감지하였기에 그런 식으로 개입을 했던 것이다.

그 후로 내 고집스러운 행동 패턴을 어떻게 바꿀 수 있었는지에 대해 돌이켜보면서 내가 깨달은 교훈은 바로 내가 변화하려면 분석가와 코치가 필요하다는 점이었다. 나는 나의 이야기를 그 누구보다 주의 깊게, 충분히 세세하게 들어주고, 나의 강력한 설명에 도전장을 던질 수 있는 용기가 있는 한 사람이 필요했다. 그리고 나는 달리기의 역학에 대한 전문가이면서 내가 뛸 때 봐주고, 내 달리기의 세세한 부분에 주의를 기울여주고, 조언을 해주고, 경과를 모니터링 해주며 강화를 제공해줄 수 있는 또 다른 사람이 필요했다. 어쩌면 한 명의 사람이 두 가지 역할을 다 해줄 수 있었을지도 모르겠다. 어찌되었든 지금까지 내가 붙들고 있는 가장 중요한 메시지는 매우 집요한 행동 패턴을 바꿀 능력이 우리에게 있다는 점과 그렇기 하기 위해서는 '분석가'와 '코치'가 필요할 수 있다는 점이다.

1987년도는 내가 뉴욕주의 화이트 플레인스에 있는 뉴욕 호스피탈-코넬 메디컬 센터 웨스트체스터 디비전의 장기 정신분석적 입원환자 프로그램 부장으로서 5년 차를 맞이한 해였다. 우리는 병원장이자 나의 멘토 및 수퍼바이저였던 오토 컨버그의 자아심리학적 대상관계 모델에 기반하여 프로그램을 운영하고 있었다. 그 해에, 우리는 끊임없이 자해 행동과 자살 시도를 하는 젊은 여자 환자를 치료하고 있었다. 몇 달 동안 그녀는 하루 24시간 동안 지속적인 1대 1의 감시하에 있었지만 여전히 통제를 잃고 제지를 당하는 상황이 빈번하게 있었다. 나는 그녀의 문제에 대한 해결책을 찾지 못하고 있는 우리의 무능함에 대해 당혹스러웠고 고민이 많았다.

하루는 그녀가 철저한 감시하에 보안실에 앉아 있는 동안 나는 그녀의 생활사와 치료 과정을 다시 살펴보았다. 아래층에서는 성격장애에 대한 학회가 진행되고 있었다. 나는 학술모임이 진행되는 방들을 둘러보았다. 거기에서 코넬 정신과 교수이자 성격장애 전문가인 선배 동료 앨런 프랜시스를 만났다. 나는 그에게 그 여자 환자 치료 사례에 대한 비공식적인 수퍼비전을 요청했다. 그는 흔쾌히 해주겠다고 하였고, 곧 우리 둘은 그 환자를 앞에 두고 보안실 바닥에 앉아 있었다. 프랜시스 박사는 그녀를 꽤 면밀하게 인터뷰하였다. 한 45분이 지났을 무렵, 그는 그녀에게 다음과 같은 말을 하며 나를 놀라게 하였다. "제가 제안 하나 할게요. 워싱턴주 시애틀시에 마샤 리네한이라는 심리학자가 있어요. 그녀는 당신과 비슷한 문제를 겪고 있는 환자들을 위한 치료 프로그램을 개발했는데, 모두 외래 치료로 진행이 되고 있어요. 상당히 새로운 접근인데, 제 생각엔 당신한테 잘 맞을 것 같아요. 자, 정신 좀 차리시고 여기서 나가셔서 리네한 박사를 만나러 시애틀로 가보시는 게 어떨까요?"

처음에는 프랜시스 박사가 나와 아무런 상의 없이 이 제안을 직접 환자에게 했다는 점이 거슬렸다. 이런 식으로 환자가 자신이 다른 곳에 가면 더 나아질 거라는 얘기를 듣고 나면 나와 내 직원에게는 환자와 치료를 진행하는 게 힘들어지게 된다는 것을 모르나?

알고 보니 그는 나의 직원에 대해서는 별 관심이 없었다. 그는 환자가 자신에게 필요한 것을 찾게 하는 것에 더 관심이 있었던 것이다. 나는 이 계기로 마샤 리네한에 대해 알게 되었다.

리네한의 이력과 프로그램에 대해 궁금해진 나는, 그녀가 인지행동 치료자이며 자살과 자해 행동에 관한 전문가라는 것을 알게 되었다. 난 인지행동적 치료법에 대해 잘 몰랐다. 게다가 그 당시 나는 행동치료는 더 바람직한 '구조적인 심리내적 변화'가 아닌 '일개의' 행동적 변화만 가져오는 피상적인 치료라는 정신분석적 편견(psychoanalytic bias)에 빠져 있었다. 나는 리네한이 자신이 개발한 경계선 성격장애 환자들을 위한 치료 프로그램에 대해 *Bulletin of the Menninger Clinic*이라는 정신분석적 성향을 가진 학술지에 첫 발표를 했다는 것을 발견하였다. 우리가 보통 입원환자 병동에서 정신분석적 심리치료를 받게 하는 환자들을 대상으로 행동적인 접근을 적용하여 외래 치료를 한 사례에 대해 읽는 것은 매우 흥미로웠다.

컨버그의 치료모형에 관한 전문가이자 임상심리학자인 나의 아내 메러디스 굴드와 나는, 우리의 일정이 허락하는 가장 빠른 날짜에 시애틀로 함께 출발하였다. 우리는 그 당시만 해도 전 세계에서 유일하게 DBT(dialectical behavior therapy, 변증법적 행동치료)를 하고 있던 워싱턴대학교의 리네한의 연구소에서 일주일 이상 시간을 보냈다. 리네한의 첫 무선 통제 연구(randomized controlled trial; Linehan, Armstrong, Suares, Allmon, & Heard, 1991)가 발표되기 4년 전이었고, DBT 치료 매뉴얼과 기술훈련 매뉴얼(Linehan, 1993a, 1993b)이 출간되기 6년 전이었다. 우리는 리네한 박사와 DBT 치료에 대해 긴 대화를 나누고 영상과 반투명 거울 너머로 그녀가 환자들을 치료하는 모습을 볼 수 있는 기회를 가졌다.

난 그녀의 치료에 매료되었다. 리네한의 명백히 행동적인 모형은 행동적으로 정의된 구체적인 치료 목표들, 기술 훈련, 그리고 역할 연기들을 포함하고 있었으며, 이것은 모두 정신분석적 접근과 상충되는 것들이었다. 더욱이 그녀는 객관성, 경계, 기술적인 중립성이 강조되는 정신분석적 접근과는 상당히 상충되는, 의도적으로 환자를 타당화해주는 자비로운 분위기에서 치료를 진행하였다. 그럼에도 나는 리네한의 접근이 컨버그의 스타일과 많은 부분 비슷하다고 느꼈다. 둘 다 각자의 이론적이고 실질적인 치료 모형에 철저히 기반을 두고 있었고, 명확한 합의된 틀 안에서 환자들과 강렬한 관계를 형성하였으며, 회기 안건들(agendas)을 주제별 우선순위 또는 목표별 우선순위에 따라 구조화하였고, 환자들과 이야기하기를 좋아하면서 단도직입적이며 때로는 대립적이기도 하였다. 1989년도에는 *Journal of Personality Disorders*에 실린 논문에서 이 두 접근 간의 유사성과 차이점을 명시하는 시도를 하였다. 나는 '마음의 원초적 상태'를 이해하고 개입하는 컨버그 모델의 기품을 가치 있다고 생각하였다. 그리고 행동의 세부사항에 대한 관심과 부적응적 행동을 기술로 대체하기 위한 리네한의 코칭 모형을 중요하게 생각하였다. 다시 한 번 분석가와 코치의 중요성을 깨달았다. 나는 내 정신분석적 입원환자 프로그램에서 DBT 기술과 코칭을 소개하기로 결심하였다.

나의 상급 직원들은 조금도 그것을 받아들이려고 하지 않았다. 그들의 관점에서 특히 행동적 치료의 요소들을 심리치료에 포함시키는 것은 이론적으로 일관된 정신분석적 모형을 오염시키고 약화시키는 짓이었다. 컨버그를 나보다 더 오랜 시간 적용해온 그들은 일종의 이론적인 순결을 확고히 유지하였다. 나는 일시적으로 곤란을 겪었지만, 나의 수퍼바이저이자 관리자였던 리처드 뮌헨이 대안을 찾아냈다. 그가 관리하고 있는 또 다른 입원 병동의 책임자가 곧 그만두는 상황이라며 나에게 DBT 기반의 입원환자 프로그램을 개발해볼 것을 제안하였다. 나는 그 제안을 바로 받아들이고 약 18개월 동안 두 입원 병동과 각각 기반하고 있는 모형을 하루에도 몇 번이고 오고 가며 함께 총괄하였다. 두 가지 접근을 탐구하면서, DBT를 배우고, 환자들을 치료할 수 있는 다양한 방법들을 찾아낼 수 있었던 멋진 기회였다. 나는 여섯 명의 동료들을 뽑아 DBT 병동에서 상급 직원들과 함께 하도록 하였고, 우리는 다 같이 여정을 착수하였다. 알고 보니 우리의 첫 과제는 인지행동적 치료법을 배우는 것이었다. 시간이 걸렸지만 확실하게 알게 된 것은 DBT가 분석가(동기부여에 주안점을 둔 심리치료자)와 코치(기술 훈련사)의 역할을 포함하고 있다는 것이었다. 나는 나에게 꼭 맞는 자리를 찾았다는 사실에 기뻤다.

2013년이 될 즈음에는 환자들과 DBT를 실천하고 있었고, 내가 일한 여러 다양한 환경에서 적용해보았다. 400개 이상의 치료 팀들을 대상으로 10일간의 집중 훈련을 진행하였고, 입원/외래, 성인/청소년, 숙박/비숙박, 사례관리/응급실, 물질남용/섭식장애 등에 걸친 500개 이상의 다양한 프로그램을 대상으로 DBT 적용과 관련한 컨설팅을 제공하였다. 다양한 상황에서 DBT를 적용하는 것은 엄격성과 유연성을 모두 필요로 한다. 즉, 증거 기반 모델을 엄격하게 준수하면서 다양한 대상과 맥락에 유연하게 맞출 필요가 있었다(Koerner, Dimeff, & Swenson, 2007). 조정이 필요할 때 치료 원칙 안에서 움직이는 법을 터득하였고, 나 자신을 위해 조정된 부분을 더욱 상세히 설명하였다. 나는 심리치료와 교육을 진행하면서 DBT 원리에 집중을 할 때 DBT 모형을 여전히 준수하면서 보다 유동적이고 창조적으로 변하는 나 자신을 발견하였다. DBT를 엄격하게 실천하면서 원칙 안에서 그것을 조정하는 변증법이 나의 트레이드마크가 되었다. 나는 나의 진화와 발견들이 다른 이들에게 도움이 되기를 희망하면서 이 책을 쓰기로 결심했다.

치료에서 원리에 초점을 두는 것이 프로토콜 기반 접근의 대안은 아니라는 점을 분명히 하기 위해 이 책을 쓰면서 신중을 기하였다. 그 둘은 함께 가야 하며, 원리의 올바른 사용은 DBT 매뉴얼을 따르는 치료자의 영향력을 더욱 확장시킨다. 원리는 치료자가 어려운 순간을 효과적으로 다루고 변형시킬 수 있도록 돕고, 궤도에 머물며 교착 상태에 빠지더라도 계속해서 움직임을 유지할 수 있도록 한다.

차례

제1장 | 치료 시작하기 : 사전치료와 '살만한 삶' 대화

사전치료 전략 및 살만한 삶 대화법 3
DBT 원리와 살만한 삶 대화법 4
살만한 삶에 대한 대화의 세 가지 과제 10
마치며 22

제2장 | DBT의 세 가지 패러다임

DBT의 발전과 세 가지 패러다임 관점 24
DBT 실천의 어려움 25
원리 기반 치료의 사례 예시 27
마치며 31

제3장 | 수용 패러다임

DBT 실제에서의 수용과 마음챙김 33
현재 순간 알아차림 35
비집착 36
함께 존재함 42
일시성 48
"세상은 있는 그대로 완벽하다" 50
마치며 52

제4장 변화 패러다임

DBT에서 '행동주의적인 것' 58
목표 설정과 모니터링 64
전념 64
평가 : 행동 사슬 분석과 사례 개념화 65
고전적 조건형성과 노출 절차 66
조작적 조건형성과 수반성 절차 72
기술 결핍과 기술 훈련 79
인지적 중재와 인지 수정 82
변화 원리의 사례 적용 87

제5장 변증법적 패러다임

변증법적 패러다임의 원리 92
DBT 치료자의 변증법적 위치 103
변증법적 전략 108
새로운 변증법적 전략 만들기 115
마치며 115

제6장 DBT 나무 : DBT의 구조 해부학

DBT 나무 맥락에 있는 요인 119
나무의 가지 124
적용 : 물질사용장애 치료를 위해 DBT 수정하기 132
마치며 138

제7장 목표, 단계, 목표 행동, 목표 우선순위

목표 우선순위 목록 양식 140
'치료의 집' 은유 143

변증법적으로 목표 우선순위 목록을 작성하기 148
목표 우선순위 목록을 사용하여 회기 의제를 세우기 153
목표 우선순위를 사용하여 DBT의 다른 모드를 구조화하기 158
목표 우선순위 목록을 사용하여 실행 가능한 종합 DBT 프로그램 구성 및 유지하기 163
다른 치료 환경과 대상을 위해 DBT를 변형할 때 목표 우선순위 목록의 역할 165
마치며 166

제8장 | 변증법적 딜레마와 2차 목표

생물사회적 이론과 변증법적 딜레마 173
임상적 맥락에서 세 가지 변증법적 딜레마의 성격 176
변증법적 딜레마로부터 DBT의 2차 목표 도출하기 184
변증법적 딜레마를 활용하여 환자와 작업하기 위한 몇 가지 제안 190
변증법적 딜레마에서 2차 목표, 치료 계획까지 : 사례 예시 191
변증법적 딜레마는 왜 세 가지뿐인가 194

제9장 | DBT의 사례개념화

사례개념화 속 인지행동의 원리와 용어 198
사례개념화에서의 마음챙김 원칙 205
사례개념화에서의 변증법적 원리 209
사례개념화 구성 및 활용을 위한 실용적 제안 214

제10장 | 전념하기와 전념 전략

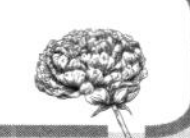

전념 문제의 본질 217
'시도하기' 대 '하기' : DBT의 전념 정신 222
행동주의 패러다임의 영향 226
수용 패러다임의 영향 228
변증법적 패러다임의 영향 233
DBT의 공식 전념 전략 237
마치며 245

제11장 | 행동 사슬 분석

행동 사슬 분석의 특성과 기능 247
사슬 분석의 '기본' 253
수용 패러다임의 영향 257
변증법적 패러다임의 영향 264
사슬 분석의 기타 기술적 사항 271
행동 사슬 분석에 도전적인 상황 273

제12장 | 타당화

DBT에서 타당화의 기능 279
타당화란 무엇인가 280
타당함 대 타당하지 않음 292
타당화의 대상은 무엇인가 293
타당화는 언제 하고, 언제 하지 않는가 300
타당화의 여섯 가지 수준 303
타당화와 수용 패러다임 310
타당화와 변화 패러다임 311
타당화와 변증법적 패러다임 313
마치며 316

제13장 | 변증법적 전략

치료 전략의 균형 조정하기 319
레몬으로 레모네이드 만들기 322
현명한 마음 이끌어내기 325
악마의 옹호자 되기 328
확장하기 330
역설 속으로 들어가기 332
자연스러운 변화 허용하기 333
은유법 사용하기 336

변증법적 평가하기 339
나만의 변증법적 전략 만들기 342
변화와 수용 패러다임 맥락에서의 변증법적 전략 344
마치며 346

제14장 | 기술 및 기술 훈련

정신분석 치료자에서 기술 훈련사로 349
살만한 삶을 향한 길은 기술로 포장되었다 355
기술은 복잡하다 357
기술, 연결고리 및 행동 사슬 359
모든 상황에는 적합한 기술이 있다 362
기술 훈련에 DBT의 패러다임 및 원리 사용하기 363
마치며 377

제15장 | 치료자 소진에 대한 예방과 치료

치료자의 정서 조절 곤란에 따른 소진 결과 384
생물사회적 이론과 치료자 소진 385
치료자 소진 예방과 치료에 DBT 원리 적용 392
마치며 417

- 후기 419
- 참고문헌 425
- 찾아보기 429

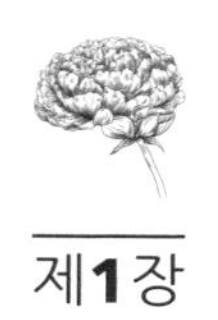

제**1**장

치료 시작하기

사전치료와 '살만한 삶' 대화

DBT(dialectical behavior therapy, 변증법적 행동치료)의 치료 매뉴얼(Linehan, 1993a, 2015b)을 철저하게 준수하는 치료자라도 매 회기 수많은 의사결정을 내려야 한다. 예컨대 매뉴얼에는 환자와 관찰 일지(diary card, 매일 작성하는 자기 모니터링 양식)를 살펴보면서 회기를 시작하라고 적혀 있지만, 그 과정에서 치료자가 냉담하고 단호하고 완강해야 하는지, 아니면 따뜻하게 타당화해주고 격려하는 태도여야 하는지는 알려주지 않는다. 치료자가 치료를 방해하는 불순응(noncompliance) 행동에 대한 평가를 해야 하는지 아니면 무작정 바로 일지를 작성하게 해야 하는지에 대한 지침도 없다. 그리고 매뉴얼만 봐서는 우선순위에 있는 다른 이슈들을 다루기 위해 관찰 일지를 하지 않고 넘어가도 되는지도 알 수 없다.

심각한 만성적이고 복합적인 상태를 치료해야 하는 상황에서 목표(goals), 단계(stages), 표적(targets), 기능(functions)과 형태(modes), 합의(agreements) 및 가정(assumptions), 규정된 프로토콜(prescribed protocols), 다수의 기술들 그리고 80개가 넘는 다양한 전략들로 가득 찬 '종합 매뉴얼'이 존재한다는 것은 축복이다. 그리고 DBT 치료자의 임무는 이러한 모든 요소들을 배워서 충실하게 실천하는 것이다. DBT의 효과를 증명하는 방대한 연구들(Feigenbaum et al., 2011; Gutteling, Montagne, Nijs, & van den Bosch, 2012; Harned, Jackson, Comtois, & Linehan, 2010; Harned, Korslund, & Linehan, 2014; Hill, Craighead, & Safer, 2011; Koons et al., 2001; Linehan et al., 1999, 2002, 2006; Linehan, Armstrong, Suares, Allmon, & Heard, 1991; Linehan, Heard, & Armstrong, 1993; Linehan, McDavid, Brown, Sayrs, & Gallop, 2008; Lynch, Morse, Mendelson, & Robins, 2003; Mehlum et al., 2014; Neacsui, Rizvi, & Linehan, 2010; Rathus & Miller, 2002; Safer, Robinson, & Jo, 2010; Safer, Telch, & Agras, 2001; Telch, Agras, & Linehan, 2001; Turner, 2007; van den Bosch, Koeter, Stijnen, Verheul, & van den Brink, 2005; van den Bosch, Verheul, Schippers, & van den Brink, 2002; Verheul, van den Bosch, & Koeter, 2003)이 계속해서 축적되고 있는 것을 감안하면, 규정된 대로 치료를 실시하는 것이 책임감 있는 행동방침일 것이다. 하지만 DBT를 준수하는 숙련된 치료자조차도 사실 대부분의 경우 무엇을 어떻게 해야 할지 잘 모르고 있음을 고백할지도 모른다. 다시 말해, 미리 정해진 단계, 프로토콜, 전략들이라 해도 그것을 시행하는 방법은 수백 가지일 수 있으며, 단계들 사이에 있는 틈새는 단계들 자체보다 더 크다. 하나의 행동 사건에 대한 행동 사슬 분석(behavioral chain analysis)은 적어도 100만 가지의 다른 방식으로 수행될 수 있다.

물론 이러한 이유로 리네한은 DBT를 '포로토콜을 수반하는 원리에 기반한 치료(a principle-based treatment with protocols)'라고 설명하였다. 규정된 단계들을 수행하는 방법을 결정하고, 다음 단계로 넘어가는 그 간극을 잘 처리하기 위해서는 목표와 표적에 대한 안정된 명확성, 요령, 타이밍, 민첩성, 끈기, 인내심, 용기 그리고 DBT 전략들을 숙달한 후에도 계속 연습하는 태도 등이 필요하다. 시시각각 이루어지는 임상적 판단은 그 순간 치료자가 갖고 있는 DBT 원리에 대한 이해의 깊이와 명확성에 따라 정해진다. 치료가 시작되는 첫 순간부터 그러하다. 치료의 첫 단계는 '사전치료'로 불리는데, 사실상 사전치료의 첫 순간에서부터 치료는 벌써 시작된다. 치료자는 시작부터 전체 DBT 치료 패키지를 완비하고 있어야 한다. 이 장에서 나는 원리에 기반한 사전치료 단계 관리법을 다루면서 DBT에서 패러다임과 원리가 가지는 역할에 대해 소개한다. 전략들과 포로토콜들이 기초하고 있는 원리들은 DBT의 기저를 이루고 있는 세 가지의 패러다임인 수용, 변화, 변증법으로부터 파생된다. 다음에 이어지는 4개의 장에서는 이 세 가지 패러다임과 각각으로부터 나온 원리들에 대해 본격적으로 설명한다.

사전치료 전략 및 살만한 삶 대화법

대체로 DBT를 시작하는 내담자는 이도저도 못하는 난관에 봉착해 있다. 내담자는 아마도 자살을 고려해 본 적이 있을 것이고 어쩌면 성공하지는 못했어도 시도는 해보았을 수 있다. 분명 자신의 삶을 개선해보려고 여러 가지 노력을 해왔지만 제한적이거나 일시적인 성과만 있었을 뿐이다. 현재의 삶을 끝내지도, 더 나은 삶을 만들어내지도 못하는 보류 상태에 계속 머물러 있다. 감정이 자극되는 모든 상황을 피하고 싶지만 내담자에게 그것은 불가능해 보인다. 고통 경감을 위한 행동을 함으로써 고통스러운 감정들을 차단시키거나 도피하려는 시도를 해보지만, 그러한 시도는 주로 자기 파괴적이고, 안도감은 일시적일 뿐이다. 시간은 멈춘 듯하다. 안도감을 얻기 위한 노력은 삶을 꾸리기 위한 노력을 중단시킨다. 나의 초기 멘토 중 한 사람인 오토 컨버그(1984)는 경계선 성격구조를 가진 충동적인 환자들 일부에 대해 '자살과 입원을 일상생활의 방식으로 가지고 있는 사람들'이라고 하였다. '일상생활의 방식'이 자해, 물질남용, 섭식장애, 폭력, 분열(dissociation) 및 다른 '도피' 행동 위주로 돌아가는 사람들도 이와 유사한 표현으로 설명할 수 있을 것이다. 고통은 강렬하고, 절망감은 고조되며, 살아낼 가치가 있는 삶을 상상하는 능력은 사라진다. 사전치료에서는 치료의 첫 몇 부분부터 내담자의 삶에 대한 동기와 치료계획에 대한 참여 의지를 강화하는 노력들이 시작된다.

리네한은 자신의 치료 매뉴얼(Linehan, 1993a, pp. 438-448)에서 DBT를 시작하기 위한 '계약 전략(contracting strategies)'을 설명하고 있다. 그녀는 일반적으로 최소한 초반 4회기에 걸쳐 진행되어야 하는 사전치료 단계들을 딱딱하다 싶을 정도로 명확하게 제시하였다. 진단평가 후 치료자는 순서대로 (1) 환자에게 생물사회적인 이론을 제시하고, (2) DBT의 특징적 요소들을 소개하고, (3) 환자의 사회적 · 전문적 네트워크에게 치료에 대해 소개하는 것을 돕고, (4) 치료 동의서와 규칙을 검토하며, (5) 전념 전략(commitment strategies)을 활용하여 DBT에 대한 환자의 의지를 끌어내며, (6) 주요 목표 행동들에 대한 초기 분석을 진행하고, (7) 협력적인 치료 관계를 만들어나간다. 사전치료의 주된 목표는 우선순위 행동 목표들을 포함한 치료 계획에 대한 환자의 동의를 받고, 그 계획에 전념하는 태도를 최대한으로 이끌어내는 것이다. 매뉴얼은 이 과정에서 밟아야 하는 단계를 명시하고 있으며, 치료를 시작하기 위한 훌륭한 틀을 제공하고 있다.

덜 심각한 장애에 대한 인지행동치료에서는 처방된 계약 전략들을 사용하여 환자에게 치료에 대한 소개를 하고, 합리적이고 구체적인 치료 계획에 도달하고 치료와 치료자에 대한 신뢰성을 확립하는 것이 대체로 효과적이다. 즉, 매뉴얼상의 처방된 단계들만으로도 초기 치료 계획을 세워 순조롭게 출발할 수 있다. 하지만 가족, 사회, 직장 환경에서 자신들의 타당한 반응들을 타당화받지 못한 경험에 익숙한, 만성적이고 심각한 정서 조절 장애(emotional dysregulation)를 가진 내담자들을 만나는 경우에는 사전치료 단계의 시작점부터 쉽지 않을 수 있다. 치료자는 계약하기 프로토콜에 나와 있는 단계적인 개입 순서를 준수하지만, DBT의 원리를 마음속으로 기억하면서 이러한 초기 어려움을 다룰 때 유연성과 임기응변이 가능해진다. 치료자는 매뉴얼을 준수하면서 환자에게 적절히 대응을 하고 순간순간을 능숙하게 처리할 수 있게 된다.

DBT 원리와 살만한 삶 대화법

최근 매일같이 비자살적 자해 행동을 몇 달 동안 해오다가 결국 자살 시도를 한 30세 여성과 치료를 시작하게 되었다. 그녀는 병원에서 경계선 성격장애 진단을 받고 퇴원을 하면서 DBT를 진행하기 위해 나에게 의뢰되었다. 전화 너머로 그녀는 치료를 '한번 시도해 볼' 의향이 있다고 말했다. 첫 만남에서 그녀는 침착하고, 영리하며, 통찰력 있고, 조심스럽게 참여하려는 모습을 보였다. 나는 그녀에게 물었다. "치료에서 무엇을 달성하고 싶으신가요?" 이 질문은 마치 어떤 스위치를 누른 듯한 결과를 가져왔다. 수용적인 태도로 대화를 하던 그녀는 갑자기 분노하며 단호한 모습을 보였다. 마치 내가 그녀에게 모욕을 준 듯, 그녀는 "그건 정말 바보 같은 질문이네요! 당신은 나에 대해 아무것도 몰라요. 왜 내가 무엇을 달성할 거라고 가정하는 거죠? 제 인생은 망했어요! 전 모든 것을 시도해보았지만 저의 상황은 악화되었을 뿐이에요. 전 돌이킬 수 없을 만큼 망가졌어요!"

우리의 관계는 1분 만에 난관에 봉착했다. 한편으로 내가 평가하고 치료할 문제 행동들을 직접 일찍 경험하게 된 것은 행운이었다고 할 수도 있겠다. 그렇지만 막상 그 시점에서는 내가 무엇을 해야 할지, 어떻게 반응해야 할지 막막했다. 그 시점의 나는, 미래에 대한 기대를 묻는 나의 질문이 그녀에게 엄청난 수치심과 절망감을 불러일으켰다는 점을 알지 못했다. 그녀는 어린 시절 아무짝에도 쓸모없는 실패자 취급을 받아왔다. 수치심과 절망감을 피하기 위해 그녀는 긍정적인 미래를 생각하는 것을 피해왔고, 그녀의 삶을 개선하려는 적극적인 노력들 또한 차단해왔던 것이다. 말하자면 그 순간 나는 수년에 걸쳐 형성된 봉쇄망에 부딪혔으나 아직 그 근원에 대해서는 알지 못했다. 우리는 아직 치료 관계를 형성하기 전이었고, 무엇을 목표로 어떻게 함께 작업할 것인지에 대한 합의조차 하지 않았다. 그럼에도 우리는 이미 DBT를 시작한 상태였다.

바로 이러한 순간이 치료자의 전략, 프로토콜, 기술에 대한 의식적인 집착이 방해가 되는 순간이다. 이상적으로 이러한 모든 술책은 과할 정도로 학습되어 있어서 필요할 때 바로 사용될 수 있어야 한다. 그렇지만 치료자는 환자에 반응하여 움직여야 한다. 치료는 '춤'이지, 세미나가 아니다. 여러 전략들을 고려하며 가만히 있는 것은 회기 내에서 발생할 수 있는 치료적 기회들을 놓치게 하고, 관계에서도 거리감을 만들어내는 행동이다. 이 책 전반에 걸쳐 치료자들에게 전하고 싶은 나의 권고사항은 이것이다. 치료 중 이러한 순간이 찾아올 때 수용(acceptance), 변화(change), 변증법(dialectics)이라는 세 가지 패러다임 중 어떤 패러다임을 따를 것인지에 대한 질문을 함으로써 행동 방향을 설정하라. 각 패러다임은 어떤 기본적인 방향을 나타내며, 치료자가 이 중 한 방향으로 움직이면 원리와 전략이 따라오게 되어 있다. 수용 패러다임의 방침은 그저 그 순간 그곳에 존재하면서 경청하고, 질문하고, 타당화하고, 설명하고, 객관성을 전달하고, 연민을 발산하며 명확성을 제공하는 것이다. 변화 패러다임은 목표와 표적 행동을 지정하고, 장애물들을 평가하고, 해결책을 모색하고, 행동을 요구하고, 지정된 표적들과 현재의 기능 상태 간의 격차를 줄이도록 환자를 격려함으로써 행동 변화를 추진하는 힘을 촉진한다. 변증법적 패러다임은 균형, 통합, 움직임에 주목한다. 여기에는 수용과 변화 개입 사이의 균형, 양쪽 모두로부터 지혜를 얻어 반대되는 입장 간의 균형, 그리고 상반되는 입장의 통합이 포함된다. 치료자가 수용을 향해 움직일 때는 DBT의 수용 기반 전략들을 사용한다. 치료자가 변화를 향해 움직일 때는 CBT로부터 파생된 문제 해결 전략들을 사용한다. 그리고 치료자가 변증법적으로 움직일 때는 변증법적 사고와 전략들을 사용한다. 미래의 소망에 대한 나의 질문이 환자의 분노를 자극했을 때, 나는 즉시 수용의 자리로 이동하였다. 무언가를 '하는' 것을 삼가고 그저 그녀와 '함께 하는' 것을 택했다. 아무런 추측도 판단도 하지 않은 채 열려 있고 궁금해 하는 태도를 가지려고 노력하였다. 아직 관계에서 연결감이나 정보가 너무나도 부족했고 변화를 추구하는 것은 현명하지 않은 선택으로 느껴졌고, 변증법적 사고로 즉석에서 무언가 해보기에도 너무 이른

감이 있었다. 잠시 있다가 말문을 열었을 때 나는 "미안합니다. 아직 당신에 대해 잘 모르는 건 사실이에요. 우리가 뭘 더 하기 전에 먼저 당신이 어떻게 망가졌는지 제가 알아야 할 것 같네요." 환자는 나의 사과를 고마워하는 듯 보였고, 타당화받았다고 느꼈던 것 같았다. 그녀는 조금 안정을 찾은 듯 최근 3년 동안 그녀에게 닥친 비극들에 대해 이야기해주기 시작했다.

또 다른 사례에서는 수용의 입장에서 변화의 방향으로 꽤 신속하고 부드럽게 넘어가는 경험을 하였다. 만성적인 재발 경감(relapsing-remitting)성 폭식증을 가지고 있으며, 깊은 공허함과 자살에 대한 끊임없는 집착에 시달리고 있는 경계선 성격의 44세 여성에 대한 평가를 시작하면서 또 다시 치료 목표에 대한 질문을 하였다. 그녀는 "저의 유일한 목표는 그냥 오늘을 살아내는 거예요. 늘 그게 가능할지에 대한 확신이 없어요. 저는 더 이상 미래에 대해 생각할 능력이 없어요. 거기에 대해 생각을 할 거라는 생각조차 힘들어요"라고 말했다. 난 수용 패러다임으로 시작하였다. "당신은 당신의 하루하루가 너무나도 버겁다고 말하고 있네요. 현재가 불가능해 보인다면 미래는 존재할 수가 없겠죠." 그녀는 이해받은 느낌을 받은 것 같았다. 그녀가 "아마 한 열다섯 살 정도부터 미래에 대해 생각해본 적이 없는 것 같아요. 미래는 없어요"라고 말하자, 나는 "그렇지만…"이라는 단어를 살며시 던지며 그녀가 자신의 문장을 확장해보도록 부드럽게 도전하였다. 이것은 수용에서 변화(즉, 사고의 변화)를 요구하는 방향으로 살짝 전환하는 시도였다. 나는 그녀가 예전에 미래에 대한 비전이 있었다는 것을 암시했기에 거기에 집중하여 변화를 지향하는 태도를 유지하였다. "열다섯 살이나 그 이전에 그렸던 미래는 어떤 것이었는지 궁금하네요." 여기에 그녀는 바로 대답하였다. "배우가 되고 싶었어요." 나는 그녀가 그것에 대해 좀 더 이야기 해주기를 바라는 마음에 배우가 된 그녀의 모습을 상상해보고 있다고 말했다. 그녀는 재빠르게 그에 대한 가능성을 부인하였다. "그건 그때고, 지금은 달라요. 아무것도 남은 게 없다고요!" 이렇게 우리는 적어도 미래에 대한 하나의 이미지는 건졌다. 아무리 그것이 오랜 과거 속에 묻혀 있다고 해도 말이다. 원리기반 관점에서 정리해보면, 나는 이 사례에서 먼저 수용 전략인 타당화 반응으로 시작하였고, 관계에서의 거리감을 줄일 수 있었다. 나는 변화 패러다임으로 전환하여 미래를 부인하는 행동에 도전하였고, 비록 그녀는 끝내 미래를 다시 부인하긴 했지만 한때 꿈이 있었던 자신을 기억해보는 것이 앞으로 나아가는 한걸음이었다고 나는 생각했다.

어떤 경우에는 살만한 삶에 대한 대화를 진행하며 치료자는 신속하고 당당하게 변화 전략으로 넘어가게 된다. 자해와 알코올 중독을 포함한 여러 문제를 가지고 있는 여성 내담자와 평가 후 치료를 시작하였다. 그녀는 말수가 적으며 예의바른 스타일이었지만 술에 취할 때면 자신과 타인에게 잔혹해지며 돌변하였다. "저는 제 자신의 미련함의 피해자예요. 지금보다 더 나은 삶을 누릴 자격도 없어요. 선생님은 좋은 사람 같지만 이 말씀은 드리고 싶네요. 저 같은 사람은 답이 없어요." 그녀가 한 말의 내용은 사기를 저하시켰지만, 그녀의 말투는 나에게 짜증을 일으켰다. 그녀가 나를 묘사하는 내용은 좋게 포장한 모욕이랄까. 소극적이고 능력 없는 '좋은 사람'으로 나를 무시하는 듯 느껴졌다. 그녀의 말은 내 안에서 '좋은 사람'이 느낄 만한 감정이 아닌 감정을 불러일으켰다. 이와 같은 경우는 치료자에게 불확실한 순간이다. 특히 새로운 환자와 막 치료를 시작한 시점이라면 환자의 말에 도전을 할지 아니면 상황이 어떻게 펼쳐질지 좀 더 기다릴지에 대한 고민이 생긴다. 이 사례에서 나는 불손한 톤으로 즉각적인 저항을 하였다. "당신은 아직 저에 대해서 잘 모르실텐데요. 제가 좋은 사람일 거라고 가정하는 건 큰 실수일지도 모르겠네요. 저도 당신에 대해 아직 잘 모르고, 당신이 더 나은 삶을 살만한 자격이 없고 희망이 없다는 것을 가정하는 건 큰 실수일지도 몰라요." 그녀의 표정은 굳어졌다. 그녀는 계속해서 자신이 가망이 없고 도움을 받을만한 자격이 없다는 주장을 방어하기 위한 말을 이어나갔고, 그녀의 말투에서 그녀가 나에게 짜증을 느꼈다는 것을 알 수 있었다. 자신의 절망적인 상태를 방어하는 그녀의 열정은 가망 없는 사람에게서 찾기 힘든 것이었다. 역설적으로 그녀는 자신이 무언가를 받을 자격이 전혀 없다고 이야기하면서도 자신의 말은 신뢰를 받아야 마땅하다고 생각하는 사람처럼 굴었다. 나는 살짝 뒤로 물러섰다. 나는 그녀에게 우리가 서로에 대해 알아가면서 무엇이 정말 사실인지 좀 더 지켜볼 의향이 있다고 말했다. 그녀의 기분을 상하게 했다면 미안하다고, 그녀가 스스로를 옹호하는 능력이 있다는 것이 다행이라고 생각한다고 말했다. 치료자가 불손한 태도를 활용할 때 자주 나타나는 결과처럼 나는 환자의 무력한 표현방식에 좌절감을 느끼는 대신에 활기와 해방감을 느꼈다. 나는 우리가 벌써 하나의 고비를 만나 잘 넘겼고, 그 결과 우리에게 에너지와 일종의 자부심이 생겼다고 느꼈다.

무엇이 우리의 삶을 좀 더 살만하게 만들 수 있을지에 대한 대화는 단계별 계약하기 프로토콜의 자연스러운 시작점이 된다. 치료자는 방해되는 환자의 문제 행동들을 설명하면서도 치료 안팎으로 이리저리 엮어나가는 살만한 삶에 대한 대화에 주의를 기울이면서 환자의 궁극적인 목표와 가치를 위한 동맹을 맺는 시도를 한다. 또한 위의 사례에서 나타났듯이, 이 대화는 환자가 긍정적인 미래를 그려보고 그 방향으로 나아갈 수 있는 역량을 어느 정도 가지고 있는지 가늠할 수 있게 해준다. 사전치료 프로토콜의 단계들을 너무 충실하게 따르다 보면, 오히려 큰 그림과 원동력을 중심으로 환자를 참여시킬 기회를 놓치게 될 수 있다. 뿐만 아니라, 이 대화는 치료자가 곧 진행될 치료를 이미 본보기로 삼아 진솔하고, 개인적이고, 건설적으로 반응할 수 있는 기회를 제공한다.

모든 환자들이 이러한 어려운 상황들을 DBT 초반에 연출하지는 않는다. 어떤 경우에는 별 다른 임기응변 없이 계약하기 프로토콜의 단계별 지침대로 진행될 수 있다. 자살 행동 때문에 지난 3년을 거의 병원에서 살다시피 했던 어떤 환자는 목표에 대한 질문에 순조롭게 대답하였다. 그녀는 아파트와 애인을 갖고 싶어 했고, 변호사 보조원이 되기 위해 학업을 다시 시작하고 싶어 했다. 궁극적으로 그녀는 정신질환을 가지고 있는 사람들이 법률과 관련된 상황을 잘 처리할 수 있도록 돕고 싶다고 했다. 즉, 그녀는 살만한 삶의 여러 측면을 그려보고 구체적인 치료 계획을 함께 세우고 그 계획에 헌신하는 작업을 할 수 있는 능력이 있었다. 우리는 사전치료 단계를 4회기 만에 완료하고 바로 행동 조절(behavioral control)을 더 잘할 수 있도록 돕는 DBT의 첫 단계를 시작할 수 있었다. 그러나 그녀는 기술훈련 집단 참여에 대한 저항을 했고, 몇 차례의 해리 경험과 자살 충동으로 인해 초반의 기세가 꺾이면서 우리의 협력 의식과 상호 간의 약속은 다소 빠르게 무너졌다. 그녀는 강렬한 감정에 사로잡힌 듯 보였다. 상황들을 더욱 흑백논리로 보기 시작했고, 우리는 파트너이기보다 서로의 적군처럼 느껴졌다. 한 회기에서는 그녀가 귀를 막은 채 나에게 고함을 지르고 있었는데, 이때 나는 나의 임기응변 능력을 시험받는 경험을 하였다. 나는 이러한 회기 내 행동 문제에 대한 평가와 이해에 초점을 맞추는 방향으로 치료 방침을 바꿔야 했다. 순간 내가 치료 계획에 대한 그녀의 헌신 정도를 과대평가했다는 생각까지 들었지만, 실제로 환자는 치료 목표에 전적으로 헌신하고 있었다. 다만, 우리의 불화로 촉발된 해리 에피소드와 오랜 자살 충동으로 두려움에 압도된 상태였다. 회기 중 나는 그녀의 정서적 · 대인관계적 조절 장애를 이해하려고 시도하였고, 그 과정에서 그녀는 보다 효과적인 정서 통제력을 되찾았으며 치료에 대한 헌신과 살만한 삶을 만들어가고자 하는 의지를 다시 밝혔다.

나는 초기 계약 단계에서 협상을 잘해내는 듯 보였지만 사실은 보기와 다른 상당수의 환자들과 치료를 진행한 경험이 있다. 그중 호텔방의 발코니에서 뛰어 내려 결정적인 자살 시도를 한 후 치료를 시작하게 된 33세의 여성이 있었다. 그녀가 나의 사무실에서 보였던 모습은 예의 바르고 상냥하고 대화도 곧잘 하는 모습이어서 그녀가 발코니에서 뛰어내렸다는 것을 상상하기 힘들었다. 그녀는 대학을 나왔지만 집안의 뛰어난 전문가들 사이에서는 그저 창피한 부진아였다. 내가 그녀에게 치료가 자신의 삶을 향상시키는 데 어떤 도움이 될 수 있을 것 같냐고 물었을 때 그녀는 자신이 늘 펀드 매니저가 되고 싶었으며 그러기 위해서 먼저 자신이 안정을 찾아야 한다고 하였다. 물론 어떤 젊은이들은 펀드 매니저가 진심으로 되고 싶어 할 수 있겠지만, 그녀가 그런 자신의 꿈에 대해 이야기하는 방식은 영혼 없이 수차례 연습해온 대사처럼 공허하게 느껴졌다. 그녀의 대답이 석연치 않다는 듯 그녀의 인생 목표에 대해 좀 더 물었을 때 그녀는 울기 시작했고, 아무도 자신을 진지하게 받아들여주지 않는다고 하였다. 나는 이때 우리 사이에서 일어난 대화가 그녀의 삶의 핵심 재앙(catastrophe), 즉 가족이 정한 조건들을 맞추기 위해 자신의 특별함을 부인하는 경향을 이미 보여주고 있었다는 점을 그 당시에는 알지 못했다. 그 치료 회기의 남은 시간은 상당히 순조롭게 진행된 것처럼 보였다. 그러나 다음 환자를 만나러 대기실로 가는 길에 회기 후 바로 화장실로 가서 자해를 한 그녀를 발견하였다. 그렇다고 그 회기가 완전한 실패는 아니었다. 나는 그 회기 덕분에 그녀가 늘 그렇게 자신의 고통을 숨기면서 마음은 혼란스러워도 겉으로는 능숙하고 편안해 보일 수 있고, 자해가 그녀의 거의 자동적인 주요 정서 조절 전략이며, 그녀가 견딜 수 없는 수치감에 시달리고 있다는 것을 비교적 빨리 알게 되었다. 몇 달 후, 그녀는 행동 통제력이 생겼고 고통이 줄어들었으며, 자신의 삶을 살만하게 만들 수 있는 것들 중 하나가 정원사와 주부로 사는 것임을 알게 되었다. DBT의 전체 과정을 거친 후 그녀는 그 꿈을 이뤄냈다. 이 사례의 핵심 교훈은 많은 환자들이 치료 초반에는 살만한 삶에 대한 이미지를 갖고 있지 않다는 것이었다.

일부 사람들은 대화의 시작 단계에서부터 문제를 보이고, 어떤 사람들은 사전 치료 중 치료의 합의점이나 기대에 대한 논의를 할 때 문제를 보인다. 또 어떤 사람들은 순조롭게 잘 진행하다가 치료자가 환자에게 치료에 더욱 전념할 것을 요구하는 시점에서야 문제를 보이기도 한다. 어찌됐든 이 초기 단계를 어떻게 관리하는지에 따라 나머지 치료 기간 동안 지속될 협력 패턴이 확립된다. 즉, 나중에 되돌아보면 이것이 작업 관계의 '초기 역사'가 된다. 치료자는 초기 만남에서 환자의 민감도, 기술, 강점, 취약성 및 회복 능력 등에 대해 많은 것을 배운다. 마찬가지로 환자는 치료자의 민감도, 기술, 강점, 취약성, 임기응변 능력과 끝까지 헤치고 나가는 능력에 대해 많은 것을 배운다. 초기에 큰 어려움을 겪는 것이 치료자에게는 어쩌면 바라는 바가 될 수도 있다. 그로써 환자와 함께 어려움에 성공적으로 맞닥뜨리기 위한 장을 마련할 수 있기 때문이다.

살만한 삶에 대한 대화의 세 가지 과제

이 정도면 내가 사전치료 단계에서 암묵적 · 명시적으로 이루어지는 살만한 삶에 대한 대화가 어려움과 기회로 가득 차 있다고 생각한다는 것이 명백히 전달되었으리라고 생각한다. 여기에서 말하는 기회는 세 가지의 중요한 치료 과제와 관련이 있다. 치료 초기에 이 세 가지 과제를 주시하고 원리에 따라 과제를 다룰 준비가 되어 있는 DBT 치료자는 보다 의식적으로, 보다 정확하게 작업을 하면서 치료를 순조롭게 시작할 수 있다. 첫 번째 과제는 환자가 한편으로는 살만한 삶을 살기 원하면서도 다른 한편으로는 죽기를 원하는 변증법 또는 모호함에 치료자가 개입한다는 점에서 **변증법적**이다. 두 번째 과제는 치료자가 환자로 하여금 살만한 삶을 생생하게 그릴 수 있는 능력을 강화시키고, 그 모습을 현실적인 목표와 치료 표적으로 전환할 수 있다는 점에서 **행동적**이다. 세 번째 과제는 치료자가 사전치료 과정에서 여러 어려운 경험을 환자와 함께 마주하고 해결해 나가면서 강력하면서도 유연한 환자-치료자 애착을 확립한다는 점에서 **관계적**이다. DBT라는 치료명에 포함된 세 가지 단어가 이 세 가지 과제를 암시하고 있다 — **변증법적**(dialectical) 과제, **행동**(behavior) 과제, **치료**[therapy(relationship) : 관계] 과제 — 는 것에 특별한 의미가 있을 수 있다. 이제 살만한 삶에 대한 대화에 필수적인 이 세 가지 과제에 대해 각각 살펴볼 때, 각 과제가 매뉴얼을 준수하면서 계약 전략을 따르는 과정 중에 다루어져야 한다는 점을 명심하길 바란다.

살만한 삶에 대한 대화의 변증법적 과제

치료자가 환자 개인의 삶의 가치를 파악하기 위해 환자의 치료 목표에 대해 물어보는 과정은 환자가 가지고 있는 '자살 대 살만한 삶' 변증법을 활성화시킬 가능성이 높다. 나는 이것을 '목적지에 관한 변증법(destinational dialectic)'이라고 부르는데, 이것은 환자의 삶이 결국 끝을 생각했을 때 어디로 향하고 있는지에 관한 것이다. DBT에서 더 일반적으로 논의되는 '중재적(interventional)' 변증법은 그곳에 도달하기 위한 전략적 방법과 관련이 있으며, 수용과 변화라는 길항하는 두 가지 세력의 통합이다. '자살 대 살만한 삶' 변증법을 이해하기 위해서 축구장을 한번 상상해보자. 축구 경기는 분명히 변증법으로 구성된다. 즉, 두 팀 사이에 긴장이 있고, 각자 이기고 싶어 하고, 반대 방향으로 가며, 서로 경쟁한다. 이 은유에서 축구장의 한쪽 끝으로 골을 넣는 것은 자살과 죽음을 나타내고, 반대쪽 끝으로 골을 넣는 것은 살만한 삶을 살아가는 것을 나타낸다. 반대 팀은 각각 자살 대 살만한 삶을 추구하고 있다. 이것이 DBT 축구장이며, 치료의 전체 과정은 양 골대 사이에서 진행된다.

일반적으로 DBT 치료자는 당연히 자살과 죽음 팀을 이끌고 있는 환자에 대항하는 살만한 삶 팀의 일원으로서 DBT 축구 경기장에 들어간다. 그러나 치료자의 이러한 행동은 변증법적 방식으로 행동하는 것이 아니며, 환자와의 불필요한 적대적인 교류(transaction)에 휘말리게 할 수 있다. 상황은 그보다 더 복잡하다. 환자는 치료자가 축구장에 들어서기도 전에 이미 자기 자신 안에서 전체적인 변증법을 경험하고 있다. 그녀는 양가감정이 있다. 한편으로 그녀는 참기 힘든 고통을 멈추기 위해 죽고 싶다. 그러나 또 한편으로는 누군가 자신을 지옥으로부터 구출해주고 살만한 삶을 만들어나갈 수 있도록 도와주기를 희망하면서 살고 싶어 한다. 그녀는 지금까지 살아오면서도 그녀가 정말 죽었으면 하는 사람들과 반대로 그녀가 좋은 인생을 살기를 원하는 사람들 또한 만났을 수 있다. 다시 말해, 치료자가 축구장에서 벌어지는 '경기'에 들어갈 때, 두 팀(환자의 두 가지 측면)은 이미 서로 대항하고 있으며, 치료자는 이 고위험 경기의 결말에 영향을 줄 수 있는 최적의 포지션을 찾아야 한다.

물론 DBT 치료자는 경기 결과에 대해 절대 중립적이지 않다. 리네한부터 시작하여 모든 DBT 치료자들은 삶의 편에 서서 살만한 삶을 만들어 나갈 것을 응원한다. 하지만 전략적으로 생각해볼 때 환자와의 교류에서 오로지 삶의 편에서만 서 있는 것은 환자로 하여금 자신이 가지고 있는 양가감정의 반대편으로 가도록 할 위험이 있다. 내가 자문한 환자들 중 자신의 DBT 치료자가 자살이라는 선택지를 아예 제외하길 바란다고 느낀 환자들이 여럿 있었다. 환자가 자살 행동을 하지 않겠다는 약속을 하게끔 하는 것이 임상적으로 바람직할 경우도 많지만, 자살 사고나 감정마저 고려하지 말 것을 요구하는 것은 더 큰 문제를 일으킬 수 있다. 환자에게 자살 사고나 감정을 억제하라고 하는 것은 오히려 그것을 더욱 강렬하게 만들 수 있기 때문이다.

치료자가 양 팀의 편을 모두 들어주는 입장으로 경기에 들어가기 위해서는 균형과 용기가 필요하다. 치료자는 환자의 직간접적인 자기 파괴적 형태들의 '지혜'를 진심으로 이해하려고 노력하며, 동시에 희망과 꿈에 관한 대화를 장려해야 한다. 환자의 모순된 감정은 뿌리가 매우 깊고 고통스러운 역사가 있기 때문에 양쪽이 가지는 지혜를 모두 강조하면서 변증법적으로 접근되어야 한다. 얼마 전 나는 경계선 성격장애 진단을 받은 젊은 여성을 상담하였다. 그녀는 개인치료와 기술훈련 집단을 실시하는 DBT 프로그램에 참여하고 있었는데, 상당히 오랜 기간 동안 별다른 진전을 보이지 않고 있었다. 그녀는 잠재연령기에 아버지로부터 성적 학대를 당했으며, 십 대에는 한 이웃으로부터 여러 차례 강간을 당했다. 그러면서 십 대에 다종물질남용을 하기 시작하여 10년 동안 지속하였으며, 이십 대에는 중증도 자해에도 중독되었다. 그녀는 물질남용과 칼로 긋는 행동이 정서적 고통을 덜어주는 일시적이지만 신뢰할 수 있는 무기임을 분명히 알고 있었다. 그러나 그 두 가지 중독이 자신의 삶을 망치고 있다는 것 또한 이해하고 있었다. 그녀는 자신에게 이 두 가지의 정서 조절 '전략들'(물질남용과 자해 행동)이 없었더라면 오래전에 스스로 목숨을 끊었을 거라고 확신했다. 나는 그녀의 목표가 무엇인지, 그녀가 생각하는 살만한 삶이란 어떤 모습인지 물어보았다. 질문 뒤 오랜 침묵이 흘렀고, 나는 그녀가 해리 상태로 들어간 것을 알아차렸다. 그녀는 내가 그녀의 이름을 부르는 소리에 비로소 현실로 돌아와서 내게 질문이 무엇이었는지 물었다. 나는 다시 질문하였고, 그녀는 어떻게 답을 해야 할지 전혀 모르겠다고 말하며 미래에 대해서는 생각해본 적이 없다고 하였다.

우리는 일시적으로 변증법의 반대되는 두 극 사이에 갇혀버렸다. 한쪽 끝에는 자살의 불가피성과 고통을 제거하기 위해 할 수만 있다면 무엇이라도 하겠다는 목표가 있었다. 다른 쪽 끝에는 가설적 개념이라고 할 만큼 현 시점에서는 생각조차 불가능한 살만한 삶이라는 목표가 있었다. 이러한 대화를 여러 차례 시도했음에도 불구하고 그녀가 미래와 관련된 아이디어를 단 하나도 낼 수 없었다는 점은 지금 생각해보아도 여전히 놀랍다. 마치 미래라는 개념이 그녀의 의식에서 잘려나간 것 같았다. 그녀에게 남은 것은 그녀를 마비시키거나 방해하는 극단적인 행동들에 의해 간신히 돌아가고 혼란스러운 과거에 침투당하는 고통스러운 현실뿐이었다. 다시 축구장 은유를 사용한다면, 그녀는 살만한 삶이라는 골대 쪽으로는 한 치 앞도 내다보지 못하고 있었다. 그녀는 자살이라는 골대에서 멀지 않은 곳에서 중독, 긋기, 해리성 에피소드 등의 행동들을 하면서 죽음까지는 이르지 않았지만 죽음으로부터 더 이상 멀어지지도 않는 그런 위태로운 상태를 유지하고 있었다. 여기에서 얻을 수 있는 또 다른 통찰은 비자살적 자기 파괴 행동이 환자의 죽음을 예방할 수 있을지는 몰라도 환자를 자살이라는 골대 근처에 갇히게 하여 살 만한 삶을 향해 나아가지 못하게 한다는 점이다.

나는 그녀로부터 긍정적인 미래의 요소를 일부라도 이끌어내기 위해 다양한 방법을 시도하였다. 나는 그녀가 어렸을 때 무엇을 기대했을지 생각해볼 것을 요청하며 그녀의 과거에 묻혀 있는 미래 지향성을 회복시켜보려고 하였다. 그러나 그녀는 자신이 두려웠거나 학대당했던 몇 가지 끔찍한 사건들 외에는 과거에 대한 별다른 기억이 없다고 하였다. 나는 그녀의 강점, 성취, 가치 등을 끌어내어 매력적이면서 현실적인 미래에 대한 그림을 그려 보려고도 하였다. 그녀는 만약 자신에게 미래가 있다면 고양이와 함께 살고 싶고, 살 수 있는 집이 있었으면 좋겠고, '사람들이 서로에게 친절했으면' 좋겠다고 하였다. 비록 뿌옇고 희미한 이미지였지만, 이것으로 시작할 수 있을 것 같았다. (DBT 변화 패러다임의) 여러 문제 해결 전략들을 활용하여 일종의 방향을 이끌어내고, (DBT 수용 패러다임의) 타당화 작업을 충분히 하면서 그녀의 삶의 끔찍한 사건들을 확인하였으나, 나는 여전히 난관에 봉착한 느낌이었다.

변화 전략이나 수용 전략을 사용해도 진전이 없을 때 DBT 치료자는 자연스럽게 변증법적 패러다임의 원리와 전략들로 넘어간다. 나는 변증법의 양측을 타당화하고 속도, 움직임, 흐름 등을 허용하는 '둘 다 … 그리고' 입장을 취하면서 열린 태도로 전략적 가능성들을 고려하였다. DBT의 변증법적 전략 중 하나는 딜레마를 포착하고 대화를 위한 새로운 길을 열어주는 은유를 사용하는 것이다. 나는 환자에게 그녀가 삶이 엄청나게 고통스러운 곳, 즉 그녀를 자살로 몰아내는 조건들이 존재하는 땅의 가장자리에 서 있는 듯 보인다고 말해주었다. 그리고 그녀가 앞에 펼쳐진 광대한 물 너머 어딘가를 보고 있고, 안개가 자욱한 날이어서 멀리 볼 수 없다고 말하였다. 안개 너머 어딘가에는 섬이 있는데, 그 섬에는 그녀를 위한 집과 고양이가 있고, 사람들이 서로에게 친절히 대하는 그런 삶이 있다. 그곳으로 가려면 그녀는 섬이 어디에 있는지, 어떻게 생겼는지 정확히 모른 채 배를 타고 그 섬을 향해 노를 저어 가야 한다. 그 배는 바로 DBT 치료이다. 그녀가 자신의 아파트에 자신이 '구원의 은혜'로 부르는 특별한 면도날을 보관하고 있다는 사실을 나에게 알려주었기 때문에, 나는 그녀가 DBT 치료를 자신의 배라고 생각하고, 치료자를 배에 함께 탄 승객으로 생각한다면 그 면도날을 해안에 두고 가져가지 않는 것이 중요하다고 제안하였다. 그녀는 다행히 은유에 몰두할 수 있었다. 그녀는 면도날이 없다면 자신이 견딜 수 없는 시간(특히 성적 학대에 대한 플래시백에 시달릴 때)을 극복할 수 있도록 돕는 다른 무언가가 반드시 필요하다고 하였다. 난 전적으로 그녀의 말에 동의하면서 면도날을 대체할 수 있는 어떤 전략들이 있을지를 함께 고민하기 시작하였다.

요약컨대, 치료자는 삶 대 죽음이라는 양가감정을 우회하거나 억제하거나 무시하면서 절대 문제를 해결할 수 없다. 치료자는 어떤 식으로든 희망적인 태도를 고수하며 끝까지 살만한 삶을 확고히 주장하면서도, 환자가 자살과 관련된 자신의 생각, 감정, 소망들을 표현할 수 있는 공간과 시간을 허용해야 한다. 물론 자살에 대한 계획을 지지하지는 않으면서 말이다. 리네한은 경계선 성격장애를 가지고 있는 자살 위기 환자들과 작업할 때 DBT 치료자들이 두 가지의 중요한 과제를 해내야 한다고 말했다. 첫 번째로 치료자는 환자와 함께 환자의 지옥으로 들어가 그곳이 어떻게 생겼는지, 어떻게 느껴지는지를 볼 수 있어야 한다. 두 번째로는 환자가 지옥으로부터 벗어나는 길을 찾아낼 수 있도록 도와야 한다. 이것은 양측(죽고 싶은 쪽과 죽지 않고 빠져나갈 길을 찾고 싶은 쪽)의 타당성을 인정하는 변증법적 은유이다. 이것은 수용과 변화의 통합이다. 지옥으로부터 벗어나는 길을 찾는 작업은 환자에게 유효한 살만한 삶을 그려보는 것으로부터 시작된다.

이 중도(middle path) 개념(공식적인 명칭은 아님)이 미국자살학회(American Association of Suicidology) 창시자이자 '자살학의 아버지'라고 불리는 슈나이더만(Schneidman, 1996, pp. 59-61)의 생각의 핵심이었다는 점이 흥미롭다. 그는 삶이 견딜 수 없고 나아지지 않을 거라고 믿고 있는 자살 위기에 있는 사람의 사고는 딱 두 가지의 선택지로 좁혀진다고 주장했다. 첫 번째 선택지는 참을 수 없는 불행을 안고 살아가는 것[슈나이더만은 이것을 심리통(psychache)이라고 하였다]이고, 두 번째 선택지는 자신을 죽이는 것이다. 그 시점에 도달하면 자살 위험은 높다고 할 수 있다. 슈나이더만에 따르면 치료자는 이 방정식에 어떻게든 세 번째 선택지를 넣어야 한다. 그 선택지는 여러 형태를 지닐 수 있지만 다른 두 가지 선택지에 대한 진정한 대안, 즉 다른 방향을 제공할 수 있어야 한다. 어떤 경우에는 치료자나 다른 사람에게 애착을 형성하면서 그 세 번째 선택지가 생기기도 한다. 죽고 싶어 안달인 많은 환자들은 자신의 치료자(또는 다른 사람)에게 정들기 시작한 것을 후회한다. 또 다른 경우에는 그 세 번째 선택지는 특정 무엇을 추구하는 것이다.

끝이 보이지 않는 고통 속에서 사는 것과 자살이라는 두 선택지 사이에 놓인 어떤 젊은 여성 환자를 만나고 있던 한 집요한 DBT 치료자가 기억난다. 치료자와 환자는 상호적 애착이 더욱 강해지고 있는 상황이었고, DBT 자문팀의 지원을 받고 있었다. 그러한 맥락에서 이들은 오래 지속되어 온 '자살 대 살만한 삶' 대화를 마무리하면서 놀라운 합의에 이르렀다. 늘 자신이 운동을 좀 더 잘하는 사람이고 싶었던 이 환자는 좀 더 좋은 체력을 가져보지 못하고 죽는다는 것이 싫었고, '내가 날 죽이기 전에' 어떤 과제를 하기로 동의하였다. 그 과제는 보스턴 마라톤을 완주하는 것이었고, 한 번도 제대로 뛰어본 적이 없는 그녀에게는 굉장한 도전이었다. 그녀는 치료자(악마)와 거래를 하듯 '합리적인 마음'으로 결정을 내리는 것처럼 보였지만, 그 결정에 진지하게 임하였다. 그녀는 1년 동안 훈련을 하기로 결심했으며, 그 해 말에 상황이 나아지지 않으면 자살을 할 수도 있다고 하였다. 그 시점의 그녀는 계속해서 불행하였고 신체 상태는 열악하였으므로 과제를 이행하기 위해서 매일매일 단계별로 놀라운 노력이 필요했다. 그녀의 치료자는 보스턴 마라톤 완주라는 살만한 삶에 관한 목표를 중심으로 치료를 구성하였다. 이것은 DBT를 포함하여 어느 CBT 과정에도 훌륭한 개입이었을 것이다. 그녀는 이 장기적인 목표를 시각화할 수 있었고, 매력적이면서도 실현 가능한 목표였으며, 이에 대한 진행상황은 단계별로 발생하고 객관적으로 모니터링될 수 있는 것이었다. 자살은 1년 내내 그녀의 마음에 있었지만, 그녀는 긍정적인 과제에 집중함으로써 자살과 관련된 충동을 억제하고 회복력을 증진할 수 있었고 끝내 마라톤을 완주할 수 있었다. 그때가 되자 많은 다른 것들이 바뀌었다. 그녀의 삶은 여전히 힘들었지만 견딜만해 보였다. 치료자와의 관계는 더욱 돈독해졌고, 그녀는 인생에서 다른 의미 있는 목표들을 고려하기 시작하였다.

살만한 삶에 대한 대화의 행동적 과제

짙은 안개를 너머 긍정적인 미래의 결말을 그려보거나 매일의 생존 이상의 목표를 언급할 수 없었던 환자로 되돌아가보자. 그녀가 더 나은 삶을 구상하고 이를 향한 목표를 세우지 못한다는 사실은 그 자체로 무력감을 불러일으켰다. 자살의 매력에 대항하는 살만한 삶에 대한 목표가 없다면 치료에서 매우 큰 아군을 잃은 것이나 다름없다. 긍정적이고 현실적인 미래 상태를 그릴 수 있는 기술, 그 미래로 이끌어 줄 수 있는 현실적인 목표들을 표현할 수 있는 기술은 결국 집행 기능(executive functions)으로 알려진 더 큰 능력군에 포함되는 기술들과 유사한 것들이다. 실제로 원하는 미래 상태를 상상할 수 있는 능력(가능하다면 시각적으로)은 무언가를 해내는 과정에서 다른 모든 집행 기능들을 징집하는 집행 기능이다(그 이후의 다른 집행 기능에는 목표를 위해 자원을 모으고, 목표 진행 상황을 모니터링하고, 방해가 될 수 있는 다른 일들을 금하고, 다양한 장애물을 마주할 때 문제 해결을 촉진하기 위해 필요한 인지적 유연성을 유지하는 기능이 포함된다). 긍정적이고 동기부여가 되는 미래상을 그릴 수 없고 그런 미래상을 향한 목표들을 수립할 수 없는 상태를 능력 부족 상태로 개념화할 때 능력 향상 또는 기술 훈련이라는 친숙한 DBT 과제를 중심으로 우리의 생각과 개입을 정리할 수 있다.

아들이 열세 살이었을 때 나는 그가 여름방학 계획을 짜는 것을 도와준 적이 있다. 나는 이번 여름에 그에게 가장 중요한 것이 무엇인지를 물었다. 내가 기억할 수 있는 한 그는 생애 처음으로 여름 전체 계획에 영향을 미칠 한 가지 목표를 몇 달 전부터 미리 찾아냈다. 그는 청소년 하키 팀에 있었는데, 그의 말로는 자신이 팀에서 '한 중간 실력 정도' 되는 선수였다. 그는 여름 동안 하키 캠프에서 몇 주를 보내면 팀에서 자신의 입지가 좀 더 올라갈 수 있을까 했고, 우리는 충분히 가능할 것이라 동의했다. 캠프에 간다는 것은 그가 좋아하는 다른 여름 활동들을 원하는 만큼 하지 못하게 되는 것을 의미함에도 불구하고, 그는 나에게 캠프에 보내달라고 부탁했다. 그는 구체적인 목표의 형태로 설명할 수 있는 비전을 갖고 있었고, 이것은 그의 비전에 방해가 되는 대안 활동들을 억제하는 데 도움이 되었으며 그는 결국 자신의 계획을 고수할 수 있었다. 그는 그다음 하키 시즌 동안 팀 내에서 좀 더 끗발 있는 선수로 활동할 수 있었다.

우리의 환자들이 꿈을 꾸거나 미래를 상상하거나 자신의 기분과 무관한 목표를 세울 능력이 없다면, 그들은 눈에 띄지 않는 장애를 가지고 있다고 볼 수 있다. 우리는 이러한 결핍을 무시해서는 안 된다. 우리는 이것을 평가하고 우리의 기술 훈련 지식을 활용하여 다루어야 한다. 이 결핍을 치료 초기에 해결하는 것은 중요한 집행 기능을 강화시키고, 기술 훈련의 가치를 체험할 수 있도록 하며, 능력을 습득하고 동기를 강화하는 데 초점을 둔 협력적 치료관계를 시작하는 데 도움이 될 것이다.

경계선 성격장애나 관련된 장애를 가지고 있는 환자들이 보이는 이러한 기술 결핍을 이해하는 최적의 방식은 무엇일까? DBT의 생물사회적 이론 맥락에서 볼 때, 이러한 결함은 생물학 기반의 정서적 취약성과 그녀의 존재를 무효화(invalidating)해온 환경 사이에서 있었던 그녀의 삶 속 더 큰 교류의 결과들 중 하나이다. 우리의 환자들은 그들을 무시하고, 거부하고 비판하고 처벌하고 멸시해온 환경에 영향을 받으면서 살아남은 사람들이기 때문에 꿈을 꾸거나 자신의 독특한 생각이나 자질을 특별한 삶으로 전환하도록 격려받은 경험이 거의 없다. 실제로 정서적으로 무효화되는 환경에서 자신의 꿈에 대해 이야기하는 것은 비판이나 굴욕을 초래할 수 있다. 시간이 지남에 따라 이와 같은 고통스러운 교류들은 미래를 구상하는 것과 경멸과 실망을 경험하는 것 사이를 연결지을 수 있다. 환경에 의한 광범위한 정서 무효화는 차츰 자기 무효화 증후군(syndrome of self-invalidation)으로 변형되어 환자들이 자신을 자동적으로 무효화하고 비난하며, 희망과 꿈을 억제하고, 실제적인 지원이나 성공에 대한 기대를 무시하게끔 한다. 꿈을 꾸고 꿈을 향해 나아가는 것은 오직 다른 사람들에게 해당되는 것으로 학습되기에, 그 결과 그들은 긍정적인 미래를 구상하고 그 궤도에 목표를 설정하는 구체적이고 강력한 삶의 기술들을 갖지 못하게 된다.

치료를 시작하면서 우리는 환자가 무엇을 이루고 싶은지, 또는 무엇이 삶을 더 가치 있게 만들 수 있을 거라 생각하는지 더욱 직접적으로 물어보게 되는데, 이때 각종의 역기능을 접하며 환자의 결핍이 뚜렷하게 보이게 된다. 하지만 미래를 구상하고 목표를 수립하지 못하는 상태가 어느 정도까지 능력 부재인지, 또는 부족인지 판별하기란 상당히 어렵다. 대부분의 경우, 꿈을 꾸거나 목표를 세우는 능력이 약화되었거나 왜곡되어 있음을 발견하게 되지만, 사실상 그 능력은 여러 요인들로 인해 가시성과 효과성이 저하되었을 수 있다. 예컨대 꿈을 꾸거나 목표를 세우는 것은 잘못된 가정 또는 신념과 관련이 있거나, 이전의 외상이나 무효화하는 반응 등에 의해 강렬한 부적 정서를 유발하거나, 또 다른 관련 기술 결핍(전반적인 정서 조절의 결함, 고통 감내력의 결함, 혹은 마음챙김 기술 결함의 영향을 고려할 것)이 존재하여 발생할 수 있다. 아니면 지금까지의 어떤 불행한 강화 패턴이 환자가 꿈을 꾸거나 목표를 세우는 활동을 소거하거나 처벌하고, 인생 목표에 대한 질문을 처리하기 위해 역기능적인 방법들을 사용하도록 해왔을 수도 있다.

그렇기 때문에 사전치료 단계는 첫 대화부터 이러한 기술 결핍을 평가하고, 환자 개인이 속해 있었던 무효화 환경의 본질과 영향을 이해하고, 환자에게 드러난 기술 결핍을 해결하기 위해 작업하기 위한 장을 제공할 수 있다. 능력이 실제로 없는 경우, 능력을 무(無)에서부터 쌓아갈 수 있는 기회, 즉 기술 습득 개입을 할 수 있다. 이 개입은 (1) 결핍의 존재와 그로 인한 결과에 대해 소개해주고, (2) 미래 비전을 세우고 그와 관련된 목표들을 수립하는 단계들을 거칠 수 있도록 지시와 모델링을 활용하여, (3) 초기 단계들을 강화시키면서, (4) 환자가 이러한 중요한 기술들을 실천할 수 있도록 한다. 기술은 존재하지만 다른 요인들이 방해를 하는 경우, 치료자는 방해하는 요인들을 확인하고, 인지적 재구성, 노출, 자극 통제 기법, 수반성 절차(contingency procedures) 등과 같이 감소된 능력을 강화시키기 위해 필요한 변화 절차들로 접근할 수 있다.

나의 과거 환자 중 한 명은 자신이 어린 시절부터 평생 동안 정서적으로 민감했노라 설명하였다. 그녀는 매우 바쁘고 자기 몰두형 부모 밑에서 외동으로 자랐다. 그녀는 자신을 투명인간 취급하며 서로에게만 이야기하는 부모님과의 저녁식사 시간을 수년 동안 견뎌냈다. 그녀가 무슨 말이라도 할라치면 대화를 방해하지 말라는 잔소리를 들었다. 플루트를 연주할 때면(그녀는 플루트 신동이었다), 지하실로 가서 하라는 지시를 받았고 그녀가 감정적인 반응을 하면, 관심을 끌려는 행동은 하지 말라는 말을 들었다. 집안 분위기는 늘 긴장이 흘렀고, 부모의 태도는 가혹했다. 그녀는 8세에 이미 자신의 고통을 경감하기 위해 손목을 긋기 시작했으며, 13세에 첫 자살 시도를 하였다. 처음 내가 그녀에게 치료에 대한 기대에 대해 질문하였을 때 그녀는 거의 실연한 듯 내가 외국어로 말하고 있는 것처럼 나를 쳐다보았다. 그녀는 혼란스러워 보였고 아무런 답을 하지 못했다. 뛰어난 플루트 연주자가 될 만큼 자기 단련을 한 이 똑똑한 사람이 자신의 인생 목표에 대해서는 한 마디도 하지 못했다는 것이다. 그녀는 자신이 좋은 삶을 사는 것에 대해 진지한 관심을 보이는 내가 당황스러울 뿐만 아니라 아마도 의심스러운 눈치였다. 사전치료의 단계들은 느리고, 자주 막히고 고통스러운 과정을 통해 진행되었다. 그녀의 환경에 만연해 있던 무효화 경험은 자기 혐오로 변형되어 치료자나 다른 사람들과의 관계에서 불확실하거나 모호한 순간이 오면 그녀는 어김없이 자신의 감정이 무시당할 것으로 예상하였다.

나는 그녀의 문제를 기술 결핍의 관점에서 조명해주었다. 나는 그녀가 지금까지 살면서 꿈을 가지고, 그 꿈을 다른 사람과 공유하면서 그에 대한 목표를 세우는 것을 배우거나 장려받지 못한 것 같다고 하였다. 그녀는 나의 말에 동의하면서 가족이 자신의 학업(그녀는 매우 훌륭한 학생이었다), 음악적 재능, 스포츠 활동, 친구들에 대해 아무런 관심을 보이지 않은 이야기들을 하였다. 그녀가 성취한 것들은 모두 스스로 이루어낸 것들이었고, 많은 것들을 성취하였지만 고통스러울 정도로 고립된 생활을 하였기에 죽고 싶은 마음까지 들었던 것이다. 우리는 그녀가 자신이 치료를 통해 이루고 싶은 것을 말해볼 수 있도록 하기 위해서 아주 조금씩 작업을 하기 시작했다. 처음에 희망적인 이야기를 할 때면 그녀는 나와 눈도 마주치지 못하였다. 치료 회기 내 노출 연습을 하면서 결국 두려움과 수치심을 느꼈고, 누구에게도 도움을 기대해서는 안 된다는 해로운 자기 대화를 드러냈다. 꿈이나 목표에 대해 이야기하는 것이 아주 편해지지는 않았지만 어색해하며, 부자연스럽게라도 이야기할 수 있게 되었다. 또한 DBT가 긍정적인 목표를 향해 작업하고, 동기를 강화시키고, 기술을 배우고 강화시키는 치료라는 것을 빠르게 이해하였다. 꽤 좋은 출발이었다.

그런데 환자가 이런 모든 노력을 기울여도 여전히 긍정적인 미래에 대한 그림이나 추구할만한 긍정적인 목표를 고안해낼 수 없다면 어떻게 할까? 충분히 일어날 수 있는 상황이다. 이런 경우, 몇 가지 가능한 전략이 있다. 하나의 간단한 방법은 살만한 삶에 대한 진술이나 그와 관련된 목표를 유도하려는 노력에서 벗어나 더 작고 즉각적이고 실질적인 행동방안에 집중하는 것이다. 어떤 젊은 남성 환자는 미래에 대한 목표는 전혀 생각해내지 못했지만 한때 애정했던 자신의 자전거를 다시 탈 수 있는 상태로 만드는 것에는 즉각적인 반응을 보였다. 또 다른 사례에서 치료자는 여성 환자가 자신의 고양이를 수의사에게 데려가는 것에 대한 두려움을 극복하도록 돕는 데 중점을 두었다. 더 작은 과제 ─ 심지어 집단에서 새로운 기술을 배우는 과제일지라도 ─ 에서 성공 경험을 하는 것은 노력을 하는 행동을 강화하고, 궁극적으로 더 큰 목표들을 세울 수 있는 능력으로 이어질 수 있다. 이러한 사례들에서 우리는 '살만한 삶'을 보다 즉각적이고, 극히 작고 실질적인 인생 목표들 ─ 오늘, 오늘 밤, 내일 무엇을 할 것인지에 대한 내용 ─ 로 재구성하고, 즉각적인 미래를 넘어 장기적인 미래를 바라보는 노력은 연기해야 한다.

환자로 하여금 더 나은 시절의 기억이나 어린 시절의 소망, 또는 이전에 억압된 꿈 위에 살만한 삶을 그려볼 수 있도록 돕는 또 다른 접근은 그의 가치, 강점, 재능에 대해 대화를 나누는 것이다. 경계선 성격장애와 정신병적 특징을 가진 주요우울 장애를 겪고 있었던 한 환자는 자신의 삶이 망했다고 확신하고 있었다. 그녀는 '아무것도 없이 시작'해서 소통 가능한 관계들이 존재하는 의미 있는 삶을 만들어내는 것을 상상할 수 없었다. 우리가 그녀의 가치와 강점에 대해 함께 생각해보기 시작했을 때 그녀는 군대나 경찰에 복무하는 사람들, 즉 다른 사람들을 보호하기 위해 자신의 목숨을 내어 놓는 사람들에 대해 존경심을 표현하였다. 그녀는 몇 차례 정신병동에 입원한 경력이 있었기 때문에 자신에게는 이러한 직종이 가능하지 않을 거라고 가정하고 있었다. 그러나 이와 유사한 대화를 여러 번 하면서 그녀는 자신이 다른 사람을 보호하고자 하는 마음이 크다는 것을 점점 더 명백하게 표현하였고, 결국 자신이 개들을 훈련시켜 제3세계 국가에서 미지의 지뢰를 찾도록 돕는 일을 할 수 있을지에 대해 구체적으로 탐색하게 되었다. 그 후, 매우 초점화되고 실용적이며 의욕적인 살만한 삶에 대한 대화가 이루어지기 시작했다.

살만한 삶에 대한 대화의 관계적 과제

사전치료 과정에서 살만한 삶의 대화를 통해 접근할 수 있는 세 번째 과제는 치료자와 환자 간의 협력 관계를 개발하고 강화하는 것이다. 목표에 대한 초기 논의를 함으로써 치료자는 몇 가지 환자에게 도움되는 일들을 할 수 있게 된다. 치료자는 희망, 변화, 환자의 꿈과 목표, 그리고 살만한 삶과 동맹을 맺게 된다. 치료자는 환자의 고통을 타당화하고, 자살을 하고 싶은 충동을 타당화하며, 자살이 환자의 내러티브 속에서 어떤 의미를 가지는지 이해하게 된다. 물론 자살을 해결책으로서 타당화하지는 않으면서 말이다. 또한 치료자는 (1) 환자가 가지고 있는 자살을 추구하는 것과 살만한 삶을 추구하는 것 사이의 긴장, 즉 변증법을 읽어내고 (2) 변증법의 각 측면의 일부를 타당화하며, (3) 통합에 이르기 위해 협력하는 노력을 하면서 인내심과 존중을 보여준다. 미래를 상상하고 목표를 확인하는 것과 관련된 문제를 기술 결핍의 문제로 개념화하면서 치료자는 구체적인 지시와 의도적인 훈련을 통해 실질적으로 그 결핍을 해결하기 위한 방법을 제시한다. 치료자는 환자를 연약한 사람으로 취급하지 않으면서도 그의 고통과 민감성을 타당화할 수 있다는 것을 보여줄 수 있다. 여기에서의 목표는 환자의 개방성, 진실성, 정직성 및 용기를 장려하고 의견 충돌이나 갈등이 인내되는 치료적 분위기를 경험할 수 있도록 하는 것이다. 이러한 대화는 치료자에게 쉽지 않을 수 있고 여러 감정을 불러일으킬 수도 있지만, 결과적으로는 환자에 대한 희망, 치료에 대한 열정, 환자의 입장에 대한 존중을 결합하고 활성화시킬 수 있는 기회가 된다.

리네한은 세 가지 차원에 따라 양극화된 위치들 사이에서 중도를 찾을 수 있는 자질이 DBT 치료자가 가질 수 있는 최적의 특성이라고 설명하였다. 매뉴얼(Linehan, 1993a, pp. 109-111)에 나와 있듯이 치료자는 (1) 깊은 수용의 맥락에서 행동적 변화를 요구할 수 있으며, (2) 연민 어린 유연성을 발휘하면서도 흔들리지 않는 중심성을 유지하고, (3) 무조건적으로 보살핌을 제공하면서 인자하게 협력을 요구한다. 살만한 삶에 대한 대화는 치료자가 이러한 차원들 사이에서 중도를 찾고 연습할 수 있는 훌륭한 과제와 틀이 된다. 치료자는 환자의 죽고 싶은 마음을 진지하게 타당화해주면서도 살만한 삶을 향해 움직일 것을 요구하고, 환자의 양가감정과 함께 왔다 갔다 움직일 수 있을 정도로 유연성을 유지하면서도 살만한 삶의 목표에 집중하며, 애정 어린 돌봄과 배려를 제공하면서도 환자로 하여금 보다 질이 높은 삶을 향해 나아갈 것을 요구한다. 물론 임상 장면에서 이러한 극의 올바른 통합을 찾아 진정으로 변증법적인 입장을 제시할 수 있는 DBT 치료자는 환자와 더욱 굳건한 관계를 향해 나아갈 수 있다.

많은 환자는 목표에 대한 질문에 대답하기를 어려워하면서 처음으로 **회기 중 치료 방해 행동**을 하게 된다. 따라서 치료자는 전체 치료 패키지를 활용하고, 인생과 치료 관계에서 도전적인 상황에 직면하게 될 때 사용될 수 있는 접근을 모델링할 수 있는 완벽한 기회를 얻게 된다. 이것은 마치 책의 첫 장이나 긴 음악의 서막과도 같다. 그리고 매뉴얼에 설명되어 있는 계약하기 전략을 활용하는 단계별 과정은 초기 회기들을 위한 훌륭한 틀 혹은 뼈대를 제공해주지만 이러한 프로토콜 중심의 단계별 지침들은 상황이 잘 풀리지 않을 때 뭘 해야 할지에 대해서는 알려주지 않는다. DBT는 **원리 기반 치료**이자 **프로토콜 기반 치료**이며, 바로 치료 초반부터 그렇게 시작된다. 치료자가 치료에 들어서는 첫 순간부터 치료 패키지 전체를 활용해야 하는 경우가 대부분이다. DBT에 진입하는 것을 수영장에 들어가는 것처럼 생각해본다면 그 수영장에는 물이 얕은 부분이 아예 없다고 보면 된다.

마지막으로 살만한 삶에 대한 대화는 DBT가 '자살 예방' 치료가 아니라 살만한 삶을 만드는 데 중점을 둔 치료라는 것을 환자에게 가장 잘 보여주는 개입이다. 여러 역기능적인 행동을 줄이겠다는 목표보다 더 나은 삶을 가져올 수 있는 무언가를 향해 노력하는 것이 훨씬 더 동기 부여가 된다. 환자가 자신의 삶의 질을 개선하는 데 성공한다면 자살을 하겠다는 계획이나 충동은 자연스럽게 설득력이 없어지고 덜 필요해진다. 축구장 은유에서 볼 때, 만약 환자가 살만한 삶 골대를 향해 달려가고 있다면 그녀는 동시에 자살 골대로부터 점차 멀어지고 있으며, 중독, 해리, 섭식장애, 비자살적 자해 등이 그녀를 유혹할 수 있는 공간으로부터도 벗어나고 있는 것이다.

마치며

죽고 싶어 하는 환자나 직간접적인 자기 파괴적 행동을 중심으로 정체된 삶을 살아가고 있는 환자를 치료할 때, 우리는 죽음을 통해 불행을 피하고 싶은 마음과 의미 있는 삶, 즉 살만한 삶을 살고 싶은 마음 사이의 변증법을 자연스럽게 만나게 된다. DBT의 사전 치료 단계에서는 규정된 계약하기 전략을 수행하는 동안 살만한 삶에 대한 대화가 계속 해서 오고 갈 것이다. 치료자가 이 중요한 대화를 인식하고 참여할 수 있다면, 그는 광범위한 치료 과제를 다룰 수 있는 몇 가지 기회를 얻게 된다. 치료자는 (1) 자살 대 살만한 삶 변증법과 관련된 변증법적인 입장을 취할 수 있고, (2) 긍정적인 미래를 구상하고 목표를 수립하기 위한 기술의 결핍을 평가하고 해결할 수 있으며, (3) 치료의 초기 역경을 자애롭고 효과적으로 다루면서 환자와 치료자 사이에 더욱 강한 애착을 형성할 수 있다.

이제 DBT의 핵심 사명, 즉 원리 기반의 접근을 활용하여 환자가 살만한 삶을 살 수 있도록 돕는 것에 대해 충분히 논의했으므로 다음 장에서는 DBT의 세 가지 기본 패러다임인 변화, 수용, 변증법 패러다임과 각각으로부터 발생하는 원리들에 대해 자세한 논의를 펼쳐볼 것이다.

제2장

DBT의 세 가지 패러다임

몇 년 전 나는 대학 하키 경기를 처음으로 관람했다. 하키 경기의 규칙, 전략, 선수들에 대해 잘 알지 못했던 나라도 단번에 유난히 뛰어난 선수가 있다는 것을 알 수 있었다. 먼저 그는 기본적으로 스케이팅, 퍽 핸들링, 패스, 슈팅, 체킹(상대편 선수가 퍽을 핸들링하고 있을 때 합법적으로 때리는 것)과 같은 전문 기술에 통달해 있었다. 그의 기술 능력은 엄청난 훈련을 통해 자동적으로 발휘되어서 그것에 대해 생각을 하지 않아도 되는 것처럼 보일 정도였다. 둘째, 그는 고조된 의식(heightened awareness)을 갖고 있는 것처럼 보였다. 즉, 그는 마치 경기를 어떤 상위 수준의 관점에서 볼 수 있어서 모든 방향에서 사물들을 있는 그대로 정확하게 볼 수 있는 듯했다. 그는 마치 퍽이 어디로 움직일지를 항상 다른 선수들보다 앞서 알고 있는 듯 침착하고, 안정되고, 예지력이 있는 것처럼 보였다. 마지막으로 그는 계속해서 변화하는 주변 상황들에 대한 반응으로 어디로든 움직일 수 있었다. 달리 말해, 그는 자신의 전문적 기술과 '링크 의식(rink awareness)'을 유지하면서도 필요시 능숙하게 임기응변을 발휘하며 빠르게 움직일 수 있었다.

이러한 세 가지 자질, 즉 전문적 기술, 고조된 의식, 임기응변 능력은 스포츠, 예술, 음악, 무용, 대중 연설, 창업 등 인간이 임할 수 있는 거의 모든 분야에서 최고의 수행자가 혁신적인 작업을 이루어낼 때 필수적인 요소들이다. 이 점은 유능한 DBT 치료자에게도 마찬가지로 적용된다.

DBT의 발전과 세 가지 패러다임 관점

DBT는 자살 행동 문제에 행동주의의 전문적 기술들을 적용하려는 리네한의 노력으로 시작되었다. 행동주의는 DBT의 초기 치료 패러다임인 변화 패러다임의 기초가 되었다. 하지만 경계선 성격장애로 진단된 내담자들은 정서적으로 민감하고 반응적이며 오랜 기간 동안 자신의 경험이 광범위하게 무효화되어 왔기 때문에 변화 지향적인 치료는 이들이 견디기 어려운 과정이었다. 이에 대응하여 리네한은 견딜 수 있는 힘만 있다면 행동 변화 전략이 효과적일 수 있다는 확신은 유지하면서 다른 성격의 개입들을 추가하기 시작하였다. 그녀는 더욱 경청하며, 환자의 경험들을 더 탐구하고, 그 경험의 현실을 인정하고, 역기능적인 행동 패턴에서도 '진실의 일면(kernel of truth)'은 타당화하였다. 이러한 추가 개입들이 정확성과 연민의 태도를 가지고 시행되었을 때 환자들은 이해받는 느낌, 안전감, 치료자와의 친밀감을 한층 더 깊이 느끼며 대개 예전보다 더욱 정서적으로 조절된 상태가 되었다. 리네한은 이러한 상태에서 다시 변화 의제로 돌아가 행동 기법들을 사용하는 것이 효과적이라는 것을 깨달았다. DBT 개발 초반에 리네한은 인지행동적 문제 해결 전략들을 '쓰지만 효과적인 약'으로, 타당화 전략들은 그 약을 잘 먹을 수 있도록 돕는 약의 '설탕 코팅'으로 설명하였다. 연민의 태도로 환자들을 수용하고, 정확성을 가지고 개입을 하기 위해서 치료자는 자신의 수용 및 자각 수준을 높여야 했다. 수용과 자각의 함양은 마음챙김 원리와 실천에 기초를 두었다.

리네한은 행동주의와 마음챙김에 각각 기반하여 변화 개입과 수용 개입을 균형 있게 맞출 수 있게 되자 그 둘을 오가며 환자들이 살만한 삶이라는 목표로 향할 수 있도록 DBT 치료자들을 훈련하기 시작했다. 실질적인 측면에서 보면, 치료는 변화를 추진하고, 환자의 반응을 알아차리고, 수용을 전달하고, 또 다시 변화를 추진하는, 그런 왔다 갔다 하는 과정으로 진행되었다.

그럼에도 불구하고 치료는 환자와 치료자 사이의 고착된 패턴으로 인해 종종 난관에 부딪히게 되었고, 이것은 마비를 불러일으키는 수동성이나 해결되기 힘든 갈등의 모습으로 나타났다. 변화와 수용 패러다임 사이의 균형으로는 불충분해 보였다. 리네한은 치료에 치료자의 임기응변 능력을 강화시키기 위한 세 번째 종류의 개입을 넣기 시작하였다. 경직성, 교착 상태, 저항을 융통성, 움직임, 통합으로 대응하도록 돕는 이러한 개입은 변증법적 철학과 실천에 기반하고 있다. DBT에서 재즈 음악과 비교되는 변증법은 즉흥성을 촉진하는 역할을 하였다. 본질로 들어가 보면, 효과적인 DBT 치료자는 (행동주의에서 비롯한) 인지행동적 기술들, (마음챙김에 기반한) 고조된 수용성과 알아차림, (변증법적 철학에 기초하고 있는) DBT의 변화, 수용, 변증법적 패러다임들을 활용한 임기응변 능력을 통합하여 고착된 행동 패턴을 변경시키고, '환자를 지옥으로부터 나올 수 있게' 한다. 각 패러다임은 특정 전략세트를 만들어내어 치료의 세 가지 전략적 핵심(triadic strategic core)을 구성하였다. 이는 변화 패러다임에서 나온 문제 해결 전략, 수용 패러다임에서 나온 타당화 전략, 그리고 변증법적 패러다임에서 나온 변증법적 전략이다.

DBT 실천의 어려움

단순하게 보이는 이 세 가지 패러다임 관점은 DBT를 실제로 실천하기 위해 받아야 하는 훈련의 복잡성과 대조된다. 치료자는 학습 과정의 초반에 수많은 선택 사이에서 혼란스러움을 경험할 수 있다. DBT를 하기 위해 치료자는 거의 매 회기에서 행동 평가로 돌아가야 하고, 회기 내내 가장 높은 우선순위의 목표에 초점을 맞추고, 환자의 주요 '순간 감정'을 추적하고, 합의 내용들과 가정들을 유지하고, 대략 85가지의 전략들과 여러 특화된 '구조적인 프로토콜'을 적용하며, 100가지 이상의 기술들을 가르치고 강화시켜야 한다. 물론 이 모든 것은 적절한 타이밍과 요령으로 각 환자가 시시각각 보이는 반응들에 대해 깨어 있는 상태에서 진행되어야 한다. 게다가 DBT 치료자들은 많은 경우 생사의 문제를 다루는 어려운 회기 과정 중에 조절하기 힘든 자신의 감정들까지 감당하면서 이 모든 것을 해내야 한다. 나 역시 개인적으로 이러한 거대한 학습 난제들을 경험했으며, 치료자들이 훈련 회기 중 정보 과부화로 인해 고통스러워질 때 얼굴에서 '놀라 얼어붙은 사슴 표정'이 나타난다는 것을 알게 되었다.

이러한 문제는 DBT를 처음 접하는 치료자들만 경험하게 되는 어려움이 아니다. 치료 매뉴얼을 고수하면서 개별 환자에 맞는 반응을 하고, 자신에게도 충실하며, 치료 목표에 집중할 수 있으려면 고도로 숙련된 DBT 치료자라도 상당한 연습과 전문 지식이 필요하다. 마찬가지로, 풍경 화가는 150가지 색조를 포함한 팔레트에서 다음에 칠할 색상을 선택할 때 어려움을 느낄 수 있다. 150가지의 색상을 모두 훑어보고 선택하는 활동은 화가의 상상력과 페인팅의 흐름을 완전히 중단시킬 것이기 때문에 화가는 그렇게 하지 않는다. 대신 색들은 붉은 색상, 노란 색상, 푸른 색상 등 몇 가지 색상 스펙트럼으로 묶일 수 있다. 아마도 화가는 "내게 지금 필요한 건 붉은 색조야"라고 혼잣말을 한 후, 해당 색조의 색상들 중 빠르게 선택을 할 것이다. 화가는 그림이 요구하는 것에 초점을 유지하면서 자신의 상상력과 계속 접촉을 하며 최적의 색상을 빠르고 유동적으로 선택한 후 페인팅을 계속 해내갈 것이다.

마찬가지로 회기에서 주어진 순간에 직면한 DBT 치료자는 85가지의 전략들, 몇 가지의 프로토콜, 그리고 100개의 기술에 대해 생각하고 있을 수 없다. 이러한 개입들은 평가 전략, 구조적 전략, 변화 절차, 수용 전략, 변증법적 전략 등 몇 가지 주요 범주로 분류된다. 치료자는 "행동 변화를 격려해야 해"라고 말하며, 변화 지향적인 불손한 의사소통 스타일의 말투와 함께 문제 해결 절차들 중 하나를 신속히 고려할 수 있을 것이다. 이를 통해 그는 순간적인 요구와 선택에 집중하고 목적지와 상상력과의 접촉을 유지하며, 최적의 전략적 선택지를 신속하고 유동적으로 찾아 진행할 수 있다. 자신의 치료를 녹화/녹음한 자료를 검토하고, 공부, 연습, 수퍼비전 등을 해내갈 때 치료자의 치료 실제는 보다 직관적이고 자동적으로 될 수 있다. 예컨대, 우리는 더 이상 변화를 강하게 추진할 수 없을 때를 '알게' 되며, 변화를 증대시키거나 (일시적으로) 완전히 내려놓고 자동적으로 수용 개입을 추가하거나 수용 개입으로 옮겨가서 그저 그 순간을 있는 그대로 수용하며 환자의 저항 속에 숨어 있는 '진실의 일면'을 타당화한다. 또 다른 경우, 이미 변화 전략에서 수용 전략으로 넘어갔지만 여전히 교착 상태여서 움직임의 감각이 서서히 중단되어갈 때 우리는 '변증법적으로 가야' 하는 것을 '알게' 된다. 우리는 양극단에 있는 입장들을 펼쳐보일 수 있는 원리들과 전략들을 활용하고, 중도를 발견하여 그 위에서 움직임을 만들어낸다.

이러한 패러다임들 사이의 흐름, 즉 패러다임에서 원리로, 또 전략으로, 그리고 다시 평가로 가는 알고리듬과 같은 움직임은 DBT 훈련을 받는 초창기 시절에는 사실 내 머릿속에 없는 개념이었다. 그 당시 나는 그저 치료 전략과 기술을 하나하나 학습하고 있었고, 빠르게 진행되는 실제 회기에 적응하려고 부단히 노력하면서 나의 마음은 원리나 환자보다는 프로토콜과 전략에 집중하고 있었기 때문에 아마도 뻣뻣하고 신중한 사람으로 비추어졌을 것이다. 그때 나를 만난 많은 환자는 DBT 치료 매뉴얼의 지침에 따라 지시와 재촉을 받으면서 힘겹게 끌려가는 경험을 했을 것이다. 시간이 지나서야 나는 치료실에 두 명이 아닌 세 명, 즉 환자, 나, 그리고 매뉴얼이 있었다는 것을 깨달았다. DBT의 무수한 개입을 평가, 변화, 수용, 변증법이라는 몇 가지 카테고리로 범주화할 수 있다는 것을 깨닫고 나서는 현재의 행동 목표에 집중을 유지하고 환자의 상태를 살펴보고 나 자신과도 접촉을 하면서도 더욱더 직관적이고 신속하게, 그리고 역동적이고 유연하게 회기를 진행할 수 있게 되었다. 나는 더 큰 자유와 자신감을 경험하였다. DBT의 핵심 마음챙김 기술 용어들을 사용하여 표현하자면, 나는 더욱 효과적으로(effectively), 한 마음으로(one-mindfully), 비판단적(nonjudgmentally)으로 치료에 참여할 수 있게 되었다. 현재의 개입이 효과가 없다면 필요에 따라 다른 개입으로 움직일 수 있다는 것을 알고 나서 더욱더 자신 있게 개입할 수 있게 되었다. 몇 년간의 실습 끝에 나는 원리 기반 치료의 큰 이점들에 더욱 감사하게 되었다. 이렇게 새롭게 파악된 관점이 치료 장면에서 어떻게 작용하였는지 트레이시(가칭)라는 젊은 여성과의 회기를 통해 자세히 살펴보도록 하자.

원리 기반 치료의 사례 예시

나는 트레이시와의 접수면접 평가를 통해 경계선 성격장애 진단을 하였고, 그녀와 나는 합의된 치료 목표들을 도출하였다. 나는 그녀에게 치료에 대한 소개를 하였고, 치료 표적들과 계획에 전념하겠다는 초기 약속을 받았다. 그렇게 우리는 표준적인 방식으로 치료 회기에서 함께 작업하기 시작하였다. 트레이시는 여러 다른 치료들을 받은 경험이 있었고, 물질 치료로도 나아지지 않았기 때문에 도움을 받는 것에 대해 회의적인 상태에서 '마지막 수단'으로 나에게 찾아왔던 것이었다. 그녀의 우선순위별 표적 목록에는 물질 과다 복용과 자살 시도(목을 조름), 빈번하지만 치명성은 낮은 자해 행동(손목 긋기), 간헐적으로 '죽음을 유혹'하기 위해 위험한 속도로 운전하는 것, 이전 치료에서의 일관적이지 않은 참석률, 매일같이 경험하는 고통스러울 정도로 강렬한 정서적 반응들과 급격한 기분 변화, 자신의 불안이나 부정적인 기분을 무디게 하기 위해 매일 대마초를 피는 행동, 강렬한 관계에 있지 않으면 경험되는 끔찍한 공허함, 상심과 분개를 유발하는 격렬한 관계 패턴, 불규칙한 지출 패턴, 지속되지 않는 플라토닉한 우정 등의 여러 문제가 포함되어 있었다. 그녀는 경계선 성격장애 진단의 아홉 가지 기준을 모두 충족하였다. 그녀는 자신이 방향성 없이 '몽유병에 걸린 듯 인생 길을 걸으며' 매일같이 새로운 길을 택하고 있다고 표현하였다. 그녀는 자신이 '근본적으로 결함'이 있고, '통제 불능'이라고 생각하였다. 나는 평소대로 DBT에서 다루는 문제들에 대해 소개하면서 아홉 가지 기준을 4개의 기술 훈련 모듈을 통해 다루는 조절장애의 다섯 가지 범주(정서, 대인관계, 행동, 인지, 자기)로 재구성하여 알려주었다. 그랬을 때 그녀는 일시적인 희망을 느꼈다. 즉, 자신의 상황이 좀 더 정리된 느낌, 익숙한 낙인으로부터 벗어나 회복을 향해 갈 수 있을 거라는 느낌을 받았다. 그렇지만 이 긍정감은 우리의 치료 작업이 본격적으로 시작되자 빠르게 사라져버렸다.

첫 한 달 동안 그녀는 치료 회기에 기진맥진한 상태로 늦게 도착하고는 미안해하였다. 그녀는 마치 길을 헤매다가 예상치 못하게 내 앞에 나타난 사람이란 인상을 주었다. 그녀는 항상 일종의 격렬한 감정적 사건의 중심에 있는 것처럼 보였고, 일주일 전에 우리가 함께 이야기했던 내용을 거의 기억하지 못했다. 그녀는 회기에 와서 마치 내가 자신의 골치 아픈 관계에서 있었던 가장 최근 사건들을 알고 있을 거라 생각하는 듯이 내가 잘 이해되지 않는 지점부터 이야기를 시작하곤 했다. 한번은 평소와 같이 늦게 도착해서 바삐 치료실로 들어와서는 바닥에 가방을 떨어뜨려놓고(가방에 들어 있던 모든 것이 쏟아져 나오도록) 의자에 털썩 앉은 후 시선을 아래로 떨군 채 나와 전혀 눈을 마주치지 않으면서 바로 이야기를 하기 시작했다. 그녀는 명백히 몹시 화가 나 감정에 압도되어 있는 상태였고, 그녀의 목소리의 톤은 "나에게 무슨 말이라도 하기만 해봐요! 전 감당할 수 없어요. 한마디라도 하면 소리 지를 거예요!"라는 메시지를 전달하고 있는 것 같았다. 시작된 지 불과 몇 초 만에 이 회기는 강렬한 감정, 절박함, 충동성으로 가득 채워졌다.

나는 그녀의 말, 이야기, 톤, 자세, 표정 등을 민감하게 관찰하며 그저 경청하는 것으로 시작하였다. 나는 그 순간 그녀의 상태에 이입하여 그녀에게 벌어진 현실들을 이해하려고 노력하였고, 경청과 반응을 통해 접촉을 하려고 하면서 마음챙김의 기본적 원칙에 의지하며 수용 패러다임 안에서 개입하였다. 몇 초 만에 나는 첫 세 가지 단계의 타당화(완전히 깨어 있으면서 그녀가 한 말을 반영해주고, 표현되지 않는 부분을 표현해주었음)와 상호적 의사소통 스타일(드러난 내용에 대해 깨어 있고 반응을 보이며, 따뜻하고 진솔함)을 사용하였다. 나는 그녀가 치료실로 가져오는 절박함과 혼란이 내 안에서도 약간 느껴지는 것을 알아차리게 되었고, 또 어떻게라도 그녀를 구제하여 고통을 줄여줄 수 있는 방법을 찾고 싶은 욕구가 내 안에 있다는 것도 발견하였다. 그 순간의 현실을 있는 그대로 받아들이는 것을 강조하는 마음챙김 패러다임을 유지하며 나는 기본적으로 한마음으로 존재하기(being one-mindful)와 관찰하기(observing)라는 DBT의 핵심 마음챙김 기술을 사용하면서 그저 경청하는 자세로 있었다. 회기가 시작된 지 45초 만에 정서 조절 문제가 수면으로 올라와 있었고, 그녀가 치료에 늦는 것도 치료에 방해되는 표적 행동으로 나의 주의를 끌었다. 앞서 언급한 대로 나는 여러 타당화 전략과 마음챙김 기술을 사용하며 수용과 알아차림에 기반한 입장을 취하고 있었다.

그러던 중 그녀는 갑자기 전 남자친구가 다시 만나자고 했다며 그에 대한 화를 표출하기 시작하였다. 이전에도 그녀의 이러한 패턴을 목격한 적이 있었기 때문에 그녀의 감정이 내가 멈출 수 없을 정도로 빠르게 고조되고 있다는 것을 느낄 수 있었다. 이 시점에서 어떤 식으로 진행을 하면 좋을지 스스로 질문하였다. 무엇이 DBT와 일치하는 방법일까? 나는 여기에 존재하는 변증법이 있다는 것을 깨달았다. 즉, 나는 수용 패러다임에 머물러 있거나 아니면 변화 패러다임에 따라 행동 변화를 추진할 수 있었다. 수용의 측면에서는 계속 타당화를 하는 방법이 있었다. 그러한 방식은 아마도 그녀가 해당 사건에 대한 자신의 감정들을 표현할 때 자신이 이해받는 느낌을 받게 하여 감정들을 보다 효과적으로 조절할 수 있도록 했을 것이다. 하지만 표준 DBT 실제에서는 이 시점에서 변화의 방향으로 가는 것이 권장되며, 내담자의 전 주를 평가하고 가장 우선순위로 표적을 삼을 행동을 결정하는 과정의 일환으로 그녀의 관찰 일지를 보는 시간을 갖게 된다. 그녀에게 관찰 일지를 보여 달라는 요청을 해야 하는 시간이라는 생각이 내 머릿속에 떠올랐을 때 나는 그러고 싶지 않다는 충동을 느꼈다. 그 시점에서 그녀에게 관찰 일지를 보여 달라고 하는 것은 마치 응급실에서 피를 흘리고 있는 자동차 사고 피해자에게 보험 정보를 묻는 것과 비슷하다고 느껴졌다. 반면, 그녀의 반응이 두려워서 관찰 일지를 요구하지 못한다면 나는 그녀를 연약한 사람 취급을 하게 되고 기분에 의존하는 역기능적 행동 패턴을 강화시키는 것일 수 있다. 나는 관찰 일지를 요청하고 싶지 않은 나의 마음과 반대되는 행동을 택하였다. 나는 그녀의 말을 멈추고, 전 남자친구와 관련된 상황으로 조금 있다가 다시 돌아오겠다고 설명한 후 사무적인 말투로 관찰 일지를 보여 달라고 하였다. 패러다임 관점에서 보면 나는 수용에서 변화로 전환하여 문제 해결 전략들을 사용하기 시작하였다.

나의 예상처럼 그녀는 자신이 방해받았다고 느꼈고, 마치 내가 그녀에게 찬물을 끼얹은 것처럼 행동했다. 그녀는 나를 쳐다보지도 않으며 관찰 일지를 꺼내는 시늉조차 하지 않았다. 그녀는 상처받고 화가 난 듯 보였으나 아무 말도 하지 않았다. 그녀는 자기 안으로 침잠하여 말하기를 거부하는 것처럼 보였다. 나는 그녀를 방해한 것에 대해 미안하다고 하며, 좀 더 눈치 있게 할 수도 있었을 텐데 그래도 DBT를 통해 그녀의 삶을 바꾸기 위해서는 회기의 안건을 정해야 한다는 것을 알려주었다. 그녀는 계속 침묵했고, 난 내가 그녀를 더 화나게 했다는 인상을 받았다. 그녀는 나의 질문에 답을 하지 않았고 나는 마치 벌을 받는 기분이 들었다. 몇 분이 지나고 나서 나는 다시 한 번 내가 한 일에 대한 그녀의 반응을 표현해볼 수 있겠냐고 물었다. 난 우리가 어떤 교차로에 서 있는 느낌이 들었다. 나는 그녀에게 무슨 일이 일어나고 있는지, 이제 내가 무엇을 하는 게 좋을지 확신할 수 없었다. 회기에 변화를 도입한 후, 나는 다시 잠시 수용의 입장으로 돌아갔다. 나는 비언어적 의사소통의 미묘한 변화에 주의를 기울이면서 안정을 유지하려고 애썼다. 나는 그녀를 대면하고 싶은 충동과 그녀에게 사과하고 그녀를 구제하고 싶은 반대 충동이 내 안에서 동시에 올라오는 것을 알아차렸다.

문득, 우리 사이에 일어난 일이 그녀에게 새롭지 않을 수 있고, 어쩌면 이것이 그녀의 관계들을 전반적으로 방해하고 있는 것일 수 있다는 생각이 내 머릿속을 스쳐 지나갔다. 나는 "트레이시, 내가 당신의 이야기를 방해한 방식이 조금 서툴렀던 것 같아요. 그런데 혹시 이런 일이 당신에게 가끔 일어나나요? 이번 계기를 통해 우리가 서로 잘 어울릴 수 있도록 도움이 되는 무언가를 배울 수 있을지 궁금하네요." 나는 우리가 난관에 빠졌다는 것을 깨달았다. 그럼에도 치료의 흐름을 유지하고 싶었고, 내가 한 개입과 그녀의 반응이 모두 타당했다는 것을 인식하려 애쓰며 '좋지 않은 상황에서도 최선을' 이끌어내려고 하였다. 이것이 DBT에서 말하는 변증법적 전략이다. 복습을 하자면, 나는 먼저 수용 패러다임에서 회기를 시작했었고, 그녀에게 관찰 일지를 요청하면서 변화 패러다임으로 넘어갔으며, 그녀의 분노 반응에 귀 기울이면서 다시 수용으로 돌아갔다가, 우리의 대립을 강조하면서 통합을 찾으려고 하는 '좋지 않은 상황에서도 최선을' 이끌어내는 전략을 사용하면서 변증법적 패러다임으로 넘어왔다. 결국 이 전략이 막힌 길을 뚫었다. 트레이시는 "당신은 엉터리 치료자예요!"라고 소리치며 환자를 방해하는 치료자가 어떻게 좋은 치료자가 될 수 있냐며 따졌다. 그 시점에서 그녀는 관찰 일지를 쓰는 것이 너무 어렵고 '바보짓' 같아서 이번 주에는 쓰지 않았다고 하였다. 그렇게 해서 우리는 관찰 일지가 치료에 왜 포함되어 있는지, 그리고 그녀가 일지를 쓰기 싫었던 이유들은 무엇이었는지에 대해 이야기하였다. 즉, 우리는 다시 변화 지향적 안건으로 돌아와 치료 소개와 치료에 다시 전념하는 작업을 하였다. 내가 계산해봤을 때 이 회기의 처음 몇 분 동안 나는 무려 열세 가지의 치료 전략을 사용하였다. 그렇지만 나의 의식은 단순하게 수용으로 시작해서 변화로 넘어갔다가 다시 수용으로 돌아온 후 변증법으로 넘어갔다가 다시 변화로 돌아오는 것에 집중하였다. 모든 전략과 기술을 고려하는 것보다 이 세 가지 중요한 기어(gear) 사이에서 움직이는 것이 DBT 회기를 '운전'하는 가장 효과적인 방법이다.

마치며

이번 장에서는 종합 DBT의 맥락에서 세 가지의 패러다임에 대해 소개하였고, 내담자들과의 치료 회기를 진행하면서 이 패러다임들 사이에서 어떤 식으로 오고갈 수 있는지를 살펴보았다. 다음에 이어지는 3개 장에서는 각 패러다임의 원리에 대해 보다 자세히 살펴보면서 어떻게 치료에 적용되는지를 보여주려고 한다. 이번 장을 좀 더 실질적으로 마무리하기 위해 DBT 회기를 진행하는 동안 내가 항상 의식하는 주요 요인들을 요약하였다. 이것들은 내게 선택지를 줄만큼 넉넉하지만, 구조와 집중을 유지할 수 있을 만큼 추려진 것이다.

1. 치료의 전반적인 안건을 제공하는 1차 목표에 집중한다. 2차(혹은 도구적) 목표는 1차 목표를 달성하기 위해 필요한 만큼만 다룬다.
2. 환자의 현재 활성화된 감정, 특히 잘 조절되지 않는 감정에 주의를 기울인다. 정서 조절 곤란은 DBT에서 환자들을 이해하고 치료하기 위한 핵심 구인이다.
3. a. 생물사회적 이론, b. 치료자 계약, c. 환자에 대한 가정, d. 치료에 대한 가정, e. 치료의 현재 단계 등에 나와 있는 치료 지침과 일치하는 개입을 실시한다.
4. 회기를 구조화하기 위한 구조적 전략(회기 시작, 목표 설정, 관찰 일지 검토 등)을 사용한다.
5. 자살 행동이 증가하거나 임박한 경우, 자살 위기 프로토콜을 사용한다.
6. 꾸준히 평가로 다시 돌아간다.
7. 현 시점에서 세 가지 패러다임(변화, 수용, 변증법) 중 가장 적합한 것이 무엇인지를 고려한다. 선택된 패러다임과 일치되는 전략들을 사용한다.

만약 내가 DBT 치료자로서 치료의 방향을 정하는 일이 매 순간 세 가지 패러다임 사이에서 선택하는 비교적 단순한 일로 여겨지게 만들었다면, 나는 독자에게 몹쓸 짓을 한 것이다. 심리치료는 매우 어려운 작업이다. 치료 과정의 매순간마다 수많은 선택지들이 있고 각 선택지의 결과는 예측하기 어렵다. 하지만 이때 세 가지 패러다임의 구성체를 기억하는 것은 유용할 수 있다. 각 패러다임은 다양한 전략들을 보유하고 있으며 이 패러다임 관점은 특히 치료에서 어려운 상황이 발생할 때 유용해진다. 각 패러다임은 특정 방향을 제시하며, 치료자는 회기 중 간단한 평가, 직관력, 완전히 깨어있는 의식, 반응성 등을 의지하며 느낌적으로 앞으로 나아갈 수 있다. 치료자는 밀고 나가는 방향으로 움직이지만, 언제 좀 더 밀어붙일지, 언제 물러날지를 감지하면서 진행한다. 그는 수용의 자세를 취하면서도 적극적으로 공감과 이해를 전달할지 아니면 잠잠히 있을지를 결정한다. 경직된 양극 사이에 놓인 그는 고조된 움직임과 즉흥적인 동작으로 옮겨가면서 직감을 통해 그 '움직임'이 클지 작을지, 빠를지 느릴지를 결정한다.

마지막으로, 치료자가 세 가지 패러다임의 방향 사이에서 어떻게 움직일지 또 언제 움직일지에 대한 결정을 할 때 두 가지를 유의해야 한다. 첫째, 수용 패러다임은 행동 변화를 촉진할 때 배경에서라도 거의 항상 존재해야 하며 영향을 발휘해야 한다. 환자의 만연한 자기 무효화에 대항하기 위해서는 편안한 타당화 환경(validating environment)에서 애착이 주는 이점들을 촉진하고 변화 지향적인 작업을 지원하는 것이 큰 도움이 된다. 둘째, 목표 지향적 치료인 DBT에서 세 가지 패러다임이 가지는 우선순위는 동일하지 않다. 즉, 목표 지향적 패러다임인 CBT가 DBT의 중심이며, 다른 두 패러다임은 필요한 경우 CBT를 보강하기 위한 방법이라고도 할 수 있다.

이 장에서는 세 가지 패러다임을 소개하고 치료자가 각 패러다임을 회기 내에서 어떻게 사용할 수 있을지를 다루었다. 다음 세 장에서는 각 패러다임에 수반하는 원리들을 좀 더 자세히 살펴볼 것이다.

제3장

수용 패러다임

DBT 실제에서의 수용과 마음챙김

DBT 치료의 발전 배경을 다시 요약하자면, 리네한은 자살 행동을 치료하기 위해 먼저 CBT의 문제 해결 전략들을 적용함으로써 변화 패러다임에서 출발하였다. 그 후, 환자의 고통을 다루는 과정에서 CBT가 보다 효과적으로 적용될 수 있도록 하기 위해 수용 기반 전략들을 추가하였다. 또한 치료에서 흔히 나타날 수 있는 경직성, 양극화, 갈등 문제들을 다루기 위해 변증법적 관점에서의 전략들을 추가하였다. 이제 우리는 세 가지 패러다임에 대한 논의를 본격적으로 시작할 건데, 치료 발전 순서와는 다르게 수용 패러다임에 대한 논의를 제일 먼저 할 것이다. 그 이유는 첫째, 수용은 세 가지 중 가장 오래된 것으로, 그 시작은 약 2500년 전 부처의 삶으로 거슬러 올라간다. 수용은 'DBT 나무'(제6장 참조)의 깊은 뿌리라고 할 수 있다. 둘째, 대부분의 경우 수용 지향 개입들은 인지행동적 및 변증법적 전략들을 효과적으로 사용하기 위한 전제 조건이다. 제1장에서 설명한 것처럼 '환자와 지옥으로 들어가는 것'은 환자가 지옥에서 벗어날 수 있는 방법을 찾는 데 필수적이며, 주의 깊게 듣고 타당화하는 것, 즉 기본적으로 수용과 고조된 알아차림이 필요하다. 셋째, 이상적으로 우리는 열린 마음과 연민 어린, 수용적인 태도로 각 치료 회기, 기술훈련 집단, 전화코칭 통화, 자문팀 미팅에 참여한다. 내가 깨어있고, 비판단적이고, 온전히 함께하는 수용의 입장에서 치료를 시작할 때 환자가 변화할 수 있도록 더욱 효과적으로 도울 수 있다는 점은 경험적 자료를 제시하며 입증할 수는 없지만 나의 임상적인 경험에 근거하여 확신하는 바이다. 회기가 시작될 때 내가 그 자리에 진정으로, 온전히 환자와 함께할 때, 환자들은 그것을 알아차린다. 그들이 그 점을 알아볼 수 있다는 것을 나도 느낄 수 있다. 그리고 그것은 회기에 관련성과 직접성이라는 분위기를 불어넣는다. 마지막으로, 여기서 수용 패러다임에 대한 설명으로 시작하는 또 다른 이유는 DBT 기술 모듈을 가르칠 때 수용 기반 마음챙김 기술은 모든 모듈에 핵심이 되기 때문이다. 즉, **핵심 마음챙김 기술**(core mindfulness skills)이라고 불리는 이 기술은 다른 기술들을 배우고 실천하는 데 필수적이다.

DBT의 수용 패러다임은 무엇보다도 마음챙김의 원리와 실제에 기초한다. 마음챙김은 인간의 마음이 가지고 있는 자연적인 능력이며, 지금 여기에서 현실의 전개를 실시간으로 '망상' 없이 명확하고 직접적으로 볼 수 있는 능력이다. 약 2500년 전에 부처가 마음챙김 명상을 소개했지만, 마음챙김의 기본 개념과 관행은 전 세계의 모든 영적 전통과 세속 전통에서도 발견될 수 있다. 마음챙김은 우리가 현재 순간에서 '깨어날 때' 무심결에 일어난다. 예를 들어, 우리는 우리의 삶이나 안녕에 위협을 경험할 때 갑자기 우리가 처한 현실에서 온전히 깨어나 정신을 바짝 차리게 되면서 마음을 챙기게 된다. 이와 같은 상태는 명상을 통해 의도적으로 배양되어 우리 삶의 모든 측면에 현 순간에 대한 알아차림을 가져올 수 있고, 결과적으로 우리의 안녕을 향상시킬 수 있다. 실제로 마음챙김 명상은 몇 세기에 걸쳐 DBT의 수용 패러다임 원리의 핵심을 이루는 통찰을 불러일으켰다. 명상에서 얻어진 모든 관행과 통찰이 DBT 치료자에게 자양분을 제공해주지만 다음 다섯 가지의 중대한 원리는 특히 의의가 있다.

1. 현재 순간 알아차림
2. 비집착
3. 함께 존재함
4. 일시성
5. "세상은 있는 그대로 완벽하다."

이러한 원리들은 서로 협력하여 알아차림, 수용, 연민을 촉진한다. 이것들은 타당화 전략과 DBT의 상호 의사소통 방식을 위한 토대를 마련하고, 치료자들이 치료 중에 자신을 조절하기 위해 사용하는 주요 수단 중 하나가 된다.

현재 순간 알아차림

아마도 수용 패러다임의 중심에 있는 개념과 실제는 '현재 순간이 유일한 순간'이라는 것일 것이며 이것은 다른 수용 원리들의 전제 조건이 된다. 우리의 주의가 과거에 집중하고 있다면, 어떤 기억, 이야기, 일종의 소설에 고착되어 있는 것이다. 우리의 관심이 미래에 있다면, 환상에 끌린 것이다. 틱낫한의 마음챙김 수양회에서 누군가 그에게 우리의 관심이 현재 순간을 벗어나지 않는다면 어떻게 미래를 계획할 수 있을지에 대한 질문을 던졌다. 틱낫한은 미래를 위한 최고의 계획은 미래로 나아가기 위해 현재 순간을 등질 때 이루어지는 것이 아니라 미래를 현재 순간으로 가져올 때 이루어진다고 대답하였다. 현재 순간이 주인이고, 미래는 초대된 손님이다. 그는 과거를 고려할 때도 마찬가지라고 말했다. 우리는 현 순간의 현실에서 벗어나지 않아도 과거를 현재 순간으로 초대할 수 있다. 현실은 여기에 있고 지금이다. 현실은 우리가 알아차리든 그렇지 못하든 일어나고 있다. 그저 우리는 깨어나서 알아차리기만 하면 되고, 그렇게 할 때 현재 순간 알아차림은 보이지 않게, 즉각적으로 우리를 다시 현실로 옮기고 변화시킨다. 틱낫한(1975)은 이 상태를 '마음챙김의 기적'이라고 불렀다.

현재 존재하는 감각, 지각, 생각, 사건에 대한 알아차림을 가지고 현재의 순간에 살 때 비로소 우리는 현실에 닿아 있는 상태에서 모든 일들을 할 수 있다. 우리가 과거를 다루든 미래를 다루든 아니면 DBT 환자들이 문제 해결에 참여하도록 할 때든 우리는 현재 순간에 머무를 수 있도록 노력한다. 외상성 과거의 기억에 의해 '납치'당하고 있는 사람 또는 아직 현실이 아닌 미래에 대한 걱정에 빠져있는 사람은 현재 순간을 경험하지 못하는 상태에서 과거나 미래라는 비현실에 기초하게 되며 결국 눈에 보이지 않는 장애를 가지고 있게 된다. 복잡한 애도(grieving), 외상후 스트레스, 공황 상태(panic), 강렬한 불안 및 걱정은 과거나 미래를 과도하게 의식하는 것과 관련되어 있다. 환자가 불시에 엄습한 외상성 재연(reenactments)에 압도되어 심한 경우에는 현재로부터 해리되는 경우에도 '그라운딩(grounding)' 기법은 환자가 현재 순간에 대한 알아차림을 회복할 수 있도록 하는 구체적인 목표를 가지고 있다. 환자가 비극적인 미래를 상상하면서 불안에 휩싸일 때 숙련된 치료자는 환자가 지금 여기에서 일어나는 관련된 감각들을 관찰하고 묘사하도록 하면서 다시 현실과 연결될 수 있도록 돕는다. 우울한 환자가 본의 아니게 과거, 미래, 세상에 대한 우울한 생각이라는 보호막으로 침잠하기 시작할 때, DBT 치료자는 환자가 자신의 관심과 인식을 현재 순간에 집중할 수 있도록 하는 활동들을 계획하고 실행하도록 돕는다. 현재 순간 알아차림(또는 현재 순간 알아차림의 부재)의 영향은 편재하며, 불변하고, 중대하다.

DBT의 핵심 마음챙김 기술 모듈을 통해 현재 순간이라는 현실을 관찰하고 묘사하는 것, 그리고 그 현실에 온전히 참여하는 것 등을 배울 때 우리는 자신 안에서 지혜를 찾는 법을 습득하게 된다. 그 순간 발생하는 감각, 정서, 욕구, 고통, 행동 반응 및 관계 사건 등을 관찰하고 묘사하는 것은 환자가 나머지 세 가지 기술 모듈에 효과적으로 참여함으로써 자신의 정서적 반응을 바꾸고, 고통을 인내하고, 관계 패턴을 변화하는 노력을 하기 위한 전제 조건이다.

그리고 과거에 대한 반응이나 미래에 대한 두려움, 또는 현실에 대한 근거가 부족한 해석으로 인한 환자의 정서적인 반응과 문제를 일으키는 인식과 오해는 (본질적으로 모든) 치료자들을 누누이 궤도에서 벗어나게 한다. 이때 현재 순간을 회복하는 시도는 치료자가 명확하게 보고, 현실을 수용하고, 자기 조절을 할 수 있도록 하는 데 가장 중요하다. 때때로 치료자 자신이 '현재 순간에 있기'를 실천하지 못하고 있다는 사실을 깨닫게 된다면 의자에 닿아 있는 자신의 몸 혹은 바닥에 닿아있는 자신의 발을 알아차리면서 중력의 중심이 복부 쪽으로 움직이는 것을 경험하는 등 자신의 몸에 주의를 기울이는 과정을 통해 다시 현재로 돌아올 수 있다. 즉, 현재 순간 알아차림은 치료자의 자기보호 능력의 핵심 기술이며, DBT에서 매우 중요한 과정인 **철저히 현실을 수용하는** 과정에 꼭 필요한 기술이다.

비집착

2,000년이 넘는 마음챙김 명상에서 비롯된 불교도의 관점에서는 집착은 인간이 가지고 있는 괴로움의 근본적인 원인이며 집착을 내려놓는 것은 그 괴로움을 줄이는 가장 중요한 수행이다. 이러한 치료적 맥락에서의 **집착**은 존재 간의 애착을 뜻하지 않는다. 환자와 치료자 간의 애착은 DBT 치료의 중요한 요소이다. 여기서의 집착은 신념, 지각, 소유, 선호, 마음 상태에 대한 집착을 의미한다. 어떤 사람이 나처럼 고관절염을 앓고 있다면 그는 고통을 경험하고 있을 것이다. 만약 그가 육체적 고통 외에도 자신에게 관절염이 없어야 한다는 믿음이나 관절염이 있다는 것이 불공평하다는 생각에 매여 있다면,

그는 자신의 고통에 괴로움을 추가시키는 것이다. 어떤 사람이 젊음을 유지하는 것에 매여 있다면, 노화 과정을 동반하는 불가피한 고통스러운 현실은 늙으면 안 된다는 신념 때문에 더욱 괴로워진다. 건강한 상태만이 용납될 수 있는 온당한 상태인 듯 건강에 얽매여 있는 사람에게는 그러한 집착이 질병의 자연스러운 불편감에 괴로움을 더할 것이다. 관계, 사람, 애완동물, 직장을 잃는 것은 결코 용납할 수 없고 절대로 일어나서는 안 되는 일이라고 생각하는 사람은 불가피한 슬픔 외에도 그러한 생각으로 인해 더욱 괴로울 것이다. 부처는 인생이 필연적으로 고통으로 가득 차 있고 그러한 고통스러운 현실에 저항하거나 항의하는 것이 추가적인 고통을 유발한다는 것[불교의 사제(四諦) 중 첫 번째와 두 번째 진리]을 깨닫고는 고통의 완화는 현실을 그대로 인정하고 받아들이면서 신념, 지각, 소유물, 정신 상태에 대한 집착을 내려놓음으로써 얻어진다(세 번째 진리)고 가르쳤다. 바로 이러한 깨달음에서 다음과 같은 친숙하지만 출처가 모호한 격언이 나오지 않았나 싶다. "고통은 불가피하지만 괴로움은 선택사항이다."

이러한 깨달음은 DBT에서 풍부하게 적용된다. 한 번은 경계선 장애와 반사회적 성격장애로 진단받은 어떤 환자에게 DBT가 적합할지 검토해달라는 자문 요청이 들어온 적이 있었다. 그는 (대형 마트에서 큰 전자제품을 여러 개 훔친 죄로) 감옥에 있었고, 자신이 부당한 대우를 받고 있다며 불만이 가득 차 있었다. 그는 바로 정서적으로 무너졌고, 몇몇 다른 수감자들과 교도관들에게 폭언을 퍼부었다. 내가 그를 만나러 갔을 때는 그는 격리된 감방에 있었고 그와 같은 방에 있는 것은 허용되지 않았다. 그래서 나는 단단한 문에 (땅으로부터 3피트 정도 위에 가로세로 1×10인치 크기로) 작게 뚫려있는 구멍을 통해 그와 인터뷰를 진행하였다. 우리가 볼 수 있는 것은 서로의 눈뿐이었다. 인터뷰 초반에 나는 그에게 그가 목표 삼을 수 있는, 미래에 대한 어떤 희망적이거나 의미 있는 이미지를 가지고 있는지 물었다. 그의 눈은 표정을 풍부하게 드러냈고, 내가 예상했던 것보다 부드러웠으며, 나에게 이렇게 애원을 할 때 촉촉해지기까지 했다. "제가 원하는 단 한 가지는 이 감방에서 나가는 거예요. 여기에 있는 것은 저를 더 악화시킬 뿐이에요. 견디기 힘들어요! 여기서는 아무 생각도 할 수가 없어요. 당신이 혹시 나를 다시 일반 감방으로 돌려보내주실 수 있을까요?" 나는 그의 말을 들으면서 나의 마음이 부드러워지는 것을 느꼈다. 나는 그의 괴로움을 느꼈고, 내 안에서 그를 옹호하고 싶은 충동이 올라오는 것을 알아차렸다. 그는 정말 고립되어 있어야 했을까? 고립된 상태가 얼마나 끔찍할지 상상해보았다.

난 내가 예상했던 것보다 그의 상황에 대해 더 강하게 공감하는 반응들을 경험하였다. 그렇지만 나는 그의 행동과 선택이 현재의 상황을 상당 부분 만들어낸 것 또한 알고 있었다. 어찌되었든 그는 독방에서의 자신의 자리를 '얻어낸' 것이다. 나는 내게 그를 구출하고 싶은 충동과 더불어 그를 불신하고 싶은 충동이 동시에 일어나고 있다는 것을 알고 있었다. 나는 이미 복잡한 이 반응을 스스로 받아들이도록 내버려두면서 침묵하였다. 나는 그저 거기에 앉아서 그를 알아차리고, 나의 반응들을 관찰하였다. 나는 나의 마음이 진정하도록 내버려두기 위해 전적으로 내 호흡에 주의를 기울였다. 들숨, 날숨. 그러면서 '현명한 마음'의 반응이 오기를 기다렸다. 고립되어 있는 현실, 그리고 그 곤경을 초래한 현실, 그리고 그의 불편감에 대한 현실 외에도 엄청난 절박함 또한 존재한다는 생각이 문득 들었다. 그는 그곳으로부터 벗어나고 싶었다. 그게 그에게 가장 우선순위였다. 그는 그에게 당장 닥친 현실을 견딜 수가 없었다.

나는 그에게 말했다. "당신이 독방에 격리되어 있는 것이 끔찍한 일이라는 건 확실히 이해해요. 저 같아도 그렇게 끔찍하다고 느낄 거예요."

"그래요. 그러니까 나를 여기서 좀 내보내줘요." 그는 나에게 그럴 수 있는 권한이 있고, 그가 나에게 이런 명령을 할 권한이 있다는 듯이 다소 명령조로 말했다. 이 시점에서 나는 그를 구출하거나 고발해야 한다는 부담을 느끼지 않았다.

"저는 사실 당신을 여기서 꺼내줄 권한도 없고, 당신이 왜 독방에 있는지에 대해서도 잘 모릅니다. 하지만 혹시 지금 당신이 있는 곳에서 조금 자리를 잡고 그냥 거기에 그대로 있으면서 저와 대화를 나눠보실 수 있을까요? 매순간 지금 당장 거기서 나와야 한다고 확신하면서 지낸다면 당신은 더 괴로울 수 있어요. 만약 지금 당신이 그곳에 있다는 사실을 받아들일 수 있다면, 지금으로서는 진정으로 그것을 받아들일 수 있다면, 아마도 당신은 덜 불안할 거예요. 누가 알겠어요. 어쩌면 당신이 거기에서 빠져 나와야 한다는 생각을 그만두게 되면 오히려 더 빨리 빠져나올 수 있을지도 모르죠." [이 마지막 코멘트는 마음챙김 및 수용적 입장에서 자연스럽게 흘러나온 발언으로, DBT의 변증법적 전략 중 하나인 '역설 속으로 들어가기(entering the paradox)'의 한 예다.]

나는 그의 눈에서 분노가 내비쳐지는 것을 보았다고 거의 확신했다. 그는 시선을 바닥으로 떨구더니 "당신은 내가 그냥 이 상황을 받아들여야 한다고 생각하나 보네요?" 라고 말했다.

"아니요"라고 나는 말했다. "제가 하려고 한 말은 그게 아닙니다. 제 말은, 당신이 당장 나가야 한다고 생각하는 것을 멈추고, 거기에서 지낸 지 몇 분 몇 초가 지났는지를 세는 것을 멈춘다면, 당신이 지금 상황을 좀 더 잘 견딜 수 있을지 모른다는 거예요. 그러면 시간은 지날 것이고, 당신은 거기서 나와 있을 겁니다." 그의 눈에 호기심이 스치는 것을 본 것 같았다.

이 환자는 자신이 통제할 수 없는 결과, 즉 격리된 상태에서 즉시 풀려나는 것에 집착하고 있었다. 즉시 빠져나오는 것에 대한 그의 집착은 그에게 추가적인 괴로움을 주었고, 정서와 행동을 조절하기 힘든 상태에 빠지게 하였으며, 그의 고립 상태를 더욱 연장시켰다. 만약 그가 현실을 받아들이고, 대신 그 순간에 그저 있을 수 있는 법을 찾을 수 있다면 그는 어쩌면 더 빨리 빠져나올 수 있을지도 모른다.

처음 그와 이야기를 시작했을 때, 나는 그를 꺼내주고 구출해야 한다는 마음에 즉각적인 집착하는 경험을 하였다. 그런 식으로 집착을 유지했더라면 나 역시 더 큰 괴로움에 시달렸을 것이고, 그에게 도움을 줄 수 없었을 것이다. 그를 돕기 위해서 나는 그를 구출하고 싶은 충동을 알아차리고 내려놓아야만 했다. 비록 이 사례는 감옥에 있는 환자를 방문하는 독특한 상황에서 발생했지만, 무엇을 '해야만 한다'라는 마음이나 어떤 희망에 집착하게 되는 과정은 모든 상담 회기에서 일어난다. 우리는 무언가에 매료되어(집착하여) 괴로워질 수 있는 기회, 그리고 무언가에 매료되었다는 것을 알아차리고(즉, 다시 깨어나고) 다시 집착을 내려놓고 균형을 찾을 수 있는 기회들을 매 회기 마주하게 된다.

이 사례에서 드러나는 단계들을 검토해보면서 그 과정을 치료에서 나타날 수 있는 다른 유형의 함정과 집착으로 일반화해보자. 첫 번째로 나는 집착을 느꼈다. 나는 '그의 고통을 느꼈'으며, 고립에서 벗어나고 싶어 하는 그의 다급한 욕망에 공감했다. 생각해볼 겨를 없이 그의 집착이 나의 집착이 되었다. 두 번째로 나는 내가 집착하고 있다는 것을 알아차렸고, 이것이 모든 과정의 열쇠가 되었다. 높은 수준의 정서 조절 곤란을 보이는 환자들을 치료할 때 이렇게 구출해주고 싶은 욕구가 올라오는 것은 드문 일이 아니다. 우리는 뭔가 해야 한다는 느낌에 사로잡힌다. 실제로는 아무것도 할 필요가 없는데, 우리는 무언가를 하는 것에 집착한다. 우리는 내면에서 올라오는 절박함을 알아차릴 때 비로소 자유와 균형을 되찾을 수 있는 위치에 놓이게 되고, 그때 비로소 환자를 도울 수 있는 기회를 갖는다. 세 번째로 우리가 집착을 하고 있다는 것을 알게 되어도 그 집착을 실제로 내려놓기란 결코 쉬운 일이 아니다. 이 사례의 경우 나는 뒤로 물러나서 내 안으로 들어가 나의 호흡에 온 신경을 기울이면서 한 차례의 들숨 날숨을 관찰하는 것이 도움이 되었다. 우리는 어떤 집착으로부터 벗어나려고 하는 도중 종종 이러한 수단(vehicle)이 필요하다. 비유를 해보자면 이렇다. 우리가 수동운전 차량을 몰 때 기어를 바꾸기 위해서는 클러치 페달을 끝까지 밟아야 한다. 클러치 페달을 밟아야 기존의 기어로부터 벗어나 새로운 기어로 변환할 수 있게 된다. 이와 비슷하게 치료에서도 우리는 습관적으로 특정 '기어'에 갇힐 수 있고, 그런 경우 '클러치 페달'이 필요하다. 우리는 환자들이 자살 시도, 자해, 물질남용 또는 분열과 같은 경험을 하지 않도록 하는 것에 집착하고 있을 수 있다. 아니면 우리는 환자들이 눈에 보이는 성과를 보이도록 하는 것에 집착할 수도 있다. 아니면 우리는 그들의 분노의 대상이 되지 않는 것에 집착하고 있을지도 모른다. 우리가 이러한 통제할 수 없는 것들에 더욱 집착할수록 우리는 더욱 감정 조절이 힘들 것이고, 더욱 괴로울 것이며, 덜 효과적이게 된다. 즉, 우리가 이 성과지향적인 치료에서 나날이 성과에 과한 집착을 갖게 될수록 우리는 더 역기능적으로 되어 좋은 결과를 얻지 못하게 된다. 이것이 DBT가 가진 흥미로운 역설이다.

고립되어 있던 환자의 예시로 돌아가 보면 (1) 나는 그가 그랬던 것처럼 그를 고립에서 벗어나게 하는 것에 순식간에 집착하게 되었다, (2) 그리고 나는 내가 집착을 하게 되었다는 것을 알아차렸다, (3) 나는 의식적인 호흡을 한 차례 하며 극적으로 태도를 바꿔 집착을 '내려놓을 수' 있었다. 그제야 (4) 나는 환자의 딜레마, 즉 집착을 통해 스스로 가져온 괴로움을 더욱 분명하게 분리하여 볼 수 있었고, 그가 현실에 대처하는 것을 도울 수 있는 자리로 갈 수 있었다. 그때 나는 그가 빠져나오려는 시도를 그만둔다면 오히려 더 빨리 빠져나올 수 있을지도 모른다는 역설적인 생각이 들었고, 이 생각을 그에게 전달할 수 있었다. 나의 제안에 그는 혼란스러움과 양가감정을 느끼면서 동요하였고, 이것이 새로운 출발을 가능케 하였다. 이 과정을 위한 빠르고 간편한 프로토콜은 다음과 같이 요약될 수 있다.

1. (즉각적인, 비자발적인, 자동적인) 집착을 느낀다.
2. '깨어나' 집착을 했다는 것을 알아차린다.
3. (마음챙김 기법의 도움으로) 집착을 '내려놓는다.'
4. 환자의 현실을 있는 그대로 본다.
5. 환자의 집착과 괴로움을 덜기 위해 전략적으로 개입한다.

때때로 3번의 내려놓는 단계가 생각보다 훨씬 어려울 때가 있다. 치료자는 자신이

'덫'에 걸렸다는 것을 알아차렸음에도 빠져나갈 길은 보이지 않을 수 있다. 예컨대, 한 번은 정서장애와 발달장애를 가진 십 대 후반 여자 청소년의 DBT 가족 회기를 진행했다. 그녀는 두 부모 사이에 앉아 있었다. 그녀의 부모는 그녀가 최근 거리에서 구걸한 사건에 대해 그녀가 정신을 차릴 수 있도록 서로 번갈아가며 잔소리를 하였다. 그녀는 점점 더 말수가 줄어들었고 침울한 표정이 되었고, 나는 점점 더 심해지는 이 대화에 변화를 일으키기 위해 내가 생각해낼 수 있는 모든 것을 시도해보았다. 하지만 아무런 소용이 없었다. 나는 도저히 손을 쓸 수 없을 것처럼 전개되는 이 가족 역동을 변화시키려는 데 집착하고 있었고, 무언가 더 노력을 할수록 절망감과 무력감이 커지기만 하였다. 나는 출구를 찾을 수가 없었다. 나는 내가 난관에 빠졌다는 것 정도는 충분히 알고 있었지만, 거기에서 빠져나와 일을 진전시킬 수 있는 방법은 알지 못했다. 앞의 사례에서는 한 번의 완전한 의식적인 호흡으로 나의 집착을 내려놓을 수 있었지만, 이 맥락에서는 그것으로 어려웠다. 나의 마음을 비우기 위해 이번에는 좀 더 실질적인 수단이 필요했다. 생전 처음으로 나는 우리가 아무런 성과도 보이지 않고 있어 새로운 출발이 필요하다고 하며 치료 도중 5분간의 휴식시간을 제안하였다. 나는 그 5분 동안 각자 생각을 정리하기 위해 필요한 모든 것을 해보고 다시 모이자고 하였다.

내 사무실은 큰 개울 옆에 있는 방앗간 건물에 있었다. 나는 얼른 개울가로 내려가서 나뭇가지와 나뭇잎들이 통나무와 큰 바위 사이로 떠내려가는 것을 가만히 바라보며 가족 회기 내내 느꼈던 덫에 빠진 느낌을 비워내려고 노력하였다. 나는 나 자신이 현재 순간에만 오롯이 집중하며 세세한 것들을 알아차리도록 내버려두었다. 나는 적어도 그 몇 분 동안은 내가 처했던 숨막히는 올가미에서 벗어날 수 있었다. 나는 여전히 무엇을 해야 할지 모르는 상태였지만, 일시적으로 유예된 과도기적 상태를 허용하고 나의 '현명한 마음'이 다른 개입을 고안해내길 바라면서 회기로 돌아왔다. 다시 회기를 시작하기 위해 앉은 나는 나의 청소년 내담자에게 그녀가 회기를 리드해봤으면 좋겠다고 말했다. 그녀는 어리둥절한 표정을 지으며 불안한 기색을 보였다. 나는 그녀에게 지금 내가 한 것보다 더 못하지는 않을 거라고 안심시켜주었다. 그녀가 나의 자리에 앉도록 하고, 나는 그녀의 부모 사이에 자리를 잡았다. 그녀는 내 의자에 앉아 종이가 끼워진 클립보드를 자신의 무릎 위에 올려놓고는 상당히 확신에 찬 목소리로 "회기 진행이 잘 안 되고 있네요. 방향을 바꿔야 합니다"라고 선언하였다. 그녀는 놀라울 정도로 적극적이었으며, 이것은 평상시의 수동적 자세에서 급격히 변한 모습이었다. 우리는 모두 그녀의 다음 행동을 기다렸다. 그녀는 이어서 "제 생각에는 부모가 자신을 부끄럽게 만드는 딸에게 어떻게 말을 하는지에 대해 이야기를 해볼 필요가 있는 것 같습니다"라고 말했다. 그리하여 우리는 작은 마을의 거리 한복판에서 딸이 한 행동들에 대해 부모가 얼마나 창피했는지에 대한 생산적인 토론을 시작하였다.

솔직히 나는 내가 내담자를 '치료자'로 만들고 나 자신이 그녀의 자리로 가야겠다는 생각을 어떻게 떠올렸는지 잘 모르겠다. 불안한 마음을 '비우고' 그저 시냇물의 흐름을 관찰하는 데서 전개된 '현명한 마음'의 치료적 결정이었는지도 모르겠다. 어쩌면 그 개입은 모든 것이 너무나 들러붙어 있어 고착되어버린 '세트'를 단순히 허물어버렸다는 점만으로 가치를 발휘한 것일지도 모르겠다. 어쩌면 내가 두 부모 사이에 자리 잡고 '관찰자' 입장을 취함으로써 환자가 치료자의 위치가 주는 힘을 '빌릴' 수 있도록 회기 내 힘의 균형을 구조적으로 변화시킨 것이 핵심이었는지도 모른다. 잘 모르겠다. 하지만 내 경험상 분명한 점은, '행동하기'에서 단순히 '존재하기'로의 확고한 변화는 예측할 수 없는 놀라운 가능성들을 만들어낸다.

함께 존재함

일반적으로 우리는 경계(boundaries)를 세우는 것이 흔하고 필수적이라고 생각한다("좋은 울타리는 선한 이웃을 만든다"라는 속담처럼). 우리는 우리 각자가 다른 사람과는 다른 독특하고 구별되는 '자기(self)'를 가지고 있다고 가정한다. 그리고 존재들은 서로 연결되어 있지만, 주로 독특하고 분리되어 있다. 그러나 (전통적인 인식과 사고방식을 완화시키는, 수천 년 동안의 마음챙김 명상 관행에서 나온) 또 다른 관점에서 보면, 현실은 경계가 없다. 함께 존재함이 원칙이고, 자기라는 개념은 망상일 뿐이다. 우리는 삶에서 특정 '경계'들을 당연하게 여긴다. 삶과 죽음 사이의 경계. 자신과 타인 간의 경계. 과거, 현재, 그리고 미래 사이의 경계. 그러나 우리가 이러한 가정된 경계를 더 가까이, 더 세심하게 들여다볼수록 그것들은 더 흐릿하게 된다. 예컨대, 인생의 시작을 둘러싼 경계를 깊이 생각해보면, 그 순간을 정의하는 것은 거의 불가능하고 때로는 논란의 여지가 있다. 삶과 죽음의 경계를 살펴본다면 우리에게는 생명이 끝나고 죽음이 시작되는 시점에 대한 불확실성이 강하게 와 닿을 것이다.

아버지가 돌아가실 때 나는 아버지의 손을 잡고 혼자 앉아있었는데, 그의 호흡이 점점 느려지는 것을 보며 나는 그가 죽어가고 있다는 것을 알았다. 나는 굉장히 상호 연결된 방식으로 전적으로 그 자리에 존재하며 그와 함께 있음을 느꼈다. 나는 아버지가 내 안에 있고, 내가 아버지 안에 있음을 느꼈다. 그의 숨소리는 점차 10, 20, 30초로 간격이 벌어지기 시작했다. 그리고는 완전히 멈춘 것 같았다. 아니었나? 내가 경험하는 상태에서는 아버지는 아직 살아계셨다. 그의 호흡이 몇 분 동안 중단되었을 때 그는 예전과 그리 다른 모습이 아니었고, 나는 아버지가 여전히 살아있다고 생각했지만, 그 과정 중 어느 시점에서 그는 이 세상을 떠났다. 그는 더 이상 살아있지 않았지만, 다른 의미에서 그는 지금까지 내 안에서 살아 있었다. 나는 그제야 생사의 경계가 이토록 허술하고 정의하기 힘들다는 것을 깨달았던 것 같다. 아버지는 돌아가셨지만 여전히 살아계셨다. 그가 어디엔가 계속 존재하고 있다고 생각한다. 그는 방 안에, 벽 안에, 대기권 안에, 어쩌면 여전히 그의 몸속에, 그리고 분명하게는 내 안에 여전히 계셨다. 이것은 정말 미스터리였다.

마찬가지로 우리가 우리 자신과 다른 사람들 사이의 경계를 주의 깊게 살펴보면서 우리가 어디에서 멈추고 그들이 어디에서 시작하며, 그들의 어떤 부분이 우리 것인지, 우리의 어떤 부분이 그들의 것인지에 대해 질문하기 시작한다면 우리는 그 경계의 정의를 다시금 잃게 된다. 나는 가르칠 때 대체로 내가 나만의 생각을 가지고 나의 생각들을 말과 몸짓으로 표현하고 있는 것처럼 느낀다. 나의 독특한 '자기'가 말하고 있고, '저기'에서 청중들이 듣고 있다. 그런데 나는 내가 가지고 있는 어떤 생각을 말하고 어떤 몸짓을 사용할 때, 가끔 이 모든 생각, 단어, 몸짓들이 다른 누군가로부터 나왔다는 생각이 들 때가 있다. 나의 할아버지는 자신의 성인기의 대부분을 낙농업자로 보내셨고, 다른 농부들을 찾아가 강의를 하고 워크숍을 여셨다. 그의 아버지는 스웨덴 서남부 출신이었다. 사실 나는 스웨덴 서남부에서 워크숍을 진행하기도 한다. 어쩌면 내가 모르는 사이에 나의 친척들을 대상으로 말이다. 내가 어렸을 때 아버지는 우리 교회 성가대에서 독주자로 청중의 관심을 끌었다. 큰 형은 고등학교 때 전국 웅변 챔피언이었다. 나의 생각은 다른 사람들의 생각에서 나온다. 워크숍이나 세미나를 진행하는 매 순간, 내가 선택하는 생각, 단어, 억양, 몸짓은 나의 학생들에게 영향을 받는다. 이 모든 것을 종합하면, 결국 그 어떤 것도 독특하게 '나의 것'이 아니다. 나의 것이라는 개념은 함께 존재함, 즉 심오한 상호의존성의 인식으로 녹아든다. 불교 승려인 틱낫한에 의하면 이것은 불교에서 말하는 공(空, emptiness, 비어있음)을 이해하는 길이다. 그가 설명하듯 "사실 꽃은 전적으로 비꽃적인 요소로 이루어져 있다. 그것은 독립적이고 개별적인 존재가 없다. 그것은 우주에 있는 다른 모든 것과 함께 존재한다."(1995, p. 11). 이 개념을 '자기'에게까지 확장하면, "찰리 스웬슨은 전적으로 비 찰리 스웬슨 성분으로 이루어져 있다." 함께 존재함과 비어있음은 서로 통한다.

틱낫한의 은유를 좀 더 사용하면, 우리는 우리들 각자가 바다에서 태어나서 해안에서 죽을 때까지 해안으로 굴러가는 파도라고 생각할 수 있다. 각각의 파도는 각각의 모양, 크기, 속도 등 다른 특징들을 가지고 있고, 독특한 이야기와 형태를 가지고 있다. 반면, 모든 개별 파도는 다른 모든 파도들과 마찬가지로 전적으로 물 분자로 이루어져 있다. 사실 특정 파도는 이전에 다른 파도의 일부였던 물 분자로 이루어져 있다. 파도들은 역사적으로 독특하고 뚜렷하지만 심오하게 서로 연결되어 있고 상호의존적이다. 우리는 파도고, 물이다. 둘 다 사실이기 때문에 우리는 독특한 파도와 분할할 수 없는 물 사이를 왔다 갔다 하며 초점을 전환시킬 수 있다. 사실상 두 가지 '현실', 즉 독특함과 개별성을 기리는 전통적인 역사적 현실과 함께 존재함이라는 용어에 포착된 것처럼 모든 요소의 상호의존성에 대한 깊은 진실은 둘 다 유효하다.

이러한 생각에서 무아(無我)설로 넘어가는 것은 쉽다. 경계 없이, 분리성, 독립성 또는 독특성 없이, 우리들 각자는 물질과 에너지의 일시적이고 진화하며 상호의존적인 재배열에 불과하다. 이러한 관점에서 삶을 경험할 때 우리는 우리 자신을 '생각하는 사람'이라고 생각하지 않으면서 우리의 생각을 관찰할 수 있고, 감정을 '소유'하는 자가 되지 않으면서도 감정을 느낄 수 있으며, 행동할 때에도 그 행동들이 어떤 측면에서 사실은 우리 자신의 것이 아니라는 것을 깨달을 수 있다. 이 관점이 어느 정도 진실인지 깨닫는 것은 불안하고 혼란스러울 수 있다. 하지만 또 다른 측면에서 이러한 깨달음은 우리에게 상당한 자유와 인간 본성에 대한 깊은 통찰을 줄 수도 있다. 이것은 무아의 지혜, 함께 존재함의 지혜, 경계 없음의 지혜, 비어있음의 지혜이다.

명상학자들의 이러한 가르침들을 처음 알게 되었을 때 나는 이 생각들이 어렵거니와 약간 이상하기도 하면서, 논쟁의 여지가 있는, 그리고 생각을 자극하는 주장들이라고 여겼다. 그런데 이러한 통찰들이 DBT의 실제와 무슨 관계가 있냐라고 묻는다면, 나의 대답은 '전부'이다. 우리가 알아차리기로 결정하든 말든, 치료의 '시작'과 '종료'는 정의하기 어렵다. 환자와 치료자 사이의 경계, 환자와 그들의 사회적 맥락 사이의 경계, 치료자와 DBT 팀 사이의 경계, 환자-치료자 관계와 일반적인 사회 사이의 경계는 모두 명시하기 어렵다. 그리고 "누가 누구에게 무엇을 했는가?"에 대한 질문의 답은 생각보다 복잡하다. 입원 환자실의 정신건강 담당자가 특정 환자에 대해 "우리를 조종하고 있다"라며 불평할 때, 우리는 무아, 함께 존재함, 무경계의 개념으로 같은 상황을 다시 논의해볼 수 있다. 우리는 그 담당자가 정신건강 프로그램의 조건들을 수립하는 역할을 담당하고 있고, 의식적으로든 무의식적이로든 환자들의 행동 중 특정 행동들만 강화하고 있다는 것을 다소 빨리 알아차린다. 즉, 담당자가 환자로 하여금 특정 행동을 강화함으로써 그 행동을 하도록 환자를 '조종'하고 있다고 (마찬가지로 도움이 되지 않는) 주장을 할 수도 있을 것이다. 궁극적으로 누가 누구를 조종하는가에 대한 결정은, 양쪽 모두에게 책임이 있어 둘 사이의 협력이 선호되는 상호교류적 관점을 채택하는 것보다 덜 의미 있고, 덜 유용하다. DBT에서는 누가 누구를 조종하고 있는가에 그다지 관심을 두지 않고, 쌍방의 행동이 어떻게 강화되고 있는지를 판단하는 데 관심이 있다.

개인 상담 중 나와 환자 사이에 의견 충돌이 있어 긴장, 투쟁, 무심함이 가득할 때면, 나는 내가 주로 머물러 있는 관습적이고 자기 지향적인 현실의 수준에서 경계도 없고 자기도 없는 함께 존재하고 비어있는 곳으로 '내려갈' 수 있다. 그렇게 할 때 모든 것이 변한다. 즉, 나는 일어나고 있는 것에 대한 나의 종래의 정의를 완화시키고, 환자와의 상호작용을 다른 프리즘을 통해 본다. 이전에는 바다에서 부딪치는 별개의 파도들과 유사하게 서로 대립하고 있는 두 독립된 별개의 존재들 사이의 경계를 보았다면, 이제 나는 우리를 같은 성분으로 만들어진 2개의 상호의존적인 형태들로 본다. 둘 다 변화하고, 둘 다 일시적이며, 각자 서로와의 관계에 의해 부분적으로 정의된다. 경계도 없고, 독특함도 없고, 우리를 갈라놓는 것도 없이 우리는 그저 거기에 있다. 우리는 각자 강점이 있으며, 그것들은 공동의 강점이 된다. 우리는 둘 다 결점이 있고, 그것은 공동의 결점이 된다. 나는 '하는' 것을 멈추고 대신 '존재한다.' 이 변화된 상태를 설명하는 것은 나에게 매우 어려운 일이지만, 그 상태는 우리의 관계를 그 순간 완전히 다른 지위에 놓는다. 급진적이고 즉각적인 재개념화(reconceptualization)가 일어난다. 나는 우리를 각각의 정체성을 가진 대립하고 있는 두 사람으로 보는 것이 아니라, 일종의 전개되는 이야기 안에서 결합된 한 개체의 두 부분으로 본다. 나는 결코 이것이 '진리'라고 말하려는 것이 아니다. 이것은 '하나의 진실'로, 덜 관습적이고 더욱 체계적이며, 다른 접근법을 낳는다. 무아, 무경계, 비어있음, 함께 존재함의 프리즘을 통해 우리는 모두 깊이 '한통속'인 것이다.

한 번은 내가 부엌에서 무언가 하고 있을 때 나의 두 아들이 TV 리모콘을 두고 서로 싸우고 있었다. 무의미하고 불필요하게 보이는 이 다툼은 나를 너무 화나게 하였다. 나의 인내심은 점점 바닥을 향했다. 나는 이러한 상황에서 내가 주로 하던 대로 행동하고 싶은 충동을 느꼈다. TV를 끄고, 아들들과 TV 사이에 서서 큰 목소리로 서로 싸우지 말고 배려하라는 잔소리를 하거나 내가 그들의 다툼을 듣고 싶지 않으니 나를 좀 존중하라는 잔소리를 하고 싶은 충동을 말이다. 즉, 나는 보통 불행한 결과를 초래하는 상황에 대해 '무언가를' 하고 싶은 충동을 느낀다. 그들은 서로에게 '무언가를 하고' 있었고, 나에게도 '무언가를 하고' 있었고, 그래서 나는 그들에게 '무언가를 하고' 싶었다. 하지만 이번에 나는 '존재함'의 프레임으로 들어가기로 하였다. 나는 그저 그들을 관찰했다, 내 생각, 감정, 충동들을 관찰했다. 그리고 상황을 바꾸는 것에 대한 집착을 내려놓았다. 아들들이 앉아있는 곳으로 걸어가 둘 사이에 앉아 진행되고 있는 갈등의 춤을 계속해서 그저 관찰하였다. 내가 그저 알아차리기만 할 뿐 아무것도 '하지' 않으면서 거기에 앉아 있을 때, 둘은 다툼을 완전히 멈췄다. 그들은 나에게 무엇을 하고 있는지 물었고, 나는 잔소리하는 대신 그냥 무슨 일이 일어나고 있는지 알아차리면서 거기 있었노라고 말했다. 그 영향은 즉각적으로 나타났다. 아들들은 둘 다 어리둥절해하며 약간 불편해 보였지만 진정한 듯 보였다. 그들은 계속해서 TV를 보았고, 갈등은 끝이 났다. 갈등은 탄력을 잃었다.

심리치료 중 일시적으로 경계와 자기에 대한 생각을 내려놓고, 환자와 치료자가 서로 깊이 상호의존하는 함께 존재함의 영역으로 빠져들면, 치료자는 직관과 사색을 통해 환자에 대한 다른 수준의 정보에 접근할 수 있게 된다. 사실, 관습적이고 이성적인 사고가 그 접근을 방해할 수 있다. 한 젊은 남성이 새 직장에서 겪었던 끔찍한 경험에 대해 나에게 설명하고 있었다. 그는 자신이 책임질 다소 복잡한 일련의 임무에 대해 최소한의 오리엔테이션만 제공받았고, 질문을 많이 해서는 안 된다는 인상을 받았다. 하루가 다르게 그는 버겁다는 기분이 들었다. 그는 일을 어떻게 해내야 하는지 막막했고, 지원을 받을 방법도 없는 상태였지만, 계속해서 일을 넘겨받아야 했고, '망했다'는 느낌을 받았다. 자신이 점점 더 어리석고 무능한 사람처럼 느껴지면서 우울해지고 있다고 생각하였다. 대부분의 경우, 혼자라는 느낌이 강하게 들었다. 어떤 특정 시점에서 그는 직장에서 힘들었던 또 다른 한 주를 되새기고 있었다. 그때 나는 잠시 눈을 감고서 마치 그의 경험이 내 자신의 경험인 것처럼 내 안에 그의 경험이 가득 채워질 수 있게 하였다. 그의 경험은 우리 사이의 경계를 지나 내 안에 스며들었고, 나는 깊은 외로움과 상실감을 느꼈다. 아무런 도움 없이 고립되어 있는 상태의 그가 되는 상상을 하면서, 이과대학 시절 내가 진행했던 한 연구를 떠올렸다. 그때 난 부모 없이 병원에서 지내는 유아들을 며칠씩 관찰했었다. 나의 생각은 또 나 자신이 어린 시절 병원에 입원해서 홀로 남겨져 적응했어야 했던 시간들로 되돌아갔다. 그러면서 문득 나는 13세에 어머니를 암으로 잃은 환자의 이력이 생각났다. 그러고 나서 나는 이렇게 말했다. "외로움과 고립감에 대해서 생각하고 있는 저를 발견했어요. 혼자 모든 것을 해결해야 한다는 것이 얼마나 끔찍할지. 그리고 당신의 어머니가 돌아가셨을 때, 당신이 열세 살 때, 친척들은 당신을 어린 동생과 함께 남겨두었고, 당신은 스스로 모든 걸 해결해야 했지요. 지금 직장에서 당신이 처한 상황에서도 그런 기분을 느꼈을까요?" 그의 눈은 눈물로 가득 찼고, 그는 계속해서 어머니가 돌아가셨을 때 오고 가도 못하는 상황에 처했던 끔찍한 경험에 대해 더 많은 이야기를 해주었다. 내 생각에 그는 자신이 이해받았다고 느낀 것 같았고, 우리가 다시 직장에서의 상황에 대해 이야기를 나누기 시작했을 때 그는 예전보다 더 회복력을 갖춘 것처럼 보였다. 경계들이 내려가고 직관이 올라가는 경험의 수준에 스스로 접근할 수 있도록 하는 것은 치료하기 힘든 환자를 만나는 치료자의 레퍼토리에 추가될 수 있다.

동일한 어려움에 대한 두 가지 관점 사이에서 오고 갈 수 있다면 치료자로서 우리의 레퍼토리에 상당한 힘이 더해진다. 변화 패러다임의 관점에서 우리는 평가와 변화지향적 개입을 통해 환자에게 어떤 행동을 하게 되고, 환자들은 협력하거나 반대하거나, 헌신하거나 하지 않거나, 과제를 수행하거나 하지 않는 등의 방식으로 우리에게 어떤 행동을 하게 된다. 이것이 변화 패러다임의 핵심에 있는 '행동(doing)'의 관점이며, 이것은 자기 자신, 타인, 그리고 경계에 대한 전통적인 이해에 의존한다.

'행동'이 아닌 '존재(being)'가 중심이 되는 수용 패러다임의 관점에서 우리는 우리 자신과 환자를 상호의존적인 존재로서 본다. 즉, 경계가 불확실하거나 해체되어 각자 서로의 한 부분이 되고, 치료라는 과제로 합심하여 공간, 시간, 에너지, 물질(matter), 아이디어, 의도 등을 공유한다. '행동' 관점에서는 하나의 목적지나 일련의 목적지들이 있기 때문에 목적이 주는 힘이 있다. 그러나 '존재'의 관점에서는 목적지가 없다. 대신 현재 순간에서 존재함, 또는 함께 존재함의 힘이 있다. 변화 패러다임 관점에서는 문제 해결 전략, 불손한 소통 방식, 환자들의 인생 문제를 해결하기 위해 작업한다는 주장이 흘러나온다. 수용 패러다임 관점에서는 타당화 전략, 상호적인 소통 방식, 환자들을 대신해서 그들의 환경에 개입하려는 의지가 흘러나온다.

더욱 깊이 들어가서 각 관점에 대해 '감'을 잡아 본다면, 아마도 이 두 관점 사이에는 몸과 마음에서 일어나는 대대적으로 차별화된 경험들이 있고, 각 관점은 저만의 힘이 있다(그리고 변증법적 패러다임을 논의할 때 다루었던, 그 둘 사이를 왔다 갔다 하는 힘도 있다). '행동'을 할 때 내 몸 안에서 일어나는 경험과 '존재'할 때 내 몸의 경험은 다르다. 행동 변화를 추진하기 위해서 몸을 앞으로 기울이는 것과 지금 이 순간 몸의 무게와 실체를 이완시키며 미는 힘을 자제하면서 의자에 앉아 있는 것의 차이일 수도 있다. 나는 이 두 패러다임을 실천할 때 그저 서로 다른 전략들을 명명하고 사용하는 것을 넘어서는 어떤 차별화된 경험이 있다는 것을 전달하고 싶은 것이다. '행동하는 것'과 '존재하는 것'의 내적 체험은 당신을 적절한 패러다임으로 인도하고, 변화나 수용을 위한 심층적인 작업의 장을 마련할 수 있다. 이 두 가지 관점을 효과적으로 함께 엮을 때 DBT의 힘과 창의성이 발휘되며, 그 결과로 환자는 살만한 삶을 만들어나가게 된다.

일시성

만성적이고 심각한 감정조절장애를 가지고 있는 환자를 치료할 때 가장 큰 어려움 중 하나는 환자의 감정적 흥분 상태가 가장 심할 때 발생한다. 환자는 그런 감정들을 견딜 수 없다고 생각하고, 마치 자신의 감정을 두려워하는 것처럼 반응할지도 모른다. 그는 자해, 폭력, 물질남용과 같은 행동들로 빠르게 탈출하는 것이 효과적인 해독제라는 것을 알게 되었고, 그는 문제 행동들로 둘러싸인 삶에 갇히게 된다. 동시에 그는 감정적으로 격해질 때마다 계속해서 빠르게 탈출하면서, 부정적인 감정은 끔찍하고, 정적이며, 영구적이라는 믿음을 획득한다. 그의 빠른 탈출은 달리 배울 기회를 막는다.

우리 입원실에는 18세의 혼혈 여성이 있었는데, 그녀는 세 살 때 나이가 많은 백인 부부에게 입양되었다. 그녀는 타고난 예민한 기질을 가지고 있었고, 감정 변화가 심하고, 매우 민감하며, 모든 일에 감정적으로 반응하였다. 그녀의 부모님은 그녀에게 헌신적이고 친절하고 관대했지만, 그들의 다소 느긋하고 침착하며, 감정에 무딘, 지적인 스타일은 그녀의 생동감 있고 감정적인 스타일과 매우 대조적이었다. 친절하고 헌신적인 환경이라도 아이의 기질에 맞지 않을 때에는 무효화(invalidating) 환경이 될 수 있다는 사실을 보여주는 사례다. 청소년기에 그녀는 이미 극심한 고통스러운 감정을 다루기 위한 방법으로서 정기적으로 자신을 긋기(cutting) 시작했다. 그녀는 긋지 않고서는 고통으로부터 빠져나갈 길이 없다고 느꼈고, 이러한 감정들을 중단시키지 않는다면 영원히 지속될 것이라고 믿게 되었다.

그녀의 DBT 기술 집단(skills group)은 이제 막 새로운 모듈인 '감정 조절 훈련(Emotion Regulation Training)' 모듈을 막 시작한 상황이었다. 훈련사들은 첫 번째 회기에서 감정의 기본적인 특징들을 보여주었다. 그중 하나는 감정적 반응이 감정적 생각과 행동으로 계속 되뇌지 않으면 사실 지속 시간이 상당히 짧다는 것이었다. 집단원들은 연습과제로 다음번에 강렬한 감정이 생길 때 '감정의 생사(life and death)'를 연구해보기로 하였다.

다음날 커뮤니티 모임에서 그녀는 자신이 오늘 모두에게 이야기를 할 시간을 가져도 되는지 물었다. 그녀에게 시간을 주었을 때 그녀는 모든 사람들 앞에서 "어젯밤 기적이 일어났다"고 말했다. 그녀는 어머니와 전화 통화를 하는 동안 심한 고통과 분노를 느꼈다고 설명했다. 전화를 감정적으로 끊고 나서는 자신을 해치고 싶은 충동으로 가득 차 있었다. 그렇지만 그녀는 기술 집단의 과제를 떠올렸고, 잠시 동안 자신의 감정을 그저 관찰하기로 결심했다. 그녀는 몇 분 동안 앉아 있다가, 병실 주위를 걸어 다니다가, 다시 앉았다. 그리고 그러는 동안 내내 자신의 감정을 알아차리려고 했다. 그녀는 그 20분 동안 자신의 상처 입고 분노한 감정이 사그라지면서 아예 질적으로 변한다는 것을 발견했을 뿐만 아니라, 그 시간이 지나자 감정들이 사라졌다는 것을 알게 되었고, 그때 그녀는 몇몇 친구들과 어울리며 시간을 보냈다. 그녀가 묘사한 모임 이야기는 마치 새로 발견된 인간 현상을 보도하는 것처럼 흥미진진했다.

그렇다. 감정은 영원하지 않다. 만약 우리 스스로 그것을 깨닫도록 내버려 둔다면 말이다. 우리의 생각, 행동, 그리고 상황들도 마찬가지다. 일시성이 현실의 본질이라는 깨달음은 변혁적일 수 있다. 이것은 회기가 거듭 진행되어도 전혀 바뀌지 않는 환자를 만나고 있다고 느끼는 치료자들에게 특히 도움이 될 수 있다. 좌절감이 커지고 희망이 없어지는 것은 사실일 수 없을 때, 아무것도 변하지 않는다는 확신이 커졌기 때문이다. 치료자로서 우리는 이 젊은 환자의 혁명적인 발견으로부터 배울 필요가 있다.

이 장에서 논의된 다른 통찰들과 마찬가지로, 현실의 일시성에 대한 깨달음은 치료자에게도 깊고 미묘하게, 그리고 끊임없이 영향을 미친다. 모든 일이 항상 유동적이라는 것을 그저 받아들일 수 있다면, 우리의 고통은 완화되고, 괴로움은 줄어들고, DBT는 순조롭게 진행될 것이다. 바꿀 수 없거나 영향을 줄 수 없을 것처럼 보이는 것들조차 사실은 변하고 있다. 사실상 당사자들 각자의 오래된, 바뀌지 않고 정체되어 있는 경험에도 불구하고 모든 순간은 신선하다. 불교에서 초심자의 마음이라는 말은 매 순간의 만남이 신선하고 새로운 경험을 말한다. 끊임없이 이는 바다의 파도처럼, 끊임없이 반복되는 모든 문제는 형성물(formation)이나 배열(sequence)을 나타낸다. 아무리 유연성이 없어 보일지라도 그것은 끊임없이 변화하는 맥락 속에서 끊임없이 변화하는 성분들로 이루어져 있다. 보기에는 같아 보일지 모르지만, 파도는 끊임없이 방향이 변화되는 여러 물 분자 집합들로 구성되어 있다. 이러한 기본적인 현실을 이해할 때 우리는 '이 또한 지나가리라'라고 확신하며 말할 수 있다. 우리는 더 인내하고, 더욱 탄력적이며, 누락된 변수들에 대해 더 경각심을 갖게 된다. 그리고 우리가 열을 계속 유지한다면 변화의 '끓는 지점'은 언제든지 올 수 있다는 것을 알게 된다.

일시성을 영구적인 현상으로 인식할 때 얻어지는 또 다른 가치는 오늘 일이 잘 진행된다면 어쩐지 내일은 악화될 거라는 인식을 가질 수 있다는 점이다. 위로 올라간 것은 아래로 내려오고, 아래로 내려온 것은 위로 올라간다. 이 상호적인 과정을 명심할 수 있다면 우리는 불행이 왔을 때 충격을 덜 받을 것이다. 환자는 "하지만 내가 상황을 더 좋게 만들어도 어차피 결국엔 더 나빠질 뿐일테고, 그것은 엄청난 충격일 것"이라고 말한다. 일시성의 이러한 측면을 생각하면서 환자는 상황을 좋게 만들려고 하지 않는다. 치료자는 이렇게 대답한다. "당신 말이 맞습니다. 상황이 나아지면, 아마 이전과는 절대 같지 않겠지만, 어떤 식으로든 또 다시 악화될 거예요. 이건 그저 우주의 법칙일 뿐이고, 우리가 이걸 받아들일 수 있다면, 우리는 살만한 삶을 향해 나아갈 때 만나게 될 득실을 벽돌담(brick walls)이 아닌 과속방지턱 정도로 경험할 수 있을 거예요."

"세상은 있는 그대로 완벽하다"

이것은 다소 단순하고, 생경하고, 불가능하게 들릴 수 있는 또 하나의 통찰이다. 그렇게 많은 고통과 잘못, 갈등과 오해가 있는데 어떻게 세상이 완벽할 수 있단 말인가? 모든 것이 있는 그대로여야 했고, 모든 것이 있는 그대로여야 하며, 모든 것이 있는 그대로 완벽하다고 어떻게 말할 수 있을까? 자살 시도나 악랄한 폭행, 치료 실패가 어떻게 '완벽'할 수 있을까. 여기에서 '완벽하다'는 단어가 전통적인 방식으로 사용되지 않는다는 것을 이해할 때까지는 이 진술은 혼란스러울 수 있고, 그런 의미에서 유효하지 않을 수 있다. "세상은 있는 그대로 완벽하다"는 말은, 모든 것이 괜찮다는 뜻도, 세상이 공정하고 정의롭다는 뜻도, 환경이 온정하고 관대하다는 뜻도 아니다. 우리가 있는 그대로의 세상을 승인하거나 그것에 동의한다는 뜻도 아니다. 그것은 단순히 이전에 왔던 모든 것을 감안할 때 세상은 있어야 하는 그 모습 그대로, 정확하게 존재하고 있다는 것을 의미한다. 그저 모든 것이 이전에 발생된 것들에 의해 유발되었다는 것을 의미한다. 누군가가 자살을 시도하는 것은 현재 순간에 이르기까지 역사적으로 모든 원인과 조건이 자살 행위를 뒷받침하고 있기 때문이다. 이전의 모든 순간의 집단적인 영향을 고려할 때, 어떻게 이 순간이 다른 것이 될 수 있었을까? 이러한 관점은 주어진 행동의 통제 변수들을 평가할 때, 즉 행동에 특정한 기능을 부여하고 그것을 유지하는 원인과 조건을 평가할 때 행동주의자가 생각하는 방식과 다르지 않다.

업보(karma)는 불교에서 생겨난 원리로서, 방금 언급된 생각의 많은 부분에 동일하게 근거하고 있는 개념이다. 즉, 현재의 모든 것은 앞서 이루어진 행위들로 인해 발생했다는 뜻이다. 미래를 향해 한 걸음 나아간다는 것은 오늘의 선택, 생각, 말, 행동을 통해 우리의 미래의 행위를 만들어나가는 것을 의미한다. 오늘 심은 모든 씨앗은 내일의 결과를 낳는다. 현재의 상태가 어떻게 생겨났는지를 되돌아보는 것은 현재 순간과 현재의 선택과 행동이 다른 결과를 가져올 수 있는 그 너머의 모든 순간들을 모두 내다보는 것과 균형을 이루어야 한다. 이 균형을 찾는 것은 DBT 치료자에게 신선한 도움을 줄 수 있고 바라건대 만성적이고 답답한 문제들을 치료하는 일을 계속해서 진전시킬 수 있다. 예전의 행위들이 현재의 결과를 가져왔고, 새로운 행위들이 미래에 있을 새로운 결과들에 영향을 미칠 것이다. 모든 것은 변할 것이고, 우리는 지금 씨앗을 심어서 새로운 것들이 자라나게 할 것이다. 시간이 '모든 상처를 치유'해주지는 못할지라도 시간은 확실히 변화를 가져온다. 치료하기 어려운 환자라도 좋을 때나 궂을 때나 계속해서 DBT를 실천해나가면서 치료의 여러 지침들과 전략들을 적용한다면 결국 변화는 반드시 있을 거라는 것을 기억하고 위안을 얻자. DBT에서는 끊임없이 변형되고 있는 병리(pathology)를 끝까지 다루기 위해 치료자와 환자가 시도해볼 수 있는 것들이 충분히 많이 개발되어 있다.

세상은 있는 그대로 완벽하다는 이 원칙은 DBT의 치료 과정 중 여러 '시점'에 파고들 수 있다. DBT의 임상적 가정 중 하나는 겉으로 그렇게 보이지 않더라도 환자는 자신이 할 수 있는 최선을 다하고 있다는 것이다. 또 다른 가정은 아무리 겉으로는 자신의 상황을 악화시키는 것처럼 보여도 환자는 나아지고 싶어 한다는 것이다. 환자들은 고의적이고 반항적으로 자신의 삶을 망치고, 치료자를 무시하고, 기술을 잊어버리고, 예전처럼 자기 파괴적인 행동을 반복하는 것처럼 보일 수도 있다. 그런 모습을 보면서 어떻게 그들이 할 수 있는 최선을 다하고 있다고, 정말 나아지고 싶어 한다고 확신할 수 있을까? 이것이 바로 그 순간 DBT에서의 가장 핵심적인 질문이다. "세상은 있는 그대로 완벽하다"는 통찰을 받아들인 후에는 현재의 역기능적인 행동 패턴의 진실, 지금까지 어떤 일들이 있었는지를 본다면 모든 것이 있는 그대로일 수밖에 없다는 진실, 환자들이 할 수 있는 최선을 다하고 있다는 진실, 그리고 그들이 나아지고 싶어 한다는 진실 등을 인정하기 쉬워 보일 것이다. 그러면 그 순간, 환자 한 명 한 명을 연민으로, 비판단적으로 만나게 되면서 치료자는 그제야 환자와 함께 더 나은 삶을 만들어내는 작업을 할 수 있게 된다.

업보라는 개념은 DBT가 가지고 있는 환자에 대한 세 번째 가정 — 환자들은 더 열심히 노력하고, 더 잘하고, 변화에 더 큰 의지를 가져야 한다 — 과도 연관이 있다. 비록 모든 것이 마땅히 있어야 하는 모습 그대로지만, 있었던 모든 것을 고려해도 미래는 아직 결정되지 않았다. 모든 행동은 어떠한 결과를 초래한다는 점에서 중요하다. 각각의 행동, 선택, 개입으로, 우리는 미래의 조건들로 이어지는 길을 닦고 있으며, 바라건대 궁극적으로 살만한 삶으로 나아가길 바란다. "세상은 있는 그대로 완벽하다"는 것, 그리고 우리는 매 순간 미래를 위한 토대를 마련하고 있다는 것을 인식할 때 우리 치료자들은 당장 진전의 조짐이 보이지 않는 상황에서도 계속해서 'DBT'를 할 수 있게 된다.

마치며

나는 수용 패러다임의 원리와 실제에 대하여 설명하면서 이것들이 마치 다른 두 패러다임의 원리들과 병행되면서 함께 존재(exist alongside, and in parallel with)하는 듯이 기술하였다. 그러나 현장에서 우리는 이상적으로 항상 수용 원리들의 영향을 받는다. 치료자로서 우리는 수용의 맥락을 확립하고 유지하면서, 그 맥락 안에서 각 환자를 살만한 삶으로 이끄는 행동 변화에 참여시킨다. 우리는 환자의 인식과 주의가 현재 순간에 뿌리

내릴 수 있도록 노력하면서 필요한 만큼 몇 번이고 그 시점으로 돌아간다. 우리는 환자의 (특정 인식, 신념, 가정, 기분, 감각, 예측 등에 대한) 집착이 어떤 방식으로 '있는 그대로'의 현실에 대한 자각을 흐리게 하는지를 알아차린 후, 그런 집착을 내려놓도록 반복적으로 개입한다. 우리는 현실이 가차 없는 일시적이라는 점, 매 순간이 독특하다는 점, 그리고 변화라는 것은 필연적으로 발생한다는 점을 인식함으로써 많은 통찰을 얻게 된다. 치료자와 환자 사이를 비롯하여 어떤 한 사람과 다른 모든 사람들 사이에, 또 어떤 현상과 모든 현상들 사이에 존재하였던 경계를 느슨하게 한다면, 우리는 비로소 모든 것들이 서로 깊이 연관되어 있고, 사실 모든 것들이 하나이며, 그 관점에서 보면 치료자와 환자가 하나로 작용하는 것을 보게 된다. 우리가 통상적으로 가지고 있는 자아의 분리성과 정체성의 고유성에 대한 확신은 우리 각자가 다른 모든 것들로 구성되어 있다는 자각으로 대체된다. 그리고 우리 자신과 타인을 판단하려는 자연스러운 경향에도 불구하고, 우리는 모든 것이 과거와 현재의 원인과 조건에 대응하여 나타나며, 모든 것은 "있는 그대로 완벽하다"는 것을 이해하게 된다. 이러한 수용 원리의 영향을 받아 우리는 타당화 전략과 따뜻함, 진정성, 반응성, 자기 개방을 포함하는 상호 커뮤니케이션 방식으로 개입하게 된다. 이상적으로 우리는 안전, 신뢰, 애착이 생겨나는 분위기를 조성하고 유지하여 모든 환자에게 교정적인 정서적 경험을 제공한다.

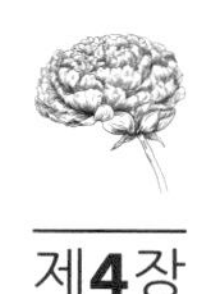

제4장

변화 패러다임

수용의 맥락 안에서, 치료자는 환자를 치료의 핵심 과제, 즉 살만한 삶을 건설하는 데 필요한 행동 변화를 만들어내는 과정에 참여시킨다. 변화 패러다임은 행동 변화를 가져오기 위한 이론, 모델, 원리, 프로토콜, 전략 및 기술을 아우른다. 이것들은 인지행동 이론과 실제로부터 통합되었으며, 만성적이고 심각한 감정조절장애를 가지고 있는 개인을 치료하는 맥락에 맞게 조정되었다. 리네한(1993a)은 변화 패러다임을 시행하기 위한 순차적 문제 해결 프로토콜을 정리하여 회기에서 반복적으로 사용할 수 있게 하였고, 모든 DBT 치료자는 이 프로토콜을 배운다. 치료자는 환자와 함께 우선순위가 매겨진 치료 목표들을 결정하고 치료 계획에 대한 환자의 헌신을 강화한 후, 생명을 위협하는 행동부터 시작하여 가장 우선순위가 높은 목표에 집중된 회기를 진행한다.

1. 먼저 목표 행동의 통제 변수들을 확인하기 위해 사용되는 기술인 **행동 사슬 분석**(behavioral chain analysis)으로 시작한다.
2. 치료자와 환자는 주어진 목표 행동에 대해 행동 사슬 분석을 한 번 이상 적용하여 사슬의 고리에서 발견되는 의미 있는 패턴이 있을지 살펴본다. 치료자는 이러한 패턴을 강조하면서, 패턴을 설명하기 위한 가설들을 만들어내고, 이를 환자와 공유하고 가장 그럴 듯한 가설들을 함께 고안해낸다. 이 과정은 **통찰**(insight)이라고 알려져 있다.

3. 통찰로 무장한 치료자는 다음 단계인 **해결 분석**(solution analysis)으로 넘어가는데, 이 분석은 원하는 행동 변화를 초래할 수 있는 가능한 해결책들을 고안해내고 고려해보는 것을 수반한다. 잠재적 해결책은 환자와 공유되며, 둘은 함께 구현할 해결책들을 하나 이상 선택한다.
4. 해결책에는 **변화 절차**의 네 가지 범주들의 변형과 조합이 포함되며, 각 범주는 특정 행동 모델 또는 변화 이론에서 비롯된다.
   a. 부족한 기술이 있다면 치료자는 회기에서 기술 훈련 모델과 원리를 활용하고 **기술 훈련 절차**를 적용한다.
   b. 인지에 문제가 있다면 치료자는 **인지 중재 모델**과 원리를 활용하고 인지 수정 절차를 적용한다.
   c. 수반성(contingencies)에 문제가 있어서 적응적 행동은 강화받지 못하고 오히려 부적응적 행동이 강화되고 있다면 치료자는 조작적 조건형성 이론과 원리들을 살펴보고 **수반성 절차**를 적용한다.
   d. 마지막으로, 사전 조건화에 기초하여 단서들이 자동적이고 파괴적인 감정을 이끌어내는 사슬고리들이 있다면 치료자는 고전적 조건형성 이론과 원리들을 살펴보고 **자극 조절**과 **노출 절차**를 적용한다.
5. 행동 변화에 대한 관심을 가지는 과정 내내, 치료자는 환자를 교육하기 위해 **교육적인 개입**(didactic interventions), 절차와 관련되어 환자와 치료자 각각 맡아야 할 역할을 명확히 하기 위한 **오리엔테이션 전략**(orienting strategies), 그리고 수반되는 과제에 대한 환자의 헌신을 강화하기 위한 **전념 전략**(commitment strategies)을 사용한다.

이 프로토콜은 매 회기에서 이루어지는 변화 지향적인 작업을 구조화하는 데 유용하며, 특히 나에게는 DBT와 CBT에 막 입문하였을 때 나의 학습 과정에 대한 포괄적인 주제 목록을 제공해주어서 큰 도움이 되었다. 그러나 치료가 어려운 환자들과의 회기에서 마주하게 되는 위급 상황에서는 문제를 해결하기 위해 항상 단계별 순차적 접근법으로 진행하는 것에는 한계가 있다. 그러한 일련의 과정을 거치는 것으로 출발하더라도 역기능적이고 파괴적인 회기 내 행동을 관리하는 것에 집중해야 할 수도 있다. 아니면 특정 목표 행동을 해결하는 작업을 시작했다가 회기를 진행 도중에 다른, 더 높은 우선순위의 목표 행동에 대해 알게 될 수도 있다. 아니면 실천해볼 만한 해결책을 찾았는데, 환자가 협력을 꺼린다는 것을 알게 될 수도 있다. 즉, 종종 회기 내에서 격변하고, 다루기 어려운 임상적 양상이 등장할 때는 다양한 문제 해결 활동을 적용해볼 수 있는 유연성과 유동성이 요구된다. 결과적으로, 치료자는 필요한 순간에 적절한 전략을 실행할 수 있도록, 전략들에 대해 충분히 숙달되어 있는 상태에 도달할 필요가 있다. 수용 패러다임의 기본 원리를 아는 것이 치료자가 타당화 환경을 만들고 필요에 따라 타당화에 박차를 가하는 데 도움이 되는 것처럼, 변화 패러다임의 기본 원리나 과정을 아는 것은 치료자가 예측할 수 없고 변화하는 상황에서 변화를 추진할 수 있게 한다.

문제 해결이라는 것이 상당히 광범위한 전략을 수반하고, 수많은 실체적 이론에서 파생되기 때문에 근본적인 변화 기반 원리를 몇 가지로 추려내기는 어려운 일이다. 하지만 나는 문제 해결 전략들을 모두 유연하게 적용할 수 있도록 도와준 일곱 가지 핵심 과정을 파악하는 것은 가능하다는 것을 알게 되었다. 첫 번째 세 가지는 거의 모든 DBT 회기에서 기본적인 변화 지향적 작업이나 과정으로 작용하는 것들로, (1) 목표 설정 및 모니터링(targeting and monitoring), (2) 전념에 대한 약속(getting a commitment), (3) 행동 사슬 분석 및 사례 개념화 등이다. 나머지 네 가지는 DBT에 통합되어 있는 네 가지 근본적인 행동 변화 이론에서 나오는 과제나 과정으로, (4) 기술 결핍 이론(skills deficit theory), (5) 고전적 조건형성 이론(classical conditioning theory), (6) 조작적 조건형성 이론(operant conditioning theory), (7) 인지 중재 이론(cognitive mediation theory)이다. 이 마지막 네 가지 과정들은 각각 네 가지의 다채로운 변화 이론에 기초하고 있기 때문에 이론에 따른 네 가지의 다른 원리, 사고 방식, 치료적 상호작용 방식, 기법들을 가져온다.

DBT의 일곱 가지 핵심 변화 과정은 각각 치료 내내 적용할 수 있는 일련의 개입들은 물론, 지속적인 관심사를 제공해줌으로써 변화 지향적인 작업을 구체화한다. 예를 들어, 우리가 목표 전략을 적용하지 않는 어떤 특정 순간에도 전체 회기의 목표(agenda)는 지정된 **목표**를 지향하고 있기 때문에 그 목표에서 벗어나는 것은 작업 전체에 지장을 줄 수 있다. 또 다른 예를 들면, 우리가 **인지적 재구성** 전략을 사용하고 있지 않은 어떤 특정 시점에도 우리는 사슬 전반에 문제가 되는 인지들이 잠복해 있다는 것을 알고 있고, 어떤 순간에라도 어떻게 해서든지 그것들을 다룰 준비가 되어 있다. 일곱 가지 과정을 모두 유념하고 있을 때 계속해서 환자와 연결감을 유지하고, 목표를 지향하며, 필요한 경우 신속하게 문제 해결 전략에 접근할 수 있는 유연성이 향상된다. 일곱 가지 중 네 가지(목표 설정 및 모니터링, 전념, 행동 사슬 분석 및 사례 개념화, 기술 훈련)는 이 책의 별도 장에서 자세히 다루어지며, 따라서 이 장에서는 간략하게 다뤄진다. 나머지 세 가지는 DBT에서 '행동주의적인 것'이 무엇을 의미하는지 논의한 후 이 장에서 더 자세히 논의된다.

DBT에서 '행동주의적인 것'

각각의 변화 지향적인 관점을 다루기 전에, 먼저 DBT에서 '알아차리는 것(being mindful)'과 '변증법적인 것(being dialectical)'과 달리 '행동주의적인 것'이 무엇을 의미하는지 보다 광범위하게 생각해 보자. 행동주의적이라는 것이 무엇인지 묘사하는 것은 어려운 일이다. 마치 자전거를 타거나, 꿈을 꾸거나, 사랑에 빠지는 것이 어떤 것인지 설명하는 것과 같다. 직접 보면, 느낄 때면, 할 때면 바로 알 수 있지만, 설명을 해보려고 하면 진부하거나 어설프게 할 수밖에 없을 것이다.

내가 행동주의적인 것을 처음 체험한 것은 환자로서였다. 정신분석적 치료에서 행동치료로 넘어 온 사람으로서 그 경험은 조금도 과장하지 않고 문화 충격이었다. 1987년이었고, 나는 코넬의과대학 교수진으로 있으면서 정신분석학적 대상관계 이론에 근거한 경계선 성격장애 환자들을 위한 장기 입원 프로그램을 이끌고 있었다. 그때까지의 나의 훈련은 정신분석적 심리치료에 기반을 두고 있었고, 그 훈련의 일환으로 몇 년째 교육분석을 받고 있었다. 약 1년 후에 의대 부교수로 진급할 수 있는 가능성을 앞두고 있었기에 나는 논문을 몇 편 더 게재해야 하는 시점에 있었다. 비록 나는 여러 연구 계획서와 초안, 숱하게 많은 메모지에 적힌 아이디어가 있었지만, 그것들은 내 개인 파일과 머릿속에만 머물러 있었다. 정신분석을 통해 나는 논문을 투고하는 것(그리고 투고하지 않는 것)에 대한 환상, 갈등, 의미 등을 탐색해왔다. 이 과정은 고맙게도 나 자신에 대한 이해는 심화시켜주었지만, 나는 여전히 논문을 투고하지 못하고 있었다.

한번은 사적인 자리에서 동료에게 나의 상황을 설명했더니, 그는 나와 비슷하게 글을 써내지 못하고 있는 여러 교원들을 도와준 맨해튼에 있는 한 CBT 치료자와 상담해보라고 권유해주었다. 나는 내키지 않았다. 내 인생에 또 다른 치료 경험을 추가하는 것은 상상할 수 없었고, 그 당시 나는 행동주의적 접근에 대해 쥐들을 데리고 연구한 결과를 한정적이고 피상적으로 적용하는 접근이라고 생각하였다. 그래도 나는 그 동료의 의견을 존중했고, 호기심이 있었고, 어떤 것이든 도움이 된다면 시도해보고 싶다는 의욕이 있었다. DBT에 노출되었던 지난 몇 달 동안의 경험은 행동주의에 대한 호기심을 자극하였다. 나는 추천받은 상담사와 약속을 잡았다.

스티브와의 만남은 첫 순간부터 극적인 문화 충격이었다. 나는 내가 자유연상을 할 때 잘 들어주었던 두 명의 정신분석가들의 세심하면서도 객관적인 입장에 익숙해 있었다. 하지만 스티브는 현실적이고, 이성적이고, 직설적이면서 따뜻한 사람이었다. 그가 나에게 스티브라 불러달라고 한 것은 매력적이었지만 나는 그가 얼마나 유능할지 의문이 들었다. 그의 스타일은 사람을 깊이 이해하는 사람보다는 자동차 정비사의 스타일과 더 흡사했다. 그는 클립보드와 백지를 무릎 위에 올려놓고 내 맞은편에 앉았다. 그는 "제가 어떻게 도움이 될 수 있을까요?"라고 물었다. 나는 승진하고 싶고, 논문을 몇 편 게재해야 하고, 많은 아이디어와 초안 및 계획을 가지고 있지만 그 외에는 아무런 진전이 없는 나의 상황을 설명하였다. "몇 편의 논문이 필요한가요?" 나는 대략적으로 추측하여 "괜찮은 학술지에 여섯 편 정도 실린다면 안전할 것 같습니다"라고 말했다. 그는 좀 더 구체적인 목표를 원했다. "다음 주까지, 정확히 무엇이 필요한지 파악해보세요." 그는 내가 고려하고 있는 학술지에 대해 물었다. 아직 그런 생각까지는 해보지 않았던 나는 몇 개의 유력한 후보를 말했다. 그는 마감일이 언제인지 물었고, 나는 아마도 6개월 이내에 투고해서 1년 이내에 게재 판정을 받아야 할 것 같다고 하였다. 그는 목표, 타임라인, 학술지명 등 보다 구체적인 것에 대해 질문하였고, 나는 대략적으로 대답하였다. 즉, 나는 대략적으로 진술된 의도와 어렵게 얻은 통찰을 가지고 상담에 들어갔고, 그는 내가 정확히 무엇을 성취해야 하는지, 그 세부 사항으로 좁혀 들어갔다. 인지행동 치료자 입장에서 볼 때, 그가 한 일은 꽤 평범했다. 하지만 나에게 그와의 경험은 문제해결치료에 관한 "아하" 순간을 제공했다. 그렇지만 나는 여전히 그가 너무 구체적이고, 너무 실용적이고, 너무 낙관적이고, 너무 순진해서 내 성장을 그 지경까지 가로막았던 숨은 세력들과 전투를 벌일 수 없을지도 모른다는 생각에 걱정스러웠다.

나는 이전 정신분석 치료에서 나의 근본적인 장애물들을 탐색했었으니 거기에서 배운 점을 여기에서 이야기하는 것이 그가 나와 작업할 때 유용하게 쓰이지 않을까 하고 제안하였다. 그의 대답은 그의 특유의 성격대로 빠르고 간단명료했는데, 정확히 무시하는 것은 아니었지만 관심 없다는 의사는 분명했다. "아마 별 도움은 되지 않을 거예요. 당신이 자신에 대해 많이 알게 되었다는 건 정말 좋은데, 그냥 논문을 쓸 수 있도록 하는 일을 하는 게 어떨까 싶어요. 그러다가 그게 만약 어려워질 때 말씀하신 그러한 통찰들이 유용할지 한번 보도록 하지요." 또 다른 "아하" 순간이었다. 먼저 행동을 하면 통찰이 뒤따를 것이다. 하지만 여전히 난 고민이 되었다. 나는 이미 글을 쓸 줄 알았고, 쓸거리들도 있었다. 나는 왜 내게 글을 쓰는 걸 가르쳐줄 나보다 나이도 어리고 경험도 많지 않는 후배 심리학자가 필요한 걸까? 솔직히, 나는 약간 바보 같은 기분이 들었다. 나는 입을 다물고 상처 입은 나 자신을 달래면서 그냥 치료의 흐름을 따랐다.

그는 나에게 내가 앞으로 쓸 논문 여섯 편의 제목과 개요를 물었다. 나는 아이디어는 있다고 말했지만, 그는 글쓰기 과정을 구체적으로 시작하기 위해 제목과 개요를 원했다. 나의 첫 번째 과제는 6개의 제목을 생각해내고, 첫 번째 논문에 대한 두 페이지짜리 개요를 만들어 다음 주에 그에게 가져오는 것이었다. 아주 실용적인 과제였다. 나는 내 마음의 한쪽에는 의심과 불신, 다른 한쪽에는 안도감과 희망이 차오르는 걸 느꼈다. 첫 만남을 마치고 그의 사무실을 나서면서, 나는 스스로에게 "이게 내가 해야 하는 일이라면 나는 왜 그가 필요한가?"라고 물었다. 한 주 동안 나는 다음 약속을 취소하고 그냥 논문을 쓰고 싶다는 충동을 계속 느꼈다. 이것은 내가 배운 방식의 심리치료가 아니었다. 이것은 골프 코치나 피아노 선생님을 두는 것과 더 비슷했다. 나의 정신분석은 나에 대한 이해를 깊게 하는 것이 목적이었고, 나의 행동치료는 식별 가능한 문제(identifiable problem)를 해결하는 것이 목적이었다. 몇 년 동안 나는 두 접근법을 비교하고 대조하였다. 실제로 내가 쓴 여섯 편의 논문 중 하나는 '컨버그와 리네한 : 경계선 환자에 대한 두 가지 접근법'(Swenson, 1989)이었다.

한 회기에서 나는 그에게 심리치료에서 변화를 추진하는 방식과 입장에 대해 직접 배웠다. 스티브는 솔직하고, 직설적이고, 실용적이었다. 그의 스타일은 이성적이고, 친절하고, 낙천적이었다. 신비감도, 깊은 내면을 탐색한다는 감각도 없었다. 그는 내 목표를 알고 싶어 했고, 그 목표를 좀 더 구체화하였고, 그것을 우리의 치료 목표로 삼았다. 모든 것이 너무 빨리 진행되었으므로 나는 우리가 이미 한 배를 탔다고 느꼈다. **"행동을 바꾸기 위해서는 행동을 바꿔야 한다."** 나에게 이 간단한 메시지는 상당히 놀라웠다. 나는 이미 해야 할 과제가 있었다. 진전은 회기와 회기 사이에 일어나야 했고, 치료 회기들은 한 주의 작업을 준비하기 위해 존재했다. 나의 다른 치료자들과는 대조적으로, 스티브는 일을 진행시키고 싶어 안달이 난 사람 같았다. 하지만 시간이 흐르면서 그는 인내심과 끈기를 보여주었다.

나는 6개의 제목과 개요를 가지고 두 번째 회기에 도착했다. 스티브는 조금도 부끄러워하는 내색 없이 기뻐하였다. 나는 어린아이가 된 것처럼 다소 부끄러웠지만, 공공연한 칭찬에 감사한 마음도 들었다. 그는 '경계선 환자의 입원 치료에서 투사적 동일시'라는 제목의 첫 번째 논문의 개요를 읽었다. 스티브는 이 주제에 대해 잘 알지 못했지만, 재빨리(그리고 정확하게) 연구의 범위가 너무 넓다고 평가했다. "여기 적으신 것은 적어도 2개의 연구에 대한 개요예요. 뭘 하고 싶으신 건가요? 정신의학의 동향을 바꾸려는 거예요 아니면 논문을 게재하려는 거예요?" 그는 또 다른 과제를 내주었다. 정신의학 학술지에 실린 괜찮은 논문 열 편을 읽고 각각 연구의 기여도를 평가하라는 것이었다. 그는 논문 작성을 방해하고 있었던 나의 가정, 즉 변혁적인 논문을 써야 한다는 가정에 이의를 제기하였다. 하지만 그의 접근은 나를 또 걱정시켰다. 그가 뭘 이야기하고 싶은지 이해하였으나, 나는 그와 함께 작업을 하면서 내가 하찮은 논문들을 써내게 될까 봐 두려웠고, 그에게도 이에 대해 털어놓았다. 그는 나에게 열 편의 논문을 먼저 읽고 나의 목표에 대해 좀 더 분명해질 것을 제안하면서, 결국 내가 무엇을 쓸지는 나만의 선택임을 상기시켰다. 그는 완강했지만 여전히 나를 존경하는 듯 보였고, 궁극적으로 이 모든 과정의 책임자는 나라는 느낌이 있었다. 나는 실제로 열 편의 논문을 읽었고, 모두 기여도 부분에서 그다지 대단하지는 않다고 느꼈으며, 이 과정은 나의 야망을 줄이는 데 도움을 주었다.

연구의 주제를 정하는 데 진전을 이룬 후, 이제 우리는 내가 어떤 구조로 어떻게 쓸 것인가로 넘어갔다. 나는 아이디어를 내고 박차를 가해 다른 문헌을 살펴볼 수 있는 5~6시간의 자유시간이 주어졌을 때 가장 효과적으로 글을 쓸 수 있다고 설명했다. 그는 세 가지 이유를 대며 나에게 다시 도전을 주었다. 첫째, 나의 일상적인 스케줄에서 5~6시간을 뺀다는 것은 비현실적인 기대이며, 둘째, 이 방식은 비용적으로 부담스럽고, 셋째, 매일 지속적으로 추진하기에는 좋은 방법이 아니었다. 그는 다음 6개월 동안, 주 7일 매일 같은 시간에 더 짧은 시간 동안 글을 써보는 것을 제안했다. 게다가 그는 다른 문헌을 참고하는 산만하고 시간 소모적인 관행 없이, 각 논문의 초고를 '내 생각으로부터' 바로 쓸 것을 제안했다. 그의 말을 빌리자면, "논문들은 이미 당신 머릿속에 있으니 그냥 쓰세요!"

그는 나에게 앞으로 6개월 동안 예정되어 있었던 모든 '불필요한' 약속을 무자비하게 취소하라고 격려했다. 그는 내가 아내와 직장 동료들의 지지를 얻어서 모든 사람들이 매일 내가 방해나 예외 없이 글을 쓰는 시간을 가져야 한다는 것을 이해해야 한다고 하였다. 나는 이미 3개월 뒤에 심포지엄 발표를 약속했었고, 이것을 준비할 시간이 필요할 것 같아 후회스러웠다. 스티브는 나에게 이 약속마저 취소할 것을 권했다. 하지만 나는 반사적으로 이 권유를 저항했다. 그는 '이렇게 취소하는 일은 늘상 있는 일'이라며 내가 없어서는 안 될 존재임에 대한 신념에 도전했다. 나는 그렇게 하고 싶었지만, 다른 사람들을 실망시킬까 봐 두려워 망설였다. 그는 "이 일을 지금 당장 처리하는 게 어떨까요?"라며 나에게 전화기를 건네주었다. 나는 예상치 못한 약속이 생겨서 발표를 취소해야 한다고 설명하였다. 그들은 실망했지만 나의 결정을 이해하고 받아들이는 것 같았다. 죄책감으로부터 살아남은 후 해방감을 느꼈고, 그것은 나의 작업에 탄력을 더했다.

우리는 일명 '스웬슨 계획'을 세웠다. 나는 아침 8시부터 9시 30분까지 6개월 동안 주 7일, 심지어 휴가 중에도 매일 논문을 쓰기로 했다. 나는 내 일의 일부를 다른 사람에게 위임하였고, 나의 비서는 긴급 상황 외에는 내가 그 시간에 방해받지 않도록 도와주었다. 계획했던 휴가 동안에도 글을 계속해서 쓸 수 있도록 아내의 지원을 부탁했다. 나는 그 90분 동안에는 어떤 우편물이나 이메일도 확인하지 않기로 결심했고, 심지어 들어오는 문자조차 보지 않기로 했다. 나는 90분이 너무 짧은 것 같다고 고백했지만 스티브는 내가 이 계획만 충실히 따른다면 마음 한 켠에서 '항상 글을 쓰고 있는 상태'일 거라고 했고, 90분은 그것을 글로 옮기기에 충분할 것이라고 안심시켰다. 그는 내가 '필(feel)'을 받으면 90분을 연장하고 싶을 것이라고 정확히 예상하였다. 처음에 나는 그 이유를 이해하지 못했지만, 그는 어떤 시간 연장에도 반대했다. 실제로 그는 내가 9시 30분을 넘어서 계속 하고 싶은 마음이 강하게 들면 먼저 그에게 전화해서 진행하기 전 그의 의견을 받아 보라고 했다.

약 2주 후에 그 일이 일어났고, 나는 그에게 전화를 걸어 메시지를 남겼다. "스티브, 좋은 아이디어가 너무 많이 떠올라서 계속 쓰고 싶어요." 스티브는 내가 전화한 지 얼마 되지 않아 다시 연락을 주었다. "찰리, 정말 잘 전화하셨어요. 글을 절대로 계속해서 쓰지 마세요. 가치가 있는 것이라면 계속해서 당신 마음속에 남아 있을 거고, 내일 다시 생각날 뿐 아니라, 아마 이전보다 나은 방식으로 써질 거예요." 나는 그의 제안을 믿음으로 받아들였고, 곧 그 가치는 내게 분명해졌다. 내 글쓰기 시간은 너무나 분명하게 아침마다 90분으로 국한되어 있어서, 나는 그 이상으로 글을 쓸 필요를 못 느꼈다. 나는 늘 나를 압박해온 '글을 써야 한다'는 느낌에 더 이상 시달리지 않았다. 글을 쓰는 동안에는 몰입감을 느꼈고, 그 이후에는 '자유감'을 경험했다. 스웬슨 계획이 시작된 후 6개월은 내 경력 중 가장 생산적이고 즐거운 시간이 되었다. 글쓰기는 더 이상 내 마음속에 부담으로 느껴지지 않았다. 나는 평균 한 달에 한 편의 논문을 완성하였고, 6개월 만에 여섯 편을 투고하였으며, 시작한 지 1년도 안 되어 다섯 편의 논문을 개제했다. 이것은 나를 승진시키기에 충분했다.

이 경험은 나에게 놀랍고 기쁜 경험이었을 뿐만 아니라 행동적 접근의 본질에 대한 첫 번째 교훈을 주었다. 우리는 치료 목표를 정하는 것으로 시작했고, 그것을 다시 구체적인 목표들로 세분화하였다. 우리는 방법을 정했고, 그 방법이 실행될 수 있는 환경 구조를 만들었다. 우리는 매주 만나서 진척상황을 모니터링하고 방향에 대해 합의를 하였고, 구체적인 어려움들을 다루었다. 스티브의 스타일은 직설적이었고, 대담한 기대를 걸었으며, 낙천적인 태도를 가지고 있었다. 그는 내가 글을 쓰지 못하게끔 만드는 여러 가정들을 반박했고, 내가 지금껏 회피해왔던 행동 조치들을 취하도록 독려했으며, 내가 잘 가고 있을 때 나를 주기적으로 강화시켰다. 그러면서도 그는 나를 존중하는 모습을 보였으며, 나는 우리가 함께 임무를 수행 중인 한 팀이라는 느낌을 받았다. 이후 나는 DBT를 시행하면서 이 교훈들을 수없이 되새겼다.

내가 DBT 치료에 이런 직접적 접근법을 처음 도입했을 때가 떠오른다. 그때 나는 주립병원에서 3년간의 입원 기간을 뒤로하고 퇴원을 앞둔 여성 환자를 만나고 있었다. 그녀는 주기적인 위험한 자살 시도와 난잡한 폭음 에피소드 등을 포함한 심각한 만성적 행동 패턴을 보였다. 그녀는 입원 중이 아닐 때 매일 술을 마셨고, 때로는 병원에 몰래 술을 가지고 들어오기도 했다. 그녀의 목표에 대해 이야기한 후, 나는 그녀에게 쉬운 용어로 치료에 전념할 것을 요청했고 그녀는 기꺼이 동의하였다. 또한 그녀에게 내년까지 자살하지 않을 것을 약속해 달라고 부탁했다. 그녀의 동의는 우리 둘을 모두 놀라게 했다.

그러고 나서 나는 그녀에게 1년 동안 한 번이라도 술이나 다른 어떤 물질을 복용하는 일이 없도록 단번에 끊어볼 것을 제안하였다. 그녀는 매일 술을 마시고 싶은 충동이 있었기 때문에, 이것은 거의 상상할 수도 없는 제안이었다. 나는 스티브가 나에게 했던 것처럼 침착하고 확실하게 그녀에게 전념을 꾸준히 요청했다. 나는 이것이 그녀의 삶을 바꿀 수 있는 토대를 성공적으로 마련해줄 것이라고 말했다. 그녀는 어안이 벙벙하다며 속상해했다. 그녀는 저항하며 나의 제안에 반박하였고, 내 요청을 철회할 것을 요청했다. 그 요청의 무게와 그녀의 두려움에 공감하면서도 나는 그녀에게 다시 한 번 생각해 볼 것을 부탁했다. 우리는 아무런 합의도 없이 회기를 끝냈지만, 그렇다고 그녀는 전면적인 거부도 하지 않았다. 그녀의 주립 병원 주치의에 의하면 그녀는 치료 회기 이후 내내 나의 기가 막힌 요청에 대해 이야기했다고 한다. 나의 요청은 그녀를 두려움과 희망으로 가득 차게 했고, 그녀는 곧 그 요청에 동의했다. 그녀의 치료 과정은 길고 험했지만, 궁극적으로는 성공적이었다. 돌이켜보면, 그 첫 번째 요청 때 이미 결과는 정해졌던 것 같다.

목표 설정과 모니터링

DBT는 무엇보다도 성과를 추진하는 치료법으로, 목표들은 구체적인 행동 목표들로 세분화되어 순차적으로 달성된다. 치료 초기에 치료자와 환자는 호소된 문제 행동을 환자의 목표 달성에 방해되는 장애물로 함께 재구성하며 구체적인 행동 목표들로 세분화한다. 그 행동 목표들은 치료 전반과 각 회기에 대한 계획을 결정한다. 환자는 관찰 일지로 목표 행동에 대한 모니터링을 매일 진행하고, 치료자와 매주 관찰 일지를 함께 검토한다. 치료자와 환자는 목표한 성과와 현재 기능 수준 상태 사이에 존재하는 불일치를 모니터링하며 그 간격을 항상 좁히려고 시도한다. 이런 면에서 목표 설정은 단순히 치료 초기 또는 각 회기 초반에 진행되는 활동이 아니라 지속적인 관심사가 된다. DBT 치료자는 언제라도 누군가가 "당신의 회기의 현재 목표는 무엇입니까?"라는 질문에 답할 수 있어야 한다. 목표에 대한 시선을 놓치면 정서적 고통의 일시적 완화 등 다른 욕구의 영향을 받아 헤매기 쉽다. 요컨대, 목표 행동을 정의하고 치료 전반에 걸쳐 그에 주의를 기울이고, 그와 관련된 진전을 모니터링하는 것은 DBT의 실천에 있어 핵심적인 관심사다. 이 주제는 다음 두 장에서 다시 다룬다. 제7장에서는 목표 설정을, 그리고 제8장에서는 변증법적 딜레마와 2차 목표 설정을 다룬다.

전념

좁은 의미에서 DBT에서의 전념은 일곱 가지 전략들을 활용하는 과정이라고 볼 수 있다. 우리는 가장 우선순위가 높은 목표(예 : 자해 행동 감소), 치료 방식(예 : 집단 기술 훈련 참가), 특정 절차(예 : 노출 절차)에 대한 전념을 이끌어낸다. 그러나 목표 설정 및 모니터링과 관련하여 논의된 바와 같이, 치료에 대한 전념을 얻고 유지하는 과정은 치료 전반에 걸친 관심사가 된다. 환자의 전념 수준은 자연스레 요동하지만 치료의 성공을 결정하는 핵심 변수로 작용하며, 그 추이를 추적하지 못하면 전념이 소멸하여도 여전히 그것이 존재한다고 믿게 될 위험이 있다. 치료하기 어려운 환자를 만나는 경우 치료의 진전이 느려지거나 갑자기 멈추는 현상은 드물지 않게 발생하는데, 그것은 항상 전념의 문제는 아니다. 그러나 이 현상은 충분히 자주 발생하기 때문에 우리는 DBT 치료자로서 치료 과정 전반에 걸쳐 그것을 염두에 두고, 그것에 대해 질문하며, 전념 전략들로 다뤄야 한다. DBT에서 전념이 가지는 역할에 대해서는 제10장에서 다룬다.

평가 : 행동 사슬 분석과 사례 개념화

사례 개념화에 대한 내용을 다루는 제9장과 행동 사슬 분석을 다루는 제11장에서는 이 두 가지 과정의 실천 원리를 훨씬 더 상세히 고찰하지만, 이들은 DBT를 지속적으로 끌고 나가는 포괄적인 추진요인이기 때문에 여기에서도 간단히 논하고자 한다. 일단 우리가 특정한 행동 목표를 설정하고 나면, 우리는 행동 사슬 분석을 통해 그 목표의 통제 변수들을 평가하고, 그 평가를 통해 치료 계획과 실행을 가능하게 하는 사례 개념화에 도달한다. 매 회기 치료 계획을 구현하면서 우리는 새로운 정보를 생성하고 접하게 되는데, 이때 우리는 암묵적인 또는 명시적으로 사례 개념화를 수정하게 된다. 행동 사슬 분석과 사례 개념화의 완전히 상호의존적인 과정은 목표 설정, 모니터링 및 환자의 전념 간의 상호의존적 과정만큼 치료 작업에 지속적인 중심이 된다. DBT 치료자들은 사슬 분석을 평가와 치료의 전략으로만 사용하는 것이 아니다. 우리는 환자를 행동 사슬 그 자체로 생각하고, 치료법은 환자의 역기능적인 행동 사슬을 기능적으로 재구성하는 과정으로 생각한다. DBT에서의 평가와 사례 개념화는 모두 행동 사슬이라는 틀 위에서 이루어지며, 치료 회기 중 문제 해결은 행동 사슬을 수정하는 것을 명백한 목적으로 삼는다.

특히 만성적이고 심각한 감정조절장애를 가진 환자를 치료할 때, 계속해서 발전되는 사례 개념화 없이 치료를 진행하는 것은 낯선 지역에서 지도 없이 목적지로 향하는 것과 같다. 목표 설정과 모니터링에 충실하지 않은 치료는 위에서 언급한 표류와 착란으로 이어진다. 본능과 직관이 DBT에 중요하긴 하지만 지도 없이, 또는 새로운 정보를 반영하지 않은 채 진행하기에는 치료가 너무나 어렵고 예측 불가하다.

고전적 조건형성과 노출 절차

상세한 행동 사슬 속에서 발견되는 더 큰 '이야기' 안에는 여러 개의 작은 이야기가 서로 평행하게 담겨 있다. 이 작은 '스토리' 중 4개는 네 가지 행동 모델의 표현이다. 그리고 이 네 가지 모델은 각각 치료자가 문제 해결을 위해 사용하는 일련의 행동 변화 절차들을 일으키고, 따라서 '변화의 이론'으로 간주되기도 한다. 깨어있고 지식이 풍부한 치료자는 행동 사슬 분석을 하는 동안 사슬 속에 존재하는 이러한 이야기들을 발견하게 될 것이고, 그 결과 목표 행동에 대한 특정 통제 변수들이 존재하는지 살펴볼 것이며, 그러한 이야기들을 수정하기 위해 개입할 것이다. 먼저, 반응 조건화(respondent conditioning)라고도 알려진 고전적 조건형성에 대한 이야기부터 시작해보자.

고전적 조건형성 이야기에는 세 가지 핵심어, 즉 핵심요소가 있다고 단순하게 생각하는 것이 도움이 될 것이다. 평가와 개입의 목적을 위해 이 세 가지 핵심어를 중심으로 우리의 생각을 정리해볼 수 있다. 핵심어는 순차적으로 단서, 감정, 탈출이다. 단서는 감정을 끌어낸다. 그 감정은 불편한 것을 넘어서서 어쩌면 견딜 수 없는 수준일지도 모른다. 그리고 개인은 감정으로부터 도망치기 위해 어떤 다른 행동을 한다. 종종 자해나 물질 남용과 같은 탈출 행동이 곧 환자의 호소 문제가 된다. 이 세 가지 핵심어를 좀 더 자세히 들여다보자.

단서

단서(cue)란 현재 순간에 존재하는 특정 자극을 말한다. 특정 단서가 환자에게 특별한 정서적 특징을 가진다는 점, 그래서 그것이 강렬하고 종종 고통스러운 감정적 반응을 자동적으로 이끌어낼 수 있는 힘을 가지고 있다는 점이 임상적으로 의미 있는 부분이다. 객관적으로 본다면 비교적 무해한 특정 단서가 어떤 이에게는 왜 그렇게 강한 감정적 반응을 일으키는 것일까? 현재 기능의 단서(cue of current functioning)는 환자의 기억 속에서는 그리 무해하지 않았던 과거의 하나의 사건, 또는 여러 사건과 짝지워져 있다. 그래서 현재의 순간의 단서는 이전의 사건의 단서와 연결이 되어 기억 속에 저장되어 있으며, 따라서 현재의 대응은 과거 사건의 강력한 대응과 결합되어 있다. 이렇게 본다면 문제는 결국 **조건 자극**(conditioned stimulus)이라고 알려진 현재의 단서와 **무조건 자극**(unconditioned stimulus)으로 알려진, 지금은 기억 속에 저장되어 있는 과거의 단서 사이의 결합(pairing)이다.

치료자는 노출 절차에 따라 현재 순간의 단서를 결과가 비교적 무해한 상황에서 계속해서 환자에게 제시한다. 여러 번의 시도 후, 현재 순간의 단서는 과거의 단서와 점점 더 분리되어, 그에 대한 반응은 더욱 현실적이고 무해한 반응이 된다. 예를 들어, 외상 사건을 기억 속에 저장한 PTSD 환자는 외상 사건에서의 단서와 어떠한 연관이 있는 오늘날의 단서를 마주하게 된다. 오늘날의 단서는 이전의 외상 사건에 적합할 수 있는 강렬한 감정적 반응을 자동적으로 일으킨다. 치료자는 노출 절차를 사용하여 오늘날의 단서가 더 이상 외상 반응을 이끌어낼 힘을 잃을 때까지 환자가 그 단서를 계속해서 자발적으로 마주하도록 돕는다. 결국 노출 절차는 과거의 강력한 단서로부터 오늘날의 단서를 분리하기 위한 조건들을 만들어낸다.

감정

감정(emotion)은 단서에 의해 촉발된 반응이다. 정서적 감수성과 반응성이 높고, 심한 감정조절장애를 가지고 있는 개인의 경우, 행동 사슬의 이 단계는 공황, 공포, 수치심, 분노 또는 다른 1차 감정을 수반하는 갑작스럽고 고통스러운 단계가 되어 이에 대처하기 위한 역기능적인 시도들을 유발할 수 있다. 비교적 무해한 단서로 보이는 것에 의해 강력한 감정 반응이 촉발되었다는 사실은 환자와 주위 사람들에게 혼란을 줄 수 있고, 때로는 치료자에게도 혼란을 줄 수 있으며, 환자에 대한 비판적이고 경멸적인 반응을 초래할 수 있다. 환자가 단서와 고통스러운 감정을 반복적으로 경험하게 되면 그런 고통스러운 감정이 겉으로는 거의 나타나지 않을 정도로 효과적이고 빠르게 탈출의 길로 빠져나가게 될 수도 있다. 즉, 일단 이 순서(sequence)가 확립되어 그것이 감정적인 고통을 피하는 데 효과가 있다는 것이 증명되면, 그 단서는 아무런 감정을 유발하지 않은 채 탈출 행동을 이끌어내는 것처럼 보인다. 그런 경우 치료자는 환자가 회피한 감정의 본질을 상상해보고, 그에 대한 평가를 해볼 필요가 있다.

탈출

탈출(escape)이란 고통스러운 감정을 수정하거나 제거하는 방법으로 개인이 행하는 행위이다. 탈출은 행동(예 : 자해), 인지(예 : 해리성 에피소드), 또는 감정(예 : 공포나 수치심과 같은 1차 감정에서 분노와 같은 2차 감정으로의 이동)의 형태로 나타날 수 있다. 사실 단서라는 것은 객관적으로 볼 때 무해하고 어쩌면 눈에 잘 띄지도 않을 수 있으며, 강렬한 감정적 반응이라는 것도 순간적으로 나타났다가 사라질 수 있고 억제되어 더욱 더 감춰질 수 있기 때문에, 이 모든 일련의 사건들은 오로지 탈출 행위 덕분에 눈에 띄게 될 수 있다. 예를 들어, 치료 회기 중 이런 일이 일어난다면, 치료자는 환자가 갑자기 확 물러나거나 기분에 변화가 있거나, 매우 화가 났거나, 자해를 위협하는 것을 알아차릴 수 있다. '고전적 조건형성 이야기'가 등장하는지 늘 주시하고 있던 치료자는 이때 환자가 탈출을 시도하고 있는지 궁금해 하며 이 상황 이전의 사건들을 재구성해볼 수 있다. 즉, 치료자는 단서와 정서적 반응을 찾아내기 위해 회기에서 일어난 사건들에 대해 행동 사슬 분석을 해볼 수 있다. 도식적으로 볼 때, 사슬에서 나타나는 고전적 조건형성 이야기는 다음과 같은 모습으로 나타날 수 있다.

→ (과거의 외상 사건으로부터 기억 단서를 자동적이고 즉각적으로 끌어내는) 현 순간의 단서
→ (기억에 저장되어 있는 과거 사건에 대한 감정적 반응에 의해 큰 영향을 받는) 감정
→ (종종 치료 목표가 되는 역기능적인 행위인) 탈출 반응

기민한 DBT 치료자는 이 이론에 기반하여 항상 이론의 현상이 발현되는지를 살펴보면서 단서들을 찾고, 견디기 힘들어하는 감정 반응을 살피며 이에 대해 물어보고, 탈출을 줄이거나 막으려고 애쓴다. DBT에서 우리가 하는 모든 것들은 고전적 조건형성 모델을 중심으로 이해해볼 수 있으며, 변화의 과정은 노출 절차를 중심으로 개념화될 수 있다. 우리는 항상 (1) 탈출 행동을 차단하기 위해 노력하고 있으며 이것은 협력, 헌신, 지향, 고통 감내 기술을 필요로 한다. 또, (2) 견디기 힘든 감정에 대한 노출을 강화하기 위해 노력하는데, 이것은 감정을 인식한 후 탈출하고 싶은 충동과 반대되는 행동을 하는 마음챙김과 감정 조절 능력을 필요로 한다. 그리고 (3) 단서들을 확인하고 '치료'하기 위해 노력하는데, 이를 위해서는 대부분 대인관계 역량과 자극 통제 절차를 활용해

야 한다. 곧 살펴볼 다른 변화의 이론들 또한 치료 전반에 대한 우리의 생각을 어떻게 정리할 것인가에 대한 안(idea)을 제안한다. 그 모든 안들에 대해 알고 있고, 그것들을 하나의 접근방식으로 통합하는 것이 바로 변화 패러다임의 예술이고 과학이다.

이제 고전적 조건형성 이야기의 세 가지 핵심어 구조에 대해 상세히 설명했으니, 각 핵심어를 실질적으로 다루기 위한 원리를 살펴보도록 하자.

DBT에서의 고전적 조건형성 원리

첫째, 단서와 관련하여 치료자는 …

1. 환자의 감정적 반응을 촉발시킨 실제 단서가 무엇인지 알아낸다. 구체적일수록 더 좋다.
2. 이어지는 노출 절차에서 사용되는 단서가 환자의 강렬한 반응을 유발하는 실제 단서와 최대한 가장 일치하는 것인지 확인한다.
3. 감정 노출이 일어나고 새로운 학습이 일어날 수 있도록 단서를 충분히 강렬하게 오랜 시간 그 자리에 유지시킨다.
4. 환자의 고조된 감정 반응 때문에 단서가 '제거'되지 않도록 한다(제거될 시 환자의 탈출 행위와 '연약함'이라는 자기개념이 강화된다).

둘째, 감정과 관련하여 치료자는 …

1. 단서에 의해 정확히 어떤 감정(들)이 유발되었는지 평가한다. 노출 절차가 성공하려면 문제가 되는 감정이 완전히 활성화되어야 한다.
2. 단서에 의해 촉발된 *1차 감정*과 그 1차 감정에 대한 반응으로 유발되는 *2차 감정*을 구별한다. 이런 상황에서 2차 감정은 1차 감정에서 탈출하는 데 쓰인다.
3. 새로운 학습이 이루어질 수 있도록 감정이 활성화되는 시간이 충분할 수 있도록 한다(이것은 보통 *습관화 과정*으로 알려져 있다).
4. 가능한 수준에서 노출 절차가 환자의 파국적 예상과 달리 안전한 결과로 이어질 수 있도록 한다[이것은 *강화되지 않은 노출*(nonreinforced exposure)이라고 한다].

셋째, 탈출과 관련하여 치료자는 …

1. 환자가 감정적 반응으로부터 탈출하는 방법(예 : 행동, 생각, 2차 감정으로의 탈출)을 확인한다.
2. 환자가 자신의 감정적 반응을 줄이기 위해 *안전신호*에 의존하는 경향을 최소화하기 위해 노력한다.
3. 탈출을 *방지하기* 위해 환자의 협조를 이끌어낸다. 그렇게 하기 위해 먼저,
4. 탈출 방지와 안전 신호 제거를 포함한 모든 절차는 환자가 이 절차를 이행하는 과정에서 통제감을 유지할 것이라는 합의와 서로 존중하고 협력하는 태도를 바탕으로 진행한다.

언급했듯이, 우리는 치료 회기 중 '고전적 조건형성 이야기'가 활성화되었다는 것을

일차적으로 미묘한 (또는 별로 미묘하지 않은) 행동 변화를 감지하면서 알아차리게 되는 경우가 있다. 그렇게 먼저 탈출에 주목하게 되면, 우리는 이야기의 이전 요소들을 재구성하는 게 가능해질지도 모른다. 환자 한 명이 휴지 박스의 절반가량을 사용할 만큼 눈물을 흘린 적이 있었다. 그녀의 무릎에 휴지가 쌓이면서 몇 장이 바닥에 떨어지기 시작했다. 나는 이 휴지들이 환자에게 단서로 작용하여 무언의 죄책감과 수치심을 유발하고 있다는 사실을 인지하지 못했다. 대신 그녀가 휴지를 다루는 모습이 왠지 불편해 보여서 쓴 휴지를 휴지통에 버리고 싶은지 물어보았다. 그녀는 이게 선생님의 사무실이고 선생님의 휴지통이기 때문에 선생님의 휴지통을 자신의 휴지와 눈물로 '더럽히고 싶지 않다'고 주장하며 꽤 격한 반응을 보였다. 나는 그녀가 휴지통에 휴지를 버리는 걸 꺼리는 것이 그녀의 치료 목표 목록에 포함된 순종적인 행동과 매우 유사하게 역기능적인 행동이라는 점을 깨닫고, 그녀의 반응에 대해 질문하였다. 나는 이 반응이 그녀가 관계에서 순종적인 모습을 보이는 패턴과 일부 관련이 있을 수 있고, 이것이 지금 바로 그 패턴을 바꿀 수 있는 기회를 제공할 수 있다는 점을 강조했다. 단서는 쌓여가는 휴지들을 바닥에 떨어뜨린 경험과 관련된 어떤 부분이고, 감정은 수치심이나 죄책감 같은 것일 거라 가정하며, 나는 그녀에게 그녀의 소심한 반응에 '반대되는 행동하기'를 격려했다. 즉, 눈치 보지 않고 휴지를 전부 내 휴지통에 버리라고 말이다. 그녀는 내 제안을 따랐지만, 마치 그저 나에게 순종하기 위해 하는 것처럼 쭈뼛쭈뼛 하였다. 나는 그녀에게 다시 한번 해보라고 하며, 이번에는 휴지 상자에서 아직 더렵혀지지 않은 새 휴지 뭉치를 버려보라고 하였다. 그녀는 완벽하게 새 것인 휴지들을 버리는 것은 옳지 않다고 생각한다고 말했다. 나는 그녀에게 그래도 그렇게 해 달라고 부탁했고, 그렇게 함으로써 자유와 힘의 감정을 불러일으키도록 노력해보라고 했다. 그녀는 이전보다는 조금 더 정력과 당돌함을 보였지만, 여전히 다소 절제되어 있었다. 세 번째 시도에서는 더욱 힘 있게 해냈고, 그녀는 자유감을 경험하게 되어 스스로 놀라며 자연스레 웃음을 터뜨렸다. 여기서 요점은 DBT 치료자들이 고전적 조건형성(및 탈형성 또는 노출)의 원리를 따를 때 탈출 행동, 탈출을 유발하는 감정, 감정을 자극하는 단서, 그리고 이 모든 것들을 엮어내는 데 데 민감성을 발휘하게 된다는 것이다. 이 예시 사례에서와 같이 치료 회기에서 이런 현상이 자연스레 나타날 때, 치료자는 목표한 행동의 '탈출 기능'을 이해하고 치료하기 위해, 먼저 탈출부터 시작하여 단서와 감정의 위치를 파악하면서 3단계의 순서를 재구성하게 되는, 즉 행동 사슬을 '거꾸로 보는' 일을 하게 된다.

노출 작업은 치료자들이 어떤 특정 유형의 입장을 취할 때 보다 효과적일 수 있다. 우리는 듣기 어려운 단서나 견디기 어려운 감정에 반응하여 자기 인식, 균형 및 자기 조절 능력을 발휘해야 한다. 때때로 우리는 환자의 탈출하고 싶은 충동을 똑같이 느낄 수도 있다. 우리는 단서들에 대해 듣고 있을 때 주저하지 않고, 환자와 함께 탈출하고 싶은 우리 자신의 충동을 민감하게 알아차리면서 환자가 탈출하는 미묘한 방법에 주의를 기울여야 한다. 특히 환자가 정신적 충격을 받았던 삶의 상황에 대해 이야기하고 있고 우리는 환자가 그에 대해 자세히 이야기할 수 있도록, 그와 관련된 고통스러운 감정들을 표현하도록 돕고 있는 경우에는 더욱 그렇다. 특정 환자가 제시하는 단서들에 우리 스스로도 노출될 수 있도록 돕는 것이 자문 팀의 역할이 된다. 예를 들어, 비극적인 괴상한 사고의 여파로 사지가 마비되어 심한 자살 충동을 경험하고 있는 분노에 가득 찬 젊은 남성 환자를 만난 적이 있었는데, 그때 나는 그의 모습에 대한 나의 대리외상적 반응을 경험했고, 자문팀의 균형 잡힌 지원 덕분에 이겨낼 수 있었다. 팀의 도움으로 나는 이 환자의 이야기가 이끌어낸 감정의 '불길을 뚫고' 갈 수 있었고, 그런 후에야 균형을 잡고 그를 위해 존재할 수 있었다. 우리 스스로도 DBT의 여섯 가지 핵심 마음챙김 기술을 모두 사용하여 현명한 마음을 배양할 때 비로소 개방성, 안정성, 전진성 등을 모델링하면서 환자 개개인을 진정으로 '받아들일' 수 있다.

치료자는 치료 환경이 고통스러운 단서와 강렬한 감정에 노출되기에 안전한 환경이라는 인식과 신뢰 관계를 확립하기 위해서 환자에게 객관적이면서도 연민 어린 태도를 취해야 한다. DBT의 'GIVE' 기술 — 관계를 유지하고 강화하는 데 도움이 되는 대인관계 기술 — 은 훌륭한 지침이 된다. 치료자는 온화함(gentle)을 통해 신뢰를 키우고, 환자에게 관심(interested)을 가짐으로써 안정감을 고취하며, 환자를 타당화(validating)해주어 환자가 자신의 감정이 이해받았다는 느낌을 받게 하고, 느긋한 태도(easy manner)로 감정의 파도와 탈출하고 싶은 충동이 일어나도 끈기와 지속성을 유지할 것을 장려한다.

우리 DBT 치료자들은 노출 기반 작업을 할 때 균형, 인식, 연민을 가져야 하지만, 당면한 과제에 대해서는 명확성, 목적, 절제력을 가지고 행동해야 한다. 우리가 취해야 할 기술적 조치들과 예상해야 할 장애물에 대해 알고 있으면서 노출 절차를 선도해야 한다. 우리는 환자가 단서에 제대로 노출될 수 있도록 정확한 단서와 경험을 찾기 위해 신중을 기해야 한다. 우리는 환자가 더욱 강한 노출 단계로 넘어가야 할지 아니면 현재의 수준을 유지해야 할지에 대한 타이밍을 결정해야 한다. 어떤 식이든 훈련과 수퍼비전을 통해 배운 것처럼 단계별로 노출 기법을 이끌어가야 한다.

조작적 조건형성과 수반성 절차

조작적 조건형성 이론, 즉 급진적 행동주의는 더 큰 사슬에 내재되어 있는 또 다른 3-요인 이야기에 주목한다. 이 이야기는 **맥락**, **목표 행동**, **결과**에 대한 이야기다.

맥락 → 목표 행동 → 결과

맥락

여기에서 맥락은 선행 조건(antecedent conditions)이라고도 알려진 목표 행동이 발생하는 자극 맥락을 뜻한다. 그 맥락 안에는 우리가 고전적 조건형성 이론과 관련하여 논의했던 단서도 포함되지만, 조작적 조건형성 모델은 자극 맥락의 모든 측면을 고려하면서 특히 다른 한 가지 특징을 강조한다. 우리는 '조작적 조건형성 이야기'의 일부인 **식별 자극**(discriminative stimuli), 즉 환자가 어떤 행동(즉, 목표 행동)을 할 때 그에 대한 강화를 받을 수 있을 거라는 신호를 보내는 자극을 찾아야 한다. 예를 들어, 입원환자 DBT 프로그램에 있는 환자들 중에는 주기적으로 주로 저녁 시간이 되면 자신의 좌절스러움을 벽에 머리를 부딪치면서 표현하는 환자가 있었다. 이 상황에 대해 추가적으로 평가를 해보았더니 이 환자는 특정 직원이 저녁 근무를 하는 시간에 그런 행동을 하는 것이 분명해졌다. 환자는 그 직원을 좋아했고, 벽에 머리를 부딪히는 행동은 그 직원과 더 가깝게 접촉하게끔 해주었다. 식별 자극은 그 직원의 존재감, 접근성 및 대응력이었다. 우리는 이런 맥락에 대한 정보를 가지고 머리를 찧는 행동을 없앨 수 있는 중재방안을 생각해낼 수 있었다.

목표 행동

목표 행동에는 강화가 뒤따른다. DBT에서는 행동을 변화시키기 위해 수반성 절차를 사용하여 조작적 조건형성 이야기를 수정하게 되는데, 이 변화를 목표로 하는 행동에는 두 가지 유형이 있다. 먼저 당연히 우리는 치료를 시작할 때 작성되고 치료 과정 중에 수정되기도 하는 환자의 치료 목표 목록에 있는 행동들을 다룬다. 그리고 우리는 치료자의 개인적인 한계를 넘어서는 환자의 행동이 있다면 그것 또한 목표로 삼는다. 만약 치료자들이 자신의 개인적 한계를 용기 있게 관찰하지 않고, 그러한 한계를 위반하는 행동을 목표로 삼지 않는다면, 그들은 곧 소진되어 괴로워질 것이다. 내가 이 책에서 주로 다루는 목표 행동의 대부분은 환자가 가지고 있는 문제 행동이지만, 이 외에도 두 가지 다른 관련 행동이 있다. 첫째, 우리는 환자의 적응적 행동을 목표 삼아 그것을 증가시키려는 노력을 한다. 이때 우리는 동일한 조작적 조건형성 이야기에 의존하여 그 적응적 행동을 강화할 수 있는 방법을 고려한다. 둘째, 우리는 치료를 방해하는 치료자의 행동을 목표로 삼는다. 이것은 자문팀 내에서 이루어지며, 동일한 원리들이 작용한다.

다행히도 조작적 조건형성과 관련된 원리들은 우리에게 친숙하다. 우리 모두 살면서 자연스럽게 배우는 것들이다. 우리는 행동을 강화하고, 소멸시키고, 처벌하는 게 무엇인지 안다. 우리가 항상 하고, 또 받는 것들이다. 그러나 감정적으로 조절이 잘 되지 않는 환자들을 치료할 때는 이러한 원리들을 더욱더 잘 이해하고 사용해야 한다.

결과

조작적 조건형성 모델에서 치료자가 관심을 가지는 결과는 (1) 목표 행동에 좌우되는 결과와 (2) 추후 유사한 맥락에서 목표 행동이 다시 발생할 가능성에 영향을 미치는 결과이다. 예시를 들어 설명해보자. 우리는 커피를 자주 함께 마시는 사이인데, 커피를 마실 때마다 내가 당신에게 자주 커피를 사달라고 요구한다고 하자. 그런데 나는 그 돈을 절대 갚지 않고, 감사 표현도 거의 하지 않으며 당신의 너그러움을 당연하게 여기는 것 같이 행동한다. 당신은 이런 나의 행동에 진절머리가 나서, 약간 짜증스럽게 나한테 이제 그만하라고 한다. 하지만 당신의 노골적인 요구에도 나는 달라지지 않는다. 다소 당황한 당신은 무엇이 나를 이렇게 행동하게끔 하는지 궁금해진다. 여기에서 목표 행동은 커피 살 돈을 계속해서 요구하는 행동이다. 이 맥락에서, 식별 자극은 다음 몇 가지 특징을 포함할 수 있다. 당신은 나보다 돈이 많고, 너그러운 사람이며, 당신은 지금 쓸 돈이 있고, 나에게 따뜻하게 대한다. 분명한 건, 당신은 지금 말을 그렇게 해도 여태 나에게 돈을 빌려줌으로써 나의 이전 요구들을 강화해왔다. 자, 이제 당신은 내 행동을 바꾸기 위해 필요한 모든 정보 — 맥락, 행동, 강화 요인 — 를 가지고 있다. 조작적 조건형성 이야기의 중심에 있는 이러한 변수들을 알아내는 과정을 기능 분석이라고 한다. 우리는 그 행동에 의해 어떤 문제가 해결되는지를 확인함으로써 행동의 '기능'을 발견한다. 이 예시에서는 돈을 요구하는 내 행동의 기능은 커피에 대한 내 욕구를 충족시켜주는 기능을 하고 있을 가능성이 가장 크다. 혹은 그 기능이 당신에게서 무엇이든 얻어내거나, 당신을 불편하게 하는 것임이 밝혀질 수도 있다. 평가를 통해 행동의 기능을 확인하는 것은 그 맥락에서 행동을 강화시키는 것이 무엇인지를 확인하는 것이다.

조작적 조건형성에 대해 이미 잘 알고 있는 독자들에게는 복습이 되겠지만, 이 시점에서 나는 DBT에서 사용되는 결과 또는 수반성의 종류들을 설명하고자 한다. 또 이것을 정서조절장애 환자에게 적용하려고 할 때 마주하게 되는 어려움에 대해서도 살펴본다.

DBT에서 조작적 조건형성의 원리

1. **강화**는 관심행동의 우발적 결과(contingent consequences)가 환자가 미래에 다시 그 행동에 관여할 가능성을 평균적으로 증가시키는 과정으로 정의된다.
   a. **정적 강화**에서, 강화 결과는 상황에 무언가(예 : 칭찬, 음식, 돈)가 더해진 것이다.
      - 보다 즉각적인 긍정적인 강화인은 지연된 강화인보다 더 강력할 가능성이 높다.
      - 행동이 비교적 연속적이거나 매우 빈번한 강화인의 통제하에 있게 되면, 간헐적 강화 계획으로 강화인의 빈도를 줄일 수 있다. 이 조정이 이루어지면 그 후 강화인은 간헐적이면서 예측할 수 없는 일정, 즉 *무작위 간헐적 강화계획*으로 더욱 그 빈도를 줄일 수 있다. 후자는 일반적으로 강력한 강화의 형태이며, 치료에서 어떤 역기능적인 행동들이 소거에 저항할 정도로 강화되는 것에 대해 생각해볼 때 중요한 역할을 한다.
      - 다른 모든 것들이 동일하다면, 우리는 환자의 적응적 행동에 대한 강화인이 임의적(즉, 인위적이고, 자연적인 맥락에서 사용될 수 없는)이기보다 자연적(즉, 일반적으로 환자의 자연적인 환경에서 사용될 수 있는)인 것을 선호한다. 강화인 선정에 주의를 기울이면 치료 환경 내에서 강화된 좋은 행동들이 환자의 자연적 환경에 의해 더욱 쉽게 강화될 가능성이 높아진다.
   b. **부적 강화**에서, 강화인은 상황으로부터 무언가(예 : 정서적 고통, 육체적 고통, 잔소리)가 **제거된** 것이다.
2. **조성**. 때로는 강화가 있더라도 환자가 목표 행동을 할 거라고 기대하는 것은 비현실적일 수 있다. 그런 경우, 치료자는 목표한 행동으로 가는 과정의 작은 단계들을 강화할 수 있는데, 이 강화 과정을 조성이라고 한다.
3. 특정 행동을 감소 또는 약화하는 것을 목표로 하는 접근법에는 **소거**와 **처벌**이라는 두 가지 범주가 있다.
4. **소거**는 주어진 행동에 대한 강화가 희미해지거나 없어지는 과정으로, 그 결과 목표 행동이 감소한다.
   a. **소거 폭발**. 강화인을 더 이상 사용할 수 없거나 그 효과가 줄어들고 있다면, 일반적으로 개인은 소거되고 있는 행동을 과장해서 하는 식의 반응을 먼저 보이는데, 이것은 소거 폭발 현상으로 알려져 있다. 소거를 사용할 때 치료자가 이러한 반응을 미리 예상하고 있으면 목표 행동에 대한 강화를 불필요하게 다시 증가시키는 것을 피할 수 있다.
5. **처벌**은 목표 행동에 좌우되는 목표 행동의 결과가 환자가 미래에 다시 그 행동에 관여할 가능성을 감소시켜 궁극적으로 그 행동을 억제하는 과정이다. 불행히도, 처벌은 판단받는 느낌, 수치심, 비난받는 느낌 또는 통제받는 느낌으로도 이어질 수 있으며, 보통 처벌을 하는 사람이 있는 상황에만 그 효과가 나타난

다. 또한 처벌은 낡은 행동을 대신할 새로운 행동을 가르쳐주지도 못한다. 꼭 사용되어야 한다면 처벌은 다음 조건에서 가장 효과적일 수 있다.

a. 치료자는 처벌을 필요할 때만 조금씩 사용한다.
b. 원하는 결과를 가져오기에 충분한 일관성, 강도 및 지속시간을 가지고 사용하고, 그 이상은 하지 않는다.
c. 균형 잡힌 입장, 즉 이상적으로는 판단적이고, 분노하며, 징벌적인 입장이 아닌 연민에 바탕을 둔 입장에서 이루어진다.

조작적 조건형성 원리, 기능 분석 및 수반성 절차로 경계선 성격장애를 가진 개인의 행동을 성공적으로 변화시키는 것은 어려울 수 있다. 그 어려움은 일부 환자의 심한 감정조절장애 증후군에서 비롯되고, 일부 감정을 무효화하는 환경의 지속적인 영향에서 기인한다. 반면 또 다른 일부는 치료자 또한 인간이라서 치료자의 행동 역시 강화, 소거 및 처벌의 대상이 되기 때문에 발생한다.

이러한 환자들은 보통 다른 사람의 감정을 예리하게 인식하고 그에 대해 매우 민감하고 감정적으로 반응하기 때문에, 수반성을 사용하는 과정은 어떤 것이 효과가 있는지 살펴보면서 시행착오적으로 조심스럽게 진행되어야 한다. 그러한 환자들은 소거나 처벌이 뒤따르는 불쾌한 경험에 강한 반응을 보일 것이 분명하다. 일부 환자들은 치료자가 조금이라도 반대되는 입장을 보이거나 친절하지 않은 모습을 보이면 바로 공포, 수치심, 슬픔, 죄책감, 분노, 자기 혐오와 같은 강렬한 감정을 느낀다. 처벌은 행동이 반드시 바뀌어야 하는 상황(예 : 위험하게 머리를 찧는 행동)인데 다른 방법이 통하지 않을 때만 최소한으로 사용되어야 한다. 소거는 강화를 없애는 것을 수반하기 때문에 역시 불쾌할 수 있다. 예를 들어, 환자는 치료 회기 중 불편하지만 중요한 주제에 응답하지 않기 위해 산만하게 행동할 수 있다. 이때 치료자가 침묵을 지키고 있으면, 그는 의도치 않게 회피를 강화시킬 수 있다. 대신 치료자가 다시 대화를 그 불편한 주제로 돌린다면, 그는 회피 행동을 소거하게 될지도 모른다. 그럴 때 환자는 피하고 싶은 주제로 돌아가야 해서, 그리고 그의 회피 행동이 소거되고 있어서 정서 조절 곤란을 경험하게 될 수 있다. 그렇기 때문에 소거는 일반적으로 환자를 진정시키고 타당화하는 개입과 결합시켜 진행하는 것이 현명하다. 예를 들어, "이 주제가 당신에게 불편한 주제라는 걸 알고 있어요. 당신이 이 주제를 피하고 싶어 하는 것이 당연하지만, 직면해볼 수 있는 방법을 찾아봅시다"라고 말할 수 있다.

DBT에서 적응적 행동에 대해 정적 강화를 하는 것 또한 어려울 수 있다. 환자는 여러 가지 이유로 보통 강화를 위해 하는 노력(예 : 인정, 따뜻함, 칭찬 등)을 불편해하고 심지어 두려워할 수 있다. 예를 들어, 환자는 자신의 적응적인 행동에 대해 칭찬을 받으면, 이제는 항상 적응적이어야 한다는 부담을 느끼게 될 수 있다. 아니면 환자는 어린 시절 따뜻함이나 인정에는 항상 착취나 거부가 뒤따랐기 때문에 그런 정적 강화가 주어지면 의심부터 할 수 있다. 그러한 무효화 환경에서 자라온 사람의 신뢰를 얻기란 매우 어려운 일이다. 환자의 행동을 실제로 강화하는 치료적 반응을 찾기 위한 작업은 때때로 인내심, 독창성 및 시행착오 과정을 필요로 한다.

이러한 어려움들을 인지하게 되면, 강화와 관련된 보다 광범위한 문제, 즉 치료 회기의 전반적인 분위기에 대한 문제를 짚고 넘어가지 않을 수 없다. 이러한 환자들은 자신의 감정이 무효화되는 경험들 속에서 정신적인 외상을 입어왔으며, 대개 감정적으로 민감하고 반응적이라는 것을 고려하면, 우리는 일반적으로 따뜻함, 관심, 연민, 온화함, 타당화가 기본이 되는 치료 분위기를 만들어내야 한다. 우리는 DBT 환자들이 자신의 취약성을 드러낼 수 있는 안전한 상황에 있다는 것을 깨닫기를 바란다. 그리고 환자들이 자신의 적응적 행동을 좀 더 능숙하게 적용하기 시작한다면 그런 행동에 대한 긍정적인 강화도 생각보다 쉽게 얻을 수 있을 거라는 걸 깨닫기 바란다. 타당화에 대해서는 좀 더 뒤에서 논하려고 한다. 여기에서는 일단 환자들이 치료자가 그들의 이야기에 경청하고, 정확하게 이해하며 진솔하게 함께하는 경험을 하기 바란다는 점을 강조하겠다. 이러한 경험은 따뜻함이 치료 회기 분위기의 기준치가 되게 하고, 기능적인 행동에 대한 강화가 가까이 있다는 것을 알게 해준다. 이러한 치료 환경 안에서는 우리가 어떤 종류의 행동을 소거시키거나 처벌하고자 할 때 그다지 큰 변화를 주지 않고도 그 효과를 만들어낼 수 있다.

그러나 이 기준치가 무조건적인 존중과 따뜻함이라는 비현실적인 분위기를 조성한다면 오히려 비치료적이 될 수 있다. 비현실적으로 따뜻한 분위기에서 환자는 안전하다고는 느낄 수 있지만, 곧 치료자가 환자에게 행동 변화를 요구할 때마다, 심지어 다소 규범적인 요청과 개입을 할 때에도, 강한 부정적인 반응을 보일 수 있다. 따뜻함, 인내심, 연민, 타당화를 전하는 분위기 속에서도 끊임없이 행동 변화를 추진해야 한다. 이 균형을 찾는 것은 때때로 쉽지 않다. 예를 들어 내가 너무 따뜻하고 허용적이면 환자를 힘이 없는 사람으로 대하며 일시적인 안전과 신뢰를 제공하게 되고, 이것은 결국 변화 지향적인 치료에서 진전을 경험하지 못하게 할 수 있다. 반면, 만약 내가 너무 강압적으로 변화를 요구한다면, 환자는 외상과 무효화에 대한 기억을 떠올리고 자기 무효화를 경험하게 되면서 적대적인 치료 관계가 만들어질 것이고, 이런 관계 안에서는 변화를 추진하는 것이 거의 불가능하게 된다.

환경이 행동을 수정하는 데 효과적일 수 있도록 수용과 변화 사이에 적절한 균형을 맞추는 것은 치료자들에게 큰 도전이 될 수 있다. 우리 환자들은 왜곡된 환경에서 대인관계 자극에 반응하는 법을 배웠기 때문에, 우리가 효과적인 치료 개입을 시도할 때 환자들로부터 많은 강화를 받지 못할 수도 있다. 우리는 따뜻하고 허용적인 태도에 대해서는 공공연히 강화받을 수 있지만(예 : "선생님은 제 이야기를 진심으로 들어준 유일한 치료자예요."), 변화 지향적인 개입에 대해서는 처벌을 받을 수 있고(예 : "어떻게 감히 저에게 그런 기술을 시도해보라고 할 수 있죠? 제가 말한 걸 제대로 듣지 않으셨다는 게 분명하네요."), 그래서 시간이 지나면서 적절한 균형을 찾는 데 어려움을 겪을 수 있다. 이와 유사하게, 우리는 실제로 의도된 방향으로 행동을 효과적으로 강화하거나 소거시키는 치료적 반응을 찾아냈어도 환자의 회기 내 반응을 봐서는 그 개입이 효과적인지 알 수 없는 경우도 있다. 그래서 개입에 대한 환자의 반응에 따라서 치료자의 행동 또한 조성되거나 소거되기도 한다. 즉, 치료자의 행동은 때때로 골치 아픈 문제나 행동을 피하는 공감적 치료 접근을 취하도록 조성되기도 하고, 또 어떤 때는 치료자가 환자로부터 어떠한 피드백도 받지 못해 수반성 절차의 가치에 대해 망각하기도 한다. 두 가지 경우 모두 DBT 자문팀의 주간 회의에서 다뤄져야 할 가장 중요한 이슈들에 속한다. 팀원들은 효과적인 치료를 하고, 무엇이 효과가 있는지 알아내는 각 치료자의 행동을 강화함으로써 치료자가 소진되지 않고 계속해서 유연한 태도로 환자에게 주의를 기울이도록 도울 수 있다.

마지막으로, 나는 DBT 치료자들이 수반성을 능숙하게 사용하지 못하게 하는 또 다른 요인이 있다는 것을 발견했다. 우리는 우리가 적응적이라고 생각하는 환자의 모든 행동을 강화하고, 우리가 부적응적이라고 생각하는 모든 행동은 강화하지 않으려는 경향이 있다. 그러나 우리가 만나는 모든 행동을 그 순간 적응적이라고 생각하는지 아니면 부적응적이라고 생각하는지에 따라 수반성이라는 넓은 솔을 적용할 때, 결국 우리는 우리가 목표하고 있는 구체적인 행동들이 있다는 점을 잊어버린다. 즉, 우리는 1차 치료 목표들에 대한 우선순위 목록과, 그 1차 목표들을 유지하는 2차 목표들, 그리고 우리의 개인적인 한계를 침해하는 행동들에 집중해야 하는데 그러지 않는다는 것이다. DBT 프로그램을 진행하는 직원에게 수퍼비전을 해줄 때나 내가 진행한 치료 회기들을 스스로 다시 검토할 때마다 나는 우리가 너무나도 자주 개인적으로 증가시키거나 감소시키고자 하는 모든 행동에 강화, 소거, 처벌을 적용한다는 걸 발견하게 된다. 즉, 환자가 살만한 삶을 만들기 위해 변화시켜야 할 행동에 초점을 유지하는 것이 아니라 치료자의 삶의 방식과 가치에 기반하여 개입한다는 것이다. 이러한 무분별한 수반성 절차는 우리가 목표로 하는 것에 대한 인식을 흐리게 할 뿐만 아니라 절차의 효력도 약화시킬 수 있다.

수반성 절차를 시행하기 위해 치료자가 가질 수 있는 최적의 자질과 자세라는 게 있다면 다음과 같다. 첫째, 우리는 치료 내내 각 환자의 목표와 우리 자신의 개인적인 한계들을 시야에 두고 볼 필요가 있다. 단순히 구체화된 목표와 한계에 초점을 맞추기만 해도 우리는 상당히 자연스럽게 환자의 적응적인 행동을 강화하고 부적응적인 행동은 소거시키거나 처벌할 수 있게 된다. 둘째, 우리는 DBT에 대한 동의, 치료 프로토콜, 환자와 치료에 대한 가정, 그리고 치료가 발생하는 맥락과 관련된 규칙 등 '게임 규칙'을 명확하게 인지하고 있어야 한다. 치료 목표에 초점을 유지하고, 경계를 지키고, 명쾌하고 신속하게 피드백을 전달하기 위해 우리는 훌륭한 축구나 하키 경기의 심판과 같은 자질이 필요하다. 이 역할에는 적절한 효과를 가져올 강화와 처벌을 결정하기 위한 객관성, 용기, 즉각적인 대응성, 균형 감각이 요구된다. 셋째, 우수한 개인 트레이너처럼 각 환자와 긍정적이고 따뜻한 관계를 맺고, 환자의 기능 방식에 적절히 조율하고, 환자의 목표, 능력 및 동기 요인을 명확히 인지하면서, 행동의 개선이나 노력이 있을 때 즉시 긍정적인 강화로 격려하며 개입을 한다.

회기에서 수반성을 사용할 때 최적의 균형을 찾는 것은 어려울 수 있다. 우리는 우리가 무엇을 강화하고 있는지, 또 강화하고 있지 않는지 분명히 알고 있을 필요가 있다. 치료를 진행하고 있는 도중 우리의 판단과 관점에 여러 요인들이 영향을 미치고 있기 때문에, (1) 확실하지 않다면 자문팀에게 자문을 구하고, (2) '외부' 관점을 얻기 위해 회기를 녹화하여 우리 자신을 스스로 관찰해보는 것이 유용할 수 있다. 나는 녹화된 영상에서 나의 모습을 보기 전까지는 가끔 내 표정이 내가 전달하고자 했던 것과는 다른 메시지를 전달한다는 것을 전혀 알지 못했다.

기술 결핍과 기술 훈련

기술 훈련사로서 진행한 첫 번째 집단에서 나는 효과적으로 거절하는 대인관계 기술을 소개하고 있을 때였다. 우선, 나는 아주 간단한 역할극을 통해 각 환자에게 3달러를 요구하는 나의 요청에 대해 "아니요"라고 대답해 달라고 부탁했다. 나는 앞으로도 계속 역할극을 활용할 참이었기에 각각의 환자가 이 첫 역할극에 성공적으로 참여하는 경험을 하길 바랐다. 그런데 이 간단한 지침에도 "당연하죠, 스웬슨 박사님. 3달러를 빌려드릴게요"라고 말하며 나를 놀라게 한 집단원이 있었다. 바로 어린 시절 상습적으로 학대를 당했고 수동적인 대인관계 스타일을 보이는 40대 여성인 실비아였다.

나는 다시 설명해주었다. "아니요, 실비아. 이건 그저 가상상황일 뿐이에요. 다시 한 번 해봅시다. 그냥 "아니요"라고 말하면 돼요. 실비아, 3달러 좀 빌릴 수 있을까요?"

하지만 그녀는 한 박자도 거르지 않고 대답했다. "스웬슨 박사님, 저는 당신이 돈이 필요하다고 하는데 거절하지 않을 거예요."

나는 다시 시도해보았지만 그녀가 "아니요"라고 말하게 할 수 없었다. 마치 그녀의 사전에는 "아니요"라는 어휘가 없는 듯, 그녀의 입술과 입은 그 말을 내뱉을 수 없었다. 성인이 된 후에도 수없이 착취당해온 그녀였기에 이러한 반응은 이해가 되기도 했지만 더욱더 중요하게 다뤄져야 하는 것이었다.

나는 그녀가 과연 거절하는 기술을 사용할 수 있지만 어떤 요인에 의해 차단된 것인지, 아니면 그 기술이 그녀의 기술 목록에서 완전히 누락되어 있는 것인지 궁금했다. 그래서 이전에 "아니요"라는 말을 써본 적이 있느냐고 물었더니 그녀는 아무것도 떠올리지 못했다. 다행히 나보다 그녀를 더 잘 아는 동료 환자가 내가 실패한 지점에서 성공했다.

"실비아, 만약 당신에게 딸이 있다고 생각해봐요. 딸과 함께 놀이터에서 즐겁게 놀고 있는데, 어떤 낯선 남자가 다가와서 '당신 딸을 강가로 데리고 가도 될까요?'라고 묻는다면요?"

친구가 문장을 거의 끝내기도 전에 실비아는 단호하고 힘 있게, "아니요!"라고 대답했다. 나는 그때 그녀가 레퍼토리에 거절하기 기술을 가지고 있고 어린아이를 대신해서 그 기술을 사용할 수 있다는 것을 확실히 알게 되었지만, 여전히 그녀는 자신을 위해서 거절하는 건 힘들었다. 즉, 그녀는 기술을 습득한 상태였지만, 그녀 자신을 위해 그것을 사용하는 것은 다른 요인들에 의해 금지되어 있었다.

우리는 실비아가 다른 맥락에서도 "아니요"라는 단어를 사용할 수 있도록 작업하기 시작했다. 역할극에서 실비아는 다른 누군가를 옹호하는 것부터 시작해서 점차 자기 자신을 위해 거절을 하는 것을 연습하였다. 그것은 그녀의 본능과 반사신경에 반하는, 매우 어려운 일이었다. 기분은 이상했지만, 동료들의 지지로 그녀는 새로운 기반을 개척하기 시작했다. 그래서 그녀는 전에는 불가능했던 상황에서 "아니요"라고 말할 수 있는 능력을 키웠다. 그녀는 "아니요"라고 말하는 기술을 습득했고, 우리는 그 기술을 강화하기 위해 더욱 노력하였다. 먼저 거절하기의 필요성에 대해 갈피를 잡은 후 한 맥락에서 그것을 할 수 있는 능력을 찾은 그녀는, 상당한 지도, 모델링, 지지, 강화를 통해 집단 내에서 몇 번이고 연습했다.

그러나 환자가 집단 환경에서 습득하고 강화받은 기술을 자신의 삶에서 그것이 정말 필요할 때 저절로 사용하게 될 것이라고 가정할 수 없다. 기술은 적절한 맥락들로 일반화될 필요가 있다. 다음 단계로 우리는 실비아에게 입원실에서 벌어지는 다양한 상황에서 거절하기 기술을 사용해보는 과제를 내주었다. 그녀는 "실비아, 나랑 방을 바꿔줄 수 있니?", "실비아, 나랑 산책할래?" 등 다양한 요구에 대해 거절하려고 노력했다. 그녀의 집단 동료들은 그녀가 과제를 잘해냈을 때 아낌없는 지지를 제공해주었다. 다음으로, 우리는 그녀가 힘과 권위의 위치에 있는 다른 사람들에게도 "아니요"라고 말하는 연습을 하길 바랐다. 왜냐하면 그녀의 삶은 권위 있는 사람들에게 이용당한 사례들로 가득 차 있었기 때문이다. 간호사들이 (임시적으로) 약을 먹으라고 하면 싫다고 하고, 의사가 지금 바로 만날 수 있냐고 물으면 안 된다고 해야 하는 과제를 주었다. 그녀는 평생 동안 했던 것보다 그 2주 동안 더 많은 "아니요"를 외쳤을 것이다. 그러면서 자신의 두려움과 나란히 존재하는 자아존중감을 새롭게 발견하게 되었다. 물론 이 기술의 궁극적인 일반화는 그녀가 퇴원했을 때 이루어져야 할 것이다.

반응 조건형성(respondent conditioning)과 조작적 조건형성 '이야기'는 각각 3개 핵심어로 나눌 수 있는 반면, 기술 결핍과 그에 대한 교정 조치에 대한 '이야기'는 행동 사슬 전체에 보편적으로 내재되어 목표 행동에 영향을 준다. 기술 결핍은 사슬의 초반부뿐만 아니라 후반부에서도 발견될 수 있다. 우리는 감정을 조절하고, 고통을 감내하며, 목표를 향해 자신을 관리하고, 더욱 효과적으로 관계를 맺고, 마음챙김을 통해 더 많은 인식과 통제력을 확립하는 기술들을 다룬다.

내가 '제14장 : 기술 및 기술 훈련'에서 상당히 상세하게 주장하듯이, DBT의 전체 상부 구조는 환자들이 필요한 곳에서 기술을 학습하고 적용하는 것을 보장하기 위해 존재한다. 기술 훈련사는 기술을 학습한 것처럼 보이는 환자가 사실은 문제가 되는 생각(예 : "그래도 안 될 거야."), 강렬한 감정(예 : 새로운 것을 시도하기에는 너무 겁이 많거나 부끄러움), 또는 문제가 되는 수반성(예 : 환자가 새로운 기술을 사용하는 것을 강화해주지 않고 오히려 오래된 문제 행동을 강화해주는 환경) 때문에 기술을 사용할 수 없다는 것을 모르고 있을지도 모른다. 따라서 각 치료자는 실시간(in vivo) 기술 코치와 함께 환자가 기술의 유용성을 알아보고, 시도해보고, 반복해서 연습하고, 그 기술을 성공적으로 사용하는 데 방해가 되는 요인을 찾아내어 해결할 수 있도록 돕는다. 우리 중 누구라도 낡은 습관을 대신할 새로운 기술을 의도적으로 익힌 후 그 기술을 장시간 계속 사용하게 된 때를 돌이켜본다면, 한 가지 새로운 기술을 배우고 사용하는 것은 상당히 많은 노력을 요한다는 것은 명백할 것이다. 하지만 만약 그 노력이 성공한다면, 하나의 새로운 기술로 삶이 바뀔 수 있다는 것도 알고 있을 것이다.

기술 훈련과 관련된 원리들(기술 습득, 강화, 일반화)은 제14장에서 좀 더 상세히 논한다. 이 장에서는 기술을 배우기 위한 '준비성'의 필요성에 대해 간단히 다룬다. 기술은 절대 환자에게 가르쳐서 강요할 수 없다(Prochaska, DiClemente & Norcross, 1992). 환자 스스로 "난 이 기술이 필요해"라는 생각을 가져야 한다. 그렇지 않으면 세상에서 가장 훌륭한 가르침이라도 모두 물거품이 될 것이다. 한때 나는 경계선 성격장애와 거식증 진단을 받은 20세 여성을 의뢰받은 적이 있었다. 그녀는 식이장애 치료 전문의에게 치료를 받고 있었고, 나에게는 일대일 기술 훈련을 받으러 왔었다. 그녀의 치료자, 부모, 그리고 그녀 자신도 그녀가 대인관계에서 좀 더 깨어있고, 감정을 조절하고, 자기표현을 하면서 상호작용을 하기 위해 더 많은 기술이 필요하다고 느끼고 있었다. 그녀는 마른 몸을 인생의 주된 목표로 삼고 굶기라는 주된 '기술'을 사용하고 있는 듯했다. 초반부터 그녀는 빠르게 학습하는 좋은 학생의 모습을 보였다.

하지만 4, 5주가 지나자, 나는 그녀가 실제로 회기 밖에서는 기술을 연습하고 있지 않다는 것을 깨달았다. 그리고 내가 방해 요인에 대해 물었을 때, 그녀는 기술을 사용할 마음이 없다고 다소 직설적으로 답했다. 그녀는 기술들이 '훌륭하다'고 생각했지만, 그것을 사용하는 데는 별 관심이 없다고 인정했다. "저는 단지 부모님이 절 그만 귀찮게 하길 바랄 뿐이에요"라고 말했고, 그녀는 자신의 치료자 또한 기쁘게 하고 싶다고 했다. 그녀는 모두가 자신이 그냥 굶도록 내버려두길 바랐다. 그녀는 (의학적으로 위험한 체중에서 5파운드 정도를 넘긴) 야윈 상태였지만, 여전히 뼈만 앙상한 사람들을 부러워했다. 심지어 집단수용소에서 해방된 홀로코스트 생존자들의 모습을 부러워했다! 그녀는 거식증을 변화시키기 위한 기술들을 배우고 적용할 준비가 되어 있지 않았다. 그래서 나는 그녀가 부모와 치료자에게 자신의 진짜 목표에 대해 더 효과적으로 의사소통할 수 있는 기술에 집중해보자고 제안했지만 그녀는 거절했다. 그녀는 만약 자신이 극도로 마른 모습을 추구하는 일을 포기하게 된다면, 우리가 논의했던 많은 기술이 분명히 필요할 것이라는 점을 인정하며 종결하기로 하였다.

말할 필요도 없이, 기술 훈련의 첫 번째 원리는 환자가 기술이 필요하다는 것을 인식할 필요가 있다는 것이며, 이를 확인하려면 치료자는 변화 단계 중 '사전' 단계(Prochaska et al., 1992)에 주목할 필요가 있다. 앞서 살펴본 거식증 여성 사례와는 달리 내가 함께 일했던 대부분의 환자들은 기술이 필요하다는 것을 알고 있고, 그것을 배우고자 하는 동기가 있으며, 이에 대한 작업을 할 때 만족을 느끼고, 궁극적으로 DBT의 이 부분을 가치 있게 생각한다. 그러나 효과적인 기술 훈련사는 이렇게 의지가 있는 환자라도 새로운 기술에 대한 자신만의 특별한 필요성을 찾도록 도와줌으로써 각각의 새로운 기술을 환자에게 '팔아야' 한다는 점을 알고 있다.

뛰어난 기술 훈련사는 유능한 피아노 교사와 애정 어린 어머니들이 가지고 있는 자질들을 겸비하고 있다. 피아노 교사는 자신이 가르치고 있는 곡을 연주할 수 있고, 피아노 연주 능력을 가르칠 수 있는 단계들로 나눌 수 있으며, 각 학생을 어느 정도로 몰아붙여야 하는지, 개인화된 강화 방법을 알고 있으면서 배우는 과정을 기뻐한다. 헌신적이고 애정 어린 어머니는 자신의 아이를 잘 알고 있으며, 아이가 더 나은 삶을 살기 위해서는 반드시 어떤 행동들을 배워야 한다는 것을 분명히 알고 있다.

인지적 중재와 인지 수정

우리의 마지막 변화 이론인 인지적 중재는 목표 행동을 둘러싸고 있는 행동 사슬에 내재된 또 다른 이야기 라인으로 우리의 관심을 주목시킨다. 이것은 사슬에서 사고의 과정과 내용이 사고 이후에 이어지는 행동과 감정에 미치는 영향을 따라가는 이야기다.

촉발 사건 → 신념, 가정 → 행동 및 감정

요컨대, 우리의 행동과 감정은 우리의 인지 방식과 내용에 의해 매개된다. 만약 내가 자신에게 '인생은 끔찍하다'고 계속 말하고 그것을 믿기 시작한다면, 나는 결국 더 큰 불행과 절망으로 나를 몰아갈 것이다. 문 밖의 삶이 위험하다고 계속 생각한다면, 나는 점점 더 내 방을 떠나는 것이 불안해질 것이고, 아마도 나가는 것을 피할 것이다. 인지치료는 이 모델에 바탕을 두고 있으며, 그 순간에 확고하게 지니고 있는 부정적 신념과 그와 관련되는 자기 진술들(자동 사고)을 발견하고 드러내어 그것들을 시험하고 도전하여 덜 끔찍한 대안적 사고방식을 시도하는 것을 수반한다.

이 모델이 DBT에도 중요한 이유는 정서 조절이 힘든 사람들은 무효화 환경에서 사고하는 법을 배웠기 때문에 부정적이고 가혹한 자기 비판적인 인지들로 가득 차 있을 가능성이 높고, 자신의 편협하고 무효화된 삶 밖에 존재하는 인과관계 규칙에 대해 여러 오해를 하고 있을 수 있기 때문이다. 다음의 경계선 성격장애가 있는 사람들에게 흔히 나타나는 인지들을 살펴보자.

"나는 옳아야 한다. 그렇지 않으면 나는 나쁜 사람이다."
"내가 기괴한 행동을 하면 할수록 사람들은 나를 더 흥미롭게 여길 것이다."
"한 시간 이상 혼자 있으면 나는 소멸될 것이다."
"나는 하는 일마다 완전히 무능하다."
"나는 뚱뚱하고, 못생겼고, 멍청하다. 이건 모두가 아는 사실이다."

이러한 신념들이 너무 극단적으로 보여서 우리는 이런 사람들에 대한 치료가 인지치료에 초점을 둬야 한다는 판단을 내리고 싶을지도 모른다.

인지적 중재와 DBT의 다른 변화 이론의 관계를 고려할 때, 문제가 되는 인식이 모든 이론에서 핵심적인 부분이라는 것을 깨닫는 것이 중요하다. 앞으로 마주칠 사람은 분명 위험한 사람이라는 공포 속에 사는 외상후 스트레스 장애(PTSD)를 가진 사람은 앞서 논의한 고전적 조건형성 이론의 요소들, 즉 단서-(반응적)-감정-탈출 이야기에 사로잡혀 있다. 이 3요인 이야기에는 그 곤경에 부합하는 여러 가지 인식이 담겨 있다. "사람들은 위험하다.", "난 상황이 안전한지 분별할 능력이 없다.", "내가 다시 위험을 무릅쓰게 된다면, 나는 아마 죽게 될 것이다.", "나에게 유일하게 안전한 곳은 죽음이다." PTSD 환자의 장기적 진전은 왜곡된 인식의 수정을 수반할 것이다. 연구들은 이러한 사람들에게 인지치료나 노출 절차가 효과적이라고 제시하고 있다(Ougrin, 2011).

마찬가지로, 실비아처럼 "아니요"라고 말할 능력이 부족한 사람에게는 "내가 '아니요'라고 말하면 나는 상처를 받을 거야.", "'아니요'라고 하면, 나는 나쁜 사람이 될 거야." 또는 "사람들은 나에게 그들이 원하는 무엇이든 할 권리가 있어"와 같은 인식이 항상 존재할 것이다. 즉, 해로운 기술 결핍이 있다면 보통 거기에 딸린 문제 인식들이 있기 마련이다. 그리고 부적응적인 행동이 반복적으로 강화되어 한 사람의 레퍼토리에 유지되는 과정인 행동 변화의 조작적 조건형성 이야기를 살펴보아도 강화된 문제 행동에 동반되는 문제 인식을 거의 항상 발견할 수 있다. 예컨대, 자해를 할 때 강한 부정적 감정의 소용돌이가 즉각적으로 줄어드는 현상에 의해 자해 행동을 강화받고 있는 사람이 있다면, 그 사람은 자해가 유일한 삶의 길이며 자해를 하지 않는 것은 죽기로 결정하는 것이라는 신념을 갖게 된다.

좀 더 간결하게 다시 요약을 해보자. (1) 심한 감정조절장애의 주된 원인은 무효화 환경과 정서적 반응성 및 민감성 사이의 상호작용에서 발생된다. (2) 조건화된 감정적 반응, 기술 결핍 및 문제 있는 수반성은 모두 회피, 탈출, 부적응적인 행동 패턴, 그리고 끊임없는 고통으로 가득 찬 삶을 초래한다. (3) 문제에 수반되는 상황적 · 감정적 · 행동적 요소들로부터 관련된 인지들이 생겨난다. 따라서 일반적으로 인지 자체가 문제를 일으키는 주범은 아니지만, 분명히 인지는 문제의 일부가 되어 한 개인을 DBT 치료로 오게끔 하기에 인지를 다루는 것 또한 해결책의 일부분이 되어야 한다.

리네한(1993a)은 DBT 치료자들이 문제 인지에 대해 지속적인 경각심을 가지면서, 아무리 사소하더라도 문제가 되는 인지가 보인다면 반드시 어떠한 개입이라도 할 것을 권고하였다. 예를 들어 환자가 "저는 유능한 사람이 아니에요"라고 말한다면, 치료자는 "그래요, 알아요. 당신은 당신이 그다지 유능하지 않다는 생각을 가지고 있어요"라고 대답할 수 있다. 이에 환자는 "하지만 저는 정말 유능하지 않아요"라고 반박할지도 모른다. 치료자는 문제가 있는 사고를 기억해두기로 하고 그 시점에서는 그냥 넘어갈 수도 있다. 아니면, 임상적인 판단하에 "그래요. 당신의 그런 생각이 사실이라는 확신을 가지고 있다는 걸 알고 있어요"와 같은 반응을 보일 수도 있다. 어떤 때는 환자가 "여기엔 해결책이 없어요"라며 부정적인 말을 할 때, 치료자는 "그래요. 당신은 해결책이 있다는 걸 믿지 않는군요"라고 반응할 수 있다. 만약 그런 생각이 지속적이고 해로운 것으로 판명된다면, 치료자는 덧붙여서 "그런 생각이 자꾸 되살아나서 당신을 지옥으로 데려가고 있군요"라고 말할 수도 있겠다.

한번은 총명하고 상당히 예쁜 젊은 여자 환자를 만났는데, 그녀는 가정과 학교 환경으로부터 자신이 '뚱뚱하고 못생기고 멍청하다'는 확고한 믿음을 갖게 되었다. 이런 생각이 그녀를 얼마나 끊임없이 괴롭히는지, 그녀가 자신의 삶을 개선하기 위해 새로운 시도를 할 때 얼마나 방해가 되는지를 알아차리는 데 꽤 오랜 시간이 걸렸다. 이런 생각은 현실과 무관하게 계속되고 있었고, 큰 피해를 주고 있었기에, 나는 그 생각을 치료의 목표로 삼기 시작했다. 이 목표에 대해 그녀가 합의를 하려면 그녀는 적어도 그것들이 자신의 생각일 뿐 반드시 사실은 아니라는 것을 고려할 수 있어야 했다. 그러기 위해서 나는 몇 가지 증거(나와 다른 사람들의 의견 등)를 제시해야 했다. 우리는 DBT의 1단계에서 일반적으로 행해지는 것보다 더욱 심화된 인지적 재구성 과정을 진행하였다. 나는 그녀에게 이런 생각의 존재와 발생을 매일 일지에 기록하도록 했고, 다양한 방법으로 그것에 도전하였으며, 그녀 스스로 그것에 도전할 수 있는 방법을 찾도록 도왔다. 몇 주 동안 이런 생각들에 '과할 정도로' 집중하여 작업하였다. 그 결과, 그녀는 이 생각들을 가지고 놀기 시작했다.

"오늘 회기에 늦어서 죄송해요. 전 뚱뚱하고 못생기고 멍청하니 어쩌겠어요." 나는 그때 우리가 전환점을 지났다는 것을 알았다. 그녀는 이제 생각을 생각으로 인식하기 시작한 것이다.

인지적 재구성이라고 알려진 이 작업은 역기능적 사고의 내용을 인식하고 도전하며, 대안적인 진술을 찾아내고, 생각이 사실이 아닌 생각일 뿐이라는 관점을 환자에게 설득하는 것을 포함한다. 이것은 DBT 회기에서 보통 즉시성을 사용하여 역기능적 사고를 붓으로 조금씩 벗겨내듯 받아치는 코멘트를 날리면서 진행된다. 위의 예에서처럼, 치료자는 때때로 특정한 인지에 대해 더 많은 '재구성' 작업을 하는 데 초점을 두기도 한다.

인지적 재구성과 더불어 인지 수정을 촉진하는 또 다른 개입으로 **수반성 명료화**(contingency clarification)가 있다. 본질적으로, 이 개입은 (인간 사이에서 대체로 암묵적으로 존재하는) 삶의 규칙들과 치료의 규칙들을 환자가 이해하도록 하는 방안이다. 우리가 만나는 많은 환자들은 왜곡된 환경과 심한 감정조절장애의 영향으로 인해 삶과 치료의 '게임 규칙'들을 이해하지 못한 상태로 치료를 시작한다. 병에 걸린 것만이 지지를 받으며 살아나갈 수 있는 유일한 방법이라고 믿는 환자들을 흔하게 볼 수 있다. 이들은 나아진 후에도 지원을 받을 수 있을 거라고 생각하지 않는다. 마찬가지로 당당하게 말하고 자신을 표현하는 것이 모든 것을 망칠 거라고 생각하는 것도 일반적이다. 반대로, 어떤 환자들은 아무것도 거르지 않고 모든 것을 말하는 것이 '진실'되고 '진짜'가 되는 유일한 방법이라고 생각한다. 이와 같이 명료화가 필요한 '수반성'은 '만약 … 라면' 식의 조건문들이다. 이런 종류의 잘못된 학습의 왜곡된 산물은 환자에게는 너무나도 당연한 것이고 치료자에게는 너무나도 놀라운 것이라 한동안 놓치는 경우가 많다.

DBT 치료자들은 환자가 잘못된 사고를 보이는지 세심하게 살필 필요가 있다. 35세 남자 환자를 치료하고 있을 때였다. 그와 치료 작업을 시작한 지 2년 차였다. 그는 종종 자신을 놀라게 하고 또 도움이 되었던 나의 개입에 대해 유머러스하게 언급하곤 했다. 그는 우리가 이런 '스웬슨 보석들' 없이 회기를 진행하면 분명 회기를 말아먹을 거라고 우스갯소리를 하였다. 비슷한 맥락에서 그는 나를 제외하고는 다른 사람들과 의견이 다를 때 항상 자신이 옳다고 생각했다. 그는 마치 균형 잡힌 시각에 기반을 둔 것처럼, 심지어 유머까지 곁들여서 이 두 가지 사고 패턴에 대해 언급하였기에 다소 가볍게 느껴졌다. 하지만 이러한 신념들이 자주 드러나자 나는 이에 대해 그에게 더 많은 압박을 가하기 시작했다. 알고 보니, 그것들은 전혀 가볍지 않았다. 그것들은 그의 기능을 위해 거의 규칙이 되어버린 핵심 신념이었다. 내가 이러한 신념에 도전하자, 그는 처음에는 화를 냈다가, 나중에는 몹시 슬퍼했다. 내가 위대하지 않고 그가 옳지 않다면, 나는 '엉터리'였고 그는 실패자였다. 이러한 믿음들은 치료 내내 우리와 함께 숨 쉬고 있었다. 그것들은 실패와 굴욕의 고통스러운 감정으로부터 그를 구해준, 잘못된 '삶의 규칙'이었다. 일단 우리가 그것들을 있는 그대로 보게 된(그리고 '수반성을 명료화한') 시점 이후로는, 치료는 더욱 현실과 연결되어 더 많은 감정을 개입시키고 변화를 일으키는 방향으로 바뀌었다.

정서조절곤란이라는 맥락에서 문제가 되는 사고가 존재할 거라는 점은 항상 가정되어야 한다. 비록 아직 명확하게 밝혀지지 않았어도 말이다. 그 당시엔 문제 사고에 대한 증거가 미미해 보일지 모르지만, 그럼에도 그것은 곳곳에 존재한다. 치료자는 문제적 사고를 탐지할 준비가 된 상태로 있어야 하는데, 그것은 생각보다 더 만연하고 더 큰 영향력이 있을 수 있다. 이런 점에서 치료자가 환자의 인지에 관심을 가지고 치료를 위해 해로운 인지를 찾아내는 작업은 마치 유심히 살펴보지 않으면 관찰되지 않는 해충을 찾아 제거하는 해충 구제자의 작업과 닮아 있다.

문제적 사고의 존재를 감지한 치료자는 이를 식별하고 이름을 붙이는 일종의 기술이 필요하며, 경우에 따라서 빠르고 재치 있고 세심하게 그 사고에 도전하기도 한다. 이러한 개입은 그림의 특정 부분을 과한 덧칠이 아니라 살짝 강조하거나 수정하기 위해서 빠르게 붓질을 하는 화가의 능력과 닮았다. DBT 치료자의 경우 먼저 문제의 사고 내용이나 과정의 타당한 측면을 강조한 후 문제로 넘어가는 방식으로 민감성을 발휘할 수 있다. 예를 들어, 사람에 대한 의심이 많은 외상 환자를 대할 때, "누군가 당신에게 말을 걸어오면 그 사람이 당신을 이용하려고 한다고 확신하는 이유를 알겠네요. 상대방이 하는 말을 있는 그대로 믿어도 되는지 분별하기 어려울 거 같아요"라고 타당화해줄 수 있다. 어떤 생각에서 지혜를 찾는 것은 생각의 잘못된 요소를 강조하는 개입으로 가는 길을 열어준다. 궁극적으로 DBT 치료자는 변증법적으로 개입해 사고의 타당한 부분과 타당하지 않은 부분을 모두 부각시켜 환자가 그것에 대해 '현명한 마음'으로 평가를 내리도록 도와야 한다.

변화 원리의 사례 적용

효과적인 문제 해결은 회기 내에서 일곱 가지 전반적인 문제 해결 과정을 통합시킬 때 가능해진다. 다음 DBT 치료 회기 일부를 통해 이 통합의 과정을 설명해보려고 한다. 환자는 DBT 프로그램에 참여하고 있는 젊은 여성으로, 치료 1단계에 있으며, 빈번한 자해 행동(목표 행동)을 완전히 없애기 위해 전념하기로 하였다. 그녀의 유년시절 중 두드러진 요인은 친부모가 그녀를 돌볼 능력이 없어서 수양가족에 위탁되었는데, 수양가족도 여러 번 바뀌었다는 점이다. 사례 개념화의 일환으로 치료 초기 행동 사슬 분석을 통해 그녀가 '남겨지는 것'에 대해 민감한 모습을 보이는 패턴이 발견되다. 오래된 룸메이트와 안정된 관계를 지속하고 있었음에도 불구하고 그녀는 룸메이트가 자신을 떠나려 한다는 생각(인지적 중재)을 멈출 수가 없다. 자해 사건 이후 진행된 한 특정 회기에서 치료자와 환자는 다음과 같이 행동 사슬을 정교하게 분석하였다.

환자와 그녀의 룸메이트 사이에 긴 말다툼 끝에,

→ 룸메이트는 화가 나서 그들의 아파트에서 뛰쳐나갔다.

→ 순간적으로 환자는 강렬한 공포, '패닉', 그리고 깊은 수치심을 경험했다.

→ 거의 동시에 그녀는 '난 걔를 다시는 못 볼 거야', '또 한 관계를 망쳤네', '나는 왜 이럴까' 등의 생각을 했다.

→ 그런 감정과 생각의 맥락에서 그녀는 자해하고 싶은 강한 충동을 느꼈다.

→ 그녀는 괴로움을 참기 위해 무언가 할 수 있는 일을 생각해보려고 했으나 아무것도 생각할 수 없었고, 감정과 생각, 충동의 강렬함이 고조되었다.

→ 그녀는 부엌에서 칼을 가져와 손목에 피가 흐를 정도까지만 3cm 정도를 그었다.

→ 그녀는 즉각적으로 공포감이 감소되는 경험을 하였고, 자신의 감정과 생각을 더 잘 통제할 수 있을 것 같다고 느꼈다.

→ 그녀는 룸메이트에게 자신이 손목을 그었다고 문자를 보냈고, 룸메이트는 아파트로 돌아왔다.

→ 환자는 더욱 안도했다.

이 회기에서 환자와 치료자는 우선순위가 높은 목표 행동인 자해 행동을 다루고 있고, 관찰 일지 작성의 진행 상황을 모니터링하고 있다. 그들은 행동 사슬 분석을 진행한다. 이것은 계속 진화하는 사례 개념화에 기여하고, 다음 회기들에 영향을 미친다. 이 환자는 치료 목표에 전념하면서 치료에 필요한 정보를 제공하고 치료자와 협력하여 이해와 변화를 창출할 것을 약속한다. 치료자가 정해진 목표 없이 치료를 진행하거나, 행동 사슬 분석을 통한 진화하는 사례 개념화 없이 직관에 기반하여 개입을 한다면, 그리고/또는 목표와 과정에 대한 환자의 전념이 불충분하다면, 치료는 성공할 가능성이 거의 없다고 볼 수 있다. 이러한 문제 해결 과정이 마련되어 있기 때문에 위에서 논의한 네 가지 행동 모델의 각 관점에서 사슬을 살펴볼 준비가 되어 있다. 아주 짤막한 삽화였지만 여기에서도 네 가지 모델이 제시하는 변화 지향적 개입들을 모두 엿볼 수 있다.

고전적 조건형성 모델은 단서(환자의 강렬한 감정을 촉발시킨 룸메이트의 분노에 찬 가출에 관한 무엇), 감정(단서에 의해 촉발된 공포, 패닉, 수치심의 특별한 혼합)과 탈출(자해 이후 강한 감정적 고통의 감소)의 역할로 우리의 관심을 주목시킨다. 예리한 치료자는 미래에 다른 에피소드들이 발생할 때 단서의 구체적인 실체를 파악할 것이다. 치료 중 어느 시점에 구체적인 단서를 파악했다면 치료자는 환자를 (단서에) 노출시켜 감정을 경험하고 표현하게 하고, 탈출 반응(자해)을 차단하게 할 수 있다.

이 짧은 삽화에서 조작적 조건형성 모델의 요소들도 발견할 수 있다. 치료자는 자해가 이루어진 자극 맥락에 주의를 기울여, 그녀에게 자해를 하게 되면 강화가 일어날 것이라는 신호를 보낸 식별 자극을 찾아볼 수 있다. 자해 행동의 성격을 명확하게 파악한 후,

치료자는 고통스러운 감정의 완화나 룸메이트의 위로와 같이 자해 행동을 강화시키는 조건부 결과들을 파악하려 할 것이다. 이러한 세부 사항들을 설명할 수 있게 되면 치료자는 강화의 존재를 알리는 자극의 성격을 수정하고, 자해 행동의 결과에 변화를 주는 것을 고려할 수 있게 된다. 따라서 다음에 환자가 유사한 맥락과 유사한 선택(자해를 할지 말지)을 마주하게 되면, 그때는 자해 행동을 강화하지 않고 대신 적응적인 대안을 강화하는 방식으로 결과들이 정렬될 수 있다. 이렇게 하기 위해 사용할 수 있는 몇 가지 방법이 있다. 치료자는 (1) 대안 행동을 사용하도록 환자에게 가르치고, 강화하고, 환자로부터 약속을 받아낼 수 있다. (2) 이러한 적응적 대안이 반드시 강화될 수 있도록 할 수 있다. (3) 자해로 인해 룸메이트가 다시 돌아오는 일이 발생하지 않도록 프로토콜을 수립할 수 있다. 또는 (4) 환자가 자해 에피소드에 대해 행동 사슬 분석 활동지를 신중하게 작성하고 다음 치료 회기에서 발표하도록 할 수 있다.

기술 결핍 이론은 치료자의 관심을 (1) 룸메이트와 상호작용하는 기술(대인관계 기술), (2) 감정이 그렇게 빨리 격렬하고 고통스러워지지 않도록 단서에 대한 민감성과 반응성을 관리하는 기술(감정 조절 및 마음챙김 기술), (3) 강렬한 감정이 일어날 경우 적응적인 방식으로 조절하는 기술(감정 조절 및 고통 감내 기술), (4) 자해 행동을 사용하지 않기 위해 강렬한 감정에 대한 감내력을 높이는 방법을 찾는 기술(고통 감내 기술), 그리고/또는 (5) 프로그램 과정 전반에 걸쳐 사용되는 인식, 균형, 주의력 통제 및 현명한 마음을 위한 마음챙김 기술에 있어 나타나는 결핍으로 이끈다.

인지 중재 이론은 강렬한 감정 반응과 충동적인 통제력 상실을 일으키거나 부채질하는 모든 신념과 자동적 사고들로 치료자의 주의를 이끌 것이다. 인지가 강렬한 감정과 행동보다 앞서 있었든, 그것들에 의해 촉발되었든 간에, 인지는 부적응적인 행동 패턴을 유지하는 역할을 하며, 수반성 명료화와 인지적 재구성을 통해 다뤄져야 한다.

네 가지 행동 모델을 대표하는 네 가지 과정을 통해 치료자는 이 환자의 행동 레퍼토리에서 자해 행동이 어떻게 유지되는지를 알 수 있으며, 앞으로 그러한 행동을 줄일 수 있는 방법을 생각해낼 수 있다. 십중팔구 네 가지 과정은 동시에 모두 작용하고 있기 때문에 이 중에서 가장 중요한 통제 변수를 알아내는 것은 어려울 수 있다. 이때 행동 사슬 분석을 통한 행동 평가가 유용하게 사용될 수 있다.

이렇게 네 가지 과정 각각의 영향을 파악하는 것은 의미 있는 일이다. 그러나 또 알고 있으면 유용한 점은, 이 네 가지 과정은 사실 각각 다른 과정이 아니라는 것이다. 자해와 자해 너머로 흐르고 있는 일련의 연속적인 사건들, 즉 통일된 물결이 존재한다. 여러 가지 불가분하게 얽혀 있는 상호의존적인 힘(force)들이 자해 행동을 초래한다. 그리고 자해에 대한 해결책을 찾는 데 있어서, 네 가지 변화 절차는 각각 네 가지 이야기의 줄거리에 모두 변화를 가져온다. 예를 들어, 만약 치료자가 자해 행동을 줄이고 어떤 대안적 행동이 강화되도록 수반성을 재조정하였다면, 환자는 (1) 다른 기술들을 사용해야 할 것이고, 그 기술들은 강화될 것이다, (2) 새로운 행동 및 수반성과 일치하는 방식으로 신념과 사고의 본질을 변화시킬 것이다. 그리고 (3) 일련의 보다 적응적인 행동들은 안전감과 통제감을 증가시켜 환자가 탈출하지 않고 단서에 노출되는 것을 더욱 잘 견딜 수 있을 것이다. 따라서 치료자가 하나의 이론을 제시하면서 하나의 변화 절차를 사용한다 해도, 사실은 4개의 모든 이야기의 줄거리를 다루고 있다는 것을 기억해야 한다. 어떤 문제라도 이 네 가지 문제 해결 원리 모두가 유용할 수 있다는 이 깨달음은 치료자의 유연성과 자유를 높여준다. 통제 변수를 성공적으로 평가하여 개입하는 것은 사실 치료자, 환자, 자문팀 간의 시행착오 과정을 통해 가능해진다.

제5장

변증법적 패러다임

내가 자란 오리건주는 목재 산업의 비중이 크다. 자랑스러운 벌목꾼들은 목재 공장과 제지 공장을 하루 24시간 가동시키고 있다. 목재 산업은 힘들고 위험한 산업이다. 벌목꾼들은 강 상류에서 나무를 쓰러뜨리고 통나무를 공장까지 띄워보내곤 했다. 초봄에는 가을과 겨울에 베인 통나무들로 강이 꽉 막힐 정도였다. 통나무 더미(logjams) 때문에 흐름이 정체되는 것은 예방이 힘들어 자주 일어나는 일이었고, 통나무들을 분리시키고 처리하는 일도 비용이 많이 드는 힘든 일이었다. '강 돼지(river pig)'라고도 알려진 통나무 운전사는 목재 산업에서 가장 위험한 일을 맡는다. 그의 임무는 통나무 더미를 예측하고 방지하기 위해 일찍이 통나무들을 쪼개어 계속 흘러갈 수 있도록 하는 것이었다. 그 시절에는 항상 남자였던 통나무 운전사는 통나무들이 강물에 떠 있거나 꽉 차 있을 때 통나무 위를 가로질러 뛰어다녀야 했다. 두 통나무 사이로 빠질 수 있다는 위험이 항상 있기 때문에 사실상 목숨을 걸고 하는 일이었다. 민첩성, 인식력, 속도가 관건이었다. 내 사촌 중 한 명은 이십 대에 이 일을 한 남자와 결혼했다. 그 시대의 모든 통나무 운전사들이 그랬듯이, 그는 '갈고리 장대'라고 알려진 특수 제작된 장대를 사용했다. 그 긴 나무 막대는 통나무를 밀거나 당길 수 있도록 끝부분에 금속 스파이크가 전략적으로 배치되어 있었다.

DBT에서 변증법의 실천에 대해 이보다 더 나은 은유를 찾기는 어려울 것이다. 수용과 변화 패러다임의 전략들을 숙련되게 적용하더라도 감정조절장애를 가진 환자들에게 이러한 '정체(logjams)'는 치료에서 전형적으로 나타나는 현상이다. 생물학적인 정서적 취약성과 심각한 무효화 환경 사이에서 일어나는 교류(transaction)는 강렬한 감정, 높은 예민성 및 반응성, 경직된 흑백 사고, 행동과 관계에서 극단으로 치닫는 경향으로 나타나고, 이것은 삶의 모든 영역(가정, 직장, 친구관계, 치료)에서 정체를 일으킨다. 치료자가 통나무 운전자처럼 민첩성과 신속성을 갖추고, 흐름을 촉진하는 방식으로 서로 충돌하는 양극을 이해하고 사용할 때 다음과 같은 결과를 가져올 수 있다.

- 교착 상태에서 벗어나기 위한 움직임 창출하기
- 경직되고 극단적인 상태를 보다 유연하고 현실적인 상태로 전환하기
- 대립되는 요소들을 강조하고 양쪽에서 지혜 찾기
- 대립되는 요소들로부터 통합 촉진하기
- 갈등, 경직된 행동 패턴 및 교착 상태에 직면했을 때 환자와 협력적 관계 유지하기

DBT에서 정체를 다루기 위한 전략은 변증법적 전략이다. 변증법적 전략은 변증법적 세계관과 변증법적으로 영향력을 발휘하는 방법에서 파생된 변증법적 패러다임의 세 가지 원리로부터 나온 전략들이다. DBT 치료자의 변증법적 활동은 치료 중 마주하게 되는 난관 상황에서 특히 유용하지만, DBT에 임할 때 가져야 하는 기본 자세이기도 하다. 이 장에서 나는 세 가지 변증법 원리들, 즉 양극과 통합(opposites and synthesis), 체계적 사고(systemic thinking), 그리고 흐름(flux)에 대해 자세히 설명하고, DBT 실제의 일부인 변증법적 입장을 논하며, DBT의 아홉 가지 변증법적 전략들이 어떻게 원리들로부터 나오게 되었는지 설명한다.

변증법적 패러다임의 원리

양극과 통합

변증법의 핵심에는 현실은 대립으로 이루어져 있으며, 대립 사이의 긴장감은 통합 과정을 통해 해소된다는 이해가 있다. 가장 간단한 형태로서의 변증법은 "하늘은 파랗다", "이것은 완벽한 가족이다", 또는 "이 환자는 최선을 다하고 있다"와 같은 어떤 종류의 정명제(thesis)로 시작한다. 명제는 그것과 반대되는 명제, 즉 반명제(antithesis)를 야기하

는데. 예를 들어, "아니다. 하늘은 사실 전혀 색이 없다", "이 가족은 완벽하지 않다", 또는 "이 환자는 더 열심히 노력하고 더 잘해야 한다"가 된다. 정명제과 반명제 사이에는 모순이 존재한다.

다음으로 취할 수 있는 조치는 정명제와 반명제 사이에서 어떤 것이 더 옳은지를 알아내는 것일 수 있다. 그러나 그렇게 하는 것은 변증법적이지는 않다. 또 다른 방법은 둘 중 하나가 승자라고 선언할 필요 없이 정명제와 반명제가 공존할 수 있다고 주장하는 것일 수도 있다. 이것 또한 변증법적이지는 않다. 변증법적 접근방식은 명제에서 타당한 핵심을 파악하고, 반명제에서 타당한 핵심을 파악한 다음, 이제 새로운 명제, 즉 각각의 타당한 핵심을 포함하는 **합명제**(synthesis)를 찾는 것이다. 예를 들어, "하늘 자체는 색이 없지만 몇 가지 이유로 지구상의 인간에게는 파랗게 보인다", "이 가족은 얼핏 완벽해 보이지만, 자세히 살펴보면 모든 가족처럼 완벽하지 않다", 또는 "이 환자는 최선을 다하고 있지만, 삶을 바꾸려면 더 열심히 노력하고 더 잘해야 한다"가 된다. 새로운 명제는, 그것이 무엇이든 간에, 이제 또 다른 반명제를 야기하게 되고, 이 과정은 계속 이어진다. 변증법에서는 그 어떤 것도 가만히 있지 않는다. 진실은 서로 반대하는 힘들이 새로운 합성물에 도달함에 따라 진화한다. 이 핵심 개념은 DBT 이론과 치료 전반에 걸쳐 스며들어 있다.

제15장에서 더 설명되지만, 변증법은 자문팀 내에서 빈번하게 발생한다. 예를 들어, 팀원 중 한 명이 환자의 행동에 대해 다른 팀원들과 다른 해석을 완강하게 주장할 수 있다. 또는 팀 리더는 DBT를 너무 엄격하게 또는 너무 관대하게 적용하여 팀원들 사이에서 반발을 불러일으킬 수 있다. 또는 팀이 두 분류로 나뉘어서 어떤 멤버들은 훈련에 더 많은 시간을 쓰기를 원하는 반면, 다른 멤버들은 자문받는 시간을 최대한으로 하길 원할 수 있다. 변증법은 기술훈련 집단 환경에서도 발생한다. 예를 들어, 환자들은 자신의 이야기를 더욱 깊이 있게 하고 싶어 하는 반면, 치료자는 집단이 더 많은 기술을 배우는데 초점을 맞추기를 원할 수 있다. 아니면, 한 집단원은 연습 과제를 하지 않고 그냥 수동적으로 기술을 교육받기를 원하는 반면, 치료자는 집단 내의 모든 사람들이 연습을 해야 한다고 주장할 수 있다. 그리고 개인 치료에서도 변증법은 일상적으로 발생한다.

내 DBT 입원환자 프로그램에는 에드 쉬린(Ed Shearin)이라는 심리학자가 있는데, 그는 DBT 초창기에 마샤 리네한에게 훈련을 받았다. 에드는 내성적이고 매우 공손하고, 온화한 성격이었지만, 장난기도 많고 잡학다식 하였다. 한번은 그가 19세 환자를 치료한 적이 있었는데, 그 환자는 당장 퇴원하고 싶어 했다. 환자는 병원 복도에서 에드와 마주쳤다. "에드, 퇴원하고 싶어요. 오늘요! 여기서 나가고 싶어요. 자살하고 싶은 마음도 이제 없어요. 이곳은 저를 망가뜨리고 있어요. 오늘 떠나고 싶어요. 그렇게 하게 도와줄 수 있나요?" 그녀는 그날 오전에 전구로 심각한 자해를 했었기 때문에 에드가 퇴원에 동의할 리가 없었다.

"근데 바로 오늘 아침에 그으셨잖아요. 저도 당신이 퇴원하길 바라고, 당신이 나가고 싶어하니 참 다행이라고 생각해요. 빨리 그렇게 할 수 있게 노력해봅시다. 안전하게 퇴원할 수 있도록요. 하지만 오늘은 안 돼요."

"오늘이어야 해요. 아무도 말릴 수 없을 거예요."

"그런 정신, 참 멋집니다. 그렇지만 오늘은 안 돼요."

"저한테 판사를 만날 권리가 있다는 걸 알고 있어요. 당신 모두 고소할 거예요."

이 상황은 입원 치료에서 전형적으로 나타나는 변증법, 즉 대립이다. 그것을 인식하고, 예상하며, 현실로 받아들이고 다루는 것은 도전적이지만 매우 효과적이다. 이 예시에서는 반대 입장이 명확했고, 또 에드가 이러한 대립에 익숙한 사람이었기에 창의적인 합명제를 쉽게 찾을 수 있었다.

에드가 환자에게 말했다. "그래요. 당신은 우리를 고소할 권리가 있어요. '72시간 고지서'라는 것만 제출하면 될 거예요. 간호실에서 양식을 받을 수 있을 텐데, 그걸 작성하면 72시간 안에 법원심문이 진행될 거고 그 결과로 당신은 병원에 다시 입원되거나 퇴원할 수 있게 될 거예요. 판사가 결정할 겁니다."

"그렇게 할게요." 환자는 단호하게 말했다.

에드는 바로 반응했다. "좋아요. 작성하고 나서 바로 우린 회기로 들어가는 게 좋겠어요."

"왜죠? 법원 심문 후 저는 바로 떠날 거예요."

"법원 심문을 준비할 수 있게 제가 좀 도와드리려고요. 당신이 주장하는 바가 설득력 있을 수 있도록 하는 기술을 연습해봅시다. 역할극도 하고요."

"뭐라고요? 제가 소송에서 당신들을 이길 수 있도록 준비시켜주겠다는 건가요?"

"맞아요! 저는 당신이 가능한 선에서 최고로 능숙해지길 바라요. 그게 바로 이 치료의 목적이잖아요. 당신은 지금 우리가 훈련할 수 있는 모든 기술들이 필요할 거예요. 병원을 상대로 소송을 제기하는 것은 쉽지 않아요. 그리고 제가 당신에게 불리한 증언을 하는 사람이 될텐데, 저는 그런 걸 정말 잘하거든요. 얼른 시작합니다. 당장 승소하건 패소하건 당신이 최선을 다했다는 느낌을 받았으면 좋겠어요."

진실은 진화한다. 이 변증법적 사고방식은 서로 대립할 때 승자와 패자를 찾는 것이 아니라 통합을 위해 윈-윈(win-win) 입장을 찾는 것이다. 에드의 환자는 병원을 떠나고 싶어 했다. 그 명제는 아마도 그녀 내부의 혹은 그녀와 병원 팀 사이의 이전 대립을 통합한 것이었을 것이다. 그리고 퇴원을 제안함으로써 그녀는 그 반대, 즉 당장은 떠날 수 없을 것이라는 명제를 생성했다. 에드는 반대 입장을 대표하는 사람이었지만, 그녀의 치료자로서 변증법적인 태도를 유지하며 양쪽에서 지혜를 찾으려고 하였다. 환자의 떠나고 싶은 마음속에는 지혜가 있었다. 에드의 남아야 한다고 하는 주장에도 지혜가 있었다. 그는 이 두 측면의 합을 찾아냈다. 그는 그녀가 자신의 행동을 더 잘 통제할 수 있을 때까지 병원에 입원해 있어야 한다고 주장하는 사람이 되겠지만, 그와 동시에 그는 그녀가 가능한 한 능숙하게 그를 상대로 고소하는 것을 도와줄 수 있었다. 통합은 그를 대상으로 그녀가 가장 효과적으로 고소할 수 있도록 도와주겠다는 제안에서도 이루어졌고, 또 그녀의 기술들을 향상시키는 것이 둘의 공동의 궁극적인 목표라는 주장에서도 이루어졌다. 통나무 운전사였다면 통나무 더미 정체를 해결하기 위해서 일시적으로 통나무 1개의 힘에 맞추어 '반대하는' 통나무를 밀어내면서 엮여있는 두 통나무를 풀어 모두 강 아래로 흘러갈 수 있도록 했을 것이다. 하지만 치료에서 이상적인 해결책은 반대하고 있는 입장들을 찾아 명확하게 하고, 각 입장에서 타당한 부분을 식별해내어 통합을 이루는 방식으로 개입하는 것이다.

이런 현실의 중요한 본질을 분명하게 파악할수록 치료에서 반대와 대립을 만나게 될 때 덜 놀라게 된다. 즉, 반대와 대립을 만날 거라 예상하는 것이다. "어떻게 이럴 수가 있지? 깜짝이야! 이 환자는 내 말에 왜 반대하는 거지?"라고 생각하는 게 아니라, "당연히 우리는 이 대목에서 반대편에 있을 수밖에 없지"라는 태도를 가지게 된다. 물론 생물학적으로, 또 살아온 역사 때문에 우리와 반대 입장에 위치할 수밖에 없는 사람들과 작업하는 일이란 스트레스 받는 일이다. 그러나 만약 우리가 정반대의 것들이 상시적으로 존재하는 현실의 중요한 본질을 진심으로 이해한다면, 우리는 대립에 대해 덜 민감해질 수 있다. 만약 대립에 대해 긴장을 풀고, 오히려 예상하면서 그것을 고마워하는 법까지 배울 수 있다면, 우리는 그것을 더욱 창의적이고 생산적으로 다룰 기회를 갖게 될 것이다. 그러면서 우리는 대립이라는 것이 두려움의 대상이 아니라 오히려 호기심을 가지고 접근해야 할, 심지어 성장을 촉진하는 역할까지 할 수 있는 것이라는 점을 환자에게 모델링해줄 수 있다.

체계적 사고

45세의 한 여성 환자가 알코올 중독을 호소문제로 가지고 날 찾아왔다. 우리는 약 한 달 동안 함께 치료 작업을 했다. 그녀는 술을 끊는 것과 치료를 받는 것에 대해서 양가감정을 가지고 있었다. 어느 날 그녀의 70세 된 어머니가 나에게 전화를 하셔서 자신의 딸이 술을 얼마나 마시고 있는지를 보고하였다. 어머니는 딸에 대해 걱정을 하고 있었고, 딸의 치료가 어떻게 진행되고 있는지를 물어보았다. 환자는 어렸을 때부터 어머니가 자율과 사생활의 경계를 넘나들며 항상 자기 주위를 거슬리게 맴도는 걸 경험했던 것이 삶의 큰 주제 중 하나였다. 나는 어머니에게 고민을 딸에게 직접 말하거나, 나와 대화하는 것에 대해 딸에게 먼저 허락을 받는 것이 좋겠다고 말했다. 어머니는 화를 내며 전화를 끊었다. 어머니는 딸에게 내가 '통제 쩌는 놈'이라며 나를 그만 만나라고 하였다. 내 환자는 자신의 어머니와 대립관계에 있었기 때문에 어머니가 나를 만나지 말라고 한 것은 오히려 환자로 하여금 내가 적합한 치료자라고 느끼게 만들었고, 그녀는 나와 치료를 계속하겠다는 결정을 하였다!

체계적 사고의 본질적인 특징은 복잡한 시스템 안에서 각 요소는 전체의 일부분이고, 따라서 다른 모든 부분에 상호의존적이며, 한 곳에서의 변화는 다른 모든 부분에 변화를 가져온다는 것이다. 그렇기 때문에 만약 한 요소에서 원하는 변화를 일으킬 수 없다면 다른 요소에 개입하면 된다. 방금 언급된 알코올 중독 환자는 치료를 받는 것에 대해 양면적인 태도를 보였다. 그녀와 그녀의 어머니는 같은 가족 체계에 속한 사람들이었다. 딸과 치료에 대해 직접적으로 이야기하는 것은 그녀가 치료에 더욱 전념하는 데 도움이 되지 않았지만, 어머니와의 개입에서 어머니의 치료 참여에 대한 경계를 형성한 것은 딸의 전념을 증가시켰다. 우리가 다른 사람에게 개입을 함으로써 한 사람의 행동을 바꿀 수 있다는 사실은 치료 가능성의 범위를 다양하게 확장시켜준다.

나는 잘 구축되고 잘 훈련된 자문팀과 함께 DBT를 진행하고 있는 한 치료자를 수련하고 있었다. 수퍼비전에서 이 치료자는 자살 성공 가능성이 높은 환자 사례에 대해 발표하였다. 치료자는 이 환자에 대해 상당히 걱정하고 있었다. 나는 그녀가 자문팀으로부터 충분한 지원을 받고 있는지 물었다. 그녀는 자문팀 회의에서 자살에 대한 이야기를 충분히 하지 못하고 있다고 말했다. 즉, 환자의 자살 가능성에 대한 그녀의 두려움을 공유할 여지가 거의 없다고 하였다. 곧 알게 된 바로는 팀 내 최고 선임 DBT 치료자였던 팀장이 올해 초 환자를 자살로 잃은 적이 있었다. 그는 팀 회의에서 자살에 대한 이야기를 억제함으로써 자신의 슬픔과 공포를 관리하고 있었던 것이다. 그로 인해 나의 수련치료자는 그녀의 자살 환자에 대한 도움을 충분히 받지 못했고, 이것은 그 환자의 자살 위험을 간접적으로 증가시킬 수 있는 상황이었다. 나는 나의 수퍼비전의 일환으로 그녀의 자문팀 전체와 만나는 시간을 가졌다. 감정적으로 고조될 수밖에 없었던 그 회의를 통해 팀장은 자신의 환자를 자살로 잃은 슬픔을 나누었고, 다른 팀원들의 치유 과정을 촉진시켜 자살 환자에 대한 모두의 상담 역량을 강화했다. 이렇듯 모든 것은 연결되어 있다.

나에게 DBT 훈련을 받은 치료자들 중 한 무리는 대형 기관과 함께 성공적인 DBT 기반 어린이 기숙형 프로그램을 개발하였다. 치료자들 사이에서는 사기가 높았고, 아이들의 가족들은 만족스러워했으며, 임상 결과도 매우 좋았다. 나는 몇 달 동안 그 팀을 만나지 못했다. 그러다 치료자 중 한 명이 내게 전화를 걸어 자문팀 미팅에 자문가로 와달라고 했다. 방 안의 분위기는 위축되어 있었고, 진행되는 토론은 얕아 보였으며, 사기는 낮아 보였다. 심지어 아무도 내가 왜 자문을 요청받았는지 명확하게 말하지 못하는 상황이었다. 비교적 새로 부임한 기관장도 팀 회의에서 무슨 일이 벌어지고 있는지 '모니터링'하기 위해 회의실에 앉아 있었다. 우리는 회의 중간쯤 잠시 쉬는 시간을 가졌다. 남자 화장실에서 치료자 중 한 명이 기관장이 함께 있어서 자유롭게 대화할 수 없다는 이야기를 하였다. 부임 직후 그 기관장이 첫 팀 회의에 참석했었을 때 그녀는 치료자들이 각자의 생각과 감정을 자유롭게 그리고 건강하게 공유하는 것을 듣고는 "더 이상 이런 모임에서 불평하는 걸 듣고 싶지 않아요. 우리는 전문가예요. 불평하지 않습니다."라고 말했다는 거다(이 기관장은 모든 임상의에 대한 직무 수행 평가 책임자였다). 이에 주눅 든 치료자들은 직접적으로 반박을 하진 않았다. 그들이 '모두 알지만 말하지 않고 있는 문제(elephant in the room)'를 공개적으로 거론하지 못한 것은 팀이 위축되는 결과를 낳았고, 이는 결국 환자 치료의 질을 해치고 있었다. 경직되고 비생산적인 회의 분위기는 체계적인 문제를 반영하는 것이었고, 이에 대한 해결책은 조직의 여러 수준에서 여러 사람의 변화를 필요로 하였다.

여기에서의 교훈은 모든 것이 중요하다는 것이다. 모든 것은 모든 것에 영향을 미친다. 알코올 중독 환자 어머니와의 대화는 환자와의 더 강한 치료 동맹으로 이어졌다. 팀장의 환자가 자살한 사건은 수개월 후 팀 내에서 자살 위험에 대한 논의를 금지하는 결과를 낳았고, 그로 인해 다른 환자의 자살 위험이 증가했다. 아동치료기관에 새 기관장이 고용되면서 DBT 자문팀에서는 감정과 생각의 공개적인 나눔에 제동이 걸리게 되어 환자의 치료에 부정적인 영향을 미치고 기관에 대한 평판을 해칠 가능성을 증가시키고 있었다. 프로그램 구현과 임상 작업과 관련된 중요한 현상에 대해 이해하고 관여하려고 할 때, 우리는 해당 현상에서 몇 단계 떨어져 있는 요인들까지 고려해야 한다.

정신건강의학과 심리치료 수련을 받는 동안, 나는 사설 정신병원이 후원하는 연례 가족치료 학술대회에 참석하곤 했다. 그 병원은 몇 년 동안 유명하고 창의적인 가족치료자인 칼 휘태커(Carl Whitaker)를 학술대회 연사로 초대했었는데, 그는 보통 무대에서 가족치료 시연을 한 다음 그 과정에 대해 토론하곤 했다. 그는 가족치료에서 변증법의 대가였다.

한번은 거의 3개월 동안 입원해 있던 삼십 대 중반의 여성의 사례가 제시되었다. 모두 그녀의 임상 양상에 당황해했고 치료에 진전이 없어서 좌절하고 있었다. 우울증인지 정신질환인지, 신체장애인지, 꾀병인지는 분명치 않았지만, 그녀의 주된 증상은 말을 하지 않는 것이었다. 그녀는 회의에 참석하고 규칙을 따랐지만 치료자를 포함한 그 누구에게도 말을 하지 않았다. 이런 행동은 병원에 입원하자마자 나타났고, 전혀 진전될 기색을 보이지 않았다. 치료팀은 성인 남자 형제 2명과 여자 형제 2명으로 구성된 그녀의 가족 맥락에서 그녀를 소개하기로 했다. 네 남매는 약 300명의 정신건강 전문가들 앞에서 휘태커와 마주보고 반원형으로 무대에 앉았다.

휘태커는 반원 끝에 언니 옆에 앉아 있는 환자에게 말을 걸지도 않았고, 심지어 쳐다보지도 않는 것 같았다. 대신 그는 멋진 정장을 입고 다소 불안한 표정을 짓고 있는 형제들 중 한 명에게 가족치료에서 무엇을 기대하고 있는지 물어보는 것으로 시작했다. "네, 저는 제 누나를 위해 여기 왔고, 누나에게 도움이 될 수 있는 모든 일에 기꺼이 참여하겠습니다." 휘태커 : "아니요, 제 질문은 그걸 물은 게 아닙니다. 가족치료에서 당신 스스로, 당신 자신의 삶을 위해서 뭔가를 얻을 수 있을까요?" 남동생 : "죄송한데, 방금 제가 한 말은 진심이었어요. 이게 누나한테 도움이 된다면 뭐든지 할 거예요. 제 삶은 괜찮으니까 됐고요." 휘태커는 집요했을 뿐만 아니라 갑자기 모욕적으로 말했다. "당신의 삶은 모든 게 괜찮다는 걸 저는 믿을 수 없네요. 예컨대 당신은 약간 과체중이고 좀 뚱뚱하죠. 아마 당신의 심장 주위에 지방층이 있을 수도 있다는 생각을 하지 않을 수 없어요. 어쩌면 가족치료가 당신의 체중을 줄이고 삶을 연장하는 데 도움을 줄 수 있을지도 몰라요." 남동생의 얼굴은 바로 빨개졌고, 명백히 당황스럽고 화가 난 모습이었다. 그는 언성을 높이기 시작했고 휘태커는 재빨리 물러서며 형식적인 사과를 했다.

그는 두 번째 형제로 넘어갔다. "당신은요? 혹시 가족치료를 통해 당신의 삶을 위해 얻을 수 있는 게 있을까요?" 남동생2 : "제 인생은 정말 꽤 괜찮고, 정말 아무 문제 없습니다. 바울[그의 형]처럼, 저는 제 누나를 돕기 위해 무엇이든 기꺼이 할 생각이에요." 자매들은 그저 듣고만 있었다. 휘태커 : "잘 이해가 안 되네요. 당신과 당신의 형은 삶에서 개선할 수 있는 그 어떤 것도 보지 못하고 있군요. 예컨대, 당신[남동생2]은 마르고 키가 크고 좀 뻣뻣하네요. 아마도 좀 경직되어 있을 거예요. 당신이 삶에서 재미를 느끼며 살고 있는지 궁금하네요. 어쩌면 가족치료는 당신이 긴장을 풀고 좀 더 재미있게 살 수 있도록 도와줄 수 있을 겁니다." 이때 오랫동안 잠자코 있던 환자가 빵 터졌다! 그녀는 웃음을 멈출 수 없다는 듯이 웃었고, 그녀의 언니도 웃기 시작했다. 두 사람 모두 너무 심하게 웃느라 눈물까지 흘리고 있었다. 다른 사람들은 모두 조용했고 어리둥절했다.

휘태커가 환자에게 물었다. "무엇 때문에 그렇게 웃는 거예요? 이해가 안 돼요." 그녀는 여전히 웃음을 멈추지는 못했지만 무언가를 간신히 대답할 정도까진 안정을 되찾았다. "선생님이 그런 말씀을 했다는 게 너무 놀라워요! 저희가 어렸을 때 동생들한테 했던 말이거든요. 저희는 폴이 살쪘다고 놀리고 또 존은 뻣뻣하다고 놀리곤 했어요. 그냥 너무 웃겨요." 그녀의 언니는 여전히 웃으면서 동의하는 듯 고개를 끄덕였다. 형제들은 매우 불편해 보였다. 휘태커는 자매에게 둘이 정말 사이가 좋아 보인다고 말했다. 환자는 즉시 이렇게 말했다. "예전에는 그랬었죠." 그녀의 시선은 바닥을 향했다. "지금은 아니에요." 휘태커 : "왜죠?" 환자 : "언니가 둘째 아이를 낳은 이후로 지구 밖으로 거의 사라졌다시피 했어요. 만나기는커녕 연락도 거의 없었고, 그냥 사라졌죠." 갑작스러운 슬픔은 심오했고 거의 모든 사람들에게서 눈물을 자아냈다. 휘태커는 잠자코 있으면서 그녀의 말이 들릴 수 있도록 했다. 그러고 나서 그는 이렇게 권유를 했다. "어떻게 해야 할지 알려줄까요? 언니는 당신과 함께 병원에 입원해야 해요. 관계를 회복하기 위해 필요한 시간만큼 둘 다 환자여야 하는 거죠. 그게 정답인 것 같네요." 웃음도 나왔지만 동시에 그가 무엇인가의 핵심에 도달했다는, 즉 증상적 양상에 대한 체계적 이해에 이르렀다는 감탄도 자아냈다. 곧 보게 되겠지만, 이 정체 상황에서 움직임을 얻는 데 성공한 그의 개입 방식은 리네한의 변증법적 전략과 완전히 일치하는 것이었다.

리네한은 변증법을 이해하고 DBT에 적용하는 데 있어 여러 유명한 가족치료자들이 그녀의 스승이자 모델이 되었다는 것을 인정한 바 있다. 칼 휘태커도 그들 중 한 명이었다. 이 치료자들은 가족 내에 생긴 정체를 깨뜨리기 위해 파격적인 접근법을 사용하면서 자유를 행사하는 데 탁월한 능력을 보였다. 그들은 재치, 타이밍, 전략적으로 역설적인 개입을 이용하여 역기능적인 체계의 정체를 교란시키고 새로운 항상성(homeostasis)을 불러일으키는, 예기치 못한 일의 대가(masters of the unexpected)였다. 그들의 개입은 모든 것이 상호 연관되어 있고, 모든 사람이 모든 사람에게 영향을 미치며, 모든 개입이 체계적인 영향을 미친다는 확신에 바탕을 두고 있었다. 이것이 바로 변증법적 패러다임에서 이 '체계적 사고' 원리의 정신이다. 이렇게 생각함으로써 우리는 하나의 개입, 심지어 관심현상으로부터 동떨어져 보이는 개입이 그 현상에 변화를 가져올 수 있다는 것을 깨닫고 평가의 범위를 넓힐 수 있다. 우리는 따라서 변화와 수용 패러다임의 개입 범위를 확대한다.

DBT 경력 초기에 나는 조현병을 앓고 있는 21세의 남자를 치료하고 있었다. 평소에 잘 흥분하고 불안해하는 그는, 망상적 사고로 인해 희열(ecstasy)을 경험하곤 했는데, 그 망상은 순간적으로 절망으로 변할 수 있는 그런 것들이었다. 그 당시 나의 접근방식은 주로 공감, 직접적인 제안, 그리고 일부 해석에 기반하고 있었다. 이것은 DBT 치료가 아니었다. 나는 그가 급변하는 그의 내적 · 외적 세상을 이해할 수 있도록 도와주려고 많은 공을 들였다. 2년간의 치료 끝에 그는 뉴욕으로 이사를 가게 되면서 치료를 종료해야 했다. 그는 2년 동안 꽤 현실적이고 안정적인 모습을 찾았다. 종결을 앞두고 나는 그에게 자신이 나아진 것 같은지 물었다. 그는 "그럼요! 찰리, 전 이제 하늘에서 사는 게 아니라 땅 위에서 살고 있어요!"라고 대답했다. 나는 그에게 무엇이 도움이 되었는지 물었다. 나도 여기에 대해 나름의 생각이 있었다. 관계에서의 일관성이 도움이 되었을 거고, 해석 작업으로 인해 자신의 내면 세계에 대한 이해도 높아졌을 것이다. 그런데 그는 그 질문에 이렇게 대답했다. "선생님께서 예전에 신었던 그 신발, 밑바닥에 구멍이 뚫린 신발 기억나세요? 그게 가장 큰 도움이 되었어요." 망연자실하고 어리둥절해진 나는 그것이 왜 그에게 도움이 되었는지 물었다. 그는 "선생님이 저와 함께 있다는 걸 알게 되었거든요."라고 말했다. 나는 그럼 내가 새 신발을 사서 신었을 때 치료를 망친 격이었는지 물었다. 다시 그는 재빨리 대답했다. "아니요, 선생님이 새 신발을 샀을 땐 저는 이미 우리가 비슷하다는 것을 알고 있었으니까요." 원인과 결과에 대한 우리의 통상적인 가설들은 일리가 있을 수 있지만 때로는 너무 선형적이라는 것을 기억할 필요가 있다. 즉, 우리는 종종 체계적 사고로부터 얻을 수 있는 더 넓은 가능성을 배제시킨다. 리네한은 치료에 변증법적 전략인 **변증법적 평가**를 포함시키는데, 그 본질은 "내가 이 문제에 대한 이해에서 무엇을 빠뜨리고 있는가?"라는 질문을 계속하게 하는 것이다.

흐름

변증법적 세계관의 세 번째 원리는 일시성의 수용원리와 상당히 겹친다. 매 순간 모든 것 — 모든 분자, 모든 구조, 모든 관계, 모든 아이디어 — 은 이전의 순간과 다르다. "불변하지 않는 것은 아무것도 없다." 이 원리 속에 있는 급진적인 진리를 받아들이는 것은 어떤 사람들에게는 당혹감을, 심지어 두려움을 주기도 한다. 그렇다면 우리가 붙잡을 수 있는 것, 의지할 수 있는 것, 예측할 수 있는 것은 무엇이란 말인가? 현실과 발맞추어 살아가려면, 과거는 지나갔고, 올 거라고 생각되는 모든 것은 환상에 불과하다는 것을 알아야 한다. 지금 여기에 있는 것이 전부이다. 현실은 [물리학에서 '브라운 운동(Brownian motion)'과 유사하게] 끊임없이 상호작용하며 움직이고 변화되는 다양한 성분의 거대한 혼합물이다.

매 순간 모든 것이 변하고 있다는 것을 기억하는 것은 정체의 순간에 우리가 가지게 되는 가정, 즉 아무것도 변하고 있지 않다는 생각과 반대되는 것이다. 경직된 행동 패턴을 가진 환자를 치료할 때, 우리는 앞으로도 뒤로도 갈 수 없이 수렁에 빠지는 경향이 있다. 눈에 보이는 변화를 만들어내지 못한 채, 하나의 특정 행동 패턴을 몇 달째 치료 목표로 삼기도 한다. 우리는 좌절하고 절망하고 긴장할 수 있다. 우리의 마음이 변화가 없는 매우 좁은 관점에 초점 맞춰져 있을 때, 사고의 유연성은 줄어들고, 치료자와 환자 모두 소진을 경험하게 될 수 있다. 우리는 그런 고정된 인식을 믿게 된다. 이때 변증법적인 가정을 발동시켜 실제로 모든 수준에서 매 순간마다 모든 것이 변화하고 있다는 것을 스스로 상기시키며, 우리의 관점을 흔들어야 한다. 변증법적 가정이 곧 마비에 대한 해독제가 되어 희망과 움직임으로 이어질 수 있게 한다. 우리가 아무것도 하지 않아도 변화는 오고 있다(실제로 가끔은 우리가 아무것도 하지 않을 때 비로소 변화가 시야에 들어온다).

한번은 피부를 끈질기게 뜯는 여자 환자를 치료하고 있었다. 한동안 그녀의 피부를 뜯는 행동은 치료 목표의 최고 우선순위에 있었다. 그녀는 매일 하루를 마무리하며 자신의 피부를 몇 번 뜯었는지, 얼마나 깊이 뜯었는지, 그리고 그것이 안도감을 가져다주었는지를 관찰 일지에 기록하곤 했다. 그리고 매주 우리는 관찰 일지를 검토하면서 뜯기 행동을 목표로 삼고 행동 사슬 분석을 수행하곤 했다. 하지만 우리는 점차 지루해졌다. 전혀 새로운 각도로 새로운 것을 발견할 수가 없었고, 시행해볼 해결책을 만들어낼 수 없었다. 간헐적으로 일어나는 행동보다 거의 끊임없이 일어나는 행동에 대해 행동 사슬 분석을 하는 것이 더 어렵다.

DBT 경력 초기였고, 마샤 리네한에게 매주 슈퍼비전을 받을 때였다. 한 수퍼비전 회기에서 나는 마샤에게 피부 뜯기 행동에 대한 행동 사슬 분석이 전혀 도움이 되지 않고 있고, 오히려 나와 환자의 사기를 떨어뜨리고 있다고 불평했다. "마샤, 모든 세부요소들이 매주 똑같아요. 아무것도 변하지 않고 있어요. 그냥 내버려둬야 할지도 모르겠어요!" 마샤 : "찰리, 그렇게 할 수도 있지만, 그러면 치료가 더 이상 DBT는 아닐 거예요. DBT에서는 가장 우선순위가 높은 행동에 변화가 있을 때까지 계속 그 행동에 집중해요. 답답하다고 해서 넘어가지 않아요. 그리고 아무것도 변하지 않는다는 것에 대해 그건 사실이 아니라고 말해주고 싶네요. 매순간, 당신의 뇌와 신체의 모든 분자, 그녀의 뇌와 신체의 모든 분자는 달라지고 있어요. 모든 세포, 모든 아이디어, 모든 것. 그 어떤 것도 예전 같지 않아요. 그걸 명심하면서 긴장을 풀고 다시 들어가서 행동 사슬 분석을 해보세요. 무엇인가가 빠져 있고, 무엇인가가 누락되었어요. 계속해서 찾아보세요."

처음에는 너무나도 명백히 요지부동인 상황 속에 갇혀 있다는 느낌이 들면서 실망감이 컸다. 하지만 나는 모든 것이 변하고 있다는 사실은 믿었다. 단지 내가 그것을 보거나 느낄 수 없었을 뿐. 이후의 회기들에서는 그저 "아무것도 똑같지 않고, 모든 것이 변하고 있으니 내가 놓치고 있는 것은 무엇일까?"라는 생각만 계속 하였다. 똑같을 리가 없었다. 이번 피부 뜯기 행동에 대한 행동 사슬을 분석하는 동안, 나는 우리가 놓치고 있는 것을 상상해보려고 노력하면서 사슬의 모든 미세한 연결에 더 많은 주의를 기울였다. 그렇게 나는 내가 지금껏 그녀에게 한 번도 물어보지 않았던 질문을 떠올릴 수 있었다. 나는 그녀에게 몸에서 벗겨낸 살갗의 조각들을 어떻게 했느냐고 물었다. 그녀는 분개했다. 평소에는 매우 내성적이고 예의 바르던 그녀가 얼굴을 붉히면서 침을 튀기며 말했다. "지금껏 선생님이 물어본 모든 것에 대해 기꺼이 이야기했지만, 이 질문에 대해서는 절대 답할 수 없어요!" 그녀는 분개하며 답하기를 연거푸 거절하면서 치료실을 떠나겠다고 협박하였다. 내가 그녀에게 말한 것처럼, 나는 변증법에 사로잡혔다. "제가 어떻게 해야 할지 모르겠네요. 왜냐하면 당신은 제가 더 이상 이 질문을 하지 않기를 바라는 게 분명하지만, 왠지 이 질문에 대한 답이 매우 중요한 것 같거든요. 당신은 말을 하지 않겠다고 하지만, 저는 이대로 그냥 넘어갈 수도 없을 것 같아요." 다음 세 번의 회기 동안에는 나의 질문으로 인해 교착상태에 빠져 있었고, 그 후 나는 그녀에게 그녀가 피부 조각으로 무엇을 했는지 객관식으로 물어보았다. 내가 제시한 선택지 중 하나는 그녀가 실제로 한 것 — 피부를 먹는 것 — 보다 훨씬 굴욕적인 것이었기 때문에, 그녀는 몹시 당황하며 나에게 진실을 말했다. 그때부터 그녀의 피부 뜯기는 점점 더 잘 조절되었고 치료는 그녀의 삶에서 견딜 수 없는 수치심에 대한 치료로 옮겨갔다. 흐름에 대한 믿음은 조급함과 절망감에 대한 해독제가 될 수 있으며, 그것은 새로운 가능성을 발견할 가능성을 가져온다.

때로는 아무것도 변하지 않는 것 같고, 어떤 개입도 변화를 일으키지 않는 것 같을 때, 나는 나 스스로를 바로잡기 위해 마음속에 한 은유를 떠올린다. 나는 너무 높아서 넘어갈 수 없고, 너무 넓어서 돌아서 갈 수도 없는 아주 두꺼운 벽의 한쪽 편에 서 있는 나를 상상한다. 반대편으로 가고 싶지만 뚜렷한 방법이 없다. 나는 여전히 절대로 넘어갈 수 없는 벽을 마주하고 있다. 그렇지만 나는 긴장을 푼다. 내가 거기 계속 서 있고, 벽을 통과하거나 벽을 둘러갈 수 있는 방법을 계속 찾아보고, 손가락으로 벽을 이리저리 밀어보고, 계속 여러 다른 각도에서 벽을 바라본다면, 무언가는 바뀔 것이라는 것을 깨닫는다. 어쩌면 나는 전에는 본 적 없는 균열을 보게 될 수도 있고, 이전과는 다른 방식으로 밀게 될 수도 있고, 벽에 어떤 움직임이나 무너짐 같은 미묘한 변화가 있을 수도 있다. 벽은 우리가 생각하는 것만큼 견고하지 않고, 변화하고 있다. 이 원리는 나아갈 길이 없어 보일 때에도 끝까지 버티면서 우리의 주의와 호기심을 새롭게 하는 데 도움을 줄 수 있으며, 절망과 초조함 속에서도 집중력과 희망을 잃지 않도록 도와줄 수 있다.

DBT 치료자의 변증법적 위치

이 세 가지의 원리로 표시된 영역 위에 서 있는 DBT 치료자들은 정체와 경직성을 예방하고 다루기 위해 엄청난 이동성과 유연성을 가지고 일할 수 있다. 변증법은 문제 해결을 강화하는 작업 방식을 제공하며, 모든 것을 흐름을 유지하도록 하거나 정상 궤도에 복귀하도록 돕는다. 다만 목적지를 제공하지는 않는다. 변증법적 개입은 그 자체로 끝이 아니라 수단이다. 변증법적 패러다임의 원리를 채택하는 치료자들에게 실질적인 시사점은 어떤 것들이 있을까?

우선, 우리는 계속 움직인다. 모든 것이 상호 연관되어 있고, 모든 것이 항상 변화하고 있고, 반대되는 것이 생겨나고, 시간이 흐르면서 반대되는 것의 통합을 통해 진리가 구성된다는 것을 이해하면서, 우리는 계속 움직인다. 비록 지금 순간에는 치료적 작업이 정체되고 막힌 듯 느껴져도, 우리는 계속 이것저것을 시도하면서, 빠진 것이 없는지 계속 탐색하고 변화를 추진하며 모든 것을 있는 그대로 받아들인다. 내 아이들은 예전에 스타워즈의 R2-D2를 복제한 2피트 높이의 장난감을 가지고 있었다. 전원을 키면 R2-D2는 일렬로 행진하는 군인처럼 플라스틱 다리를 휘감고 앞으로 나아가기 시작했다. 그것은 무언가에 부딪치면 조금 뒤로 튕겨나갔다가 다시 앞으로 나아가곤 했다. 그것은 벽 같은 어떤 고정된 물체와 몇 번이고 부딪치는 경우도 있었지만, 매번 뒤로 튕겨질 때마다 약간씩 다른 각도를 취하게 되었다. 가끔 1, 2분 동안 동일한 벽이나 고정된 물체에 부딪히며 걸려 있을 때도 있지만, 결국 벽을 지나 다른 장애물로 이동할 만큼 각도를 틀게 되었다. R2-D2의 삶은 끊임없는 움직임과 계속해서 마주치는 장애물들로 이루어졌다. 그것은 (우리가 전원을 끌 때까지) 절대 멈추지 않았다. 마찬가지로, DBT 치료자도 눈에 보이는 진전 없이 장애물(반대)에 부딪히고, 튕기고, 회전(다른 전략이나 같은 전략의 변형을 사용)하면서 계속해서 움직인다. 상황이 조금씩 변화되어서 임상적 변화를 가져올 때까지 계속해서 움직인다. 변증법을 사용하는 것은 시행착오를 수반하지만, 모든 것이 상호 연관되어 있고, 모든 것이 움직이고 있으며, 대립되는 것 사이의 통합이 항상 발견될 수 있다는 믿음으로 고무된다.

치료 과정에서 발생하는 대립에는 거의 모든 것이 포함될 수 있지만 DBT 치료자에게 특히 친숙한 특정 주제들이 있다. 첫 번째이자 DBT 철학의 가장 기본적인 주제는 수용과 변화 사이의 대립이다. 우리는 먼저 수용하는 태도에서 시작해서 점차 치료 목표로 정의된 방향으로 행동 변화를 추진한다. 변화를 추진하다가 결국 '벽에 부딪힌다'. 우리는 다시 회복(상황 평가)을 하고 나서, 다시 다른 변화 전략을 가지고 앞으로 나아가거나, 같은 변화 전략을 약간 다르게 적용하며 앞으로 나아간다. 그러다가 어떤 전략을 사용하여도 변화를 추진하는 것이 효과가 없다는 느낌을 받을 수도 있다. 그럴 때 우리는 타당화 전략 등을 사용하며 수용으로 전환한다. 우리는 변화를 내려놓고 수용을 제공한다. 환자는 더 잘 이해받았다고 느낀다. 그러고 나서 우리는 변화 전략으로 다시 방향을 바꿀 수도 있다. 어찌됐든 우리는 R2-D2가 심리치료를 하는 것처럼 계속해서 움직인다. 우리는 수용의 맥락에서 변화를 추진할 수 있는 적당한 통합을 찾아야 할 수 있고, 시행착오를 통해 결국에는 그 지점에 도착할 것이다. 우리는 수용과 변화의 개입 사이에서 빠르게 왔다 갔다 해야 할지도 모르고, 너무 자주 그래서 그들은 하나의 개입을 형성하게 될 수 있다. 아니면 에드 쉬린과 자살충동 환자의 사례에서 보았던 것처럼, 서로 반대되는 양쪽과 동시에 동맹할 수 있는 방법을 찾을 수도 있을지 모른다. 변증법적인 작업은 즉흥성에 의존하는데, 이를 통해 우리는 수용과 변화 전략의 창조적인 통합을 발견한다.

입원환자 DBT 프로그램 초기, 나는 15세 소녀와 치료를 하기로 동의했다. 에너지가 넘치고 고집이 센 그녀는 좌절에 대한 인내심이 매우 낮았고, 매우 충동적이었으며, 마치 자신의 삶을 파괴하기로 마음을 먹은 것처럼 행동했다. 그녀는 지속적인 감독을 받아야 하는 상태에 있었기 때문에 간호 직원이 그녀를 내 사무실로 안내했다. 그녀는 들어와서 즉시 내 책장으로 갔다. 그녀는 말도 없이 내 책을 하나씩 꺼내서 바닥에 내팽개치기 시작했다. 나는 그녀에게 멈출 것을 부탁했지만 그녀는 멈추지 않았다. 나는 그녀에게 멈추라고 말했지만, 그녀는 멈추지 않았다. 나는 그녀에게 입원실로 돌아가야 할 것이라고 말했고, 그녀는 그렇게 되길 바란다고 말했다. 나는 간호실로 전화했고, 다시 그녀를 데려갈 직원이 내 사무실로 왔다. 그녀는 책을 던지는 것을 멈췄다. 우리는 그냥 서 있었다. 나는 "아마 이것이 역사상 가장 짧은 치료였지 않나 싶네요"라고 말했다. 그녀는 "천만 다행이네요!"라고 말했다. 나는 "아마 우리는 치료에서 함께 일하기에 그리 좋은 상대가 아닌 거 같네요"라고 말했다. 그녀는 "전적으로 동의하는 바예요!"라고 말했다. 나는 "치료는 우리가 함께하기에는 좋은 방법이 아닌 것 같으니 당신에게 도움이 될 수 있는 다른 관계가 어떤 게 있을지 생각해봐야 할 것 같네요"라고 말했다. 그녀는 그녀답지 않게 말문이 막힌 듯 어리둥절해 했다. "무슨 소리예요?" 나는 우리의 관계가 다른 것에 기초해야 할 것 같다고 제안했다. "뭘 하고 싶으세요?" 그녀는 재빨리 대답하였다. "전 밖으로 나가고 싶어요. 몇 달 동안 외출이 허락되지 않았거든요!" 나는 그녀가 도망치지 않는다면 밖에서 함께 산책할 수 있다고 제안했다. 그녀는 그렇게 하기로 약속했다. 그녀가 도망칠지도 모른다는 것을 알고 있었지만, 현 상황에선 한번 믿어볼 가치가 있다고 생각했다.

우리는 병원의 아름다운 경내를 산책했다. 병원 직원들은 경내에 집을 가지고 있었다. 바깥 세상을 보는 그녀의 기쁨의 표현을 제외하고는 대부분 침묵 속에서 한참 걷다가, 우리는 개집에 앉아 있는 검은 래브라도 리트리버를 우연히 만났다. 그녀는 개에게 말을 걸기 시작했다. "아이고, 병원에 왔구나! 참 슬픈 일이네! 무슨 일이야? 엄마가 보고 싶니?" 그녀는 계속해서 개와 이야기를 했다. 우리는 개에 대해 이야기했다. 사실 그 개는 병원 경내에 살고 있는 우리 가족의 개라는 것을 그녀는 알지 못했다. 나는 그 사실을 그녀에게 알려주었고 그녀는 매우 기뻐했다. 그녀는 나를 놀리기 시작했다. "뭐야, 병원에 환자가 충분하지 않아서 개까지 병원에 입원시킨 거예요?!" 미소가 스쳤다. 이것은 치료라고 불리지는 않지만, 우리가 함께 한 일련의 산책들과 이야기들, 즉 치료적 관계의 시작이었다.

우리의 산책, 개와의 대화, 그리고 개에 대한 우리의 대화는, 한편으로는 치료적 관계를 유지하고, 한편으로는 그녀가 받아들일 수 있는 방식으로 관계의 조건을 재정의하는 것 사이의 통합을 나타낸다. 이것은 자연스러운 변화를 허용하는 DBT의 변증법적 전략의 한 예로서, 결국 압력이 가해지는 방향에 따라 변화를 허용함으로써 대립하는 두 입장 사이의 통합을 발견하게 된다.

DBT의 중심에 있는 수용과 변화 사이의 변증법 외에도 치료자는 다른 대립적인 입장들 사이에서도 균형을 맞춘다. 예를 들어, 그녀는 집중성과 유연성 사이에서 균형을 맞춘다. 이런 종류의 균형은 치료자가 관찰 일지 과제 완수와 같은 환자에 대한 기대를 할 때 필요하게 된다. 환자가 과제하기를 반대하는 것은 치료 중 발생할 수 있는 여러 난국 중 하나가 될 수 있다. 치료자는 환자에게 활동의 필요성을 알려주며 수행할 것을 강력히 주장한다. "당신이 목표 행동과 기술과 관련해서 매일 어떻게 하고 있는지 알 수 있도록 관찰 일지를 완성해주길 바랍니다." 환자는 관찰 일지를 아예 거부하거나, 부분적으로만 완료할 수 있다. 치료자와 환자는 서로 대결하는 구도에 꼼짝없이 갇히게 될 수도 있다. 양쪽 모두 다소 경직된 입장을 취할 수 있다는 것이다. 실제로 통합을 찾기 위한 작업은 그 과정이 가치 있을 수 있으며, 서두르지 말아야 한다. 리네한이 치료자들 대상 수퍼비전에서 말했듯이 '관찰 일지 치료'는 "우리 인생에는 특별히 즐겁지는 않지만 우리가 반드시 완수해야 하는 과제들, 즉 '관찰 일지들'이 너무 많기 때문에" 더욱 중요하다. 관찰 일지와 관련된 하나의 가능한 통합은 일지의 형태나 기대의 세부사항보다는 일지를 통해 이루고자 하는 기능(목적)에 초점을 맞추는 것이다. 치료자에게 세부

사항을 이야기하고 자기 모니터링을 하는 관찰 일지의 기능을 강조한다면, 우리는 관찰 일지 점검 과정의 형식이나 규칙에 대해 좀 더 유연하게 대처할 수 있다. 한번은 심한 학습장애를 가진 환자를 치료하고 있었는데, 그 환자에게 관찰 일지는 인지와 숫자로 너무 빽빽했다. 그래서 우리는 시각적으로도 좀 더 마음에 드는 새로운 관찰 일지를 만들고, 점수도 0~5등급으로 평가하지 않고 1~3등급으로 평가할 수 있도록 하였다. 그러자 환자는 기꺼이, 심지어 자랑스럽게 관찰 일지 과제를 해냈다. 치료자들이 DBT의 실제 원리와 기능을 더 잘 이해할수록, 그들은 난관들을 좀 더 유연하게 지나갈 수 있다.

DBT 치료자들은 한쪽에서는 돌봄을 제공하고 다른 한쪽에서는 환자의 행동을 바꾸기 위한 도전을 제공하며 그 사이에서 균형을 잡는다. 즉, 양쪽 사이를 빠르고 수월하게 오고가면서 치료가 목표를 향해 계속해서 흘러갈 수 있도록 한다. 한번은 자살 시도 외에도 수면 문제, 섭식 문제, 수집(hoarding) 문제 등 여러 가지 문제가 있는 젊은 환자를 만나고 있었다. 좀 더 정확한 평가를 위해 그가 자신의 식습관과 수면 패턴을 기록하기를 바랐지만 그는 부담스러워하며 거절했다. 그러면서 그는 치료 회기 외의 시간에 나에게 긴 이메일을 보낼 권리를 고집했고, 나에게서 답변을 기대했다. 그 요청은 사실 그에게는 긍정적인 발전이었는데, 그 이유는 그가 살아가면서 거의 아무와도 관계를 맺지 않았기 때문이다. 그렇지만 그것은 내가 평소 가지고 있던 이메일 서신에 관한 개인적 한계를 넘어선 요청이었다. 나는 그에게 나의 한계를 늘려 그의 이메일을 받겠다고, 그리고 최대한 빠르게 답변을 주겠노라고 말했다(돌봄). 그는 매우 기뻐했다. 그러고 나서 나는 그에게 내가 한계를 늘린 것처럼 그도 그의 한계를 늘려서 식습관과 수면 패턴을 기록하길 바란다고 말했다. 그는 바로 동의했다.

또 다른 예를 들자면, 치료자는 한편으로는 환자의 부족한 점에 초점을 맞추고, 다른 한편으로는 환자의 능력에 초점을 맞추는 것 사이에서 변증법적인 균형을 유지한다. 치료자이든 환자이든, 우리는 모두 부족한 점과 능력을 가지고 있고, 우리는 치료에서 양쪽 모두에 주의를 기울인다. 여성에서 남성으로 전환을 하려는 젊은 여성을 치료할 때 다소 심란해진 그녀의 가족을 만났었다. 그녀는 호르몬 치료를 시작한 상태였고, 성전환 수술을 받으려는 계획을 가지고 있었다. 그녀의 부모님은 혼란스러워했고, 화가 나 있었으며, 비지지적이었다. 그녀는 부모님의 인정과 승인을 요구하고 있었지만, 주로 그들의 후진적인 태도에 대해 꾸짖는, 그다지 능숙하지 않은 방법을 쓰고 있었다. 내가 부모님과 대화하는 기술을 향상시키는 데 도움이 될 수 있다고 제안할 때마다 그녀는 방어적이고 논쟁적인 태도를 보였다. 나는 그녀의 부족한 의사소통 기술에서 지지받지 못하면서도 어려운 길을 계속 걸어가고 있는 그녀의 남다른 용기와 강인함(능력)으로 초점을 옮겼다. 나는 그녀의 가족들이 그녀의 관점에서 볼 수 있게 된다면 아마도 그녀에게서 많은 것을 배울 수 있을 것이라고 언급했다. 그러자 그녀는 그들과 대화할 때 자신이 그다지 능숙하지 못하다는 것을 인정했다. 그러면서 그녀는 내가 그녀의 의사소통 기술을 코칭해줄 수 있느냐고 물었고, 그 요청은 결국 가족 회기로 이어졌다.

치료자가 대립하는 입장들을 정확하게 인지하고, 양쪽에서 각각의 타당성을 찾아내고, 통합을 찾기 위해 왔다갔다 하기 위해서는 몇 가지 특정 자질이 요구된다. 첫째로, 우리는 정신을 바짝 차리고, '깨어있으면서' 민첩하고 반응적일 필요가 있다. 둘째, 우리는 특히 난관, 교착 상태, 갈등을 마주할 때 속도, 움직임, 흐름을 유지할 필요가 있다. 셋째, 우리가 치료에서 어떤 입장을 취할 때, 그 입장이 환자와 동일하든 반대되든, 그 순간 명확성, 힘, 확신을 가지고 있는 동시에, 반대 입장의 지혜에도 경청하고 인정하는 것이 유용하다. 예를 들어, DBT 치료자들은 일반적으로 환자를 연약한 사람으로 대하기보다는 치료의 기대에 부응하게 할 것이다. 그러나 환자가 충족하기 어려운 기대들이 있을 때에는 옆에서 지지적인 지원을 아끼지 않을 것이다. 마지막으로, DBT 치료자들은 불가피한 어려움 속에서도 관계를 유지하기 위해 열심히 노력한다.

변증법적 전략

리네한은 아홉 가지 변증법적 전략을 명명하고 설명했다. 각 전략은 양극화(polarization), 경직성(rigidity), 또는 정체(stasis)를 특징으로 하는 치료에서 나타나는 교착상태(logjams)를 다루는 특정한 방법을 묘사한다. 여기서는 전략에 대해 설명하지 않는다. 전략들은 리네한의 DBT 치료 매뉴얼(Linehan, 1993a)에서 임상 사례를 곁들어 설명한다. 대신 나는 변증법적 전략들이 위에서 논의한 원리들로부터 어떻게 흘러나오는지 살펴본다. 나는 변증법적 전략에 필요한 필수 '공식'을 밝히는 데 중점을 두고 있다. 그럼으로써 치료자가 자신의 상황에 맞게 새로운 전략들을 만들어낼 수 있도록 한다. 우리는 이러한 원리를 염두에 두면서 변증법적 전략을 적용해야 행동주의적이고 마음챙김을 하면서 동시에 변증법적일 수 있게 된다. 변증법적이 되는 것은 DBT 치료 전반에 구석구석 영향을 미치면서 정체를 해결해줄 뿐만 아니라, 정체가 발생하기도 전에 체계적 사고,

속도, 움직임, 흐름, 그리고 대립에 대한 인식과 통합을 통해 정체를 예방한다.

가장 직접적인 변증법 전략은 치료 전략의 **균형 조정하기**(balancing treatment strategies)로 알려져 있다. 여기에는 세 가지 변증법적 원리들이 모두 작용한다. 치료자는 2개의 반대되는 위치 사이에 갇혀 꼼짝 못하고 있는 환자를 만나거나 치료 관계에서 정체를 경험할 수 있다. 그는 하나 이상의 문제 해결 전략을 시도하지만 아무런 움직임이 일어나지 않는다. 그는 타당화와 수용 지향적인 의사소통 방식으로 전환해보지만, 이 역시 아무런 변화도 초래하지 않는다. 변화를 추진하는 것은 과한 불안, 두려움, 수치심 또는 분노를 유발할 수 있다. 수용으로 넘어가는 것은 절망이나 체념을 불러일으킬 수 있다. **치료 전략에서 균형을 이룬다는** 것은 주로 문제 해결(변화)과 수용 사이에서 오고 가는 것을 가속화하거나 변화와 수용 전략을 동시에 사용하는 것을 말한다. 예를 들어, 내가 DBT 입원 프로그램의 책임자로 있을 때, 23세 여성 환자가 대화를 요청했다. 그녀는 자신의 치료팀이 몇 주 동안 그녀의 권한 수준을 높여주지 않고 있고 의사결정에 있어 매우 경직되어 있다며 불평했다. 그녀는 자신이 치료에 전반적으로 잘 참여하고 있음에도 불구하고 치료팀이 자신의 노골적인 대립적 태도를 마음에 들어 하지 않는다는 게 문제라고 생각하였다. 그녀는 자신이 벌을 받고 있다고 느꼈고 자신이 할 수 있는 모든 것을 시도해보았다고 생각했다. 비록 내가 그녀의 치료자는 아니었지만, 나는 그녀가 어떻게 더 효과적으로 팀과 소통할 수 있을지에 대해 상담을 해주었다. 나는 그녀가 강압적인 방식과 거친 말투로 그들의 개인적 한계를 위협하고 있을지도 모른다고 제안했고, 그런 태도를 조금 완화시켜보는 게 어떻겠냐고 말했다. 그녀는 내가 그녀에게 "무언가 잘못하고 있다"는 식으로 이야기한 것에 대해 분노했다. 그녀의 말투와 나의 제안에 대한 그녀의 단호한 거절에 반응하면서, 나는 아마도 조금 방어적으로 되었을 것이다. 우리는 이야기를 계속 했지만, 실질적으로는 아무런 진전이 없는 것 같은 느낌이 들었다. 나는 그녀가 치료팀과도 이런 식으로 상호작용하고 있을 것이라고 예상했다.

나는 그녀가 치료팀에게 느끼고 있었던 실망과 분노를 타당화해주려는 의도로 시작했지만, 너무 빨리 변화를 강요하며 그녀가 치료팀과 나에게 보인 태도와 접근 방식을 바꾸도록 밀어붙였음을 깨달았다. 나는 잠시 나의 '현명한 마음'의 반응을 살피며 성찰하는 시간을 가졌다. 그리고는 바로 그녀를 바꾸려고 하는 시도를 내려놓고 그녀의 치료팀이 어떤 접근을 가지고 있는지, 그것이 그녀에게 어떤 영향을 끼쳤는지 좀 더 자세히 말해줄 수 있는지 물었다. 나는 조금 더 따뜻해진 어조로 그녀의 관점에 더 관심을 가졌으며, 그녀의 생각과 감정을 조금 더 타당화해줄 수 있었다. 그녀는 자신의 불만을 상세히 설명했고, 나는 그녀의 생각과 감정을 타당화하였으며, 그제야 그녀는 치료팀의 관점에 대해 어느 정도 이해심을 보였다. 우리 사이가 조금 더 부드러워지자 나는 그녀가 조금 더 다르게 할 수 있는 것이 뭐가 있을지에 대한 문제로 돌아가면서도 계속해서 그녀를 타당화해주었다. 이쯤 되자 그녀는 그렇게 위협을 느끼거나 방어적이지 않으면서 변화를 시도해볼 수 있는 방법들을 생각해볼 수 있었다. 그녀의 이러한 변화는 내가 100% 수용과 100% 변화 사이에서 꽤 빠르게 전환하면서 촉진된 것이었다. **치료 전략들 사이에서 균형을 맞추는** 모습은 치료 사례마다 각각 다르게 나타나지만, 모두 행동 목표와 가치 있는 삶을 향한 움직임을 일으키기 위해 반드시 이러한 시행착오적인 노력을 거치면서 변화와 수용 사이에서 가장 효과적인 균형을 찾게 된다.

치료자는 환자가 삶이나 치료에서 모순을 경험하고 있으나 모순의 양면 모두 일리가 있는 상황일 때 **역설 속으로 들어가기**(entering the paradox) 전략을 활용한다. 이에 대한 예는 정말 많다. 삶에서 나타나는 것들을 보자. 현재에 더 온전히 존재하려면 미래에 대해 이미 관심을 가졌어야 한다. 최상의 휴가를 계획하기 위해서는 현재에 온전히 있어야 한다. 그리고 진정한 독립은 건강하게 의존할 수 있는 능력으로 가능해진다. 치료에서 나타나는 모순은 다음과 같은 것들이 있을 수 있다. 만약 우리가 계속해서 환자를 구조한다면, 우리는 그들이 그들 자신을 구할 기회를 앗아갈지도 모른다. 비록 환자의 문제가 다른 사람들에 의해 야기되었을지라도, 환자는 그 문제를 스스로 해결할 필요가 있다. 이러한 모순들 중 어느 것도 이해하기 어려운 것은 없지만, 치료자가 그 순간에 제대로 된 설명 없이 그저 양쪽의 진실을 강조한다면 환자는 치료자가 말하는 진실에 대해 대략적으로만 희미하게 이해하게 되면서 불신과 혼란을 경험할 수도 있다. 리네한(1993a)이 치료 매뉴얼에서 언급했듯이, 치료자는 혼란스러워하는 환자에게 역설이 '말이 된다'라고 설명하려는 충동을 삼가야 한다. 목표는 교육을 하는 것이 아니라 환자를 늪에서 벗어날 수 있도록 하는 것이다. 이러한 치료 접근법은 역설적 개입의 대가였던 밀턴 에릭슨의 초기 혁신적 작품의 메아리이다(Haley, 1973). 이 전략은 간결하고 짧게, 사무적인 태도로 서로 모순되는 것처럼 보이는 진실들을 언급하는 것이 중요하다. 마비를 초래하는 항상성을 의도적으로 불안정하게 만들 때 순간의 정체를 깨뜨리는 것이 가능해질지도 모른다. 예를 들어, 치료자는 다음과 같이 말할 수 있다.

"당신의 행동은 정말 일리가 있지만 반드시 달라져야 해요."
"제가 당신을 그렇게까지 아끼지 않았더라면 당신을 구하려고 했을 겁니다."
"당신은 자살할 권리가 있고, 저는 당신을 막을 권리가 있어요."
"타인과 진정으로 함께 있을 수 있으려면 진정으로 혼자 있을 수 있는 시간을 더 많이 가져야 해요."

또 다른 두 가지 변증법적 전략은 환자가 부적응적인 입장을 취하고 있다는 인식에서 시작하기 때문에 치료자는 빨리 그것을 바꿔보려는 마음을 갖게 될 수 있다. 환자는 부적응적인 입장이고, 치료자는 적응적인 입장을 유지한다. 양쪽 모두 대립되는 입장을 고집한다. 갑자기 치료자는 환자의 부적응적인 입장을 넘어서서 환자보다 훨씬 더 부적응적인 입장을 취한다. 이 전략이 효과적으로 수행된다면 환자는 순간적으로 놀라 균형을 잃게 되어 다시 입장을 조정하고 움직이는 게 가능해진다. 이 두 가지 전략 중 하나가 **악마의 옹호자 노릇하기**(devil's advocate)인데, 여기에서는 치료자가 환자의 부적응적인 입장을 환자보다 더 강력하게 주장한다(예를 들면, "왜 지금까지 당신의 괴로움을 덜어주었던 자해 행동을 포기하려고 하는 거죠?"). 이 전략이 효과적으로 수행된다면, 치료자의 주장은 환자를 더욱 적응적인 입장("그렇지만 저는 정말 자해 행동을 멈춰야 해요. 내 인생이 망가지고 있어요!") 쪽으로 보낸다. 치료자가 환자보다 더 부적응적인 행동을 제안하는 또 다른 변증법적 전략을 **확장하기**(extending)라고 한다. 치료자는 환자의 부적응적이고 대개 감정적인 진술로 시작한다(예 : "치료를 그만 둘 거예요. 당신에게 질렸어요"). 그것에 반대하기보다는 환자가 가려고 했던 지점보다 더 멀리 나간다(예 : "그러니까 당신과 더 잘 작업할 수 있는 치료자를 찾아봅시다. 의뢰 가능한 치료자 리스트가 있어요."). 이 전략은 환자가 논쟁을 내려놓고 부적응적인 충동을 일으키는 감정(예 : "제가 다른 치료자를 원하는 게 아니라는 거 아시잖아요. 전 그냥 당신에게 정말 화가 났을 뿐이에요!")을 분명하게 표현하게 하는 것이 목적이다. 치료자는 반대파를 이해하는 접근을 사용하여 뜻밖의 신속한 움직임을 만들어낸다. 이 두 가지 전략의 특징은, 모두 그렇듯이, 치료자가 (1) 환자와 치료 관계에서 현재 상태에 대해 직관적으로 알고 있어야 하고, (2) 적절한 타이밍에 잘 전달해야 한다는 점이다. 그렇지 않으면, 이 모든 개입은 완전히 실패할 것이다.

다시 말하지만, 변증법적 전략은 교착상태라는 것이 대립하는 두 입장 사이의 비변증법적인 균형을 수반한다는 인식에서 출발한다. 그리고 치료자들이 교착상태를 재구성하기 위해 사용할 수 있는 변증법적 전략에는 레몬으로 레모네이드를 만들기(making lemonade out of lemons)와 현명한 마음 이끌어내기(eliciting wise mind)가 있다. 레몬으로 레모네이드를 만드는 것은 현재의 위기 안에 존재하는 기회에 주목한다. 예를 들어, "당신이 관찰 일지를 작성하는 걸 정말 싫어하는 걸 알아요. 이해할 수 있어요. 거의 모든 사람들이 그렇거든요. 하지만 당신이 이 활동을 거부하는 건 우리가 하려는 작업에 딱 맞는 일이에요. 왜냐하면 사실 인생에는 지루하고 심지어 골치 아픈 일을 해야 하는 말이 안 되는 상황들이 많기 때문이죠. 말이 된다고 느껴질 때까지 계속 거부하세요"라고 할 수 있다.

치료자는 보통 환자가 '감정 마음(emotion mind)'에 의해 역기능적인 행동으로 내몰릴 때 현명한 마음 이끌어내기 방법을 사용한다. 치료자는 "만약 당신이 현명한 마음 상태라면 이 상황에 대해 뭐라고 말하시겠어요?"라고 묻는다. 이 질문은 환자가 필요한 모든 힘을 다해 감정 마음 입장을 유지할 수 있게 하는 동시에 현명한 마음 입장은 무엇인지를 파악할 수 있게 해준다. 은유적으로, 그것은 환자의 입장을 2개의 공존하는 반대 입장들로 나누는 것을 수반한다.

47세의 여성 환자는 직장에서 겪고 있는 무효화 경험들로 인해 매우 낙담하고 있었다. 그녀는 직장을 그만둘 여유도 없었고, 복리후생이 잘되어 있는 다른 직장을 구할 수도 없었지만, 억압적인 분위기를 하루라도 더 견디는 건 할 수 없을 것 같다고 느꼈다. 회기 동안 그녀의 기분은 점점 어두워졌고 긴박감은 더욱 강해졌다. 회기가 몇 분밖에 남지 않은 상황에서 그녀는 다음날 그 일을 그만둘 거라고 내게 말했다. 그녀는 과거에도 이런 이야기를 한 적이 있었지만 이 정도까지 심각하지는 않았다.

나는 그녀에게 "만약 내일 그만두게 된다면, 그 결정은 합리적인 마음, 감정 마음, 아니면 현명한 마음 중 어디에서 내려진 것일까요?"라고 물었다. 그녀는 직장을 그만두는 것이 합리적이고 현명하다는 생각이 들었고, 그러면서 스스로 매우 감정적이라고 느꼈기 때문에, 이 질문에 분명한 답을 하기 어려워했다. 나는 세 마음 상태의 영향에 대해 좀 더 사려 깊은 평가를 할 수 있도록 도와주었고, 그 결과 그녀는 직장을 떠나는 것이 합리적이고, 또 다른 일을 찾는 것이 현명하겠지만, 자신의 긴박함은 감정 마음에 의해 발생되었다는 것을 금방 깨달았다. 그녀는 자신의 직장생활을 견디는 현명한 접근뿐만 아니라 그녀의 삶의 현명한 전환을 위해 나와 함께 작업해보기로 하였다.

은유법(metaphors)은 분극화된 상황과 체계적 사고를 창조적으로 나타낼 수 있는 방법으로, 고착된 상황에서 움직임을 만들어내는 역할을 할 수 있기 때문에 DBT에서 특별한 유용성을 가진다. 은유법은 중단될 수도 있는 대화를 은유의 틀 안에서 새로운 평면에서 계속될 수 있도록 한다. 또, 은유는 반대 입장을 대변하고 통합을 향해 나아가는 길을 모색할 가능성을 열어준다. 은유의 다양성은 무궁무진하다. 어떤 은유들은 잠시 동안만 사용될 수 있지만 또 다른 은유들은 치료자와 환자가 몇 주 또는 몇 달 동안 다시 돌아갈 수 있는 편리한 기준점을 제공하면서 확장된 작업의 틀이 될 수도 있다. 은유법은 단순히 하나의 전략이 아니다. 은유들은 DBT의 가르침과 실천에 필수적이다. 리네한의 치료 매뉴얼(1993a)은 장마다 은유들로 가득 차 있다. DBT 치료계의 선생님들과 치료자들 사이에서 은유들은 계속해서 차용되고 각색되고 있다. 다음 예시는 내가 리네한에게 처음 듣고 나서 여러 환자와 여러 상황에 적용해온 은유이다. 이 은유는 특히 일반적인 문제 해결과 타당화에도 불구하고 계속해서 비생산적이고 심지어 자기 파괴적인 자세를 유지하고 있는 환자를 치료하는 데 유용하다. 환자는 늪에 빠져있고, 치료자는 좌절감에 빠져 있다.

총명하고 능력 있는 한 대학생은 학교에서 뒤처지고 있었다. 그녀는 과제를 하지 않았고, 수업에 잘 가지도 않았으며, TV를 많이 보고, 매일 밤 비디오 게임을 하고, 매일 대마초를 피우고 있었다. 그녀는 아무렇지도 않은 척 행동했고, 자신의 변화를 돕기 위한 나의 개입들을 고맙게 여기는 듯 보였지만, 아무것도 변하지 않았다. 우리는 다음과 같은 대화를 나누었다.

치료자 : 제가 보기엔 당신은 감옥에 있어요. 이건 당신이 직접 만든 감옥이에요. 이 감옥은 대마초, 비디오 게임, TV, 졸업하고 싶어 하지만 학교 공부에 소홀한 것으로 이뤄져 있어요. 그리고 매주 우리가 만날 때 저는 마치 감옥에서 당신을 면회하는 것처럼, 당신의 말을 듣고 제안을 하고 친구가 되어 위로하며 감옥에서 살아남도록 도와주고 있어요. 하지만 감옥에 있는 사람을 돕는 다른 방법으로 탈옥을 돕는 방법도 있지요. 감옥의 기반시설에 대한 설계도를 가져오고, 숟가락, 칼 등 여러 도구들도 가져오고, 탈출용 차도 준비하고, 당신을 탈출시킬 계획을 하는 거죠. 사실 이게 제가 하고 싶은 일이에요. 제가 당신을 위로하는 친구처럼 찾아오는 게 좋은지, 아니면 탈옥을 도와주는 게 좋은지 생각해보길 바라요.

환자 : 지금 저랑 그만두고 싶다는 이야기를 하는 건가요?

치료자 : 아니요, 당신이 감옥에서 탈출하는 걸 돕고 싶다는 것을 깨달았다고 말하고 있어요. 당신이 그런 파트너를 원하는지 알고 싶어요. 당신이 탈옥을 원하지 않는다고 판단한다면, 저는 제가 계속해서 위로를 하는 일을 해야 할지, 아니면 그걸 더 잘 해줄 다른 사람을 찾도록 도와줄지 결정해야 하고요.

이 대화는 내가 지금까지 그녀에게 해왔던 말들을 다른 방식으로 전달할 수 있게 하였다. 이 방식은 그녀 안에서 새로운 움직임을 만들어내는 긴장감을 더해주었다. 이로써 우리는 함께 하고 있는 작업을 재구성하였고, 다음 회기에서 그녀는 '감옥에서 탈출하고 싶다'고 결정했다. 우리는 그 작업을 하기 시작했다.

앞서 나는 **자연스러운 변화 허용하기** 전략을 언급했다. 이 전략은 반대되는 것들의 사이의 긴장감에서 답보 상태(standstills)가 발생한다는 이해와 모든 것이 항상 유동적이라는 인식에서 비롯된다. 교착 상태, 특히 치료 관계에서 조건과 기본 원칙에 관련된 교착 상태는 모든 조건을 제자리에 유지시키는 것보다는 자연적인 변화를 허용함으로써 다룰 수 있다. 한 대학생과 몇 달간 만났을 때, 나는 우리의 회기가 평소 50분보다 보통 10분에서 15분 정도 더 길어진다는 것을 알아차리기 시작했다. 50분 시점에서 주로 우리는 중요한 주제에 대해 이야기를 하고 있는 중이었다. 무슨 이유인지는 모르겠지만, 그 결정적인 지점으로 가는 데 50분이 소요되는 것 같았다. 그것을 깨달았을 때, 나는 내가 설정한 한계를 어기고 있다는 사실에 약간 부끄러웠다. 나는 이에 대해 환자에게 얘기했다. "우리가 보통 만나기로 한 50분보다 더 오래 만난다는 것을 눈치챘나요?" 환자 : "그럼요. 계속 알고 있었죠." 나 "왜 아무 말도 안하셨어요?" 환자 : "선생님이 그 시간을 줄일까 봐 걱정했어요. 저한테 꼭 필요한 것 같아요." 나 : "왜 그런지 모르겠지만, 어쩌면 우리 만남에 조금 더 긴 시간이 필요한 것에 어떤 지혜가 있을지도 모르겠어요. 우리가 그냥 1시간짜리 회기를 하기로 한다면 어떨지, 그게 효과가 있는지 한번 봅시다." 환자 : "좋아요, 그렇게 해보고 싶어요." 나는 사실 회기가 70분이 되어버릴까 봐 걱정했다. 마치 기본적으로 설정된 시간이 얼마든 간에 저절로 정해진 시간을 초과하게 될 것처럼 말이다. 하지만 해보니 60분 동안 만나는 것은 가능한 일이었다.

마지막으로 **변증법적 평가** 사용하기라는 변증법적 전략이 있는데, 이것은 매우 광범위하게 적용된다. 이 전략은 난관에 직면했을 때, 단순하게 우리가 무엇인가를 누락시키고 있다고 가정하고, 그것을 찾기 위해 마음을 여는 것을 의미한다. 나는 앞서 피부 뜯기 행동을 하는 환자 사례를 예시로 들었다. 기억하겠지만, 나의 수퍼바이저였던 마샤 리네한은 행동 사슬 분석으로 그 행동을 계속 평가해야 한다고 주장하였고, 내가 뭔가를 놓치고 있다고 가정해야 한다고 하였다. 그런 식으로 내가 하고 있던 방식을 변증법적 평가라는 틀로 보게 되면서 나는 마음이 편안하고 열리게 되어 정체를 깨는 새로운 개입을 생각해낼 수 있었다.

새로운 변증법적 전략 만들기

이 책의 뒷부분에서 다루겠지만, 변증법적 전략을 리네한이 제시한 9개로 제한할 필요는 없다. 뒷부분에 새로운 변증법적 전략 두 가지를 소개하고 그것들이 개발된 배경을 설명하였다. 필요시 대립과 통합, 체계적 · 교류적 사고, 그리고 흐름의 원리를 바탕으로 한 새로운 전략을 만드는 공식 같은 것이 있다. 이 영역은 통상적인 변화와 수용 전략이 움직임을 일으키지 못할 때 치료자가 창의적이고 유연하게 작업해볼 수 있는 영역이다.

마치며

마지막으로, '특별하게' 들리는 예시를 많이 들었기 때문에, 여기에서 다시 한 번 변증법적 입장이나 그에 따른 변증법적 개입이 까다롭거나, 부자연스럽거나, 교묘하지 않다는 것을 짚고 넘어가야겠다는 생각이 들었다. 변증법은 '초보자의 마음'에서 자연스럽게 흘러나온다. 변화를 위해 아주 열심히 추진하고 있고, 수용, 타당화, 연민을 적용해왔지만, 끔찍하게 고착된 상태로 남아 있을 때, 더 많은 선택지에 대해 마음을 열게 하는 자세다. 이러한 개입은 온전하게 관심과 주의를 기울이고, 누락된 것을 찾고, 진정으로 변증법 양쪽의 지혜를 모두 붙잡으려 하는 데서 자연스럽게 나온다. 그것은 진실은 어느 누구도 쥐고 있지 않다고 진정으로 믿는 것, 진실은 모든 것이 상호 연관되어 있고 모든 것이 항상 변화하는 현실에서 대립하는 것들로부터 진화한다고 믿는 것에서 나온다. 그리고 그것은 윤리적인 한계 내에서 그리고 DBT의 본질적인 원리들 안에서 직접적인 개입이 통하지 않을 때는 모든 것이 공정한 게임이라는 시행착오적 접근법에서 비롯된다. 우리가 환자를 위해 살만한 삶을 지향하는 목표들을 다루고 있는 한, 사랑과 DBT는 수단을 가리지 않는다.

제6장

DBT 나무

DBT의 구조 해부학

여기까지 우리는 DBT의 '생리학', 즉 그것이 어떻게 작동하고 어떻게 흘러가는지를 살펴보았다. 그렇게 하면서 치료의 근본 원리를 깊이 있게 파악하면 정확성과 엄격함을 희생하지 않고 유연성과 유동성, 창의성을 촉진할 수 있다고 주장하였다. 원리에 기반을 두고 작업하는 것은 추진력을 잃지 않고 치료에서 만나는 어려움을 헤쳐 나갈 수 있도록 도와준다. 원리를 알고 사용하는 것의 이점은 치료 과정에서 항상 '큰 그림'을 염두에 둘 수 있게 된다는 점이다. 즉, 치료가 어떻게 흘러가는지를 개관할 수 있고, 카탈로그를 외우고 있는 것처럼 전략, 기술, 프로토콜에 대한 인식을 강화할 수 있다.

우리가 DBT의 해부학이라고 부를 수 있는 치료의 틀에 대한 큰 그림을 염두에 두는 것 또한 도움이 된다. 이는 DBT 프로그램을 설계 · 실행하는 팀, 치료를 실시하는 치료자, 개선을 위한 권고를 하기 위해 프로그램의 질을 평가하는 컨설턴트에게 유용하다. 개별 치료자가 치료 틀의 바람직한 구조를 이해하는 것은 매우 중요하다. 치료에 영향을 미칠 수 있는 '틀의 문제'를 진단하고, 틀을 강화 및 교정하려는 노력을 촉진하며, 전반적인 치료에 대한 환자의 반응을 파악하는 데 도움이 된다.

많은 은유가 DBT를 가르치고 실천하는 데 도움을 주었다. 내가 제7장에서 목표 설정에 대해 기술한 바와 같이, 'DBT 치료의 집(House of Treatment)'은 DBT의 각 단계별 중심 목표와 세부적인 목표들을 묘사하며 전체 치료의 흐름을 시작부터 끝까지 보여준다. 나는 치료의 다양한 구조적 요소들이 서로 그리고 치료 전반과 맺고 있는 관계들을 설명하기 위해 'DBT 나무'라는 은유를 만들었다. 이 요소들은 세 가지 원리 세트들, 생물사회 이론, 살만한 삶이라는 궁극적인 목표, 목표/단계/표적. 기능과 방법, 환자/치료자/팀이 만들어낸 다양한 합의, 환자와 치료에 관한 일련의 가정, 그리고 DBT에서 사용되는 모든 전략(기술 포함)을 포함한다. 그림 6.1에 설명된 DBT 나무는 다음과 같은 여러 가지 방법으로 가이드 역할을 한다.

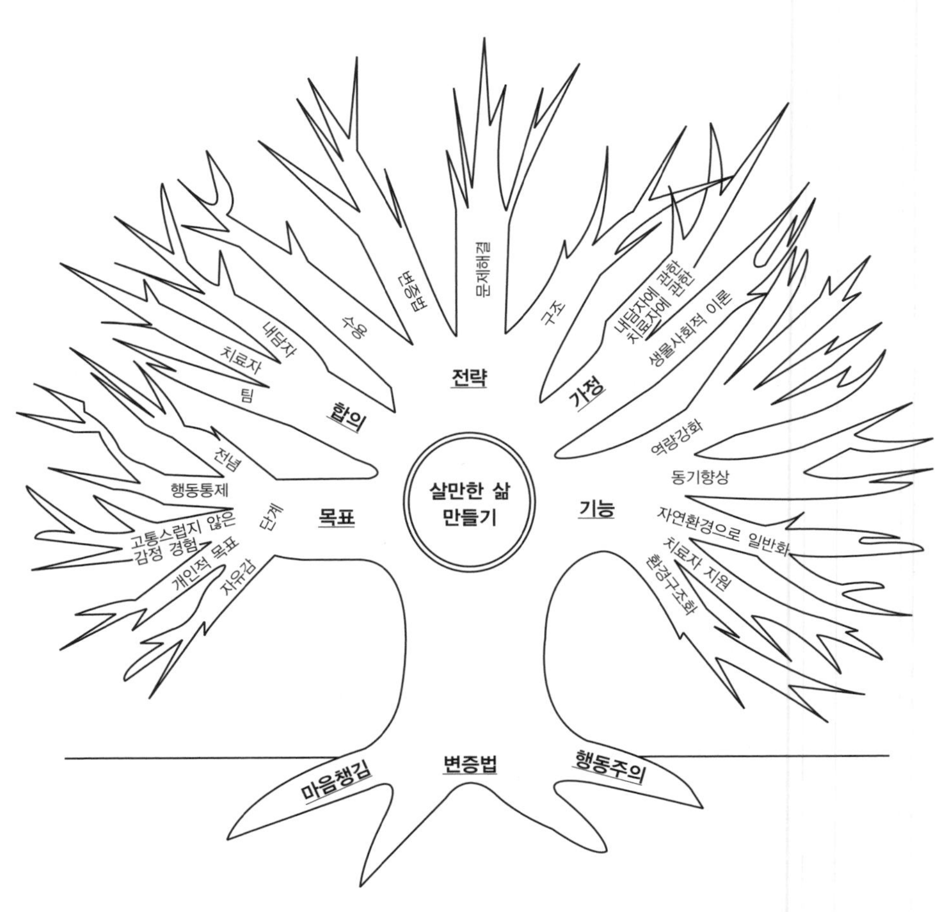

그림 6.1 DBT 나무

- DBT를 이해하기 위해, DBT 나무는 거대하고 다면적인 치료법의 모든 부분과 그것들이 맺고 있는 상호관계들을 모두 볼 수 있는 방식으로 묘사한다.
- DBT를 구현하기 위해, DBT 나무는 치료의 모든 중요한 구성요소들을 표로 나타냄으로써 DBT 프로그램의 청사진 역할을 하며, 치료팀은 치료의 모든 부분의 존재와 강도, 그리고 상호 간의 관계를 고려할 수 있다.
- DBT를 다른 인구 또는 맥락에 적용하기 위해, 치료팀은 원래의 프로그램 중 어떤 측면을 (가능한 한 많이!) 보존하고 어떤 측면을 수정해야 할지를 체계적으로 검토할 수 있다.
- 기존 DBT 프로그램을 강화시키기 위해, DBT 나무는 치료의 뿌리, 몸통과 크고 작은 모든 가지들을 체계적으로 평가하고, 강점과 약점을 찾아내기 위한 메커니즘 역할을 하여 프로그램 강화 계획을 세울 수 있게 한다.

DBT 나무 맥락에 있는 요인

나무의 은유를 사용하여 DBT 프로그램의 요소를 나타낼 때 우리는 나무가 환경 내에서 성장한다는 것을 기억하게 된다. 나무의 본성, 생존력, 힘은 뿌리가 자라는 **토양**, 나무를 둘러싼 **초목**, **기후** 등 세 가지 환경적 요소에 의해 촉진되기도 하고 제약을 받기도 한다. 이 요소들은 각각 DBT 프로그램이 성장하는 맥락에서 매칭되는 요소들이 있다. 토양의 질이 나무의 성장을 위해 사용될 수 있는 영양성분을 좌우하는 것처럼, DBT 프로그램이 성장하는 지적 · 조직적 맥락은 프로그램에 필요한 '영양'을 공급하거나 박탈할 것이다. 주변 초목의 특성이 특정 나무가 번성할 가능성을 강화하거나 제한하는 것처럼, 주변 프로그램과 조직의 특성은 특정 DBT 프로그램이 그곳에서 번성할 가능성을 강화하거나 제한할 것이다. 그리고 일조, 바람, 비, 그리고 온도와 같은 기후 변수들이 여러 나무 종류들 중 특정 종류를 선택하듯이, 주어진 프로그램의 맥락에서 이용될 수 있는 자원은 DBT 프로그램이 자리를 잡고, 자라고, 생존하는 데 필요한 것들을 충분히 제공받을 수 있을지를 결정할 것이다.

토양 : 수용, 변화, 변증법

'토양'의 역할에 대해 좀 더 자세히 생각해보자. DBT 프로그램은 조직이라는 토양에서 세 가지 기본 패러다임에 해당하는 세 가지 유형의 영양소를 필요로 한다. 즉, 수용을 촉진함으로써 마음챙김을 지원하는 영양소, 행동변화를 추진하는 행동주의, 변증법 세계관에서의 원리를 진전시키는 변증법 등이 필요로 한다. 새로운 DBT 프로그램의 관리자, 즉 프로그램의 질을 평가하는 개인은 마음챙김, 행동주의, 변증법을 지원해줄 영양소를 조직이 가지고 있는지 살펴볼 필요가 있다. 불균형이나 결함이 발견된다면 토양을 강화하거나 조정하는 방법이 있을 수 있다.

나는 정신질환을 가지고 있는 환자들을 위해 따뜻한 '피난처'를 제공해온 오랜 전통을 가진 대형 정신병원의 입원환자실에서 DBT를 처음 시행했다. 아름답고 목가적인 이 병원에는 생물학적 · 정신분석학적 전통도 풍부했다. 객관성에 중점을 둔 연구는 사람을 깊이 이해하고 공감하려는 노력과 마찬가지로 중요한 역할을 했다. 이 점에서 토양은 DBT에서 수용의 뿌리를 지탱해줄 수 있는 약간의 영양분을 포함하고 있었다. 게다가, 완전히 우연의 일치는 아니었지만, 초기 DBT 치료팀의 구성원 몇몇은 여러 해 동안 다양한 형태의 명상을 연습해 왔다. 토양의 '마음챙김 하는 사람들'은 수용 패러다임의 뿌리를 받쳐줄 만큼 풍부했다.

그러나 토양은 DBT의 행동적 뿌리를 지탱할 영양소가 부족했다. 더 정확히 말하자면 몇몇 '반행동주의적인' 요소들이 있었다. 행동주의는 체계적으로 연구되거나 훈련되지 않았고, 여론 지도자들은 종종 정신분석 전통에 비해 행동치료가 단순하고 피상적이라는 코멘트를 하기도 했다. 치료팀의 구성원들은 DBT의 핵심이 CBT라는 것을 이해하고 나서야 DBT 프로그램을 성장시키려면 토양의 행동주의적 영양소를 강화해야 한다는 것을 깨달았다. 그다음 해 7명의 팀원들은 인근 도시에서 인지행동 훈련을 받았다. 팀원들은 매주 훈련을 받기 위해 오고 가는 길에서 DBT 입원환자 프로그램을 설계하기 시작했다. DBT 프로그램이 시작된 후에도 임상의들은 독서 및 스터디 그룹에 참여하고 외부 훈련을 받으면서 토양 내 행동주의적 요소를 지속적으로 보완하였다. 그럼에도 불구하고, 조직 전반에 존재하는 행동주의적 영양소의 결핍은 DBT 프로그램의 지속적인 취약점이었고, 치료자들의 임상적 반사행동은 여전히 정신분석적인 부분이 컸다.

프로그램이 자라는 토양에 DBT의 변증법적 뿌리를 지탱하는 영양소가 들어 있는지를 판단하기란 그리 쉽지 않다. 마음챙김, 공감, 연민과 같은 전통과 인지행동적 틀을 기르는 전통은 쉽게 식별할 수 있는 반면에 변증법적 사고와 실천을 지지하는 전통은 명백하게 드러나지 않을 수 있다. 그럼에도 특정 조직적 맥락에 대해 충분히 익숙해지면 그 토양이 유연하고 창의적이며 '틀에서 벗어난' 사고를 지지할 수 있는지, 차이점과 갈등을 용인하고 소중하게 생각하는지를 알 수 있다. 사고하고 행동하는 '옳은 방식'을 규정하고, 반대 입장에 대한 관용을 거의 보이지 않는 경직되고 계층적인 시스템은 체계적인 사고와 변증법적인 과정을 양성할 가능성이 높지 않다.

우리가 입원환자 DBT 프로그램을 개발한 병원 환경에는 변증법적 사고를 촉진하는 요소들과 이를 제약하는 다른 요소들이 있었다. 이 조직은 전형적인 조직 계층 구조를 가진 의료 모델의 영향을 많이 받았다. 의사결정은 종종 '하향식'이었고, 탈선과 비관습적 행동은 진압되거나 비난을 받기 일쑤였다. 동시에, 이 병원은 혁신에 가치를 두는 창의적인 교수진과 프로그램을 갖춘 학문적 기관이었다. 또, 비교적 규모가 크고 복잡한 기관이었기에 응용력을 지지하고 갈등에서 양쪽 모두를 중시해야 한다는 지혜를 수용하는 '미세 환경(micro-environments)'들이 다수 존재했다. 정신분석이 팽배한 병원에서 DBT 프로그램이 예상치 못한 성장을 경험할 수 있게 한 요인 중 하나는 이 프로그램이 다양한 경쟁 모델을 받아들이는 창의적인 관리자가 관리하는 부서(하나의 미세 환경) 내에 추진되었다는 점이었다. 그는 DBT 프로그램을 가치 있게 여겼고 프로그램과 지배적인 조직 역학 사이에서 완충제 역할을 했다.

나는 DBT 프로그램의 초기 설계에 대한 자문을 할 때, 주로 DBT 나무를 건축 양식으로 사용하며, 그렇게 하는 과정에서 나는 조직 토양의 본질에 대한 문제를 빠르게 제기하여 영양소의 강점과 결핍을 예측하려고 노력하고, 때때로 실행팀에게 토양의 혼합을 강화시키기 위한 브레인스토밍을 하도록 촉구한다. 실행팀이 아무리 창의적이고 좋은 의도를 가지고 있더라도 마음챙김, 행동주의, 변증법을 뒷받침하는 환경적 영양소가 심각하게 부족한 경우 DBT를 위한 이상적인 균형으로부터 탈선하게 될 것이다.

나무를 둘러싼 초목 : 환경의 프로그램과 철학

토양 혼합물을 분석하고 수정하는 것만큼이나, 동일한 자원 풀(resource pool)을 공유하는 다른 치료 철학과 프로그램을 뜻하는 주변의 '초목'이 미치는 영향도 고려해볼 가치가 있다. 1990년대 DBT 프로그램이 미국 전역과 다른 서구 국가들에서 뿌리를 내리기 시작했을 때, DBT가 어디서 번성하고 어디서 번성하지 않았는지 살펴보는 것은 흥미로운 일이다. 내가 상당한 훈련과 자문을 했던 미국 북동부 지역에서는 DBT 프로그램이 비교적 시골이면서도 지역사회 중심의 자원이 어느 정도 있는 지역사회의 정신건강 환경에서 빠르게 번성했다. 메인주, 뉴햄프셔주, 버몬트주, 코네티컷주의 많은 부분과 캐나다의 뉴브런즈윅주는 초기 DBT 개발의 호스트 역할을 했다. 뉴햄프셔와 코네티컷주 전역은 물론 중서부에서도 주요 국가지원 프로젝트들이 진행되었다. 이와는 대조적으로, 뉴욕시나 다른 주요 도시 중심지에서는 초기 프로그램 개발이 현저하게 더디게 진행되었다. 도심에서의 자문을 하면서 알게 된 점은 그곳에서는 DBT 프로그램이 성장하고 번성할 수 있는 '공간'이 부족하다는 점이었다. 정신건강 프로그램들은 정신분석학, 생물학적 정신의학 또는 다양한 트라우마 관련 치료 등 자신이 선호하는 치료모델을 선호하는 열정적인 치료개발자 및 연구자들이 있는 주요 학술적인 의료센터의 영향을 많이 받았다. DBT 실무자들이 정신분석을 지향하는 환경 내에서 작은 프로그램을 개발했을 때 실행자들은 공간, 자원, 존중을 얻기 위해 자주 투쟁해야 했다. DBT를 복합적인 장애를 가진 사람들을 위한 종합적인 심리치료 모델로 보기보다는, 자해 행동을 하는 사람들에게 특별히 기술을 제공하는 한정된 프로토콜로만 보는 환경에서 '성장시키는' 일은 어려웠다. DBT는 무작위 통제 임상시험에서 증거 기반을 축적하여 점차 존중받는 치료로 자리매김했으며, 지역 DBT 임상의들이 DBT를 선호하게 되자 이들 센터들도 태도를 바꾸게 되면서 DBT의 위상과 적용이 높아졌다.

이와는 대조적으로 이미 행동 지향적 치료법이 풍부한 맥락에서 DBT가 인지행동 계열의 새로운 형제로 소개된 경우, DBT는 번성할 수 있으며, DBT와 CBT는 프로그램 설계와 자원에서 상당한 상호 교류를 할 수 있다. 새로운 모델은 성장하기 위한 공간과 시간이 필요하다. 그것은 이 새로운 접근법과 주변 환경의 기존 프로그램들 사이의 상호 교차 조성을 요구한다. DBT를 시행하고자 하는 사람들을 위한 교훈은 선택된 맥락에서 DBT와 경쟁하는 '초목'을 고려하고, 지역의 다른 조직, 프로그램 및 모델들과의 관계를 개선해야 한다는 점이다.

기후 : DBT 나무를 위한 자원

토양과 초목처럼 기후 또한 나무의 힘을 결정한다. 자연 환경의 기후란 비, 태양, 바람, 온도와 같은 특정한 종류의 자원이다. DBT 프로그램에서 이에 상응하는 자원은 돈, 시간, 인력, 자재, 공간 등을 포함할 것이다. DBT 프로그램이 지역 DBT 개발에 철학적·재정적으로 헌신하고 있는 주나 지방에 있는 정신보건센터에서 진행되고 있고, 그 정신보건센터의 경영진과 임상 리더십이 DBT 시행을 지원하고 있다면 프로그램은 대체로 번성한다. 충분한 비와 충분한 일조가 있는 상황인 것이다. 병원이나 정신건강체계가 여러 직원들에게 DBT 훈련을 제공하더라도, 프로젝트를 지원하기 위해 지속적으로 자원을 할당해야 한다는 점을 이해하지 못한다면, 그것은 여름 동안 묘목을 이식하고는 그 후 매일 필요한 물을 공급하지 않는 것에 비유될 수 있다.

아주 실력 있는 젊은 임상의를 DBT 집중훈련에 파견한 접경지역의 공공 부문 기관에게 자문을 한 적이 있다. 그 기관은 한 명 이상의 임상의를 파견할 자원이 부족하다고 판단하였고, 선택된 그 젊은 임상의는 이웃 지역의 세 명의 임상의와 합류하여 훈련을 위한 'DBT 팀'을 구성하였다. 그녀는 DBT 시행에 대한 새로운 지식과 열정을 자신의 기관으로 가져갔고, DBT 기술 집단을 시작했으며, 환자의 기술 사용을 지원하기 위해 전화로도 환자를 지도했으며, 다른 치료자들도 DBT에 관심을 가질 수 있도록 최선을 다했다. 하지만 기관의 의료 책임자는 DBT가 기관에 설립된 것을 좋게 생각하였지만, DBT 프로젝트에 다른 임상의를 배정하는 것은 지지하지 않았다. DBT 훈련을 받은 그 임상의는 그다음 해 동안 열심히 노력했지만, 그녀의 에너지는 곧 고갈되기 시작했다. 이 한 명의 헌신적인 임상의가 자원의 부족을 보충하기 위해 엄청난 노력을 기울였음에도 불구하고, 결과적으로 이 기관의 DBT 나무는 자원이 있는 강점 영역과 그렇지 않은 약점 영역을 가진 나무였다. 그녀는 자신의 소진을 직감하며 나에게 자문을 구한 후 나와 의료 책임자가 점심 식사를 함께 할 수 있도록 만남을 주선했다(식사비까지 직접 지불했다!). 이러한 개입은 그녀를 중심으로 한 작은 DBT 프로그램이 번성할 수 있도록 하는 자원의 유입으로 이어졌고, 기꺼이 함께 하고자 하는 지지자들도 몇 명 확보했다. 어떻게 보면 프로그램은 '행정이라는 하늘에서 떨어지는' 기후적 자원을 바탕으로 살아남거나 죽거나, 번성하거나 위축된다. DBT 프로그램을 구현하는 사람들을 위한 교훈은 초기 설계 시점에서 토양, 주변 초목 및 기후 자원에 해당하는 문맥적 요인을 고려하여 구현의 범위와 예상되는 성장을 정의해야 한다는 것이다. 문맥적 현실을 미리 정확하게 평가하는 것이 프로그램을 보다 현실적이고 성공적으로 시작할 수 있도록 한다. 비록 원하는 규모보다 작게 시작해야 한다 하더라도 추후에 필요한 자원이 부족하여 골치 아파하지 않을 수 있을 것이다.

나무의 가지

이미 언급한 바와 같이, DBT 나무의 주요 뿌리 체계는 세 가지 패러다임과 그와 관련된 원리를 나타낸다. 나무의 몸통은 DBT의 궁극적인 목표, 즉 살만한 삶을 상징한다. 그로부터 5개의 큰 가지가 나오는데, 그중 4개(양쪽에 2개씩)는 치료의 구조화를 나타내고, 다섯 번째(위쪽에 있는 특히 큰 가지)는 DBT의 모든 치료 전략들을 나타낸다. DBT를 샅샅이 파악한다는 것은 즉 뿌리, 몸통, 5개의 가지에 내재된 많은 세부 사항을 친밀하게 아는 것이다. 대부분의 DBT 워크숍은 짧든 길든 간에 DBT 나무의 뿌리, 몸통, 5개의 가지가 나타내는 것과 일치하는 의제를 중심으로 구성된다.

제1장은 살만한 삶 대화에 집중하였다. 몸통은 그 살만한 삶이라는 치료의 궁극적인 목표를 나타낸다. 특정 DBT가 자해 행동, 자살 시도, 섭식장애, 물질남용, 해리장애, 반사회적 장애 등 구체적인 문제를 치료하기 위해 설계되었어도 모든 DBT는 여전히 환자가 자신만의 살만한 삶을 구축하는 것을 돕는다는 중심 목표를 가지고 있다. 뿌리와 몸통은 그대로 유지되지만, DBT 프로그램의 구체적인 대상과 치료 맥락에 따라 나뭇가지들은 다른 식으로 구성될 수 있다.

몸통에서 나오는 4개의 큰 가지(양쪽에 2개)는 치료의 구조화 방식을 나타낸다. 여기에서 논의되는 순서대로 정리하면, **목표 가지**(goals branch), **기능 가지**(functions branch), **가정 및 이론 가지**(assumptions and theory branch), 그리고 **합의 가지**(agreements branch)가 있다. 이들 개별 가지에는 공통점이 있다. 각 가지는 DBT의 중요하고 필수적인 구조적 요소를 나타낸다. 각각의 가지는 몸통에서 출발하여 점점 더 미세하게 조정된 가지로 확장될 때 가장 커질 수 있다. 몸통에서 가장 가까운 각 가지의 큰 부분은 프로그램마다 비교적 동일한 DBT의 요소인 DBT 구조의 필수 성분을 나타낸다. 보다 미세한 가지들은 특정 맥락과 특정 환자 대상을 위해 조정할 수 있는 DBT 프로그램의 요소를 나타낸다. 즉, 이러한 얇은 가지들은 각 프로그램의 상황에 맞게 수정될 수 있는 DBT의 측면을 나타낸다. 다음으로 이 과정이 어떻게 전개되는지를 보여주기 위해 각 주요 가지에 대해 좀 더 자세히 설명한다.

목표 가지

환자별로 DBT 프로그램의 목표, 단계, 목표 행동을 나타내는 큰 가지를 먼저 살펴보는 것이 가장 타당하다. 그것을 목표 가지라고 부르자. 몸통에서 가장 가까운 큰 목표 가지에서 뻗어 나오는 몇 개의 가지들을 발견할 수 있는데, 그것은 각각 하나의 중요한 치료 목표를 상징한다. 그 중요한 목표들은 각각 치료의 한 단계의 초점이 될 것이다. DBT는 각 단계마다 목표가 있는 일련의 단계를 통해 환자의 '살만한 삶'을 실현하고자 한다. 일반적인 외래환자 DBT에는 5개의 중요한 목표가 있는데, 이것은 5개의 단계가 있다는 것을 의미하며, 이 DBT 나무 그림에는 이들을 대표하는 5개의 가지가 있다.

DBT의 변형된 접근에서는 각 상황에 맞게 중요한 목표의 수가 다를 수 있다는 점을 기억하자. 예를 들어, 단기 입원 환자 DBT의 경우, (1) 프로그램에 성공적으로 진입하여 치료에 전념하는 것(진입), (2) 심각한 증상을 안정시키고 필요한 행동 조절 수준을 달성하는 것(조절), (3) 퇴원 계획을 수립하여 성공적으로 실행하는 것(퇴원)이라는 각각의 목표가 있는 3개의 단계만 있을 수 있다. 단기 입원 환자를 대상으로 한 DBT는 일반적인 외래환자 대상 DBT와 비교했을 때 모든 가지에서 여러 차이를 보이겠지만, 5개의 주요 가지(목표, 기능, 합의, 가정 및 이론, 전략)는 동일하다. 변형은 더 얇은 가지에서 나타난다.

일반적인 외래환자 DBT에 있는 목표 가지의 5개의 얇은 가지를 살펴보자.

- 제1가지(전념)는 사전치료(pretreatment)라고 알려진 치료의 초기 단계를 나타내며 치료의 시작, 구조화, 합의, 치료계획에 대한 전념 등의 목표들을 수행하는 것을 포함한다.
- 제2가지(행동 통제)는 1단계로 알려진 치료의 다음 단계를 나타내며, 혼란스럽고 파괴적인 행동 패턴을 안정성과 통제력으로 대체하는 데 초점을 맞춘다.
- 제3가지(고통스럽지 않은 감정경험)는 2단계로 알려진 치료의 다음 단계를 나타내며, 감정적인 고통을 감소된 고통과 개선된 감정 처리로 대체하는 작업을 한다.
- 제4가지(개인적 목표)는 3단계로 알려진 치료의 다음 단계를 나타내며, 개인의 삶의 목표와 자존감의 향상을 다룬다.
- 제5가지(자유감)는 4단계로 알려진 치료의 최종 단계를 나타내며, 자유감과 의미, 지속적인 기쁨을 확립하는 것을 목표로 한다.

DBT가 구조화되는 다섯 가지 중요한 목표와 함께 다섯 가지 단계들을 살펴보았으니 이제 우리는 다섯 가지 목표 각각에서 확장되는 더 미세한 가지들을 살펴볼 수 있다. 다섯 가지의 중요한 목표들 각각에 대한 작업은 순차적인 치료 목표들을 달성하면서 진행된다. 예를 들어 DBT 1단계는 역기능 장애와 통제장애(dyscontrol)를 안정과 조절로 대체하는 것이 목표다. 1단계 가지에서 확장된 4개의 미세한 가지로 대표되는 치료 목표는 (1) 생명을 위협하는 행동을 감소시키고, (2) 치료 방해 행동을 감소시키며, (3) 삶의 질을 심각하게 저해하는 행동을 감소시키고, (4) 행동 기술을 증가시키는 것이다. 때로는 이러한 치료 목표들을 달성하는 과정에서 특정 치료 목표의 '하위 목표'를 나타내는 이보다 더 미세한 가지들이 생겨나기도 한다. 예를 들어, 치료자가 환자의 삶의 질을 심각하게 저해하는 행동인 물질남용행동을 줄이는 작업은 몇 가지 순차적인 하위 작업들로 세분화된다. 목표 설정을 다루는 제7장에서는 DBT 치료자가 치료 목표의 우선순위 목록을 사용하여 주어진 환자와 함께 치료 의제를 구조화하는 방법을 다룬다. 즉, DBT 프로그램의 책임자가 어떻게 목표, 단계 및 목표 행동들을 사용하여 전체 프로그램에 대한 일관성 있고 효과적이며 동기 부여할 수 있는 의제를 구조화할 수 있을지에 대해 고찰한다.

치료자는 새로운 DBT 프로그램을 기존 프로그램과 다른 임상 모집단이나 치료 맥락에 적용할 때 DBT 나무를 기본 양식으로 사용할 수 있다. 먼저, 기존 DBT 나무의 5개 가지들을 하나하나 살펴보며 각 가지에 대해 어떤 수정사항들을 고려해봐야 할지 생각해본다. 목표 가지를 고려할 때, 치료자는 "내 환자들이 일반 모델에 있는 다섯 가지 중요한 단계들과 목표들을 거치기를 기대하는가, 아니면 이를 수정해야 할 필요가 있는가?"를 질문한다. 각 중요한 목표에 대해, 치료자는 다시 "내 환자가 일반 모델에 나와 있는 특정 치료 목표들을 거치며 동일하게 진행하기를 원하는가, 아니면 지금의 대상이나 치료 맥락에 맞게 목표를 수정해야 할 필요가 있는가?"라고 물어볼 필요가 있다. 그리고 치료 목표들을 정의할 때, 치료자는 스스로에게 "치료 목표들은 충분히 구체적인가, 아니면 이 대상들 중 어느 하나에 대해 좀 더 구체적인 하위 목표들을 기술할 필요가 있는가?"라고 자문할 필요가 있다. 나무가 제공하는 시각적 표현은 어떤 수정이 필요할지에 초점을 맞추는 데 유용하다. 예를 들어, 급성 입원환자 DBT를 나무로 표현했을 때에는 세 가지 중요한 목표와 치료 단계가 있었고, 각 목표나 단계에 대한 세부적인 치료 목표들을 명시했다. 나무 양식은 DBT를 적용할 때 고려해볼 수 있는 선택지들을 체계적으로 생각해볼 수 있도록 도와준다.

기능 가지

이제 나무 그림에서 반대편으로 이동하면 몸통에서 뻗어나온 또 다른 커다란 1차 가지를 볼 수 있는데, 이것은 DBT의 기능을 나타내는 가지다. 목표 가지가 일반 DBT 프로그램의 다섯 가지 주요 목표들로 세분화되었던 것처럼, 기능 가지 또한 일반적인 종합 DBT 프로그램에서 발견되는 다섯 가지 기능들로 세분화된다. 이 다섯 가지 기능은 다음과 같다.

1. 환자의 역량을 강화한다.
2. 환자의 동기를 향상시킨다.
3. 환자의 능력을 자연적인 환경에 일반화한다.
4. 치료자의 능력을 높이고 동기를 강화한다.
5. 치료 환경을 구조화한다.

이 다섯 가지 기능은 맥락과 대상을 불문하고 모든 종합 DBT 프로그램에 적용된다. 몸통에 가장 근접한 기능 가지는 이 다섯 가지 기본적이고 구체적인 기능들로 구성되는데, 이것은 DBT가 적용되는 다양한 상황 속에서 가장 일정하게 유지되는 부분이다. 이 다섯 가지 기능 각각은 그러한 기능이 달성되는 치료 프로그램의 **모드**(mode)로 더 세분화된다. 모드는 그러한 기능들을 '운반'하는 콘크리트 차량으로 간주될 수 있다. 기존의 표준 외래환자 DBT 프로그램의 대표적인 모드는 (1) (환자의 역량 강화를 위한) 기술 훈련 모드, (2) (환자의 동기 향상을 위한) 개별 심리치료 모드, (3) (환자의 향상된 능력을 자연적 환경에 일반화시키기 위한) 환자와 치료자 간 전화 코칭 모드, (4) (치료자의 역량과 동기를 향상시키고 일반화시키기 위한) DBT 자문팀 모드, (5) (치료 환경을 구조화하기 위한) DBT 책임자 및 사례 관리자 모드이다.

목표 가지와 유사하게, 치료 모드를 나타내는 작은 가지들은 각각 기능을 나타내는 큰 가지로부터 나오며, DBT 프로그램의 종류에 따라 달라질 수 있다. 예를 들어, 일반적인 외래환자 DBT에서 환자의 동기를 향상시키기 위한 기본 모드는 개별 심리치료이지만, 입원환자 프로그램이나 다른 환경에 기반한 DBT 프로그램들은 집단치료, 커뮤니티 회의, 일대일 체크인 회기, 또는 환자 간(peer-to-peer) 프로그래밍(12단계 프로그램에서 하듯 환자가 서로에게 동기부여를 하는 경우) 모드를 채택할 수도 있다. 또 다른 예로, 외래환자 DBT에서 환자의 능력을 일반화하기 위한 기본 모드는 코칭 전화이지만, 지역사회 정신건강체계에서는 사례관리자나 외래상담사가 지역사회에서 환자를 직접 만나 코칭하면서 일반화의 기능을 달성할 수 있다. 이런 식으로 나무의 외부 가지들을 수정하는 방법(이 경우에는 사전에 정의된 특정 기능을 달성하기 위한 가장 효과적인 모드가 무엇인지 고려하는 방법)을 이해하면, DBT 시행팀은 DBT의 필수 요소를 다양한 조건에 적응시킬 때 창의성을 발휘할 수 있다.

프로그램이 진정으로 종합적인 프로그램이 되기에는 조건이나 자원이 부족한 경우, 프로그램 책임자는 기능 가지에서 확장되는 가지들의 수, 즉 치료 기능의 수를 제한할 수 있다. 즉, DBT의 종합적인 구현을 하기보다는 선택적인 구현을 선택한다. 예를 들어, 자원이 제한되어 있는 입원환자 DBT 프로그램은 역량 강화(기술 훈련), 입원 환경으로 기술 일반화(최전선 의료진의 기술 코칭), 입원 환경의 구조화(스케줄링, 권한 체계, 수반성 계획), 입원병동 직원 지원(자문팀 회의) 등의 기능들을 선택할 수 있다. DBT 프로그램을 설계하는 모든 사람에게 기능 가지는 매우 중요하다. 이것은 "이 프로그램은 어떤 종류의 치료이고, 얼마나 포괄적인가?"라는 실용적 질문에 대한 답을 해주며 프로그램의 포괄성 수준과 모드의 특성을 나타낸다.

가정 및 이론 가지

가정 및 이론 가지는 DBT의 잠정적인 이론과 가정을 포함하는 가지로, 앞의 두 가지들에 비해 얇지만 여전히 중요하다. DBT의 이 두 측면은 DBT 치료자를 안내하는 가설과 가정으로 구성되어 있기 때문에 동일한 가지에 위치한다. 궁극적으로 이론과 가정은 모두 연구를 통해 시험과 검증을 받아야 하지만, 현재로서 가정 가지는 DBT의 '잠정적으로 설정한 철학'이라고 부를 수 있는 것을 나타낸다. 이 가지는 DBT의 생물사회적 이론을 나타내는 가지와 DBT에서 존재하는 가정들을 나타내는 가지로 세분화된다. 리네한(1993a, pp. 106-118)은 환자에 대한 일련의 가정들과 치료에 대한 일련의 가정들을 상세하게 설명했기 때문에, DBT 가정들은 이 두 가지 하위 가지들로 나뉜다. DBT의 변형들은 거의 모두 리네한(1993a, pp. 42-65)이 개관한 생물사회적 이론과 치료와 환자에 대한 기존 가정들을 포함한다. 그러나 DBT가 비표준적인 환자 집단을 대상으로 수행되거나 비표준적인 치료 맥락에서 수행되는 경우, 프로그램 시행자는 특정 상황에 적합하게 가정을 수정하거나, 또는 한두 개의 가정을 추가할 수 있다. 예를 들어, 일부 입원환자 DBT 프로그램은 입원치료에 적합한 가정들(예 : 밖으로 나갈 수 없이 24시간

관리받는 상황이 유지되는 입원생활은 스트레스를 유발할 수 있다는 가정이나 입원 프로그램에서 습득한 모든 기술은 병원 바깥 생활로 일반화되어야 한다는 가정)을 추가할 수 있다. 또, 물질사용장애, 섭식장애, 반사회적 장애 또는 인지적 한계가 있는 개인들을 위한 전문 DBT 프로그램은 상황에 맞는 전문 가정들을 몇 개 추가할 수 있다. 이러한 가정들은 어떤 수정이 타당할지를 알 수 있을 만큼 충분히 오랫동안 표준 DBT를 사용한 후에 도출하는 것이 가장 좋다.

가정 가지의 또 다른 하위 가지는 생물사회적 이론을 나타내며, 이것은 (1) 생물학적 바탕을 둔 정서적 취약성, (2) 무효화 환경, (3) 앞의 두 요인들 간의 교류의 산물로 나타나는 심각하고 만성적인 정서조절장애 등 생물사회 이론의 핵심 요인들을 나타내는 세 가지 작은 가지들로 세분화된다. 이 가지들은 각각 정서적 취약성의 특징, 무효화 환경의 특징, 심각한 정서조절장애의 특징을 나타내는 추가적인 세분화를 거친다. DBT의 생물사회적 이론은 원래 공식화된 것처럼 DBT의 거의 모든 변형의 중심이며, 현재 상당한 연구 검증의 대상이 되고 있지만, 다른 특성을 가진 환자 집단에 맞추기 위해 이론을 수정해야 하는 경우도 있다. 예를 들어, 반사회적 성격 특성을 가진 개인의 행동 패턴을 유발하고 유지하는 요인을 밝혀낸 법의학 DBT 전문가들은 '증가된 정서 민감성'이었던 얇은 가지를 '감소된 정서 민감성'으로 대체할 필요가 있다고 제안하였다.

수많은 가지들의 크고 작은 세부사항들을 계속해서 살펴보다보면 곧 하나의 가지에서의 변화가 다른 여러 가지들에도 변화를 가져올 수 있다는 것을 깨닫게 된다. '증가된 정서 민감성 가지'를 '감소된 정서 민감성 가지'로 수정하는 것은 생물사회 이론을 변화시키게 되고, 이것은 가정, 목표, 전략을 나타내는 가지들을 수정하게 만들 수도 있다. 즉, 어느 한 부분의 변화가 시스템의 다른 부분의 변화를 초래한다는 체계적 사고는 치료에 적용되는 만큼 구현에도 적용된다.

합의 가지

네 번째 고려해야 할 가지는 DBT 프로그램에서 이루어지는 합의들을 대표하는 가지다. 일반 외래환자 DBT 상황에서 이 가지는 세 가지 작은 가지로 세분화되어 (1) 환자가 하는 것, (2) 치료자가 하는 것, (3) DBT 자문팀 구성원들이 하는 것 등 세 가지 종류의 합의를 나타낸다. 다양한 DBT 프로그램에서 환자가 합의하는 것들은 치료 기간에 대한 '기간에 대한 합의', 다양한 치료 회기에 참여할 것을 명시하는 '참여에 대한 합의', DBT 프로그램에 참여하기 위해서는 환자가 자살 행동이나 치료를 방해하는 행동을 목표 삼아야 한다는 '치료 목표에 대한 합의', 기술 훈련 프로그램에 참여해야 할 필요성을 규정한 '기술 훈련에 대한 합의', 연구 참여와 치료비 지급 의무를 규정하는 '연구 참여 및 비용 지급 합의' 등 예측 가능한 유형들을 포함한다. DBT의 특정 변형에서는 표준 합의들이 수정되거나 그 맥락에 적합한 전문화된 합의들이 추가될 수도 있다. 예를 들어, DBT가 청소년과 그 가족을 위해 적용되었을 때, 십 대들에게는 1년이라는 치료 기간이 너무 길게 느껴질 수 있고, 그런 경우 치료에 전념할 가능성이 매우 낮을 것이라는 평가에 기초하여, '기간에 대한 합의'를 좀 더 짧게(1년이 아닌 16주) 조정하였다. 표준 DBT의 일반적인 기술 훈련 프로그램과 비교해서 훨씬 더 자주 다양한 집단 활동이 진행되는 기숙형 DBT 프로그램에서는 그런 활동 참여에 관한 합의가 이루어질 수 있다. 물질사용장애를 위한 DBT 프로그램에서는 물질에 대한 무작위 소변검사와 치료 중 '대체 물질'의 사용에 관한 합의가 이루어지는 경우가 많다. 가정 가지에 대해 논의할 때 언급된 바와 같이, 구현팀은 표준 가정과 합의를 사용하여 표준 모델을 먼저 사용해보고, 그 구현 경험에 반응하여 필요시 합의를 수정하거나 추가하는 것이 좋다. 구현 시, 연구에 의해 입증된 모델을 최대한 그대로 유지하면서, 필요한 경우에만 새로운 상황에 맞는 슬기로운 변화를 꾀해야 한다(Koerner, Dimeff, & Swenson, 2007).

환자가 하는 합의들을 대표하는 가지 외에도 치료자가 하는 합의들을 대표하는 가지와 치료자 자문팀이 하는 합의를 대표하는 가지가 있다. 리네한(1993a, pp. 112-118)은 처음에 각 범주에 6개의 합의들을 열거했다. 환자 합의를 수정하는 것과 마찬가지로 프로그램 책임자는 각 범주에 속한 합의들이 개별 프로그램에 적합할지 검토해야 한다. 치료자 합의들의 경우, 상황에 맞게 수정사항이나 추가사항이 이루어질 것으로 예상할 수 있다. 치료자 자문팀 합의들의 경우, 나는 아직 원래 정해진 6개의 팀 합의를 수정한 DBT 프로그램을 접하지 못했다. 그 6개의 합의는 건강한 팀 분위기를 만드는 데 매우 효과적이라고 입증되어 왔다.

전략 가지

DBT는 80개 이상의 전략을 포함하고 있다. 나무 몸통 상단에서 확장된 것으로 묘사되는 다섯 번째 및 최종 가지는 이것들을 포함하는 전략 가지로 알려져 있다. 앞서 살펴본 4개의 가지는 치료의 골격(목표, 단계, 목표 행동, 기능, 모드, 가정, 생물사회이론, 합의)을 나타낸다. 반면, 이 전략 가지는 그것들을 실천하는 방식을 나타낸다. 적절하게 몸통 상단에서 발생하는 것으로 묘사되는 전략 가지는 5개의 작은 가지로 세분화되는데, 각 가지는 변화 기반 전략, 수용 기반 전략, 변증법 전략, 구조 전략, 특별 치료 전략 등 여전히 다소 큰 편이다. 수용 기반 전략은 수용 패러다임의 나무 뿌리와 동일하게 나무 왼쪽에 위치하며 수용 패러다임과의 친밀한 관계를 나타낸다. 마찬가지로, 행동 원리들이 오른쪽에 위치한 뿌리 체계로 표현되었기 때문에 변화에 기반한 전략은 오른쪽에 놓여있다. 변증법적 전략은 가운데 있는 변증법적 원리의 뿌리 체계와 평행하여 중간 어딘가에 위치하고 있다. 또한 전략 범주들 사이에서 비교적 중심부에는 수용이나 변화를 지향하지 않는 구조 및 특별 전략들이 있다.

수용 기반 전략 가지는 타당화 전략, 상호 의사소통 전략(의사소통 전략 양식의 한 가지 유형), 환경적 개입 전략(사례관리 전략의 한 가지 유형)을 나타내는 세 가지 작은 가지들로 세분화된다. 이들 전략군은 모두 환자를 현 순간에서 있는 그대로 받아들이는 데 초점을 두고 있다. 변화 기반 전략 가지는 문제 해결 전략, 불손한 의사소통 전략(의사소통 전략 양식의 한 가지 유형), 환자 자문 전략(사례관리 전략의 한 가지 유형)을 나타내는 세 가지 작은 가지로 세분화된다. 이들 전략군은 모두 행동 변화를 추진하는 데 초점을 맞추고 있다. 변증법 전략 가지는 리네한(1993a, pp. 201-219)이 기술한 아홉 가지 변증법 전략을 나타내는 미세 가지들로 세분화된다. 구조 전략은 DBT 치료자가 치료 전반에 걸쳐 어떻게 치료 회기를 구조화하는지에 초점을 둔다. 구조 전략 가지는 (1) 계약 전략, (2) 회기 시작 전략, (3) 목표 설정 전략, (4) 회기 종료 전략, (5) 치료 종결 전략을 나타내는 다섯 가지 작은 가지로 세분화된다. 이 다섯 가지 구조 전략은 각각 적용 단계들과 전략들을 나타내는 더 미세한 가지들로 확장된다. 특별 치료 전략은 심한 만성 정서조절장애를 가진 환자를 치료할 때 발생하는 구체적인 문제점들을 다룬다. 특별 치료 전략 가지는 (1) 환자의 위기, (2) 자살 행동, (3) 환자의 치료 방해 행동, (4) 전화 통화, (5) 보조 치료 및 (6) 환자-치료자 관계 문제를 해결하기 위한 전략들을 나타내는 여섯 가지의 작은 가지로 세분화된다. 그리고 물론 이 여섯 가지 각각은 각각을 성취하기 위한 특정한 단계와 전략으로 더욱 세분화된다.

다른 가지와 마찬가지로 몸통에 더 가까운 큰 전략 가지들도 프로그램 유형에 불문하고 비교적 불변한다. 즉, 모든 DBT 프로그램은 수용, 변화, 변증법, 구조 및 특별 치료 전략군을 사용한다. 그러나 이러한 각 가지를 확장하여 사용되는 특정 전략군과 전략들은 프로그램에 따라 그 존재와 중요성이 달라진다. 예를 들어, 맥캔과 동료들이 법정 시설에서 DBT를 사용하기로 했을 때, 그들은 반사회적 장애를 가진 사람들의 치료에 유용한 전략과 기술을 추가했다(McCann, Ball, & Ivanoff, 2000). 브라운(Brown, 2016)은 발달장애와 인지적 결함을 가진 개인들을 위해 DBT를 진행할 때 10세트 '기술 체계'를 비롯하여 다양한 치료 전략들을 추가하는 등 환자 대상군의 고유한 특성에 맞춰 DBT를 적용하였다.

적용 : 물질사용장애 치료를 위해 DBT 수정하기

지금까지 DBT 나무를 뿌리부터 몸통 그리고 가지까지 하나하나 살펴보았다. 이제는 물질사용장애가 있는 개인을 치료하기 위해 DBT를 변형한다면 표준 DBT와 달리 어떤 수정을 하면 좋을지에 대해 설명함으로써 나무 은유의 유용성을 증명해보려고 한다. 이 적용 사례를 통해 나는 수정이 필요한 곳을 확인하기 위해 아래에서 위로 나무 전체를 살펴본다. 이와 동일한 과정을 통해 리네한의 기존 환자 대상군 이외의 대상군을 위해 표준 DBT를 수정할 수 있다. 뿌리에서 시작하면서, 우리는 항상 요소들이 동일하다는 것을 발견한다. 물질사용장애를 위한 DBT(DBT-SUDs)에서도 표준 DBT에서 사용하는 것과 동일한 수용, 변화, 변증법 원리들이 사용된다. 실제로 알코올 중독자 갱생회(Alcoholics Anonymous)나 다른 12단계 프로그램의 기반이 되는 '평온을 비는 기도(Serenity Prayer)'는 세 가지 패러다임을 완벽하게 담아내고 있다. "내가 바꿀 수 없다는 것을 인정할 수 있는 평정심과 내가 바꿀 수 있는 용기, 그리고 이 둘의 차이를 알 수 있는 지혜를 주십시오." 그러고 나서 뿌리들은 살만한 삶을 건설하고자 하는 DBT의 궁극적인 목표를 나타내는 몸통으로 수렴된다. 여기에서도 우리는 표준 DBT와 DBT-SUDs의 차이를 발견하지 못한다. 물질사용장애와 더불어 만성적이고 심각한 정서조절장애를 가진 개인은 치료자와 협력하여 자신의 가치관에 부합하는 희망적인 미래, 즉 살만한 삶을 구상하고 건설한다. 이러한 환자들의 삶에서는 특별히 물질남용이 해로운 영향을 미치고 있기 때문에, 이 환자군과 작업하는 치료자들은 물질에 의존하지 않으면서 살만한 삶을 만들어낸다라는 점을 부가적으로 강조할 수 있다.

우리는 나무의 주요 가지들을 살펴보면서 중요한 수정사항들을 발견하기 시작한다. 보다시피 DBT-SUDs 나무에서 몸통에 가장 근접한 것으로 표현되는 요소들은 표준

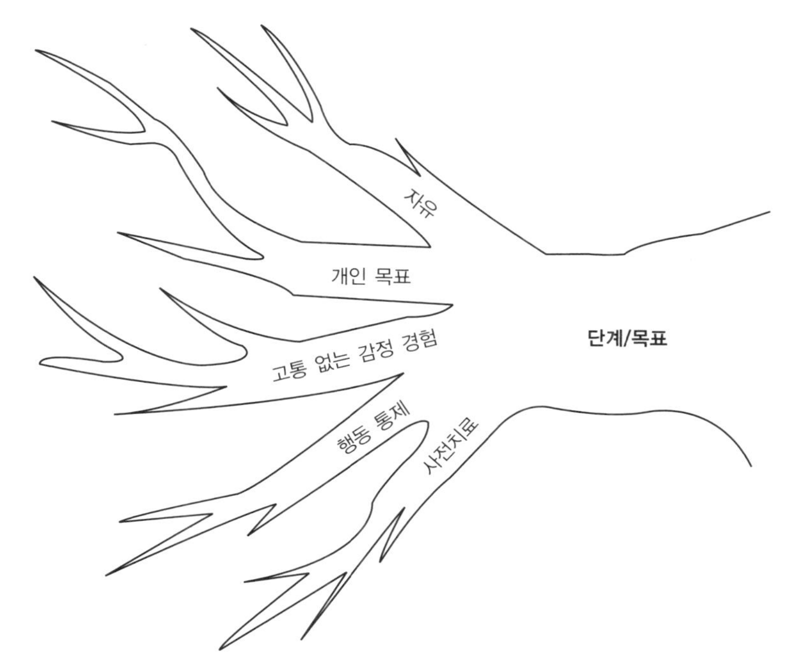

그림 6.2 물질사용장애를 위해 수정된 DBT의 목표, 단계, 목표 행동

DBT 나무에서 몸통에 근접한 요소들과 동일하지는 않아도 매우 유사할 가능성이 있다. 몸통에서 2차, 3차 가지들로 이동하면서 더 많은 수정사항들이 발견된다. 목표 가지(그림 6.2 참조)부터 보자면, 다양한 단계를 거쳐 순차적으로 진행되는 치료의 주요 목표들은 표준 DBT와 동일하다는 것을 알 수 있다. 두 치료 모두 포괄적으로 시행된다면 (1) 전념 얻어내기(사전치료), (2) 행동 통제 확립하기(1단계), (3) 고통 없는 감정 경험에 대한 역량 습득하기(2단계), (4) 개인의 목표와 자존감 추구하기(3단계), (5) 자유, 의미, 기쁨 경험 증가하기(4단계) 등을 순차적으로 거친다.

다섯 가지 목표와 단계를 명명하는 데에는 수정이 필요하지 않다는 점을 확인하였지만, 곧 단계별 치료 의제들 중 어디에서 물질 사용 관련 행동을 목표로 할지를 결정할 때 어려움을 경험할 수 있다. 구조화, 합의, 전념이 이루어지는 사전 치료 단계에서 하는 게 좋을까? 행동 통제 장애를 다루는 1단계에서? 현재 지속되고 있는 괴로움을 다루는 2단계에서? 생활 문제를 다루는 3단계에서? 아니면 자유, 의미, 기쁨에 관한 문제가 다뤄지는 4단계에서? 이 틀로 시작하는 것은 질문들을 정리하고 답을 알아내는 데 유용하다. 사전치료에서는 프로그램에서 이루어지는 물질사용장애 치료에 대한 소개를 하고, 물질 관련 행동 패턴에 대한 기대와 그 패턴을 목표로 삼는 것에 대한 합의를 하며, 물질을 덜 사용하거나 사용하지 않겠다는 약속을 얻는 과정을 통해 물질사용장애가 다루어질 것이다. 사전치료 이후에는 가장 일반적으로는 1단계에서 각 환자가 불안정성, 충동성 및 혼돈을 대체하는 안정성, 통제 및 연결을 확립하도록 도우면서 물질사용장애를 다루게 된다.

그러나 1단계는 일반적으로 생명 위협 행동, 치료 방해 행동, 삶의 질을 심각하게 저해하는 행동, 기술 향상 등 네 가지 목표 범주에 대한 작업으로 구성되기 때문에 이 네 가지 중 물질남용행동을 어디에서 다뤄야 하는지에 대한 의문이 남는다. 당연히 물질남용행동이 생명을 위협하는 패턴에 속한다면, 그것은 생명 위협 행동 감소라는 가장 중요한 목표 범주에 속하게 될 것이다. 만성적인 물질남용은 생명을 잠식하는 파괴적인 패턴이고 결국 생명을 위협하는 행동을 초래할 수 있지만, 물질 사용 자체가 순간적으로 생명을 위협하는 것은 흔치 않다. 물질남용행동이 치료를 방해하는 행동 패턴의 일부인 경우, 치료 방해 행동의 감소라는 두 번째 목표 범주에서 다뤄질 것이다. 여기에는 환자가 술에 취한 상태에서 치료에 잘 참여하지 못하거나, 술에 취한 상태에서 코칭을 요구하여 코칭을 적절하게 받지 못하거나, (본인들의 입장에서) 능력을 향상시키기 위해 물질에 의존하기 때문에 기술을 배우지 못하는 등의 경우가 포함될 수 있다.

그러나 물질남용행동은 삶의 질을 훼손하는 심각한 행동을 줄이는 세 번째 목표 범주에서 다뤄지는 것이 가장 일반적이다. 즉, 물질남용을 삶의 문제를 해결할 가능성을 잠식하고 희망과 꿈을 파괴하는 행동 패턴으로 보는 것이다. 일반적으로, 물질사용행동을 다루기로 동의하는 사람들은 삶의 질을 저해하는 행동을 치료하는 데 있어 물질남용을 가장 높은 우선순위로 삼는다.

물질남용행동을 어느 단계에서 다룰지 결정했다면, 이제 우리는 환자가 물질 사용을 줄이거나 하지 않을 수 있도록 돕기 위해 물질남용과 관련된 하위 목표 행동들을 명시할 필요가 있다. 단순히 "물질 사용을 줄인다"는 것만으로는 충분하지 않다. 이 표현은 지나치게 일반적인 목표를 제공한다. 우리는 물질 사용의 구체적인 하위 항목을 결정하기 위한 전략을 하나 사용할 수 있는데, 이 전략은 섭식장애, 반사회적 장애 등 다른 장애에도 동일하게 사용될 수 있다. 실제로 나는 다음 장에서 폭식장애에 대한 치료 의제를 정의하기 위해 이 전략을 적용한다.

우리는 감소되어야 하는 1차적 행동을 먼저 규정하는 것으로 시작한다. 물질사용장애의 경우 주요 하위목표는 '사용을 줄이거나 하지 않는 것'이다. 이제 환자가 그녀의 주요 물질을 사용하는 것을 중단했다고 상상해보라. 그러면 그녀는 아마도 금단현상이나 물질에 의해 억눌려온 신체적 고통의 출현에 직면하게 될 것이다. 따라서 다음 하위목표는 '신체적 고통을 감소시키는 것'이다. 한 걸음 더 나아가 물질적 사용이 없어지고 신체적 고통이 줄어들거나 더 잘 감내된다 해도 환자는 그 물질을 사용하려는 충동과 갈망을 계속 경험하게 될 것이다. 그래서 '충동과 갈망을 줄이는 것'은 '신체적 고통을 감소시키는 것' 이후에 다뤄져야 할 하위목표가 된다. 이 중 어느 하나라도 무시되거나 당연시되는 경우 환자는 다시 물질을 사용하게 될 수 있다. 환자가 사용을 중지하고 신체적 고통을 줄이고, 충동과 갈망을 쉽게 견딜 수 있게 되면, 물질 사용이 선택지가 되는 상황을 줄이는 것과 같은 다른 여러 물질과 관련된 하위목표들이 전면에 나타난다. DBT-SUDs에서는 다음 하위목표들을 단계별로 치료하는 것을 '맑은 정신으로 가는 길(the path to clear mind)'이라고 부른다.

- 물질 사용을 줄인다.
- 물질 사용과 관련된 신체적 고통을 줄인다.
- 물질 사용에 대한 충동, 갈망 및 유혹을 줄인다.
- 물질 사용이 선택지가 되는 상황을 줄인다.
- 물질 사용에 대한 단서와의 접촉을 줄인다.
- '맑은 정신'에서 나오는 행동에 대한 강화를 증가한다.
- 맑은 정신(맑은 정신에서 나오는 행동의 강화와 통합으로 인한 정신 상태)을 경험한다.

이 모든 것이 나무에 어떻게 나타나게 되는지 복습을 해보자. 맑은 정신으로 가는 길에 있는 하위목표들은 가장 일반적으로 1단계의 일부로서 큰 가지에서 뻗어나가는 작은 가지들로 나타내게 되는데, 이는 삶의 질을 저해하는 행동의 감소를 나타낸다. 이 모든 요소들을 순차적으로 일일이 다 적어넣는 것은 번거롭지만, 1차, 2차, 3차 가지를 가진 나무 그림은 천 마디의 값어치가 있다.

DBT-SUDs 나무의 기능 가지(그림 6.3 참조)에서도 몸통에 가장 근접한 다섯 가지 기능의 가지들에서는 어떤 수정사항도 발견되지 않는다. 그러나 각 기능에서 이러한 기능을 실천하는 모드를 나타내는 더 작은 가지들로 넘어가서는 수정사항과 추가사항을

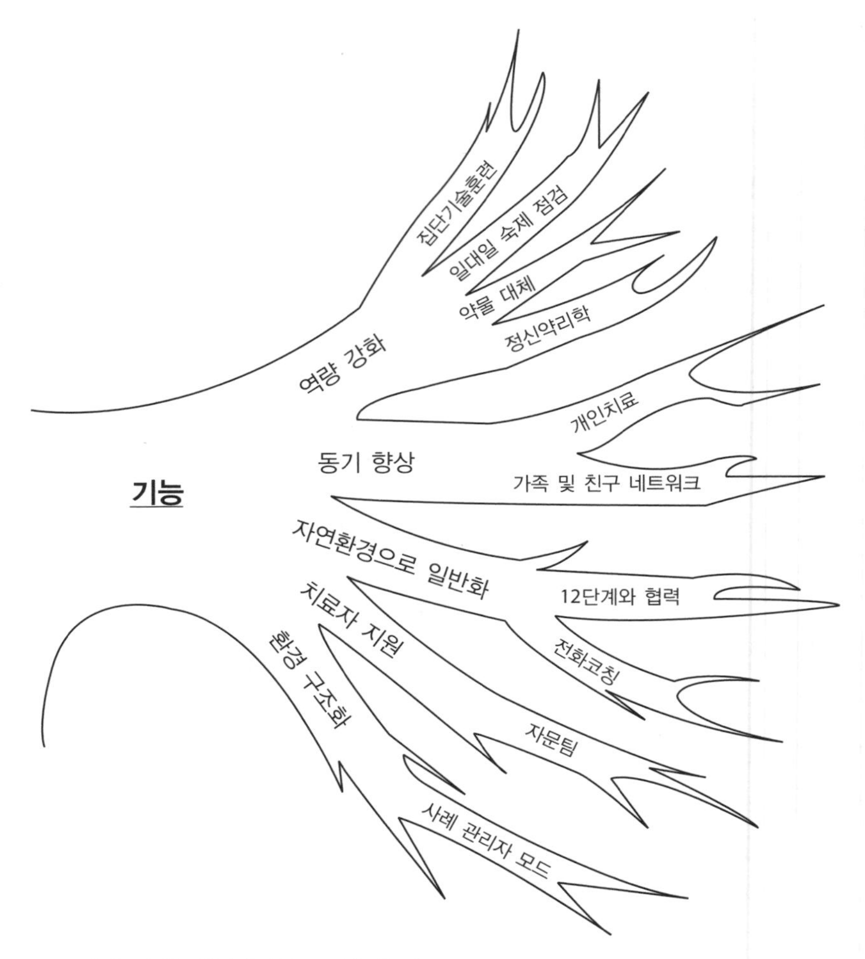

그림 6.3 물질사용장애를 위해 수정된 DBT의 기능과 모드

발견하게 된다. 예를 들어, 전형적인 기술 훈련과 정신약리학의 모드를 발견할 수 있는 '역량 강화' 가지에서 물질을 남용하는 사람들의 특유한 전형적인 특징들을 다루기 위해 기술 훈련 모드를 수정하게 된다. 리네한은 개인 보고서에서 물질사용장애 환자들 사이에서 사회불안장애가 매우 흔하게 발생한다는 점을 발견하고는 새로운 기술을 가르치는 것은 집단으로 진행하되 집단 상황에서 과제에 대한 이야기를 나누는 활동을 일대일 활동으로 대체하였다. 나아가, 헤로인 대신 메타돈이나 다른 화학 물질을 사용하는 것처럼 '물질 대체 모드'가 역량 강화 기능에 추가되었다. 또한 매뉴얼에 몇 가지 물질남용과 관련된 특수 기술들이 추가되어 집단 기술 훈련 모드에서 다루어지는 기술들

에도 수정사항이 발생하였다.

물질남용을 치료하기 위해 수정된 기능은 역량 강화 기능뿐만이 아니었다. 일반적으로 DBT 프로그램 책임자가 수행하는 치료의 구조화 기능은 사례 관리라는 다른 모드에 의해 증강되는 경우가 많다. 사례 관리자는 환자가 기능적인 삶을 구성하도록 돕는다. 또한 치료 구조에는 진행 상황을 모니터링하기 위해 사용되는 또 다른 모드인 무작위 물질 검사가 포함될 수 있다. 세 번째 기능인 자연 환경으로 기술들을 일반화하기는 보통 전화 코칭을 통해 이루어지는데, 이 기능은 알코올 중독자 갱생회와 같은 12단계 프로그램과 협력하여 주중에도 환자가 지원을 받게 도우면서 강화될 수 있다. 마지막으로, 리네한(Dimeff & Koerner, 2007, pp. 160-161)은 일반적으로 개별 심리치료 모드를 통해 실천되는 환자의 동기 강화 기능에도 몇 가지 애착 관련 전략들을 추가하였다. 여기에는 애착 문제에 대한 구체적인 오리엔테이션 제공하기, 치료 초반에 접촉을 증가하여 참여 강화하기, 치료에서 '헤매고 있는' 환자에게 적극적인 관심 보이기, 치료 초반에 환자의 중요한 가족 구성원 및 친구들과 유대감 구축하기 등이 포함된다. 분명히 이러한 부가적인 애착 전략들 중 일부는 치료 환경 구조화라는 또 다른 기능도 제공했을 것이다.

물질사용장애를 위해 DBT를 변형시킬 때, 합의 가지와 가정 및 이론 가지에서 이루어지는 수정은 비교적 경미하며, 주로 물질남용행동을 대상으로 하는 어떤 가정, 합의 및 이론 요소를 추가하는 것을 포함한다. 그러나 최종 주요 가지인 전략 가지에서는 많은 중요한 수정사항이 있다(그림 6.4 참조). DBT-SUD 전략에 대한 수정사항들에 대해서는 디메프와 코너(Dimeff & Koerner, 2007)를 참조할 것을 권장한다. 추가된 전략들은 다음과 같다.

1. 물질사용 환자가 치료자에게 가지고 있는 전형적으로 낮은 강도의 애착을 다루기 위한 애착(이와 관련된 전략은 몇 가지가 있다)
2. 금욕을 강화하기 위한 임의적 강화 전략
3. 1차 물질 사용이 재발하는 것을 줄이기 위한 물질 대체 전략
4. 물질남용행동에 적용되는 각 DBT 기술과 DBT-SUDs 매뉴얼에 추가된 여섯 가지 추가 기술에 대한 기술 훈련
5. 물질사용장애의 치료를 위해 수정된 전념 전략을 의미하는 변증법적 금욕

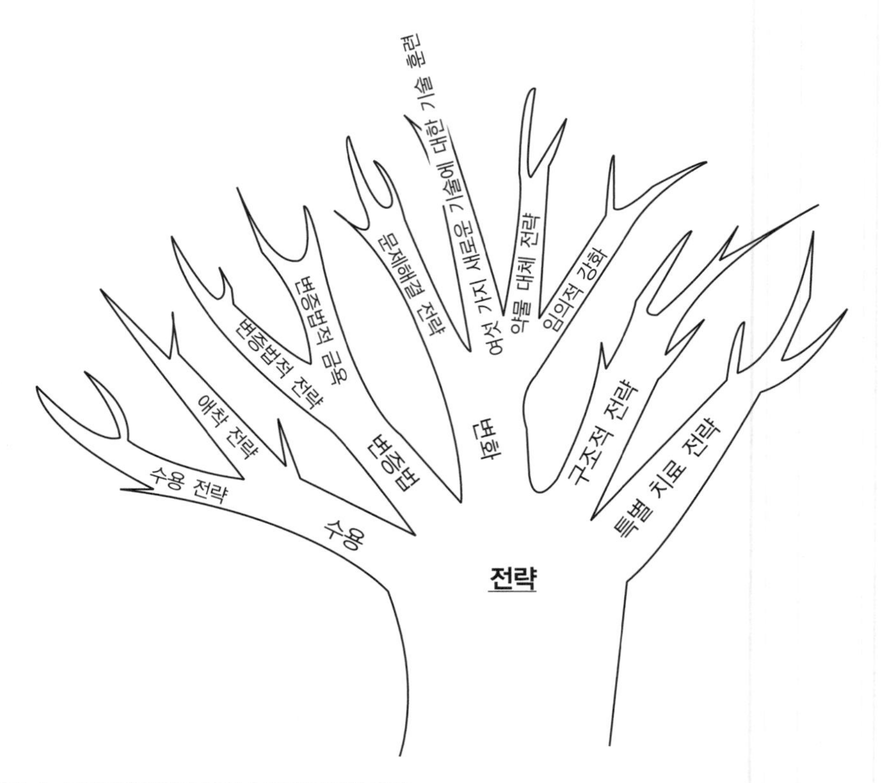

그림 6.4 물질사용장애를 위해 수정된 DBT의 전략

마치며

모두가 DBT의 전체 치료 패키지를 이런 식으로 정리하는 것을 좋아하리라고는 생각하지 않는다. 그러나 DBT에 대해 설명할 때, 모든 부분의 상호관련성을 강조하고, 프로그램 구현의 청사진을 만들고, 이 복잡한 치료법을 30분 이내로 소개할 수 있는 것은 매우 유용하다. 어떤 체크리스트를 가지고 상황을 살펴보거나, 정신 기능의 다양한 영역에 대한 정신 상태 검사를 하는 것처럼, 치료자들은 강점, 약점, 결핍 영역들을 파악하고, 프로그램을 강화하기 위한 방법을 고안해낼 수 있다. 나는 특히 DBT 구현과 사례 개념화 문제를 다루는 이 책의 뒷부분에서 나무의 은유를 다시 언급할 것이다.

제7장

목표, 단계, 목표 행동, 목표 우선순위

심한 정서조절장애가 있는 개인이 경험하는 혼돈, 위기, 공존장애에 대해 리네한이 제시한 해답은, '목표 우선순위 목록'이라고 알려진, 명확한 우선순위가 매겨져있는 서열화되고 구체적인 행동치료 목표들을 목록으로 정리하는 것이었다. 초기 회기에서 치료자와 환자는 함께 치료 의제로 사용될 환자 맞춤형 목표 우선순위 목록을 만든다. 이를 위해 수년간의 치료 개발 및 실행의 결과물인 매뉴얼(Linehan, 1993a)의 목표 우선순위 목록 양식을 참조하게 된다. 이 양식은 개별 환자의 독특한 선호, 살만한 삶의 목표, 그리고 그러한 목표의 장애물들을 중심으로 구성된다. 그리고 이 목록은 회기가 끝나고 몇 주, 몇 달, 혹은 몇 년 후에도 현실적이고 유용한 것이 될 수 있게 상당한 양의 상식이 발휘되면서 적용된다. 즉, 이 목록은 오래 갈 수 있도록 만들어져야 한다. 압박과 시간의 흐름에도 형태를 유지하고, 새로운 정보가 있을 때는 수정될 수 있을 정도로 유연해야 한다. 이 목록은 DBT의 시간적 틀이자 치료의 순차적 청사진 역할을 하며, 척추가 인간 기능에 중요한 만큼 효과적인 치료에도 중요하다. 그것이 없다면, 치료의 과정은 행동 목표보다는 감정적 우선순위에 의해 추진될 것이고, 치료는 방향을 잃고 헤맬 것이다.

목표 설정은 그만큼 가치 있는 일이지만, 목표 설정 과정이 지나치게 경직적이거나 엄격하게 기계적으로 진행되어 목표 설정의 기능보다 형태가 우선시된다면 치료에 지장을 줄 수 있다. 이 장에서 나는 DBT에서의 이러한 중요한 구조와 실천에 대해 깊고 넓은 관점을 제시하여, 치료자들이 혼돈 속에서 질서를 만들고, 긴급한 주제 속에서 치료 의제들을 순차적으로 제공하면서 동시에 환자와의 협업을 강화할 수 있도록 돕고자 한다. 먼저 표준 목표 우선순위 목록 양식의 성격을 자세히 살펴본 후, 치료자가 다음과 같은 일을 어떻게 해낼 수 있을지 살펴보겠다.

1. 환자에 대한 평가에서 해당 치료에 대한 목표 우선순위 목록의 공동 개발로 넘어간다.
2. 각 회기 시작 시 목표 우선순위 목록을 사용하여 회기 의제를 설정한다.
3. DBT의 개인치료 외의 다른 모드(예 : 기술 훈련 집단, 전화 코칭, 사례 관리 중재)에서도 모드별 의제에 대한 고유한 목표 우선순위 목록을 제공하고 모드별 목록을 개인 치료에서 만들어지고 사용되는 '전체 목표 목록'과 연결하여 구조를 제공한다.
4. DBT 프로그램의 리더로서 목표 우선순위 목록 양식을 활용하여 실행 가능하고 포괄적인 DBT 프로그램을 구성 및 유지한다.
5. DBT를 비표준 환자 집단 또는 치료 상황에 적용하기 위해서 표준 목표 우선순위 양식을 체계적인 방법으로 수정한다. 즉, 필수 요소들은 보존하되 특정 상황에 맞게 조정한다.

목표 우선순위 목록 양식

목표 우선순위 목록 양식은 DBT 나무의 맥락에서 논의된 바 있다(제6장 참조). 간략히 복습을 하면 치료에는 5단계가 있으며, 각 단계는 하나의 중요한 목표를 중심으로 구성된다. 그 중요한 목표를 달성하기 위해 치료자는 하나 이상의 구체적으로 정의된 행동 목표를 완수하기 위한 단계별 과정을 수행한다. 치료에서 어떤 지점에 와 있든, 치료자와 환자는 하나의 중요한 목표를 위해 노력하면서 특정 단계의 작업을 하며 그 단계 내의 특정 목표에 초점을 맞춘다. 명확하고 상세한 목표 목록을 갖는 것은 치료자가 한 번에 하나의 목표 행동에 초점을 맞출 수 있도록 한다. 널리 알려진 이 양식에 대해 좀 더 이야기할 때 쉽게 참조할 수 있도록 다음 상자에 양식을 제시하였다. 각 단계의 중요한 목표는 괄호 안에 표시되어 있다.

DBT 목표 우선순위 목록 양식

모든 단계에서 나타나는 목표(변증법적 통합)

- *변증법적 분석*
- *변증법적 생활방식('중도(中道)')*

사전치료 단계(구조화, 합의, 전념)

- *목표 : 치료 계획에 대한 전념 강화*

1단계(심각한 행동 통제장애 → 행동 통제)

목표 1 : 자살 및 다른 생명 위협 행동 줄이기

- 자살 및 생명을 위협하는 위기 행동
- 의도적인 자해 행동, 심한 공격적인 행동
- 자살 및 공격 사고와 표현의 현저한 증가
- 자살/살인 관련 기대 및 신념
- 자살/살인 관련 정서

목표 2 : 환자의 치료 방해 행동 줄이기

- 참여하지 않는 행동
- 비협조적인 행동
- 순응하지 않는 행동
- 다른 환자를 방해하는 행동
- 치료자를 소진시키는 행동
  - 치료자의 한계를 시험하는 행동
  - 치료자의 치료하고자 하는 동기를 줄이는 행동

치료자의 치료 방해 행동 줄이기

- 치료의 균형을 잃게 하는 행동
- 무례한 행동

치료 방해 행동의 우선순위를 정하는 방법 :

1. 치료를 파괴할 가능성이 있는 내담자 또는 치료자의 행동
2. 치료자 또는 내담자의 즉각적인 방해 행동
3. 자살 행위와 기능적으로 관련된 내담자 또는 치료자의 행동
4. 치료 밖에서의 문제 행동과 유사한 내담자의 치료 방해 행동
5. 치료에서 진전 없음

목표 3 : 삶의 질을 저해하는 행동 줄이기

- 물질남용

- 고위험성 또는 무방비적 성관계
- 극심한 재정난
- 범죄 행위
- 심각하게 역기능적인 대인관계 행동
- 취업 또는 학교 관련 행동
- 질병과 관련된 역기능적인 행동
- 기타

삶의 질을 방해하는 행동 중에서 우선순위를 정하는 방법 :

1. 즉각적인 위기를 초래하는 행동
2. 변화하기 어려운 행동보다 변화하기 쉬운 행동
   a. 능동적인 문제 해결의 신속한 강화
   b. 더 어려운 문제를 해결할 동기 강화
3. 높은 순위 목표와 기능적으로 관련된 행동(자해, 자살, 치료 방해)

목표 4 : 행동 기술 향상시키기

- 고통 감내 기술
- 정서 조절 기술
- 대인관계 효과성 기술
- 핵심 마음챙김 기술
- 자기관리 기술

2단계(소리 없는 절망감 → 고통 없는 정서 경험)

목표 5 : 소리 없는 절망감 줄이기

- 잔류 정신질환(기분장애, 불안장애, 충동조절장애 등) 감소
- 어린시절의 무효화 경험에 대한 후유증 감소
- 원치 않는 아웃사이더 지위(수치심, 민감성, 분노, 외로움) 감소
- 억제된 슬픔/공허함/지루함 감소

다음을 추구하면서

- 고통 없는 정서 경험
- 환경과의 연결감
- 본질적인 '선'에 대한 감각
- 개인적인 타당감

3단계(생활에서의 문제 → 평범한 행복과 불행)

목표 6 : 자아존중감 향상

목표 7 : 생활에서의 개인적 문제 감소

4단계(불완전감 → 자유)

목표 8 : 자유 증가

- 확장된 인식
- 절정 경험과 몰입
- 영적 충족

'치료의 집' 은유

DBT 나무처럼, 목표 우선순위 양식을 중심으로 DBT를 구조화하는 것과 관련하여 리네한이 개발한 또 다른 매우 유용한 은유가 있다. 이 양식은 환자와 함께 목표 목록을 만들고 회기 의제를 설정하기 위해 필요한 수준의 세부 정보와 질서를 치료자에게 제공한다. 치료의 집 은유는 치료자, 환자, 그리고 환자의 가족들에게 치료의 흐름을 단계별로 처음부터 끝까지 상상해보는 데 유용하다. 1990~1991년 1년간의 안식년 동안 리네한은 치료 매뉴얼과 기술 훈련서 초판을 쓰고 있었고, 그중 3개월은 뉴욕주의 화이트 플레인스에 있는 우리 병원인 뉴욕 호피스탈-코넬 메디컬센터에서 보냈다. 그녀는 아직 개발 초기 단계였던 입원환자 DBT 프로그램의 자문으로 왔었다. 그녀는 우리 집 바로 맞은편에 살았고, 매일 우리 프로그램을 찾아왔다. 그녀는 직원들과 환자들을 만났고, 우리 프로그램을 점검하고 피드백을 주었으며, 다양한 전략을 수행하는 방법을 보여주기 위해 환자들을 인터뷰했고, 때로는 우리의 기술 훈련 회기에서 도움을 주었다. 그중 한 회기에서, 환자 한 명이 마샤에게 전체 치료 과정에 대한 개요를 제공할 수 있는지 물었다. 그녀는 칠판에 'DBT 치료의 집'을 그리며 대답했다. 이것은 그녀에게는 환자의 질문에 빠르게 답하기 위한 해결책처럼 보였지만, 나에겐, 그리고 결국 우리 프로그램에게는 DBT를 소개하는 표준 도구가 되었고, 평가 과정에도 적용되었다. 이 은유는 치료 프로토콜 전체를 그려볼 수 있는 모범적인 수단이 되었다. 특히 목표, 단계 및 목표 행동에 대한 서로 다른 관점들을 논하고, 특정 환자와의 협업을 통해 목표 계층 구조에서 '자신을 찾는' 방법을 전문가적으로 보여주는 데 사용되었다. 나는 이 은유를 개발한 동일한 방식으로 몇 세대에 걸친 DBT 치료자들과 프로그램 개발자들에게 가르쳤고, 그들도 매번 이 은유가 유용하다고 하였다. 이 은유에 대한 설명을 읽으며 그림 7.1을 참조하길 바란다.

이 집의 각 다른 층들은 DBT의 목표와 단계를 나타낸다. 사전치료는 집 바로 앞에서 진행이 되며, 환자들은 집에서 일어나는 일들에 대해 안내를 받고, 합의사항과 기대되는 것들에 대해 듣고, 지하로부터 3층까지 집안 곳곳에서 일어나는 일들에 대해 전념해달라는 요청을 받는다. 치료자는 이 단계에서 계약과 전념 전략들을 사용하여 환자들이 치료에 가능한 한 강한 전념을 하도록 하는 것을 목표로 한다. 1999년 DBT 집중훈련에서 치료의 집을 가르쳤을 때 한 상상력 넘치는 참가자(에릭 톰슨)가 은유에 한 가지 요

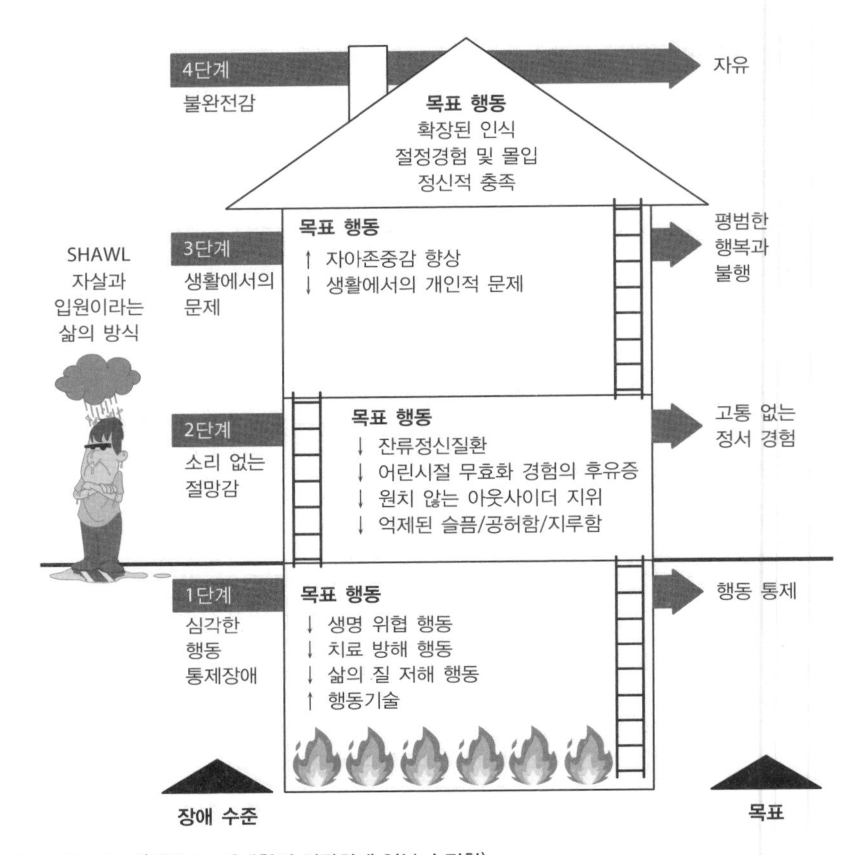

그림 7.1 치료의 집(마샤 M. 리네한의 허락하에 일부 수정함)

소를 더했다. 그는 자신을 보호하기 위해 숄을 목에 두른 채 집 바로 옆에 서 있는 사람을 그렸다. 숄이 소용없어질 만큼 집중호우가 쏟아져 집을 더욱 유혹적으로 보이게 하는 광경이다. 그는 SHAWL(Suicide and Hospitalization As a Way of Life)이라는 단어를 약자로 사용하면서 DBT를 고려하는 일부 환자들이 자살과 입원을 삶의 방식으로 사용하고 있다고 제안했다.

대부분의 환자들은 사전치료를 받은 후 지하실로 묘사되는 1단계로 넘어간다. 지하실에서 환자는 강렬한 감정 반응과 고통을 경험하고, 생명을 위협하거나, 치료를 망치거나 삶의 질을 파괴하는 행동들로 감정을 조절한다. 지하실에는 바닥에서 올라오는 불꽃이 그려져 있어 지옥에서 타오르는 경험을 상징한다. 지하실에 있는 사람들은 자해나 물질 사용과 같은 특정한 문제적 행동 패턴으로 인한 일시적인 구제만을 얻을 뿐이고,

어떤 사람들은 자살을 유일한 탈출구로 본다. 그러나 다른 탈출구가 존재한다. 바로 지하실 바닥에서 천장으로 뻗어있는 1층으로 올라가는 사다리다. 이것은 기술과 전념의 사다리다. 나는 사다리의 계단을 지하실에서 기어오르는 데 필요한 기술로, 그리고 계단을 고정시키는 2개의 레일은 그것을 고수하는 데 필요한 전념으로 시각화한다. 사다리를 타고 한 계단씩 올라가는 것은 문제 행동을 단계별로 대체하는 적응적 행동의 사용을 나타낸다. 지하에서 1층으로 올라가는 목표는 심각한 조절장애와 통제장애를 행동 조절로 대체하는 것이다. 그 사다리의 정상에 도달하는 것은 (1) 생명을 위협하는 행동을 감소시키는 것, (2) 치료 방해 행동을 감소시키는 것, (3) 삶의 질을 심각하게 저해하는 행동을 감소시키는 것, 그리고 (4) 기술의 사용을 증가시키는 것 등 1단계의 네 가지 목표 행동들을 달성했다는 것을 의미한다.

첫 번째 사다리의 정상에 오르기 위해서는 행동 통제가 필요하지만 애당초 문제 행동을 촉발시킨 고통을 없애지는 못한다. 이 때문에 많은 환자들은 지하실 사다리를 끝까지 올라가서는 극심한 고통이 여전히 남아 있다는 것을 깨닫고 지하실로 다시 내려가 최근 포기했던 문제 행동으로 돌아간다. 이 은유는 이러한 임상적 딜레마를 잘 포착해 주고, 환자와 치료자들이 사다리를 올라갈수록 '꽉 붙잡고 끗끗이 버틸(hanging on)' 필요성을 볼 수 있도록 돕는다.

환자가 집 1층에 도착하면 DBT의 2단계에 도달한 것이다. 이 단계의 목표는 엄청난 충격 없이도 강렬한 감정을 경험할 수 있는 능력을 갖추는 것이다. 2단계의 치료 과제에 참여하는 것은 고통스러울 수 있으며(예 : 어떤 경우에는 외상성 기억과 정서의 처리를 수반한다), 1단계 동안 구축된 기술과 전념의 견고한 기초 위에서 이루어져야 한다. 그렇지 않으면, 2단계의 작업은 지하실로 다시 미끄러져 내려가게 하는 결과를 초래할 수 있다. 2단계에서 기술을 쌓고 행동통제를 유지해야 할 필요성은 1층에서 사다리가 끝나는 구멍 위에 '단단한 뚜껑'을 씌우는 것으로 묘사될 수 있다.

1층에서 2층으로 올라가는 또 다른 사다리는 3단계 작업이 진행되는 곳으로 환자들을 데려간다. 2단계에서 시작되는 사다리의 성격은 고통의 주요 근원에 따라 사례마다 다를 것이다. PTSD가 1차적인 역할을 하는 경우, 사다리를 타고 올라가는 것은 노출과 대응 방지의 작업을 나타낸다. 이 작업은 에드나 포아(Edna Foa)의 장기 노출 요법을 리네한의 DBT와 통합한 멜라니 하네드(Melanie Harned)의 노력을 통해 가장 잘 정의되었다(Harned, Korslund, & Linehan, 2014). 이 2단계 치료 프로토콜에서 하네드와 동료들은 1단계 문제 행동으로 되돌아간 환자를 만나고 있는 치료자는 환자가 행동에 대한 통제감을 회복할 때까지 1단계 치료의 목표와 방법으로 일시적으로 다시 전환할 것을 권고한다.

(참고로 치료의 집의 1층은 2단계, 2층은 3단계에 해당한다는 점에서 이 은유가 약간 헷갈릴 수 있다는 점을 유의하자.)

2단계의 작업을 달성하는 환자는 고통의 강도를 낮추어 고통 없이 감정을 경험할 수 있는 능력을 키웠다. 그러면 그는 집의 2층에서 일어나는 3단계의 일에 집중할 수 있다. 3단계의 목표는 두 가지다. 자존감을 확립하거나 재정립하는 것, 그리고 삶에서 개인적인 목표 달성을 추구하는 것이다. 3단계의 치료 방법(사다리를 타고 다음 층으로 올라가는 것)은 정의가 잘 되어있지 않으며, 개별 목표의 성격에 따라 크게 달라진다. 일반적으로는 CBT 기반 평가와 문제 해결이 중심적 역할을 할 것이고, 필요에 따라 수용 지향적 접근법과 변증법에 의해 증강될 것이다. 일부 환자의 경우 3단계에서 이루어지는 문제 해결로 DBT 작업이 끝난다.

집의 3층(가장 위층)에서 이루어지는 4단계의 작업으로 넘어가는 환자는 더 큰 자유와 의미, 지속적인 기쁨을 추구한다. 4단계의 방법은 현재까지 모든 단계 중에서 가장 덜 정의되어 있지만, 마음챙김 이론과 실천에 크게 의존한다. 4단계 목표를 달성하려면 지하에서 정상까지 달성한 작업들을 정비하는 게 필요할 것이다. 지옥에서 벗어나려고 하든, 최고의 자리에 오르려고 하든, DBT의 세 가지 패러다임인 마음챙김, 행동주의, 변증법은 강력한 선택지들을 제공한다.

치료에서 이 은유를 환자에게 사용하면 치료에 대한 환자의 이해를 높여주고 동기를 부여할 수 있다. 은유를 통해 DBT가 단계 기반 치료라는 것을 쉽게 알 수 있고, 집의 각 층이 살만한 삶으로 가는 길에 필요한 단계를 나타낸다는 것을 알 수 있다. DBT에서 바로 외상기억 처리 작업을 하고 싶어 하는 행동통제장애 환자의 경우, 외상처리가 DBT에서 매우 중요하지만(2단계), 능숙한 감정 조절의 토대를 마련하는 작업부터 시작해야 한다는 것을 볼 수 있다. 치료의 각 부분들과 치료 전체를 하나의 그림으로 보는 것은 환자에게 치료에 대한 소개를 하고, 치료 전반에 대한 전념을 이끌어내는 데 유용하다.

"그림은 천 마디의 가치가 있다"는 옛 격언처럼 은유도 평가에서 중요한 역할을 할 수 있다. 입원환자 DBT 프로그램에서 우리는 새로 입원한 환자들에게 이 은유를 소개했다. 우리는 치료의 집 그림을 제시하고 환자에게 이 집에 막대 사람을 그려 자신의 위치를 나타내보라고 요청하였다. 이것은 의미 있는 통찰과 심지어 변형적인 대화로 이어졌다. 끔찍한 트라우마 이력이 있고 분열 삽화를 자주 겪으며 쇠약해진 환자 한 명은 자신을 지하실 바닥에 위치하는 것으로 그렸다. 그녀는 지하실 구석에 네모난 상자를 그리고 그 안에 자신을 그려넣었다. 그녀는 지하실이 “참을 수 없을 정도로 덥다”고 설명했고, 상자 안에서 더위를 견딜 수 있게 하는 시원한 구석을 발견했다고 하였다. 그녀는 그 그림을 자신이 끊임없이 겪고 있는 감정적 고통에서 벗어나게 되는 분열 삽화와 연관시켰다. 동시에 그녀는 그것이 일시적인 완화라는 것, 그녀가 상자 밖으로 나와도 아무런 진전 없이 여전히 지옥에 있다는 것을 알고 있었다. 우리는 시원한 분열의 상자에 들어가지 않고도 ‘열’과 괴로움을 능숙하게 견뎌야 하는 어려움에 대해서 이야기하기 시작했다.

우리 환자 중 또 한 명은 섭식장애가 있었다. 그녀는 날씬함을 추구하는 데 몰두하고 있었고 그 목표를 위해 거식증과 폭식증 행동을 사용하곤 했다. 뛰어난 대학생이었던 그녀는 심지어 좋은 성적을 받는 동안에도 자신의 강렬한 감정들과 견딜 수 없는 불완전감을 먹는 것을 통제함으로써 관리했다. 그녀의 섭식장애 행동은 때때로 걷잡을 수 없게 되어 훌륭하고 잘 관리된 대학생의 모습에서 폭식, 구토, 자살 생각, 자살 시도, 자기 무시, 충동성으로 얼룩진 모습으로 추락하곤 했다. 그녀는 병원에 실려왔고 우리의 입원 프로그램에도 두 번 참여했다. 그녀에게 치료의 집 은유를 소개하고 그 안에 있는 자신의 위치를 물어보았을 때, 그녀는 집 오른쪽에 붙어 있는 높은 직사각형을 추가했다. 그 직사각형은 폭이 좁았고, 지하실 바닥에서 2층 꼭대기까지 뻗어 있었다. 그녀는 직사각형이 지하와 2층 사이를 운행하는 유리로 만들어진 급행 엘리베이터라고 설명했다. 2층에서 그녀는 대학생으로서 뚜렷한 목표를 추구하고 있었고, 지하실에서는 자기 혐오를 동반한 정서조절장애와 행동통제장애를 경험하고 있었다. 그녀는 지하와 2층 사이를, 지옥과 대학에서의 성공 사이를 이동하는 자신의 패턴을 분명히 보여주었다. 우리는 모두 그녀가 노출과 그 외 다른 방법을 통해 자기 혐오를 포함한 고통을 치료하는 단계인 1층에는 전혀 가 있지 않았다는 것을 볼 수 있었다. 이 가시적인 삽화는 그녀가 안정감을 확립하고, 고통을 감내하는 작업과 2단계의 작업을 좀 더 할 필요가 있다는 것을 받아들이는 데 도움이 되었다.

변증법적으로 목표 우선순위 목록을 작성하기

리네한은 목표 우선순위 목록과 그것을 사용하는 방법에 대해 아주 명쾌하게 설명하였기 때문에 실제로 적용이 쉬워보일 수 있다. 하지만 일부 치료자들은 환자의 문제 행동을 양식의 올바른 위치에 넣기만 하는 것으로 특정 환자의 목표 목록을 효과적으로 작성할 수 없다는 사실을 간과할 수 있다. 목록은 DBT의 단계적 접근방식과 일치하도록 협력적으로 작성해야 하고, 환자에게 무엇이 효과가 있을지에 대한 관심과 주의를 기울이면서 해야 한다. 단순히 목표 행동 목록을 환자에게 부과하는 것은 효과가 없다. 실제로 환자와 협력하여 실현 가능한 목표 우선순위 목록을 만드는 것은 (1) 문제에 접근하는 효과적인 방법을 가르칠 기회, (2) 관계를 구축할 수 있는 기회, (3) DBT의 기본 원리들을 모델링할 수 있는 기회다. 목표 목록을 작성하는 것은 치료를 위한 '준비'가 아니라 그 자체로 치료다.

우리는 이 과정을 두 가지 다른 변증법의 합성을 찾는 것으로 개념화할 수 있다. 첫 번째는 환자의 목표들을 추구하는 것 대 환자의 문제들을 해결하는 것 사이에서 무엇이 치료 의제를 끌고 가는가에 대한 중요한 변증법이다. 두 번째는 치료자와 환자가 다양한 목표들에 대한 순서를 정할 때 나타나는 변증법이다. 치료자는 전형적으로 DBT의 우선순위 양식을 참고하여 합리적인 방식으로 우선순위를 정하는 반면, 환자는 정서적 고통을 빨리 줄일 수 있는 의제를 우선시하길 바랄 가능성이 높다. 치료자는 각 변증법에서 양쪽의 타당성을 포함하는 통합을 이루기 위해 노력한다.

첫 번째 변증법에 대해서는, 치료의 의제는 환자가 살만한 삶에 대한 목표를 추구하는 것에 의해서도 추진될 필요가 있지만, 역기능적인 행동의 순차적인 감소에 의해서도 추진될 필요가 있다. 주로 목표에 집중하면서 희망, 꿈, 그리고 실천 단계에 대해서 논하는 것은 낙관적인 분위기를 만들어낼 수 있지만, 그럼으로써 해결되어야 할 문제들이 강조되지 않을 수도 있다. 주로 문제 행동에 초점을 맞추는 것은 간결하고 세밀한 작업 의제로 이어질 수 있지만, 그럼으로써 환자가 치료의 목적이 만족스러운 삶을 만들기보다는 문제에 집중하는 것이라고 느끼게 되어 실망하게 될 수 있다. 가장 잘 만들어진 목표 우선순위 목록은 환자가 가장 아끼는 목표들과 방해가 되는 문제들을 통합한 것이다.

삶만한 삶 대화에 대해 제1장에서 자세히 설명하였듯이 나는 전형적으로 환자의 목표들을 도출하고 그것들을 탐색하면서 치료를 시작한다. 이러한 관점을 취할 때, 문제란 목표 달성을 방해하는 어려움으로 간주할 수 있다. 나는 보통 종이에 변증법을 표현한다. 가운데에 선을 긋고, 왼쪽에는 환자가 말하는 대로 목표들을 나열한다. 오른쪽에는 평가 회기와 이전 치료자가 제공한 문서들에서 확인된 모든 문제들을 나열한다. 문제 목록은 지나치게 포괄적이어서 일반적으로 다른 사람의 눈에는 보이지만 환자 본인은 자신과 관련이 없다고 생각하는 문제들도 포함하고 있다. 다음으로 환자와 나는 두 목록을 함께 보고 그에게 어떤 목표들이 가장 중요한지 밝히는 작업을 한다. 우리는 모든 문제들을 살펴보고 어떤 것이 목표 달성에 진정으로 방해가 될 것인지를 생각해본다. 이와 같이 통합은 협력적인 과정으로 이루어진다. 즉, 환자의 목표에 의해 추진되지만, 환자의 문제 행동을 표방하기도 하는 의제를 만들어낸다. 무작정 술을 덜 마시는 것보다, 자신의 구체적인 희망과 꿈을 실현하기 위해 술을 덜 마시는 것이 훨씬 더 동기 부여가 된다.

첫 번째 변증법은 치료 의제를 결정할 때 나타난다면, 두 번째 변증법은 목표의 구체적인 우선순위를 정할 때 나타난다. 한편으로 우선순위는 이 장의 앞서 제시된 양식과 일치해야 한다. 예를 들어 생명을 위협하는 행동은 치료 방해 행동보다 우선시되어야 한다. 다른 한편으로 우선순위는 고통을 줄이고 살만한 삶을 구축하려는 환자의 욕구에 맞춰져야 한다. 두 가지 접근법은 모두 유효하지만, 때로는 우선순위가 상충되는 경우가 있다. 예를 들어, 환자들이 과거의 충격적인 기억을 처리하는 것으로 치료를 시작하기 원하는 경우는 드문 일이 아니다. 그들은 이것이 모든 문제 행동의 원인이므로 즉시 해결해야 한다고 생각한다. 이해할만하다. 하지만 치료자는 환자가 감정 조절 능력을 어느 정도 습득하기 전에 외상을 너무 노골적으로 다루는 것은 역효과를 낳는 일일 수 있다는 것도 알고 있다. 치료자들은 외상의 기억들을 직접적으로 파헤치기 전에 행동 통제와 감정 조절을 더 잘할 수 있도록 하는 작업에 우선순위를 둘 것이다. 이 두 관점 사이의 차이는 쉽게 좁혀지지 않을 수 있다. 그러나 변증법적으로 생각해보면 외상 작업을 시작하고자 하는 환자의 소망에도 지혜가 있고, 동시에 기술 개발을 통해 안정성과 안전감을 확립하는 것부터 시작하고자 하는 것에도 지혜가 있다. 사례는 저마다 다를 것이다.

몇 년 전, 나는 여러 가지 문제들 때문에 부모님과 학교 상담사에 의해 의뢰된 16세 소년과 함께 치료를 시작하였다. 그의 문제는 분노 폭발로 인해 침실을 손상시키는 행동, 자해 행동, 알코올 남용, 최근 또래들로부터 소외, 문란한 성관계, 가족과의 갈등, 우울 및 학업성적 하락 등이었다. 탐색을 해보니 그의 알코올 중독이 다른 문제들에 큰 영향을 미치는 것으로 보였다. 주말이면 슬그머니 집을 나가 근처 대학의 기숙사 파티에서 때로는 기억까지 잃을 정도로 술을 마셨다. 어떻게 거기까지 갔는지 기억도 나지 않는 낯선 기숙사 방에서 깨어나거나, 캠퍼스 경찰에 의해 잔디밭에서 잠이 깨곤 했다. 그는 파티에서 싸우기도 했으며, 때때로 부모님께 거짓말을 할 정도로 심각한 부상을 입었다. 나는 그가 술을 끊는 것을 노골적으로 거부했기 때문에 예전 치료로부터 '해고' 당하기도 했다는 사실도 알게 되었다.

그는 크게 좌절하고 있었던지라 우리는 먼저 무엇이 그의 삶이 살만하다고 느낄 수 있게 만들 수 있을지에 초점을 맞췄다. 지난 4년 동안 그는 자신의 인생이 흥분, 혼란, 비밀, 자기 파괴의 끝없는 소용돌이였다고 말했고, 예전의 '긍정적인 아이'의 모습을 완전히 잃게 되었다고 했다. 그는 자신의 '긍정적인 모습'이 (그의 표현을 빌리자면) '파묻혀'졌음에도 불구하고, 능력 있는 사람이라는 이미지를 계속해서 격려하고 강화한 결과 자신이 열두 살 때 가졌던 여전히 유효한 몇 가지 목표들을 기억해낼 수 있었다. 그는 학교에서 성공하고, 더 좋은 친구들을 사귀고, 언젠가는 대학에 진학하고, 다른 사람들을 돕는 직업을 갖고 싶었다. 동시에 그는 대학 기숙사 파티에 가서 여자들을 만나고, 술을 마시고, 섹스를 하는 등 계속해서 '즐기고' 싶었다.

우리는 그의 목표들과 문제점들을 목록으로 작성했다. 우리는 한 가지 예외를 제외하고는 그의 목표 목록에 적은 대부분의 항목들과 우선순위에 대해 합의했다. 우리는 그의 음주행위에 대한 입장에서 크게 대립하였다. 나는 과한 음주가 나쁜 판단력, 고통스러운 경험, 또래로부터의 소외, 우울증, 학교 성적 하락에 크게 기여하고 있다고 확신했지만, 그는 그렇게 생각하지 않았다. "저는 술을 사랑해요. 정말 사랑하기 때문에 전 계속 마실 거예요." 그는 술에 취한 상태에서 그의 표현을 빌려 '멍청한 짓'을 하고 싶지 않다고는 했지만, 음주행위를 줄이는 것을 목표로 삼고 싶진 않았다. 다행히 우리는 통합에 도달하여 다음과 같은 목표 우선순위 목록을 추진할 수 있게 되었다.

자해와 알코올 남용 문제를 가진 환자를 위한 목표 우선순위 목록

사전치료 단계 : 전념 증진하기

- 살만한 삶에 대한 초점 강화하기
- 치료 계획에 대한 전념 강화하기

1단계 : 행동 통제와 안정성 증가하기

- 자해 행동 줄이기
- 치료 회기에 대한 우수한 참석률 유지하기
- 치료자와의 협력 행동을 늘리기
- 기술 집단 회기에 대한 우수한 참석률 유지하기
- 침실을 파손하는 분노 폭발을 줄이기
- **(음주 행동량 줄이기)**
- **'멍청한 짓' 그만하기**
  - **음주운전 하지 않기**
- **성관계와 관련하여 나쁜 선택하지 않기(특히 술에 취했을 때)**
- 학교 출석률과 성적 강화하기
  - 대학에 대한 정보 수집 시작하기
- 우정의 양과 질 향상하기

2단계 : 감정을 적응적으로 경험하는 능력 강화하기

- 앞으로 구체화해야 할 부분임

이것이 목표와 문제를 통합하고, 환자의 '의제'와 나의 것을 통합한 우리의 초기 '잠정적 목표 우선순위 목록'이었다. 합의가 잘 되지 않은 부분은 굵은 글씨체로 되어 있다. '음주량 줄이기'도 목록에 포함시키기로 합의했는데, 괄호 안에 넣는 것은 내가 제안했지만 그는 동의하지 않은 목표라는 것을 나타낸다. 우리는 '멍청한 짓' 그만하기도 포함시켰는데, 그는 이런 행동을 멈추고 싶었지만, 음주를 전혀 줄이지 않은 채 하고 싶었다. 실제로, 우리는 그의 음주 행동을 공식적인 목표로는 삼지 않지만 계속 그에 대한 평가는 진행해보기로 합의했다. 우리는 음주 행동이 다른 목표 행동들에 미치는 영향을 모니터링하기로 했다.

두말할 나위도 없이, 그의 과도한 음주 행동을 직접 목표로 삼지 않고서 '멍청한 짓'을 그만두는 목표를 달성하기란 매우 어려운 일이었다. 하지만 그것이 바로 우리가 한 일이다. 나는 우리가 사람들이 술을 마시면서도 멍청한 짓을 하지 않도록 도와줄 수 있는 치료법을 개발하면 엄청난 돈을 벌 수 있을 것이라고 말하면서 그를 놀렸다. 우리는 그가 파티에서 술을 마시면서 멍청한 짓을 그만할 수 있게 '작은 매뉴얼' 같은 일련의 지침들을 개발하기 시작했다. 우리는 그의 음주 삽화를 세 부분(파티 전, 파티 중, 그리고 파티 후)으로 세분화하여 각 부분에 대한 전략과 기술을 고안했다. 나는 다음 두 가지 조건이 충족되어야만 이 계획을 유지할 수 있을 거라고 했다. (1) 음주 운전을 하지 않을 것이고, (2) 3개월 후에도 '멍청한 짓'을 하는 것에 변화가 없다면 치료를 중단하겠다는 조건이었다.

그는 두 가지 조건에 모두 동의했고 열심히 한번 도전해보고 싶은 것처럼 보였다. 그는 자해 행동을 거의 즉시 완전히 중단했고, 개인 및 집단 회기에 충실히 참석했으며, 학업 성적도 향상되었다. 그는 '멍청한 짓'을 계속했고, 음주 행동에는 변화가 없었으며, 3개월 후에도 이 패턴에는 변화가 거의 없었다. 나는 그에게 우리가 동의한 대로 이제 치료를 중단해야 한다고 말했고, 그는 슬퍼했다. 종결 후 우리는 만나지 않았고, 3개월 정도가 지난 시점에서 그는 나에게 전화해서 이렇게 말했다. "찰리, 전 알코올 중독자가 맞는 거 같아요. 다시 치료받으러 가도 될까요?" 우리는 그의 알코올 중독에 대한 작업을 시작했다. 몇 달 안에 그는 술을 끊었고, 알코올 중독자 모임에 참석했고, 학교에서 좋은 성적을 거두고, 대학을 알아보기 시작했다. 심리치료에서 그는 비밀스럽고 반항적인 물질중독적 생활방식을 채택함으로써 자신을 받아들여주지 않은 가족-사회적 맥락에 대응해온 방식을 다루었다.

돌이켜보면, 사전치료 단계를 어렵지만 솔직하게 진행한 것이 이 치료의 성공 기반을 마련했다고 생각한다. 묻혀 있던 예전 희망과 꿈에 대한 그의 기억을 되살린 살만한 삶 대화를 나누고, 신중하고 변증법적인 과정을 통해 목표 우선순위 목록을 만들었다. 무엇을 목표로 할지, 어떤 순서로 할지에 대한 우리의 차이는 투명했다. 우리가 정착한 목표 목록은 우리 둘 다 "우리 것이다"라고 할 수 있는 통합을 의미했고, 치료가 진행되면서 치료 의제는 분명해졌다. 우리는 음주 행동에 대해 반대하기로 합의하였다. 그렇지만 음주 행동에는 특별한 지위를 부여하여 직접적인 목표로 하지는 않지만 계속 모니터링하기로 합의하였다. 시간 제한이 있는 조건을 설정하였고, 그는 결국 대화가 아닌 경험을 통해 자신의 음주 행동을 목표 행동으로 다뤄야 한다는 확신을 갖게 되었다. 만약 우리가 우리 사이에 존재하는 차이를 인정하지 않고, 목표 우선순위 목록에서 통합을 시도하지 않았다면, 그 차이는 쉽게 대치 상황으로 이어져 그는 이전처럼 치료를 조기 종결했을 것이다.

목표 우선순위 목록을 사용하여 회기 의제를 세우기

DBT는 기업과 닮았다. 각 환자가 가지고 있는 살만한 삶에 대한 이미지는 우선순위에 따라 단계적으로 추구되는 치료 목표들로 구성된 '전략적 계획'으로 세분화된 장기적인 '강령(mission statement)' 역할을 한다. 매주 진행되는 치료 회기에서는 특정 행동 목표에 대한 작업이 실행되고 모니터링된다. 치료 회기의 의제는 현재 가장 우선순위가 높은 목표들에 기반하여 정해진다. 각 회기가 시작될 때마다 치료자는 환자들과 협력하여 목표설정 과정에서 의제를 정한다.

약 30초에서 몇 분 정도 인사를 나누고 짧지만 중요한 체크인을 한 후 치료자는 환자에게 관찰 일지를 요청한다. 이 일지는 환자가 기술 사용을 포함하여 자신의 목표 행동에 대해 매일 작성해야 하는 기록지이다. 즉, 해당 주의 '성적표'라고 할 수 있다. 관찰 일지를 점검하는 효과적인 방법이 따로 있다. 관찰 일지 점검은 회기를 열어주는 역할을 할 뿐 아니라 '관찰 일지 치료'를 할 수 있는 기회를 제시한다. 즉, 치료 원리들을 모델링하고 치료 관계를 강화함으로써 의미 있는 활동에 환자를 참여시킨다. 행동 원리와 일관되게, 점검은 단련된 방식으로 목표 중심적이고 실용적으로 진행되어야 한다. 즉, 더 큰 목표를 염두에 두고, 정확하게 기억해내고, 지속적으로 자신을 모니터링하며, 과제 수행 행동을 신뢰성 있게 강화하는 집행 기능을 실천할 수 있는 실험실 활동이 되어야 한다. 또 이 활동은 수용 원리에 따라 치료 목표에 대한 주의력을 고취시키고, 목표 행동을 초래하는 고통을 타당화하며, 궤도에 머무르는 어려움을 타당화하고, 관찰 일지를 작성할 수 있는 환자의 역량을 응원할 수 있는 절호의 기회다. 치료자가 변화와 수용 원리들 사이에서 균형을 맞출 수 있고 필요에 따라 변증법적 개입을 할 수 있다면 관찰 일지 점검은 치료 관계를 더욱 돈독하게 할 수 있다. 사실 치료자가 조용히 일지를 검토한 후 회기 의제를 제안하는 과정으로 진행되는 게 다소 흔한 일이지만, 효과적으로 하려면 점검 과정 전반에 환자를 적극적으로 참여시킬 필요가 있다. 시간이 흐르면서 매일 관찰 일지를 완성하고 매주 검토하는 과정은 일관성과 문제 해결을 위한 인프라를 만들어준다. 관찰 일지는 가정생활, 학교생활, 직장생활 중 해내야 하는 부담스러운 과제들과 유사하게 느껴져서 감정조절장애가 심한 사람들에게는 매우 도전적일 수 있다. 만약 환자가 일지를 효과적으로 작성하지 못하거나 혹은 전혀 완성하지 못한다면, 치료자는 즉석에서 어떤 문제 행동들이 이러한 결과를 초래하는지를 평가하고 치료할 수 있는 기회로 삼을 수 있다.

관찰 일지를 검토한 후, 치료자는 회기의 의제를 정하는 것으로 넘어가는데, 이것은 "오늘 우리는 어떤 목표(들)를 다룰까요?'라는 질문에 대답하는 방법이다. 예를 들어, "여전히 자해 행동을 통제하기 위해 노력하고 있으니 수요일에 있었던 자해 사건으로 이어진 요인들을 평가해보고 다뤄볼까요?"라고 말하면서 회기 의제에 대한 이야기를 시작할 수 있다. 그러고 나서는 "오늘 더 이야기해보고 싶은 게 있나요?"라고 덧붙일 수 있을 것이다. 치료자와 환자는 관찰 일지에 보고된 행동들, 그 주의 자문팀 회의에서 환자의 다른 치료 모드에 대해 들었던 정보, 그리고 환자의 추가적인 바람 등 다양한 요인에 의해 추진되는 회기 의제를 생각해낼 것이다. 치료 목표 우선순위 목록에 기반하여 다뤄야 하는 것과 환자가 다루고 싶어 하는 것을 포함한 두세 가지 의제와 그 우선순위를 정하게 된다. 일단 의제가 정해지면, 우리는 회기의 첫 번째 목표에 대한 작업으로 넘어가는데, 이것은 주로 행동 사슬 분석으로 시작된다. 물론 회기 과정에서 더 많은 정보를 알게 되어 오늘의 목표 목록에 다른 항목을 추가하거나 의제에 있는 목표들의 우선순위를 변경하는 상황이 발생할 수 있다.

치료가 몇 달 동안 진행되면, 목표 목록은 새로운 관심과 주의를 요한다. 우선순위는 일부 목표들이 달성되고, 새로운 목표가 추가되며, 더 많은 정보가 밝혀질수록 바뀔 수 있기 때문에 수시로 검토될 필요가 있다. 예를 들어, 치료의 초반에 과도한 물질 사용은 삶의 질을 저해하는 행동으로서 목표가 되었을 수 있지만, 환자가 회기에 취한 상태로 온다는 것을 알게 된다면 이 행동은 치료를 방해하는 행동의 범주에 포함되면서 목표 목록에서 우선순위가 높아질 수 있다. 또 만약 환자의 자살이나 살인 충동이 물질 사용과 연관되어 있다는 것이 밝혀진다면, 생명을 위협하는 행동 범주로 우선순위가 더 높아질 것이다. 관찰 일지 사용, 합의된 내용 준수, 관찰 일지 점검 종료 시 공식적인 목표 설정 등 DBT의 구조적 측면은 치료 과정 중 방향을 잃게 될 수도 있다. 이런 구조들은 관계가 새롭던 초기에는 엄격하게 유지되기 쉽지만 환자와 치료자 사이에 친숙함이 커지면서 점점 더 유지하기 어려울 수 있다. 양 당사자는 회기마다 해야 할 일들을 잘 '알고 있다'는 느낌을 받게 되면서 구조들을 쉽게 퇴색시킬 수 있다. 치료의 구조를 유지하는 것은 때때로 양쪽을 괴롭히는 일종의 단련을 필요로 한다. 내 경험상, 그런 단련은 종종 좋은 결실을 맺게 한다. 치료자와 환자 사이의 강한 애착은 DBT에서도 중요한데, 구조가 관계에 방해가 된다는 생각은 하지 않아도 된다.

나는 해외에서 사는 동안 폭력배와 결혼하게 된 젊은 여자를 치료한 적이 있는데, 그곳에서 그녀는 폭력배들에게 학대를 당하고 남편에게도 신체적 학대와 심지어 고문까지 당했다고 하였다. 그녀는 남편과 폭력배들로부터 탈출했고 이로 인해 큰 위험에 처하게 되었다. 그녀는 내가 일하고 있던 지역으로 이사를 오면서 나와 치료를 시작하게 되었다. 그녀는 침투적 기억, 악몽, 수면장애, 과잉 각성(이것은 현실적으로 보였다), 그리고 아파트를 떠나는 것에 대한 강렬한 두려움 등의 PTSD 증상들이 있었다. 그녀는 매일 자신의 팔을 그었다. 또 자신의 감정을 조절하기 위해 마리화나, 코카인 등 물질을 사용했다. 당연히 그녀는 사람들을 불신하는 경향이 있었고, 그 불신의 대상에는 나도 포함되어 있었다. 평가의 마무리 단계에서 우리는 그녀의 삶의 목표와 문제 행동을 살펴보면서 다음과 같은 치료 목표 우선순위 목록을 작성했다.

PTSD, 자해 행동, 물질남용 환자를 위한 목표 우선순위 목록

사전치료 목표

- 치료 계획에 대한 전념 강화

생명 위협 행동 줄이기

- 자해 행동 줄이기

치료 방해 행동 줄이기

- 치료자와 정보를 공유하려는 의지 강화하기

삶의 질을 저해하는 행동 줄이기

- 코카인 사용 줄이기
- 마리화나 사용 줄이기
- 공동체 생활을 회피하는 행동 줄이기
- 안전한 사회적 관계 늘리기
- 구직 활동에 힘쓰기

기술 단련하기

- 고통 감내, 감정 조절, 대인관계 효과성, 핵심 마음챙김 기술 단련하기
- 자기 관리 기술 단련하기

외상 후 스트레스 줄이기

- 안전한 단서에 대한 강렬한 공포 반응 줄이기
- 단서의 회피 및 탈출 행동 줄이기
- 다른 사람의 안전하지 않은 행동을 탐지할 수 있는 능력 키우기
- 외상 단서를 인식할 수 있는 능력 키우기

짧은 시간 내에 환자는 1단계로 충분히 진입할 수 있었다. 1단계는 자해 행동을 목표로 하는 것으로 시작되었다. 그녀는 자신의 PTSD를 치료할 수 있다는 기대로 인해 치료 동기가 높았다. 그녀는 PTSD를 치료하기 전에 1단계 목표들을 다뤄야 한다는 점에 대해 처음에는 동의하지 않았지만, 치료의 집 은유로 치료에 대해 소개하였더니 그제야 단계별 치료 계획을 이해하고 수용하는 것처럼 보였다. 나는 이미 1단계에서 그녀의 PTSD 측면들이 드러날 것이고 그때마다 다룰 것이라고 말해주었고, 외상 관련 행동에 대한 모든 1단계 작업들은 2단계의 핵심이 될 노출 치료를 위해 그녀를 준비시켜줄 것이라는 점을 강조하였다. 행동 사슬 분석으로 그녀의 자해 행동의 통제 변수들을 평가한 약 6주간의 치료 후, 그녀는 더 이상 자해하지 않는다고 보고했다. 나는 일단 그녀가 외상 기억을 다루거나 다른 것들에 대해 자세히 이야기하기 전에, 우선 자해 행동을 그만둬야 한다는 것을 이해하게 된 것이 자해를 하지 않을 능력을 강화시켰다는 인상을 받았다. 치료자가 목표의 우선순위를 지키는 일에 단련이 되어 있을 때 이런 종류의 변화는 드문 일이 아니다.

돌이켜보면, 우리의 다음 목표('치료자와 정보를 공유하려는 의지 강화하기')는 가장 달성하기 어려우면서 가장 중요한 목표였다. 그녀는 나에 대해서 좋은 말들을 많이 했고, 치료에 기꺼이 참여하려는 듯한 태도를 보였지만, 나에 대한 그녀의 불신은 깊고 강한 것으로 드러났다. 그녀는 자신의 치료에 핵심적인 정보를 숨겼다. 그녀는 실제로 계속 자해를 하고 있었지만 관찰 일지에 거짓말을 하였다. 그녀는 중단했다고 했지만 계속해서 물질을 사용하였다. 그리고 그녀는 자신의 공동체에 건설적으로 관여하고 있다고 과장해서 말했다. 그녀가 나에게 이야기해준 내용과 그녀의 실제 행동 사이에는 상당한 괴리가 있었다. 그녀는 우리가 목표로 한 행동들을 바꾸지 않았다. 나와의 협업을 늘리기로 한 목표를 중심으로 치료는 탄력을 잃어갔다. 이 교착 상태는 몇 달 동안 계속되었고, 우리는 둘 다 지쳐갔다. 그녀는 2단계로 넘어가 자신의 PTSD를 치료하기를 원

했지만, 그녀가 1단계 목표 행동에 대한 작업을 보류했기 때문에 우리는 그럴 수 없었다. 나는 우리가 이 난국을 극복하고 2단계의 작업을 그냥 시도해봐야 할지에 대해 생각하기 시작했다. 우리가 외상 반응의 처리로 넘어가서 신뢰를 쌓고 그 분야에서 진전을 이루려고 노력하면 그녀가 1단계 목표에 대해 좀 더 정직해질 수 있을까 궁금했다. 나의 자문팀은 이러한 나의 생각을 들어주고 내가 느끼고 있는 좌절감을 타당해주었지만, DBT를 실천하기 위해서는 목표 우선순위를 준수해야 한다고 지적했다. 물론 나도 알고 있는 사실이었지만, 그들이 그 사실을 따뜻하게 상기시켜준 것이 내가 그 과정을 계속할 수 있도록 하였다. 그녀가 나에게 정보를 숨겼다는 게 증명되었기 때문에 나는 그녀의 불신에 더욱 초점을 맞추었다. 회기에서 진실을 숨기는 행동의 선행사건과 결과들을 분석하면서 나에 대한 그녀의 불신의 근원이 더욱 선명하게 드러났다. 여기에서 가장 중요한 사실은, 그녀의 비협력적인 행동이 해결될 때까지 내가 움직이지 않으리라는 것을 그녀가 깨닫게 되자, 그녀는 자신만 알고 있던 중요한 정보를 밝혔다는 것이다. 그녀는 아버지와 함께 살고 있었는데, 아버지는 자신이 나와 주기적으로 통화를 했다며 몇 달 동안 그녀에게 거짓말을 해온 것으로 드러났다. 그는 그녀가 어떻게 '행동해야 하는지'에 대한 나의 '진정한' 의견이 무엇인지 말해주면서 그것을 그녀에게 불리하게 사용하고 있었다. 아버지에 대한 두려움은 그녀로 하여금 그에게 도전하지 못하게 했고, 또 만일 내게 도전하게 되면 아버지가 했던 말들이 옳았다는 것이 밝혀질까 봐 두려웠기 때문에 그녀는 아버지가 나에 대해 한 말을 내게 절대로 말해주지 않았던 것이다. 일단 이 사실이 드러나고 내가 이 문제에 대해 여러 가지 사실을 분명히 할 수 있게 되자, 신뢰는 상당히 빠르게 형성되었다. 또한 이 작업은 그녀가 자신의 아버지를 더 정확하게 볼 수 있도록 도왔다.

요컨대, 이 사례는 목표 우선순위 목록이 치료가 진행되는 동안 계속해서 유지해야 하는 구조여야 한다는 것을 보여준다. 이 구조는 분명히 변증법적 긴장감의 산물이자 치료 중 변화될 수 있으며 어느 정도 융통성 있게 사용될 수도 있다. 하지만 그럼에도 목표 우선순위 목록은 의제를 설정하고 진행상황을 모니터링할 때 사용할 수 있는 안정적이고 신뢰할 수 있는 형식이다. 잘 모르는 길을 갈 때 도로 지도나 GPS를 가져가듯 DBT 치료자는 이 구조를 잘 붙들고 있어야 한다. 하지만 예상치 못한 장애로 경로를 변경해야 하는 등산객처럼, 치료자는 대안 경로가 생길 때 유연성을 유지한다. 이것은 치료라는 여행에서 치료 관계를 돕는 중요한 도구이지 통제하는 도구가 아니다. 그 균형을 찾는 것이 바로 임상적 예술이다.

목표 우선순위를 사용하여 DBT의 다른 모드를 구조화하기

치료의 다섯 가지 기능을 모두 포함하는 종합 DBT를 제공하는 것은 여러 가지 치료 모드를 제공하는 것을 의미한다. 그중 하나는 개별 치료인데, 이 모드의 주요 기능은 환자의 동기를 향상시키는 것이다. 이 장에서 지금까지 논의된 목표 우선순위 목록은 개별 치료를 구조화하는 데 사용된다. 표준 외래환자 DBT에서처럼 개인 치료자가 전체 치료의 '공격수'인 경우, 그의 목표 목록은 전체 치료를 구성하는 주요 목표 목록으로 간주될 수 있다. 개인 치료자는 자문팀의 든든한 지원을 받으면서 치료 전반과 1차 치료 목표의 후견인 역할을 한다.

그러나 치료의 다른 기능은 다른 치료 모드에서 수행된다. 예를 들어, 환자의 능력을 향상시키는 기능은 기술 훈련 집단에서 다루어진다. 환자가 자연적 환경에서 기술을 일반화할 수 있도록 도와주는 기능은 전화 코칭 모드에서 일어난다. 치료자의 역량과 동기부여를 강화하는 기능은 자문팀 모드의 중심이 된다. 이러한 각각의 모드는 개별 치료자의 광범위한 의제보다 구체적인 의제를 가지고 있으며, 훨씬 더 간결하고 집중적인 목표 우선순위 목록을 가지고 있다. 각 모드는 개별 치료자의 목표 우선순위 목록과는 별개지만 관련성이 있는 고유의 목표 목록을 중심으로 구성된다. 모드별 목표 우선순위 목록을 고수하면 해당 모드의 의도한 기능을 중심으로 작업을 진행해내갈 수 있게 된다.

모드별 목표 목록을 구성하고 사용하는 방법에 관한 몇 가지 원리를 설명하기 위해 기술 훈련 집단의 목표 우선순위 목록을 살펴보려고 한다. 우선순위에 따라 기술 집단을 이끄는 치료자의 세 가지 목표는 다음과 같다.

1. 치료(즉, 기술 집단)를 망칠 가능성이 있는 행동을 감소한다.
2. 기술 습득과 강화를 증가한다.
3. 치료 방해 행동을 감소한다.

첫째, 두 번째 목표인 '기술 습득 및 강화 증가'가 이 모드의 주요 기능이라는 점에 주목하자. 만약 집단 리더가 선호하는 활동이 있다면 그녀는 그 활동에 집단 시간의 100%를 할애할 것이다. 잘 진행되고 있는 집단에서는 그렇게 하는 것이 거의 언제나 가능하다. 그것보다 우선순위가 높은 유일한 목표는 첫 번째 목표인 '치료를 망칠 가능성이 있는 행동을 감소'하는 것이며, 이것은 반드시 최우선으로 다뤄져야 한다. 집단 내 환자가 집단 기술 훈련 과정에 파괴적인 방식으로 행동하여 DBT 기술을 습득하고 강화할 수 있는 모든 이들이 기회를 망친다면, 그러한 행동은 제거될 때까지 다루어져야 한다. 언젠가 기술 집단에서 조증 행동을 보이는 조울증 환자를 만난 적이 있었다. 그는 모든 수업 주제와 모든 집단원에 대해 흥분했고 집단이 자신의 삶을 바꿀지도 모른다는 가능성에 대해 열광하였다. 그는 멈추라고 해도 말을 멈추기를 힘들어했다. 당연히 이런 행동은 다른 환자들이 나나 서로에게서 배울 수 있는 가능성을 파괴하였고, 심지어 그가 그럴 때마다 논리적으로 생각할 수 있는 능력이 사라지는 것 같았다. 집단 내에서 지나치게 말을 많이 하는 그의 행동을 제거하거나 줄이는 것은 가장 높은 우선순위의 목표가 되었다. 몇 번의 경고와 요청에도 불구하고 환자는 계속 수다를 떨었다. 그래서 우리는 한편으로는 기술을 배우고자 하는 그의 욕구를 존중하고, 또 한편으로는 기술을 배우려는 집단의 욕구를 보호해주는 변증법적인 개입을 찾아냈다. 우리는 원 밖에 의자를 놓고 그것을 '침묵 의자'라고 불렀다. 내가 그에게 요청을 하면 그는 벽 쪽에 있는 의자로 옮기기로 합의했다. 침묵의 의자에 앉아 있을 때는 아무 말도 하지 않기로 했고, 말을 더 잘 억제할 준비가 되어 있다고 생각했을 때 다시 집단의 원으로 들어갈 수 있었다. 이 방식은 효과적이었고, 나는 모든 집단원들에게 DBT 기술을 가르치고 강화하는 작업으로 돌아갈 수 있었다.

정서조절장애가 있는 환자가 속한 기술 집단을 이끄는 것은 어려울 수 있다. 집단 리더는 수동성, 사회적 불안감, 정서적 반응성을 마주하게 되는데, 이로 인해 교란, 관성, 긴장, 갈등이 발생할 수 있다. 이러한 집단은 수업 형식으로 진행되기 때문에 집단 내 문제 행동을 언어적으로 처리할 여지가 거의 없다. 따라서 집단 치료자는 구조와 추진력을 유지하는 데 주의를 기울여야 한다. 위에서 다룬 내용은 그룹 치료자가 파괴적인 집단 행동을 줄이거나 제거하기 위해 신속하고 확실하게 개입하는 데 도움이 될 것이다. 그러나 기술 습득과 강화보다 우선순위가 낮은 세 번째 목표는 치료 방해 행동을 줄이는 것이다. 즉 집단을 파괴하는 행동의 범주와 구별되는 치료를 방해하는 행동의 범주가 있고, 그것은 세 가지 목표 중 가장 낮은 우선순위라는 것이다.

내가 진행했던 첫 번째 기술 집단에는 그리 밝지 않은 방에서 선글라스를 낀 채 의자를 돌려 나와 집단을 외면하는 젊은 여자가 있었다. 직접 그녀를 지목할 때도 그녀는 침묵을 지켰다. 나는 그녀의 행동이 치료를 파괴하는 것인지 아니면 치료를 방해하는 것인지 결정해야 했다. 그녀의 행동은 나의 가르치는 능력과 다른 환자들의 배우는 능력을 파괴하고 있는가? 그렇다면 즉각적인 행동 변화를 주장할 수밖에 없었다. 하지만 이 경우, 치료를 파괴하는 행동은 아니었다. 그 행동이 그녀 자신의 학습 과정을 방해하고 있었는지는 모르겠다(그러나 사실 그녀는 조용히 집단과 떨어져 있는 동안에도 내내 배우고 있었다). 이것은 매우 중요한 결정이고, 실제로 주기적으로 발생한다. 집단 내 문제 행동의 대부분은 치료 파괴 행동이 아니라 치료 방해 행동이다. 대부분의 치료 방해 행동의 경우 집단 리더는 이를 무시함으로써 행동을 소거한다. 가장 대표적인 치료 방해 행동은 눈알 굴리기, 낙서하기, 침묵하기, 연습 과제 완수하지 않기, 역할극 참여 거부하기, 관심 없어 보이기, 집단원들의 사기를 떨어뜨리지는 않지만 DBT나 집단 리더 비난하기 등이다.

집단 리더가 주어진 행동을 치료 파괴 행동으로 보는지 아니면 치료 방해 행동으로 보는지는 개인적인 문제가 될 수 있다. 예를 들어, 특정 행동 패턴이 집단 리더의 개인적 한계를 시험하고, 리더가 효과적으로 가르칠 수 없을 정도로 그를 산만하게 한다면, 그것은 치료 파괴 행동이 된다. 하지만 같은 행동 패턴이 다른 집단 치료자에게는 덜 어려운 문제가 될 수도 있다. 나는 시간이 갈수록 내가 생각하는 집단 파괴적 행동이 무엇인지 더 명확해졌고, 그러한 행동 패턴에 신속하고 단호하게 개입하는 데 더욱 익숙해졌다. 또 치료 방해 행동들은 무시할 수 있게 되었다. 그러면서 나의 집단들은 더욱 원활하게 진행되었다. 집단에서 일어나는 치료 방해 행동을 그 순간에는 무시를 하더라도, 그것이 지속된다면 해당 환자에게 개별 치료에서 이 행동에 대한 작업을 할 것을 요청할 수 있다는 점을 기억하자. 일반적으로 집단에서 지속적으로 일어나는 치료 방해 행동은 집단 형식에서는 가장 낮은 우선순위의 목표가 될 수 있지만, 개인 치료자의 목표 우선순위 목록에서는 다소 높은 수준임을 명심하자. 전화를 통한 짧은 기술 코칭을 구성하는 데 사용되는 우선순위 목표들은 집단을 구성하는 데 사용되는 것들과 유사한 역할을 한다. 개별 치료자가 환자에게 걸려온 전화 통화의 의제를 설정하고 유지하기 위한 세 가지 목표는 다음과 같다.

1. 자살 위기 행동을 줄인다.
2. 기술의 일반화를 증가시킨다.

3. 치료자와의 갈등, 소외감, 거리감을 줄인다.

기술 훈련 집단을 위해 우선순위 목표들을 사용하는 것과 마찬가지로, 두 번째 목표는 이 모드의 중심 작업이 된다. '완벽한' 전화 통화는 현재 진행 중인 위기 상황에서 어떻게 기술을 일반화할 것인가에 전적으로 초점을 맞출 것이다. 그러나 만약 환자가 잠재적으로 높은 치사율을 가진 자살 위기 행동 삽화를 경험하고 있다면, 기술을 일반화하는 것은 자살 위험 평가나 자살 위기 프로토콜을 실시하는 것에 비해 일시적으로 덜 중요해진다. 위기가 충분히 다루어진 후에 치료자는 고위기 상황에서 사용할 수 있는 기술 코칭으로 바로 돌아갈 수 있다. 세 번째 목표는 환자가 치료자와의 관계에서 갈등, 소외감, 거리감을 느끼는 문제 상황에 환자와 치료자 모두의 초점을 맞춘다는 점을 볼 수 있다. 리네한(1993a, pp. 189, 501)에 따르면, 만약 그 통화가 자살 위기나 기술 일반화에 도움을 요청하는 것이 아니라, 치료 관계에서의 문제를 논하기 위한 연락이라면, 그에 대한 대응은 거리감을 느끼게 된 사건을 겪은 두 친구가 통화하듯 간단한 전화 통화가 되어야 한다. 전화 통화로 해결이 안 되면 다음 상담 시간에 치료자가 다뤄주면 된다.

입원환자 DBT 프로그램을 개발했을 때, 모드별 목표를 연구하면서 배운 교훈들은 직원들의 업무를 구조화하는 데 아주 큰 도움이 되었다. 입원환자 프로그램에는 표준 외래환자 DBT 치료에는 없는, 그래서 매뉴얼에서 다루지 않는 여러 가지 모드가 있다. 간호직원들이 5, 10, 15분 동안 환자와 체크인을 위해 만나는 것은 '체크인 모드'로 개념화했다. 내가 '커뮤니티 모임'에서 입원병동 전체를 만나는 것은 '커뮤니티 모임 모드'로 개념화했다. 나는 '병동 책임자'라는 내 직업조차도 '병동 책임자 모드'라고 생각했다. 그리고 각각의 경우에, 우리는 그 모드의 주요 작업으로 시작하고, 또 그 모드의 관점에서 그 모드의 다른 목표들과 그 목표들의 우선순위들을 정했다. 우리는 입원환자 체크인을 외래환자 DBT에서의 전화 통화와 기능적으로 유사하다고 보았다. 기술의 일반화는 체크인 모드의 중심 작업이었다. 우리는 세 가지 목표를 명시했는데, 두 번째 목표가 '환경으로의 기술의 일반화를 증가시키기'였고 이 모드의 주된 작업이었다. 전화 코칭의 상황과 유사하게 가장 높은 목표는 자살, 살인 또는 병동 파괴 행동과 같은 즉각적인 위험을 초래하는 행동이었다. 우리는 그것들을 하나의 범주로 묶고, '매우 나쁜 행동(egregious behaviors)'이라고 불렀다. 체크인의 세 번째 목표는 전화 통화의 세 번째 목표와 거의 유사하게 '직원이나 프로그램 전체와의 관계에서 소외감, 갈등 또는 거리감을 줄이기'였다. 직원 훈련에서 정기적으로 초점이 되었던 이 세 가지 목표를 우선순위에 따라 명확히 세움으로써, 직원들은 병동에서 뚜렷하게 정의된 역할을 하게 되었다. 나는 입원병동에서 빈번하게 일어나는 중요한 체크인 회기들이 초점이나 구조 없이 진행되는 모습을 너무나도 많이 보았다.

DBT는 다양한 환경에서 다양한 환자군을 대상으로 실시되고 있다. 그 결과, DBT 프로그램들은 전형적인 DBT 기능을 제공하는 무수한 모드들을 개발하였다. 이러한 다중성은 DBT의 구현에 있어 유연성이 가능하다는 걸 보여준다. 위의 논의에서 모드별 목표 우선순위의 사용과 개발을 위한 일부 가이드라인을 도출해낼 수 있을 것이다. 각 모드의 기능을 명확히 하는 것은 그 모드를 치료 프로그램의 더 큰 목표와 연결시키는 데 도움이 된다(예 : 간호사 체크인 모드에서 환자의 기술을 일반화하는 것은 능력을 강화하고 일반화하고자 하는 더 큰 프로그램 목표의 일부분이다). 각 모드의 목표 우선순위 목록을 명확히 하는 것은 모드에 형태와 구조를 제공하고 치료 제공자가 본 궤도에 머물 수 있도록 도울 것이다. 일반적으로 모드의 중심 작업은 목록의 두 번째 우선순위 목표에 담겨있다. 그리고 일반적으로 모드의 첫 번째 우선순위 목표는 모드의 중심 작업을 방해하는 행동을 대상으로 한다. 환자가 치료자를 공격한다면, 동기를 향상시키는 바람직한 작업보다 공격을 없애는 것이 우선이다. 기술 집단 구성원이 다른 집단원에 대해 지나치게 비판적인 경우, 그 순간 손가락질하는 행동을 줄이는 것이 기술을 가르치는 것보다 더 높은 우선순위 목표가 될 것이다. 입원병동에 있는 환자가 직원과 체크인을 하는 동안 자해 행동을 한다면, 그 순간에는 기술을 일반화하는 작업보다 자해 행위를 줄이는 것이 우선이다. 세 번째 목표는 상위 2개 목표를 달성한 경우 다룰 수 있는 다른 문제들을 준비시켜준다. 예컨대, 개인 치료자는 환자에게 의제를 넘길 수 있다. 기술 훈련자는 집단 내에서 기술을 가르치는 것을 방해하지는 않지만 개인의 학습을 방해하는 치료 방해 행동을 다룰 수 있다. 그리고 전화 코칭 중에 치료자는 주의를 요하는 더 높은 우선순위의 목표가 없는 경우 치료자-환자 관계의 간극을 좁히는 데 집중할 수 있다. 어떤 경우에는 목표 우선순위 목록이 너무 길어서 이 공식을 적용하는 것이 가능하지 않을 수도 않다. 그래도 이 공식의 원리들은 여전히 적용될 수 있을 것이다.

목표 우선순위 목록을 사용하여 실행 가능한 종합 DBT 프로그램 구성 및 유지하기

여기까지 DBT의 목표 우선순위 목록의 성격에 대해 논의하고, 그것이 개별 치료자의 업무 구조, 각 회기의 의제, DBT 치료의 각 모드의 작업 등을 어떻게 구조화하는지 살펴보았다. 이렇게 목표가 이끄는 구조가 없다면, 치료는 필연적으로 정서조절장애에 의해 추진되고, 문제 행동의 수와 규모에 압도되며, 수동성이나 지속적인 갈등에 의해 마비될 것이다. 마찬가지로, 종합 DBT 프로그램을 구현하고 유지할 때 DBT 치료 철학이나 증거기반 의사결정과 충돌하는 세력들로부터 압박이 있을 수 있다. 프로그램 책임자들은 위기를 피하고, 관리자와 부서 간의 마찰을 방지하고, 자원 활용을 최소화하고, 가족과 환자의 불평을 줄이고, 특정 직원들의 성격에 맞추고자 하는 일반적인 조직의 목표들과 맞서 경쟁한다. 치료의 질서와 방향을 유지하기 위해 목표, 단계, 목표 우선순위를 사용하는 것과 마찬가지로, 프로그램 책임자들은 더 넓은 맥락에서 DBT를 구현하기 위해 비슷한 일을 한다. 전반적인 프로그램의 목표와 단계뿐만 아니라 각 치료 모드에서의 환자의 우선순위 목표를 명확히 알고 있고 그것에 주의를 기울이는 것은 상황을 정상 궤도에 유지하는 방향으로 프로그램과 관련된 의사결정을 할 수 있도록 한다. 단순히 원리를 아는 것으로 프로그램 철학을 추상적으로 유지해서는 안 된다. 우리는 그 원리와 일치하는 구조에 의존해야 한다.

내가 처음 DBT를 입원환자 병동에서 실시했을 때부터 우리의 목표, 단계 및 행동 목표에 대한 결정은 치료, 직원 훈련 의제, 그리고 가족, 행정부서 및 기타 '제3자'들과의 의사소통에 있어 우리를 안내해주는 역할을 해주었다. 시간이 지나면서 목표, 단계 및 행동 목표는 프로그램 내 '깊은 구조'로 자리잡게 되었다. 우리의 재정과 제도적 환경에 엄청난 변화가 일어났음에도 불구하고, 이러한 깊은 구조는 프로그램의 본질을 유지하는 결정을 내리는 데 도움을 주었다.

예를 들어, 우리는 프로그램의 가장 중요한 목표 중 하나는 환자들이 병원 밖에서 그들의 살만한 삶의 목표를 추구하는 데 필요한 기술을 습득하고 강화하고 일반화할 수 있도록 돕는 것이라고 결정하였다. 결과적으로, 우리는 그러한 작업과 관련된 목표에 초점을 맞추면서 다른 가능한 목표에 대한 작업은 무시하거나, 외래치료로 그 일을 미루기로 했다. 우리는 입원환자들의 자살 행동과 사고를 제거하는 것을 목표로 하는 것은 비현실적이라는 것을 깨달았다. 대신에 우리는 반복적인 입원 없이 외래치료에서 그 일을 할 수 있는 환자의 능력을 증가시키는 것을 목표로 삼았다. 우리는 외래 DBT 치료자의 목표 목록에 올랐을 수많은 심각한 삶의 질 저해 행동을 목표로 삼지 않았다. 대신 우리는 삶의 질을 저해하는 행동 중 입원을 유발하거나 장기화하는 행동에 초점을 맞췄다. 환자들의 체류 기간은 우리가 더 넓은 범위의 행동을 목표로 하기에는 너무 짧았고, DBT에서 선호되는 방식 또한 자연적인 삶의 맥락에서 문제 행동을 다루는 것이다. 목표 설정에 대한 이러한 결정은 새로운 환자들에게 입원병동 치료를 소개하는 일에도 영향을 미쳤다. 여기에서 하게 될 작업은 모든 문제를 해결하는 것이 아니라 위기를 헤쳐나갈 수 있도록 돕고 병원 밖에서 그들의 문제를 해결할 수 있는 능력을 구축하는 것임을 알려주었다. 이 부분에 대해 명확하게 인지하고 있는 것은 제한된 의제에 실망한 환자들이 있을 때에도 치료에 대한 중심을 잡을 수 있게 도와주었다. 실제로 많은 환자는 자신의 모든 문제를 해결하려는 높은 기대를 가지고 입원 환경에 들어온다.

이런 작업을 몇 년 진행하고 난 후, 우리는 프로그램이 세 가지 주요 순차적 목표를 세 가지 단계로 해결하는 프로그램이라고 정의하게 되었다. 1단계는 '들어오기(getting in)'이다. 여기에는 평가, 오리엔테이션, 치료 계획 수립 및 치료 계획에 대한 전념 획득의 단계가 포함된다. 또한 프로그램의 다양한 측면에 참여할 수 있을 정도의 행동 통제력을 충분히 확립하는 것을 강조한다. 2단계는 '통제감 얻기(getting in control)'로 정의되었다. 이것은 치료의 중간 단계로 입원을 유발하고 장기화하는 행동을 평가하고 치료하는 데 초점을 맞춘다. 또, 향후 병원 밖으로 나갔을 때 재입원을 피할 수 있는 기술들도 가르친다. 3단계는 '나가기(getting out)'로 정의되었다. 이것은 입원생활에서 외래생활로 이행하는 단계로, 성공적인 자립을 위한 병원 바깥 환경 구조를 만들고 다시 병원에 입원하지 않고도 중요한 목표 행동에 대한 작업을 해내갈 수 있도록 하는 기술을 습득하고 강화하는 것을 중심으로 전개된다. 이렇게 일단 세 가지 단계와 초점을 맞출 목표 행동, 추후 외래 생활에서 다루게 될 목표 행동, 그리고 이러한 목표를 달성할 개입을 명료화하였다. 그 결과 우리 프로그램은 새롭고 현실적인 수준의 구조를 갖추게 되면서 더욱 강력해졌다. 이것은 DBT 프로그램이 어떻게 구체적인 목표, 단계 및 목표 행동을 중심으로 구성되는지, 그 특수성이 어떻게 프로그램 과제의 범위를 정해주는지, 그리고 그 모든 치료 모드, 개입 및 프로토콜이 어떻게 프로그램의 우선순위 목표를 중심으로 서로 일관되게 유지되는지를 보여주는 하나의 예일 뿐이다.

다른 치료 환경과 대상을 위해 DBT를 변형할 때 목표 우선순위 목록의 역할

이 장에서는 전체 치료를 구성하고 준비할 때, 개별 치료와 다른 모든 치료 모드에서 각 회기에 대한 의제를 설정할 때, 그리고 치료 프로그램 전체를 구성할 때, 목표 우선순위 목록이 중심적인 역할을 한다는 것을 설명하였다. 나는 DBT를 입원치료에 적용하면서 목표에 대한 우선순위를 제대로 정해야 할 필요를 깨달았다. 나는 전체 프로그램에 대한 틀을 설계하면서 각 사례에 맞게 조정될 수 있는 행동 목표 범주들의 우선순위를 매겨야 했다. 즉, 이 작업은 DBT 치료가 설계되었던 원래의 맥락과 다른 맥락에서 목표, 단계 및 목표 행동을 사용하여 DBT 프로그램을 구조화한 예시이다. 마찬가지로 목표, 단계 및 목표 행동을 구체화하는 것은 DBT가 원래 대상으로 삼지 않은 다른 환자집단들을 위해 DBT를 적용할 때도 중요하다. 제6장의 DBT 나무를 언급한 부분에서 물질사용장애가 있는 환자에 대한 치료 목표 목록을 제시하고 설명했는데, 그 사례가 바로 여기에 해당한다. 나는 더 큰 표준 DBT 목표 범주들 중에서 물질 사용 목표 행동을 어디에 넣어야 할지 결정해야 했고, 그다음 물질남용 문제를 다루기 위해 '하위 목표들'을 명시해야 했다. 목표, 단계, 목표 행동을 다른 장애와 문제 행동에 어떻게 적용할 것인가에 대한 이러한 이해를 공고히 하기 위해, 나는 경계선 성격장애와 폭식장애를 모두 가진 환자를 위해 DBT를 변형한 사례를 제시하면서 이 장을 마무리하고자 한다.

첫째, 전체 표준 DBT 목표 목록의 어느 부분에서 섭식장애 행동을 다루는 게 좋을까? 이 환자는 같은 시기에 자해 행동, 자살 사고, 기술 훈련 집단 불참, 폭식 및 구토 행동, 역기능적인 대인관계 패턴, 물질 관리의 불충분한 준수 등을 모두 보일 수 있다. 물질사용장애 치료에서와 마찬가지로, 우선 섭식장애 행동이 전념에 대한 어려움(사전 치료 목표), 생명을 위협하는 행동(목표 범주 1) 치료 방해 행동(목표 범주 2) 또는 심각한 삶의 질 저해 행동(목표 범주 3) 중 어떤 범주에 속하는지를 결정해야 한다. 이 중 어느 것도 가능하다. 환자는 섭식장애 행동을 목표로 하는 것에 대해 양면적인 태도를 보일 수 있는데, 이 경우 사전치료를 하는 동안 전념에 주의를 기울여야 할 것이다. 또 그녀는 생명을 위협할 수 있을 만큼의 저체중일 수도 있고, 심한 구토로 인해 식도에 문제가 생겨 생명이 위험해질 수도 있다. 그렇다면 섭식장애 행동은 다른 생명을 위협하는 행동들과 함께 다뤄져야 것이다. 그녀는 자신의 식습관에 대해 거짓말을 할 수도 있고,

심리치료자를 불안하게 만들거나 산란하게 할 정도로 말랐을 수도 있다. 어느 경우든, 이러한 것들은 (전자는 비협조적인 행동으로서, 후자는 치료자의 개인적 한계를 침해하는 행동으로서) 치료 방해 행동과 함께 다뤄지게 될 것이다.

그러나 폭식장애의 '전형적 사례'의 경우 섭식장애 행동은 대체로 삶의 질을 저해하는 일련의 행동들의 일부로 다뤄지게 될 것이다. 만약 섭식장애에 특화된 DBT 프로그램을 한다면, 섭식장애 행동들은 아마도 삶의 질 저해 행동 중 가장 우선순위가 높은 것으로 설정될 것이다. 그 범주에 있는 다른 행동이 즉각적인 위기를 야기하지 않는 한 말이다. 이러한 결정 과정은 물질사용 장애의 치료에서 물질남용행동을 어디에서 다룰지에 대한 결정 과정과 동일하다. 더 큰 목표 계층 내에서 섭식장애 행동을 위한 위치를 찾았다면, 이제 하위목표 행동의 순서를 구체적으로 정해야 한다. 물질남용 하위목표 순서에 사용된 전략이 여기에도 동일하게 사용된다. 그러나 그러기 위해서는 해당 장애를 충분히 알고 있어야 하며, 해당 장애가 어떻게 단계별로 해결될 수 있는지에 대한 이해를 하고 있어야 한다. 흔히 '마음챙김 먹기(mindful eating)로 가는 길'이라고 불리는 폭식장애의 전형적인 회복 과정은 다음과 같다.

1. 폭식, 구토 중지하기
2. 아무 생각 없이 먹는(mindless eating) 행동 제거하기
3. 음식에 대한 갈망, 충동 및 집착 줄이기
4. 굴복하는 행동 줄이기. 즉, 폭식 및 구토에 대한 선택지 없애기
5. 명백히 무관한 행동 줄이기(예 : '회사용' 폭식 음식을 사는 것)
6. 마음가짐, 감정 조절, 고통 감내라는 세 가지 모듈로부터 기술을 배우고 연습함으로써 능숙한 감정 조절 행동 늘리기

이 정도 수준의 명확성과 특수성이 있다면 DBT 치료자는 전반적인 DBT 치료 방식 내에서 폭식장애를 치료할 준비가 되었다고 볼 수 있다.

마치며

우리는 DBT의 목표, 단계, 목표 행동이 개별 심리치료 및 다른 치료 모드, DBT 프로그램의 구현 및 유지, 다른 환경과 대상을 위한 DBT 변형 등에서 매우 중요한 역할을 하

는 것을 살펴보았다. DBT의 핵심에 이러한 중요한 구조가 없다면, 치료는 방향성을 잃고 표류할 것이다. 이러한 틀은 무엇을 치료해야 하는가에 대한 답뿐만 아니라 무엇을 치료하지 말아야 하는가와 무엇을 나중으로 미루어야 하는가에 대한 답을 명시해주어 유용하다.

제8장

변증법적 딜레마와 2차 목표

DBT를 하는 것은 산을 오르는 것과 같다. 치료자와 환자는 등산 경로를 함께 정하고, 필요한 모든 장비를 미리 비축하고, 한 팀이 되어 등산 과정에서 예측 가능한 그리고 예측할 수 없는 광범위한 난제들을 처리해야 한다. 등산의 궁극적인 목표는 정상에 오르는 것인데, DBT에서의 궁극적인 목표는 환자가 살만한 삶을 경험하는 것이다. 보통 이를 달성하기에 앞서 몇 개의 좀 더 낮은 산을 올라야 한다. 마찬가지로, DBT 치료자는 환자와 협력하여 좀 더 '작은 절정' 경험들을 하면서 치료 여정에 대한 강한 전념을 얻어내야 한다. 즉, 생명을 위협하는 행동들을 종식시키고, 치료를 방해하는 행동을 극복하며, 여러 가지 삶의 질을 저해하는 행동을 해결하고, 다양한 기술을 습득하고, 2단계, 3단계, 4단계의 절정을 오르기 위해 계속 진행한다. 환자는 1차 목표를 순차적으로 지난 후 살만한 삶에 도달하게 된다.

등산가는 종종 다음 정상을 볼 수 있거나 지형도에서 그 위치를 찾을 수 있다. 그것은 별개의 것이고, 정의될 수 있으며, 도달될 수 있다. 그것의 존재는 방향과 동기를 제공한다. 그러나 사실은 정상에 오르기 위해서는 사나운 개울을 지나고, 가파른 암벽을 오르고, 갑작스러운 폭풍을 견뎌내고, 늪을 힘겹게 헤쳐 나가며, 여러 번 길을 잃고 길을 찾으며, 실망감과 피로감을 헤쳐 나가야 할지도 모른다. 다시 말해, 다음 정상에 도달하는 일은 사실 이러한 난제들을 넘나드는 일이라는 것이다. DBT에서 식별 가능한 정상들인 주요 목표는 다소 간결하게 설명할 수 있다. 즉, 전념을 강화하고, 자해 행동을 줄이며, 치료 참여율을 높이고, 물질 사용을 줄이는 등이다. 이러한 주요 목표를 하나 달성하려면 (물이 넘치는 하천, 가파른 바위, 갑작스러운 폭풍, 무서운 늪, 피로감 및 실망감과 같은) 복잡한 행동 패턴과 힘겨운 싸움을 해야 한다. DBT의 늪, 즉 치료에서 매일같이 마주치는 복잡하고 문제 있는 행동 패턴은 주요 목표 행동을 해결하는 데 걸림돌이 된다. 그렇게 함으로써, 그들은 주요 목표 행동을 유지시키는 역할을 한다.

별개의 정의 가능한 주요 목표 행동과는 대조적으로, 이러한 패턴은 명확하지 않다. 패턴에는 감정, 생각, 행동 무리가 포함되어 있고, 그것들은 광범위하고 불분명한 경계를 가지고 있을 수 있다. 어쩌면 치료자는 그것들이 패턴이라고 전혀 인식하지 못할 수도 있고, 자신도 모르게 그것들과 결탁하게 될 수도 있다. 한번은 자기 혐오, 자해, 물질 남용, 무생물체에 대한 폭력 등 복합적인 문제 증상을 보이는 환자를 치료한 적이 있다. 그녀는 감정 및 행동 통제 장애를 경험하였고, 그 끝은 항상 극적으로 자해적인 행동이었다. 치료를 시작한 지 두 달이 지난 시점에도 우리가 회기마다 다뤄야 했던 가장 일관된 주요 목표는 자해 행동 줄이기였다. 몇 주 연속 행동 사슬 분석을 통해 자해 에피소드를 평가했다. 점차 패턴이 보이기 시작했다. 자해 행동은 감정과 행동 통제가 어려운 상황을 종식시키는 기능을 했다. 이러한 행동은 감정적 고통을 빠르게 줄여주면서 응급 실행과 위기 평가와 같은 심리적 산만함을 만들어내면서 일종의 구두점을 제공했다. 이러한 에피소드들은 행동에 대한 통제감과 안도감을 주는 결과를 낳았다.

일단 우리가 자해로 이어지는 패턴의 본질을 확인하고 나니 나는 내가 무심코 그 패턴을 영구화시키고 있다는 것을 깨달았다. 나는 에피소드를 평가할 때 그녀의 수치심의 강도를 낮춰주려는 의도로 연민 어린 타당화를 해주었다. 하지만 그녀는 내 연민을 '용서'의 한 형태로 경험했고, 그것은 실제로 에피소드를 강화시켰다. 즉 나는 그녀의 역기능적인 순환에 참여하고 있었던 것이다. (1) 행동통제장애를 동반한 그녀의 정서조절 장애는 자해 에피소드를 통해 '해결되었다.' (2) 회기에서 그녀는 나와 그 에피소드를 검토하면서 심한 수치심을 경험하였고, 나는 연민과 타당화로 대응했다. (3) 그녀는 어린 시절 가톨릭 신부에게 죄를 고백했던 경험에서처럼 나의 개입을 '용서'와 비슷한 것으로 해석했다. (4) 그녀는 우리의 교류가 마치 '과거의 흔적을 척결(cleaned the slate)' 한 것처럼 느꼈다. (5) 이러한 '고백'은 또 다른 에피소드를 위한 장을 마련하였다. 이 모든 순서를 이해하기까지, 나는 내가 에피소드를 강화하고 있었다는 사실을 인식하지 못했다. 내가 행동 패턴을 좀 더 신속하고 객관적으로 인식할 수 있었다면, 그것을 좀 더 효율적이고 효과적으로 다룰 수 있었을 것이다.

DBT 개발 초기에 1차 치료 목표를 평가하고 치료하던 중 리네한은 수많은 유사한 문제 행동 패턴에 직면했다. 그녀는 그 패턴들을 범주화하였다. 각 사례는 모두 달랐지만, 그럼에도 모든 사례 사이에는 공통의 주제가 있었다. 그녀는 패턴에 어떤 짝이 존재한다는 것을 알아차렸다. 즉, 하나의 문제 패턴은 특정 차원의 한쪽 끝에 존재하는 것으로 보였고, 다른 한 패턴은 반대쪽 끝에 존재하는 것처럼 보였다. 쌍을 이룬 패턴들은 종종 극과 극의 대립인 것 같았고, 어떤 면에서는 서로 상호의존하는 것 같았다. 그녀는 세 쌍으로 이루어진 6개의 패턴에 이름을 붙였다.

1. 감정 조절이라는 주제와 관련된 첫 번째 차원을 따라, 한쪽 끝에는 '정서적 취약성(emotional vulnerability)'이라고 이름 붙인 역기능적인 패턴이 있고, 반대쪽 끝에는 '자기 무효화(self-invalidation)'이라고 하는 역기능적인 패턴이 놓여 있다.
2. 도움 요청이라는 주제와 관련된 두 번째 차원을 따라, 한쪽 끝에는 '적극적 수동성(active passivity)'의 역기능적인 도움-추구 패턴이 있고, 반대쪽 끝에는 똑같이 역기능적인 도움-추구 패턴인 '표면적 능숙함(apparent competence)'이 놓여 있다.
3. 상실과 외상 처리라는 주제와 관련된 세 번째 차원을 따라, '끊임없는 위기(unrelenting crisis)'와 '억제된 슬픔(inhibited grieving)'이라는 역기능적인 패턴들이 연속체의 양쪽 끝에 놓여 있다.

이러한 변증법적으로 연관된 행동 패턴의 쌍은 1차 치료 목표를 성공적으로 치료하는 데 방해가 되었기 때문에, 리네한(1993a)은 이들을 집합적으로 '변증법적 딜레마'라고 불렀다. 그림 8.1은 변증법적 딜레마들이 서로 어떻게 연결되어 있는지를 보여준다.

세 차원들은 중간 지점에서 서로 교차한다. 리네한(1993a)은 그 지점 위에 있는 패턴은 생물학적 요인에 더 많은 영향을 받고, 그 지점 아래의 패턴은 사회 환경에서 오는 반응에 더 큰 영향을 받는다고 주장했다. 예를 들어, 직선으로 나타낸 첫 번째 차원을 보자. 정서적 취약성 패턴은 생물학적 요인들의 결과라고 가정되고, 자기 무효화 패턴은 개인의 정서적 취약성에 대한 환경적 반응의 누적된 결과라고 가정된다. 생물학의 영향을 더 많이 받는다고 생각되는 세 가지 패턴은 서로 의미 있는 방식으로 상호 연관

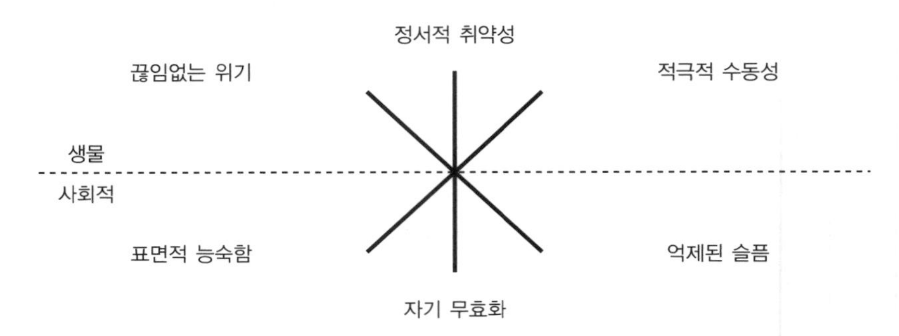

그림 8.1 변증법적 딜레마

되어 있으며, 때로는 치료에서 겹치는 방식으로 나타나기도 한다. 이 패턴들은 모두 행동, 생각, 그리고/또는 감정에 대한 충분하지 못한 조절(underregulation) 또는 통제불능(dyscontrol)의 극단을 나타낸다. 환경에 더 많이 영향을 받는다고 생각되는 세 가지 패턴은 또한 함께 군집하는 경향이 있고, 그것들은 행동, 인식 및/또는 감정의 과잉조절(overregulation)이나 과잉통제(overcontrol)라는 극단을 나타내는 것처럼 보인다. 흥미롭게도, 청소년과 그 가족 사이에서 나타나는 관계 패턴들을 이해하기 위해 라서스와 밀러(Rathus & Miller, 2015)가 제안한 변증법적 딜레마들도 과소통제 패턴(예 : 지나친 관용)과 과대통제 패턴(예 : 권위주의적 통제)의 대립을 중심으로 전개된다.

변증법적 딜레마가 DBT 사례 개념화와 임상 실제에서 중심적인 역할을 차지하고 있음에도 불구하고, 그것은 때때로 훈련과 연구에서 과소평가되기도 한다. 이러한 패턴을 치료 중 실시간으로 인식하고 명명하고 다루는 것은 매우 중요하다. 여기서 나는 변증법적 딜레마의 성격, 기능, 임상적 유용성을 조명한다. 또한 그 구성의 기초가 되는 원리를 잘 이해하는 것은 치료자가 변증법적 딜레마를 각각의 사례에 유연하게 사용할 수 있게 하고, 리네한이 제안한 여섯 가지 이외의 변증법적 딜레마를 이끌어낼 수 있게 한다. 이 장에서는 (1) DBT의 생물사회적 이론과 변증법적 딜레마 사이의 중요한 이론적 관계, (2) 임상적 맥락에서 세 가지 변증법적 딜레마의 성격, (3) 변증법적 딜레마로부터 DBT의 2차 목표(1차 목표 행동을 유발하고 유지하는 행동 패턴)를 도출하고 사용하는 방법, 그리고 (4) 추가적인 변증법적 딜레마와 2차 목표를 발견하는 방법을 살펴볼 것이다.

생물사회적 이론과 변증법적 딜레마

리네한의 종합 DBT 매뉴얼(1993a)을 시작으로, DBT의 생물사회적 이론은 여러 맥락에서 자세히 설명되어 왔다. 여기서 이 유용한 이론을 포괄적으로 재검토하거나 제시하지는 않겠지만, 이론의 본질적인 구성요소들을 간략하게 살펴보면서 생물사회적 이론과 변증법적 딜레마 사이의 관계를 이해할 수 있는 장을 마련하고자 한다. 현재 경험적 연구의 대상이 되고 있는 이 이론은 DBT에서 치료하는 문제 행동들의 원인과 유지요인들을 설명하기 위해 제시된 일련의 가설이다. 가장 중요한 명제는 만성적이고 심각한 정서적 조절장애는 개인의 생물학적 기반을 둔 정서적 취약성과 이러한 취약성의 광범위한 환경 기반 무효화 사이의 교류에서 비롯된다는 것이다. 이 명제는 그림 8.2에 나타나 있다.

리네한(1993a)은 정서적 취약성이라는 용어가 다음 생물학적 기반을 둔 세 가지 특징을 포괄한다고 제안하였다. (1) 환경 단서에 대한 정서적 민감성이 평균보다 높고, (2) 정서적 반응성(진폭)이 평균보다 높으며, (3) 기초선으로의 복귀가 평균보다 느리다. 생물학적 영향은 유전, 자궁 내 환경, 방치와 학대로 인한 극한 출생 후 영향, 그리고/또는 발달 중 심각한 심리적 외상에서 올 수 있다. 아마도 이러한 생물학적 기반을 둔 취약성을 물려받거나 획득하는 사람은 발달 전반에 걸쳐 정서적으로 민감한 자극에 보통 사람

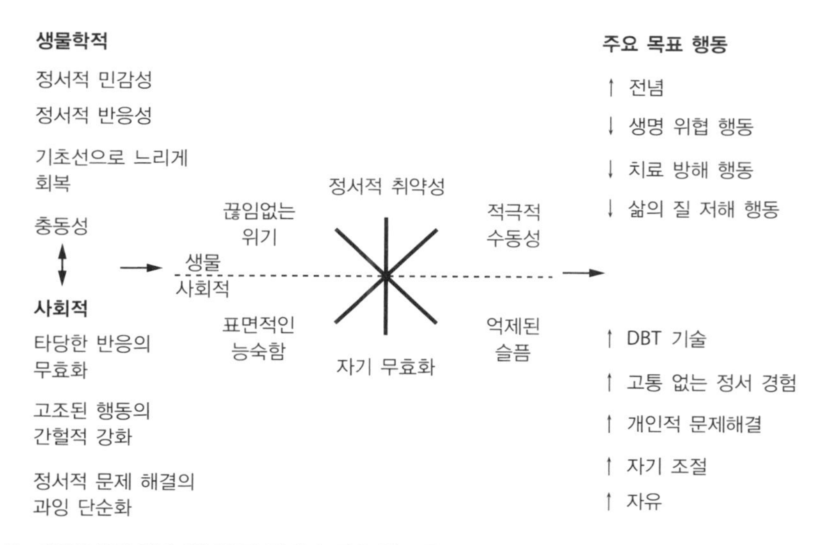

그림 8.2 생물사회적 이론, 변증법적 딜레마, 주요 치료 목표

보다 더 민감하고 반응적일 것이다. 이러한 취약성을 경험하고, 인식하고, 관리하는 법을 배우면서, 개인은 부모, 양육자, 교사, 코치, 또래, 사회 전반과 같은 관련 환경의 반응에 의해 많은 영향을 받게 될 것이다.

또한 리네한(1993a)은 타당화 환경에서 자란 정서적으로 취약한 개인은 정서적 민감성과 반응성을 최대한 활용하면서 더불어 살기 위한 효과적인 방법을 배우게 된다고 주장하였다. 환경에서 중요한 인물들은 취약성에 대한 관용, 연민, 이해를 보여줄 것이며, 효과적인 보호, 모델링, 코칭의 조합으로 취약성을 다뤄줄 것이다. 이러한 유형의 사려 깊고 건설적인 대응이 일관되게 제공된다면 경계선 성격장애의 행동 패턴이 초래될 가능성은 낮다. 그러나 상대적으로 무효화 환경에서 양육된 정서적으로 취약한 개인은, 어린 시절 그들의 감정에 대한 지배적인 반응으로 인해 위축되었을 것이고, 경계선 성격장애의 문제적 행동 패턴을 발달시킬 위험성이 높다. 리네한(1993a)은 무효화 환경의 세 가지 특성을 (1) 개인의 타당한 감정적 반응을 판단, 무시, 묵살, 병리화 또는 그 외의 방법으로 처벌하는 경향, (2) 감정적 반응의 확대를 간헐적으로 강화하는 경향, (3) 감정적 문제 해결의 용이성을 지나치게 단순화하는 경향이라고 제안했다. 그 결과, 이미 생물학적으로 잘 조절되지 않는 감정적 반응과 싸우고 있는 개인은, 자신의 감정적 반응을 정확하게 분별하고 명명할 수 있는 능력이나, 감정을 온정적으로 이해할 수 있는 능력, 또는 그러한 반응을 조절하는 전략을 구사하는 능력을 획득하지 못한다.

더 나아가 리네한(1993a)은 어린이의 감정 조절의 발달에 관한 연구에서 나타난 네 가지 능력을 강조하였다(Gottman & Katz, 1989). 다음은 정서적 취약성이 높은 개인에게 중요한 능력들이다. (1) 강한 부정적 또는 긍정적인 정서와 관련된 부적절한 행동을 억제하는 능력, (2) 정서와 관련된 생리학적 흥분 상태를 스스로 조절하는 능력, (3) 강한 정서 앞에서 주의를 다시 집중시키는 능력, 그리고 (4) 외적, 기분에 의존하지 않는 목표를 위해 자신을 조직하여 지속적인 행동을 취하는 능력이다. 사람의 '정서 지능'과 삶의 성공을 크게 좌우할 수 있는 이러한 상대적 역량들은 생물학적으로 기반한 요소들과 환경적으로 기반한 요소들 사이의 중간 위치를 차지하고 있는 것처럼 보인다. 때때로 리네한은 워크숍을 할 때 이러한 능력들이 유전적 영향을 받는다는 증거가 있을 수 있다고 제안했지만, 이 능력들이 환경적 요인에 의해 강화되거나 억제될 수 있다는 사실을 쉽게 볼 수 있다. 나는 종종 이 네 가지를 환자들의 평가와 치료에서 정서조절 능력 목록으로 유용하게 사용한다.

이 이론은 교류적인 이론이다. 무효화 환경에 장기간 노출되면 개인의 정서적 취약성 문제는 실제로 악화된다. 악화되는 개인의 정서적 취약성 문제는 환경에 점점 더 큰 부담을 주게 되고, 결국 환경은 개인을 더욱더 무력하게 만들 수 있다. 이렇게 상승되는 교류는 결국 DBT에서 경계선 성격장애의 핵심으로 가정되는 만성적이고 심각한 정서조절장애를 초래한다. 일단 이 핵심 문제가 개인에게 어떤 형태로든 뿌리를 내리면 새로운 환경에서 상대적으로 무효화하는 반응을 만나게 될 때마다 거듭 되살아날 수 있다. 이러한 현상은 치료에서도 나타날 수 있다. 치료자가 행동 변화를 추진할 때 이러한 환자는 거의 틀림없이 자신이 무효화되었다고 느끼고 정서적으로 과민반응을 보이게 된다. 이 정서조절장애는 양쪽 모두에게 불편감을 초래하기 때문에 이것은 핵심 문제들을 치료 과정에서 실시간으로 다룰 수 있는 반복적인 기회를 제공한다.

생물사회적 이론의 세 가지 주요 개념(**생물학적으로 기반한 정서적 취약성**, **무효화 환경**, **만성적이고 심각한 정서조절 곤란**)은 외부 과학적 관찰자의 관점에서 조명된다. 각각의 개념은 추후 연구 대상이 될 수 있는 방식으로 객관적으로 정의된다. 생물사회적 교류의 결과는 개별 환자의 어떤 복잡한 행동 패턴의 형태로 구체화되며, 이러한 것들이 변증법적 딜레마이다. 이렇게 생물사회적 이론과 변증법적 딜레마는 전자가 후자를 낳으면서 서로 밀접하게 연관되어 있지만, 사실 매우 다른 관점을 나타낸다. 생물사회적 이론의 객관적이고 과학적인 관점보다는 변증법적 딜레마는 개인의 주관적인 관점을 대변한다. 예를 들어, 정서적 취약성은 우리가 생물사회적 이론을 고려할 때 '바깥에서 안으로(outside-in)' 관찰되는 과학적으로 정의된 개념이다. 하지만 변증법적 딜레마 중 하나로 **정서적 취약성**이라는 용어가 사용될 때는 통제할 수 없고 고통스러운 감정적 반응에 시달리고 있는 사람이 '안에서 바깥으로(inside-out)' 보는 관점을 가리킨다. 마찬가지로, 생물사회적 이론에서 **무효화**라는 용어는 몇 가지 정해진 특징을 가진 객관적인 개념을 말하는 반면, 변증법적 딜레마 중 하나인 **자기 무효화**라는 용어는 자기 비판이나 자기 혐오의 고통스러운 주관적 경험을 가리킨다. 우리는 이론의 언어에서 개인적 경험의 언어로 옮겨간다.

변증법적 딜레마를 구성하는 여섯 가지 극단적인 패턴은 환자가 경험하고 치료에서 치료자가 목격하는 심각하고 만성적인 감정 조절 곤란의 여섯 가지 '얼굴들'을 나타낸다. 잘 이해된 변증법적 딜레마는 교류적 발달 과정의 다양한 고통스러운 결과를 보여주는 창구로, 치료자와 환자 사이의 이해의 가교로 역할을 하여 패턴들을 변화시키기 위한 협력을 촉진할 수 있다. 모든 패턴이나 딜레마가 모든 DBT 환자에게 존재하는 것은 아니다. 주된 목표 행동을 유발하거나 유지하는 데 있어 패턴의 존재와 역할을 평가하는 것은 항상 치료자에게 달려 있다. 특정 변증법적 딜레마와 패턴이 확인되고, 그것을 설명하는 언어가 개발되어 협력을 촉진할 수 있게 되면, 치료자와 환자는 극단적인 패턴들을 퇴색시키고, 그것들을 개념적으로 양 극단의 중간 즈음에 위치한 능숙한 패턴들로 대체하는 노력을 지속할 수 있다.

임상적 맥락에서 세 가지 변증법적 딜레마의 성격

생물사회적 이론과 변증법적 딜레마의 일반적인 특성을 살펴보았으니 이제 각 딜레마의 특성과 각 딜레마가 생물사회적 이론에서 제안된 두 극의 교류적 영향에 의해 어떻게 생성되는지를 살펴볼 수 있다. 정서적 취약성 대 자기 무효화의 딜레마에 대해서 살펴보자면, 이 극단적이고 변증법적으로 대립되는 두 가지 패턴은 만연한 무효화 환경 내에서 이미 정서적으로 취약한 아이가 감정 조절의 기초를 배울 때 생겨난다. 적극적 수동성 대 표면적 능숙함의 딜레마에 대해서 살펴보자면, 이 두 가지 패턴은 만연한 무효화 환경에 있는 정서적으로 취약한 개인이 고통을 느끼고, 고통을 소통하며, 필요에 따라 도움을 요청하는 것에 대한 기초를 배우면서 생겨난다. 마지막으로, 정서적으로 취약한 개인이 만연한 무효화 환경에서 상실과 외상을 관리하고 처리하는 것에 대한 기초를 배울 때, 변증법적으로 대립되는 끊임없는 위기 대 억제된 슬픔 패턴에 도달하게 된다. 다음으로 세 가지 딜레마를 하나씩 살펴보겠다.

정서적 취약성 대 자기 무효화

감정을 조절하는 법을 배우는 과정으로 시작해보자. 정서적으로 취약한 아이가 감정적인 반응을 보일 때, 그 감정적인 반응은 강렬해서 그것을 받는 사람들은 종종 혐오감을 느끼게 되고 그럼으로써 그는 환경에 부담을 주게 된다. 만약 환경이 그러한 부담을 건설적인 방법으로 처리할 준비가 되어 있지 않다면, 감정 표현은 낮은 관용과 가혹한 판단, 비난 투의 이름표를 받게 될 것이다. 환경 속의 인물들은 이러한 종류의 반응에 대한 연민을 거의 보이지 않고, 개인이 감정 표현을 가지고 실험하고 '놀이'할 수 있도록 할 여력이 없다. 개인이 고통스러운 감정에 이름을 붙이고 그것을 감내할 수 있도록 돕기 위한 노력은 거의 이루어지지 않는다. 그리고 정서적 자극의 빈도나 강도를 줄이기 위해 (1) 자신의 환경을 구조화하고, (2) 정서적 반응의 시작을 경험하고, 감내하고, 관리하며, (3) 감정이 활성화되면 이름을 붙이고, (4) 강한 감정 앞에서 효과적으로 자신을 조절하고, (5) 고통스러운 정서적 과정의 가속도와 영구화를 중단하는 중요한 과제에 있어서 아이에게 제공되는 단계별 코칭이나 모델링은 거의 없다.

따라서 정서적으로 취약한 개인은 다른 고통스러운 감정 반응으로 고통스럽게 퍼지는 격화된 감정의 파도 속에서 길을 잃게 된다. 리네한(1993a, pp. 67-71)은 환자가 "감정의 피부가 없다"고 썼듯이, 감정적 고통의 소동은 바람이 조금만 불어도 일어날 수 있다. 환자는 감정은 절대 멈추지 않는다는 것을 감지할 수도 있을 것이고, 삶은 이러한 감정의 창문을 통해 경험된다. 시간 감각과 균형감은 강렬한 공포, 수치심, 죄책감, 슬픔, 분노 또는 다른 고통스러운 감정의 전체주의적(totalistic) 경험에 자리를 내준다. 그 과정을 조절할 능력이 없기 때문에, 개인은 결국 끊임없는 고통을 일시적으로 완화할 수 있는 행동을 발견하게 된다. 이러한 행동들은 효과가 있기 때문에 강화되고, 개인은 그것에 의존하게 된다. 자살 시도, 자해 행위, 폭행, 물질 사용, 분열 에피소드, 치료 중단 또는 극단적인 대인관계 행동이 대표적인 예다. 이러한 행동은 멈출 수 없는 정서적 취약성에 대한 파괴적이지만 기댈 수 있는 해답이 된다. 억제되지 않은 정서적 취약성이 어떻게 개인을 우발적으로 또는 의도적으로 자살로 몰고 가는지 쉽게 이해할 수 있다. DBT에서 이러한 행동은 제거되어야 할 주요 치료 목표가 된다.

정서적 취약성은 생물사회적 이론에서 말하는 생물학적으로 기반한 정서적 취약성의 경험적 발현(확대)이다. 다른 극단에 있는 자기 무효화는 무효화 환경의 가혹한 관점의 확대된 경험적 유산이다. 개인은 환경의 무효화하는 인물들을 흉내 낸다. 즉, 자신의 감정적 반응을 거칠게 판단하고 이름을 붙이며, 가능한 한 무시·억압하며, 때로는 어느 정도의 관심과 지지를 가져오는 방식으로 감정적으로 분출하고, 감정을 조절하기 위한 비현실적이고 단순한 목표를 설정한다. 일부 환자에서 나타나는 자기 무효화는 언어적인 자해 행동처럼 보일 정도다. 한 환자는 자신의 손을 고기 분쇄기에 집어넣는 것에 대해 말하면서 그것이 자신의 공격적인 자기 혐오를 포착할 수 있는 유일한 상상이라고 했다. 놀랄 것도 없이, 그녀는 어린 시절 내내 모욕을 당하며 살아왔다. 비판적 공격을 자신으로 향하게 하는 것은 부족한 억제력이 주는 고통(정서적 취약성의 경계가 없는 소모적이고, 상승하는 정서적 고통)을 과잉통제가 주는 고통(자기 무효화의 집중되고 절제된 자기 부정)으로 바꿀 수 있다. 정서적 고통은 가혹한 자기 판단, 자기 통제, 공격적인 자기 절제 및 자기 혐오로 대체된다. 환자의 자신에 대한 태도는 본질적으로 "넌 바보야! 넌 약해! 너 도대체 왜 이래?"로 요약될 수 있다. 심지어 자기 판단에는 희망의 흔적이 내재되어 있다. "네가 그렇게 어리석고, 약하고, 무능하지 않았다면, 너는 너의 삶을 더 잘 관리할 수 있었을 거야." 자기 무효화의 극단에 서 있는 개인의 견딜 수 없는 자기 혐오는 자살로 이어질 수 있다.

어떤 환자들은 이러한 반대되는 패턴들 중 하나에 더 오래 머물러 있을 수 있지만, 환자들은 대체로 둘 사이를 오고 간다. 감정 조절이라는 과제에 대처하는 두 가지 서로 다른 역기능적 방법의 주관적 특징(flavor)을 파악하면 그들 사이에서 왔다 갔다 하는 흐름을 느낄 수 있다. 감정적인 고통이 계속되는 동안 자신이 너무 감정적인 것에 대한 자기 판단과 자기 혐오가 점점 커지면서 결국 자기 무효화로 빠져들게 된다. 자기 무효화의 고통 속에 빠져 있는 동안 개인은 정서 조절 곤란이 증가하는 것을 경험하다가 또다시 정서적 취약성으로 돌아갈 수도 있다. 이 두 '채널' 사이를 왔다 갔다 하는 한, 자기 인식, 자기 연민, 자기 타당화 및/또는 감정 조절 수단이 포함되는 중도에 대한 새로운 학습은 일어나지 않는다. 정체감과 절망감만 점점 커질 수 있다.

강간을 당한 후 그와 관련된 사진이 인터넷에 유출되어 수치감에 시달리다가 몇 달 만에 자살한 십 대 소녀의 사례에 대한 후향평가(retrospective review)를 요청받은 적이 있었다. 이야기를 종합해보면, 그 마지막 몇 달 동안 그녀는 강간이나 사진에 대해 부모님이나 경찰이나 학교 당국에 알리지 못했고, 자신이 학교의 웃음거리가 되고 있다고 느꼈으며, 가해자들에 대한 멈출 수 없는 슬픔, 공포, 증오, 그리고 그 일이 '일어나게 만든' 자신에 대한 수치심, 자기 혐오 사이에서 헤맸다. 수치심에 압도된 상황에서 그녀는 가위로 자신의 다리를 공격했고, 그 결과로 입원을 하게 되었다. 입원기간 동안 그녀가 겪은 충격적인 경험이 밝혀지자, 그녀의 부모는 학교에서 그녀의 사회적 지위가 더 이상 위태로워지지 않도록 그 경험의 세부사항들을 대부분 알리지 않는 게 어떻겠냐고 하였다. 그들은 그녀가 자신이 당한 피해 정도를 과장하고 있을 수 있다고 생각했다. 어느 모로 보나 그녀의 생물학적 특징과 환경은 생물사회적 이론의 프로파일에 들어맞았다. 그녀는 높은 감정적 민감성과 반응성을 보였고, 그녀의 가정환경은 그 무엇보다도 사회적 타당성을 우선시하며 감정적 억압을 강조했다. 그녀는 감정적 취약성과 자기 무효화의 두 극 사이에 갇혀 있었고, 사실들을 공개하자 훨씬 더 큰 무효화를 경험하였으며,

이 변증법적 딜레마의 두 패턴들은 모두 더 극단적인 형태로 옮겨갔고 그녀는 빠져나갈 길을 찾을 수 없었다. 자살한 뒤 유서를 남겼는데 거기에서마저 그녀는 가해자나 부모로부터 온 무효화 경험에 대한 언급은 생략하고 자기 혐오를 강조했다.

적극적 수동성 대 표면적 능숙함

변증법적 딜레마 두 번째 쌍은 모든 아이들이 고통스러운 경험에 대한 도움을 필요로 한다는 사실로부터 생성된다. 만연한 무효화 환경의 맥락에서 자란 정서적으로 취약한 아이는 고통스러운 경험을 표현하고 도움을 요청하는 효과적인 방법을 배우지 못할 가능성이 크다. 이 과정이 어떻게 펼쳐지는지 살펴보자. 먼저 아이는 어떤 종류의 괴로움을 경험한다. 아직 이를 관리하고 해결할 수 있는 능력을 개발하지 못한 아이는 자신의 환경에 있는 사람들에게 이런저런 방법으로 자신의 고충을 전달하며 지원을 구한다. 비교적 타당화가 잘되는 환경이라면 아이의 주변 사람들은 그의 고통의 표현을 알아보고, 걱정과 관심으로 받아들이고, 그 감정들에게 이름을 붙여주는 데 도움을 줄 수 있다. 그런 다음, 그들은 아이가 고통을 유발하는 문제를 해결하는 것을 돕고, 괴로운 감정을 조절하는 방법을 지도하고, 일시적으로 안전하게 고통을 견딜 수 있도록 돕고, 적응적으로 대처하는 데 도움을 준다. 만약 환경이 파괴적으로 무효화하는 환경이라면, 아이의 고통의 징후와 암묵적인 지원 요청은 실망, 못마땅함, 판단, 그리고/또는 거부를 맞닥뜨리게 된다. 이 환경의 양육자들은 종종 자신들도 문제가 있거나 고통스러워하는 아이를 어떻게 양육해야 하는지 알지 못하기 때문에, 그들에게 아이의 감정은 바람직하지 않고, 과장되고, 타당하지 않으며, 심지어 교활한 것으로 보인다. 한결 같은 무효화는 아이를 정서적 억압으로 몰아간다.

감정을 숨기고, 가능하면 소멸시키려는 아이의 노력은 이 변증법적 딜레마에서 두 가지 극단적인 패턴, 즉 표면적 능숙함이나 적극적인 수동성 중 하나로 발전된다. **표면적인 능숙함**은 잠재적으로 도움을 줄 수 있는 사람들 앞에서 정서적 고통을 숨기는 것을 말한다. 이 증후군을 가진 개인은 감정을 정확하게 경험하거나 표현하는 법을 배우지 못하며, 자신이 도움이 필요한지 아닌지 상당한 혼란을 느낄 수 있다. 잘 지내냐고 물으면 이 사람은 '좋아', '괜찮아', '잘 지내'라고 대답하고, 물어온 사람에게 집중을 돌리며 관심을 분산시킬 수 있다. 이런 사람들은 심리치료에서 치료자에게 어떻게 지냈는지 물어보는 것으로 회기를 시작하거나, 치료자의 질문에 "걱정하지 마세요. 괜찮아질 거예요"

라고 대답한다. 정서적 고통을 억제하고 그것을 환경에 있는 사람들에게 표현하지 못하는 것은 환자 주변의 어느 누구도 실제로 그의 고통의 정도를 알아채지 못하는 상황을 초래한다. 결과적으로, 사람들은 그가 '괜찮다'는 듯이 대한다. 하지만 그는 사람들이 자신의 괴로움을 '읽고' 그것에 반응할 수 있어야 한다고 생각할지도 모른다. 그들이 그렇게 하지 않는다는 사실이 그의 고립감을 악화시킨다. 그는 사람들이 자신을 모른다는 생각과 자신이 투명인간처럼 느껴진다는 생각을 한다. 이 매우 고립된 패턴은 상당한 외로움, 원한, 절망으로 이어질 수 있으며, 극단적으로 가게 되면 견딜 수 없는 고통을 진정시키거나 냉담한 환경을 처벌하는 수단으로 자살이 일어날 수 있다.

표면적 능숙함의 가면 뒤에서 점점 더 압력을 받고 있는 개인은 대인관계 지원이 절실히 필요하다. 하지만 도움을 받기 위한 이전의 노력들은 소거되고 처벌되었다. 어느 순간 그는 변증법적으로 반대되는 적극적 수동성으로 넘어간다. **적극적 수동성**에서 말하는 **수동성**(passivity)은 필요한 지원을 얻어내기 위한 수동적 접근을 말한다. 그러나 개인은 도움을 모집하는 데 '적극적'이며, 보통 행동 통제력의 상실과 같은 어떤 위기 행동을 통해 한다. 말하자면 수동성이 적극적이며, 지지를 이끌어내는 기능을 한다. 분명히 해야 할 점은 이것이 의식적인 선택이 아니라는 점이다. 적극적 수동성은 무효화의 맥락에서 진화되며, 많이 필요로 하는 관심과 지원을 확보하며, 발달 과정에서 간헐적으로 여러 차례 강화되는 행동 패턴이다. 정신건강체계가 환자가 더 심각한 통제력 상실을 증명할 때에만 관심과 지원을 제공함으로써 적극적 수동성 패턴을 강화하는 것을 흔하게 볼 수 있다. 적극적 수동성 패턴의 일부인 행동통제장애와 그것을 움직이는 내적 고통의 강도를 감안하면, 이러한 패턴도 우발적이든 고의적이든 자살로 이어질 수 있다.

정서적 취약성과 자기 무효화의 변증법적 딜레마에 대해 논의했듯이, 개인은 이 두 가지 패턴 중 주로 하나를 보일 수 있으며, 이 경우 치료자는 이를 상세히 평가하고 이를 줄이기 위해 노력하며, 고통을 표현하고 도움을 요청하는 보다 능숙한 수단으로 이를 대체한다. 그러나 많은 경우 괴로움을 경험하고 만연한 무효화 환경에서 도움을 필요로 하는 정서적으로 취약한 사람은 두 가지 상반된 패턴 사이를 왔다 갔다 하며, 둘 사이의 '중도'에서 문제를 해결하기 위한 적응적인 방법을 절대 배우지 못한다.

한번은 DBT 집중 외래환자 프로그램에서 일하고 있었다. 하루를 마무리하는 시점이었고, 거의 모든 사람들이 떠났었다. 한 명의 환자와 그녀의 치료자만이 남아있었다. 환자는 극심한 고통을 겪고 있었고 혼자 있어야 하는 자신의 집으로 돌아가고 싶지 않았다. 그녀는 치료자를 찾아왔다. 치료자가 어떻게 지내냐고 묻자 그녀는 이렇게 대답했다. "좋아요! 전 괜찮아요. 마침 여기 온 김에 인사라도 드려야겠다고 생각했어요. 근데 이젠 가야겠어요. 선생님이 바쁘신 거 같네요." 치료자 : "여기 있고 싶으면 제가 사무실을 나갈 때까지 있어도 돼요." 환자 : "아니요, 그냥 가는 게 좋겠어요. 내일 뵐게요." 치료자 : "그래요, 잘 가요." 20분 뒤 치료자가 정리하고 병원 건물을 나와 주차장으로 갔을 때 환자는 치료자 차의 오른쪽 앞 타이어 앞바닥에 누워 있었다. 치료자는 가만히 누워있는 환자에게 말을 걸었다. 그녀는 움직이지 않았다. 치료자는 응급팀을 불렀고, 그녀는 평가 후 입원되었다. 이것은 고통스럽고 도움이 필요한 사람이 도움을 요구할 기술이 부족한 경우, 표면적 능숙함과 적극적 수동성 사이에서 어떻게 왔다 갔다 할 수 있는지를 보여주는 예다. 고통받는 환자가 응급실과 병원의 관심과 지원을 받는 결과는 '적극적으로 수동적인' 행동이 강화됐을 가능성이 높다.

수년간 DBT를 가르친 결과, 적극적 수동성이 여섯 가지 행동 패턴 중 가장 잘 이해되지 않는 패턴이라는 것이 분명해졌다. 이 용어는 때때로 거의 모든 종류의 행동 통제의 상실을 뜻하는 용어로 사용된다. 때때로 치료자들은 판단적인 어조로 이 용어를 사용한다. "다시 적극적 수동성이 도졌네요"라는 식이다. 이것은 정신역동 접근을 지향하는 프로그램의 입원병동 직원들이 거의 모든 바람직하지 않은 행동을 일컬어 '액팅 아웃(acting out)'이라는 용어를 사용하는 경향을 연상시킨다. 적극적 수동성의 경우 보다 정확하게 이해하여 환자에게 공감적으로 접근할 수 있게 되는 것이 중요하다.

이를 위해 마샤 리네한이 집중 워크숍(1993, New York Hospital-Cornell Medical Center, Westchester Division, White Plains, New York)을 진행했을 때 적극적 수동성의 의미와 기능을 표현하기 위해 사용했던 은유가 생각난다. 바다 한가운데 있는 섬 근처에서 조난 사고가 일어났다고 상상해보라. 유일한 생존자는 그 섬으로 헤엄쳐 간다. 몇 년 동안 그녀는 살아남는 법을 배운다. 효과적인 피난처를 만들어 포식자와 위험요인들로부터 자신을 보호하고, 육지와 바다에서 먹는 것을 구하는 법을 터득한다. 그 섬 근처에는 배가 오지 않고 머리 위로는 비행기가 거의 날지 않는다. 그녀는 배에서 다른 사람들과 함께 죽은 것으로 추정되므로 아무도 그녀를 찾지 않는다. 비록 그녀는 살아남는 법을 배웠지만, 몹시 외롭다(표면적 능숙함 패턴이 있는 개인의 내부 경험과 비교해보라). 그녀는 저공비행기가 혹시나 보이지 않을까 계속 주시하고 있다. 이러한 맥락에서 우리에게 필요한 질문은 다음과 같다. 작은 비행기가 그녀와 그녀의 주변을 볼 수 있을 만큼 충분히 낮게 지나가는 경우, 그녀는 어떻게 행동해야 하는가? 조종사가 잘 관리된 피난처와 손을 흔드는 여성을 보게 된다면, 그는 그 여성이 도움이 필요하다는 것을 인지하지 못할 수도 있다. 그는 심지어 “정말 진기하고 낭만적이고 용기있는 사람이네! 나도 저런 경험 한번 해 봐야겠다”고 생각할지도 모르는데, 이 경우 그는 그저 웃으면서 손을 흔들어 인사하고 지나가 버릴지도 모른다. 조종사가 비행기를 착륙시켜 그녀를 구출할 가능성을 극대화하려면, 그녀는 제정신이 아닌 절망스러운 모습을 보일 필요가 있다. 더 현명한 방법은 상황이 옳지 않다는 것을 분명히 하기 위해 피난처에 불을 지르고, 땅 위에서 날뛰고 뒹구는 것일 수도 있다. 우리의 용어를 사용한다면, 그녀는 절실하게 필요한 지원을 이끌어낼 수 있는 유일한 수단으로 적극적 수동성을 사용할 것이다. 올바르게 이해한다면, 적극적 수동성은 고통을 효과적으로 표현하지 못하고 도움을 요청하지 못하는 개인에게 완벽하게 합리적인 전략이다. 물론 가장 효과적인 길은 가능하다면 내면의 괴로움을 인식하고, 그러한 감정을 표현하고, 도움을 요청하는 법을 배우는 것이다. 그것이 양 극단 사이의 중도를 의미한다.

끊임없는 위기 대 억제된 슬픔

첫 번째 변증법적 딜레마는 감정의 효과적인 조절을 중심으로, 두 번째 변증법적 딜레마는 고통의 소통과 효과적인 도움 요청을 중심으로 하는 반면, 세 번째 딜레마는 중대한 상실과 외상 사건의 처리를 중심으로 한다. 물론 광범위하게 정의된 상실과 외상적 사건들은 인생 초반에 흔히 일어나지만, 경계선 성격장애를 가진 개인의 삶에서는 그러한 사건들이 훨씬 많이 일어나고, 과중한 슬픔과 PTSD는 흔하다. 타당화 환경은 상실이나 외상에 시달리는 개인이 상실이나 외상을 인식하고 처리하도록 도움을 주고, 과거를 딛고 앞으로 나아갈 수 있도록 해주는 현실적인 내러티브를 만들어낼 수 있게 한다.

그러나 무효화 환경은 다양한 이유로 개인이 상실과 외상 사건을 관리하고 처리하는 데 도움을 주지 못한다. 양육자들은 개인의 부정적인 삶의 사건에 관심을 보이지 않을 뿐만 아니라, 그러한 사건들이 실제로 일어나지 않았거나 그렇게 심각하지 않았다는 식으로 반응할 가능성이 있다. 우리는 이 장의 앞부분에서 성폭행을 당했다가 자살한 십대 소녀의 부모가 딸의 정신적 충격을 최소화(minimize)했던 예를 떠올릴 수 있을 것이다. 이러한 상황에 처한 부모들은 고통스러운 경험의 본질이나 정도를 무효화함으로써 암묵적으로나 명시적으로 자녀가 슬픔과 트라우마를 묻어두고, “그만 불평하라”고 강요한다. 이러한 메시지는 앞서 논의된 두 가지 변증법적 딜레마(정서적 취약성 대 자기 무효화, 적극적 수동성 대 표면적인 능동성)를 활성화시키고 나아가 억제된 슬픔과 끊임없는 위기 사이의 세 번째 변증법적 딜레마에 기여한다. 부정적인 인생 사건의 전반적으로 파괴적인 영향을 처리하거나 감내할 수 없고, 그렇게 하기 위해 환경으로부터 효과적인 도움을 받을 수 없는, 매우 민감하고 반응적인 개인은 감정 조절 곤란, 산만성, 경직되고 비현실적인 사고, 결과에 대한 잘못된 기대, 그리고 혼란으로 반응한다. 이런 상태에서 개인은 충동적으로 행동하고 판단 오류를 범하는 등 '끊임없는 위기' 패턴을 초래한다. 혼란을 가져오는 충동성과 부족한 판단력이 상실과 외상에 대한 반응을 감내하고 처리하지 못하는 것과 관련이 있다는 사실은 치료자조차 인식하기 어려울 수 있다. 치료자는 환자에게 주의 깊게 경청하고 선행사건들을 체계적으로 탐색하는 동안에 이러한 패턴에 대한 인식을 가지고 있는 것은 '기저의(underlying)' 문제, 즉 안전하고 효과적인 방법으로 인생 사건들을 처리하지 못하는 문제를 명료화하는 데 도움이 될 수 있다. 비현실적인 사고와 서투른 의사결정에 의해 그대로 추진되는 끊임없는 위기는 혼란과 절망, 극단적인 경우 자살로 이어질 수 있다.

이 딜레마에서 끊임없는 위기는 전반적인(즉, 인지, 감정, 행동) 통제장애가 특징인 패턴인 반면에, 무효화 환경의 영향을 크게 받는 이것의 변증법적 짝꿍인 억제된 슬픔은 과도한 통제가 특징이다. 환자는 자동적으로 상실이나 외상과 관련된 단서들을 피하고, 단서에 노출되면 그것들로부터 그리고 그것들에 대한 자신의 초기 반응으로부터 가능한 한 빨리 탈출하려고 시도한다. 환자는 부정적인 사건에 대한 인식을 차단하고 기억을 소멸시키기 위해 끊임없는 노력을 한다. 그 결과, 그는 그러한 사건들에 대한 기억들에 접근하지 못하게 되지만 그 사건들은 여전히 그를 괴롭힌다. 그 사건들은 환자의 일상의 그림자에 살면서 한순간에 다시 돌아와 신체 과정과 행동 과정을 장악할 준비가 되어 있다. 억제된 슬픔은 정서를 경험하는 것을 일시적으로 완전히 정지시킬 수 있는데, 이것은 억압된 경험들이 갑작스럽게 폭발하여 끊임없는 위기를 발생시키거나 다른 두 생물학적 기반 패턴들(적극적 수동성과 정서적 취약성)을 일으킬 수 있다. 지나친 억제된 슬픔은 극도의 억압과 분리를 초래하여 심각한 외로움, 절망, 자살로 이어질 수 있다.

요약하자면, 생물사회적 이론은 생물학적 기반을 둔 정서적 취약성과 무효화 환경 사이에서 일어나는 교류를 상정하고 있다. 이 교류의 짐을 안고 있는 개인은 세상과 그 세계에 대한 자신의 반응과 관계하는 법을 배우는 과정들을 착수하게 된다. 여기에는 세 가지 과정이 있는데, 감정을 조절하고, 도움을 요청하며, 고통스러운 인생 사건들을 처리하는 것이다. 보다 최적의 조건에서는 이러한 각각의 난제에 대해 비교적 균형 잡히고 효과적인 해결책을 개발하겠지만, 이 개인은 변증법적으로 대립되는 극단적인 행동 패턴의 두 가지 유형을 개발한다. 각각의 패턴은 본질적으로 불안정하고 일시적이기 때문에, 개인은 이러한 패턴들 사이에서 왔다 갔다 하는데, 이는 마치 하나의 나쁜 채널에서 다른 나쁜 채널로 전환하는 것과 같으며, 절망감과 무력감을 증가시키는 결과를 낳는다. DBT 치료자는 세 가지 딜레마의 각각의 경우, 환자가 효과적으로 감정을 조절하고, 도움을 요청하며, 상실과 외상을 처리할 수 있는 '중도' 채널을 개발시킬 수 있도록 돕는다.

변증법적 딜레마로부터 DBT의 2차 목표 도출하기

DBT 치료자로서, 우리는 주요 목표 행동을 평가하기 위해 행동 사슬 분석을 하면서 주요 목표 행동을 촉진하거나 유지하는 행동과 행동 패턴을 식별한다. 예를 들어, 우리는 특정한 환자에게 있어서, 자해 행동은 종종 수치심이 폭발하는 맥락에서 일어난다는 것을 발견할 수 있다. 그 환자에게 자해는 수치심과 연관되어 있기 때문에 자해를 치료하기 위해서는 수치심을 치료하는 것이 필요하다. 수치심의 관리를 개선하는 것은 1차 목표를 치료하는 데 있어 부차적이고 중요한 역할을 하기 때문에 '2차 목표' 또는 '도구적 목표'가 된다.

우리는 앞서 여섯 가지 문제 행동 패턴을 야기할 수 있는 세 가지 변증법적 딜레마의 특징을 살펴보았다. 우리는 각각의 패턴이 특정 주요 목표 행동을 촉진하거나 유지하는 기능을 할 수 있다는 것을 확인하였다. 따라서 각 패턴의 해결은 2차 목표가 될 수 있다. 특정 환자의 자해 행동을 치료하려면 자기 무효화에 대한 치료가 필요할 수도 있고, 다른 환자의 문제적 물질 사용을 치료하기 위해서는 끊임없는 위기를 다루는 것이 필요할 수도 있다. 또한 여섯 가지 패턴 중 하나라도 있으면 두 가지 2차 치료 목표가 발생할 수 있다. 한편에서는 문제가 되는 패턴을 줄이기 위해 노력하면서(예 : 자기 무효화 감소), 다른 한편에서는 역기능적 패턴을 대체할 수 있는 기술들을 획득하고 강화하고 일반화하는 작업(예 : 자기 타당화 증가)을 할 수 있다.

위에서 논의된 첫 번째 변증법적 딜레마에서 시작하여, 우리는 각각의 패턴에 대해 두 가지 유형, 즉 총 네 가지 유형의 2차 목표를 도출할 수 있다. 정서적 취약성 패턴에 대해서 우리는 (1) 정서적 반응성을 감소시키고 (2) 그것의 '해독제'인 감정 조절을 향상하기 위해 노력한다. 자기 타당화 패턴과 관련하여 우리는 (3) 자기 무효화를 줄이고, (4) 그것의 '해독제'인 자기 타당화를 증가시키기 위해 노력한다. 이 네 가지 2차 목표는 각각 단순한 단일 행동이 아니라 각 사례마다 다른 프로파일을 나타내는 감정, 인지, 행동의 복잡한 패턴을 가리킨다. 즉, 2차 목표 역할을 하는 특정 패턴을 증가시키거나 감소시키기 위해서는 그 패턴의 구성요소들을 잘 이해할 필요가 있다. 예를 들어, 한 환자의 '표면적 능숙함'은 다른 환자의 '표면적 능숙함'과는 다른 세부사항들을 포함할 것이다. 변증법적 딜레마에서 파생된 2차 목표를 다루는 것은 각각의 사례에 맞춰 개별화되고 명료화되어야 한다.

거의 같은 것처럼 들릴 수 있지만 자기 무효화를 줄이는 것과 자기 타당화를 늘리는 것은 분명히 서로 다른 과정이다. 예를 들어, 내가 스스로 멍청하고 뚱뚱하고 못생겼다고 확신하면서 나 자신을 미워한다고 하자. 이러한 자기 부정은 나의 원래 환경에 만연한 무효화 태도에 바탕을 두고 있지만, 나는 자기 혐오 속에서 그 태도를 영속시킨다. 내 주위에서 누군가가 외모나 매력에 대해 언급하는 것은 자기 무효화 진술, 자기 혐오, 수치심을 불러일으키고 결국 나는 자해를 해서 '내가 마땅히 받아야 할 것을 나에게 주고' 동시에 일시적인 안도감을 얻는다. 이 시나리오에서, 자해 행동의 감소는 1차 목표다. 그리고 자기 무효화를 감소시키는 것은 2차 목표 중 하나가 된다. 나의 DBT 치료자는 나 스스로 나의 자기 무효화 에피소드를 모니터링하고, 그에 대한 자세한 내용을 그에게 알려달라고 하면서 나와 전략적으로 함께 나의 자기 무효화를 줄이기 위해 노력할 것이다. 또 다른 2차 목표는 자기 타당화를 증가시키는 것이다. 자기 무효화를 줄이려는 노력과는 대조적으로, 이 목표는 나와 전략적으로 협력해서 내가 나 자신의 생각, 감정, 행동을 타당화하는 능력을 증가시키는 것을 수반한다. 즉, 내가 뚱뚱하고 못생기고 멍청하다는 나의 신념이 내 역사를 볼 때 이해할만 하다고 보는 것이다. 그것은 내 자신의 고통, 내 자신의 수치심, 그리고 나를 이 지경에 이르게 한 일련의 사건들을 향해 이해심과 연민을 발휘하는 것을 수반한다. 그리고 그것은 나를 향한 다른 관점을 만들어내는 지지적인 말들로 내 능력들을 타당화하는 것을 포함할지도 모른다.

나는 자기 체형에 대한 혐오를 표현하는 여자 환자의 1차 목표 행동이었던 폭식과 구토 행동을 평가하고 있었다. 그녀는 끊임없이 더 날씬해지고 싶어 했다. 다소 정상적인 식욕을 없애기 위한 그녀의 노력은 모두 성공하지 못했고, 그녀는 제한하기와 폭식하기를 번갈아가며 했다. 몸과 식욕과의 싸움은 괴로웠지만, 그것은 그녀가 작은 통제감과 희망(섭취량을 줄일 수 있다면 자신이 더 날씬해지고 더 가치 있다고 느낄 수 있을 것이라는 희망)을 느낄 수 있는 전쟁터의 한 영역을 의미하는 것 같기도 하였다, 그녀가 몸무게와 싸우지 않을 때 그녀에게 삶은 공허하고 무의미해 보였고, 그녀는 슬픔과 절망의 파도를 경험했다. 그녀가 체중 조절에 집중하지 않을 때는 그녀의 삶에서 경험한 어떤 끔찍한 상실에 대한 기억이 다시 떠올라 슬픔과 비통함에 휩싸이게 된다는 것이 곧 명백해졌다.

제한하기, 폭식하기, 제거하기 등 섭식장애 행동들이 주요 목표 행동이 되었다. 목표 행동을 유지하는 몇 가지 변증법적 딜레마가 있었다. 구체적으로는 정서적 취약성 대 자기 무효화, 적극적 수동성 대 표면적 능숙함, 그리고 슬픔을 억제하는 패턴이 있었다. 이 환자에서 확인된 활성화된 변증법적 딜레마들은 몇 가지 2차 목표를 가리켰다. 즉, 정서적 반응성을 줄이기, 감정 조절 향상하기, 자기 무효화 줄이기, 자기 타당화 증가시키기, 적극적 수동성 줄이기, 적극적인 문제 해결을 증가시키기, 표면적 능숙함 줄이기, 정확한 표현 증가시키기, 억제된 슬픔을 줄이기, 그리고 상실 및 외상과 관련된 단서 처리 증가시키기였다. 섭식장애를 종식시키기 위한 싸움은 변증법적 딜레마의 몇 가지 패턴에 의해 정의된 영역 내에서 치러질 것이다. 치료자가 특정 환자의 변증법적 딜레마 내에서 문제가 되는 행동을 구체화한 만큼 치료 계획 내에서 그것들을 어떻게 목표로 삼을 것인가에 대해 상당히 구체적이 될 수 있다.

치료계획의 '초안'에는 적극적 수동성 감소하기와 표면적 능숙함 감소하기가 목표로 설정될 수 있지만, 보다 구체적인 계획은 이러한 일반적 목표를 더 세분화한다. 적극적 수동성의 패턴과 관련하여, 치료자는 (5) 다른 사람의 구조를 이끌어냄으로써 문제를 해결하는 행동을 감소시키고 (6) 적극적 문제 해결을 향상시키는 방향으로 일하고 있을 수 있다. 표면적 능숙함의 패턴과 관련하여, 치료자는 (7) 행동의 기분 의존도를 감소시키고 (8) 감정의 정확한 표현을 증가시키기 위해 노력할 수 있다. 일단 2차 목표들이 충분히 구체화되면, 치료자는 그것들을 달성하기 위해 DBT 전략들을 사용할 수 있다. 예를 들어, 적극적인 문제 해결의 증가는 회피의 감소에 도움이 되는 감정 조절 기술 향상시키기, 자기주장 능력을 강화하고 '아니요'라고 말할 수 있도록 대인관계 효과성 기술 증진시키기 또는 집행 기능을 강화하기 위한 자기 관리 능력을 향상시키기가 사용될 수 있다.

정확한 의사소통을 향상시키는 것은 여러 기술들을 활용한다. 구체적으로, 부정적인 감정에 대해 비판단적이고 마음챙김적 인식을 갖고, 언어적 및 비언어적인 채널을 통해 감정을 정확하게 표현하며, 의도된 의사소통이 이루어졌는지 확인하고, 구체적으로 도움을 요청하는 기술이 요구된다. 기분 의존도를 감소하는 2차 목표에 대해 리네한(1993a, pp. 163-164)은 환자가 자신의 현재의 행동으로부터 현재의 기분을 분리하는 법을 배워서 행동이 기분보다는 목표에 맞추어질 수 있도록 해야 한다고 강조한다. 행동에 대한 통제를 상실하게 되는 적극적인 소극성의 과정은 자기 기분에 따라 행동해야 한다는 깊은 믿음에 의해 부추겨진다. 만약 우울하면 우울하게 행동하고, 화가 나면 분노를 보여주어야 한다. 도움이 필요한데 아무도 도움을 주지 않는다면 내가 '무너지더라도' 내가 필요한 지원을 가져올 수 있는 방식으로 행동해야 한다. 기분 의존도를 낮추고 적극적인 소극성을 낮추는 것은 자신의 순간적인 기분보다는 장기적인 목표와 일관된 방식으로 행동하는 것을 요한다. 현실을 근본적으로 수용하고, 문제를 해결하기 위한 기술들을 갖추는 것은 2차 목표를 달성하는 데 결정적일 것이다.

1차 목표 행동들이 세 번째 변증법적 딜레마인 끊임없는 위기 대 억제된 슬픔의 패턴들과 기능적으로 관련이 있을 때, 추가적으로 4개의 2차 목표들이 잠재적으로 작용하고 있다. 끊임없는 위기와 관련하여, 치료자는 (9) 위기를 만들어내는 행동을 줄이고 (10) 현실적인 의사결정과 판단을 높이는 데 도움을 줄 수 있다. 억제된 슬픔에 관해서는, (11) 억제된 슬픔을 줄이고, (12) 감정의 경험을 증가시키는 데 도움을 준다. 다시 한 번 말하지만, 이것들은 2차 목표 그 자체가 아니라 2차 목표의 유형이라는 점을 기억하라. 세부사항들은 사례별로 평가될 필요가 있다.

위기를 일으키는 행동들을 줄이는 것은 개인마다 다른 접근법을 필요로 하지만, 위에서 논의된 기분 의존성의 문제는 일반적으로 중요하다. 만약 환자가 '위기가 닥칠 것 같다'고 느낀다면, 그는 그 '느낌'에 대항하여 행동할 수 있는 방법을 배울 필요가 있다. 치료자는 위기가 항상 있어야 한다는 환자의 감각에 도전해 환경을 구조화하고 감정을 관리하고, 위기를 만들어낼 가능성을 줄이는 행동 선택을 하게 할 방법들을 강구할 필요가 있다. 현실적인 의사결정과 판단력을 높이는 것이 여기서 요구되는 '긍정적인' 기술이다. 흔히 경계선 성격장애를 가진 개인은 다른 사람의 의사결정을 수용하는 것, 다른 사람의 의사결정에 의해 희생자가 되는 것에 익숙해져 있다. 즉, 그들 스스로 방향을 결정하고, 가능한 행동계획을 만들어내고, 잠재적인 결과들을 가지고 그 계획을 평가하고, 자신의 선택을 책임지는 태도와 기술을 습득하지 못했다.

억제된 슬픔의 감소는 신뢰가 형성되었을 때 치료적 관계에서 일어나야 한다. 그러한 안전한 맥락 안에서 치료자는 환자가 중대한 상실과 외상을 겪었다는 것, 이것이 사실이고 실제적인 영향들을 미쳤다는 것, 그러한 기억과 경험을 억제하는 과정이 부정적인 결과를 가져오고 있다는 것, 그리고 도움을 받으면 이러한 부정적인 인생 사건들을 안전하고 신중하게 접근할 수 있다는 것을 이해하도록 돕는다. 치료자는 환자가 더 이상 일차적으로 억제에 의존하지 않고 전반적으로 감정 경험을 더 많이 할 수 있도록 함께 작업할 것이다. 그리고 신뢰가 더욱 쌓이고, 더 많은 기술을 습득했을 때, 환자가 원한다면 상실 및 외상과 관련된 감정 경험을 촉진할 것이다. 슬픔을 억제하는 것을 멈추고 감정을 경험할 수 있는 능력을 향상시키기 위해서는 핵심 마음챙김, 감정 조절, 고통 감내 모듈로부터 기술들을 습득해야 한다.

여섯 가지 변증법적 딜레마와 열두 가지 연관된 2차 목표들이 포함된 일종의 메뉴를 갖는 것은 사례를 개념화하고 환자를 치료하는 데 도움이 된다. 나는 한때 모든 가족 구성원들이 꽤 성공한 것처럼 보이는 쟁쟁한 가정 배경을 가진 19세 여성을 치료한 적이 있다. 그들은 모두 매력적이고, 아름다운 집을 가지고 있었으며, 그들의 지역사회에서 칭찬과 존경을 받았다. 그 열아홉 살짜리 아이가 자신이 자해를 하고 있다는 것을 내게 밝히기까지는 약 여덟 번의 회기가 걸렸다. 사실 그녀는 망치로 손목을 박살내고 있었다. 그녀는 두 번이나 뼈가 부러졌는데, 매번 스케이트보드 사고를 당했다고 둘러댔다. 나는 그녀가 자신의 뼈를 때리고 부러뜨리는 1차 목표 행동을 평가할 때 일종의 스캐닝 절차로 변증법적 딜레마를 가능한 통제 변수의 메뉴로 사용했다. 첫째, 정서적 취약성과 자기 무효화를 고려했을 때, 나는 그녀가 자신을 '바보, 실패자, 실망스러운 사람'이라고 생각하면서 자신에 대해 가혹하게 판단한다는 것을 발견했다. 그녀는 특히 수치심에 대해 감정적으로 취약했다. 그녀가 자신의 뼈를 때리는 행동은 항상 스스로에게 심한 언어적 폭력을 가하는 맥락에서 일어났다. 둘째, 적극적인 수동성과 표면적인 능숙함을 고려하면 후자가 돋보였다. 그녀는 거의 항상 가족의 겉모습에 맞춰 흥미롭고, 매력적이고, 능력 있고, '괜찮아' 보였다. 그 가면 뒤에서 그녀는 죽고 싶었고, 심한 굴욕감을 느꼈으며, '가면이 벗겨질까 봐' 공포에 떨며 살았다. 그녀의 표면적인 능숙함 때문에 그녀의 괴로움은 드러나지 않았지만, 다행히 명민한 지도교수 덕분에 치료에 의뢰되었다. 치료를 받기 시작한 지 얼마 되지 않아 그녀는 살려달라고 외쳤다. 나는 다른 사람들로부터 구조를 이끌어내는 적극적 수동성의 실제 사례를 이때 처음 만났다. 셋째, 끊임없는 위기와 억제된 슬픔을 고려했을 때, 이 환자는 다시 한 번 생물학적으로 기반한 패턴(끊임없는 위기)에 대한 증거는 거의 보여주지 않았지만 환경적으로 기반한 패턴(억제된 슬픔)에 대해서는 명백한 증거를 보여주었다. 그녀의 경우, 눈에 띄는 상실(안전하고 든든한 어린 시절의 끔찍한 상실 이외에는!)이나 어떤 점의 외상도 없는 것처럼 보였다. 대신 그녀는 특히 외모에 대해, 가족 내에서 수년 동안 무효화되었다고 느껴왔다. 그래서 자기 무효화와 특히 수치심에 대한 정서적 취약성, 표면적 능숙함, 그리고 억제된 슬픔에 대한 초점을 우선순위에 둔 치료계획을 세웠다. 이에 따라 이 네 가지 패턴은 다음 8개의 2차 목표를 제시했다.

1. 자신에게 하고 있는 가혹한 판단과 비난, 처벌을 줄인다.
2. 자신의 감정, 생각, 행동, 강점에 대한 타당화를 증가한다.
3. 감정에 대한 수동성과 무력감을 줄인다.
4. 먼저 감정을 인식하는 것부터 시작해서, 수치심을 포함한 감정들을 조절하는 능력을 증진한다.
5. 먼저 자신의 자동적인 특징인 '가면과 같은' 겉모습을 인식하고 그것을 줄인다.
6. 정서적 고통에 대한 직접적인 의사소통과 나에게 도움을 청하려는 의지를 증가시킨다.
7. 무효화에 대한 기억과 반응을 억제하는 것을 줄인다.
8. 중대한 무효화 기억의 처리를 증진한다.

내가 이 8개의 2차 목표를 끊임없이 스캔하여 매 회마다 다룬 것은 아니다. 치료가 진행될 수록 가능한 일련의 초점들로 그것들을 염두에 두었고, 각각 다른 시점에 다루어졌다. 각각 특정한 사건들과 경향들을 중심으로 모양이 잡혀갔다. 우선 자해부터 시작해서 1차 목표들을 염두에 두면서, 이 8개의 2차 목표가 당면한 1차 목표와 어떻게 연관되는지 지켜보았다. 이미 언급했듯이, 2차 목표에도 치료 시간과 노력이 쓰인다. 이것이 DBT의 '힘들고 지루한 일(grunt work)'이다.

변증법적 딜레마를 활용하여 환자와 작업하기 위한 몇 가지 제안

1. 특정한 극단적 행동 패턴을 발견하였다면 그 패턴의 변증법적 짝꿍의 존재에 대한 증거가 있는지 살펴보자. 예를 들어, 표면적 능숙함이 한 패턴으로 확인되었다면, 적극적 수동성의 요소들이 있는지 살펴볼 수 있다. 때때로 환자가 표면적 능숙함이라고 알려진 과정 속에서 자신의 고통을 다른 사람들로부터 숨기는 동안, 고통과 긴장이 건강하게 발산되지 않은 채 증가하고 있고, 적극적 수동성 에피소드가 임박할 수 있다는 것을 알아차릴 수 있을 것이다. 이 두 가지 패턴을 나란히 놓고 보는 게 도움이 될 수 있다.
2. 특정 패턴을 보이고 있다는 점을 환자에게 설명할 때, 그 패턴에 대한 협업적 작업을 함양하기 위해 노력하자. 각 환자에게 적합한 말이 있을 것이다. 이것은 은유나 이야기, 심지어 그림 그리기를 포함할지도 모른다. 환자의 의지 없이 이러한 패턴을 공략하는 것은 매우 어려운 일이며, 그 의지는 소개하는 과정의 성격과 특히 그때 사용되는 언어의 영향을 받는 경우가 많다. 예컨대, 치료자는 **표면적 능숙함**이라는 용어가 환자에게 비인격적으로 들리고 잘 이해되지 않을 수 있기 때문에 그 용어를 사용하기보다 **감정 숨기기**라는 표현을 선택할 수 있다. 필요하다면 **정서적 반응성 줄이기**라는 임상 표현보다는 **감정의 늪에 빠지는 에피소드 줄이기**와 같은 은유를 사용할 수도 있다. 초기에 진행되었던 청소년들을 위한 입원환자 DBT 프로그램에서는 사회적 철회와 감정 표현의 부재를 표현하기 위해 '**터틀링**(turling : 거북이가 등껍질 속으로 들어가듯 숨기)'이라는 표현을 만들어냈다. 현실을 직시하기 위해 등껍질에서 나오는 대신 일시적으로 거북이가 되는 것은 적응적이었다. 하지만 삶을 피하기 위해 등껍질 속에 영원히 머물러 있는 것과 같은 극한 터틀링은 문제가 있었다.
3. 환자가 이러한 패턴과 관련된 행동들이 실제로 1차 목표 행동과 어떻게 연결되고 심지어 영속화하고 있는지 볼 수 있도록 도와주고 2차 목표에 대해 환자의 협력을 이끌어내자. 예를 들어, 환자의 고통이 커질 때 표면적 능숙함이 나타난다는 점을 알려주고, 그 패턴에 이름을 붙이고 그 결과(점점 커지는 내적 고통, 고립감, 이해받지 못함)까지 볼 수 있도록 도와주었다면, 내적 긴장은 증가되고 관계적인 배출구가 없을 때 이러한 패턴이 삶을 계속 망칠 수 있는 감정적인 폭발로 이어질

가능성이 있다는 점을 강조할 수 있다. 환자가 패턴을 '공동 소유'하고 '중도를 걷기' 위해 어떤 기술이 필요한지 볼 수 있게 할 수 있다면, 패턴을 줄이고 '해독제'가 되는 기술들을 강화할 수 있는 기회를 갖게 될 가능성이 높아진다.

4. 일단 이 과정이 여러 차례 명료화되고 관찰되었다면, 환자에게 친숙한 언어를 사용하여 2차 목표들을 1차 목표들과 나란히 관찰 일지에 포함시켜 환자가 2차 목표들의 발생과 결과를 모니터링할 수 있도록 하는 것이 유용할 수 있다. 예를 들어, 환자는 '가면 쓰기', '자기 무효화' 또는 위기 에피소드가 하루에 몇 번 일어났는지 모니터링하면서 도움을 받을 수 있다.
5. 일단 1차 목표와 기능적으로 관련이 있는 극단적인 행동 패턴과 관련 2차 목표들을 찾았다면, 이 환자가 문제 패턴을 대체할 수 있는 효과적인 행동, 즉 중도를 향해 나아갈 수 있는 방법에 대해 구체적인 아이디어나 이미지를 만들어내도록 노력하자. 내 경험에 의하면, 치료자가 환자의 문제 영역에서 기능적인 사람의 이미지를 더욱 명확하게 떠올릴수록, 그리고 그 기능적 이미지를 실현하는 데 도움이 될 기술들을 더욱 구체적으로 찾을수록, 치료자는 건설적인 기술 지향적 개입들을 회기 내에서 더욱 잘 실행할 수 있게 된다.

변증법적 딜레마에서 2차 목표, 치료 계획까지 : 사례 예시

한 정신과 의사가 22세의 남자 환자를 DBT 치료로 나에게 의뢰했다. 이 청년은 3개월 동안 세 차례나 물건을 훔친 혐의로 체포된 뒤 어머니의 강요에 의해 정신과 의사를 만났다. 정신과 의사는 환자가 사회적 불안을 해소하기 위해 자해를 한 이력이 있다는 것을 알게 됐고, 관계에서도 충동적인 판단을 보인다는 것을 알게 되었다. 그는 자해 사건과 더불어 환각제를 복용하고 수업에 가지 않은 사실이 드러나면서 다니던 대학을 1년 휴학하고 있었다. 그는 정서적 불안정, 관계 혼란, 자살 시도 및 자해 행위, 만성적인 공허감, 정체성 혼란 등으로 인해 경계선 성격장애 진단의 기준을 충족시켰다. 그는 DBT를 하는 것에 동의했다.

나는 평가 과정 중에 그의 가정생활이 기이하고 문제가 많다는 것을 알게 되었다. 그의 어머니는 거의 끊임없이 술을 마셨고, 아버지는 대부분의 시간을 지하실에서 보냈으며, 여동생은 심각한 자가면역장애를 가지고 있어서 부모의 모든 관심이 여동생에게

가 있었다. 환자는 마치 스스로 알아서 자란 것처럼 보였다. 그의 기능이 불안정했음에도 불구하고 가족 중 그 누구도 그가 문제가 있거나 정서적 지원이 필요하다고 보지 않았다. 그의 또래 관계에서 다른 사람들은 종종 그에게 의존했지만 그는 그가 어려울 때 그들이 보답하지 않았다며 분개했다. 그는 지원을 요청하지는 않았지만, 자신이 지원이 필요한 것은 명백하게 드러났을 거라고 생각했다. 주말에 그는 또래들과 함께 환각제를 복용했다. 그는 환각제를 복용할 때가 자신 안에서 일어나는 일에 마음을 열 수 있는 유일한 시간이라고 느꼈다. 그는 대학을 잘 마쳐서 미술 전공으로 학위를 받고 싶었고(그는 재능 있는 조각가였다), 살고 싶은 곳인 유럽으로 여행을 가고 싶었다.

그는 딱 봐도 총명하고 매력적이었으며, 괴짜였다. 그는 회기에서, 그리고 때로는 긴 문자 메시지를 통해, 자신에게 일어났던 일들에 대해 이야기하곤 했다. 때로는 근시안적인 의사결정으로 인해 야기되는 문제들에 대한 것이었는데, 예를 들어 잘 모르는 누군가에게 차를 빌려준 후 차를 도난당한 사건 같은 것이었다. 그가 이야기해준 고통스러울 것 같은 골치 아픈 경험들에 관심을 보이고 그것에 대해 더 물어볼 때마다, 그는 나에게 괜찮다고, 사건은 종료되었다고, "배운 것들이 있다"고 말하곤 했다. 어떤 면에서 그는 치료에 있어서 나와 협조적이었고 기술을 배우는 것에도 큰 관심을 보였지만, 대개 그는 회기에 오기 전에 모든 문제를 "이미 해결했다"고 주장했다.

치료 초기 몇 주 동안, 그의 주된 치료 목표는 (1) 물건 훔치는 행동을 멈추는 것, (2) 치료에서의 좋은 출석률을 유지하는 것(예전 치료들에서는 참여율이 저조하였고, 결국 조기 종결했으므로) (3) '나같이 항상 변화하는 친구를 찾는 것'이었다. 마지막 자해 사건 이후 몇 달이 지나 있었다. 그는 환각제를 복용하는 것이 문제 행동이라는 나의 의견에 동의하지 않았다. 그는 자신이 이러한 약을 사용하는 것이 안전하다고 느꼈고 그것이 또 다른 형태의 '치료'라고 생각했다. 하지만 그는 물건 훔치는 행동은 문제라는 것에 동의했고, 그것을 멈추기를 원했다. 치료 초기 6주 동안 그는 두 번 훔치다가 잡혔다. 그것은 항상 '대형' 매장에서 일어났고, 셔츠나 코트 밑에 비교적 사소한 물품들을 몰래 숨겨서 나오는 식이었으며, 그는 체포될지 모른다는 생각에 큰 긴장감을 경험했다.

우리는 물건을 훔치는 행동에 대해 여러 차례 행동 사슬 분석을 했다. 체포되든 안 되든 그에게 있어 그 행동을 강화하는 가장 강력한 요인은 흥분감과 긴장감이라는 것이 처음부터 명백했다. 도둑질을 하기 전의 감정 상태가 어떠했든 간에, 물건을 훔치는 '게임'에 몰입한 그의 모습은 그를 그 감정 상태에서 벗어나게 하여 기분을 좋게 만들었다.

결과적으로, 그의 치료 계획은 물건 훔치는 행동을 줄이고, 그의 부정적인 기분을 줄이고 긍정적인 흥분을 유발하는 데 도움을 줄 수 있는 합법적인 활동을 찾는 것을 목표로 삼았다.

과거와 현재의 여러 절도 사건에 대한 행동 사슬 분석을 통해 우리는 다음과 같은 사실들을 확인했다. 첫째, 그의 비현실적인 사고와 형편없는 판단, 그리고 반복되는 부정적인 사건들은 **끊임없는 위기**에 대한 프로파일에 들어맞았다. 둘째, 자신이 '괜찮다'고, '극복했다'고, 그리고 그 어떤 진정한 괴로움도 어제의 일인 것 같다는 그의 주장은 **표면적인 능숙함**에 대한 프로파일에 들어맞았다. 그는 고통스러운 감정을 표현해보라는 초대를 뿌리치고 괴로움을 감추었다. 이런 패턴은 가족 중에서 자신만이 '괜찮은' 사람이었다는 경험, 친구관계에서 늘 감정적으로 더 능력 있었던 친구였다는 경험, 그리고 자신이 부탁하지 않았지만, 다른 사람들이 자신이 보내줬던 지지에 보답하지 않았다는 것에 화가 났던 그의 경험과 일치하는 것 같았다. 해결될 수 없을 것 같은 부정적인 감정 상태로부터 그를 '구제'해줬던 각각의 절도 사건을 둘러싼 긴장감과 드라마는 **표면적인 능숙함**의 변증법적 짝꿍인 **적극적인 수동성**의 변형으로 볼 수 있었다.

치료 초기에 나는 그에게 끊임없는 위기와 표면적 능숙함에 대한 프로파일을 소개해주었고, 우리는 위기를 만들어내는 그의 행동을 줄이기 위해 좀 더 현실적인 판단 능력을 개발하는 작업을 하였다. 또 표면적 능숙함을 줄이고 정확한 감정 표현을 증진시키기 위해 회기에서 그의 감정을 관찰하고 설명하는 능력을 개발하기 시작했다. 물건을 훔치는 행동과 관련 있어 보이는 변증법적 딜레마 행동 패턴을 두 가지(세 가지라고도 할 수 있겠다)를 발견하고, 그에 상응하는 2차 목표들을 생성하고, 그것들을 바꾸기 위해 개입한 것은 치료에 방향 감각과 많은 치료적 기회를 제공했다.

그러나 우리 작업에 진정한 전환점이 되어 치료를 더욱 깊고 강력한 수준으로 가져간 것은 다른 것이었다. 그것은 비록 **끊임없는 위기**의 패턴이 분명히 존재하긴 했지만, 그의 변증법적 짝꿍인 **억제된 슬픔**에 대한 패턴은 명확하게 나타나지 않는다는 나의 관찰로부터 시작되었다. 그러나 이러한 내용을 그에게 공유한 이후부터 그는 부정적인 사건을 처리하는 데 저항을 하는 듯 보였고, 자신의 유년시절에 있었던 무효화 경험을 최소화하였다. 그가 집에서 일어난 일에 대해 이야기해주었을 때 느꼈던 나의 분노는 그가 표현한 분노보다 훨씬 더 컸다. 그때 나는 그가 사실은 **억제된 슬픔**에 대한 프로파일에 들어맞는다고 확신하게 되었고, 나는 그의 삶에 있었던 상실 경험, 이전과 현재의 무효화 환경에 대한 부정적인 영향, 그리고 나의 목표에서 다소 벗어난 개입에 대한 그의 감정적인 반응에 대해 더 많이 질문하였다.

그렇게 조사한 결과, 나는 곧 그가 아버지를 만나러 내려갈 때 가끔 지하실에서 일어났던 '나쁜 일'에 대한 언급을 들을 수 있었다. 처음에는 밝히기를 꺼려했지만, 그는 곧 아버지에 대한 이야기를 연달아 늘어놓기 시작했다. 술과 마약에 취해 있던 그의 아버지는 그에게 자신을 성적으로 자극해 달라고 요청하곤 했다. 그는 아버지의 요청을 거절했다는 이유로 아버지로부터 두 차례 구타까지 당했다고 하였다. 그는 지하실로 가는 것도 두려웠고, 안 가는 것도 두려웠다. 하지만 이에 대해 그 누구에게도 말한 적이 없었다. 비록 이러한 끔찍한 경험들과 그의 절도 행동 사이의 정확한 연결고리는 결코 명확하지 않았지만, 그가 이러한 기억들을 드러내고 회기에서 감정적인 반응을 처리함에 따라, 절도 행동들은 긴박함을 잃고 그의 행동 레퍼토리에서 사라졌다. 나중에 그는 왜 '물건 훔치기 게임'이 그렇게 매력적이었는지 기억조차 할 수 없었다.

요컨대, 1차 목표를 해결하는 시도들은 그 해결책을 방해하는 변증법적 딜레마를 인식하게 해준다. 일단 변증법적 딜레마가 인식되고 구체화되면, 그들은 2차 목표를 명료화한다. 일단 2차 목표가 충분히 명확해지면, 치료자는 이를 해결하기 위한 전략과 기술을 사용할 수 있으며, 그 과정을 통해 궁극적으로 1차 목표를 해결할 수 있다.

변증법적 딜레마는 왜 세 가지뿐인가

비록 내가 설명하려는 것에 대한 경험적 증거는 없지만, 나는 그것이 변증법적 딜레마에 대해 생각하는 생산적인 방법이라는 것을 발견했다. 세 가지 변증법적 딜레마는 각각 규범적 발달 과정의 역기능적인 결과를 나타낸다는 생각이 들었다. 정서적 취약성 대 자기 무효화는 모든 아이들이 해야 할 감정 조절을 배우는 과정의 착오를 의미한다. 생물학적으로 무효화된 맥락에서 이 발달 과제를 수행하는 생물학적 기반의 정서적 취약성을 가진 아이는 감정 조절에 관한 두 가지 역기능적 패턴을 경험한다. 하나는 더 생물학적으로 추진되고(정서적 취약성) 다른 하나는 더 사회적으로 추진된다(자기 무효화). 강한 감정이 있을 때 아이는 이 두 가지 문제적 방법 중 하나로 처리하며, 따라서 감정을 조절하기 위한 기능적인 기술들은 발달되지 않는다.

마찬가지로 이 생물사회적인 도가니에서 고통을 정확하게 식별하고, 감내하며, 표현하고,

지원을 구하는 것을 배우는 발달과제가 일어날 때, 감정을 정확하게 표현하고 도움을 요청하는 기능적 기술 세트가 아닌 두 가지 역기능적 패턴이 생겨난다. 적극적 수동성은 생물학적 요인에 의해 구동되는 것이며, 여기에는 통제장애가 포함된다. 또, 표면적인 능숙함은 사회적 요인에 의해 더 많이 구동되는 것이다. 이와 더불어 상실과 외상을 관리하고 처리하는 중요한 발달과제가 생물사회적 교류의 장에서 일어날 때, 끊임없는 위기 대 억제된 슬픔에 대한 변증법적 딜레마가 그 결과가 된다. 전자는 대체로 생물학적 요인에 의해, 후자는 대체로 무효화 환경에 의해 유발된다. 이 세 가지 발달과제의 착오는 여섯 가지 행동 패턴을 낳는데, 각 행동 패턴은 결국 자살 시도 등 1차 목표 행동을 유지하는 방식으로 기능할 수 있다.

그래서 우리가 이런 식으로 모델을 이해한다면 변증법적 딜레마가 세 가지에 그쳐야 할 선험적인(a priori) 이유는 없다. 우리는 생물사회 이론에서 언급된 요인들에 의해 부정적인 영향을 받을 수 있는 다른 발달 과제들을 살펴보면서 다른 변증법적 딜레마들을 발견할 수 있을 것이다. 예를 들어, 자라나는 아이가 '자신'과 '타인' 사이의 뚜렷하고 분명한 경계를 가지고, 관계에서 자신을 다른 사람과 구별하는 과제를 생각해보자. 아마도 두 가지 역기능적 결과를 예측할 수 있을텐데, 하나는 아이가 양육자에게 지나치게 관여되어 있는 것이고, 다른 하나는 아이가 문제가 될 정도로 분리되어 있는 것이다. 주의력결핍 과잉행동장애(ADHD)의 신경생물학을 가진 아이는 그러한 특징들을 받아들이고 세상에서 효과적으로 기능하는 것을 배우는 발달적 과제에 직면하게 된다. 그러나 이 아이는 대신 극단적인 ADHD 취약성 대 결손에 대한 자기 비판이라는 독특한 변증법적 딜레마를 경험할지도 모른다. 인생 초기에 환청이나 다른 특이한 지각 경험을 경험해서 그러한 지각이 있을 때마다 그에 대처하는 일련의 기술과 함께 온정적이고 수용적인 관점을 발달시켜야 하는 아이는 대신 '환각에 대한 취약성' 대 자기 비판이라는 변증법적 딜레마를 만들어낼 수 있다. 즉, 세 가지 변증법적 딜레마를 유일하게 가능한 것으로 생각하고, 모든 사례의 개념화를 그 안에 맞추려고 하기보다는, 특정 발달과제의 착오가 그 과업과 관련된 두 가지 역기능적 패턴을 만들어낼 수 있다고 생각하는 게 바람직하다. 세 가지 변증법적 딜레마는 그런 새로운 딜레마들을 생성해낼 수 있게 하는 공식의 우수하고 전형적인 세 가지 예라고 생각할 수 있다. 이러한 변증법적 딜레마의 기초가 되는 구조를 사용하면 (1) 열린 마음으로 환자의 문제 행동을 평가할 수 있고, (2) 그러한 행동을 유지하는 극단적인 행동 패턴들을 찾을 수 있으며, (3) 그러한 패턴들 사이의 변증법적 관계를 찾을 수 있고, (4) 그 패턴을 개인이 자신의 생물사회적 도가니 안에서 달성하려고 했던 과제에 연결시킬 수 있으며, (5) 환자를 극단적인 행동 패턴에서 특정한 중도로 옮겨 숙련된 행동으로 이끌 수 있게 된다.

제9장

DBT의 사례개념화

이론과 실제의 사이를 이어주는 것은 사례 개념화다. 이론은 사례개념화를 통해 치료라는 틀 속에 흡수되고, 그 후 이론은 치료 계획과 개입의 동력이 된다. 실제 치료 현장에서 이루어지는 지속적인 평가와 개입을 통해 얻는 통찰은 기존 사례개념화에 대해 확인하거나 수정·보완을 하게 한다. 건설업자가 건축하는 동안 주기적으로 청사진을 참고하는 것처럼, 치료자 또한 사례개념화를 참조하게 된다. 이렇듯 사례개념화는 이론과 실제 사이의 가장 중요한 연결고리이기 때문에 해당되는 치료적 모델을 설명할 수 있는 가장 명확하고 간결하며, 실용적인 설명이라 할 수 있다.

예를 들어, 컨버그(Kernberg, 1975)의 TFP(transference-focused psychotnerapy, 전이초점 심리치료)의 사례개념화는 심리내적 대상관계 구성 요소, 즉 자기 표상과 대상 표상, 그리고 그 둘을 연결하는 정서의 활성화 중심으로 진행된다. 치료자는 전이적 관계 안에서 자기 표상과 대상 표상의 분열이 실현될 때 이를 식별한 후, 분열을 조명하고 해결하기 위해 개입한다. MBT(mentalization-based therapy, 정신화기반치료)의 사례개념화는 환자가 가지고 있는 정신화 능력과 정신화 모드의 활성화 또는 비활성화를 중심으로 이루어진다. MBT는 치료자로 하여금 환자가 격한 감정과 애착관계의 압박 속에도 정신화 능력을 강화하고 유지할 수 있는 개입을 하도록 안내한다(Bateman & Fonagy, 2004).

이 장은 DBT의 사례개념화의 특징과 기능에 대해 살펴본다. 먼저 유념할 것은, DBT 치료자는 다른 이론에서와 달리 '사례[전체]를 개념화'하지 않고 표적 행동을 유지하게 하는 '변수'들을 개념화한다는 것이다. 따라서 개인의 자해 행동에 대한 개념화와 동일한 인물의 물질 사용 행동에 대한 개념화는 크게 다를 수 있다. 또한 자해 행동 범위 안에서도 긋기(cutting), 태우기(burning)의 개념화는 극명한 차이를 보일 수 있다.

DBT 사례개념화는 표적 행동, 그러니까 치료에 있어 우선순위에 해당되는 표적 행동들을 찾는 것에서부터 시작한다. 치료자는 일단 제일 중요한 표적 행동 하나를 사정하고 우선적으로 개념화하게 되지만, 실제로 그 과정에서 발견된 패턴과 부수적 변수들은 동일한 환자의 다른 표적 행동들을 미리 암시하는 경우가 많다. 두 번째로는 치료의 단계를 확인한다. 이 치료 단계는 굉장히 중요하다. 치료 전 단계에서 환자의 치료 참여를 얻기 위해 자해 행동을 표적으로 삼는 것은 1단계에서 행동의 안정성과 제어를 높이기 위해 같은 행동을 표적으로 삼는 것과 확연히 다르다. 또한 같은 행동이 2단계에서 다시 떠오를 시, 그 단계의 치료 목표는 환자의 괴롭지 않은 정서적 경험을 증가시키는 것이기에 또 다른 개념화가 될 것이다.

사례개념화 속 인지행동의 원리와 용어

DBT 사례개념화를 위한 기틀은 행동적 사슬 모델이다. 행동적 사슬 모델은 핵심 표적 행동을 분석하고 치료체계를 구축하는 발판 역할을 한다. 사슬 분석에서 표적 행동의 좌측에는 선행사건(antecedent)가, 우측에는 행동결과(consequence)가 있게 되는데, 선행사건부터 행동결과까지 행동이 어떻게, 어떤 패턴을 통해 일어나는지 환자와 함께 규명하게 된다. 하지만 처음부터 여러 연결고리나 패턴 중, 어떤 것이 행동을 유발하는 핵심이 되는지는 구별하기 힘들다. 치료자가 특정 패턴을 핵심적이라고 너무 섣불리 결론 내리면, 결국 나중에 그 패턴이 문제 행동을 유지하는 기제와 전혀 무관하다는 것을 깨닫게 된다. 예를 들어, 친구에게 강간을 당한 후 PTSD 증상과 자살 행동을 보이는 환자를 만났을 때, 그 강간당한 경험 자체가 가장 결정적 변수라고 확신했던 적이 있었다. 하지만 그 사건 이전에 더 중요한 '연결고리'가 있었다는 것을 나중에야 알게 되었다. 피해자는 사건이 일어나기 한 시간 전, 가해자가 방에 들어오자마자 자신의 목덜미를 만졌을 때, 피해자는 이미 가해자가 자신을 강간할 수 있을 것을 예감했지만 그 행동의 중요성을 간과했었다.

치료자는 자신의 예측이 틀릴 가능성이 크다는 겸허한 태도, 호기심과 개방적인 태도를 가지고 세심한 주의를 기울여 가설을 세워야 한다. 환자가 문제 행동의 사슬을 여러 번 반복해서 이야기하기 시작하면, 치료자와 환자는 문제 행동의 사슬과 패턴의 본질을 파악하기 시작한다. 게다가 문제 행동과 연관되어 진화하는 '일반적인' 사슬은 더 많은 형태를 가지고 세세한 부분까지 차지하기 시작한다. 여러 개의 사슬을 파악한 후, 치료자는 문제 행동이 직접 나타나지 않을지라도 문제 행동과 상관관계가 있는 패턴을 발견했다고 확신을 가지게 된다. 이렇게 환자와 치료자가 사슬과 패턴을 분명히 밝힐 때, 함께 패턴에 대한 해결책을 찾아내어 문제 행동에 영향을 미치게 된다. 예를 들면, 나는 자살 시도와 자해 행동을 해온 여성을 오랫동안 치료했다. 그녀는 해리성 증후군, 만성적 우울, 아동학대에 대한 PTSD, 알코올 중독 삽화 또한 가지고 있었지만, 한동안 그녀에게 나타난 주요 표적 행동은 자살 시도였다. 특히, 물질 과다복용을 통한 자살 행동을 이해하기 위해 사슬 분석을 실시한 결과 다음과 같은 패턴이 나타났다.

1. 그녀는 한숨도 못 잔 날에 자신을 해칠 가능성이 더 높았다.
2. 홀로, 또는 친한 친구 한두 명과 함께 있을 때보다 여러 사람들과 시간을 보낸 후에 자살 시도가 더 많이 일어났다.
3. 그녀는 여러 사람들과 어울리는 시간을 보내는 순간에 자기 증오를 경험했다.
4. 자살 시도로 가는 행동적 사슬에는 자신의 몸에 대한 언급이 선행되었다. 예를 들어, "오늘 친구들과 수영하고 왔어요.", "요즘 살이 좀 찌고 있는 것 같아요.", "햇볕에 살이 타는 것 같아 걱정이에요." 이후의 대화를 통해, 그녀는 자신의 몸에 대한 모든 언급이 스스로에 대한 본능적인 혐오감을 유발했음을 깨달았다.
5. 물질 과다복용을 통한 자살 시도로 인해 수면 시간이 길어졌으며, 깨어난 후에는 자살하려는 욕구가 사라졌다.

사슬의 패턴을 특징짓고 더 분명히 밝힐 수 있을 때마다 우리는 행동적 사슬의 시작점, 그리고 그 행동의 해결책이 무엇인지 또한 알게 된다. 이 환자의 경우, 문제 행동에 대한 '전형적인' 또는 '일반적인' 사슬에 도달할 때마다 우리는 신중하게 치료계획을 세웠고, 각 패턴에 대한 '간단한' 치료계획을 실행했다. 시행착오를 통해 어떤 변수가 자살 시도와 연관되어 있고, 변화를 이끌고, 또 변화 이전에 선행되어야 하는지를 알게 되었다. DBT 치료자는 치료를 진행하는 동시에 여러 변수를 개념화해야 하기에, 다양한 가설을 염두에 두고 행동적 사슬을 변경할 수 있는 개입의 여지를 성급하게 결정하지 않으며 시행착오를 통해 여러 변수의 역할을 파악해야 하는 어려움이 있다. 치료자는 시간이 지남에 따라 개념화를 재구성하고, 정리하면서 탐구 및 평가와 함께, 개입하고 관찰하는 과정을 가져야 한다. 이 과정은 치료자가 충분한 정보를 얻기 전에 '알고 있다'라는 함정에 빠지지 않고 지속적으로 행동적 사슬을 알아내기 위한 과정에 참여할 수 있도록 한다. 행동적 사슬을 알아내기 위한 협력적 탐구 과정은 그 자체로도 중요한 치료활동인 것이다.

정리하자면, DBT의 사례개념화는 행동적 사슬과 패턴을 파악한 후 그 기반으로 치료계획을 세우는 과정이다. 이 과정은 치료자와 환자 간의 협력으로 진행되며, 논리적(연역적) 접근과 시행착오적(귀납적) 개입이 동반되어야 한다. DBT의 사례개념화의 핵심에는 합리적이고 논리적인 인지행동적 틀이 있고, 그 틀은 마음챙김과 변증법과 관련된 원칙을 도입함으로써 수정되고 보완된다.

DBT 사슬에서 쓰이는 개념들을 생각해보라. 그 개념들은 행동의 동향을 나타내는 시간적 · 수평적 표현이며, 행동을 잇는 사슬과 패턴은 환자의 행동(감정, 생리적 현상, 인지 또는 행위)과 환자가 놓여진 환경적 맥락의 특징으로 구성된다. DBT 이론과 인지행동과학의 핵심 원리로 움직이는 DBT 치료자들은 특히 특정 유형의 연결고리에 관심을 기울인다. 첫 번째로 환자가 가지고 있는 정서적 민감성, 반응성 및 회복성을 반영하는 생물학적 사슬이 있다. 두 번째는 환자를 무력하게 한 환경을 반영하는 사슬이다. 우리는 환자에 관해 더 많이 파악할수록 행동적 사슬의 어떤 부분에서 환자가 정서적 취약성을 보이는지, 어떤 환경에서 무효화되는지 더 민감하게 식별할 수 있다. 위에 나온 환자의 경우, 그녀는 어릴 때부터 자신을 무효화하는 환경에서 본인의 감정을 감춰왔기 때문에 스스로의 감정적 취약성을 인지하는 것이 쉽지 않았다. 그러나 치료과정 속에서 그녀가 느끼는 감정을 인식하게 하고 표현함에 따라, 그녀의 감수성과 감정적 순간에 대한 인지는 더욱 정확해졌고 그 빈도수도 늘어났다. 각 사람의 '무효화 환경'은 고유한 양상을 띈다. 이 환자의 경우, 본인이 화가 났음을 누군가가 알아차렸어야 한다고 생각할 때마다 무효화를 경험했다. 자신의 감정을 감추는 데 능숙한 그녀는 화를 바깥으로 표시를 내지 않았어도, 여전히 다른 사람들은 자신의 감정을 알아차렸어야 한다고 생각했다. 우리가 이런 종류의 '보이지 않는' 무효화 과정을 알게 된 후, 사실상 이런 무력화는 그녀의 삶에서 항상 일어나고 있음을 알게 되었고, 심지어 치료과정 안에서도 그러했다는 것이 분명해졌다. 우리의 '감정 탐지기' 성능은 갈수록 더욱 향상되었으며, 그 결과 우리는 그녀의 삶을 끌고 가는 본질적 패턴을 더욱 깊이 이해할 수 있었다. 더 나아가 우리는 그녀가 감정을 조절하고 어려움을 타인과 대화하며 본인이 필요한 것을 얻을 수 있는 방법을 찾기 시작했다.

DBT 사슬의 두 가지 핵심이 생물 · 사회적 이론에 입각한 정서적 취약성과 무효화 환경이라고 했다면, 다음 6개의 항목은 제8장에서 논의된 세 가지 변증법적 딜레마의 양극을 나타내는 것들이다. 세 가지(적극적 수동성, 정서적 취약성, 끊임없는 위기)는 정서적인 취약성에 대한 환자의 주관적인 경험을 나타낸다. 나머지 세 가지(표면적 능숙함, 자기 무효화, 억제된 슬픔)는 개인을 무효화하는 환경의 결과로 나타나는 것들이다. 이러한 양상을 띠는 패턴이 보일 때마다 문제 행동을 유지하는 데 중요한 역할을 할 것으로 짐작할 수 있다. 이 환자가 보인 '감정 숨김'은 표면적 능숙함에서 발생되는 표면적 능숙함 증후군의 일부였다. 이러한 숨김을 발견한 후부터 환자와 나는 이 행동이 환자의 고통을 얼마나 증폭시키는지, 어떤 식으로 자살 시도로 이끄는지 알게 되었다. 환자는 표면적 능숙함의 가면 뒤에 숨어 있는 상태 속에서는 건설적인 도움을 얻을 수 있는 기회를 놓치게 되었음을 깨달았다. 자살 시도는 결국 환자의 적극적 수동성의 한 형태로서, '도움을 얻기 위한 구조신호'로 작용했다. 환자가 가지고 있는 자기 증오와 신체에 대한 혐오감은 자기 무효화와 연결되어 있었다. 환자는 언제나 감정에 초연하고 자제하는 사람으로 비추어졌지만, 사실상 수없이 감정적 취약성을 경험하며 자신이 그 어떤 것도 할 수 없고 감정을 주체할 수 없으며, 소용돌이치는 감정으로 인해 죽을 것 같은 느낌을 받고 있었다. 환자의 자살 시도는 또한 깊게 유지되는 패턴이 있었는데, 그것은 자신이 받은 학대와 관련된 과거에 관한 생각이나 감정을 허용치 않는 억제된 애도와 슬픔이었다. 그렇기에 환자의 트라우마와 과거를 연상시키는, 방아쇠 역할을 하는 사건이 일어날 때마다 환자를 끊임없는 위기로 몰아갔던 것이다.

이 사례에 있어서, 세 가지 변증법적 딜레마에 속한 여섯 가지 패턴 모두가 매우 빈번하게 드러났다. 보통 다른 사례에서는 하나 정도의 패턴이 좀 더 눈에 띄게 일어나는 경우가 많다. 예를 들어, 경계선 성격장애 또는 거식증에서는, 과잉통제된 환경으로부터 파생된 과잉통제가 주로 나타나는데, 표면적 능숙함("난 괜찮아!"), 자기 무효화("나는 더 말라야 해, 나는 이것으로 부족해"), 그리고 억제된 슬픔이 여기에 포함된다. 여기에 나온 여섯 가지 패턴 유형은 문제 행동의 기능, 즉 원동력이자 목적에 대한 이해를 가능케 해준다. 따라서 이러한 패턴을 이해하는 치료자는 패턴을 모니터링하고 이를 변화시킬 수 있는 절차를 제안할 수 있다.

행동적 사슬에 대해 분석을 하는 동안 치료자와 환자가 염두에 두어야 하는 잠재적인 변수가 네 가지 더 있는데, 이는 CBT 기반 변화과정에 근거를 두고 있다. 비상대책 절차에서는 문제 행동을 강화하는 돌발 사태와 상황들을 관리한다. 이 환자는 불면증으로 피로가 고조되는 상황에서 고통을 더 느끼게 되었다. 그 고통을 멈추기 위해 물질 과다복용으로 자살 시도를 할 경우 고통을 일시적으로 멈출 수 있었지만, 몸을 회복하기 위해 오랫동안 수면을 취할 수 있게 되는 것이 문제가 되었다. 따라서 자살 시도의 기능을 부분적으로 보여준 이러한 상황들은 문제 해결 단계에서도 고려될 수 있었다.

두 번째 CBT 기반 변수는 환경에서 자동적으로 촉발되는 강렬한 감정들과 관련이 있다. 외상적이고 충격적인 자극에 대해 고전적으로 조건화된 감정적 반응들의 고유한 역할을 발견한다면, 그러한 자극들을 인지, 수정, 관리할 수 있는 치료계획을 세울 수 있고, 최종적으로 노출치료를 통해 제어할 수 있게 된다.

역기능적 행동으로 이끄는 행동적 사슬에는 돌발 상황과 감정들 외에도 역기능적 사고와 기술 부족이 있다. 역기능적 사고에는 "나는 무능력하다.", "아무도 나를 좋아하지 않는다.", "난 절대 성공할 수 없다.", "나는 나쁜 일을 당해도 당연하다." 등이 있는데, 치료자는 환자와 함께 이런 사고를 발견하고 생각은 사실이 아닌 단지 생각일 뿐인 것을 볼 수 있도록 치료를 진행한다. 마지막으로 경계선 성격장애를 앓고 있는 환자들의 행동 패턴은 심각한 자해나 파괴적 행동을 포함해서 나타나는데, 이 행동들은 기술 부족으로 심화되곤 한다. 따라서 치료자는 고통 감내, 감정 조절, 균형 유지, 효과적 대인관계와 같은 여러 가지 기술 부족을 다루게 된다.

더 나아가기 앞서 DBT의 생물 · 사회학적 이론과 변증법적 난국에서 파생된 여덟 가지, 그리고 CBT에서 나온 네 가지의 사슬과 패턴을 나열해보자.

1. 생물사회학적 이론에서 정의한 정서적 취약성, 즉 높은 정서적 민감성, 반응성, 회복성
2. 무효화되는 사건
3. 환자가 주관적으로 느끼는 정서적 취약성과 괴로움

4. 자기 무효화
5. 적극적 수동성
6. 표면적 능숙함
7. 끊임없는 위기
8. 억제된 슬픔
9. 우발적 상황
10. 역기능적 감정
11. 역기능적 사고
12. 기술 부족

마지막으로 열세 번째 카테고리를 추가한다면, 나는 정신과 의사로서 환자가 물질치료에 반응할 수 있는 정신질환을 앓고 있는지 판단하기 위해 '정신과적 상태'를 고려한다. 거의 정신과적 상태는 이미 열거한 열두 가지 카테고리로 충분히 묘사할 수 있지만, 항정신성 약물을 사용하는 것을 고려할만한 생물학적 문제를 확인하는 것도 임상적으로는 도움이 된다. 예컨대 환자가 중증 우울장애 증상을 보인다면 행동치료와 함께 물질치료를 병행하여 그 증상을 완화시킬 수도 있고, 환자가 양극성장애 또는 공황장애의 징후를 보이는 경우에도 물질치료를 통해 강력한 생물학적 변수를 통제할 수 있는 것이다.

지금까지 논의된 열세 가지 변수는 환자의 행동양식과 행동적 사슬에 초점을 두었다. 그러나 환자의 주변 환경에는 여전히 표적 행동에 영향을 끼치는 환경적 요소, 즉 문맥 변수들이 존재한다. 첫 번째 문맥 변수는 환자의 가족적·사회적 맥락에서 찾을 수 있다. 환자의 사회적 관계망, 가족 또는 주요인물들과의 문제적 상호작용을 포함하지 않는 경우, 어떤 사례개념화도 완전하다고 볼 수 없을 때가 많다. DBT에서는 통상적으로 이러한 환경적 요소들을 환자와의 치료 안에서 다루지만, 경우에 따라서는 치료자가 상황과 환경에 직접 개입하기도 한다. 이 경우는 특히 가족이 치료에 동참하게 되는 청소년 사례에서 많이 보이는데, 성인 환자의 경우에도 적용될 수 있다.

다른 중요한 문맥 변수들은 DBT 치료상황에서 찾을 수 있다. 개인 치료자와 집단기술 훈련사가 협조를 하지 않고, 자문팀이 개인 치료자에게 충분한 지원을 하지 않는 경우를 보자. 이러한 요소들이 환자와 무관하게 상태를 악화시키는 역할을 하여 환자의 자살 시도를 초래할 수 있다. 따라서 치료 상황적 변수도 사례개념화 안에서 고려되고 평가되어야 하고, 필요 시 치료계획의 일부가 되어야 한다.

여기까지 논의한 통제 변수들은 문제 행동의 원인이나 유지에 기여할 수 있는 요소들이었다. 마찬가지로 중요한 것은 기능적이고 능숙한 긍정적 행동을 억제하는 변수들이다. 건강한 삶의 기술과 습관을 구축하는 과정은 문제적 패턴의 감소를 포함해야 하지만, 병리에 초점을 맞추다 보면 이러한 선순환적 과정이 가려져 저해되기 쉽다. 따라서 치료자는 언제나 기능적 연결고리와 패턴을 찾아봐야 한다. 여기에 포함되는 것은 지지적 문맥 변수, 회복탄력적이고 기능적 행동 패턴, 특히 능숙하고 적응력 있는 행동 패턴 등이 있다. 위에서 언급한 환자의 경우에도, 수많은 자살 시도로 인해 죽음의 문턱에서 늘 병원을 출입하였지만 그러한 혼란 뒤에는 긍정적 요소들이 숨어 있었다. 치료자와 함께 긍정적 요소들을 찾아서 강화시키기 전까지 가려져 있던 긍정적 요소는 그녀의 풍부한 지적 능력이었다. 지적 능력은 청소년 시절 그녀의 삶에서 아주 중요한 역할을 했고, 이번 치료의 궁극적 성공에도 큰 도움이 될 것임을 알게 되었다. 예전에는 '읽기와 사색하기'가 그녀의 '살아가는 이유'와 '살고 싶은 삶'의 기반이었지만, 오랜 시간 감춰져 있었다. 이에 관해 얘기를 나누자, 환자는 수년 동안 글을 읽을만한 집중력이 없어 책을 한 권도 읽지 않았다는 것을 인정했고, 자극제 투입을 시도해보자는 제안에 동의했다. 2주 만에 환자는 독서를 다시 시작하였고, 독서는 큰 위안이자 건설적인 몰입을 하게끔 해주는 활동임이 입증되었다. 장기간 잊혀졌던 자원의 재발견은 증세가 나아지는 데 큰 도움이 되었고, 또한 이러한 적응적 자원의 활성화를 억제했던 환경적 요소들을 살펴보았다. 활용도가 낮은 긍정적 행동 요소를 발견하고 활성화하는 것만큼 중요한 것은 그 행동들을 강화하지 못할 망정 방해하거나, 심지어 그 행동을 하지 못하도록 억압하는 환경을 사례개념화에 포함시켜 치료에서 다루는 것이다.

문맥 변수와 회복탄력적 요인을 평가 개념에 추가하게 되면 DBT 사례개념화를 구성하는 열일곱 가지 유형의 패턴 또는 연결고리를 볼 수 있게 된다.

1. 정서적 취약성, 즉 높은 정서적 민감성, 반응성, 회복성
2. 무효화 사건, 즉 주변 환경으로 인해 환자가 무효화되는 에피소드
3. 정서적 취약성, 즉 환자가 괴로움으로 호소하는 정서적 취약성
4. 자기 무효화

5. 적극적 수동성
6. 표면적 능숙함
7. 끊임없는 위기
8. 억제된 애도
9. 우발적 상황
10. 역기능적 감정
11. 역기능적 사고
12. 기술 부족
13. 생물학적 정신질환의 징후
14. 문제 행동을 강화하는 문맥적 요인(예 : 가족, 사회적 연결망, 직업상의 연결망)
15. 문제 행동을 강화하는 문맥적 요인 : DBT 치료 프로그램 내의 치료환경 요인
16. 회복탄력적이며 적응적인 행동
17. 회복탄력적이며 적응적인 행동을 강화하는 문맥적 요인

사례개념화에서의 마음챙김 원칙

CBT와 DBT 제어변수의 목록이 DBT 사례개념화를 위한 일종의 청사진을 제공한다면, 마음챙김과 변증법의 원칙은 이 합리적 양식을 사용하는 방식을 알려준다. 마음챙김의 기본 원칙 중 하나는 자신의 생각, 판단 및 인식에 얽매이지 않는 것이다. 치료자가 아무리 사례개념화를 체계적으로 적용한다 하여도 그것은 어디까지나 하나의 공식, 즉 일련의 생각과 가설임을 기억해야 한다. 난잡하고 혼란스러운 문제에 논리와 양식을 적용할 수 있다는 것은 분명 만족스럽게 느껴지겠지만, 동시에 모든 문제에 적용하고자 하는 유혹으로 느껴질 수 있다. 치료자가 개념화를 맹신하여 자신의 인지가 왜곡된 상태에서 지지적 데이터를 우선시 한다면, 장차 있을 치료 시간과 나중에 현실에서 지지적 데이터와 상충되는 정보를 보지 못할 수 있다. 따라서 치료자는 본인의 청사진을 변화로 이끄는 지도 정도로 생각하되, 어떤 행동을 설명할 때 그 안의 특정 '도로'나 사슬에 매이면 안 될 것이다. 또한 어느 정도 예측 가능성과 질서를 확보하였고, 치료와 환자에 대한 증세를 파악했다고 확신했을 때도 치료 시간마다 현재에 머물며 매 순간에 충실할 수 있어야 한다. 유일한 현실은 매 순간의 현실이기 때문이다. 치료의 순간이 곧 환자와

치료자의 현실이고, 주어진 순간에 그들 사이에서 일어나는 모든 것이 이에 해당된다. 논리적으로도 사례개념화는 언제나 과거형이라 미래를 완벽히 예측할 수 없다는 것을 기억해야 한다. 따라서 사례개념화를 현 순간을 조명하지만 그 순간을 대체하지 않는 가설들의 집합으로 여길 수 있다면(불교에서 말하는 '초보자의 마음'으로 진행한다면) 치료자는 항상 새로운 정보를 받아들일 수 있을 것이다.

마음챙김의 또 다른 원칙은 현실의 그 어떤 것도 영원하지 않다는 것이다. 한 사례개념화가 아무리 설득력이 있더라도 그 모든 측면은 비영구적이다. 사례개념화는 현실을 묘사하는 것이기에 현실이 매 순간 변화할 때마다 사례개념화는 언제나 늦을 수밖에 없다. 이 사실을 인식하는 치료자는 본인이 어렵게 완성한 사례개념화라도 그것을 현명하게 사용할 가능성이 높다. 평가와 치료를 진행할 때 개념화에게 압도당하기보다는 안내를 받는 식으로 말이다.

마지막으로, 제3장에서 수용(acceptance) 패러다임에 관해 논의된 바와 같이 마음챙김의 또 다른 원칙은 '현실은 그대로가 제일 좋다'이다. 지속적으로 진화하는 사례개념화 과정에서 치료자는 모든 연결고리와 패턴은 '꼭 그래야 하는 그대로'임을 기억해야 한다. 즉, 치료자는 데이터가 아직 이해되지 않더라도 '데이터는 지혜롭다'라고 믿어야 하는 것이다. 이 가정 위에 치료자는 현재의 순간에 머물며 매 순간의 '완전함'과 '지혜로움'을 인정하고, 끊임없이 변화하는 현실에 수긍하며 사례개념화를 과학적으로 구축하고 놔두는 것을 반복한다. 이렇게 할 때 치료자는 자신의 개념화보다 현재의 현실이 우선임을 알고 개념화를 가장 효과적으로 사용할 준비가 된다.

실제의 사례사념화는 끊임없이 실시간으로 변하고 언제나 부분적인 현실에 늘 뒤쳐진다는 것을 충분히 이해한다면 우리는 개념화의 함정에 빠지지 않고 그것을 최대한 활용할 수 있다. 나는 극단적으로 자살 시도를 하거나 고의로 타인을 공격하는 행동을 하는 이십 대 중반의 한 남성을 치료한 적이 있다. 그의 공격적인 행동으로 인해 사람들이 상해를 입지는 않았지만, 그들이 생명의 위협을 느낄 만큼 겁을 주었다. 환자는 자살과 공격행동 모두 다루는 DBT 기술집단에 참여하며 DBT 전 과정에 충실히 임할 것을 다짐했고, 곧 그의 자살 행동과 공격 행동의 사슬이 본질적으로 다름을 알 수 있었다. 공격행동의 사슬 분석은 DBT의 기틀에서 흔히 볼 수 있는 여러 패턴을 보여줬다. 그는 본인이 고통을 받고 있고 도움이 필요하다는 것을 감추고 표면적 능숙함을 보여주었다. 환자의 억제된 슬픔은 과거에 있었던 엄청난 상실과 관련된 주제를 늘 회피하는 것에서 엿

볼 수 있었고, 다른 사람들에게 겁을 주며 끊임없는 위기를 스스로 불러오는 것을 볼 수 있었다. 그 외에도 환자에게는 문제적 사고("인간들은 바보야.", "두려움을 좀 느껴봐야 해."), 문제적 정서 반응(모욕으로 해석하기에 모호한 자극에도 공격적인 반응을 보임), 그리고 그러한 반응을 일으키는 '트리거(trigger)'를 예측하고 관리하는 기술, 또한 타인에게 효과적으로 도움을 요청하며, 보복 행동 없이도 부정적인 감정을 견디고 조절하는 능력이 부족한 것을 확인했다. 따라서 우리는 그의 공격적인 행동을 살펴보며 몇 가지 문제적 행동 사슬과 그 사슬을 단절하기 위한 여러 해결책을 강구했다.

복잡한 사례였지만, 나는 환자의 전형적인 행동 사슬을 파악하여 어느 정도 그의 행동을 예측할 수 있다고 생각했다. 하지만 어느 날, 환자는 마스크를 쓴 채로 도착했다. 환자가 나의 요청으로 마스크를 벗자 두 뺨에 커다란 멍이 들어 있었다. 그가 구타당한 것처럼 보여 물어보니 술집에서 싸웠다고 답했다. 하지만 그런 싸움은 평소에 보이지 않는 행동에 속했고, 그는 싸운 것이 마치 자랑스러운 것처럼 이상야릇한 웃음을 짓고 있었다. 그가 제정신이 아닌 듯한 모습을 보이자 나는 두려움을 느꼈고, 혹시 나를 해칠 의도로 왔는지 궁금해져서 물어보았다. 그는 아니라고 했지만, 내 집 주위를 차로 돌고 싶다는 생각이 들었다고 했다. 나는 단호하게 그러한 행동은 나의 사생활을 위협하는 행동이며, 사생활을 존중해달라고 요청했다. 환자는 답하는 대신 미소를 지었고, 나는 걱정돼서 그가 나에 대해 어떤 생각과 감정, 동기를 가지고 있는지 다시 물었다. 치료 시간이 끝날 무렵이 되자, 비로소 환자가 내 사생활을 존중할 것을, 그리고 우리의 관계가 평소처럼 협력관계로 회복되었음을 느낄 수 있었지만, 동시에 치료 시간이 끝날 동안 그가 얼굴에 상처를 입은 사건을 전혀 이야기하지 못했다는 것을 깨달았다.

이 시점에 이르기까지 나는 환자가 다른 사람에게 겁을 주는 공격 행동이 여러 가지 통제 변수에 의해 결정되는 것으로 개념화했었다. 예를 들어, 아버지로부터 당한 신체적 학대와 친구들로부터 따돌림을 받은 무효화 역사, 자신을 조금이라도 모욕하거나 비난하는 것 같은 사람을 향한 냉혹한 분노, 정서 조절 및 대인관계 기술 부족, 상실이나 트라우마에 관한 생각과 느낌에 대한 무차별적 억제, 삶의 목표감과 성취감 부족, 그리고 타인을 공격할 때 강화되는 통제감 등이 있었다. 그날 나는 밤늦게까지 잠이 들 수 없어 침대에서 나와 부엌에서 차를 마셨다. 나는 환자를 생각했고, 그의 얼굴에 어떤 일이 일어났을지 생각했다. 양 볼에 있던 타박상이 대칭을 이루고 있었기에, 몸싸움으로 일어난 결과는 아니라는 것을 깨달았다. 그가 자해를 한 것인지 생각했지만 고의적인 자해 행동을 보인 적은 없었기에 전혀 짐작이 되지 않았다. 나는 내 사례개념화를 버리기로 했고, 그 밑바닥에 깔린 다른 요소들을 살펴보기로 했다. 그 순간, 갑자기 다른 것이 보였다. 그는 내가 생각했던 것보다 훨씬 더 두려움을 느끼고 있고, 상처를 잘 받는 연약한 사람이란 생각이 들었다. 그날의 이상야릇한 웃음도 즐거운 웃음이라고 하기보다 감당할 수 없는 불편함을 느끼고 있는 웃음처럼 보였다. 여전히 얼굴의 멍은 어떻게 생긴 것인지 짐작할 수 없었지만, 다음 치료 시간에는 모든 것을 처음부터 시작하겠다는 새로운 마음으로 임하기로 했다. 환자의 얼굴에는 아직 심각한 멍이 있어서, 나는 환자에게 도대체 무슨 일이 있었는지 물어보았고 그는 나에게 말하고 싶지 않다고 말했다. 갑자기 난 그가 수술을 받았다는 생각이 들었다. 그가 마스크를 착용한 채 들어오기 전에, 두 번이나 치료시간을 지키지 않았다는 것을 기억했다.

다짜고짜 내가 "수술은 왜 받았어요?"라고 물으니, 그는 놀란 것처럼 보였다. 하지만 그 놀람은 다른 사람이 눈치챘다는 것에 대해 기분이 나쁘기보다는, 기분이 좋은 것처럼 보였다. 그는 자신의 몰골이 항상 추악하다고 생각했기에 얼굴을 바꿨다고 말했다. 이 사례는 내가 본 첫 번째 심각한 신체이형질환(body dysmorphic disorder) 사례였던 것이다. 나는 부드럽고 조심스럽게 그가 자신의 얼굴에 대해 생각하고 느끼는 바를 질문했고, 그는 자신의 어린 시절로 거슬러 올라가 이야기를 해주었다. 이야기를 하며 환자의 표정은 부드러워졌고 그는 오히려 슬퍼 보였다. 점차 환자의 공격적인 행동은 사실 자기 증오, 자기 혐오, 그리고 남에게 받은 모욕적인 대우에 대한 두려움으로부터 벗어나기 위한 이차적인 정서 반응임을 알게 되었다. 이렇게 급진적으로 변한 관점은 긍정적인 방향을 제시해주었다.

이 사례를 포함한 여러 사례에서 나는 사례개념화가 방대한 데이터를 통해 형성되지만, 자칫하면 치료를 제한할 수 있다는 것을 확인했다. 뱀이 허물을 벗고 더욱 성장하듯이 치료자 또한 때때로 옛 사례개념화를 벗어버리는 것이 좋다. 사례개념화는 치료 지침을 제공하는 데 매우 도움이 되지만 치료 지침에 얽매여서 좁고 제한적으로 생각하게끔 할 수 있다. 사례개념화는 현실을 반영하기보다는 한 시점까지의 관찰에 기초한 비계를 제공하고, 치료자가 그 비계에 서서 현실을 보고 개입할 수 있는 기회를 제공하는 것으로 생각하는 게 유용하다.

사례개념화에서의 변증법적 원리

사례개념화 과정에 변증법의 원리를 더하면, 보다 풍부하고 유연하며 창의적인 과정을 거치게 된다. 이것은 여러 가지 방법으로 발생하는데, 첫 번째로는 명시적 사례개념화와 암묵적 사례개념화 사이의 긴장이 있다. 명시적 사례개념화는 치료자가 작성하는 것으로, 위에서 설명한 많은 행동 기반의 요소들을 통합하고 행동을 예측하여 맞춤형 개입을 계획할 수 있도록 하는 것이다. 그러나 사실 명시적으로 개념화했는지 여부에 관계 없이 우리 모두 언제나 암시적이고 불분명한 '작업 모형'의 사례개념화를 가지고 있다. 치료자는 세밀하고 명료한 사례개념화를 기술하여 치료 방향을 설정하지만, 그것을 실제로 운영할 때는 보다 자유롭고, 개방적이고, 즉흥적으로 이끌기도 한다. 실제 치료적 개입의 순간에서는 후자의 측면, 즉 암묵적 개념화로부터 더 영향을 많이 받는다. 어쩌면 우리는 학습된 명시적 지식으로 '무엇을 찾아야' 하는지를 알게 되고, '무엇을 해야' 하는지에서는 암묵적인 이해에 바탕한 직관에 이끌리게 된다고 할 수 있겠다. 치료 장면에서 명시적인 모델을 도입하여 상황에 적합하다고 판단이 되면, 시간이 갈수록 암시적으로 변해 치료자의 자동적 개입 방법의 일부가 될 수 있다. 앞서 설명한 사례와 같이, 명시적 모델은 지적이고 목표 지향적이지만 우리의 이해를 제한하고 직관적·암시적인 요소들을 치료자의 의식에서 차단하기도 한다. 이러한 이유로 명시적 모델은 치료자로 하여금 정신차리게 하는 큰 사건이나 계기가 있을 때야 비로소 바뀌는 경우가 많다. 하지만 사례개념화를 명시적·암시적 형태가 모두 있는 과정으로 보기 시작하면 치료자는 자신의 개념화와 일치하지 않은 정보도 수용하며 '깨인 상태'를 유지하게 된다.

변증법은 역동적인 움직임과 속도, 그리고 흐름으로 진행된다. 이와 같이, 사례개념화도 역동적이며 실험적이고 시행착오적인 과정으로 생각하는 게 좋다. 치료자는 먼저 패턴을 인식하거나 해결책을 고려하여 환자에게 건의를 하게 된다. 함께 이에 대해 이야기하며 숙고하여, 범위를 넓히거나 개입하기로 결정할 수 있다. 이러한 논의나 실험적 개입을 통해 관련된 행동적 사슬에 대한 통찰을 얻게 되어 성공적인 치료에 이를 수 있는 것이다. 이 과정은 훌륭한 외과의가 일하는 방식과 유사하다. 외과의는 환자의 병력, 신체검사, 실험실 결과, 엑스레이 및 다양한 영상기술을 바탕으로 한 '사례개념화'를 형성한다. 수술을 결심하며 문제가 있는 부분을 어디에서 찾아야 할지, 어떻게 해결할지도 머릿속에 그린다. 수술을 집도하며 예상치 못한 부분, 예상과 어긋나는 부분, 또는 예상보다 더 심각하거나 경미한 부분들을 찾게 된다. 이러한 과정을 통해 그는 자신이 제시한 명시적 개념화가 얼마나 옳았는지, 또는 놀라울 정도로 틀렸었는지 알게 된다. 이렇듯 치료자는 시행착오를 두려워하지 않고 틀린 것을 발견하고 수정하며 직감을 사용할 때 얻는 결과가 더 좋다. 운전자가 내비게이션을 보며 운전할 때도 마찬가지다. 내비는 이곳에서 저곳까지 이동할 수 있는 명확한 경로를 제시하지만, 운전을 하며 변하는 도로의 상황들로 끊임없는 조정을 하게 된다. 심리치료에도 동일한 변증법적 과정을 적용하는 것이 유용하다.

변증법의 핵심개념은 현재의 모든 상황이 과거에 일어난 사건들로 인한 결과라는 것이다. 반복적 자살 시도를 하는 사람은 정말 살고 싶지만, 살아가야 할 이유를 찾지 못한 사람일 것이다. 그렇기 때문에 그는 자살을 시도하여 자살 시도의 실패를 반복한다. 치료를 받으러 와서도 말을 거의 하지 않는 사람은 대화를 원하지만 동시에 대화를 두려워할 수 있다. 이렇듯 앞으로도 뒤로도 움직이지 않는 고정된 행동 패턴을 볼 때, 이면에는 해결되지 않은 딜레마, 일시적으로 해결이 불가능한 갈등, 명제와 반명제 사이에서 늘 일어나는 충돌이 있을 것이다. 이 관점으로 볼 때, 문제 안의 반대되는 요소들을 알아낸다면 그 사이에서 정명제를 이룰 방법을 찾아 앞으로 나아갈 수 있다. 현실은 본질적으로 모순으로 가득 차 있다고 가정하면 반대되는 입장을 찾아보고, 양측이 가지고 있는 입장의 타당성을 찾아서 정명제를 유도할 수 있다.

나는 한때 자해 행동과 알코올 남용에 따른 실신 증세를 보이는 16세 소녀와 치료를 진행했는데, 그는 학교생활이나 인생을 성공할 수 없다는 절망감과 또래들로부터 소외감을 느끼고 있었다. 치료 장면에서 그가 보인 모습은 사려 깊음, 통찰력과 자신에 대한 호기심, 그리고 위험 행동을 초래하는 여러 가지의 원인들을 고려할 수 있는 개방성이 있는 모습이었다. 그러나 치료 시간 외의 삶에서, 특히 주말 저녁에는 클럽에서 술을 많이 마시고, 눈에 띄는 극단적인 행동을 하여 사람들의 주목을 받았다. 한번은 고향에서 친구들과 콘서트를 관람 후 만취하여 인도 위에서 졸도까지 하였고, 친구들은 자신들의 실수를 감추려고 그를 응급실이 아닌 버려진 건물로 데려갔다. 몇 시간 후에 간신히 술에 깨어 자신을 옮긴 학생들과 재회했다.

이 환자의 극단적인 음주행동에 대한 사례개념화는 몇 가지의 전형적 DBT 요인을 포함했다. 사회적 고립으로 취약해진 그녀는 학교와 가족 안에서도 '아웃사이더'였고, 심지어 가족들은 환자의 음주행동에 대해 전혀 알지 못했다. 그의 소외감과 외로움, 급격히 떨어진 학교 성적과 자신감 부족 모두 또래들과 술을 마실 때 일시적으로 '해결'되었기에, 주말 저녁은 특히 나약해지는 시간이었다. 그 시간은 또래들끼리 어울리는 시간이었기 때문이다. 때때로 슬픔, 외로움, 굴욕감과 괴로움이 감당할 수 없을 정도로 밀려올 때면 감정 조절이 거의 되지 않았는데, 즉 감정을 인지하고, 감정은 일시적이라는 이해 속에 자신의 감정을 이해해줄 수 있는 사람들과 소통하며, 괴로운 감정들에 대처할 수 있는 기술을 전혀 쓰려고 하지 않았다. 그 대신 자신이 해왔던 대처방법대로 술에 취해 열광하고, 다른 사람들과 관계 속에서 극적으로 행동하였다. 이 방법은 지루한 저녁을 보내는 것보다 훨씬 매력적으로 느껴질 수밖에 없었다. 음주 행동은 매번 다른 사람들이 자신에게 관심을 갖고 보호해주게끔 하였고, 그런 면에서 단기 효과가 아주 좋았기 때문이다. 하지만 이 대처방법은 건설적인 장기적 문제 해결 방안을 세우는 데는 아무런 효력이 없다는 것이 문제였다.

여기까지의 내가 세운 사례개념화는 별다른 문제가 없어 보였다. 사례개념화는 DBT 모델과 일치하는 요소들로 적절하게 구성되어, 환자의 취약성을 인식하고, 감정 조절 기술과 전략을 쓰게끔 하여 환자의 자기 존중을 강화하고 보다 의미 있는 관계를 구축할 수 있는 방법을 제시하였다. 하지만 아무리 사례개념화가 치료를 진행할 수 있는 합리적인 방법을 제시한다고 해도 부족한 요소가 있다. 그것은 바로 환자에게 전환점을 줄 수 있을 만한, 좀 더 경험에 근접한 체험적 요소다. 치료의 순간들 속에 좀 더 실질적이고 진심이 담겨 있고, 즉흥적이기까지 한 요소 말이다. 나는 이 요소를 '인간적 요소'라고 명명하고 싶지만, 자칫 다른 요소들은 비인간적이라는 느낌을 줄 수 있어 그렇게 하지 않겠다. 단지 나는 이 환자를 보았을 때 떠오르는 질문을 지울 수 없었다: "왜 이 아이는 자신에게 협조적이고 사랑을 베풀어주는 가족을 가졌음에도 방황하는 십 대의 삶을 살고 있을까?" 특정한 행동 패턴에서 벗어나 환자의 삶을 전체적으로 봤을 때 도대체 무엇이 빠져 있는지 나는 살펴보았다. 발견한 것은 부모님의 무지였다. 부모님은 어떻게 딸이 겪고 있는 극심한 어려움에 대해 전혀 알지 못하고 있었을까? 환자는 어떻게 부모님이 자신의 어려움을 모르도록 속일 수 있었을까? 나는 환자가 삶에서 구현하고 있는 좀 큰 패턴, 더 큰 그림을 보기 위해 이러한 질문들을 하기 시작했다. 정상적으로 보이는 가족 사이에서 일어나는 뜻밖의 묵인 또는 방임을 이해할 수 있도록 시야를 넓혔다. 그런데 이 큰 그림을 살필 때 나는 도리어 환자에 대한 나 자신의 반응에서 힌트를 얻었다. 나의 반응은 적절하고 사려 깊음에도 불구하고 치열함이 결여되어 있음을 깨달았다. 내가 16세의 환자를 대할 때 내게도 부모 같은 분노나 실망감이 생길 만도 한데, 환자에 대한 내 감정은 아주 미미했다. 내가 본 환자는 나와 부모, 그리고 집을 떠나 고아처럼 허공에서 떠돌고 있고, 미로와 같은 인간관계에서 혼자 길을 발견하려고 노력하고 있다고 느껴졌다. 또한 환자가 보이는 양극화 상태를 되돌아보니, 그는 온화한 가족의 일원으로 자라고 싶은 마음과, 누군가에게 속하기를 간절히 원하는 마음 사이에서 갈등하고 있는 것으로 보였다. 그는 고통스러운 감정을 차단하기를 원했고, 동시에 누군가에게 중요한 사람이 되길 원했기에 술과 친구들에게서 그 모든 것을 얻고 있었던 것이다.

다음 시간에 나는 애타는 마음으로 환자를 대하며 질문을 퍼부었다. "도대체 어떤 일이 있었니? 사랑받는 딸이자 희망 속에서 꿈꾸는 아이한테 무슨 일이 있었던 거니? 어떻게 너는 혼자라는 생각 속에 절망하면서 관심받기 위해 술을 마시게 된 걸까? 나는 분명히 네가 삶을 더 건설적인 방향으로 끌고 갈 수 있는 사람인 것을 아는데도, 왜 그냥 이대로 널 내버려뒀을까? 정말, 무슨 일이 일어나고 있는 걸까? 너는 언제부터 방향을 잃기 시작했니? 나는 너를 언제부터 알 수 없게 됐을까? 부모님은 언제부터 너를 모르게 됐고, 너는 언제부터 부모님을 믿지 못하게 됐니?" 그는 이 말을 듣고 충격에 빠진 듯했다. 그는 내가 보인 진심을 느꼈다. 금세 두 눈에는 눈물이 맺혔고, 남은 50분 동안 흐느껴 울면서 부모님을 잃게 된 이야기를 했다. 큰 언니가 가출한 후 부모님이 싸우기 시작하면서부터 부모님을 믿을 수 없게 된 것이었다. 그는 자신을 고아라고 하며 거리에서 길을 찾아 헤매는 중이라고 표현했다. 부모님은 상대방과 싸우는 데 정신이 팔려서 자신이 얼마나 경직된 상태로 힘들어하고 있는지, 방황하고 있는지 알아차리지도 못하고 있음을 이야기했다. 이 시간을 통해 환자는 전환점을 맞이하여 희망에 찬 모습으로, 기능적인 모습으로 돌아올 수 있었다. 그 이후로 그를 방황하게 만드는 여러 상황들을 다루기 시작했으며, 후에 부모님도 치료에 참여하도록 했다.

이 사례를 회상하며 내가 도대체 어떻게 그런 개입방법에 도달하게 되었는지, 그 개입을 어떻게 유의미하고 효과적인 방식으로 수행했는지 곰곰이 생각해보았다. 나는 그 시점까지 구축했던 사례개념화를 있는 그대로 따른 것은 아니었지만, 그것과 상반된 개입이라고 할 수도 없었다. 나의 명시적 개념화는 논리적이고 다각적이었지만, 환자에게 감동을 줌으로써 환자가 가지고 있는 통찰력과 노력을 이끌어낼 수 있는 진심이 담긴 '큰 그림'이라는 성분을 놓친 것이었다. 나는 이 일이 드문 일이 아니라고 본다. 나는 치료자로서 치료 프로토콜, 전략 및 기술이 잘 정리된 선에서 작업할 수 있는 틀을 만든다. 내 생각에는 틀을 만드는 이 작업이 전환점을 제공하지 못한다 하더라도 일단 그렇게 하는 것이 필수적이라고 본다. 그 이후에 나는 틀 안에서 개입하고, 뭔가 빠진 부분을 찾게 된다. 빠진 부분은 행동적 사슬에서 '숨겨진 연결고리'를 뜻하는데, 이 부분은 환자의 대인관계 또는 직업 환경의 문맥적 요소, 또는 치료자, 환자 또는 가족의 감정적 분리가 간과된 부분일 수 있다. DBT의 변증법적 전략 중 하나인 **변증법적 평가**는 언제나 현 개념화에서 빠진 부분을 찾는 태도와 노력을 요구한다. 대부분의 경우, 그 '빠진 부분'은 명시되어 있지 않은 모든 것을 활성화하는 요소가 되는데, 이 요소는 사례를 논리적으로 검토해서 발견되기보다 암묵적 · 직관적으로 발견된다. 즉흥적인 행동으로 흐름을 유도하여 환자와 함께하는 시간 동안 뻔하지 않은, 간과된 무엇을 찾는 것이 사례개념화의 변증법적 측면이다. 아마도 이 이유 때문에 평범한 행동적 사례개념화로는 DBT를 진행하는 데 있어 부족하다고 여기게 되는 것 같다. 행동적 사례개념화는 문제를 발견하는 데 있어서 필요하지만, DBT에서 가장 어려운 난제들을 해결하는 데는 충분하지 않기 때문이다.

변증법적 세계관은 현실의 모든 요소가 특정한 체계와 상호적 교류의 일부에 속하기 때문에 모든 요소가 변수가 된다고 보는 세계관이다. 그렇기에 환자를 평가하는 경우에도 문맥 변수를 발견할 수 있도록 조사 영역을 그 사람의 주변까지 확장한다. 진행되고 있는 문제 행동은 환자와 치료자, 치료자와 팀원, 환자와 가족, 환자와 의사, 환자와 사회 등 관계 속에서 인식하지 못한 양극화에 의해 일어나고 있을 수 있다. 사례개념화를 변증법적으로 생각하게 되면 시간과 공간의 요소 또한 많이 포함하게 된다. 이렇게 복잡하고 수많은 가능성들을 고려한다면, 치료자에게 '과부하'를 초래할 수 있다. 하지만 치료자가 그 사례개념화를 환자의 내적 및 외적 상황에 따라 순간적으로 전개되는 진행형 조사과정으로 본다면, '과부하'까지는 겪지 않아도 될 것 같다.

완벽주의 성향으로 인해 생긴 학업적 불안, 융통성 없는 태도로 인해 불편한 인간관계 문제, 그리고 자기 혐오에 가까울 정도로 심한 자신감 부족을 호소하는 17세 남자 청소년을 평가한 적이 있었다. 놀랍게도 그는 학교에서 인정받는 모범생이자 훌륭한 운동선수였다. 평가과정에서 만난 그의 부모님은 표면적으로는 아들을 응원하며 아들이 하고자 하는 것들을 지지하는 부모였다. 그가 보여준 완벽주의, 사회적 경직, 고립감, 자신감 부족에 대해 탐구하기 시작하니, 문제들의 심각성을 개념화할 뭔가를 놓쳤다는 느낌이 들었다. 우연찮게도 그 시기에 나는 환자와 같은 반 학우의 부모를 치료하고 있었는데, 마침 학우의 부모가 환자의 가족에 대해 이야기했다. 학우의 부모는 환자의 부모와 친구 사이였는데, 그 부모가 두 자녀를 대하는 태도가 걱정된다는 것이었다. 두 자녀 모두 모범생이자 뛰어난 운동선수인데, 열네 살 둘째 딸은 마치 슈퍼스타인 것처럼 자랑하지만 맏아들은 늘 모자란 아이인 것처럼 대한다고 했다. 이렇게 알게 된 정보는 환자나 그의 부모에게 공유할 수 없었지만, 사례개념화에서는 전체적 변수로 고려할 수 있었다. 얼마 지나지 않아 환자는 스스로 여동생에 대해 이야기를 꺼냈고, 여동생에게 느끼는 자신의 열등감에 대해 토로했다. 다른 환자에게서 들었던 정보를 바탕으로 나는 그를 긍정하는 답변을 설득력 있게 줄 수 있었고, 부모님이 그와 여동생에게서 어떤 차이를 지적하는지 물어볼 수 있었다. 치료자는 결코 사례개념화의 핵심 요소가 어디에서 발견될지(예 : 환자, 가족, 치료자, 치료팀, 다른 사람 또는 사건) 미리 알 수 없다. 늘 과정 중 새로운 관찰과 놀라운 발견을 하게 되기에, 치료자는 늘 열린 마음으로 진행해야 한다.

사례개념화 구성 및 활용을 위한 실용적 제안

1. 특정 행동에 대한 사슬 분석이 끝날 때마다 사례개념화를 구성하라. 첫 사슬 분석은 시작에 불과하지만, 그 과정에서의 집중된 사고와 가설 세우기를 통해 치료의 전반부에도 개입을 주의 깊게 할 수 있게 된다. 동일한 행동을 두 번, 세 번 사슬 분석한 후에는 그 간의 새로운 정보를 바탕으로 사례개념화를 수정해야 하겠지만, 이미 주요 통제 변수의 파악이 어느 정도 체계적으로 잡혔을 것이다.
2. 치료 진행 중에도 읊을 수 있을 만큼 사례개념화에 깊이 들어가라. 하지만 동시에 그것을 완전히 놓아버리고 잊어버린 것처럼 치료를 머리로만 하지 말고 가슴으로 진행하라. 명시적인 것과 암묵적인 것 사이, 머리와 가슴, 그리고 종합적인 설명과 순간적인 반응 사이에 움직이는 변증법적 긴장이 치료를 도울 것이다.
3. 사례개념화를 개발하고 수정할 때 사슬 분석에서 나온 정보에만 국한될 필요는 없다. 치료를 진행하며 환자와 그의 주변인으로부터 알게 되는 환자의 이력, 행동 패턴, 순간적 행동 등 모든 것을 활용해야 할 것이다.
4. 행동적 사슬 분석과 '빠진 연결고리 분석'은 다르지만 본질적으로 유사하며, 둘

다 사례개념화에 기여한다. 행동적 사슬 분석은 문제가 되는 또는 비효과적인 행동의 통제 변수들을 변별하는 기법이다. 빠진 연결고리 분석은 왜 효과적 행동이 사슬에서 빠져 있는지, 그 부재를 설명하는 통제 변수들을 파악하는 유사한 기법이다.

5. 사례개념화를 구체화하기 위해 열심히 노력하되, 어떤 개념화도 현실 자체는 아님을 기억하라. 사례개념화는 단순히 사람이 만든 형식으로 정보를 정리하는 방법이다.
6. 데이터 중 DBT 사례개념화와 관련성이 더 높은 데이터가 있고, 가설 중에도 DBT 사례개념화와 적합하기에 더 우선시되는 가설이 있다. DBT 사례개념화에서 주로 기대하는 것은 정서적 취약성, 무효화 환경, 조절되지 않은 감정, 기술 부족, 문제 행동을 강화하고 효과적인 행동을 억제하는 불의(不意)의 상황, 그리고 문제를 일으키는 생각에 대한 증거다. 또한 항상 사슬의 연결고리를 검토할 때 그것이 기능적인지 역기능적인지, 만일 역기능적이라면 치료 목표에 도달할 수 있는 어떤 기능적인 대안을 찾아낼 것인가를 질문한다.
7. 가설은 생물사회학적 이론뿐만 아니라 DBT의 가정(즉, DBT의 '실제 철학')과도 일치해야 한다.
8. 연결고리의 역기능적 배열 순서에 대한 가설을 세우는 동시에 그것을 대체할 만한 연결고리의 기능적 배열 또한 구상해보라.
9. 시간이 지남에 따라 한 사례개념화가 틀렸다는 것이 발견된다 해도 그 사례개념화는 헛되지 않다. 사례개념화 과정은 치료자로 하여금 개념적이고 전략적으로 생각할 수 있도록 하여, 혼란스럽거나 이질적인 경험과 정보를 정리하며 본인의 인지 및 정서 조절, 그리고 동기부여를 촉진시킨다. 또한 치료자의 시야를 깨끗케 하여 깊은 사고를 할 수 있게 만들어준다.
10. 치료 초기에 특히 사례개념화는 복잡할 필요가 없다. 사례개념화는 역기능적 사고, 1차 또는 2차 감정, 또는 반복되는 촉발 사건들처럼 행동적 사슬에서 자주 반복하여 나타나는 연결고리 몇 개만으로도 구성할 수 있기 때문이다. 하지만 수많은 단계와 순서로 구성된 매우 복잡한 사례개념화도 존재한다. 여러 사람들로부터 정보를 얻게 될 경우(예 : 체제 또는 가족 사례개념화) 매우 복잡해질 수 있는데, DBT 치료자는 수집한 자료에 적합하도록 사례개념화의 성격과 복잡성

을 자유롭게 결정할 수 있어야 할 것이다.

11. 사례개념화는 치료자의 머릿속에서만 이루어지지 않는다. 사례개념화는 환자와 함께 공유하며 만들어나가는 것이며, 개입을 시도하고, 공동작업 및 시행착오를 통해 수정과 보완을 거치게 되는 생동감 있고 협력적인 과정이다.
12. 환자나 주변인들로부터 많은 양의 정보를 얻게 될 때, 그들 간의 복잡한 상호작용을 은유로 표현하여 큰 그림을 파악해보라. 창의적인 놀이를 한다는 마음으로 진행한다면, 불명확한 요소들을 잇는 연결점을 찾게 되어 복잡한 상호작용을 간결하고 명확하게 알게 되어 개입으로 이어질 수 있다.

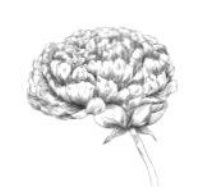

제**10**장

전념하기와 전념 전략

전념 문제의 본질

DBT에서 강화된 전념 전략(commitment strategies)의 필요성은 단순하게 설명할 수 있다. 삶에서 일어나는 어떤 어려운 문제도 해결하려면 충분한 노력이 필요하기 때문이다. 현대 생활에서 일반적으로 일어나는, 하지만 의외로 해결하기 어려운 문제를 쉬운 예로 들어보자. 건강관리 차원에서 앉아 있는 습관을 바꾸어 매일 30분 동안 러닝머신에서 운동하는 습관을 갖기로 결심했다고 하자. 그 운동 습관을 갖기 위해 러닝머신을 구입하여 운동하기에 가장 적합한 위치에 러닝머신을 배치한다. 걷고 뛰는 것은 고도의 기술이 필요하지 않으니 능력상에는 문제가 없다. 이제 환경도 조성했고 운동하기로 마음 먹었으니 이미 변화하고자 하는 상당한 의도를 보였다고 할 수 있다. 하지만 러닝머신에서 뛰는 것이 지루하고 번거롭게 느껴져 차일피일 미루게 되고, 운동보다 먼저 해야 하는 중대한 일 때문에 왜 운동을 회피하는지에 대한 변명을 항상 늘어놓게 된다. 러닝머신에서 걷고 달릴 수 있는 능력은 충분히 있지만, 러닝머신으로 가서 정작 걷거나 뛰는 시간을 내고 그것을 지속하기는 힘들다. 아무리 의도가 훌륭하고, 물질과 정서적 지원이 충분하여도 습관화된 행동 패턴을 바꿀 만큼의 전념은 부족할 수 있다는 것이다.

전념은 단순히 행동 패턴을 바꾸는 과정에서 거치게 되는 하나의 단계가 아니다. 전념을 한번 했다고 해서 바로 행동으로 이어지거나, 몸이나 마음의 어딘가에 전념 '전원 스

위치'가 있는 게 아니다. 그럼에도 힘들 때에 많은 사람들 ― 부모, 교사, 수련감독자, 치료자, 등이 환자들에 대해 단정적으로 말하곤 한다: "그는 의지가 부족해.", "그는 낫길 원하지 않아.", "그는 프로그램에 참여할 준비가 되지 않았어." 또는 "거 봐, 변하는 데에는 관심이 없는 거야." 우리 스스로도 컨디션이 안 좋을 때면 전념이 한번 있으면 없어지지 않을 물건처럼, 유무로 따질 수 있는 개인의 소유물처럼 이야기를 하는 것을 발견할 수 있을 것이다.

리네한(1993a)은 현명하게도 DBT에 대한 의지를 처음부터 이끌어낼 필요성을 제시했다. 치료 전 단계에서는(제1장) 살만한 삶에 대한 대화와 함께 행동변화 과정 동안 환자를 지탱해줄 수 있을 만큼 충분히 강하고 지속 가능하고 의미 있는 의지를 이끌어내는 데 초점 맞추고 있다. 그러나 이것은 전념이 아예 없는 곳에서부터 전적인 전념으로 이끄는 것을 뜻하지 않으며, 한번 얻었다고 끝이란 의미가 아니다. DBT 관점에서의 전념은 여러 행동과 여건들로 구성되어 있다. 전념 행동이란 생각, 감정과 실천을 포함하고, 전념 조건이란 시간, 장소, 자료, 모니터링 및 지지적 관계를 비롯한 맥락적 조건들인데, 이 모두가 치료 전반에 걸쳐 전념을 이끌어내고, 확장하고, 관찰할 수 있도록 한다. 전념이 무엇인지에 대한 절대적인 정의는 없지만, 사례나 과제 안에서 개인이 목표하는 것을 달성할 수 있도록 해주는 힘이라 할 수 있을 것이다. 예를 들어 러닝머신에서 매일 달리기 위해서는 현실적이면서도 희망적인 인지적 사고, 마음의 준비, 건설적인 행동 패턴, 스스로 모니터링하며 책임감 있게 계획을 수행할 수 있는 방안, 행동을 허용하고 강화하는 맥락적 조건들을 필요로 한다. 리네한(1993a)이 지침서에 썼듯이 "전념 또한 배우고, 이끌어낼 수 있고, 강화할 수 있는 행동이다(p. 285)."

정신병리가 없는 사람에게도 전념을 이끌어내는 것은 충분히 힘든 일이다. 거기에다 민감한 감수성과 반응성, 우울 증세나 높은 불안 증세, 회피나 고립 성향, 또는 쉽게 지치는 성향, 감정적 행동 등을 더하면, 전념은 몇 배로 어려워진다. 예컨대 환자에게 자해 행동만이 유일하게 확실한 감정 해소 방법이 되어왔다면, 치료자가 환자에게 그 방법을 포기하고 당분간 상대적으로 비효과적인 대응 행동을 하라고 하는 것은 엄청난 요구이다. 게다가 그 환자가 과거에 자신을 부정하고 무효화하는 냉혹한 환경에서 비슷한 노력을 하다가 실패한 경험이 있다고 하자. 좀 더 살만한 삶을 살기 위해 다시 적극적인 의도를 가져보는 자체가 무시당하고, 비판받고, 모욕당하고, 비난당한 기억을 떠올리게 할 수 있다: "너 같은 게 뭘 이런 걸 한다고 그러니? 네가 다른 사람보다 특출나다고 생각하니? 그냥 포기해!" 인생과 치료에서 실패한 기억이 물 밀듯 밀려오며 압도당할 수도 있다: "난 아무리 열심히 노력해도 안 돼. 아무도 나를 도와줄 수 없어! 난 지금까지 한 번도 무엇을 끝까지 지속해본 적도, 성공해본 적도 없어." 경계선 성격장애를 가진 환자에게 전념을 이끌어낼 때는 더 하다. DBT 치료를 시작하도록 하는 것, DBT 치료 조건에 계약하도록 하는 것, 수천 번 강화된 파괴적인 행동 패턴 변화를 목표 삼는 것, 새로운 기술을 시도하는 것 등 직면한 도전에 환자가 전적으로 전념하도록 해야 한다. DBT는 행동 변화를 촉진하는 엄청나게 다양한 전략, 기술, 프로토콜들을 보유하고 있지만, 필요한 수준의 전념 없이는 이 모든 것들은 무용지물이기 때문이다. 따라서 치료에 대한 전념과 관련된 행동에 대한 관심은 치료 과정 내내 필요하다. 사람이 아무리 집을 짓기 위한 훌륭한 도구들, 재료들과 청사진, 그리고 집을 짓는 기술을 보유하고 있더라도, 집을 지을 때 필요한 노력을 실제로 할 수 있게끔 하는 전념을 만들어내고 유지하지 못한다면 여전히 집을 짓지 않을 것이다. 이 기본적 현실은 물질남용 분야에서 동기강화상담이 발전되고 널리 적용되도록 하는 데 기초가 되었다(Miller & Rollnick, 2012).

전념을 이끌어내는 것은 단순히 전념에 대해 생각하도록 하는 것, 전념에 대해 이야기해보도록 하는 것, 어떤 특정 행동 패턴에 대한 전념을 증명해보이도록 하는 것 그 이상이다. 전념하도록 하는 과정은 (1) 전념과 관련된 각종 행동 패턴을 끌어내고, (2) 이를 강화할 수 있는 상황을 구조화하는 과정으로 개념화된다. 때로는 원하는 행동 변화를 일으키지 못하는 것이 전념의 문제인지를 파악하는 것이 어려울 수 있다. 언뜻 보기에 명백하지 않을 수 있다는 것이다. 예컨대, 전념 수준이 꽤 높은 사람이더라도, 정서조절 곤란이나 인지 문제가 너무 크거나 필요한 환경적 지원과 강화가 이루어지지 않는 경우 특정 행동 변화를 달성하지 못할 수도 있다. 이러한 경우 치료자가 치료 진행에 방해되는 요소들을 찾아내고 그러한 중요한 표적들에 대해 집중 작업을 하면 환자의 전념 수준이 강화될 수 있다.

한 사례를 예를 들자면, 경계선 성격장애와 ADHD를 가지고 있는 19세 여성 환자는 대학 생활 중 여러 실망스러운 관계들로 인해 어려움을 겪게 되어 고립되고, 외롭고, 우울하고, 생산성이 떨어진 상태였다. 그녀는 치료 초기에 강한 전념을 보이며 자살 행동과 진통제 중독 문제를 성공적으로 다루었다. 그러나 그녀가 가지고 있던 관계 문제는 좀 더 심각했고, 때때로 그녀는 지금보다 더 신뢰롭고 상호 관계적인 관계를 형성하고 유지하는 데 필요한 행동들을 해낼 의지가 없는 것처럼 보였다. 그러나 결국 그녀의 문제는 전념의 문제가 아닌 것으로 밝혀졌다. 치료 초반에는 그녀와 나 모두 그녀의 미묘한 대인관계 행동이 계속해서 잠재적 친구들을 밀어내고 있다는 점을 알아차리지 못했다. 그녀는 타인을 이해하고 그들과 소통하고자, 늘 모든 것을 자신의 삶과 연결짓는 경향을 보였는데, 이것은 그녀를 '자기 중심적인 사람'으로 인식되게 하는 방식으로 행해졌던 것이다. 사회 기술 부족으로 생겨난 이 문제는 처음 DBT 대인관계 기술 모듈에서 충분히 다루지 못했었지만, 나중에 그녀와 잠재적 친구들 사이에 일어난 일들을 면밀히 살펴보면서 이 문제를 정확하게 평가하게 되었다. 그 후부터 환자는 일상에서 자신의 의사소통 패턴을 바꾸기 위한 전념 행동들을 하기 시작했다. 그녀는 모든 것을 자신의 경험과 연결 지으려는 충동을 알아차리고, 오로지 다른 사람들의 말을 의도적으로 듣고 타당화만 하는 실험을 하였을 때 관계 문제에서 놀라운 성과를 보였다. 전념의 문제로 보였던 것이 실제로는 그녀와 나 모두 객관적으로 평가하고 치료하기 전까지 알아차리지 못한 오래된 사회적 기술 문제였던 것이다.

반면, 언뜻 환자가 치료에 전념하고 있다고 보여도 좀 더 면밀히 조사하고 평가했을 때 사실은 그렇지 않은 것을 발견하게 되는 경우도 있다. 한번은 위험할 정도로 저체중인 19세의 거식증 여성 환자에게 일대일로 기술교육을 하기로 한 적이 있었다. 당시 그녀의 심리치료자는 DBT를 하는 사람이 아니었는데, 그 치료자는 그녀가 자신의 감정을 조절하고 자존감을 증진하여 관계에서 좀 더 효과적으로 자기 주장을 할 수 있도록 돕는 행동 기술을 배우기를 원했다. 마른 체형을 추구하는 환자의 집요한 노력은 이러한 문제 영역에 대한 다목적 해결책으로 보였다. 그렇지만 수 개월 간의 통찰 중심의 지지적 심리치료로는 거의 변화가 없었다. 나는 치료자의 논리가 타당하다고 생각되었고, 환자도 기술훈련의 정당성과 요구사항에 동의했기 때문에 나는 매주 그녀를 만나 DBT 기술을 가르치기 시작했다. 그리고 만날 때마다 나는 그녀에게 기술을 연습하기 위한 과제를 주었다.

훈련이 시작된 지 3주에서 4주 즈음이 되자 그녀가 치료 시간 중에는 나와 잘 협력하는 듯 보였지만 밖에서는 기술 연습을 소홀히 한다는 점이 명백히 보였다. 나는 이 사실에 대해 직면하고 일련의 질문들을 함으로써 그녀가 치료에서 배운 기술을 삶에 적용하는 데 있어 문제가 되는 것이 감정, 인지, 행동, 환경적 수반성의 문제인지 아니면 전념 부족의 문제인지를 평가하고자 하였다. 나는 내가 치료적 영향력을 끼칠 수 있을 만큼 치료적 관계에서 그녀가 나에게 애착을 가지고 있는지, 내가 정확하고 효과적으로 타당화를 제공하고 있는지, 충분한 강도로 변화를 촉진하고 있는지 궁금했다. 사실상 그녀는 나에게 애착을 가지고 있는 것처럼 행동하였고, 평가를 위한 나의 질문들은 상황을 제대로 조명해주지 못하였다.

결국 나는 그녀에게 직접적으로 물었다. "꼭 알아야겠습니다: 당신은 진정으로 이 기술들을 통해 섭식 행동 패턴을 바꾸기 원하나요? 왜냐하면 그렇게 보이지 않거든요." 그녀는 아무런 죄책감이나 수치심 없이 이렇게 답변했다. 자신의 섭식 행동에서 바라는 유일한 변화는 허기를 견디고 극복하는 능력을 키워, 먹는 것을 완전히 중단함으로써 남아 있는(심지어 '보이지 않는') 지방을 없애고 죽지 않는 선에서 최대한으로의 마른 체형이 되는 것이라고. 그녀는 자신이 죽음을 감수하고 있음을 알고 있었지만, 죽음이 이 도전의 부작용이라고 생각하면 괜찮노라고, 그럼에도 가치 있는 도전이라고 생각한다고 주장하였다. 이 말은 충격적이었다. 나는 그녀가 그 도전에 성공한다면 어떻게 보일지, 어떻게 될지에 대해 말로 설명을 해주었고, 그녀의 충격적인 신념을 계속해서 평가하고 도전하기 위해 노력했다. 그녀는 살짝 부끄러운 듯, 그러나 거의 망설임 없이, 강제수용소를 떠나는 과정에서 사진에 찍힌 홀로코스트(유대인 학살) 생존자들을 보고늘 존경하고 부러워했다고 말했다. 일단 확인되니 그녀가 사실 치료 목표에 대한 전념이 심각하게 결여되어 있고, 이것이 쉽게 흔들릴 수 없다는 점이 보였다. 그녀는 명시된 치료 목표에 반대되는 목표에 전적으로 전념하고 있던 것이었다. 내가 그녀에게 왜 그렇게 오랫동안 자신의 행동을 변화시키기 위한 기술을 배우고 싶어 한다는 인상을 주려고 노력해왔는지 묻자, 그녀는 자신의 치료자와 부모님을 실망시키고 싶지 않았다고 말했다. 그녀는 자신이 죽음이 부작용이 될 수 있을 만큼 마른 체형에 진지하게 전념하고 있다는 사실을 그들이 알게 되는 것을 원치 않았다. 나는 변증법적 해결책을 찾기 위해 노력했다. 그녀가 전념에 대한 엄청난 능력을 가지고 있지만, 치료 목표가 그녀의 현재 목표에 반하는 것임을 고려하여 나는 우리가 치료 목표를 '진솔하게 이야기하고, 더 효과적으로 거절하기'로 재설정할 것을 제안하였다. 그녀는 처음에는 재설정된 목표에 관심이 있는 듯 보였지만, 자기 주장이 강한 대인관계 스타일에 대한 그녀의 관심과 전념 부족은 빠르게 명백해졌다. 며칠 후, 그녀의 체중은 '의학적으로 수용 가능한 체중' 이하로 떨어졌고, 그녀는 본의 아니게 병원에 입원하였다.

따라서 DBT에서의 전념의 문제는 매우 중요하지만, 대체로 만만찮은 문제이며 때로는 평가하기도 어렵다. 전념 수준은 시간이 지남에 따라, 그리고 목표와 과제에 따라 변화되기 때문에 치료 전반에 걸쳐 주의를 기울여야 한다. 리네한(1993a, p. 284)이 개념화한 것처럼, 전념에는 여러 수준이 있다. 첫 번째는 치료 전체에 대한 전념이다. 여기에는 생명을 위협하는 행동을 표적으로 삼고, 치료 관계를 유지하고 강화하며, 기술 훈련에 참여하고, 초기 계약 과정에서 정의된 DBT의 다른 기대 사항을 준수하겠다는 약속이 포함된다. 두 번째는 DBT의 전형적인 문제 해결 절차인 기술 훈련, 인지 수정 및 노출 절차에 대한 전념이다. 세 번째는 개별 치료 관계 내에서 이루어진 구체적인 합의 내용과 과제에 대한 전념이다. 리네한은 초기 전념을 강화하고 치료 과정에서 약화되는 전념을 개선하거나 되살리기 위해 필요에 따라 반복적으로 사용될 수 있는 일곱 가지 전념 전략을 제시했다. DBT를 가르치고 감독하는 세월 동안, 나는 일곱 가지 전념 전략에 기계적인 방식으로 과잉 의존하는 여러 좋은 치료자들을 보았다. 그들은 전념과 관련된 문제를 정확하게 파악했을지라도, 바로 이어지는 단계는 하나 이상의 전념 전략을 사용하는 것이라 생각하는 경우가 많았다. 위에 언급된 거식증 환자 사례와 유사한 경험들은 DBT 치료자에게 전략의 기본 원리에 대한 철저한 이해와 적용이 더욱 필요하다는 나의 믿음을 강화시켰다. 이러한 이해는 전략들을 각 환자에 맞추어, 보다 유동적이고 유연하게 사용할 수 있도록 한다. 이 장의 남은 분량에서 나는 우선 전념의 '정신(spirit)'이라는 보다 폭넓은 주제를 먼저 살펴본 후, 행동, 수용 및 변증법적 패러다임에 속하는 원칙들이 전념을 이끌어내는 과정에 주는 시사점을 제안한다. 마지막으로 그 원리에 기반한 맥락에서 공식적인 전념 전략의 사용에 관해 논의한다.

'시도하기' 대 '하기' : DBT의 전념 정신

전념의 정신은 특정한 전략이나 개입보다 더 광범위한 것이다. 실제로 나는 전념의 정신이 특정 전략들을 둘러싸고 있는 '그 무언가'라고 생각한다. 먼저 목표를 달성하기로 결심하는 것과 목표 달성을 시도하기로 결심하는 것의 차이점을 이해해보자. '해보겠다'와 '하겠다'는 말은 현저하게 다르다. 예를 들어, 고등학교 교사가 수업시간에 어려운 과제를 내주면, "최선을 다해보죠, 노력해보겠습니다"라고 답하는 학생도 있고, "네, 할게요"라고 하는 학생도 있을 것이다. 물론, 교사들은 이 중 후자의 말을 듣기 좋아한다. 또 다른 예로, 내가 여태 등반한 어떤 산보다도 더 험한 산 밑에 서 있다고 하자. 과연 이 산의 정상에 오를 수 있을지 확신이 서지 않는다면, 나는 속으로 '좋아. 좀 어렵겠지만 한번 해봐야지'라고 말할 수 있다. 혹자는, '어려울 게 분명하지만, 난 하고야 말 거야!'라고도 할지도 모른다. 물론 성공을 보장할 수 있는 방법은 없다. 불가능한 지형, 강한 폭풍, 또는 예기치 못한 부상 앞에는 아무리 완고한 전념과 좋은 등반 기술 및 개인 체력도 한계에 미칠 수 있다. 그러나 여기서 나의 주장은, 다른 모든 조건들이 평등하다면, '해낼 거야'라고 말한 사람이 성공할 확률이 훨씬 높다는 것이다. 이러한 대담한 태도는 '고난과 방해의 신들'에 대한 강인한 자세이며, 목표 달성을 심리적으로 더 가깝게 만든다. 더 중요한 것은, 주장이 대담할수록 성공을 가능케 할 다른 행동 패턴과 환경적 자원을 모집하는 경향이 있다는 것이다. 이것이 내가 말하는 전념의 정신이다. 환자가 '시도' 수준에서 머물지 않고 '그렇게 할 거야'라는 결심을 할 수 있도록 목표를 이끄는 치료자가 더 많은 추진력과 목적을 만들어낼 것이다. 환자들은 종종 생물학적인 민감성과 반응성, 그리고 환경에서 온 깊은 무력감을 가지고 있기에 이러한 전념을 가지게 되기까지 엄청난 도전이 필요하지만, 그만큼 더 중요하다. 치료자가 환자에 대해 '할 수 있다'는 태도로 전념할 수 있다는 기대를 가지는 것은 또한 환자의 능력에 대한 신념을 전달하는 것이기도 하다. 물론, 치료자는 각 환자가 어느 정도의 성취를 할 수 있는지를 미리 가늠할 수 있어야 하고, 어느 수준까지 기대를 맞추어야 할지 대략 예측할 수 있어야 한다. 일반적으로, 나는 높은 목표에 대한 75~90%의 '시도' 수준의 전념보다, 작은 목표에 100%의 전념을 이끌어내려 한다.

나는 경계선 성격장애를 가지고 있는 30세 여성을 치료한 적이 있다. 그녀는 유년기에 성적 트라우마와 위험한 자살 시도를 수차례 한 병력을 가지고 있어 수년 동안 빈번한 입원을 하게 된 '회전문(revolving door)' 패턴을 보이고 있었다. 다른 문제 행동 중에서 그녀는 매일 자해를 함으로써 감정 조절을 하고 있었다. 한 세 번째 회기에서 그녀는 나와 DBT 치료를 진행하는 것에 관심을 표했고, 나는 그녀가 다음 1년 동안 자해하지 않겠다고 약속하면 좋겠다고 말했다. 그녀는 당황해하며, 자신이 매일 자해하고 있고 그것은 자신이 살아있을 수 있도록 도움을 주고 있음을 내게 상기시켰다. 그녀는 또한 나에게 자해 행동을 단번에 멈추겠다는 지키지 못할 약속을 하고 싶지 않다고 말했다. 나는 그녀에게 그 심정을 이해할 수 있고, 정직에 대한 그녀의 헌신을 존중하지만, 그녀가 성공할 수 있는 기회를 가지려면 자해를 중단하겠다는 전면적인 전념을 할 필요가 분명히 있다고 말했다. 그녀는 내 말을 진지하게 받아들이며 노력해보겠다고 말했다. 나는 그녀에게 그녀가 노력하려는 의지를 존중하지만, 노력보다는 그녀가 실천하는 것에 나는 더 관심이 있다고 말했다. 나는 목표를 더 높이 잡겠노라고 했다. 그녀는 여러 종류의 심리치료를 받아봤지만, 아무도 그녀에게 자해를 포기하라고 한 적은 없었다고 내게 말했다. 자해를 그만둔다는 것은 무서운 생각이었기 때문에 좀 더 생각해봐야 한다고 말했다. 그 후 그녀는 당시 입원하고 있던 병동으로 돌아가 모든 직원들과 많은 환자들에게 내가 자해를 완전히 포기하도록 요청했다는 사실을 알렸다고 한다. 내게 보고된 바로는, 그러는 그녀의 모습은 분명 겁에 질려 보였지만 약간의 자부심과 희망도 비추었다고 한다. 실제로 우리의 치료는 그녀가 자해하지 않겠다고 다짐하며 좋은 출발을 했고, 그것은 오히려 중요한 행동 변화를 빠르게 이끌었다. 첫 장에서 언급했듯이, 전념을 성공적으로 강화하는 데 필수불가결한 것은 원하는 결과를 시각화하고, 살 가치가 있는 삶의 모습을 시각화하는 능력이다.

이 예시에서 알 수 있듯이, 전념과 전념 정신의 불씨는 치료자에게서 시작되어야 하며, DBT 자문팀은 각 치료자가 모든 환자에게 DBT에 대한 전념, 목표, 그리고 치료 과제를 강화할 수 있도록 도와야 한다. 치료자의 이런 다짐은 무시할 수 없는 영향력을 가진다. 나는 한때 DBT 훈련 초기 단계에 있는 젊고 재능 있는 정신분석가를 수련감독했었다. 그녀는 매주 환자들에게 관찰 일지 작성을 유도하기 위한 노력에 대해 보고했다(이는 DBT 치료에서 결코 쉬운 일이 아니다). 매주 환자들은 관찰 일지를 부분 작성하여 제출했고, 그녀는 어김없이 일지 완성을 방해하는 요소들을 평가했다. 내가 보기에도 그녀는 이 치료에 방해되는 행동을 감소하기 위해 진지한 노력을 기울이고 있었지만, 환자들의 준수 수준은 거의 개선되지 않고 있었다. 나는 그녀의 개입 방법을 직접 볼 수 있도록 다음 회기들을 비디오로 찍어 달라고 부탁했다. 치료 회기를 시작한 지 몇 분도 되지 않아, 나는 그녀가 그의 입장을 완전히 주장하고 있지 않다는 것을 볼 수 있었다. 환자가 "네, 다음 주에 더 노력할게요"라고 말했을 때, 그녀는 그것을 기꺼이 받아들였다. 그녀는 분명 "네, 다음 주까지는 완전히 작성할게요"라는 말로 표현되는 100% 전념 정신을 고집하고 있지 않았다. 이제껏 관찰 일지와 같은 자가 모니터링 절차를 사용해 오지 않았던 그녀이기에, 치료에서 그러한 활동을 의무화하는 것을 다소 불편하게 느끼고 있다고 나는 추정했다. 이 문제에 대한 명확성을 찾은 후 수퍼비전은 역할놀이로 이어졌고, 나는 그녀에게 관찰 일지를 부탁하는 치료자의 역할을 맡았다. 그녀는 치료자가 먼저 관찰 일지의 완성을 의무적으로 받아들여야 한다는 것을 즉시 이해했다. 그녀는 접근방식을 바로 바꾸었고, 이것은 환자들로부터 보다 강하고 완전한 전념을 이끌어내게 되었다.

'하겠다'는 100% 전념에 대한 나의 주장에 의문을 제기하는 것은 충분히 있을 수 있는 일이다. 예컨대, 자신을 매일 학대하는 환자가 앞으로 1년 동안 한 번도 자해하지 않겠다는 것을 얼만큼 보장할 수 있을까? 그럴 가능성은 희박하다. 하지만 우리가 여기서 고찰하는 강한 전념을 얻기 위한 노력은 현실에서 성공할 가능성에 대한 논의가 아니라, 이 순간 가져야 할 정신적 프레임에 대한 것이다. 우리는 헌신적인 행동을 최대한 많이 이끌어내는 마음가짐에 도달하도록 환자를 독려하고 지지해야 한다. 만약 환자가 "약속을 지키지 않으면 치료에서 쫓겨나나요?"라고 질문할 때면, 나는 이렇게 말한다: "아니요, 쫓겨나지 않습니다. 당신이 지금 할 수 있는 최대한의 약속을 하고, 그 약속을 지키기 위해 정신과 마음을 모아 할 수 있는 모든 것을 한다면, 그것으로 충분합니다. 만약 그 헌신이 다른 것에 묻히거나 감소한다면 어떤 상황인지 알아보고 헌신을 다시 확립할 수 있도록 조치를 할 거예요. 이것은 처벌이나 비판, 치료 중단과는 아무 관계가 없습니다. 단지, 이 방법이 목표 달성에 성공할 가능성을 높여주기에 이렇게 하는 것입니다."

100% 공약 접근법은 물질 사용이나 자해 등 중독 행동을 중단해야 하는 경우 **금욕**이라 간주할 수 있으며, 재발을 멈추고 전념 재정립을 할 경우 **위해성 감소** 접근법(물질남용 치료에서도 사용)이라고도 할 수 있겠다. 재발 전까지는 절제를 강조하고, 재발 시 위해성 감소로 전환하는 이 기법을 DBT에서는 **변증법적 전념**이라고 부른다. 이 기법은 물질사용장애 치료에 DBT를 적용하는 맥락에서 시작됐지만 자해 행위와 관련하여 표준 DBT에 접목된 개념이다. 모든 치료자는 먼저 본인부터 치료에 강한 전념을 가지고 임하는 동시에 환자에게도 동일한 수준의 강한 전념을 요구하는 일을 해야 한다. 치료자와 수련감독자로서 내가 경험한 바로는, 치료자에게 이러한 전념을 자동적으로 이끌어내는 듯한 환자가 있는 반면, 그렇지 않는 환자들도 있다. 이러한 전념 정신은 치료자에게 매우 값진 자원이 되어 높은 기준을 세우게 하고, 많은 변화를 추진할 수 있도록 이끌어 환자 또한 유사한 전념으로 반응하도록 돕는다. 이 현상은 아마 치료적 애착과 관련된 결과일 것이며, 경우에 따라 쉽게 얻어질 수 있고 그렇지 않을 수 있다. 따라서 이러한 치료적 애착이 강하지 않은 경우, DBT 치료자는 더욱 정신을 차려야 한다. 자문팀의 도움을 받아 치료적 애착을 키우고, 치료에 대한 본인의 전념을 강화함으로써, 환자들의 강한 전념을 이끌어내기 위해 노력해야 한다.

행동주의 패러다임의 영향

환자의 전념을 이끌어내고 강화하는 여러 단계는 표준 CBT의 중요한 부분이다. 우리는 구체적인 치료 목표에 합의하는 과정에서 명확하고 명시적이려고 노력한다. 합의된 목표들의 진행 상황을 모니터링할 수 있는 수단으로서 DBT에서는 관찰 일지를 활용한다. 목표와 목표를 달성하기 위한 구체적인 전략을 논의한 후 남은 과제는 환자의 전념이다. 목표를 향해 성과와 진전이 있을수록, 이것을 증거로 삼아 전념을 더욱 강화한다. 하지만 환자가 목표에 대한 기대를 충족하지 못하고 있다면, 조성 절차를 사용하여 목표 행동에 가까워질 수 있도록 하는 근접 행동들을 단계적으로 강화한다. 전념의 강도가 역기능적인 사고와 신념에 의해 저해되는 경우에는 환자가 그러한 사고를 인식하고 교정할 수 있도록 노력한다. 전념이 부족한 환자는 기술이 불충분하여 그런 경우도 있기에, 늘 기술 훈련에 초점을 떼지 않아야 한다. 때로는 고통스러운 감정을 유발하는 단서를 피하려는 회피 반응이 전념을 방해할 수 있다. 이러한 경우 노출 절차를 통해 환자를 둔감화하여 그가 완전히 전념할 수 있도록 도울 수 있다. 이러한 변화 절차를 도입하는 내내 심리교육 또한 개입으로 사용하여 환자가 자신의 기능 수준, 치료 및 병리에 대해 이해하도록 한다. 심리교육적인 개입은 환자가 자신이 무엇이 필요한지 깨닫게 해주며, 그에게 희망을 심어줄 수 있다. 다시 말하면, 불안, 우울증 및 역기능적 행동 패턴을 다루기 위해 사용하는 전형적인 CBT 접근법은 전념과 관련된 행동을 향상시키는 데 효과적인 영향을 줄 수 있다.

만약 전념을 얻는 것이 유독히 어려운 경우, 몇 개월 동안 치료를 이 작업에 집중해야 할 수 있다. 나는 한때 DBT 10일 체험 워크숍의 첫 5일간을 가르쳤을 때, 마샤 리네한이 중독 환자에게 물질 사용 중단 약속을 이끌어내고 강화하는 회기를 참가자들에게 보여주었다. 그녀는 표준 전념 전략을 사용하여 환자를 타당화하고 전념과 관련된 행동 단서를 보강하고 있었다. 회기 동안 그녀는 전념 전략을 효과적으로 적용하고 있는 것으로 보였으나, 환자는 물질 사용을 중단하겠다는 약속에 한치도 더 가까이 가지 않았다. 비록 환자는 리네한의 말에 상당 부분 동의하는 것 같았지만, 정작 마약 사용을 중단하겠다는 의지를 밝히지는 않았다. 6개월 후, 나는 같은 워크숍의 2부를 5일 동안 더 가르치게 되었다. 참가자 중 누군가가 리네한이 그 환자로부터 전념을 이끌어낼 수 있었는지, 그 경과를 내가 알고 있는지 질문했다. 나는 몰랐기 때문에 그날 밤 마샤에게 전화를 했고, 마샤는 최근 회기가 담긴 비디오 테이프를 특급 우편으로 보내주었다(당시 치료 영상의 배포와 시청에 관한 규정은 그리 엄격하지 않았다). 우리는 다음날 함께 영상을 시청했다. 놀랍게도, 영상에 담긴 회기의 초점은 변함이 없었다. 6개월 전과 똑같이, 물질 사용 중단에 대한 전념을 이끌어내기 위해 노력하는 회기였던 것이다. 우리는 마샤에 전화를 걸어 지금까지 전념에 초점을 맞추고 있는 사유에 대해 물었다. 그녀가 설명하기를, 우리는 네 번의 회기 안에 전념을 얻고자 하지만, 때때로 더 고질적인 문제에 부딪히게 된다고 했다. 이 경우, 그녀는 마약 사용 중단을 위한 전념 얻기에 착수했다고 말했다. 그녀는 전념의 개념을 전념과 관련된 여러 행동들로 나누었고, 환자가 이 목표에 착수하도록 방향을 잡았으며, 모든 CBT 기법을 전념과 방해 요소들을 다루는 데 사용하고 있었다. 환자 본인은 물질 사용을 중단하려는 노력에 있어서 반신반의로 참여하는 파트너로 보였다. 하지만 이 가장 유능한 DBT 치료 고수가 6개월이 지나도록 필요한 전념을 이끌어내지 못했다는 사실은 치료를 중단해야 할 이유가 아니라, 전념을 강화하기 위해 모든 원리, 전략, 기술을 총동원해야 하는 이유였다. 나중에 알고 보니, 환자가 밝히지 않은 가까운 친척의 역할이 사례개념화에 누락된 것이 문제였다. 이 친척이 환자에게 약을 공급하며 물질 복용을 강화하고 있었던 것이다. 이것이 공개되자 리네한은 환자에게 전념을 얻어낼 수 있었다.

전념을 얻어내는 데 어려운 난관에 부딪힌다면, DBT 치료자는 이렇게 행동주의 패러다임의 모든 기술을 동원하여 성공을 이루는 것을 볼 수 있다. 그는 목표 설정, 행동 모니터링, 치료에 대한 설명, 교육적 개입, 행동 사슬 분석, 사례개념화, 그리고 네 가지의 변화 절차, 즉 수반성 절차, 인지 수정 절차, 노출 절차, 기술 훈련 모두를 사용한다. 개념적으로 보았을 때, 이것은 자해 행동이나 물질남용 같은 다른 주요 목표 행동을 위해 행동주의적 패러다임을 사용하는 것과 다름없다. CBT 전략과 절차의 특정한 용도를 넘어, DBT 치료자는 CBT 원칙과 일치하는 행동 지향적인 자세를 전념의 문제에도 적용하는 것이다.

행동적 접근과 일관되게 치료자는 환자의 전념을 끌어낼 때에도 불손한(irreverent) 스타일을 사용한다. 즉, 솔직하고 사실적이며, 투명하되 대담하고, 낙관적이며 객관적이고, 절제 된 태도로 임한다. 때로는 이러한 태도 자체로도 더 강한 의지를 이끌어낼 수 있다. 가끔 치료자들이 변화를 요구할 때 너무 과하게 머뭇거리는 것을 보게 되는데, 그러한 명료하고 직선적이지 못한 태도는 마치 환자가 변화를 추진하기에는 너무 약한 존재라고 인식하는 듯하다. 가령 환자가 직선적인 행동 변화 추진에 반대하더라도 치료자가 이러한 태도를 취하는 것은 나아갈 방향과 희망을 전달해주기 때문에, '할 수 있다'란 치료적 분위기를 조성하게 된다. 환자가 반대하거나 싫어하는 것처럼 보이더라도, 치료자가 방향을 설정하고 밀어붙이는 것은 환자에게 앞으로 전진할 수 있도록 돕는 좋은 자극이 될 수 있다. 기술 훈련의 관점에서 보자면, 치료자는 대인관계적 상황에서 자신의 목표를 성취할 수 있는 모습을 모델링해주는 기능도 한다. 환자에게 자신의 목적을 매우 구체적이며 분명하게 요구하고, 반대나 회피가 있을 시 녹음기를 틀어 놓은 것처럼 반복해서 계속 요구하도록 가르쳐야 하기 때문이다. 전념을 요구하는 과정에서, 치료자도 역시 지겹도록 같은 말을 하는 사람처럼 보일 수 있다.

수용 패러다임의 영향

DBT 수용 패러다임의 원칙 또한 환자와 자신의 전념을 강화하기 위해 노력하고 있는 치료자에게 도움을 준다. 위에서 전념 정신에 대해 이야기한 것처럼, 치료자는 늘 **지금, 이 순간**에 전념하도록 요구한다. 물론, 지금의 전념이 치료 전반에 걸쳐 지속되기를 원하지만 초점은 전적으로 그 한 순간에 집중된다. 환자의 과거 실패와 실망에 대한 기억, 그리고 임무 완수의 가능성에 대한 걱정이 앞을 가려 방해가 될 수 있다. 치료자는 환자가 과거에 대한 판단과 정죄나 미래 성공에 대한 비관을 접어두고, 단지 현재에 머물며 이 순간에 전념할 수 있는 태도를 형성하도록 돕는다. 이것은 미묘하지만 아주 중요한 마음챙김의 실천이다. 전념을 하는 데 주의를 기울이고, 그에 필요한 여러 가지 요소를 염두에 두며, 과거를 판단하고 미래로 투영하는 경향을 인식해야 한다. 환자가 걱정스럽게 "하지만 이런 저런 일이 일어나서 약속을 지킬 수 없게 되면 어떡하나요?"라고 물을 때, 치료자는 '그러한 생각들은 두려운 생각이지만 단지 생각일 뿐'이며, 이 순간에 100%의 전념(또는 가능한 한 많이)을 하는 데 모든 주의를 다시 집중하도록 격려한다.

여기에 내재된 또 다른 원칙은 불교에서 말하는 **비집착**이다. 전념이라는 개념이 즉시 사람의 시야를 미래로 향하게 하기 때문에, 기대에 대한 집착을 알아차리는 것은 어렵지만 유용하다. 사람은 어떤 행동에 전념할 생각을 하자마자 그것에 집착하고, 곰곰이 생각해보며 그것을 할 수 있는지 평가하고, 그렇게 하지 못한 못한 과거를 거슬러 회상해 보는 경향이 있다. 지금 이 순간의 전념을 인지하고 강화하는 것에만 집중하지 않고 '이렇게 되어야만 한다'란 어떤 기준에 집착함으로써 본인의 불안과 고통을 더한다. 치료자나 환자나 모두 우리가 하겠다고 한 것을 과연 해낼 수 있는지에 대해 집착하는 경향이 있어, 그와 연관된 불안은 오히려 전념을 약화하는 결과를 낳는다. 따라서 나의 주장은, 전념이 분명 미래 행동에 대한 약속임에도 불구하고 지금 이 한 순간에만 집중하여 전념에 도달하자고 하는 것이다. 최근에 나는 우울증과 두려움이 회피 행동의 패턴을 일으키고 있는 한 환자에게 이렇게 부탁했다: "지금, 바로 여기에서 나에게 내일 아침 일어날 것을 약속해보세요. 일어나서 정신 상태가 어떻든 옷을 입고, 무언가를 먹고, 학교에 가겠다고."

환자는 괴로운 표정으로 "하지만 제가 할 수 없으면요?"라고 내게 되물었다. "전 다음날 기분이 어떨지, 어떤 일을 할 수 있을지 전혀 예측할 수 없어요."

"그 누구도 예측할 수 없지요. 당신을 포함해서요. 이건 단순한 사실일 뿐이고, 당신의 탓이 아니에요. 미래에 어떤 기분일지 아무도 알 수 없죠. 당신이 오직 할 수 있는 것은 지금 이 순간을 책임지는 것이에요. 그래서 내가 요청하는 것은, 바로 지금, 여기에서 내일 일어나 학교에 가겠다는 결정을 하는 것이에요. 그리고 그 모습을 상상하고, 믿었으면 좋겠어요." 그녀는 답했다. "하지만 제가 그걸 어떻게 해요? 무슨 일이 있을지 모르는 걸요."

"우리 중 누구도 무슨 일이 일어날지 몰라요, 우리 중 누구도. 하지만 미래를 예측할 수 없기에 어떤 일에 전념하지 않는다면, 우리는 결코 아무것도 하지 않을 거예요. 그러니 그저 지금 이 한 순간에 머물러 보세요. 아침에 일어나 학교에 가는 모습을 생생하게 머리에 그려서, 거기에 전념하는 자신을 느껴봐요."

DBT 치료자는 긍정 결과 시각화의 효과성을 입증하는 풍부한 연구를 여기에서 이런 식으로 적용할 수 있다. 시각화는 고통 감내 기술 모듈에서도 환자들에게 가르치는 기법이다.

DBT 전반에 엮여 있는 또 다른 불교 원리를 말하자면, '자아'가 인위적인 개념일 뿐이라는 깨달음이다. 제3장에서 DBT의 수용 패러다임을 논의한 바와 같이, 사실 우리가 자아라고 부르는 것은 모두 자기와 무관한 성분으로 이루어져 있다. 우리는 타인들과 자신을 구별하기 위해 자아라는 개념을 사용하지만, 사실상 우리 각자의 자아를 차별화하는 어떤 독특한 성분은 존재하지 않는다. 이런 논리는 전념이란 개념에도 적용될 수 있다. 자아란 실체가 없는 것처럼 전념 또한 비전념적인 요소로 이루어져 있기 때문에, 전념 자체에 매달릴 필요가 없다. 우리의 편리상 전념이라고 부르는 이것은 단지 원하는 행동 변화의 가능성을 높여주는 행동의 집합체일 뿐, 그 자체가 진정한 '무엇'이 아니다. 자기라는 실체는 없고 전념이라는 실체도 없다. 우리는 단순히 원하는 목표의 방향으로 삶을 움직이는 데 도움이 될 요소, 에너지, 그리고 행동을 늘리기 위해 노력하는 것이다. 이는 불교의 '비어 있음'의 원리와 일치한다. 전념 그 자체를 더 이상 견고하며 독특한 것으로 생각하지 않고 내려놓는 것은, 전념이 경계 없이 상호의존적인 여러 요인들로 구성되어 있고 또 영향을 받는다는, 보다 폭넓은 개념을 수용할 수 있게 한다.

만약 자아와 전념이라는 개념을 더 이상 실물처럼 여기지 않는다면, 환자에게 전념이 있는지 없는지, 헌신을 강화할 수 있는지 없는지를 확인하려는 함정에 빠질 가능성이 적어질 것이다. 그리고 우리는 단지 원하는 방향으로 전진하는 것에만 초점을 맞출 것이다. 이러한 자유 속에서는 한 개인이 주어진 목표나 과제를 향하여 가진 전념을 어떻게 증가시킬지 더 창의적으로 생각할 수 있다. 예를 들어, 때로는 전념을 가장 효과적으로 강화하는 접근 방식은 강화하려는 시도를 중단하는 것이다.

몇 년 전, 어느 사교 모임에서 나는 아내의 사촌과 이야기를 나누었다. 그는 50대의 남성으로서 치과의사였지만, 자신이 진정 원하는 일은 테니스 코칭이었기에 치과를 그만두고 그 일에 몰두하고 있었다. 당시 그는 대학 여자 테니스 팀의 감독이었고, 그의 팀에는 놀랄 만큼 훌륭한 선수가 있었다. 그는 이 선수가 리그와 지역에서는 이미 챔피언이지만, 만약 서브만 개선한다면 국가 챔피언이 될 수 있음을 확신했다. 따라서 그는 이 선수가 일대일로 서빙 코치와 훈련을 할 수 있도록 주선하였지만, 선수는 관심이 없다며 거절했다고 했다. 그는 도무지 이해할 수 없다고 말했다. 그가 그 선수와 나눈 대화를 정리하자면 다음과 같았다.

코치 : 서브만 개선하면 국가대표가 될 수 있을 거야.

선수 : 하지만 코치님, 저는 이미 모든 경기에서 이기고 있고 잘하고 있는 것 같아요.

코치 : 알아, 하지만 최고의 선수들과 경기를 할 때면 서브가 너의 유일한 약점이 될 거야. 특별훈련으로 서브에 조금만 집중하면, 더 높은 레벨에서 경기를 펼칠 수 있을 거란다.

선수 : 저한테는 별 의미가 없는 일이네요. 저는 단지 테니스가 좋아서 치는 것이라 더 높은 레벨에서 경기하는 것에는 관심 없어요.

실망한 그는, 어떻게 하면 그녀가 더 높은 단계에 도전할 것에 전념하도록 할 수 있을지 내게 자문을 구했다. 나는 그가 선수보다 그 목표에 더 애착을 갖고 있는 것처럼 보였고, 그녀의 목표가 무엇이 되었든 그것을 간과하고 무효화시키고 있는 것 같다고 말했다. 선수가 본인의 테니스 실력에 꽤 만족하고 있는 상황에서 그의 요청은 코칭 관계를 해칠 위험이 있다고 했다. 나중에 알게 되었지만, 그는 요점을 파악한 후 선수에게 돌아가 대략 이러한 말을 했다고 한다: "서빙을 강화하도록 무리하게 밀어붙인 것에 대해 사과하고 싶다. 그것이 너의 목표라기보다 나의 목표로 앞서간 것을 알고 있다. 넌 테니스를 사랑하는 훌륭한 선수이기에, 그냥 네게 맞는 대로 하면 된다. 나는 더 이상 강요하지 않을 거야. 그것 때문에 그동안 너를 지도하며 쌓은 좋은 경험을 망치고 싶지 않다." 그녀는 감동하며 고맙다고 말했다. 일주일 후, 그녀는 "생각했던 것보다 저도 그 일에 더 관심이 있더라고요"라며 그에게 서브 코치와의 만남을 주선해줄 수 있느냐고 물었다고 한다.

이 사례는 '현재 순간 알아차리기', '비집착'과 같은 수용 원리의 가치와 '함께 존재함'의 모든 현상들의 상호의존성을 뜻하는 비자아적 개념을 조명한다. 어떤 경우에는 수용 관점에서의 '일시성'이나 '유동성'의 원리가 도움이 되기도 한다.

전념은 본질적으로 일시적이다

자연의 다른 모든 것들과 마찬가지로 전념은 영구적이지 않다. 환경적으로도 오늘이 어제와 다른 것같이 전념은 그 안의 수많은 상호의존적 요소들로 구성되어 있기 때문에, 그 어떤 전념도 강도와 성격적인 면에서 변할 것을 예상해야 한다. 자해 행동을 중단하겠다는 오늘의 강한 전념은 내일 다른 기분, 힘든 만남, 관계적 변화, 새로운 관심에 의해 약화될 수 있다. 또한 오늘의 약한 전념은 내일의 회복된 에너지나 맑은 정신, 소중한 친구의 독려, 혹은 목표의 중요성에 대한 새로운 인식 때문에 강화될 수 있다. 따라서, 현명한 치료자라면 각 환자의 전념 수준과 성질을 지속적으로 모니터링하며 때때로 전념을 강화하는 개입이 필요함을 인지해야 한다. 모두가 언제나 최고 수준의 전념을 유지해야 한다고 생각하기보다는, 강한 전념은 자연스럽게 퇴색하고, 약한 전념은 강해질 수 있다는 삶의 진리를 받아들일 때 우리는 '이래야만 해'란 강박을 풀고 그저 평가하고 개입할 수 있게 된다.

유능한 치료자라도 한 사람이 무언가에 전념하도록 '만들 수'는 없음을 깨닫는 것도 도움이 될 것이다. 우리는 전념을 통제할 수 없다. 다만 우리가 할 수 있는 것은, 전념과 관련된 행동들을 분간하고, 환자들이 다양한 행동들의 결과를 고려할 수 있도록 도울 수 있으며, 전념을 높일 수 있는 조건들을 조성하기 위해 노력하고, 동시에 그것을 내려놓을 수 있는 태도를 갖추는 것이다. 즉, 우리는 전념을 만들어내는 것이 아니라 전념이 생길 가능성을 증가시키는 개입을 하는 것이다. 우리가 추구하는 전념의 수준은 완벽한 전념이 아니라 '괜찮은 헌신', 즉 임무를 완수하기 위한 충분한 헌신이니, 필요 이상으로 완벽한 전념을 추진하고 싶은 우리의 충동을 알아차릴 필요가 있다. 특히 치료의 초반에 환자와 치료자의 모든 노력에도 불구하고 전념이 강화되는 기미가 보이지 않을 때, 마음을 정하지 못한 환자를 대신해 우리가 치료자로서 전념을 지켜줘야 하는 역할을 하게 된다. 이것으로 나는 전념을 목표로 삼은 긴 치료 전 기간을 가져야 한다는 주장을 하는 것이 아니다. 단지 환자들의 전념을 이끌어내는 데 유용한 치료자들의 태도와 자세를 정의하는 것이다.

전념은 있는 그대로 완벽하다

치료나 어떤 과업에 대해 환자의 전념 수준을 높이는 일은 지속적인 지적 노력을 수반하며, 때로는 결실을 맺을 때까지 더딘 과정을 거쳐야 한다. 이러한 헌신적 노력을 하다 보면 좌절과 낙담도 경험할 수 있다. 어려운 일은 대가 없이 이루어지지 않기 마련이다. 하지만 이러한 좌절감과 그와 연관된 판단("이 환자는 나만큼 열심히 일하고 있지 않아!")을 누그러뜨려 주는 것은 '세상은 지금 있는 그대로 완벽하다', 고로 '현재의 전념 수준도 완벽하다'는 불교적 통찰이다. 전념이 현재에 이르기까지 엮여 있던 모든 역사적·발달적 요소들을 감안할 때, 어떻게 지금 있는 그대로 완벽하지 않다고 말할 수 있을까? 전념은 있는 그대로다. 그것은 '그렇게 있어야만 하는' 자리에 있다. 사물에 대한 집착을 참으로 버린다면 우리는 '그것이 있는 그대로여야 한다'는 관점을 인정할 수 있게 된다. 왜 그래야 하는지 이유를 정확히 알지 못해도 받아들일 수 있다. 일단 현실에 대한 이러한 인식과 수용에 의해 균형을 되찾게 되면, 치료자는 여유 있고 보다 균형잡힌 수용적 입장에서 전념 얻기를 추진할 수 있을 것이다.

환자의 현재 전념 수준과 모든 것을 있는 그대로 받아들이는 관점은 절대 숙명적이거나 체념한 입장을 시사하지 않는다. 사실은 정반대다. 전념이 증가하거나 감소하거나, 또는 그대로 있을지는 정해지지 않았기에, 우리가 하는 모든 것이 그만큼 중요하다는 뜻이 된다. 전념과 관련하여 적용하는 모든 개입은 큰 차이를 만들 수 있다. 모든 것이 중요하기에, 정확히 무엇이 전념을 강화할 것인지 예측하는 것은 매우 복잡한 일이다. 도전적인 어조를 사용하면 도움이 될까, 아니면 상호적이며 수용적인 어조를 사용해야 도움이 될까? 전념이 약하다는 말을 하는 것이 도움이 될까, 아니면 언급하지 않고 진행하는 게 더 도움이 될까? 강한 전념을 필요한 개인적인 경험을 치료자가 자기 개방하는 것이 유용할까, 그렇지 않을까? 언제 밀고 언제 당겨야 할까? 매우 복잡하지 않은가? 이렇게 선택이 복잡한 만큼 주의심 깊고 반추하는 자세를 유지하여, 자신과 환자, 그리고 상호적 교류를 관찰하며 어떤 개입이 효과가 있는지 늘 주목해야 할 것이다.

나의 경험상, 전념을 어려워하는 환자들과는 특히 전념 전략을 직선적으로 사용하는 것보다 시행착오를 거듭하고 밀고 당기며 무엇이 효과가 있는지 관찰하는 자세로 임할 때 더 성공적이었다. 아마도 이러한 접근 방법에 내재된 가장 중요한 것은 치료자가 환자의 전념 수준을 꾸준히 인지하며, 필요시 전념을 증가시키는 데 헌신적인 노력을 기울이는 것이다. 여기서 치료자는 늘 목표를 시야에 두고 효과가 있을 수 있는 모든 것을 시도하며 순간적인 결과를 실시간으로 관찰한다. 전념을 촉진하기 위해서는 환자마다 다른 개입이 필요하지만, DBT 치료자는 다음 조치에 대한 여러 선택지를 가지고 있다.

변증법적 패러다임의 영향

전념 창출을 위한 옵션들을 확장하는 데 동일하게 큰 도움을 주는 원리들은 변증법적 패러다임에서도 발견된다. 첫 번째 가장 기본적인 변증법 원리는 대립이다. 현실은 본질적으로 대립되는 것들로 구성되어 있어, 정명제는 반명제를 야기하고, 한 제안은 대립되는 제안을 이끌어낸다. 치료자가 너무 직접적으로 강한 전념을 강요한다면, 본의 아니게 오히려 전념에 대한 반대되는 태도를 이끌어낼 수 있다. 이전에 언급한 치과의사/테니스 코치와 스타선수의 예시에서 본 것 같이, 때로는 치료자가 헌신적인 노력을 내려놓을 때 더 강한 전념을 이끌어내게 된다. 환자가 전념과 반대되는 단호한 입장을 보이면, 우리는 환자 내면에 이미 전념과 비전념 간 조용한 투쟁이 일어나고 있다고 가정하며 치료를 진행할 수 있다. 이렇듯 전념이 양극 사이에서 존재한다고 가정하면, 언제 얼마나 밀고 그만둘지, 얼마나 비전념의 원인을 타당화할지 조금 더 잘 결정할 수 있다. 우리는 그렇게 행동하고 관찰하는 것이다. 곧 더 알게 되겠지만, DBT의 표준 전념 전략 중 일부도 이러한 대립관계에 대한 이해에 기반을 둔다. 예를 들어, 문간에 발 들여 놓기(foot in the door)를 하듯이 아주 작은 것을 요구하거나 환자가 바로 수용할 수 있는 것보다 훨씬 더 많은 것을 요구하는, 소위 '머리부터 들이밀기(door-in-the-face)' 전략을 번갈아 가면서 활용한다. 환자에게 선택의 자유를 강조하는가 하면, 어떤 상황에는 선택의 여지가 별로 없을 수 있다는 것을 인지시킨다. 또한 환자에게 변화에 대한 전념을 이끌어 낼 때 흔히 전념의 장단점을 열거해보도록 하는데, 전념을 함으로써 발생할 수 있는 이점과 손실을 교차적으로 논의한다. 표준 전념 전략, 은유법, 또는 다른 변증법적 전략을 살펴보면 모두 밀고 당기는 것, 대립되는 입장을 교차적으로 강조하는 것을 포함하고 있다. 이렇게 함으로써 치료자는 올바른 균형과 효과적인 개입을 찾게 되고, 치료적 분위기를 정체되지 않은 유동적 분위기로 조성하여 전념이 만들어지기보다 **발견**되도록 도움을 준다. 변증법적으로 작업을 할 때 우리는 전념을 강화하는 것에 궁극적인 목표를 두지만, 늘 무엇이 현재의 개념화에서 간과되었는지 **변증법적 평가** 과정을 통해 탐색하고 찾아낸다. 아마도 여기서의 요점은 전념이 실현되기 어려울 때, 탐색, 유연성, 개방성의 분위기를 조성하고 전념에 긍정적인 영향을 주는 요소들을 주의 깊게 관찰하고 강화한다면, 전념이 발견될 가능성을 높일 수 있다는 것이다.

'현실은 대립한다'라는 원리의 핵심은 모든 전념, 심지어 강하게 보이는 수준의 전념들도 그것과 대립하는 반대감정을 다 내재하고 있다는 것이다. 이것이 흔히 말하는 양가감정의 실체다. 이러한 관점은 동기강화상담에서도 찾을 수 있다. 말하자면, 전념의 요소들은 모두 중압감이 있어 다른 변수들로 인해 전념에서 가까워지거나 오히려 멀어지는 쪽으로 튈 수 있다. 이 장 초반의 거식증을 앓고 있는 젊은 여성의 사례에서도 볼 수 있던 것처럼, 환자가 행동기술을 배우는 데 전념하는 것처럼 보일 때도 사실 대립되는 욕구 사이에 긴장감이 존재할 수 있다. 그 여성 환자의 경우, 식습관을 바꾸는 행동변화에 관심 있는 것처럼 보이고 싶어 했지만(이 욕구 자체는 전념을 강화할 수 있는 요인이다), 사실 본인만의 목표와는 반대되는 행동 기술이었기에 그에 대한 필요성을 전혀 못 느끼고 있었다. 이와 같이 강한 전념으로 보이는 사례도 두 '음성' 사이의 복잡한 대립으로 전개될 수 있다. 전념이 약해 보이는 경우에도, 실제로는 강한 전념이 무언가에 가리워져 그렇게 보일 수 있다. 예를 들어, 입원 DBT 프로그램의 주간 커뮤니티 모임에서 한 환자는 매주 손을 들어 이러한 안건을 올렸다: "전 이곳에 강제로 오게 되었습니다. 이 프로그램에서 도움되는 것은 하나도 없고, 빨리 떠나고 싶습니다." 그럼에도 불구하고 이 환자는 모든 집단에 참석하여 부지런히 기술을 익히고 연습했으며 심리치료에 몰두하였다. 공개 석상에서의 선언을 그대로 받아들이기보다는 그녀가 실제로 무엇을 하고 있는지 지켜볼 때 우리는 그녀에게 더 나은 전념을 강요하고 싶은 유혹을 뿌리칠 수 있었다. 즉, 사적인 전념, 공개적 전념, 그리고 전념을 나타내는 행동들이 있는데, 그들 사이에는 숨겨진 대립이 있을 수 있다.

전념은 모든 구조적 요인과 연결되어 있다

이 관점은 모든 것이 경계 없이 항상 상호작용하고 있다는 수용 원리에서 근거한다는 점에서 불교와 연관지어 논의되어 왔다. 이는 시스템적 사고에 중점을 두고 있는데, 여기에서 한 개인의 전념은 많은 상호작용이 일어나는 역동적인 시스템에서의 하나의 요소로 여겨진다. 예를 들어, 한 개인의 전념은 다른 가족 구성원의 영향과 동적으로 상호작용하는 요소로 볼 수 있다. 나는 두 부모와 17세와 20세의 두 딸로 구성된 한 가족을 만난 적이 있다. 호소문제는 곧 20세 딸이 오랜 기간 동안 건설적인 상담과 고민을 한 끝에 트랜스젠더 수술을 통해 남자로 전환하기로 결정을 했다는 것이었다. 그 과정은 이미 진행 중이었다. 호르몬 치료를 통해 남성적인 특성을 가지게 되었고, 남자 이름을 골라 가족들에게 그 이름과 남성 대명사를 사용해 달라고 부탁하고 있었다. 그의 부모는 몹시 괴로워했다. 그의 어머니는 나름 이에 대해 공부를 하여 (새)아들과 몇 차례 중요한 대화를 나눈 상태였다. 그녀는 자녀의 성전환을 현실로 인정하고 받아들이는 방향으로 나아가고 있었고, 아들의 남자 이름과 대명사에 대한 요청을 기꺼이 존중하려 했다. 그러나 그의 아버지는 반대로 딸의 성전환을 진지하게 받아들이지 못하거나 그러고 싶지 않아 했고, 그가 늘 가지고 있던 딸에 대한 이미지를 못 버리고 있었다. 예쁘고 재능 있는 어린 딸이 매력적이고 매혹적인 이성애자 여성으로 자라날 것이라는 이미지 말이다. 첫 번째 회기에서 이 아버지는 화가 난 트랜스젠더 아들과 부드럽지만 변화지향적인 아내로부터 집중 공격을 받게 되었다. 하지만 변화를 요하는 압박이 그에게는 오히려 반감을 야기하고 있는 것 같았다. 그는 성난 고집을 부리며 사랑하는 딸이 성전환 과정을 끝까지 마칠 것이라는 사실을 믿으려 하지 않았다. 아버지, 어머니, 20세 아들에 대한 어떤 치료적 개입도 상황을 진전시키지 못했다.

이에 나는 시스템적으로 생각하며 모든 사람이 모든 사람에게 영향을 미친다는 것을 알고, 열일곱 살짜리 동생이 자기 오빠의 계획과 요청에 대해 어떻게 생각하는지 소리

내어 궁금해했다. 아무도 그녀의 의견을 물어보고 있지 않았고, 그녀는 그저 조용히 앉아있었다. 그녀는 조금도 망설이지 않고 "저는 이 일이 전혀 놀랍지 않아요. 오빠는 항상 남자로 더 행복할 것 같은 사람 같았어요. 사실 그것이 오빠를 더 멋지게 만드는 요소이기도 했죠. 그래서 전 그저 오빠가 원하는 대로 남자가 될 수 있어 기뻐요." 나는 그녀에게 오빠가 남자 이름과 대명사를 써 달라는 요청을 한 것에 대해 어떤 반응을 가지고 있는지 물었다. 그녀는 일리가 있는 요청이라 말하며, 가끔 여성 대명사가 불쑥 나오는 것에 대해 인정한다며 오빠에게 사과했다. 그녀의 답변은 오빠와 연대하면서도 아버지를 판단하지 않는 발언이었고, 모든 것을 긍정적인 톤으로 재조명하며 남매 간의 우애를 보여주는 감동적인 순간이었다. 아버지는 아무런 말 없이 침묵을 지켰다. 하지만 다음 가족 회기에서 그는 (새)아들의 변화를 받아들이기 위해 노력하기로 결심했다고 말했고, 요청한 이름과 대명사를 사용할 것을 약속했다. 그리고 몇 분간 눈물을 흘리며 그는 큰딸과 상상했던 딸의 미래를 잃는다는 것이 너무 슬프다고 말했다. 스무살의 아들은 아버지의 아픔을 이해하는 듯 그윽한 눈으로 그를 바라보던 중, 아버지에게 손을 흔들며 "아빠, 저 아직 여기 있어요"라고 말했다. 절망적으로 보였던 아버지의 변화에 대한 전념은 17세 딸의 발언으로 자연스레 나타난 것이었다.

전념은 끊임없이 변화하며 움직인다

모든 것이 일시적이라는 불교 원리와 완전히 겹치는 변증법 철학의 또다른 원리가 여기 있다. 전념은 실제로 존재하는 견고한 사물이 아니다. 그것은 단지 우리가 명시한 목표나 과제로 가까워지거나 멀어지는 것에 영향을 미치는 유동적·상호적 요소들을 일컫기 위해 사용하는 개념이다. 변증법적 원리들로 비추어볼 때, 전념은 다면적인 개념일 뿐만 아니라, 그 구조 자체가 항상 움직이고 있다는 것을 암시한다. 더 강한 의지를 이끌어내려고 노력하는 중, 전혀 전념적이지 않은 '벽'을 마주하게 되었을 때 내게 도움되는 것은 그 단단하게 느껴지는 벽은 실제로 그렇지 않다는 것을 기억하는 것이었다. 그 '벽'은 만약 우리가 그 앞에 계속 서서 다양한 개입을 시도하며 시간이 흐르고 사건들이 일어나도록 두면, 또 긴장을 풀고 현재의 순간에 충실하기만 하면 변하게 되어 있다. 아마도 벽에 균열이 생기거나, 부드러워지거나, 무너지거나, 또는 자연이 변화하여 우리가 앞으로 나아갈 수 있게 될 것이다. 물론 이런 자연스러운 변화가 항상 일어난다고 주장하는 것은 아니다. 적어도 기다릴 수 있거나 현실적인 시간 범위 내에서, 그 어떤 기준으로도 전념이 일어나지 않는 경우도 있다. 하지만 전념이 항상 움직인다는 인식은 나를 지속적으로 인내, 세심한 관찰, 창조적인 노력의 방향으로 움직이게 한다.

전념은 교류적이다(정체성이 교류적인 것처럼)

다시 말해, 이 변증법적 원리는 전념을 한 개인의 소유라고 여기기에는 너무 좁다고 암시한다. 전념은 개인이 아닌 다양한 교류의 산물이다. 나의 전념은 당신의 지지에 달려 있을 수도 있고, 다른 사람의 입장에 대한 반작용이 될 수도 있다. 그리고 내 전념의 강도는 다른 주변 사람이나 요소와의 교류를 통해 동요할 수 있다. 이 점을 명심하면 전념적이지 않은 한 개인의 행동 이상으로 초점을 넓히고, 전념에 어긋나는 행동을 이끌어내는 교류는 어떤 것인지 고민하는 데 도움이 된다. 만약 그의 행동을 직접적으로 언급함으로써 변화를 이끌어낼 수 없다면, 상황을 환자와 다른 사람 사이의 교류로 재개념화하고, 개인의 전념에 영향을 미칠 수 있을 만큼 그 교류에 변화를 주려고 하는 것이 더 성공적일 수 있다.

DBT의 공식 전념 전략

DBT의 전념 전략은 모두 변화, 수용, 변증법적 흐름의 상호작용으로 구성되어 있다. 각 전략의 가장 효과적인 실천에서 치료자는 환자의 현재 전념 수준을 근본적으로 받아들이고, 그 맥락에서 더욱 강하고 구체적인 전념을 추진한다. 이것이 DBT에서 수용과 변화 사이를 맞추는 변증법적 균형의 본질이다. 거의 모든 전략이 수용과 변화 사이의 균형을 이루려는 노력으로 구성되어 있는데, 즉 주어진 문제 행동의 장단점 검토(전념의 장단점), 작은 변화와 큰 변화를 번갈아 가며 요청(문간에 발 들여놓기 대 머리부터 들이밀기), 환자의 자유 의지와 제한적 현실 강조(대안이 없는 현실에서의 선택의 자유), 비전념을 변론하여 더 강한 전념을 이끌어내기(선의의 비판자)가 있다. 다른 때에는 현재의 감소한 전념과 이전의 강한 전념 사이를 강조하면서 과거 전념의 힘을 현재로 가져올 수 있도록 촉진한다(과거 전념 이끌어내기).

다소 간단한 조성을 전념 행동 전략으로 쓸 때에도 치료자는 현재의 전념 수준을 받아들인 후 작은 긍정적 변화가 있을 때마다 그를 강화한다. 즉, 더 강한 헌신을 얻는 과정은 전념 딜레마에 바로 '적중'을 할 수 있는 것처럼 아주 간결하고 직접적인 접근이 아니다. 전념 전략은 치료자가 환자와 추는 균형잡기 춤 같은 것이다. 결과적으로 전념 대화는 환자와 치료자 사이, 대립되는 입장들 사이, 확실함과 의심 사이의 움직임으로 가득 차 있다. 능숙하게 진행될 경우, 이 과정은 예술적이기까지 하다. 환자를 전념의 방향으로 강제로 몰아넣는 것이 아니라, 6~7가지 전략을 모두 엮어 활용하는 유동적인 대화에서 환자에게 선택의 가치와 결과를 고려하도록 돕는다.

각 전력과 전략들 사이에 내재된 유동성을 인정한 숙련된 실천은, 양가감정을 가진 환자에게 적합한 해결책이다. 특히 감정조절장애와 상호관련성을 부정하는 흑백적 사고, 그리고 또다른 무효화 환경에 갇힐 두려움을 모두 함께 가져오는 환자에게 말이다. 일반적으로, 움직이는 동안 전념을 촉진하는 것은 정지 상태에서 전념을 얻어내려고 하는 것보다 더 희망적이다.

이제 원리 기반의 관점에서 각 전략을 살펴보도록 한다. 이미 DBT 치료 매뉴얼에 잘 기술되어 있기 때문에 다시 설명하기보다 치료자가 창의적이고 유동적으로 전략을 사용할 수 있도록 다루어 보겠다.

여섯 가지(세 번째 전략을 두 가지로 치면 일곱 가지) 전념 전략은 다음과 같다.

1. 장단점 평가 : 전념을 팔기
2. 대안이 없는 현실에서 선택의 자유 강조하기
3. 문간에 발 들여놓기와 머리부터 들이밀기
4. 과거 전념을 현재와 연결하기
5. 선의의 비판자 입장 취하기
6. 전념에 가까운 행동 조성하기

장단점 평가

전념 대화 전체가 전념의 장단점을 따져보는 과정이라고 할 수 있다. 하지만 이것은 간단히 종이 한쪽에 장점을 나열하고, 다른 쪽에 단점을 적고 저울질하는 것과는 거리가 멀다. 행동 변화에 전념을 하는 것에 대한 이득과 손실 사이를 능숙하게 오가는 예술 행위나 마찬가지다. 나는 장점으로 먼저 시작하는 것을 선호한다. 나는 환자에게 왜 계속해서 문제 행동을 활용하는지, 또는 왜 변화하지 않는지 설명해 달라고 부탁한다. 이 대화는 이해하고 싶은 진정 어린 호기심을 가지고 접근하며, 나 자신도 환자와 같은 선택을 할 것이라고 생각하기 시작할 정도로 환자가 현재의 행동 패턴을 고집하는 이유를 이해하는 목적을 가지고 시작한다. “와, 내가 그 입장이라면 나도 똑같이 했을 거야”라는 생각이 들기 시작할 때야 나는 환자에게 도움이 될 만한 곳에 도착했다고 느낀다. 그 위치까지 도달해야 변화에 전념하지 못하는 환자에 대한 이해를 진정으로 전달할 수 있다. 이전에 가졌던 반사적 판단들을 극복하며, 환자의 사유를 진정으로 타당화하고 그를 분명하게 설명할 수 있다.

그 시점에서 나는 주로 전념의 장단점으로 넘어간다. “지금까지 행한 대로 계속하는 것이 상황에 맞고, 행동에 변화를 주는 것은 무의미하다는 사실에 비추어 볼 때, 그래도 변화가 가져다주는 좋은 이점이 있을까요?” 환자의 입장에서 변화가 가져오는 단점을 정확히 인식하고 잠깐이라도 그 입장에 머물러 보았을 때, 추후 행동 변화의 장점에 대한 논의가 훨씬 잘 흘러간다. 어린 시절 심한 학대를 겪고 청소년기에 PTSD를 진단받았으며, 십 대부터 각종 물질남용과 자해 행동을 하기 시작하여 어른이 되어서도 지속하는 40대 여성과의 전념 회기를 예로 들자. 변화의 단점을 평가하는 단계에 도달하여 이렇게 말했다: “즉각적인 해소감을 주는 것에서 자해는 다른 전략보다 훨씬 효과적이었고 심지어는 살아있도록 도와주기까지 했다면 참 장점이 많습니다. 그럼에도 자해를 그만하는 데 타당한 어떤 이유라도 있을까요? 생각해낼 수 있는 어떤 것이라도?” 기다렸다는 듯, 그녀는 여러 변화할 몇 가지 이유를 쉽고 진솔하게 나열했다: 대인관계에서 걸림돌이 되는 흉터를 더하지 않기 위해, 자해를 계속한다는 것이 친구들에게 아픔을 주기에 다른 사람들에게 상처 주지 않기 위해, 자해를 하는 이상 PTSD 치료를 받을 수 없으니, 트라우마 치료를 가능하게 하기 위해.

아마도 장단점 평가에 대해 제일 중요한 요점은, 변증법적인 정신을 가지고 과정에 임하는 것이다. 이미 위에서 언급한 것처럼, 장단점이란 것은 본질적으로 변증법적인 것으로서, 과정 중 반복적으로 앞뒤로 왔다 갔다 하며 대립을 조명하고, 헌신을 지지하는 통합점을 모색하고, 중재와 개입 시점을 고려할 때 즉흥적이고 유연하며 창의적인 태도를 유지하는 것이다.

대안이 없는 현실에서 선택의 자유 강조하기

나는 이 전략을 장단점 평가 다음으로 꼽는데, 그 이유는 이것 또한 전념에 관한 논의 내내 유용한 전략이기 때문이다. 다른 전략은 필요에 따라 적용되지만, 장단점 평가와 선택의 자유는 전념 대화에 항상 존재하는 기둥 역할을 한다. 언급했듯이 이 전략 또한 본질적으로 변증법적이며, 선택할 자유와 기능적으로 제한된 선택 사이에서 균형을 이루고 있다. 여기에서도 가장 좋은 방법은 두 가지 입장을 모두 지지하며 그들 사이를 왔다 갔다 하는 것이다. 예를 들어, 가끔은 환자가 DBT를 선택하거나 하지 않을 자유를 가진 것을 조명하고, 가끔은 좋은 대안들이 없는 현실을 강조한다. 당분간 생활 범위가 제한되어 DBT 치료가 유일한 선택으로 여겨지는 환자가 있을지라도, 치료자는 환자가 DBT에 임하는 자신의 결정이 자발적이 되도록 돕는다.

많은 DBT 프로그램이 사법환자를 위한 치료감호소, 교도소, 그리고 의무적으로 감호받아야 하는 청소년들을 위한 기숙 프로그램에 설립되었다. 어디에서나 DBT를 수행할 때, 환자들이 DBT에 참여하는 것에 대한 대안이 있음을 강조하며 프로그램과 전념 대화를 구성하는 것이 중요하다. 즉, 다른 치료 모델 또는 DBT의 변형 모델들을 제시할 수 있어야 한다. 전념을 강요하는 것보다 비전념적 정서를 부채질하는 것은 없다. 이러한 강요는 분노, 가짜 전념, 또는 공공연한 반항심을 야기한다. 치료자는 환자에게 치료의 의무가 있다는 것을 인정하며 그에 따르는 분노와 수동성을 타당화할 수 있다. 게다가, 환자가 치료에 대한 이유를 못 느끼며 그저 수동적으로 참여한다면 치료가 무익할 뿐만 아니라 심지어 역효과적일 수도 있다고 지적할 수 있다. DBT는 환자가 자율적으로 DBT를 적용할 수 있는 목표를 설정할 경우에만 유용하다고 말하며, 종종 이런 종류의 발언은 그 개인이 그 치료 환경에서와 삶에서 가진 목표에 대한 대화를 촉진시켜준다. 만약 환자가 DBT에 대한 관심이나 의지가 전혀 없다고 계속 주장한다면, 치료자는 그 선택을 환자의 자유로 지지하되, 다만 그 선택의 결과들을 강조할 수 있다.

내가 일한 입원병동의 치료 프로그램은 전적으로 DBT를 기반으로 했다. 때때로 DBT 자체를 거부하거나, 집단에 참석하지 않거나, 기술을 배우기 싫어하거나, DBT 기반 개인치료를 받는 것을 원하지 않는 환자가 있었다. 나는 그런 환자에게 항상 선택권이 있다고 말했다. 그는 DBT 프로그램에 참여하거나 참여하지 않기로 선택할 수 있다고 했다. "하지만 DBT에 참여하지 않으면 뭘 하죠?" 그 질문에 나는 '표준 입원 정신과 치료'에 가까운 대우를 받게 될 것이라고 대답했다. 물론, 환자는 "그게 뭐죠?"라며 묻곤 했다. "매일 일어나서 병동을 돌아다니며 간호사나 다른 직원들과 이야기할 수 있고, 허락된 시간 동안 텔레비전을 시청하고, 의사와 면담을 하여 진단과 약물치료를 받으며 퇴원할 때까지 모니터링을 받겠지요." 이 시나리오는 매우 현실적이었지만 별로 매력적으로 들리지 않기 마련이었다. 환자는 선택의 자유가 있었지만, 상대적으로 다른 대안은 없었다. 만약 DBT에 참여하지 않겠다는 주장이 몇 주를 지나게 되면, 가능한 환자를 의뢰할 다른 시설을 찾아주었다.

문간에 발 들여놓기와 머리부터 들이밀기

모든 전념 전략 중에서 치료자가 구체적으로 전념을 요청을 해야 하는 것은 '문간에 발 들여놓기'와 '머리부터 들이밀기'이다. 치료자가 환자에게 행동 변화에 대한 전념을 요청하려는 순간, 여러 치료적 선택을 해야 한다. 환자가 기꺼이 동의할 것 이상을 요구하면서 목표를 높게 설정해야 할까?: "앞으로 1년 동안 자해나 음주 행동, 마약 복용 또는 폭식과 구토하는 것을 완전히 중단했으면 합니다!" 아니면 실제로 얻고자 하는 것보다 작은 것을 요구하여 먼저 작은 전념부터 시작하고 차차 증가시켜야 할까?: "앞으로 일주일만 자해, 음주, 물질 복용, 폭식과 구토를 완전히 멈출 것을 약속해주시고, 그 후 재검토하여 일주일 더 연장할지 고민해봅시다." 또는 치료자가 현실적이라고 생각하는 것과 환자가 기꺼이 할 수 있는 것에 가까운 것을 요구함으로써 시작할까?

본질적으로 변증법적인 전략의 성공은 우리가 환자가 어느 정도의 전념 수준에 와있는지 느낌으로 감정할 수 있는 능력을 요구한다. 전념에 대한 힌트를 넌지시 던져본 다음, 한동안 내버려두면 충분할까? 머리부터 들이밀기 전략처럼 대담하게 전념을 요청하지 않으면 너무 조심하는 것이 아닌가? 과연 너무 소심하거나, 너무 대담하거나, 너무 따뜻하거나, 너무 강압적이지 않은가? 여기에 절대적인 답은 없다. 맥락을 모르면 어느 길을 택해야 할지 알 수 없다. 문간에 발 들여놓기와 머리부터 들이밀기 전략에서 내가 유용하다고 생각하는 것은 이 둘의 위치를 왔다 갔다 하며 환자의 반응을 유심히 살피고, 가능한 한 가장 높은 수준의 전념으로 가는 길을 찾는 것이다.

예를 들어 나는 최근 심한 자해 행위와 자살 시도 등으로 2년간 기숙 치료를 받은 뒤, 처음으로 대학에 입학하는 청년과 치료를 시작했다. 그의 예기 불안은 극심했고, 본인이 학문적 기대치와 사회생활을 감당할 수 있을 것이라 상상도 하지 못했다. 그가 말하기를, 그는 그저 하루하루를 살아 갈 생각이었다. 하지만 나는 그의 낙담과 불안이 절정에 달했을 때 바로 자퇴할 것을 감지하고, 그에게 첫 학기(머리부터 들이밀기)를 완성하겠다는 다짐을 해달라고 부탁했다. 그는 나를 미친 사람인 것처럼 쳐다보며 믿을 수 없다는 표정을 지었다. 그는 그만큼 먼 미래를 생각하는 것조차 두렵고, 뭔가에 갇힌 듯한 느낌을 준다고 말했다. 나는 그의 '하루하루' 전략이 좋다고 생각하지만, 그가 더 오랜 기간을 놓고 전념하게 되면 어떤 기분이 들어도 함께 그 목표를 향해 도전할 수 있는 기회를 줄 것이라고 답하였다. 함께 숨 쉴 공간이 생길 것이라고 말이다. 나는 그가 한 달, 30일을 약속할 수 있는지 물었다. 그는 아직 생각하기에 너무 긴 시간인 것 같았지만, 첫 3주는 전념하겠다고 하였다. 21일이 한 학기 등록금 전액을 지불하지 않고도 중도하차할 수 있는 마지막 날이었기에 그 기간 동안 해내겠다고 다짐했다. 나는 3주 이상을 바라 볼 수 있기를 바란다고 했지만, 그의 용기를 칭찬하고 3주에 대한 첫 약속을 합의했다. 그것은 춤, 협상의 기술이었다.

과거 전념을 현재와 연결하기

이 전략은 반응 조건화 또는 고전적 조건화 이론의 직접적인 적용이다. 치료자는 환자가 전념을 요청받고 있는 현재의 자극 상황과 예전에 전념했던 유사한 성격의 자극 상황 사이의 관계를 성립하려고 시도한다. 이 전략에는 크게 두 가지 용도가 있다. 리네한(1993a)의 매뉴얼에서 설명된 바와 같이, 첫 번째 용도는 환자가 치료를 시작할 때 했던 전념을 상기시키고, 이전에 했던 전념을 다시 이끌어내려고 하며, 그렇게 함으로써 현재의 약화된 전념을 강화하는 것이다. 다른 용도는 능숙하게 진행한다면 매우 효과적일 수 있다. 환자가 과거에 어떤 것을 바꾸려고 했던 다른 전념, 즉 성공적인 변화를 가져온 전념, 그리고 현재의 도전을 연결하는 노력이다.

나는 남편이 십 대 자녀들과 자신을 버리고 다른 여자에게 간 후, 경계선 인격장애의 행동 패턴을 보이기 시작한 사십 대 여성과 일을 시작한 적이 있다. 그녀는 화와 비탄에 빠져있을 뿐만 아니라, 최근의 고통이 어렸을 때 부모가 자신이 태어나지 않았기를 바라는 것처럼 아주 등한시하며 방임했던 기억을 일깨워 더 힘들어하고 있었다. 그녀는 매일 밤낮으로 술을 마시기 시작했고, 꽤나 치명적인 자살 시도를 여러 번 했다. 그 결과로 그녀는 반항적 문제 행동을 보이기 시작한 본인의 자녀들을 다소 방치하게 되었다. 이 일에 대해 그녀는 매우 자기 비판적이었다. 치료 초기에 우리는 목표들을 공식화했다. 자살 행위를 없애는 것에 대해 그녀는 쉽게 동의하였으나, 그다음으로 나는 그녀에게 술을 끊을 것을 부탁했고 그녀는 망설였다. 술이 그녀의 슬픔과 분노를 조절하는 데 도움을 주기 때문에 완전히 끊을 힘은 없다고 말했다. 술에 대한 그녀의 입장을 우리는 3회에 걸쳐 논의했다. 우리는 금주의 장단점을 검토했고, 선택의 자유를 강조했으며, 문간에 발 들여놓기와("할 수만 있다면, 술을 더 이상 안 마신다면, 당신과 아이들의 삶이 더 좋아질 거라 생각하세요?") 머리부터 들이밀기 전략("지금 바로, 오늘부터 6개월 동안 금주할 것에 동의해주세요.") 사이를 오갔다. 우리가 진행할수록 그녀는 술을 끊는 것이 불가능할 것이라고 더욱 확신하였다. 따라서 나는 예전에 불가능할 것 같다고 생각했으나 해낸 무언가가 있는지 물었다. 그녀는 아이들이 초등학교 때 학교생활을 힘들어하여 어려운 결정을 했다고 말했다. 아이들이 힘들어하는 이유는 아이들의 스타일이 학교의 교육 방식과 맞지 않기 때문이라고 생각되어 학교를 그만두게 하고 홈스쿨링을 시작했다고 했다. 당시 모두가 반대했고, 그녀도 자신이 그것을 감당할 수 있을지 몰랐다고 했다. 하지만 일단 해보니 꽤 성공적이었고, 다른 가족들이 그녀에게 자문을 구하기까지 했다고 말했다. 나는 그녀에게 그 놀라운 인생 도전을 성공하기 위해 무엇이 필요했는지, 그리고 지금 그 기억들을 현재와 연결지어보며 힘을 얻을 수 있는지 생각해보라고 부탁했다. 과거의 예시는 그녀가 현재의 선택을 새로운 시각으로 볼 수 있게 하였고, 더 큰 자신감을 느끼도록 했다. 멀지 않아 그녀는 금주를 고려하기 시작했고, "과연 어떻게 성취할 것인가?"라는 질문에 좀 더 실제적으로 초점을 맞추었다.

선의의 비판자 입장 취하기

선의의 비판자 입장을 취하는 전략은 그것의 모순적 본질 때문에 가능한 것인데, 이 경우 변하기를 원하는 것과 변하지 않기를 원하는 것 사이의 모순이 핵심이다. 한 환자와 당신이 치료의 어떤 측면에 대해 '전념 대화'를 나누고 있고, 환자는 전념하기를 꺼려한다고 상상해보라. 예컨대 당신은 섭식장애 환자에게 폭식과 구토 행동을 중단하도록 요구하고 있다. 환자는 변화에 어느 정도 관심을 보이고 있으나, 직접 전념을 요청하면 망설인다. 계속되는 대화 안에서 당신은 아마도 장단점 평가나 문간에 발 들여놓기/머리부터 들이밀기 같은 다른 전략을 사용하게 되고, 마침내 환자는 "좋아요, 폭식과 구토 행동을 멈추겠어요"라고 말한다. 이때 환자는 마치 전념적인 자세로 옮겨간 것처럼 보였지만, 당신은 사실 그것이 가짜 전념이라는 느낌을 받았다. 환자는 관계 안의 긴장을 해소하고 당신을 기쁘게 하기 위해 그저 동의해주는 것일 수도 있기 때문이다. 바로 이러한 상황들이 선의의 비판자 전략의 발판을 마련해준다. 그 공식에는 다음이 포함된다.

1. 환자는 양가감정을 가지고 있으며, 전념에 대한 요청과 전념을 꺼려하는 마음 간

의 긴장은 대단하다.

2. 대화하는 과정에서 환자가 전념 요청을 받아들였다고 주장할 때 긴장이 완화되는 것으로 보인다.
3. 치료자는 환자의 전념이 변화의 난이도를 충분히 반영하고 있지 않다고 믿는다.

이러한 맥락에서 치료자는 환자의 진술에 반대하는 입장으로 논쟁함으로써 전념에 도전한다. 예를 들어, "이해가 안 되네요. 감정을 해소하기 위해 폭식과 구토에 그렇게 의존해왔는데 왜 그 행동을 그만두려고 하는 거죠?" 요령은 환자가 다시 전념을 생각해볼 만큼 충분히 도전하지만, 그 전념을 아예 저버릴 만큼 환자를 설득하지 않는 것이다. 최고의 결말이라면, 환자는 이러한 대꾸를 할 것이다: "힘들 거라는 걸 알아요. 하지만 폭식과 구토로 내 모든 문제를 해결할 수 없어요. 난 그것보다 더 나은 삶을 원해요." 환자가 이렇게 전념에 찬성하는 주장을 확고하고 진실되게 하게 되면, 치료자는 한발짝 물러서서 "좋습니다. 상황이 어려워질 때면 그 주장을 꼭 기억해야 합니다"와 같은 말을 할 수 있다.

도전적이고 지속적인 전념 대화에서 우리는 논의한 모든 전략을 특별한 순서 없이 서로 겹쳐지고 섞인 상태에서 사용하게 된다. 한 전략에 다음 전략으로의 움직임은 미묘하고 매끄럽게 이루어져야 하며, 정상적인 대화의 일부로 짜여야 한다. 그리고 우리는 전략을 쓰는 것보다 전념을 이끌어내는 데 초점을 맞추어야 하며, 장단점 평가를 통해 양가감정을 탐색해야 하고, 환자의 관점에서 전념에 찬성하는 주장을 강화하기 위해 앞뒤로의 움직임을 만들어내야 한다. 그것은 쉽지 않은 일이다. 나는 종종 선의의 비판자를 사용할 때, 그 전략이 몇 초 안에, 한두 마디의 말 안에서 다 이루어진다는 것을 본다. 장단점을 탐구하는 단계에서 환자는 "변해야 한다는 것을 알기 때문에 DBT에 참여하고 싶다"고 말할 수 있다. "그래요, 그 점이 당신에게 참 마음이 듭니다. 그 이유 덕분에 당신은 성공할 거예요. 하지만 제가 잠깐 하나 물어보겠습니다. 이 일이 지금까지 한 일 중에서 가장 힘든 것, 또는 가장 힘든 일 중의 하나가 되리라는 것을 알고 있나요?" 이것은 단지 전념을 시험하기 위해 고안된 약간의 순간적인 도전이며, 환자로부터 더 강한 전념을 이끌어내어 전념을 강화하게 한다.

전념에 가까운 행동 조성하기

이것은 '붓질'의 형태로 사용되는 또 다른 전념 전략이다. 즉, 사소하더라도 전념이 강해지고 있다는 단서를 강화하기 위한 짧은 피드백이다. 환자가 "오늘은 정말 당신을 다시 보러 오고 싶지 않았어요. 이 프로그램에 참여해야 할지 매우 의구심이 드네요"라고 말했다고 하자. 양가감정의 맥락에서 작은 콩알만한 정도의 관심도 강화하고 싶기에, 치료자는 아마 따뜻하고 성실하게 대답할 것이다: "의구심에도 불구하고 오늘 와주셔서 기쁘네요. 대단한 용기를 내어 오신 것 같습니다." 환자는 "난 자해하는 것을 멈출 수 있을지 확신할 수 없기 때문에 그만둘 거라고 약속하고 싶지 않아요"라고 하고, 치료자는 "의구심을 가지고 있다는 것을 압니다. 난 당신이 그에 대해 솔직하여 오히려 감사해요. 그렇기 때문에 당신이 무슨 말을 할 때면 진정으로 말할 것을 알지요." 전념을 꺼려하는 환자가 좀 더 편안한 자신감을 가지고 회기에서 대화하는 것을 알아차렸을 때, 치료자는 본인의 관찰을 간단히 공유하며 환자가 정착하기 위해 노력하는 모습에 감탄해줄 수 있다. 치료자는 언제나 환자의 반응을 조성할 준비가 되어 있어야 한다. 전념에 가까운 연속적인 근사치를 1,000가지 방법 중 어떤 방법으로든 강화하여 더 강한 전념으로 이끌 수 있다.

마치며

DBT 치료자 스스로가 (1) 치료와 행동 변화에 전념하고, (2) 환자의 전념에 전념하고, (3) 구체적인 목표나 표적에 집중하며, (4) 환자와 좋은 관계를 맺고 있을 때, 그는 시간에 걸쳐 환자들로부터 충분한 약속을 이끌어낼 가능성이 높다. 똑똑하고 능숙하게 이것을 진행하기 위해서는 세 가지 패러다임과 그 원리를 파악하여 실행하고, '전념 정신'을 유지하며 각 전념 전략의 복잡성과 풍부함을 인정하고 활용하는 것이 도움이 된다.

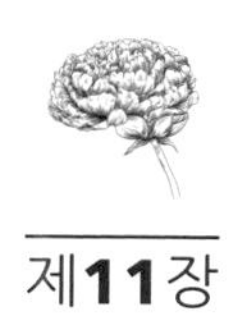

제11장

행동 사슬 분석

행동 사슬 분석의 특성과 기능

행동 사슬 분석은 치료 매뉴얼(Linehan, 1993a)과 많은 간행물에 명확하고 상세하게 설명되어 왔다. 특히 DBT의 1단계에서 문제 행동을 모니터링, 평가, 치료할 때 행동 사슬 분석은 대부분의 치료 회기의 중심 역할을 하며 여러 기능을 한다.

- 주요 대상 행동의 통제 변수를 결정하기 위한 핵심 평가 수단
- CBT 기반 문제 해결 순서의 첫 단계(이후 단계들은 통찰력; 해결책 분석, 인지 수정, 기술 훈련, 수반성 절차, 노출 절차와 같은 변화 절차; 교육적 전략; 구조화 전략, 그리고 전념 전략임)
- 1단계 치료 회기의 플랫폼이자 구성 틀로서, 데이터를 수집 · 정리, 가설 생성, 해결책 고려 및 선택, 변경 절차 구현

행동 사슬 분석은 DBT에서 몇 가지 다른 목적을 제공한다.

- **사례개념화** : 제10장에서 본 것처럼, 행동 사슬은 사례개념화 및 치료 계획의 템플릿으로, 사슬의 잘못된 연결과 가능한 치료법을 시각화하는 유용한 시각화 도구이다.

- 빠진 링크 분석 : 사슬에 문제가 있는 연결고리를 찾고, 탐색하고, 치료하기 위한 주요 도구로서 기능할 뿐만 아니라, 더 나은 결과를 가져올 수 있으나 빠져 있는 효과적인 연결고리를 찾고, 고려하고, 치료하는 데도 사용할 수 있다.
- 기억력 및 주의력 강화 : 사슬의 연결고리에 대한 반복적인 미세 분석은 환자가 주중에 발생하는 문제 행동 전후의 행동 패턴과 세부 사항에 더 많은 주의를 기울이도록 훈련시킬 수 있다. 행동 사슬 분석을 수행하는 방법에 대한 지침은 이제 DBT 기술훈련매뉴얼(Linehan, 2015b)에서도 볼 수 있다.

동시에 행동 사슬 분석은 다른 주요 DBT 전략 안에서도 기능할 수 있다.

- 마음챙김 : 어떤 일이 일어나도 판단하지 않고, 일대기의 세부적인 것까지 정확히 파악하는 데 집중하며 현 순간에 온전히 참여할 수 있도록 구성된 절차임을 감안할 때, 행동 사슬 분석은 지속적인 마음챙김이 실천되어 수용적이고, 주의 깊은 환경에서 문제 해결에 접근하도록 기반을 마련한다.
- 노출 : 사슬 분석은 환자가 피하거나 억압하고 싶었던 고통스러운 감정을 상기하기에, 감정적으로 힘든 링크가 노출 절차의 단서 역할을 하기도 한다.
- 인지 수정 : 사슬을 검토함으로써 문제 행동에 이르는 비적응적 생각이 드러나고, 치료자는 이러한 생각들이 현실이 아닌 생각일 뿐이라는 점을 강조할 수 있다는 것에서 행동 사슬 분석은 인지 수정의 메커니즘이 된다.
- 기술 훈련 : 사슬 검토는 기술 결핍을 드러내고 기술 훈련을 위한 플랫폼 역할을 한다. 치료자는 기술 결핍뿐만 아니라 사슬에 나타나는 적응적 행동에도 경각심을 가지고 그를 강화시킬 수 있다.
- 수반성 절차 : 사슬 분석은 종종 수반성 절차의 역할도 한다. 반복되는 미세적 사슬 분석에 싫증이 난 환자는 치료 회기 동안 행동 사슬 분석을 할 필요가 없도록 주중 문제 행동을 자제할 때도 있다. 수 개월 동안 매일같이 피부를 뜯던 환자가 어떻게 일주일간 그러지 않을 수 있었는지 묻자, 그녀는 이렇게 답했다: "또 회기 내내 피부 뜯기에 대해 분석을 당하라구요? 아뇨, 그건 너무 지루해요!"

사슬에는 모든 것이 담겨 있다. 생물사회적 이론이 말하는 정서적 취약성과 무효화 환경, 그 외 제8장에서 논의한 변증법적 딜레마에 해당되는 행동 패턴도 그 안에 담기게 된다. 문제 사고, 단서에 대한 격렬한 자동 감정 반응, 문제되는 수반적 환경, 기능적 인식과 능숙한 대처반응도 포함된다. 환자의 암묵적 · 명시적 기억을 통한 발달사도 사슬에 반영된다. 미래에 대한 희망 역시 사슬에 나타나며, 때로는 새로운 성장원과 부적 감정의 트리거도 넣게 된다. 치료자에 대한 애착, 또는 애착 문제도 사슬에서 찾을 수 있다. 수년 동안 정신분석으로 경계선 성격장애를 치료한 경험이 있는 나는, 정신분석치료에서 발견되는 모든 것 또한 사슬에서 찾을 수 있다고 생각한다. DBT의 평가와 치료적 틀인 행동 사슬 분석은 흥미롭게도 '좌측'으로 선행사건을 찾고 '우측'으로 결과를 찾는 수평적 틀인 반면, 정신분석적 틀은 수직적으로 더욱 깊고 깊은 방어기제, 환상, 대상관계들을 찾으려 한다. 이 두 치료적 모델 안의 대부분의 데이터 포인트는 용어와 개념의 번역만 있으면 다른 모델에 옮겨 그려 넣을 수 있다.

각 환자의 치료의 진척은 기존의 사슬을 수정하며 반영된다. DBT의 첫 단계에서 치료자가 환자를 알아가는 과정은 사슬을 통해 이루어진다고 해도 과언이 아니다. 또한 개입도 사슬 수준에서 진행되고 긍정적인 결과가 있다면 사슬에 다시 반영된다.

최근 DBT 치료로 37세의 한 여성과 몇 가지 목표 행동에 대한 작업을 하였다. 목표 행동들 중 하나는 자녀들 앞에서 남편에게 소리를 지르며 비판하는 행동과 관련이 있었다. 그녀가 고함칠 때면 자신의 감정과 판단력을 통제할 수 없음을 느낀다고 했다. 곧 그것은 수치심으로 이어져 다른 기능장애적인 행동 양식을 초래했고, 그녀는 자신의 행동이 아이들에게 해로운 영향을 끼치고 있는 것을 걱정했다. 그녀는 자신이 왜 그러는지에 대한 이유를 알지 못했고, 왜 그만둘 수 없는지, 왜 자신이 통제가 안 되는지 궁금해했다. 행동을 중단하기 위해 여러 번 시도를 했지만 거듭 실패했다고 하였다. 고함칠 때마다 그녀는 아내와 어머니로서의 무능함을 느꼈고, 그 느낌은 더 확고해지고 있었다.

우리는 먼저 목표 행동을 명시하고 행동 중단에 대한 전념을 강화하기 위해 전념 전략을 활용했다. 행동의 장단점을 검토했고, 나는 그녀가 행동을 할지, 안 할지에 대해 선택할 자유가 있다는 점을 강조했다. 나는 문간에 발 들여놓기를 사용해 그녀가 일주일씩 그 행동을 완전히 멈추도록 요청했고, 그녀의 행동 패턴을 두절할 의지나 능력에 대한 모습이 보일 때마다 강화할 기회로 삼았다(조성). 그녀의 전념은 강했지만, 일단 악화되는 상황에 노출될 때면 그 전념은 감정 조절의 어려움으로 인해 무시되었다.

같은 행동이 몇 주 동안 몇 차례 반복되면서 우리는 사슬 분석을 통해 가장 중요한 통제 변수들을 찾아낼 수 있는 기회를 얻었다. 보통 우리는 사슬의 지형을 파악하기 위해 그녀의 설명으로 분석을 시작했다: 그녀가 소리쳤던 말들, 소리칠 때 느꼈던 감정, 그리고 소리치는 도중 남편과 아이들의 얼굴에서 읽은 표정. 또한 그녀의 취약 요인에 눈을 돌려, 아이들과 집안을 돌보며 겪는 고도의 스트레스와 남편에 대해 쌓인 원한을 논의했다. 각 사슬에서 촉발 사건을 늘 발견하고, 이후 소리치기까지 이어지는 사슬에서 우리는 다음의 연결고리들을 나열했다: 그녀의 생각, 감정, 행동, 남편의 행동, 그리고 아이들의 행동. 여기에서 특별한 주의를 기울인 것은 과정 전반에 걸쳐 환자가 통제하려고 하는 감정이었다. 그러고 나서 우리는 고함치는 행동의 결과를 본인의 내면과 주변 환경에서 살펴보았다. 특히, 우리는 고함치는 행동을 강화하는 결과, 또는 효과적인 행동 전략을 억제하는 결과가 있는지 찾아보았다. 우리는 그녀의 사슬 분석에서 많은 공통점과 상황별 특성들을 발견했다.

우리는 행동의 통제 변수에 대한 몇 가지 가설을 세웠고 가능한 해결책에 대해 함께 브레인스토밍을 했다. 취약 요인을 다루기 위해 스트레스 관리 기법으로 자기 돌봄 계획을 세웠다. 촉발 사건과 상황적 요인들에 관하여는 최악의 상황을 피하거나 바꿀 수 있도록 하는 선택지들을 확인했다. 촉발 사건과 고함 지르기 사이의 연결고리에 관해서 우리는 무력감을 초래하는 사고들을 발견하고 도전했으며, 감정을 관찰하기 위한 행동 기술과 충동과 반대되는 행동, 그리고 고통 감내를 돕는 여러 가지 기술을 연습했다. 격한 감정을 일으키는 연결고리에서는 더욱 마음챙김의 기술을 사용하도록 했다. 그녀의 고함치는 행동을 강화하는 많은 결과를 찾아내었는데, 그것은: (1) 남편이 아이들을 학대와 가까운 수준으로 대할 때, 남편의 행동을 중단해주었다, (2) 남편에게 쌓인 분노를 분출하고, 그녀의 화를 표현할 수 있게 해주었다, (3) 일시적으로 통제감을 갖게 하며, 이러한 상황에서 느끼는 무력감을 감소해주었다. 그녀는 어렸을 때 아버지로부터 언어적·정서적 학대를 받는 자신을 어머니가 보호해주지 못했다는 아픈 기억이 있어, 그와 달리 소리침으로 아이들을 아버지로부터 보호하고 있다는 믿음을 가지고 있었다.

이러한 강화요인의 즉시적인 효과에도 불구하고, 사실상 그녀의 고함소리는 아이들을 놀라게 했고, 그녀가 이후 겪어야 하는 결과는 죄책감, 수치심, 무력감의 순환이었다. 그녀가 할 수 있는 다른 효과적 행동 대안들을 검토했을 때(빠진 링크 분석), 그녀는 남편에 대한 두려움이 그의 훈육 방식에 대한 직접적인 토론을 회피하게 만들고 있다는 것을 바로 깨달았다. 이러한 사슬을 전체적으로 보게 되었을 때, 그녀의 선택지는 분명해졌다. 그녀는 자신을 더 잘 돌보고, 아이들과 함께 있을 때 남편과 어떻게 상호작용을 할지 좀 더 현명하게 선택했으며, 남편을 회기에 초대해 그의 짜증과 분노에 대한 그녀의 두려움에 대해 논의했다. 통제감와 자존감을 다시 확립하고 '소리치는 문제'를 해결한 후, 치료의 초점은 더 오래된 부부관계의 문제들로 옮겨갔다.

우리가 이 예시에서 보는 바와 같이 행동 사슬 분석은 환자들이 혼돈에서 질서로, 혼란에서 통찰력으로, 그리고 무력감에서 계획적인 행동 변화로 이동하는 데 도움을 줄 수 있다. 그것은 치료자와 환자 모두에게 수동성과 조절장애에 대한 대안점을 제공한다. 또한 치료의 구조와 방향을 제시하는 동시에, 의식적이고 따듯하며, 공감과 타당성을 제공하는 접근법을 확보해준다. 치료자로서 환자가 경험하는 지옥으로 내려가 볼 수 있는 사다리, 그리고 환자가 그곳에서 나올 수 있도록 도와주는 사다리의 역할도 하며, 치료자가 혼돈 속에서도 명료하게 생각할 수 있도록 도와준다.

행동 사슬 분석은 치료자와 환자가 함께 무언가를 만들어가는 협력적인 과정이다. 이상적인 경우, 그것은 그들을 하나의 팀으로 연합해준다. 그들이 연결고리 하나 하나를 이야기하며 사슬을 만들어갈 때, 어떤 지점에서든 멈추어 지금까지의 사슬에 대한 논의로 전환할 수 있다. 그럼으로써 현재의 연결고리에 대한 이해를 깊게 하고, 사슬에 나타나는 패턴들을 한 발짝 물러서서 보아 현재와 과거의 사슬 간 유사성을 볼 수 있다. 그리고 특정한 연결고리나 패턴에 대한 가능한 대안들을 생각해보게 될 것이다.

사슬의 연결고리를 발견하는 과정에서 환자-치료자 팀은 종종 심리교육이 필요한 특정 연결고리를 찾게 될 것이다. 바로 그때, '철이 뜨거울 때 내려치기' 식으로 치료자는 환자에게 실제적인 교육을 제공할 수 있다. 예를 들어, 물질남용에 대한 치료를 진행 중인 환자가 사용 충동이나 갈망을 느낀 사슬에 도달할 때, 치료자는 잠깐 '사슬에서 벗어나' 충동과 갈망에 대한 3분 교육을 할 수 있다. 마찬가지로, 사슬의 한 부분을 집으며 치료자는 환자에게 잠시 사슬 '밖으로 물러나' 그 부분에 대한 가설을 함께 고려해보자고 제안할 수 있다. "이러한 상황이지 않았을지 한번 들어보실래요? 당신은 스트레스가 높은 하루를 보내고 있었고 아이들은 평상시보다 날뛰고 있었으며, 당신과 남편 사이의 단절된 관계가 생각보다 더 많은 불안감을 불러일으켜 그 불안이 분노를 촉발했을 가능성이 있다." 혹은: "남편에게 소리를 지르는 것이 불안감을 줄여주는 것일 수 있어요. 만약 그 상황에서 남편에게 소리를 지르지 않는다면 어떻게 될까요?" 다시 말해, 치료자와 환자는 사슬을 만들어가는 동시에 늘 지속적인 성찰적 대화를 한다. 치료자가 행동 사슬 분석법을 배우는 초기에는 사슬 분석의 평가 기능만 사용하는 것이 현명할 수 있다. 단순히 링크별 사슬 절차를 충분히 자세하게 기술하며 해결책 분석과 기타 문제 해결 단계는 사슬이 완료된 후까지 보류해두는 것이 쉽다. 그러나 더 경험이 많은 임상가는 연결고리가 조명되는 대로 사슬 안팎을 넘나들며 문제 해결을 효과적으로 엮어나갈 수 있을 것이다. 예를 들어, 사슬 분석을 수행하는 동안 치료자는 다음과 같은 문장으로 환자를 문제 해결로 초대할 수 있다.

"이 사슬에서 일어난 일과 지난주에 있었던 일 사이에 어떤 관계가 있다고 생각하시나요?"
"그 사람의 말이 당신을 향한 것으로 받아들이지 않았다면 상황이 어떻게 전개되었을지 상상이 가나요?"
"자신의 몸에 대한 어떠한 언급도 끔찍한 기억과 수치심을 불러일으켜 패턴을 이루고 있다는 것이 가능한 이야기일까요?"
"그들이 입원을 허락치 않을 것을 미리 알았더라면 응급실에서 자해했을 거라고 생각하나요?"

최근 회기에서 자해 행위로 가는 사슬의 연결고리를 살펴보았을 때, 환자는 자해를 하고 싶은 순간 나에게 전화 코칭을 요청하고 싶었다는 이야기를 했다. 전에도 이런 일이 있었지만, 난 아직 전화를 받아보지 않았다는 것을 깨달았다. 사전 논의들을 회상해보며, 우리는 그녀가 가장 도움을 필요로 하는 시점에는 꼭 도움을 요청하지 않는 패턴을 찾아냈다. 나는 이 패턴을 조명하며, 그녀가 나에게 전화를 이번에도 걸지 않은 것이 도움을 청하지 않은 또 다른 예라고 생각하는지 물었다. 그녀는 망설이다가 그것이 사실이라는 것을 인정했다.

그녀는 계속해서 자신이 최악의 상황에 처했을 때 도움을 청하고 싶지 않은 것은, 그것이 상대방에게 불필요한 부담을 줄 것이라고 생각하기 때문이라고 말했다.

우리는 그 순간 사슬에서 발견한 패턴에 대해 '사슬 바깥에서' 가설을 세우며 고려해보고 있었다. 가능한 해결책들을 고려하는 중, 나는 전화 코칭의 역할극을 하자고 제안했다. 흔히 그렇듯이, 역할극은 여러 가지의 변화 절차를 하나의 '패키지'로 결합하는데, 인지 수정, 기술 훈련, 회피하고 있는 단서에 대한 노출 등이 포함된다. 잠시 구조화를 하고 역할극을 할 수 있도록 설정한 후, 그녀는 코칭을 위해 내게 '전화'를 했다. 하지만 마치 나에게 전화할 자격이 없는 사람처럼 머뭇거리며 황급하게 끊었다. 통화를 검토하며 나는 그녀에게 피드백을 주었다. 몇 가지의 조정을 제안한 후 다시 역할극을 했다. 두 번째 통화에서 그녀는 좀 더 '자격 있는' 사람처럼 도움을 요청했고, 훨씬 더 효과적이었다. 삶의 현장에서도 실제 그런 통화를 할 수 있는지 논의하며 나는 그녀가 다음에 곤경에 처했을 때 나에게 전화를 걸어 코칭을 받겠다고 약속하도록 했다. 그리고는 잠시 중단했던 사슬로 돌아와 분석을 계속했다.

DBT를 능숙하게 실천하는 치료자는 언제나 평가, 패턴 인식, 해결책 분석, 문제 해결 사이에서 왔다 갔다 한다. 치료자는 사슬을 떼어내고, 해결책 분석과 집중적인 문제 해결에 관여하면서 사슬을 작동 기억 속에 보관한 다음, 사슬에 있던 위치로 환자의 방향을 바꾸고 사슬에 다시 올라타야 한다. 이것이 효과적으로 부드럽고 간결하게 행해진다면, 갑작스럽거나 연결성이 없거나, 강요스럽게 느껴지지 않는다. 사슬의 구조는 보존하되 회기를 유연하게 진행하고, 절차를 도입하는 것이 아닌 대화나 이야기 보따리를 푸는 듯한 느낌으로 사슬에 들어왔다 벗어나는 시점까지 가려면 연습이 필요하다.

치료자가 회기에서 사슬 분석을 사용하는 것이 명확하고 쉬운 일이 될수록, 사슬의 활용은 치료자가 자신을 조절하는 데 도움을 주는 기능을 더 많이 할 수 있다. 심한 만성적인 정서조절장애를 다루는 것은 매우 힘들고 지치는 일일 수 있다. 치료자가 환자와 함께 '나락으로 떨어져' 어떻게 해야 할지 모르는 경우도 있다. 귀를 기울일수록 환자의 혼란과 절망감을 함께 나누게 되기 때문이다. 그런 면에서 행동 사슬 분석은 치료자의 좋은 벗이 되어준다: 사슬 분석의 체계적 절차는 그가 문제를 탐구하고 이해하는 데 일종의 의식 같은 역할을 해주며 환자도 그 탐구를 그와 함께 할 수 있도록 돕는다. 사슬을 확립하고 반복적으로 다시 사슬로 돌아가는 것은 치료자에게, 그리고 나중에는 모두에게 명상적 실천이 될 수 있다. 명상에서처럼 '숨으로, 다시 숨으로'가 아니라 '사슬로, 다시 사슬로' 되는 것이다. 사슬은 '부여 잡을' 만한 것으로, 어둠 속에서 더듬거려야 할 때 손전등을 켜주는 효과가 있을 수 있다. 사슬이 빨리 치료제의 역할을 하지 못하더라도 나아갈 길은 비춰준다. '그라운딩 요법'처럼 질서를 회복하고, 불규칙을 완화하며, 양 당사자에게 희망을 줄 수 있다.

사슬 분석의 '기본'

행동 사슬 분석의 체계와 실천에 익숙한 독자들은 이 절을 건너뛰기를 권유하지만, 익숙하지 않은 독자들에게는 이 절이 기술에 대한 이해를 높이거나 통합하는 역할을 해줄 수 있다. DBT '사슬'은 왼쪽에서 오른쪽으로 시각화된 5개의 연속적 범주로 구성된다. 첫 번째는 취약 요인으로, 환자를 촉발 사건에 더 취약하게 만드는 원인 또는 문제이다. 두 번째는 촉발 사건이며, 이는 사슬의 후속 사건들을 촉발시켜 결국 문제 행동을 유발하는, 환자에게 중요한 순간이다. 세 번째는 '사슬의 연결고리'로, 촉발 사건을 뒤따르는 환경적 맥락에서 모든 행동(생각, 감정, 행동, 생리학적 반응)과 사건을 포함하는 범주로서, 문제 행동까지 이어진다. 넷째는 객관적이고 구체적으로 기술된 문제 행동 그 자체다. 문제 행동을 따르는 것은 다섯 번째 범주, 즉 문제 행동의 결과로서, 문제 행동의 향후 발생을 강화할 수 있는 결과와 문제 행동보다 더 적응적인 행동을 억제(소거 또는 처벌)할 가능성이 있는 결과에 특별히 초점을 맞춘다.

사슬 분석을 할 때 따르는 전형적인 순서가 있는 반면, 상황과 임상적 판단에 따라 많은 변형을 줄 수 있다. 전형적으로, 사슬 분석은 문제 행동의 구체적인 현상학적 설명으로 시작된다. 이 시점에서는 문제 행동에 대한 선행, 결과, 해석 또는 판단을 거론하지 않는다. 그 행동을 단순히 묘사하는 것만으로도 불안, 수치심, 죄책감, 분노, 혐오감, 그리고 때로는 치료자가 피하고자 하는 다른 부정적인 감정들을 촉발시킬 수 있기 때문에, 상세한 설명으로부터 멀어지려 하는 경향을 주시하며 치료자의 절제된 추진이 필요하다.

목표 행동에 대한 만족스러운 설명을 얻은 치료자는 일반적으로 촉발 사건을 다음으로 찾는다. 치료자는 촉발 사건이 문제 행동에 이르기까지 일어나는 과정을 한 회기의 시간 범위 내에서 의미 있게 재현할 수 있도록 문제 행동에 충분히 가까운(하루 이내의) 촉발 사건을 찾으려 노력한다. 가끔 주어진 상황의 촉발 사건이 '내가 태어난 순간' 또는 '증조할아버지가 유럽에서 이곳으로 건너온 순간'이라고 주장하는 사람도 있다. 이러한 답변은 나름 의미가 있지만, 회기에서 의미 있는 행동 사슬 분석을 위한 정보는 제공해주지 못한다. 촉발 사건을 찾을 때 치료자는 환경과 무관한 환자 내의 사적 사건이 아닌 환자와 환경의 접촉이 있었던 사건을 찾는다. 후보가 많을 수도 있는 상황에서 특정 촉발 사건을 선택하는 데에는 다소 임의적인 면이 있다. 촉발 사건을 이끌어내기 위해 치료자는 다음과 같은 언어를 사용할 수 있다:

"대본을 쓴다고 했을 때, 문제 행동으로 모든 상황을 전개하는 사건을 정확히 집는다면…"

"모든 것이 일상적으로 잘 되어가다, 갑자기 그 스토리를 바꾼 사건이 있었는지 생각해보세요…"

"사슬에서 만약 그 일이 일어나지 않았다면 이 길로 가지 않았을, 그런 일을 생각해보세요…"

"방아쇠, 전환점은 무엇이었을까요…?"

내가 지금까지 제안해온 대로 사슬 분석을 수행했다면, 이제 두 가지의 '데이터 포인트', 즉 촉발 사건과 문제 행동을 가지고 있을 것이다. 나는 내 머릿속이나 종이에, 촉발 사건은 사슬의 약 4분의 1의 지점, 그리고 문제 행동은 사슬의 약 4분의 3의 지점에 올려놓는다. 그렇다면 촉발 사건의 좌측으로 한 4분의 1의 공간이 취약요인의 발견을 위해 남아 있고, 문제 행동 우측으로 4분의 1의 공간이 행동으로 인한 결과, 그리고 두 지점 사이에 절반의 공간이 사슬의 연결고리를 위해 남게 된다.

사슬의 어떤 부분을 분석할지 결정하는 것은 어느 정도 임의적인데, 인생이란 끝없는 미시적 사슬의 연장선이라고 생각하면 괜찮다. 우리는 검토하기에 충분한 이야기 거리를 제공하고, 문제 행동의 주요 통제 변인들을 파악하기에 충분한 부분을 우선 선택하면 된다. 마치 전문가만이 '올바른' 사슬을 발견할 수 있는 것처럼 '진짜 사슬' 같은 것은 없다는 사실을 필히 깨달아야 한다. 실제로 한 수석 DBT 훈련사는 이 점을 밝히기 위해 역할극에서 행동 사슬 분석을 받고 있는 동일한 환자와 시나리오를 5명의 다른 DBT 전문가들에게 제시하고, 5개의 행동 사슬이 확실히 다르다는 것을 입증해보였다.

촉발 사건을 명시한 치료자는 일반적으로 취약 요인을 다루려 '좌측'으로 이동하여 "무엇이 그날 촉발 사건에 특별히 취약하도록 만들었을까요?"라고 질문하거나, '우측'으로 이동하여 "촉발 사건 이후, 그다음에 무슨 일이 있었나요?"를 질문한다. 어느 쪽으로 가도 효과적일 수 있기에, 그 방향을 결정하는 것은 결국 회기의 흐름과 환자의 생각의 방향일 때가 많다. 취약 요인, 촉발 사건, 사슬의 연결고리, 문제 행동을 파악한 후, 마지막으로 조사해야 할 것은 문제 행동의 결과이다. 문제 행동을 일으킨 사슬의 연결고리를 검토한 후에는, "X를 한 후에 어떻게 되었나요?"라고 묻는 것은 꽤 자연스럽다. 하지만 이 순서가 논리적으로 보여도, 사실 대화의 흐름은 문제 행동의 설명에서 바로 결과로 이어지기도 한다. 환자가 자연스럽게 결과를 설명하기 시작한다면, 이 경우 치료자도 '따끈할 때' 그 결과를 접수한 후 다시 촉발 사건으로 돌아갈 수 있다.

만약 치료자가 '사슬을 찾는 것'에 대해 지나치게 독단적인 태도를 보이며 성이 찰 때까지 모든 세부사항을 얻기 원한다면, 그렇게 해도 좋으나 그로 인해 환자와의 관계를 희생시켜서는 안 된다. 치료자는 사슬을 환자와의 관계 속으로 끌어와야지, 환자와의 관계를 사슬로 끌어와서는 안 된다. 즉, 환자가 자신보다 사슬이 더 중요하다는 것을 느낄 만큼 사슬을 위해 환자를 끌고 다녀서는 안 된다. 올바르게 수행된다면, 철저한 분석이라도 매우 자연스럽게 느껴질 것이다.

물이 새는 수도꼭지를 고치려 고민할 때에도, 우리는 자연스럽게 문제 원인에 대해, 그리고 수리 순서에 대해 연결고리를 연상하듯 하나 하나씩 생각하게 된다. 정비사에게 자동차를 맡길 때면, 정비사는 문제의 정확한 성격(문제의 정의), 자동차의 최근 상태와 수리 기록(취약 요인), 문제의 시작(촉발 사건), 그리고 문제 인지부터 현재 상황까지의 진행 상황(연결고리)을 알아야 한다. 행동 사슬 분석은 매우 자연스러운 인간의 연구 과정을 정형화한 것으로, 그런 정신으로 수행한다면 일반적으로 더 잘될 것이다. 치료자가 "그것에 대해 좀더 자세히 말해주세요. 그것이 언제 시작되었는지 그리고 어떻게 전개되었는지 단계별로 모두 알고 싶어요. 그래야 어떻게 고칠 수 있는지 알 수 있답니다"와 같은 스타일로 말하는 것은 일반적으로 다음의 표현보다 훨씬 효과적이다: "좋아요, 그 행동에 대해 행동 사슬 분석을 해봅시다." 우리는 환자들이 대화에 치료적 절차를 강요하기보다는 그들의 이야기를 들려주고, 무슨 일이 일어났는지에 대해 대화를 나누도록 하고 싶다. 어떤 환자나 치료자들에게는 이 모든 것을 칠판에 그리는 것이 더 수월할 수 있다. 사슬의 모든 연결고리를 도표로 만들어 왼쪽에서 오른쪽으로 이동하는 식이다. 이런 시각적 표현은 사슬을 매우 구체적으로 포착할 수 있게 하며, 환자들도 직접 그리면서 공동 작업자로 참여할 수 있게 한다. 많은 경우, 치료자들은 환자의 맞은편에 앉아 데이터가 생길 때마다 종이에 사슬을 도표로 그린다. 어떤 치료자들은 단순히 환자들과 이야기를 나누며 메모조차 하지 않는다. 하지만 이 경우, 추후 검토를 위해 회기가 끝난 직후에 사슬의 필수적인 요소들을 적어두는 것이 좋다.

나는 여기서 치료자가 환자와의 좋은 관계를 유지하면서도 철저한 사슬을 찾아내는 변증법적인 통합에 대해 말하고자 한다. 치료자는 한편 철두철미하게 모든 내러티브를 순서대로 하나 하나 공식화하며 사슬을 완성해 나가고, 한편으로는 유연하고 주의 깊은 대화를 하는 자세를 유지하여 양 당사자에게 자연스럽게 느껴지는 인간적인 만남을 주선한다. 이는 환자를 심문하지 않고도 객관적인 데이터를 많이 얻어야 하는 정신상태검사의 수행과 그리 다르지 않다.

수용 패러다임의 영향

놀랍지 않게도, 심한 만성적 정서장애를 가진 환자들과 함께 행동 사슬 분석을 하는 일은 매우 어려울 수 있다. 위에서 설명한 것처럼, 명확하고 순차적이며 조직적인 방식으로 사슬 분석을 실시하는 방법을 문제 해결 기법으로 알고 있는 것은 참 다행스러운 일이다. 우리는 이 행동주의적 접근은 DBT의 수용 패러다임과 변증법적 패러다임에서 나온 원리를 사용함으로써 한층 향상시킬 수 있다. 이러한 강화는 다양한 정서조절장애의 발현에 의해 문제 해결 작업이 끊기는 상황에서 특히 필요할 것이다. DBT 치료자는 제3장에서 논의한 바와 같이 수용 패러다임으로부터 다음과 같은 원리를 통합함으로써 이익을 얻을 수 있다.

- 이 순간, 온전히 100% 깨어 존재하라.
- 사슬이 어떻게 만들어져야 하고 과정이 어떻게 흘러야 하는지에 대한 생각이나 인식에 비집착을 연습하라.
- 경계 없음, 자기 없음, 비어 있음, 그리고 함께 존재함의 관점을 가지고 사슬 분석에 임하라.
- 일시성의 관점을 사슬 분석의 실천에 적용하라.

온전히 존재하기

행동 사슬 분석은 목표를 염두에 두고 여러 장애물을 극복하며 수행해야 하는 복잡한 인지적 작업이다. 앞서 철저한 행동 사슬 분석을 실시하면서 환자와 좋은 관계를 유지하는 어려움에 대해 설명했다. 치료자가 자라나는 사슬에 투하되어 정황을 파악하고, 가설을 만들며, 사슬 분석의 플랫폼에서 문제 해결 개입을 시도하고, 사슬을 요약하고, 사슬을 벗어났다 돌아오기에 집중하다 보면, 목표 지향적인 '하기' 모드에 갇혀 현재 지향적인 '존재하기'를 간과하기 십상이다. 그렇게 되면 치료는 균형을 잃을 수 있다. 치료자의 '하기' 초점은 환자가 자신이 대상보다 사물, 공동참여자보다 문제로 느껴지거나 침입적이고 무례하다고 경험할 수 있다. 물론, 치료자의 이상적인 자세는 행동 분석을 하는 동안, 그리고 변화를 추진하는 동안에도 현재에 온전히 머물러 있는 것일 것이다. 수용적 환경에서 변화를 추진하는 것 ― 이것은 DBT의 핵심 변증법이기도 하다.

이 변증법이 현실적으로 DBT 치료자에게 시사하는 바는, 그가 완전히 깨어 있는 상태에서 회기를 시작하고, 자신, 환자, 그리고 그들 사이의 교류를 주의 깊에 성찰하며 뒤도 앞도 보지 않는 것이다. 회기 전, 자신의 몸과 호흡, 방에 들리는 소리 또는 다른 것에 초점을 맞추어 간단한 마음챙김 수행을 함으로써 치료자는 이 마음 상태를 이룰 수 있을 것이다. 일단 알아차림으로 현재에 뿌리를 내리면 환자를 방으로 들이고 회기가 시작된다. 환자는 치료자가 모든 의식, 관심, 열정, 그리고 타당화를 통해 진정 그 자리에 머물러 있다는 것을 알아차릴 수 있을 것이다. 행동 변화 작업이 진행됨에 따라, 관찰 일지 검토, 회기 목표 결정, 행동 사슬 분석 소개 등, 여러 '하기'들이 '그저 머물러 있는' 상태를 자연스럽게(아쉽기는 하지만) 저해하게 된다.

어떤 시점에서든 치료자가 '그저 머물러 있는(즉, 깨어 있고 의식하는 상태로 현재에 존재)' 상태로부터 멀어진 것을 깨닫게 되면 그로부터 다시 돌아올 수 있다. 어떤 경우에는 귀환이 간단할 수 있다. 멀어진 것에 대한 예리한 인지에서 시작하여, 그 순간으로 돌아가도록 자신의 몸과 마음에게 리마인더를 주고 환자와의 교류에 인식을 되돌리는 것으로 성공한다. 하지만 다른 때에는 그것이 그리 쉽지 않다. 목표 행동에 시선을 고정한 채 분석과 행동 변화에 사로잡히거나, 어려운 환자와의 작업으로 인해 감정이 격해질 때면 치료자는 그러한 상황에 더 사로잡혀 있을 수 있다. 현재로 돌아오기 위해 '하기'를 잠시라도 놓는 것은 그렇게 쉬운 일이 아니다.

그런 상황에서 지켜야 할 핵심은 그런 일이 일어났다는 것을 우선 깨닫는 것이다. 현재로부터 멀어진 것을 알게 되면, 치료자는 자신을 '깨우기' 위해 간단한 명상 운동을 해야 할지도 모른다. 나는 종종 의자에 앉아 있는 내 몸의 감각을 알아차리는 운동으로 내가 다시 나의 몸과 연결되도록 하고, 호흡을 한두 번 관찰함으로써 현재로 되돌아온다. 가끔은 나의 모든 시선을 환자의 미세한 표정에 초점을 맞추도록 한다. 나는 환자의 얼굴을 찬찬히 살펴보면서 이전에 인식하지 못했던 감정의 기류를 알아차리기도 한다. 이 모든 경우, '마음챙김' 운동은 몇 초에서 한 30초밖에 걸리지 않으며, 나의 시선이나 집중을 방해하지 않는다. 대부분 환자에게도 눈에 띄지 않는다. 제일 중요한 것은, 마음챙김은 나를 잠시 멈추게 만든다는 것이다. 잠시 멈추는 것은 '하기'에서 다시 '존재하기'로 전환하는 시점을 나타내는 것이다. 최상의 경우, 이런 전환은 치료자의 스타일을 더 부드럽게 해주며 마음과 생각을 더 열어주고, 최소한의 경우, 변화 지향적인 작업을 잠시 중단하여 잠깐의 휴식을 준다. 환자와 치료자가 적어도 한 순간은 단순히 함께 있음을 누리도록 해준다.

비집착의 실천

비집착의 본질은 '오는 것을 취하라'로, 우리의 최선의 노력과 높은 희망에도 불구하고 통제 밖의 요소들이 우리가 얻을 수 있는 데이터와 조성할 수 있는 과정을 제한하는 경우가 종종 있다는 것을 근본적으로 받아들이는 것이다. 우리는 사슬의 연결고리들을 충분히 세밀하게 알고 분석해야 그들의 진행 과정을 밝혀낼 수 있다. 그러나 백 가지 정도의 요인들이 이를 방해할 수 있다. 이를테면, 환자의 기억력이 좋지 않아 필요한 연결고리들을 이야기해주지 못할 수 있다. 이는 자해적 행동, 물질 사용, 폭식과 구토, 반사회적 행동과 다른 문제 행동의 맥락에서 적지 않게 나타나는 현상이다. 물질 사용은 에피소드 전체에 대한 기억을 흐리게 할 수 있고, 심지어 어떤 말을 믿어야 할지 모를 만큼 혼란스러운 설명까지 초래할 수 있다. 기억상실증과 다른 분열적 에피소드는 일어났던 일에 대한 기억을 퇴색하거나 끊을 수 있다. 숙련된 치료자라면 모두 "X에서 Y까지 무슨 일이 일어났는지 전혀 모르겠어요"라는 말을 한 환자들을 겪어보았을 것이다. 우리는 흔히 며칠 전에 일어났던 사건들을 분석하게 되기에, 그 사건 이후로 환자가 다른 스트레스에 휩싸였다면 며칠 전에 일어났던 일을 기억하기 어렵게 된다. 회피 또한 한 역할을 할 수 있는데, 우리는 차라리 잊고 싶은 일들이 있게 마련이고, 고통스러운 기억이라면 잠시 잊었더라도 다시 회상하고 싶지 않기 때문이다. 환자가 치료자를 불쾌하게 하고 싶지 않거나 가족이나 친구에게 의리를 지키기 위해 정보를 보류하거나 왜곡하는 것은 드문 일이 아니다. 이와 같이 상당히 흔한 요소들 외에도, 회기 내에서 협력, 준수가 제대로 이루어지지 않는 이유들이 있다. 치료자라면 모두는 이런 경험을 해본 적이 있을 것이다. 어제 무슨 일이 있었는지, 아니면 회기 중 무엇이 일어나고 있는지 알고 싶어 환자에 물었을 때 다음과 같은 실망스러운 대답을 듣는 경우 말이다: "모르겠는데요", "이야기하고 싶지 않아요", "당신을 신뢰할 수 없는데 왜 이야기해야 하나요?", "됐어요!"

불교의 비집착 원리는 우리가 영향을 미칠 수 없는 결과에 집착할 때 야기되는 고통을 다루어준다. '저항을 넘어'서고, '환자를 불구하고 데이터를 얻는다'거나, 이런 식의 정신으로 세부 정보를 얻으려는 욕구에 매달리게 되면, 우리는 더 좌절하고, 덜 유연해지고, 순간적으로 환자를 덜 의식하게 되고, 결국 환자를 무력하게 만들 수 있다. 다행히도, 문제 해결을 위해서는 철저한 링크별 분석이 전 사슬에 걸쳐 필요한 경우는 드물다. 더 자세한 이야기를 얻고자 하는 애착을 버리고 우리가 얻을 수 있는 만큼의 정보를 진정으로 받아들인다면, 우리는 행동 사슬 분석의 정리 기법을 가능한 모든 연결고리에 적용할 수 있다. 그 기법을 통해 우리는 여전히 사고방식, 조사방법, 사물의 이해 방법을 모델링하게 된다. 데이터 포인트가 4개 있든 14개가 있든 충분히 그렇게 할 수 있다.

아주 세밀한 행동사슬이 필요하다고 믿었던 DBT 치료 경력 초기에, 환자가 말이 거의 없을 때는 특히 답답했다. 언젠가는 "저녁 동안 무슨 일이 있었는지 전혀 모르겠어요. 전 팔에 상처가 난 채로 잠에서 깼던 것만 기억나요"라는 말을 들은 기억이 있다. 나는 내가 그 환자를 믿는지 확신할 수 없었다. 어떻게 하면 문제를 개념화하고 치료할 수 있을 만큼 충분한 정보를 얻을 수 있을까? 내가 그 환자를 믿든 믿지 않든 나는 제한적인 양의 정보를 가지고 있었다. 만약 불가능한 것까지 얻어내야 한다는 고집을 내려놓을 수 있었다면, 나는 좀 더 유연하게, "알겠습니다. 어제 저녁 당신이 기억하지 못하는 그 지점 이전에 마지막으로 기억하는 것은 무엇인가요?"와 같은 질문을 했을 수 있을 것이다. 우리가 할 일은 환자가 잊은 에피소드를 따라 가능한 모든 정보를 얻는 것이다. 그가 기억할 수 있는 첫 순간부터 잊혀진 연결고리의 시작점까지 이어지는 모든 것. 그러므로 나는 자기 긋기를 치료하는 과정에서 환자의 기억력 부족을 감소시키기 위해 또 다른 치료 목표를 만나게 될 수도 있고, 그 대상을 평가하려고 노력해야 할 수도 있다. 즉, 목표 행동을 위한 행동 사슬을 평가하는 과정에서 나쁜 기억력이나 부족한 의지를 발견하게 되면, 기어를 바꾸어 방해하는 행동을 먼저 평가하고 치료하는 것이다. 요약하면:

1. 1차 목표 행동을 평가하는 데 필요한 사슬 정보를 얻으려고 노력한다.
2. 기억력이나 협업의 문제에 부딪친다.
3. 나는 추진하기를 멈추지 않고 필요한 사슬을 얻기 위해 다른 전략을 시도해본다.
4. 장벽이 좀처럼 움직이지 않는 것을 알게 된다.
5. 장벽의 현실을 근본적으로 받아들인다.

6. 그 후, 원래 목표를 추진하기 위해 장벽 그 자체를 행동 목표로 평가한다.

이 순서는 분열 에피소드, 건망증, 반항적 비협조를 다루고 있든 늘 같다. 끝으로, 나는 필요시 치료 동맹을 방해하는 회기 내 역기능적 행동을 평가하고 치료한다. 이 정신은 알코올 중독자 갱생회(Alcoholics Anonymous)의 평온을 비는 기도에 잘 나와 있다. 우리의 임상 상황에 적용하면, "내가 분석할 수 없는 것을 받아들일 수 있는 평온함과 내가 할 수 있는 것을 분석할 수 있는 용기, 그리고 그 차이를 알 수 있는 지혜를 주옵소서"라고 쓸 수 있을 것이다.

행동 사슬 분석에 대한 몇 가지 다른 관점들도 치료자로서 사슬에 대한 우리의 애착을 떨쳐버리고, 이끌어낼 수 있는 사슬을 받아들이는 데 도움을 줄 수 있다. 첫째, 데이터가 부족한 상황에서도 사슬 분석 과정 자체가 유익을 준다는 것을 기대할 수 있다. 사슬에 3개의 연결고리밖에 없다고 해도 환자는 행동 과정에 대해 객관적이고 체계적으로 반성하는 기술을 배울 수 있다. 둘째, 앞에서 언급한 바와 같이 사슬 분석의 실천은 환자가 행동 에피소드 도중에 더 주의를 기울이고 더 많은 정보를 알아차려 회상할 수 있는 능력을 강화할 수 있다. 셋째, 행동 사슬 분석을 환자의 경험에 대한 진정한 호기심을 보여주는 체계적인 방법으로 사용한다면, 데이터의 양이 미미하더라도 환자와 치료자 사이의 애착을 높일 수 있다. 경계선 성격장애 치료를 위한 또 다른 연구기반 치료 모델인 MBT의 전문가들은 DBT의 행동 사슬 분석을 일종의 정신화, 호기심 표시, 그리고 사슬을 통해 환자의 '정신'을 알게 되는 방법이라고 설명하였다. 정신화는 안정적 애착형성의 과정을 강화시키는 것으로 생각된다. 마지막으로, 더 많은 정보 링크에 대한 애착을 떨쳐버리고 한 발짝 물러서서, 더 많은 정보를 얻는 데 장애가 되는 특성을 파악할 수 있다면, 우리는 1차 목표를 달성하는 데 방해가 되는 회기 내 역기능적 행동에 대해 다시 집중할 수 있다. 일단 장애물을 평가하고 해결하면, 치료는 다시 1차 목표에 대한 작업으로 옮겨갈 수 있다.

무경계, 무자기, 비어 있음, 함께 존재함

주어진 행동 사슬 주위의 경계는 흐릿하다. 언급했듯이, 모든 주어진 사슬은 실용적인 목적을 위한 임의적 시작과 끝을 가지고 있다. 우리의 사슬은 사실 무한히 긴 사슬의 한 부분이다. 사슬의 시작과 끝의 위치를 정의하는 것만큼 어려운 것은 사슬의 소유권이다. 그것은 환자의 사슬이어서 치료자의 일은 그것을 그저 밝히는 것인가? 그것은 실제로 일어났던 일과 유사한 이야기를 함께 구성한 환자와 치료자의 공동 산물인가? 그 사슬은 환자의 생애에 참여했던 수많은 개인들의 혼합물을 나타내지 않는가? 자세히 살펴보면, 사슬에 포착된 환자의 내러티브에는 부모, 친구, 형제자매, 고용주와 교사, 그리고 수많은 사건들이 있다. 사슬은 또한 그것이 구성되었을 때 일어났던 모든 명시적이고 암묵적인 역동을 반영한다. 만약 치료자가 정확히 같은 사건에 대한 행동 사슬 분석을 하루 후에 했다면, 그것은 다르게 나타날 것이다.

이 모든 것은 사슬에 독특하고 정적인 '자아'가 없다는 사실의 표현이다. 사슬은 그 자체의 정체성이 없다. 그것은 역사, 현재, 미래, 환자와 치료자와 그것들과 상호작용을 하는 다른 사람들, 양 당사자의 생각, 감정, 행동, 순간의 맥락, 심지어 물리적 환경, 두 사람의 상상력으로 구성되어 있다. 고체인 철이라기보다는 액체인 수은에 가깝고, 물체라기보다는 신기루에 가깝다. 마음챙김의 실천가들은 생각과 그것이 상징하는 것은 다르고, 그것은 사실이 아니며, 단지 생각에 불과하다고 주장한다. 우리는 행동 사슬을 유사하게 생각해볼 수 있다. 사슬은 현실의 에피소드를 표현한 것이지만, 그것이 나타내는 현실과 같은 것은 아니다. 그것은 사실적인 서술이 아닌 단지 사슬일 뿐, 평가와 치료를 위해 함께 만들어지는 것이다.

그러나 우리는 관련 행동 패턴에 대해 무언가를 파악하기를 바라고, 회기 내 개입이 회기 외부의 유사한 상황에서 행동 변화로 이어지기를 희망하기 때문에 우리의 '사슬 내러티브'가 가능한 한 실제 경험에 가까울수록 도움이 된다. 따라서 우리는 두 가지의 매우 다른 방식으로 사슬을 대한다. 치료 목표의 평가와 치료를 위한 도구로 사용하며, 동시에 그것의 비현실성, 창의성, 그리고 유연성을 인식하고 활용한다. 그것은 잘 정의되고 실질적인 도구이면서도 여러 종류의 외적 성분으로 이루어진 뚜렷한 경계도, 뚜렷한 정세성도 없는 비형태이기도 하다. 한편으로는 '하기' 과정에서 사슬을 사용할 수 있고, 다른 한편으로는 '존재하기' 과정에서 사슬과 함께 머무를 수 있다. 이 이중성을 깊이 이해하고 사용하는 것은 우리에게 엄청난 유연성과 자유를 준다.

나는 한때 어머니를 살해할 방법을 찾기 위해 인터넷을 이용하는 것으로 밝혀져 입원해 있던 17세 소년과 행동 사슬 분석을 했다. 우리는 그가 어머니를 위협한 후, 집을 뛰쳐나가 숲으로 사라졌고, 결국 경찰에 체포되어 병원으로 옮겨진 사건을 검토하고 있었다. 사슬의 연결고리를 검토하며 그가 어머니를 협박하는 순간에 이르렀을 때, 나는 그에게 그의 어머니가 무슨 말을 했는지, 그리고 환자가 그의 어머니를 협박하기 직전에 어머니의 얼굴이 어땠는지 묘사할 수 있는지 물었다. 그는 아무런 답을 줄 수 없었다. "전혀 모르겠어요. 그 순간엔 아무것도 기억이 안 나요." 나는 현실에서의 세부적인 사실을 더 요구하기보다 그에게 한번 지어내보라고 했다. "그냥 어머니에 대한 지식으로 미루어 보아 무슨 말을 들었을지, 무엇을 보았을지 생각해서 말해보세요." 그는 어머니의 그럴듯한 표정, 몸짓과 자세, 그리고 목소리 톤을 충분히 설명하면서 그녀가 말했을지도 모를 말을 오히려 쉽게 이야기했다. 그의 문제 행동에 대한 평가를 하고자 한 우리의 목적상, 그것은 있는 그대로 완벽했다.

일시성

무경계, 무자기(무사슬), 상호의존의 관점에 추가로 내재되어 있는 것은 사슬의 불변성에 대한 통찰이다. 현실의 모든 것이 시시각각 왔다 갔다 하듯이 사슬도 그렇다. 오전 10시에 행동 사슬 분석을 한 뒤 오전 11시에 정확히 같은 사건을 다시 분석하면 분석 결과는 달라질 것이다. 사실 그 1시간 동안 치료자와 환자의 뇌와 몸의 모든 세포, 분자와 소원입자가 다 달라졌을 것이고, 두 사람의 기분과 생각이 변했을 것이며, 중간에 다른 사건들이 일어났을 것을 고려하면 이것은 놀라운 일이 아니다. 그 분석은 결코 정확히 같을 수가 없다. 이러한 이해는 '하나의 진정한 사슬'을 찾고 있는 치료자에게 괴로울 수 있다. 하지만 한편 이것은 해방을 주는 관점이다. 사슬은 변하고, 관점도 변한다. 일시성의 개념은 특히 반복되는 문제 행동에 대해 사슬 분석을 차례차례, 회기마다, 매주 반복하는 치료자와 환자에게 도움이 될 수 있다. 여기서 요점은 그 행동이 전과 같지 않다는 것이다. 다를 수밖에 없다. 모든 선행, 모든 결과, 모든 상황적 맥락은 다를 수밖에 없다. 따라서 치료자는 매번 새로운 마음, 즉 불교에서 말하는 '초심'을 가지고 새로운 분석에 임할 수 있다 – 새로운 연결고리, 새로운 맥락에 대해 호기심을 갖고 새로운 배움을 위한 준비하는 마음으로. 이러한 자세를 유지하는 것은 '같은 사슬을 반복하는 것'에 싫증이 난 환자에게 모델링이 되고 전이될 수 있다. 두 사람 모두가 이전에 정확히 같은 길을 걸었다고 확신하기 시작한다면, 이전에 알아차리지 못했던 새로운 연결고리나 탐색하지 않은 새로운 가설에 경각심을 가질 가능성은 작다.

마지막으로, 사슬의 불교적 시각에서 흐르는 치료적 태도와 개입은 경계심, 신선함, 호기심, 지구력, 동정심, 창의성을 불러일으킬 것이다. 특정한 결과에 애착을 갖지 않고, 사슬의 공 상태와 무경계를 인지하며, 사슬의 절대적 일시성을 염두에 두면 치료자가 자유롭게 깨어 있고 따뜻한 반응을 할 수 있도록 하며, 환자를 상당히 자연스럽게 타당화할 수 있도록 한다. 사슬에 갇혀 부담을 느끼는 느낌과는 대조적으로 개방감과 가능성, 희망의 느낌을 자아낸다.

변증법적 패러다임의 영향

만약 치료자가 감정을 조절하고, 치료에 협조하고, 작업의 궤도에 머물며, 신뢰하는 태도를 유지하는 환자와 행동 사슬 분석을 했다면, 치료자는 아마도 변증법적 관점을 거의 사용하지 않고도 진행할 수 있을 것이다. 두 사람은 문제 행동을 평가하고, 가설과 해결책을 도출하고, 해결책을 선택 및 구현하고, 결과를 평가하고 조정할 수 있을 것이다. 다시 말해, 그들은 대부분 문제 해결에 순수하게 집중할 수 있을 것이다. 그러나 심한 만성적인 정서장애를 경험하는 어려운 환자들과 행동 사슬 분석을 수행할 때 치료자와 환자는 여러 광범위한 종류의 어려움에 둘러싸이고, 그중 일부는 문제 해결 과정을 거의 마비시킨다. 변증법적 패러다임에 관한 제5장에서 논했듯이 그 원리에는 다음이 포함된다.

- 현실은 피할 수 없는 대립으로 구성되어 있다. '진리'는 반대 입장들의 통합을 통해 발견된다.
- 현실에 대한 우리의 이해는 전체론적이거나 체계적이어야 한다. 모든 것은 상호연관되어 있고, 모든 것은 교류한다.
- 변화는 지속되며, 모든 것은 유동적이다.

또한 변증법적 자세는 즉흥, 통합, '이것 아니면 저것'이 아닌 '둘 다'의 사고, 속도와 움직임, 그리고 흐름을 촉진시키는 자세이다.

현실은 대립으로 이루어져 있다

행동 사슬은 대립 세력이나 반대 세력 양쪽을 다 존중하는, 유연하고 변증법적인 수단이 되어야 한다. 사슬이 그 자체로 반대 세력의 합성을 만들어내지는 않지만, 체계와 절차로서 어떤 편견이나 위치를 택하지 않는 '빈', 포괄적인 플랫폼을 제공하여 통합을 향한 작업을 가능하게 한다. 그 사슬은 치료자와 환자 사이의 대립이 표현되고 다루어질 수 있는 '필드'를 제공하기도 한다. 사슬 안에서 우리는 통합을 향해 나아가는 반대 입장, 사회적 · 직업적 맥락에서 환자와 타인 간의 대립, 환자와 치료자 사이의 대립, 환자와 자신 간의 대립, 생물학적 관점과 환경적 관점 사이의 대립 등을 발견한다. 이 사슬은 역동적이고 유연하며 동시에 여러 개의 반대 입장을 포함할 수 있다. 이 장의 앞부분에서 말했듯이, 사슬 안에 모든 것이 있고, 모든 측면이 반영된다. 그런 점에서, 잘 관리된 사슬은 DBT의 궁극적인 통합적 구조다.

생명을 위협하는 행동(자살 시도와 자해 행위)과 삶의 질을 저해하는 자기 파괴 행동(절도)을 성공적으로 줄인 한 여대생이 있었다. 그 환자의 다음 목표 행동은 남성에게 학대 당할 위험이 있는 행동을 줄이고, 자기 존중과 자기 보호 행동을 늘리는 것이었다. 남성 '친구'가 자신을 추행한 데이트 강간 사건을 당한 후, 우리는 그녀의 행동과 맥락에서 통제 변수를 파악하기 위해 행동 사슬 분석을 진행하는 중이었다. 선행 연결고리들을 더 자세히 검토한 결과, 그녀는 사슬 초반에는 단호하고, 자기 존중적이며 자기 보호적으로 행동했다는 것이 분명하게 드러났다. 그러나 사슬의 후반부에서는 남자를 잃지 않고 싶고 기쁘게 하고 싶다는 마음에 경계심을 늦추었다고 하였다. 그를 거부하여 기분을 상하게 하고 싶지 않았지만, 그를 기쁘게 하면서도 자신을 존중할 방법을 찾을 수가 없었다. 이것이 사슬의 그 지점에서의 긴장, 즉 대립되는 입장들이었다. 남자를 기쁘게 해줘야 할지, 아니면 자기 방어를 하고 그를 배척해야 할지를 판단하기보다는, 우리는 그 두 입장의 변증법적인 대립을 더욱 부각시키려고 노력했다. 몇 분 동안 '사슬에서 벗어나' 있었기 때문에, 우리는 '올바른 선택'을 찾기보다 각 위치의 타당성을 확인했다. 우리는 그녀가 남성 친구들로부터 원하는 것을 얻을 수 있는 동시에 자신을 존중하고 보호할 수 있는 합의점을 찾았다. 바로 '변증법적인 순간'이 그녀에게 생산적이었다는 것이 증명되었다.

전체적 · 체계적 사고

행동 사슬 분석을 수행함에 있어서, 치료자들은 모든 것이 다른 모든 것에 상호의존적이라는 것을 인지하고, 교류하는 것이 필수적이다. 진공 상태에서는 아무런 일도 일어나지 않는다. 사람이 생각하는 것은 감정에 영향을 미치고, 느끼는 것은 생각하는 것에 영향을 미친다. 사람이 어떻게 행동하느냐는 생각과 감정에 영향을 미치고 반영된다.

다른 사람이 어떻게 자신을 대하느냐에 따라 그 사람의 말을 받는 방식에 영향을 준다. 또 그 말을 어떻게 받느냐에 따라 다시 받는 대우도 달라질 것이다. 가정에서 아버지가 어머니에게 어떻게 이야기를 하는지는 각 아이에게 즉시 영향을 미치고, 아이들이 어떻게 행동하고 말하는가에 따라 부모 간의 다음 상호작용이 달라진다. 우리가 환자에게 명시적으로 말을 하지 않더라도 우리의 생각은 환자에게 영향을 미치고, 환자들의 생각은 우리에게 영향을 준다. 전반적으로 깔려 있는 매 순간의 상호의존성과 교류적 영향은 일반적으로 인식되지 않고 지나간다. 그러나 그것은 훌륭한 형사가 범죄 현장에서 하는 것처럼, 치료자들이 항상 마음을 열어놓고 자신이 뭔가를 놓치고 있다는 것을 기억하며 연관 없어 보이는 세부적인 것들에 대해서도 질문할 준비가 되어 있어야 함을 시사한다. 우리는 끊임없이 가설을 만들어내고, 가설이 지지되지 않을 때 과감히 버려 '데이터'를 다시 한 번 새롭게 볼 수 있도록 머릿속을 비워야 한다. 행동 사슬 분석을 마지못해 의무적으로 수행한다면, 일종의 순차적 '터널' 사고를 유발하여 가능한 많은 요소를 놓치게 하고, 숨막하고 제한적이며 공식적인 경험을 만들 수 있다. 우리에게 있어 행동 사슬 분석은 정보를 체계화하는 합리적이고 생산적인 방법을 제공함으로써 현재 적절해 보이지 않는 요소들을 포함한 방대한 양의 정보를 담을 수 있게 한다. 우리가 유연하게 다양한 변수와 설명을 고려한다면, 우리는 환자를 위해 그런 변증법적 사고를 모델링해주는 역할도 하게 된다. 리네한(1993a, p. 120-124)이 치료 목표 우선순위 목록을 논의하면서 언급했듯이, 우리는 어떤 시점에서든 항상 변증법적 사고와 행동을 증가시키는 더 거대한 목표를 염두에 두어야 한다.

모든 행동이 교류적이라는 개념은 또한 모든 행동 사슬도 교류적이라는 결론을 제시한다. 치료자와 환자가 주중에 행동 사슬을 구축하는 동안, 그들은 동시에 또 다른 사슬, 즉 회기에서 그들 사이에 일어나는 사건들에 대한 사슬을 만들고 있다. 전자를 '회기 외 사슬'이라고 하고, 후자를 '회기 내 사슬'이라고 부르자. 대개 회기 외 사슬의 요소를 확인하는 동안 치료자와 환자는 회기 내 사슬에 대해서는 암묵적으로만 인지하고 있을 뿐이다. 회기 내 사슬의 연결고리가 문제가 되어 회기 외 사슬의 분석을 방해할 경우, 그제야 더욱 눈에 띄어 주의를 요할 수 있다. 그런 경우, 치료자는 회기 외 사슬의 고리별 분석에서 회기 내 사슬의 고리별 분석으로 전환하여, 당분간 회기 외 사슬은 '휴면 상태'로 남겨둔다.

양쪽 사슬에 대한 인식을 유지하거나, 인식과 주의집중을 번갈아가며 사슬 사이를 병행하는 치료자는 자신의 레퍼토리에 강력한 변증법적인 도구를 추가한 것이나 다름없다. 이러한 치료자는 유사한 문제 행동, 유사한 촉발 사건, 두 사슬 간의 유사한 연결고리, 유사한 취약 요인 및 사건 등 두 사슬 사이의 교차점에 주목하면서 두 사슬 사이의 교류적 영향을 알아차리기 시작할 수 있다. 이러한 새로운 인식은 자연스럽게 그 교류를 강조하는 개입으로 변한다.

"방금 제게 묘사한 것은 당신과 나 사이에 일어나는 것과 꽤 비슷하게 들리지 않나요?"
"그런 일이 이 안에서, 저와 함께 일어난 적이 있나요?"
"당신은 내가 좀 너무 조용하다 싶으면 다시 움츠려드는 경향이 있는데, 이제 여자 친구와 그런 일이 일어나고 있다고 이야기를 하네요. 무슨 일일까요?"
"밤에 잠이 모자라면 더 짜증스러워지는 것을 알고 있나요? 잠을 푹 자지 못한 날에 만나면 꼭 그런 것 같거든요."

이렇게 두 사슬 간 정기적으로 상호참조하는 것은 평가와 치료를 위한 또 다른 시각이 된다. 치료자와 환자가 현실에서 문제 행동으로 이르는 동일한 연결고리의 순서에 의해 치료 회기 안에서도 행동이 진행된다는 것을 알아차리게 된다면, 회기 안에서 하는 문제 해결이 외부 현실에서도 일반화되어 환경에 더 적응적으로 대응할 수 있게 해준다. 나의 경험상, 환자가 사슬 분석 과정을 잘 이해하고 있고, 사슬들이 정확하게 비교된다면 이러한 상호참조는 회기 내 작업의 의미와 중요성을 높여준다. 이것은 정신분석적 심리치료의 핵심 개념이기도 한데, 환자가 외부 현실에서 가지고 있는 문제들이 회기에서 전이되어 전개된다는 것이다.

애인에게 화가 날 때마다 자신의 아파트를 폐허처럼 만들며 물건들을 파괴하는 환자를 만난 적이 있다. 가끔 술도 한몫을 했다. 우리는 이러한 에피소드들 중 몇 가지를 세밀한 행동 사슬 분석으로 검토했고, 행동에 영향을 줄 수 있는 여러 변수를 찾는 데 성공했지만, 행동 변화는 거의 보이지 않았다. 나는 이 문제와 나의 곤혹스러움을 내 자문팀에게 제시했다. 한 자문 팀원은 행동 변수와 문맥 변수에 대한 여러 대안을 고민한 뒤 "미친 소리처럼 들릴 수 있다는 건 알지만, 에피소드를 강화하거나 촉발시키는 일을 회기에서 하고 있는 게 아닌지 궁금하다"고 말했다. 그것은 꽤나 지나친 추정으로 들렸고, 내가 보기에 그것을 지지할만한 분명한 연결고리는 아직 없었다. 또 다른 팀원은 치료적 분위기와 일반 치료 회기 안의 과정에 대해 좀 더 자세히 설명해줄 수 있냐고 물었다. 그러자 어떤 패턴, 거의 공식에 가까운 것이 드러났다. 그녀는 대개 부끄러운 고백으로 이런 회기를 시작했다. "선생님이 나한테 화내실 것을 알아요. 내가 또 그랬어요." 그녀는 눈을 피하며 목소리를 낮추고 얌전한 자세로 자신에 대한 가혹한 판단을 이야기했다. 객관적인 방식으로 사슬 분석을 하는 내내 나는 심문자처럼 느껴졌고, 그녀는 그 심문의 죄스럽고 사죄하는 피해자처럼 보였다는 점에 나는 주목했다. 또 다른 은유를 사용하자면, 나는 마치 성직자인 것 같았고 그녀는 내게 자신의 끔찍한 죄를 고백하는 것처럼 느껴졌다. 사실상 환자는 가톨릭 신자로서 아주 엄격한 환경에서 양육되어 왔고 고해성사에 매우 익숙했다. 팀원들과 이야기를 나누면서 나는 우리의 회기가 항상 좋은 분위기에서 끝난다는 것을 깨달았다. 늘 행동 사슬을 하며 해결책을 찾아내고, 환자는 해결책을 시도하기로 약속하고, 모두 다가오는 주에 대해 희망적인 느낌을 가진 채 긴장감을 잃었다.

나는 다음 회기에서 그녀에게 이런 관찰을 전달했다. 그녀는 즉각 자신이 죄를 고백하고, (행동치료를 통해) 용서를 받아 깨끗해져 다시 나와 연결되고, 희망을 갖는 것처럼 느껴온 것에 동의했다. 나는 우리 사이의 이 절차, 이 순서가 '죄악'을 강화하는 것이 아닐까 의문이 든다고 했다. 환자는 심리치료 '고해성사'에 와서 용서를 받을 수 있다는 것을 마음 한 켠에 알고, 충동에 대한 통제력을 잃도록 내버려두는 것일 수도 있었다. 이 전반적인 과정에 만족스럽고 완전한 무언가가 있었던 것이다. 환자는 이것을 기꺼이 가능성으로 고려했지만, 그리 확신하지는 못했다. 나는 회기가 끝날 때마다 행복한 결론에 도달하지 않는다면 상황이 달라질 수 있다고 제안했다. 대신 편안한 결말을 찾고자 하는 충동을 알아차리고, 진정한 해소는 행동이 멈출 때 온다는 것을 상기시켜야 한다고 했다. DBT의 의사소통 전략 양식의 관점에서 볼 때, 회기 중에는 불손한(변화 지향적인) 스타일을 따르다 끝에서는 상호적(수용 지향적인) 스타일로 전환하기보다는, 실제 행동 변화가 일어날 때까지 불손한 스타일로 남아 있어야 한다고 나는 판단했다. 나의 행동 변화는 거의 즉각적인 회기의 변화를 가져왔다. 그것은 환자가 회기 내의 사슬에 대한 인식을 높여주는 동시에, 회기 외에서 애인에 대한 분노를 관리를 하도록 하는 것 같았다. 궁극적으로, 우리는 여러 사슬들 사이를 상호참조하기 시작했다: 회기 외 현실 사슬, 회기 내 사슬, 자문팀이 발전시키는 사슬, 그리고 환자가 카톨릭 교육에서 배운 '고해성사 사슬'.

이 예시에서 알 수 있듯이, 이전의 행동사슬을 다시 언급하는 것은 행동 간의 반복성을 확인하며 종종 설명력과 신뢰성을 더해주어 생산적인 작업이 된다. 회기 외 사슬 검토를 보완하기 위해 또 고려해야 하는 사슬은 치료자의 이전 경험을 바탕한 것이다. 이것은 치료자의 개인 생활이나, 당면한 환자 또는 다른 환자와의 이전 경험에서 나온다고 생각할 수 있다. 환자가 말하거나 행동하는 것이 치료자의 이전 행동 사슬을 자극할 수 있는데, 이것은 치료자가 환자의 말을 듣고 반응하는 그의 방식을 편향시킬 수 있다. 우리는 이 과정을 정신분석 심리치료자가 환자에게 암묵적으로 반응하면서 자신의 역전이를 발견하고 관리하는 방식의 행동주의적 버전으로 이해할 수 있다.

물론 여러 사슬을 염두에 두는 과정은 청소년과 가족 DBT 치료에 있어 아주 핵심적이 된다. 치료자는 청소년과 개인 회기에서 십 대의 관점을 통해 걸러진 사건들로 사슬을 구성할 수 있다. 그 후, 청소년과 그의 부모가 함께하는 가족 회기에서는 훨씬 더 복잡한 '가족 사슬'을 구축하는 데 집중될 수 있다. 가족 사슬은 모든 구성원이 자신의 행동을 성찰하고 다른 구성원들의 관점으로 다시 검토를 해보게 된다. 가족 구성원들이 여러 가지 관점을 가지고 사건의 사슬을 구성함에 따라 설명 가능성이 증가하며, 치료자는 모든 가족 구성원들이 청소의 행동 결과에 모두의 기여를 했다는 것을 인식하도록 돕는다.

나는 여러 물질에 중독된 한 청년과 함께 가족 행동 사슬 분석을 하고 있었다. 비록 그는 이미 개인 회기에서 그의 행동을 이해하고 그의 부모와의 상호작용이 미치는 영향 또한 사슬에 포함했음에도 불구하고, 후속 가족 회기에서 형성한 가족 사슬은 우리의 관찰적 시야과 설명의 장을 더 넓게 열어주었다. 물질 사용을 유발하는 촉발 사건은 자신의 '게으름'에 대한 어머니의 가혹한 비난이라고 공식화한 환자였지만, 놀랍게도 어머니는 아버지로부터 아들에게 너무 관대하다는 비난을 들어왔다는 것이었다. 가족 모두가 가족 회기를 통해 해야 할 일과 고안해야 할 해결책들이 있음을 알게 되었다. 그 임무는 '지정된 환자'에게만 국한된 것이 아니었다. 사실 중요한 치료 결과 중 하나는 아버지와의 개별적인 만남이 되었다. 몇 차례의 만남에서 아버지는 자신의 고립감과 외로움에 대해 이야기하였고, 그는 아들이 물질 사용을 줄이는 데 간접적으로 긍정적인 영향을 주는 것 같았다.

변화는 항상 있고, 모든 것은 흐름 속에 있다

행동 사슬 분석을 하는 맥락에서 위에서 '일시성'을 논의한 바, 사슬에 유입되는 모든 요소를 포함하여 모든 것이 끊임없이 변화하고 있다는 인식은 반복적인 분석 행동의 사슬 분석에 갇혀 있는 치료자와 환자에게 희망을 줄 수 있다. 나는 종종 스스로에게 "이것도 지나가고, 이것도 변하리라"며 상기시켜왔다. "한 번 발을 들였던 시냇물을 두 번 밟는 경우는 없다"는 불교적 인식과 유사하게, DBT 치료자는 같은 사슬을 두 번 수행하게 되는 경우는 없다는 것을 기억해야 한다. 변화가 일어나고 있다는 관점은 가끔 치료에 수반되는 고착감과 마비감을 방지하는 데 도움이 된다. 그리고 그것은 그 자체가 움직임을 기반한 접근법으로 사슬을 대하게 한다.

치료자는 단순히 예전에 이미 확인했던 것을 반복하며 환자와 과거의 '옛 영역'에 갇혔다고 느낄 수 있지만, 이러한 변증법적 관점은 (1) 상황이 변하고 있음을 깨닫고 (2) 사슬 분석을 실시하는 데 있어 움직임과 흐름을 유지하도록 도와준다. 이것은 매우 다양한 방법으로 이루어질 수 있다. 치료자는 서로 다른 사슬에 초점을 맞추면서 움직임을 조성할 수 있다. 예를 들어, 청소년 환자는 자신의 '잘못된 행동'에 대한 사슬을 검토하려는 의지가 거의 없을 수도 있지만, 가족 또는 친구관계에서의 사건들을 재조명하는 데 기꺼이 참여할 수도 있고, 치료자가 자신의 인생사에서 도움될 만한 이야기와 관점을 제기할 수도 있다. 현명한 치료자는 다음과 같은 장기적으로 반복적인 상호작용을 피하기 위해 치료를 계속 움직이게 하고, 어떤 수단과 방법을 가리지 않고(DBT의 한계 내에서) 개입할 것이다.

> "그러고 나서 어떻게 됐나요?" — "모르겠어요."
> "그 여자가 한 일을 어떻게 설명할 수 있을지 짐작이 가시나요?" — "난 몰라요. 그걸 아는 게 당신의 직업이 아닌가요?"
> "그런 얘기는 하고 싶지 않아요." [무한반복]

다행히 DBT 치료자의 전략적 레퍼토리와 스타일적 입장 중에는 일을 계속 진행시킬 수 있는 방법의 선택지가 많다. 치료자는 사슬의 특정 지점에 갇히거나 환자에게 협조를 얻어내는 데 지쳤을 때 타당화 전략과 다수의 변화 전략을 왔다 갔다 할 수 있다. 그는 이와 같이 불손하고 상호적인 의사소통 방식을 병행할 수 있다. 그는 한 걸음 물러서서 가설을 만들어내고 환자를 소리내어 시험해볼 수 있다. 그는 은유, 레몬으로 레모네이드 만들기, 확장, 그리고 치료 전략들 사이 균형잡기 같은 변증법적인 전략들 사이에서 움직일 수 있다. 그는 사슬의 다른 부분들 사이를 왔다 갔다 할 수 있고, 가설, 해결책, 교육과 세심한 평가를 위해 사슬에 포착했다가 벗어날 수 있으며, 사슬의 '큰 그림'과 특정 부분의 미세한 사항 사이를 확대/축소할 수 있고, 환자의 경험을 타당화하는 것과 변화를 추진하는 사이를 왔다 갔다 할 수 있다. 나는 시간이 갈수록 사슬과 그 목적에 대한 경의심이 높아지며, 그럴수록 사슬의 일시성과 변화성에 대한 명료한 이해를 하게 되는 모습을 본다. 자신의 균형과 신선함을 유지하는 방법을 많이 알수록 치료 장면에서도 즉흥적으로 움직이거나 때로는 그저 앉아 지켜보면서 유동성을 더 효과적으로 유지할 수 있다.

사슬 분석의 기타 기술적 사항

이 장의 마지막 부분에서는 행동 사슬 분석의 두 가지 기술적 문제를 고려한다: (1) 절차의 영향력을 강화하기 위한 언어와 어조의 의식적 사용, (2) 작업할 '사슬의 위치'에 대한 지속적인 선택이다. 행동 사슬 분석은 환자가 몇 시간 또는 며칠 전 있었던 일을 세부적으로 기억해내야 하는 평가이기에, 회기에서 기억을 최대한 살리려고 노력하면 대개 절차가 향상된다. 첫째, '차가운' 기억보다 '뜨거운' 기억을 되뇌면서 관련 내용을 떠올리는 것이 더 쉽다. 둘째, 검토 과정에서 사슬 요소들에 대한 해결책이 발견된다면, 상기된 이야기가 '죽지' 않고 '살아 움직이는' 상태에서 바로 적용할 때 해결책이 환자의 정신과 통합될 가능성이 더 높다. 마지막으로, 회기 중 생생하고 세밀한 기억의 회상은 노출 절차로 그 과정을 이용할 수 있는 기회를 만들어, 환자가 피하지 않고 접근하며, 잊어버리는 것보다 기억할 수 있도록 돕는다. 행동 사슬 분석 중 이야기를 생생히 살아나게 하는 것의 유익에도 불구하고, 때로는 환자가 고통스러운 감정을 다시 완전히 일으키지 않고도 아픈 기억을 이야기할 수 있도록 덜 생생한 회상을 지시할 수도 있다.

이야기에 활기를 불어넣기 위해 치료자는 에피소드의 활성화를 촉진하는 언어와 어조를 사용할 수 있다. 과거 에피소드를 논할 때 현재형 시제를 사용할 수도 있다. "좋아요. 이제 당신은 부엌에 와 있고, 자해할 때 쓰는 칼을 가져갈 생각은 아직 하지 않았군요. 무슨 생각을 하고 있나요? 어떤 감정이 드나요? 칼로 자해하는 것 말고도 절박한 감정을 다스릴 수 있는 방법이 있나요?" 또한, 이 '재현'이 목격자와 후원자인 치료자 앞에서 일어나고 있다는 느낌을 주기 위해, 치료자는 '당신'이란 대명사보다 '우리'라는 말을 사용할 수 있다: "좋아요, 우리는 이제 부엌에 들어왔고, 아직 자해할 칼을 가져갈 생각은 하지 않았어요." 무슨 생각을 하고 있나요? 어떤 감정이 드나요? 절망에 빠지지 않기 위해 무엇을 할 수 있는지 생각해봐요." 이러한 현시제와 '우리'란 대명사를 미묘하게 사용하며 '지금 이 일이 일어나고 있다'는 의식을 조장하는 음색을 쓰면 사슬의 관련성과 사용도를 높일 수 있다.

치료자가 환자와 사슬 분석에 들어가자마자 생기는 의문은 '사슬의 어느 시점에서부터 작업할 것인가'이다. 위에 언급했듯이, 문제 행동에 대한 설명으로 시작해서 촉발 사건으로 넘어가는 경우가 많다. 그 후, 취약성 요인을 고려하기 위해 '뒤로' 이동하거나, 촉발 사건에서 문제 행동으로의 연결고리를 위해 '앞으로', 또는 문제 행동을 강화하는 결과를 위해 사슬의 맨 앞으로 이동할 수 있다. 비록 이러한 개략적 지침은 유용하지만, 여전히 치료자에게 많은 선택권을 남겨둔다. 사슬의 특정 부분에 집중하기 전, 사슬 전체에 대한 정보, 행동 에피소드에 대한 요약을 먼저 얻어야 할까? 아니면 더 자세한 내용을 알기 위해 최대한 처음부터 끝까지 연결고리 하나 하나 진행해야 하나? 이러한 선택지들을 정리 · 검토할 때에는 올바른 균형을 찾는 것이 중요하다. 환자의 행동 개요를 비추어보아 사슬에서 가장 즉시 관련되는 부분, 그리고 특정 부분의 세부사항을 파악하는데 드는 유한한 시간에 대한 가치를 두고 적절한 균형을 찾아 결정해야 할 것이다. 대부분의 경우, 나는 한 부분에 깊게 들어가기 전에 어떤 일이 일어났는지 간략한 개요를 얻으려고 한다. 이 접근방식은 치료자가 사슬의 한 부분에서 전체 회기를 소비하다 뒷부분에 고위험 행동이 있다는 것을 알게 되는 상황을 피하도록 도와준다.

간단한 개요를 얻는 것 외에 치료자는 회기 동안 탐색할 사슬의 위치를 어떻게 결정할 것인가? 치료자는 문제의 취약 요인 또는 촉발 사건이 있는 '좌측 끝'부터 시작하거나 문제 행동과 가까운 선행요인 또는 문제 행동의 결과가 있는 '우측 끝'을 볼 수 있다. 나는 이 과정에서 다음의 네 가지 지침을 염두에 두고 진행한다.

1. 목표 행동의 임박성과 심각성
2. 환자의 기억력 수준
3. 특정 부분에서 작업을 할 환자의 의지
4. 문제 행동과 무엇이 기능적으로 가장 관련이 있는지에 대한 나의 가설

첫째로, 나는 목표 행동의 임박성과 심각성을 고려한다. 행동의 위험성과 행동이 다시 반복될 임박성이 높다고 판단되면, 나는 사슬의 오른쪽 끝에 집중하여 고위험 행동을

촉진하는 요인을 평가하고 해결책을 찾는다. '사슬의 오른쪽 끝을 안정화'하는 것은 다른 행동으로 넘어가기 전에 가장 우선순위가 높은 고위험 행동을 목표로 하는 것과 일치한다. 오른쪽 끝의 문제를 해결하기 위한 일반적인 개입은 고통 감내 기술과 수반성 절차다.

둘째, 행동의 임박성과 심각성이 사슬의 오른쪽 끝을 우선시할 필요가 없다면, 사슬의 일부에 대한 환자의 기억력이 회기의 방향에 영향을 미칠 수 있다. 즉, 데이터가 더 많은 영역을 평가한 다음 적은 영역으로 이동하는 것으로 시작한다. 셋째, 환자가 상대적으로 사슬의 한 부분에 대해 더 노력할 의지를 보인다면, 우리의 협업을 강화하기 위해 나는 목표 목록의 우선순위를 위반하지 않는 선에서 그의 선호를 따르기도 한다. 앞서 이 장에서 나는 '친구'에게 강간당한 사건을 평가하기 위해 나와 일하고 있던 젊은 여성 환자를 언급했다. 나는 처음, 환자를 더 안전하게 만들어줄 수 있는 해결책을 찾기 위해 그녀가 '경계심을 늦춘' 사슬의 부분을 검토하는 것으로 우선순위를 정했다. 하지만 환자가 선호하는 것은 수치심을 주는 사슬의 그 부분을 피하는 것이었을 것이다. 환자는 자신이 남자친구를 원하는 '욕구'에 초점을 맞추고 싶어 했고, 그 이유는 자신의 욕구가 위협적인 남성들에게 취약하게 만든다고 생각했기 때문이다. 우리는 회기 초반부터 두 부문 모두 작업할 것을 약속했다. 물론 그 둘은 상호 연관되어 있었다.

마지막으로, 사슬의 어떤 부분에서 작업을 할지 선택할 때, 나는 사슬의 어떤 요소가 문제 행동과 기능적으로 가장 관련이 있는지에 대한 나의 가설의 영향을 받는다. 물론, 만약 내가 옳다면, 기능적으로 관련된 연결고리들을 다루고 변경하는 것이 행동 변화에 영향을 미칠 가능성이 더 높다. 어떤 경우에 이것은 환자의 문제 행동을 강화하는 환경적 요소들에 집중하도록 이끌 수 있다. 정서 조절 기술의 결핍에 의해 결국 문제 행동을 '해결책'으로 삼는 경우에는, 정서 조절 기술 부족에 초점을 맞출 수 있다. 어쨌든 나는 가능하다면 협동적인 방법으로 이러한 결정을 내리고, 내 추리에 대해 언제나 환자와 투명하게 이야기하려고 노력한다.

행동 사슬 분석에 도전적인 상황

최고의 계획도 가끔 엉망이 될 수 있다. 행동 사슬 분석부터 CBT의 기초, 수용과 변증법 패러다임의 원리까지, 모든 것을 배워도 여전히 어려움에 직면할 수 있다. 이러한 어려움 중 일부는 치료자의 문제 행동과 관련될 수 있지만, 대부분의 어려움은 일부 환자의 도전적 행동과 관련될 것이다. 그러한 다섯 가지 상황을 다음으로 고려해본다.

첫째, 최소한의 언어적 데이터 외에는 정보를 제공하지 않는 환자가 있다. 환자는 에피소드 전체나 중요한 부분을 잊어버릴 수 있으며, 특정 부분에 대한 회상을 요청했을 때 회기 중에 분열되거나, 기억에 기반한 정보가 거의 없는 매우 짧은 답을 주고 장시간 동안 완전히 침묵할 수 있다. 이 장의 앞부분에서 언급한 것을 복습하고 더 자세히 확장하자면, 나는 일반적으로 내가 얻을 수 있는 것을 취하고, 내가 할 수 있는 것을 분석하며 정보를 제공하는 데 방해가 되는 요소들을 평가하고 다루는 식으로 접근한다. 물론 이 과정은 각각의 경우에 따라 다르기 때문에 일반화할 수 있는 공식은 없다. 비교적 의지가 있는 환자가 단순히 기억을 못해내는 것으로 보인다면, 중요 사건에 대한 더 많은 기억을 이끌어내려고 노력하거나, 단순히 환자의 기억력 수준에 맞추어 진행을 하려 할 것이다. 환자에게 기억나지 않는 부분은 일단 만들어내어 행동 사슬 분석을 연습하자고 요청을 하고, 그 과정이 기억력을 오히려 강화시킬 수 있다는 희망을 갖는다. 내가 생각하기에 환자의 기억력이 아닌 의지적인 문제가 있고, 환자의 협업을 어떻게 증가시킬지 떠오르는 방법이 없다면, 나는 방해하는 의지적인 행동을 직접적으로 명명하여 평가에 대한 도움을 환자로부터 이끌어내려고 노력할 것이다. 특히, 나는 어떤 감정이 개입돼 있는지 관심을 기울인다. 두렵고 불안한 환자는 감정에 대한 논의를 피하고 이야기의 인지적 세부사항으로만 붙을지 모른다. 수치스럽고 당황한 환자는 굴욕적인 세부사항을 숨기려 할지도 모른다. 화가 난 환자는 상황에 대한 통제감을 갖기 위해 저항감을 갖고 장벽을 쌓을 수도 있다. 각각 다른 접근법을 필요로 한다. 환자가 완전히 침묵하고 있는 경우나 기억의 부재를 이해할 실마리가 거의 없다면, 나는 기법을 총동원하여 어떠한 접근법이 환자로부터 더 나은 반응을 이끌어내는가를 살펴볼 것이다. 시행착오를 겪는 것이 때로는 장벽을 평가하는 가장 생산적인 수단이 된다.

어떤 환자들은 행동 사슬 분석의 절차 내내 매우 높은 수준의 정서적 민감성과 반응성을 보여, 그들의 주의를 세부사항, 가설, 또는 해결책에 집중시키는 것이 거의 불가능할 때도 있다. 그런 경우, 나는 행동 사슬 분석에 대한 계획을 포기하고 과잉반응을 유발하지 않고 할 수 있는 모든 일을 하며, 정서적 민감도를 줄이는 전략들을 회기 내에서 사용한다. 이것은 대개 환자의 감정을 가능한 정확하고 효과적으로 타당화하는 것으로 시작되는데, 회기의 많은 시간을 여기에 할당해야 할 수도 있다. 이는 정서 조절 기술, 마음챙김, 고통 감내를 촉진하거나 가르칠 수 있는 기회들이다.

셋째로, 환자의 산만함의 정도가 사슬의 내러티브를 얻는 것을 크게 방해하기도 한다. 환자의 주의가 튕기는 이유로 어떤 연결고리에 대해서도 자세히 설명하지 못하기에 사슬을 자세히 평가할 수 있는 기회가 사라진다. 일반적으로 이러한 유형의 환자를 대응하는 법은 '치료방해 행동'으로 규정되는 주의력의 산만과 충동성을 다루는 것이다. 이 모든 문제는 해결책을 찾는 것을 목표로 명명되고 평가될 필요가 있다. 청소년과 일부 성인의 치료에서 이러한 행동들은 ADHD의 증상에 의해 나타날 수 있기 때문에, 치료자는 이러한 문제들에 대처하기 위한 전략과 기술을 배울 필요가 있다.

넷째, 행동 사슬 분석에서 과도하게 세부정보를 많이 이야기하고 싶어 하는 환자들이 꽤 있다. 여기서의 문제는 행동 문제의 큰 그림을 얻는 것이 거의 불가능하다는 것이다. 좌절하지 않기 힘든 경우이나, 이야기를 앞으로 전진시키고자 하는 치료자의 노력은 환자의 불안을 오히려 고조시켜 상황을 악화시키는 경향이 있다. 이런 경우, 나는 한 발짝 물러서서 환자의 과도한 세부사항을 제공하는 경향을 평가하고, 그것을 '큰 그림을 얻는 것'을 방해하는 요인으로 단도직입적으로 이야기하며, 해결책 마련이 적절한지 살펴본다. 강박장애(OCD)와 수집장애 진단을 받은 환자 중 한 명이 이런 양상을 보였는데, 내가 이것을 문제로 명명하고 그의 주의를 끌었을 때, 그리고 얼마나 세부적인 정보가 필요한지에 대한 나의 판단을 그가 받아들이기로 동의할 수 있을 때 더 많은 진전을 이루었다. 나는 그의 준수에 대해 보강할 방법 또한 찾았다.

마지막으로, 모든 DBT 치료자들이 아마 행동 사슬 분석과 같은 구조나 절차가 부과된다는 것 자체에 분노, 반항, 고집과 같은 격한 감정 반응을 보이는 환자들을 겪어보았을 것이다. 그런 환자들은 치료자를 침입적이거나 강압적인, 단순하거나 둔감하다고 판단하고 있을 수 있고, 행동 사슬 분석으로 자신이 '매 맞거나' 혹은 '처벌받고 있다'고 느낄 수도 있다. 그들은 구조적인 틀에 참여하지 않고 "그저 이야기만 하고 싶어요"라고 할 수도 있다. 다시 말하지만, 이런 종류의 행동을 다루는 데에는 공식이 없기에 개별적으로 관련 요인들을 평가할 필요가 있다. 일반적인 지침은 사슬 분석 절차를 방해하는 요인을 비판단적으로 명시하고, 이를 해결하기 위해 노력하는 것이다. 때로는 치료자가 경직된 방식으로 이 과정을 진행함으로써 문제를 확대하거나 촉발하는 경우도 있다. 행동 사슬 분석은 본질적으로 아주 자연스럽고 대화에서 쓰이는 일이라, 대부분의 사람들은 의사나 자동차 정비사를 대해 보았다면 이 과정이 친숙하게 느껴질 것이다. 결국, 그저 이야기를 얻고 이해하기만 하면 된다. 행동 사슬 분석이나 비슷한 용어를 사용할 필요조차 없으며, 회기 중 이 부분이 특별히 다른 것처럼 행동할 필요도 없다. 단순히 "무슨 일이 일어났나요?"라고 말하며 시작하면 된다. 또는 "어떻게 그런 일이 생겼어요?" 혹은, "이야기해주세요." 행동 사슬 분석을 하는 DBT 치료자는 단순히 이야기를 잘 들으며, 머릿속으로는 행동 사슬의 형태로 이야기를 틀이나 구조로 정리할 수 있다. 이렇게 하면 엄청난 득실이 있다!

제**12**장

타당화

당신은 세 살짜리 아이와 산책을 한다. 목적지를 향해 걸어가던 중, 흙 속에서 감자 벌레가 나오는 것을 보고 아이는 걸음을 멈춘다. 아이는 주저앉아 발뒤꿈치에 무게를 싣고 몸을 웅크린 채 벌레에 완전히 빠져 있다. 흙 속에서 발견한 막대기의 작은 조각 하나를 집어들고, 될 수 있는 한 부드럽게 벌레에 손을 대어 벌레가 하는 일을 지켜보고 벌레를 이리저리 밀어본다. 당신도 멈추고 조용히 옆에 웅크린다. 아이가 없었더라면 이 벌레는 전혀 눈치채지 못했을 것이다. 벌레에 대한 모든 것, 아이가 하는 일, 벌레가 어떻게 반응하는지를 관찰한다. 당신은 아이가 '벌레 현실'에 빠져 있다는 것을 알아차리고, 당신도 그곳에 있는 자신을 내버려둔다. 멋진 순간이다. 당신은 아이와 함께 걷던 목적지를 포함해 세상의 모든 것을 내려놓고, 순간적으로 방향까지 잊어버렸다. 당신은 아이, 벌레와 함께 그곳, 그 순간에 완전히 있다.

그렇게 함으로써 당신은 아이의 존재, 그녀의 속도, 호기심, 매료됨을 받아들이고 지지한다. 아이는 귀한 존재이고, 그가 어떤 행동을 하는지는 중요하며, 아이가 하는 일이 괜찮다는 것을 당신은 아무 말도 없이 전달한다. 당신의 존재는 아이를 성장시키고, 그녀의 본능과 선택을 암묵적으로 지지하며, 세상에 대한 관심을 강화한다.

심리치료의 타당화는 이런 성질을 가지고 있다. 지금 당장 환자가 보고 있는 것을 보고, 듣는 것을 듣고, 그와 함께 길을 멈추고, 당분간 변화 지향적인 의제를 완전히 놓아버릴 것을 요구한다. 당신의 존재가 환자를 향상시킨다. 그녀의 의제, 관심사, 속도는 받아들여지고 지지되며, 환자는 자신이 연결되어 있는 실질적이고 의미있는 존재라 느낀다. 자신이 인정받고, 존중받고, 확인받고 있는 존재이기 때문이다. 말 한 마디 없이 이루어지는 이것, 이것이 타당화다. 타당화가 언어적 형태를 띄게 될 때면 같은 정신이 단어 속으로 흘러 들어간다.

타당화를 정의하는 것은 호흡을 정의하는 것과 같다. 한편으로, 우리는 이미 그것이 무엇인지 알고 있다. 익숙한 용어와 개념이다. 우리는 항상 그것을 하고 있다. "그가 한 말을 듣고 네가 화가 난 것은 당연해"라고 말하면 그 사람은 이해받았다고 느낀다. "당신이 그 남자를 불신한다는 것은 말이 되네요, 그는 늘 예측 불허의 행동을 해왔으니까요"라고 말하면 그 사람은 당신이 상황을 정확히 '알고 있다'고 느낀다. "파트너도 없이 혼자 파티에 가는 것은 큰 용기입니다"라고 말하면 그 사람은 인정받고, 확인하고, 강화되었다고 느낀다. 듣고, 보고, 다른 사람과 함께 있고, 다른 사람을 위해 있는 것도 타당화를 해준다. 이러한 순간들은 모두 타당화 순간들이고, 함께 하는 두 사람 사이의 연결을 강화한다. 타당화가 실패하기 전까지는 그것의 특정한 특징, 복잡성, 그리고 경계를 알 필요가 없다. 하지만 높은 정서적 감수성과 반응성, 무효화 환경의 오랜 역사, 따라서 자기 무효화의 경향이 강한 환자들을 대할 때면 자주 실패한다. 우리는 타당화를 하려고 노력하지만 효과가 없고, 예상한 대로 되지 않는다. 우리가 익숙한 종류의 관계가 성립되지 않는다. 이러한 상황은 DBT에서 드물지 않게 일어나지만, 타당화가 그만큼 치료에 중대한 역할을 하기 때문에 타당화가 의미하는 바를 더 깊고, 더 예리하고, 더 다면적으로 이해해야 한다.

리네한(1997)은 이 주제에 관한 1997년 글에서 타당화의 정의적 특징과 기술적 요건인 타당화의 정의, 즉 무엇을, 왜, 해야 할지, 언제 및 어떻게를 제안했다. 나는 변화, 수용, 변증법적 패러다임의 원리가 우리의 타당화 능력을 확장시킬 수 있는 방법에 대해 논의하기 전, 그 기사에서 나온 많은 중요한 요점들을 다시 살펴보고 그것들을 임상 사례로 설명함으로써 이 장을 시작한다. 다룰 주제는 다음과 같다.

- DBT에서 타당화의 기능
- 타당화란 무엇인가?
- 타당함 대 타당하지 않음

- 타당화의 대상은 무엇인가?
- 타당화는 언제 하고, 하지 않는가?
- 타당화의 6단계는 무엇인가?
- 변화, 수용 및 변증법적 패러다임이 타당화의 응용을 어떻게 강화하는가?

DBT에서 타당화의 기능

DBT 개발 중, 변화를 추진하는 데 따르는 조절 부전 영향과 균형을 맞추기 위해 치료의 인지행동적 핵심에 타당화가 추가되었다. 1990년대 초기 워크숍과 세미나에서 밝혔듯이, 타당화는 인지행동 전략의 '맛 없는 약'이 넘어가도록 돕는 '달달한 코팅'을 제공하거나, '문제 해결의 기계에 뿌리는 윤활유'를 제공한다. 따라서 타당화의 밝혀진 첫 번째 기능은 환자가 문제를 해결하는 동안 정서적 균형을 유지하거나 회복하는 데 도움을 주는 것이었다. 그 이후로 타당화는 DBT에서 몇 가지 다른 기능을 가지고 있는 것으로 증명되었다. 이는 개선을 위한 강화 기능을 수행함으로써 임상적 진전을 촉진한다. 치료 관계 또한 강화한다. 치료에서 환자를 지탱해주는 요인 중 하나이다. 이 마지막 기능은 DBT의 무작위 대조 실험 연구에서 타당화 전략만으로 구성된 특수 통제 개입, CVT(comprehensive validation therapy, 종합적 타당화 치료)와 표준 DBT를 비교했을 때 나타났다(Linehan et al., 2002). CVT는 증상을 줄이는 데에도 상당히 성공적이었지만, 가장 주목할 만한 영향은 치료 중퇴율 0%였다.

무효화가 중심적 역할을 하는 DBT의 생물사회적 이론에서 볼 때, 타당화는 자기 무효화를 감소해주는 동시에 자기 타당화 능력을 높이는 데 도움을 준다. 타당화가 가장 순수한 수용 지향적 전략으로 평가된다는 점에서, 그것이 정서적 반응을 바꿔주는 역할을 한다는 점이 흥미롭다. 전형적으로, 감정적인 촉발 사건은 수치심을 유발하는 비판과 같은 불쾌한 일차적 정서 반응을 야기한다. 경계선 성격장애를 가진 사람에게 수치심은 견딜 수 없는 감정이어서, 분노나 슬픔과 같은 이차적인 정서 반응이나 자해와 물질 사용과 같은 기능장애적인 행동 반응을 일으키기 마련이다. 만약 치료자가 일차적인 정서 반응을 확인하고 타당화할 수 있다면(이 경우, 수치심), 그렇게 함으로써 환자가 그 감정과 계속 접촉하도록 도울 수 있다면, 그는 고통스러운 감정을 조절하는 새로운 방법을 배우기 시작한다. 이 점에서 타당화는 DBT의 네 가지 변경 전략 중 하나인 노출 절차의 한 단계 역할을 하는 셈이다.

내가 마샤 리네한과 함께 워크숍을 가르치고 있을 때, 한 참가자가 아주 흥미로운 질문을 던졌다. "마샤, 당신이 난파선의 생존자 중 한 명이고, 다른 유일한 생존자는 경계선 성격장애를 가진 사람으로 몇 년 동안 구조될 희망이 안 보이는 작은 외딴 섬으로 가게 되었다고 해요. 그 섬에서 사용할 DBT 전략을 단 하나만 가지고 갈 수 있다면, 어떤 전략을 가져가시겠어요?" 마샤는 그 질문을 좋아하면서 "DBT의 아스피린이 무엇인지 알고 싶은 거군요"라고 말하며 곧 대답했다: "타당화. 타당화는 우리의 관계에 도움이 될 것이고, 그것은 가장 중요한 것일 수도 있겠죠. 타당화는 나의 섬 동료가 감정을 조절하도록 도와줄 것이고, 심지어 문제 해결 전략을 가르치지 않고도 더 나은 문제 해결사가 되도록 할 수도 있어요. 가끔 함께 혼란도 겪게 될 테지만, 타당화만 받는다면 우리는 무엇을 해야 할지 알아낼 수 있을 거예요." 타당화야말로 DBT의 아스피린이다!

타당화란 무엇인가

타당화는 무엇을 입증하거나 확인 또는 제재하는 행위다. 심리치료 밖에서 이 용어를 어떻게 사용하는지 생각해보면, 연구 결과, 여권, 선거 결과, 논거 또는 논리적 증명을 타당화한다고 한다. 타당화에는 세 가지 단계가 포함된다. 첫 번째, 이해해야 한다. 우리는 연구 결과, 여권, 선거 결과, 정식 논거나 증명 등 그 현상을 인식하고 이해해야 한다. 두 번째, 타당성을 확인한다. 연구 결과, 여권, 선거 결과, 주장이나 증거가 적합한 기준에 부합하는가? 그들의 특정 맥락에서 일리가 있고 말이 되는가? 우리는 그 현상을 인정하고 이해하려는 것뿐만 아니라, 그 현상의 '진실 가치'를 입증하려 한다. 사실상 둘 중, 두 번째만 타당화이고 첫 번째는 전제조건이다. 세 번째 단계는 타당화를 전달하는 것, 즉 여권을 증서로 발급하거나 도장 찍는 것 등을 포함한다. 타당화는 언제나 타동사다. 우리는 무언가를 타당화한다.

1단계 : 행동 인식 및 이해

현상을 인식하거나 이해하는 첫 단계는 임상적 맥락에서의 '공감'과 동일한 의미를 가지고 있다. 공감한다는 것은 누군가의 곤경, 경험, 행동을 인식하고 이해하는 것이며, '당사자의 입장이 되어 볼 수 있다'는 것이다. 우리는 그 사람의 경험이나 행동에서 '진실 가치'를 찾으려 하지 않고도 공감할 수 있다. 감정 이입은 타당성을 입증하기 위한 전제조건이며, 타당화의 실패는 공감하지 못한 것에 주로 원인을 두고 있다. 내가 실망이 무엇을 의미하는지 모른다면, 내가 만약 그것이 어떤 기분인지 몰랐다면, 누군가의 실망감을 타당화하려는 나의 노력은 부족할 뿐만 아니라, (만약 내가 그 과정에서 나의 생소함을 인정하지 않는다면) 거짓처럼 들릴 것이다. 곧 보게 되겠지만, 공감은 해도 행동의 '진실 가치'를 입증하는 두 번째 단계에는 들어가지 않을 특정한 임상적 상황들도 있다.

행동의 타당성은 우리가 그것을 타당화하기 전에 이미 존재한다. 우리는 이미 타당한 것을 타당화하는 것이다. 우리는 단지 그것의 타당성을 확인할 뿐, 우리는 무언가를 타당화함으로써 타당성을 창출하지 않는다. 이 점은 뻔해 보일지 모르지만, 일부 치료자들은 무엇을 타당화해야 할지 아직 알지도 못하면서 무조건 의무적으로 타당화를 하려 한다. 우리는 생각, 행동, 감정, 어쩌면 능력을 인식하고 이해, 즉 공감한 후 그 현상을 타당화하기로 선택한다. DBT에서는 타당화 시 절대적 가치가 부여되지 않고, 위에서 언급한 특정 목적에 사용되며, 궁극적인 목표는 치료 목표를 달성하여 살만한 삶으로 환자를 이끄는 것이다. 때때로 행동을 인식하고 이해하여도, 타당화를 전략적으로 보류하는 경우도 있다. 나는 숙련된 DBT 치료자를 자문하며 늘 부당한 대우를 받는다고 느끼는 예민하고 반응적인 환자의 치료에 대해 상담한 적이 있다. 치료자는 환자가 친한 친구에게 불만을 가지고 있다고 했다. 치료자는 환자를 타당화하고 싶었고, 해야 한다고 생각했지만, 무언가가 그를 막고 있었다. 치료자는 나에게 자기 환자를 어떻게 타당화 할 수 있는지 알려달라고 부탁했다.

나는 치료자에게 치료 상황을 역할극으로 재현할 수 있는지 물어봤고, 그녀는 환자로, 나는 치료자로 연기하기 시작했다. 나는 그녀를 타당화하려고 노력했지만, 환자를 연기하면서 치료자는 나에게 불평을 늘어놓기 시작했다. "제 베프가 전화나 문자를 회신하지 않고 있어요. 저를 무시하고 있고, 제 감정을 상하게 해요. 너무 화가 나요!" 나는 "왜 친구가 당신의 전화를 받지 않는지 아나요?"라고 물었다. "남편이 암으로 죽어가고 있고, 인생의 마지막이라고 해서 저를 무시할 필요는 없죠. 저도 관심이 필요해요!" 나는 속으로 "아, 이제 왜 환자를 타당화하기 어려운지 알겠구나"라고 생각했다. 환자의 실망은 인지하고 이해할 수 있는 것이었고, 그것을 위로하고 싶은 생각이 들었지만, 그녀의 반응은 사실 옳지 않았다. 그 순간 친구에 대한 실망감을 타당화하자면 본인의 남편이 죽어가는데도 친구가 자신을 돌봐줘야 한다는 그녀의 믿음까지 타당화했을 것이다. 역할극에서 나의 본능적인 반응은 타당화가 아니라 불손한 것이었다. 수용 지향적이기보다는 변화 지향적이었다. 역할극을 계속하면서 나는 이렇게 말했다.

"남편만큼 친구의 관심이 필요하다고 생각한다면, 당신도 죽어가고 있다고 말해보세요."

"제가 왜요?"

"아마 친구는 죽어가는 사람들에게 더 많은 관심을 쏟는지도 몰라요."

치료자는 잠시 혼란스러워하는 것 같았지만 여전히 환자를 연기하면서, "하지만 25년 동안 남편이었던 사람이 죽어가는데 친구한테 어떻게 그래요! 제가 친구한테 너무 많은 기대를 하고 있거나, 타이밍이 안 좋은 것 같아요"라고 말했다. 그것은 내가 타당화할 수 있는 발언이었다: "무슨 말인지 알겠어요. 말이 되네요." 그러고 나서는 환자의 초기 반응이었던 실망감을 타당화할 수 있었다: "당신이 옳지만, 그래도 얼마나 실망스러웠을지 알 것 같아요."

2단계 : 행동의 '진실 가치' 결정

리네한(1997)은 우리가 행동의 타당성을 결정하는 세 가지 맥락, 그리고 그렇게 해야 할 다섯 가지 추론 방법을 제안한다. 비록 완전하지는 않을지라도 그것으로 타당성을 결정하기 위한 일종의 메뉴를 제공하고, 그 메뉴를 통해 한 행동을 타당화하기 위한 여러 방법을 찾을 수 있다. 리네한의 표현 중 '모래 양동이에 있는 금 한 덩어리를 발견하기'가 있는데, 이는 DBT에서 빈번히 일어나는 사례를 언급하고 있다. 타당화를 하고 싶어도 특정 행동에 무엇이 타당한지 명확하지 않은 경우 말이다. 세 가지의 맥락은 과거, 미래, 그리고 현재의 시간 관점이다. 앞의 예시의 경우, 환자의 실망은 그 사람의 과거에 비추어보았을 때 타당한가? 환자의 감정적인 반응은 미래의 '끝을 보는 시각'으로 보았을 때 타당한가? 현재 맥락과 관련하여 타당한가? 다섯 가지 추론 방법은 다른 종류의 논리를 포함한다. 행동은 어떤 공인된 권위에 의해서나 사회적 합의와 관련하여 타당한가? 귀납적(경험적) 추론이나 연역적 추론에 근거하여 타당한가? DBT의 고유한 기준으로서는, 행동이 '현명한 마음' 추론에 근거하였을 때 타당한가? 이후, 타당화에서의 변증법에 관한 논의를 더 펼칠 때 한 맥락에서는 타당하지만 다른 맥락에서는 타당하지 않은, 또는 한 유형의 추론에 의해서는 타당하지만, 다른 유형으로서 타당하지 않은 까다로운 상황들도 살펴볼 것이다.

과거에 대한 타당화

어떤 행동이 개인의 독특한 학습 이력이나 생물학적 체질과 일치한다는 것을 이해할 수 있다면 타당한 것으로 간주한다. 예를 들어, 나는 무대에서 관객 앞에 서면 자동적으로, 순간적 공포를 경험하고 무대 가장자리에서 뒤로 물러난다. 이것은 현재 상황에서 타당한 행동이 아니다. 두려워할 만한 뚜렷한 것이 없기 때문이다. 그러나 무대에 대한 나의 학습 이력을 알게 되면 본능적인 공포와 가장자리에서 멀어지는 반사적 반응이 쉽게 이해된다. 48년 전 고등학교 시절, 나는 학교에서 셰익스피어 연극의 주연배역을 맡고 있었다(셰익스피어의 '십이야', 오르시노 공작 역). 가짜 수염을 붙이고 지나치게 긴 자주색 옷을 입고 무대에 올라섰다. 친구들은 맨 앞줄에 앉아, 공연하는 동안 익살스럽게 내 집중을 방해할 것을 약속했다. 하지만 나는 유명한 독백의 한가운데에서 ("음악이 사랑의 심정을 살찌게 해주는 음식이라면, 어디 계속해다오 …") 옷을 잘못 밟아 무릎이 꺾였고, 그만 무대에서 바닥으로 떨어지고 말았다. 일어나서 다시 무대 위로 걸어 올라가 공연을 끝냈지만, 이것은 일을 완성한다는 의미에서는 괜찮았어도 변한 나의 뇌 구조는 되돌리지 못했다. 나는 많이 놀랐고 상처받았고, 굴욕감을 느꼈으며, 현재 나의 무대 공포는 이러한 이력에 비추어본다면 타당하다.

재작년 친구에게 성폭행을 당해 PTSD가 악화됐던 한 환자는 멀리 사는 가해자가 돌아올 기미가 없고, 살고 있는 마을은 작고 비교적 안전했는데도 아파트를 늘 여러 자물쇠로 잠그고 살았다. 현 상황에서 이 행동은 타당하지 않았지만, 과거를 비추어보았을 때 분명히 타당했다. 본인도 이렇게 극단적인 조치를 취하는 것을 부끄러워하며, 지금의 현실과 맞지 않다는 것을 안다고 했다. 하지만 그 수치심은 내가 입장에 공감하고 과거에 대한 행동을 타당화함에 따라 줄어들었다. 나는 진정으로 같은 경험으로 인해 PTSD가 악화되었다면, 그 어떤 사람도 같은 행동을 할 것이라고 전달할 수 있었다.

과거 타당한 행동은 현재와 미래의 맥락에서도 타당한 경우가 많다. 기술 훈련 집단의 첫 번째 회기에서 한 젊은 여성이 선글라스와 두꺼운 코트를 입고 도착했고, 자리에 앉았을 때 집단으로부터 의자를 벽 쪽으로 돌렸다. 회기 내내 아무에게도 말을 걸지 않았고 내 질문이나 코멘트에도 대답하지 않았다. 비록 나는 그런 행동이 이상하다고 생각했지만, 훈련과 학습에 방해가 되지 않았기 때문에 도전하지 않았다. 몇 주 후 그녀는 변했다. 선글라스를 벗고 다른 그룹 멤버들과 마주보고 말을 하며 참여하기 시작했고, 우리가 거론한 모든 기술을 배운 것 같았다. 차차 환자에 대해 더 많이 알게 되면서 과거에 근거한 행동의 타당성을 인정하는 것은 쉬워졌다. 오랫동안 사회불안장애를 가지고 있었고 여러 번 소외된 고통스러운 경험이 있어, 비슷한 경험을 피하려고 노력하고 있었다. 그런데 그 행동은 흥미롭게도, 현 시점에서도 타당한 부분이 있었는데, 그 독특한 행동으로 인해 현재 기능할 수 있었고 기술을 배우려는 목표를 성취할 수 있었다. 삶에 더 참여할 수 있는 기술을 많이 배우고자 했던, 그녀가 상상했던 미래에 대해서도 타당했다. 어떤 행동이 이상하고 파격적이어서 반감과 의견 충돌을 유발할지라도, 그래서 공감이나 타당화를 쉽게 얻지 못하더라도, 모든 면에서 타당할 수 있다는 좋은 예다.

미래에 대한 타당화

우리는 미래에 대한 개인의 관점, 그의 최종 관점과 일치하고 관련이 있는 행동을 미래와 관련하여 타당한 것으로 여긴다. 나의 동료는 그녀의 여섯 살, 여덟 살, 열 살짜리 세 자녀가 다니는 학교에 대해 불만을 가지고 있었다. 학교와 선생님들과 함께 문제를 개선하려고 노력했지만, 여전히 불만족스러웠다. 자녀들을 자퇴하게 하고 홈스쿨링을 한다는 것은 그들이 귀중한 사회적 기회를 잃고 가정생활을 복잡하게 만들 것이기에 그러고 싶지 않았다. 게다가, 그것은 교사들과 학교 고문들의 의견을 역행할 선택이었다. 그러나 자녀들의 교육 발전의 미래에 대한 견해에 동조하여 그녀와 남편은 아이들을 홈스쿨링에 착수하게 되었다. 주변의 많은 사람에게 논란이 되었고, 학교의 관점에서는 역기능적이었으며, 성공적이었던 본인의 과거 교육사와도 맞지 않았지만, 동료의 선택은 자신의 최종적인 관점과 미래에 관해서 타당했다.

몇 년 전에 나는 1년 전 인생이 비극으로 바뀐 23세의 한 남자를 평가했다. 사고로 인해 사지마비 상태였던 그는 휠체어를 타고 내 사무실로 들어왔다. 평가 초반에 그는 분노, 우울, 자살 충동을 느끼며 그런 심한 신체적 한계를 지닌 삶을 받아들이기를 거부했다. 장애인을 위한 다양한 직업 프로그램에 참여하기를 거절했고, 가족과 친구들은 그의 거부에 좌절한 상태였다. 그들은 결코 돌이킬 수 없는 사고에 대한 분노 때문에 그가 그렇게 행동한다는 것으로 추측했다. 환자의 행동은 그들에게 타당하지 않아 보였고, 그들의 반응은 그를 무효화했다. 하지만 그들이 놓치고 있던 것은 그의 분노에 찬 거절이 과거에 근거한 것이 아니라는 점이었다. 그것은 걷는 자신의 미래상을 바탕으로 한 분노였다. 그는 달나라와 더 먼 우주까지도 갈 수 있는 사회가 어떻게 더 나은 휠체어를 만들지 못하는지 이해할 수 없었고, 그가 걸을 수 있도록 재구성되고 자동화된 휠체어를 원했다. 그의 견해를 듣자니, 완전히 일리가 있었다. 미래에 대한 그의 이미지는 정상적이고 타당했으며, 사회에 대한 그의 분노도 이해할 수 있었다. 그와 나는 인터넷에 들어가 생체 인식 휠체어 기술의 현황을 조사했다. 우리는 매사추세츠 공과대학교(MIT)의 한 교수와 영국 옥스퍼드의 또 다른 교수와 교류를 하며 환자가 구상한 것과 정확히 일치하는 그들의 프로젝트에 대해 더 알 수 있었다. 아직 기술이 그가 쓸 수 있을 만큼 준비되지 않았음에도 불구하고, 그의 관점, 즉 최종 관점에 대한 타당화는 그를 격려했고, 분노를 누그러뜨리고 앞으로 나아갈 수 있게 해주었다.

현재와 관련된 타당화

임상적으로 매우 중요한 것은 행동을 현재의 맥락에서 타당할 수 있다는 사실이다. 그런 의미에서 그 행동은 정상적이고 기능적이다. 무효화되어온 역사로 인해 자신이 정상적이지 않고 기능적이지 않다는 확신을 갖게 된 사람들이 현재의 맥락에서 '나도 타당하고 규범적인 행동을 할 수 있다'라는 타당화를 받는 것은 DBT에서 높은 우선순위에 있는 아주 중요한 일이다. DBT에 대한 준수도를 평가하는 치료자들은 환자를 현재 상황에서 타당화한 경우를 적도록 훈련받는데, 개인 회기당 최소한 한 건의 타당화를 적어야 한다(이것은 **5단계 수준 타당화**라고 한다).

하지만 이것은 복잡한 일일 수 있다. 현재 상황에서 행동이 타당한지 어떻게 결정하는가? 예를 들어, 엄숙한 교회 예배 중에 고의적으로 큰 소리로 방귀를 뀌는 것이 타당한가? 사정에 따라 다를 것이다. 치료 환경의 환자가 화가 나 집단에서 나갈 때, 그 맥락에서 타당한 행동인가? 경우에 따라 다를 것이다. 청소년 환자가 매일 학교 전과 후에 마리화나를 피운다면, 그 맥락에서 타당한 행동인가? 이것 또한 사정에 따라 다를 것이다. 우리는 이 모든 경우에 더 많은 정보가 필요하다. 따라서 타당성을 결정하는 다섯 가지 다른 추론 방법이 필요하다. 이 방법들은 현재 맥락에서 타당성을 고려하는 데 있어 유용한 가치가 있다. 행동은 다음과 관련하여 타당한 것으로 볼 수 있다.

1. **공인된 권위** : 행동이 공인된 권위와 일치하는가?
2. **합의** : 그 행동은 다른 사람들(모두 또는 유관한 하위집단)도 그 맥락에서 할 수

있는 행동인가?

3. 경험적 추론 : 그 행동은 경험적 추론이나 귀납적 추론, 즉 다수의 과거 경험에 근거하여 타당한가?
4. 연역적 추론 : 그 행동은 논리 또는 연역적인 추론을 통해 타당한가?
5. 현명한 마음 : DBT에 있어서 특히, 위의 기준 중 어느 하나와 일치하지 않더라도 개인의 현명한 마음과 일치한다는 점에서 그 행동이 타당한가?

공인된 권위에 대한 추론 및 합의에 의한 추론 비록 자살 폭탄은 경악스럽고 충격이지만, 특정 급진적인 기관의 의무나 가치와 일치할 수 있다는 점에서 현재의 맥락에서 타당할 수 있다. 임상적 사례를 들어보자면, 환자는 명백한 성공적 결과에도 불구하고 모든 정신과 치료를 중단할 수 있다. 이 선택은 치료 공동체의 대부분의 사람들이 반대할 수 있다는 점에서 타당하지 않아 보일 수 있다. 경험적 추론에 미루어 보아, 물질치료를 중단하려는 이전의 시도가 증상 재발과 입원으로 이어졌다는 점에서 잘못된 선택으로 보일 수 있다. 정신과 치료를 중단하는 것은 논리적으로도 옳지 않아 보일 수 있는데, 정신과적 약이 화학적 불균형을 바로잡고 기능을 더 잘 하게끔 해준다는 것이 일반 의학적 의견이기 때문이다. 그러나 환자가 물질치료를 반대하는 알코올 중독자 갱생회 내에서의 교류와 가르침에 헌신하고 있다는 것을 알게 되었을 때, 그러한 행동이 AA 내에서 그리고 그 집단의 공인된 권위와 합의에 기초하여 타당하다는 것을 깨닫게 된다. 입증된 임상적 이유로 환자가 약을 복용하기를 바라더라도, 환자 입장의 타당성을 인정하는 것으로 시작하는 것이 현명하다.

대형 정신병원 내 DBT 입원병동을 관리할 때, 나는 회의를 제때에 시작하는 것을 엄격하게 다루었다. 몇 치료 담당자들이 정기적으로 지각할 때, 내게 이것은 경험적 관점에서나 다른 직원들 사이의 합의에서나 타당하지 않았고, 나의 기대에 부합하지 않는 잘못된 행동이라고 보였다. 대화를 나눠보니, 병원장이 전체 회의 시간을 지키지 않아 모두 늦는 것에 익숙하다는 것을 알게 되었다. 나에게 있어 '현재 상황'은 입원병동 직원 회의였지만, 치료자들에게는 병원 전체의 회의 관행을 포함했다. 병원 전체의 권위와 병원 내 직원들의 합의를 근거로 보니 그들의 행동을 타당화할 수 있게 되었고, 나는 우리 프로그램 내에서만큼은 정시 문화를 확립하도록 나와 함께 해줄 것을 요청할 수 있었다. 내가 이해한다고 느낀 그들은 기꺼이 그렇게 도왔다.

경험적 추론 중독환자와 일하다 보면 그들 사이에서 거짓말이 흔한 일이 아님에도 불구하고 거짓말하는 것의 타당성을 보는 데 실패할 수 있다. 우리는 거짓말을 무효화하는 경향이 있다. 그에 대해 못마땅하고 배신감을 느낄 수 있으며, 확실히 치료에 방해가 되는 것을 알고 있다. 그러나 객관적으로 살펴보는 순간 그 행동의 **경험적 타당성**을 알 수 있다. 시행착오를 통해 환자는 치료와 개인적 맥락에서 물질 사용에 대한 진실을 말하는 것의 부정적인 결과가 거짓말의 부정적인 결과보다 더 심오하다는 것을 알게 되었기 때문이다.

연역적 추론 나는 언젠가 마샤 리네한이 어머니의 무덤을 찾아가 손목을 긋고 무덤에서 피를 흘리는 고위험군의 여자를 인터뷰하는 것을 본 적이 있다. 그녀의 행동은 과히 충격적이었고, 처음에는 그것의 타당성을 볼 수 없었다. 어떤 **공인된 권위**에 관해서도 타당하지 않았고, 그런 행동을 하는 사람들이 흔치 않다는 점에서 어떠한 합의도 없었을 것이다. 이전 경험에 기초했다고 할 경험적인 타당성도 찾아볼 수 없었다. 그러나 더 자세히 조사해보니, 우리는 근본적인 연역논리를 보게 되었다. 우리는 그녀가 어머니를 끊임없이 끔찍하게 그리워하고 있다는 것을 알게 되었고, 어머니의 몸에 자신의 피를 섞을 수 있다는 생각이 그녀에게 위로를 가져다주었다. 그 논리는 이상한 것이었지만 나름 논리적이었다. 일단 우리가 이런 사고방식을 타당화하자, 그녀는 자살 충동에 대한 이야기를 더 자세히 터놓았다. 자신의 피를 어머니의 피와 섞고 있다는 개념을 넘어, 어머니와 나란히 누워 죽음 속에서 서로 가까워질 수 있다는 '논리적' 확신을 안고 있었다. 우리는 환자 사고의 타당성을 볼수록 그녀와 더욱 효과적으로 동맹을 맺고 그 논리에 도전할 수 있었다.

현명한 마음 추론 우리는 공인된 권위, 합의, 경험적 추론, 연역적 추론에 기초하여 타당한 행동의 예를 보았다. 마지막으로, 대부분의 추론 방법에서 무의미해 보이는 행동들도 DBT의 핵심 마음챙김 기술 모듈의 중심축인 **현명한 마음**과 일치한다는 점에서 타당할 수 있다. 그 행동은 감정과 이성적 사고, 직관, 그리고 단순히 그 사람에게 '맞다'고 느껴지는 것 사이의 창조적이고 통합적인 교차점을 나타내기 때문에 타당하다. 얼마 전 나는 35세 여성을 치료하였다. 인생을 잘 꾸려나가고 있었지만, 평생을 함께하고 싶던 사랑하는 여자와 비극적인 사건으로 헤어지면서 모든 것이 변했다. 자신의 기능을 유지하면서 상실감을 이해하고 애도하기 위해 열심히 노력했지만, 압도적인 슬픔은 결국 정신병적 증상을 수반한 주요우울장애를 촉발시켰고, 몇 차례의 입원 경험은 그녀를 더욱 충격에 빠뜨렸으며, 미래에 대한 절망적 확신은 커져가고 있었다. 그녀는 일을 할 수 없었고, 교제도 할 수 없었고, 거의 매 순간 동요했으며, 정신과적 치료는 정신병적 증상의 강도를 줄이는 데만 도움이 되었다. 그녀는 필사적으로 죽고 싶어 했다.

내가 일주일간의 휴가를 마친 시점에 환자를 다시 만났다. 그녀는 웃고 있었고 몇 달 만에 처음으로 편안해 보였다. 그녀는 3년 전에 삶이 중단되었던 곳으로 다시 돌아가기로 결심했고, 아파트를 구했으며, 예전에 다녔던 회사에 고용되어 다시 삶을 시작할 준비가 되었다고 나에게 알려주었다. 나는 이 놀라운 반전에 충격을 받았고, 그런 갑작스럽고 대담한 계획에 대한 불신감에 사로잡혔으며, 잠시의 낙관에 휩싸인 후에는 끔찍한 결과가 올 거라는 상상을 할 수밖에 없었다. 그녀의 가족과 친구들 또한 '건강으로 가는 비행(진정한 건강 행동이 아닌 표면적인 도피성 반응)'이라고 하며 그녀를 말리려고 했다. 그러나 그녀의 결심은 확고했고 일주일 안에 이사를 하기로 되어 있었다. 추수 치료에는 동의하며, 실제로 치료를 위해 먼 거리를 격주로 오고갔다.

그녀의 선택은 몇 가지 측면에서 타당하지 않은 것처럼 보였다: 공인된 권위(그 시점에서 그것은 나였다), 경험적 추론(단순한 의지로 나아질 수 있다는 증거가 3년 동안 없었다), 합의(그 어느 누구도 이러한 결정으로 성공한 사례를 알지 못했다), 연역적 추론('아무것도 도움되지 않는 것 같으니, 상황이 나빠진 그곳으로 돌아가면 어떨까?')을 보아도, 이 결정은 무리였다. 그러나 그녀는 현명한 마음가짐으로 이것이 자신이 해야만 하는 선택임을 깨달았다고 말했다. 구름 사이로 마침내 들어오는 '한 줄기의 햇빛'이라며, 힘들 줄 알지만 해낼 수 있을 만한 '착지감'을 느낀다고 했다. 최근 정신병적 사고 에피소드를 간신히 벗어난 환자였기에(정신병적 사고와 현명한 사고를 어떻게 구별할 수 있는 것일까?) 나는 이 추론에 대해 확신할 수 없었지만, 확고한 그녀를 막을 방법은 없었다. 이 결정은 그녀에게 엄청난 긍정적 결과를 가져다주었다. 비록 그렇게 재개한 삶을 오래 유지할 수는 없었지만, 그것은 분명한 전환점이 되어 몇 년 동안의 상승 추세를 낳았고, 결국 멋진 결과를 가져다주었다. 그녀의 행동은 현명한 마음가짐으로 타당했던 것이다.

3단계 : 행동의 타당성 전달

행동을 인식하고 이해하여 사람에 대한 공감을 했다면, 행동의 진가를 결정한 후 마지막 단계로 그것을 전달해야 한다. 이것은 비언어적이거나 언어적 행동이나 말투로 할 수 있다. 형태에 상관없이 치료자가 본질적으로 전달하는 것은 환자가 곤경에 처한 문제의 본질과 행동의 근거를 이해했다는 것이다. 이 소통의 비결은 '올바른 이해'를 먼저 가지는 것뿐만 아니라, 환자가 어떤 '언어'로 말을 하는지 아는 것에 달려 있다. 부드러운 말투, 심지어 침묵과 표정이 필요할 수도 있다. 일부 환자는 타당화를 경험하기 위해 매우 직접적이고 거의 불손한 소통이 필요할 수 있다. 이때는 속도를 늦추거나 말을 빨리 해야 할지도 모른다. 상대방의 언어로 이루어지지 않는 한, 타당화를 전달하는 것은 어려울 수 있다.

이 소통이 환자에게 전달되지 않는다면 타당성에 관한 우리의 '정확한' 판단은 무용지물이 되고 만다. 한 사춘기 소녀 환자는 엄마와 통화한 후 기분이 나빴다고 했다. 나는 이를 이해했다고 생각하고 타당화를 할 목적으로 "어머니와 이야기를 나눈 후 화가 났구나"라고 했다. 하지만 아이는 힘껏, "아니에요!"라고 말했다. 나는 이해가 안 갔다. "선생님은 이해 못 해요, 난 그렇게 말하지 않았어요!" 나는 사과하며 무슨 일이 있었는지 다시 말해줄 수 있냐고 물었다. "엄마와 통화했고 엄마는 나를 화나게 하는 바보 같은 이야기를 했어요.", "그러니까 네 어머니가 너를 화나게 하는 멍청한 말을 했구나." 아이는 되받아치며, "아니에요!"

나의 관점에서 나는 그저 그녀의 분노의 근원을 이해하고 그 반응의 타당성을 파악할 수 있는지 알아보려고 애쓰고 있었다. 하지만 환자의 입장에서 볼 때 나는 완전히 핵심을 놓치고 있었다. 나는 왜 그것이 그리 복잡한지(또 내가 그렇게 틀렸는지) 이해하지 못했다. 그녀의 '타당화 수용기'는 내게 불가능할 정도로 작은 것 같았다. 나는 기어를 바꾸어: "나는 너를 잘 이해하지 못하고 있는 것 같구나." 그녀는 안도하며, "그거라도 맞추셨네요!"라며 타당화를 받은 것처럼 보였다. 그녀를 타당화할 방법을 찾는 데에는 추가 작업이 필요했는데, 그 작업은 큰 차이를 만들어 함께 문제 해결을 할 수 있게 해 주었다. 우리가 타당화할 때는 환자의 나이, 인지 스타일, 문화 또는 하위문화, 어휘, 그리고 리듬과 어조의 특수성을 고려해야 한다. 무엇보다 우리의 타당화 시도가 받아들여졌는지 눈여겨 볼 필요가 있다. 또한 어려운 경우에도 타당화하기 위한 노력을 고수하면서 몇 번이고 다시 돌아올 필요가 있다.

마지막으로, 타당화 유형의 기초에는 보다 심층적인 개념, **기능적 타당화**가 있다. 우리는 환자의 곤경을 정확히 이해하여 그에 따라 행동하려 한다. 그것은 때때로 이미 언급한 예시들과 같이 언어적 타당화가 되고, 다른 때에는 행동을 통한 타당화가 되기도 한다. 이를테면, 환자의 눈물에 대해 언급하기보다는 그냥 휴지를 건네줄 수도 있다. 동료의 압도적 상황에 동조하기보다는 동료를 위해 전화를 몇 군데 돌려보겠다고 제안한다. 휴게소가 좀처럼 보이지 않는 길고 더운 자동차 여행길에서 아이들이 호소하는 갈증감을 말로 타당화하기보다는 주의를 다른 곳으로 돌려주는 게임을 한다. 기능적 타당화는 곧 곤경에 처한 사람을 위한 우리의 행동이 그가 타당하다는 이해를 반영하고 전달한다는 것을 의미한다. 이것을 이해하게 되면, 사실 모든 타당성이 기능적이라는 것을 깨닫게 된다. 단지 때로는 말로, 때로는 행동으로 표현될 뿐이다.

일반적으로 타당화의 세 단계는 의도적인 사고를 할 시간도 없이 몇 초 안에 이루어지지만, 어떤 경우에는 어떤 단계에 걸려 더 많은 작업과 시간이 소요될 수 있다. 환자가 표현하는 것을 인식하지 못하거나 이해하지 못할 수도 있고, 그 사람의 입장에 설 수 있을 만큼 공감하지 못할 수도 있고, 특정 행동의 지혜나 진가를 보지 못할 수도 있고, 환자에게 우리의 이해를 전달하는 데 효과적이지 않을 수도 있다. 특정 행동에 대한 타당화를 전달하는 데 어려움이 있을 경우, 타당화 실패가 어디에서 일어나는지를 평가하기 위해 이 세 단계를 사용할 수 있다.

타당화에 대한 이해는 타당화가 아닌 것을 이해함으로써 더 예리해진다. 타당화가 반드시 동의를 의미하는 것은 아니다. 누군가를 어떤 것에 대해 타당화하는 것은 자신의 개인적인 태도, 인식 또는 선호와는 별개다. 환자가 말한 것에 동의한다는 표시를 하는 경우도 있으나, 이것은 타당화와 같지 않다. 물론, 흥분된 분위기에서는 동의와 타당화의 구분이 사라질 수 있다. 가끔 우리는 환자를 타당화하려 하지만("공격당했다고 느꼈다는 것을 이해합니다") 환자는 우리의 동의를 원했으므로 무효화를 느낄 수 있다("맞아요, 당신은 그에게 공격당했네요"). 누군가의 행동을 타당화하기 위해서는 그것에 동의해야 한다고 생각하여 그 둘을 혼돈하는 치료자들도 있지만, 그렇지 않다.

환자는 자신의 역사, 개인이나 사건에 대한 인식 또는 의도된 행동 계획에서 매우 외로움을 느낄 수 있다. 우리는 환자의 과거, 현재 또는 미래의 맥락에 비추어 그의 인식 또는 계획의 지혜나 타당성을 볼 수 있을 것이다. 하지만 그것들에 대한 우리의 개인적인 동의를 얻지 못한다면 그는 여전히 괴로워할 수 있다. 환자로부터 그의 사건들에 동의해야 한다는 압박감을 느낄 수 있지만, 그 차이점을 유지하는 것이 중요하다. 일부 치료자들은 환자의 고통에 대한 해결책이 그들과 동의하는 것처럼 행동하는 것이란 함정에 빠지나, 다시 생각해봐야 할 문제다. 비록 그렇게 하는 것이 환자들에게 즉각적인 안도감을 가져다주어도, 그것은 치료자의 동의하려는 의지에 대해 건강하지 못한 의존을 강화시킬 수도 있다. 이러한 의존성은 환자들이 고통을 감내하고 스스로를 타당화할 수 있도록 돕기 위한 노력에 방해가 될 수 있다.

치료자들 역시 그 구별에 대해 혼란스러울 수 있다. 내가 수련감독하고 있던 한 DBT 치료자는 "어떻게 환자의 일방적인 투약 중단 결정을 타당화할 수 있나요? 전 전적으로 반대해요." 다시 강조하자면, 환자의 행동을 **타당화**하는 것은 그 행동의 타당한 근거를 찾는 것이다. 개인적으로 동의하거나 동의하지 않는 것은 완전히 별개의 문제다.

타당화와 승인의 구분에서 비슷한 혼선이 발생하는 경우도 있다. 환자는 우리의 타당화만이 아니라 우리의 승인을 원할지도 모른다. 환자 : "집에서 나오기로 결정하기 전에, 선생님도 찬성하시는지 알고 싶어요." 치료자 : "어려울 것 같지만, 당신의 추론이 이치에 맞다고 생각하는 것을 이미 알고 있다고 믿어요." 환자 : "알고 있지만, 찬성하시는 건지 알고 싶어서요." 여기에서 환자는 타당화 이상의 것을 요청하고 있다. 행동하기 전에 치료자의 개인적인 승인을 원하는 것이다. 어떤 상황에서는 치료자가 환자의 선택에 대한 승인을 표하는 것이 효과적이고 적절할 수 있다. 그러나 치료자들이 환자의 결정을 못마땅하게 생각하면서도 여전히 그 결정을 타당화할 수 있는 경우도 있다. 내가 지휘하던 DBT 입원병동에서 환자들은 간식을 먹고 청소를 하는 조건으로 저녁에 식당을 들어갈 수 있었다. 어느 날 아침, 야근 근무 직원 중 한 명이 내게 와서 보고했다. "찰리, 어젯밤 환자들이 식당을 사용한 후 청소를 하지 않았어요. 청소하지 않으면 저녁 간식이라는 특권을 잃게 된다고 말하고 싶었지만, 타당화 같지 않아 아무 말도 하지 않았어요"라고 말했다. 이 직원은 치료법을 배우는 사람으로서 다음과 같은 혼동을 증명했다. 그는 타당화의 본질과 승인의 본질을 섞고 있었다. 논의한 대로, 환자의 행동에 따른 부정적 결과를 부각시키면도 타당화를 할 수 있는 것이다. "식당을 청소하고 싶지 않은 것은 당연하다. 정리하기를 좋아하는 사람은 없다. 하지만 오늘 밤 치우지 않으면 내일 밤 간식 특권을 잃어버릴 거라는 건 알고 있겠지요."

마지막으로, 누군가를 타당화하는 것이 꼭 따뜻한 스타일로 진행될 필요가 없다는 것을 기억하는 것이 좋다. 따뜻하거나 냉정한 스타일로 환자에게 그의 행동이 일리가 있다고 전달할 수 있다. 둘 다 DBT의 더 큰 수용 전략 분류 안에 있기에 타당화과 함께 따뜻함을 전달하는 것이 더 일반적이기는 하지만, 의사소통 스타일은 독립 변수로서, 타당화 여부와는 연계되지 않는다.

타당함 대 타당하지 않음

DBT 전문가들은 종종 치료자에게 "타당한 것을 타당화하고, 무효한 것은 무효로 하라"고 지시한다. 이론적으로 모든 행동이 타당하다는 점을 감안할 때, 이 진술은 다소 혼란스러울 수 있다. 모든 행동은 그 시점까지의 모든 사건들에 의해 야기되었다. 앞 장에서 말했듯이 세상은 있는 그대로 완벽하다. 우리는 이것을 모든 행동이 과거에 비추어 보았을 때 타당하다는 의미로 받아들일 수 있다. 그렇다면, DBT 전문가들은 무엇을 뜻하는 것일까? 모든 것이 타당하다면 왜 우리는 일부 행동을 무효로 생각하는가? 왜 우리는 어떤 행동들은 타당화하며, 어떤 것은 그렇게 하지 않을까? 짧게 대답하자면, 환자와 이전에 논의된 목표를 향해 나아가는 데 방해가 되기 때문에 어떤 행동은 무효화 하기로 선택하는 것이다. 그 행동들은 명시된 미래의 최종 목표에 관해서는 무효하기 때문이다.

우리의 환자가 헤로인을 남용하고 있지만 물질 사용 중단을 위해 치료에 동의했다고 가정하자. 이것은 우선순위가 높은 치료 대상이다. 만약 환자가 헤로인을 계속 사용한다면, 이 행동에 타당성이 있는가? 그렇다, 분명히 있다. 그 행동은 과거와 개인의 생물학적 욕구에 관하여 타당하다. 환자는 중독이 되어 있기에 그의 생물학적 상태와 역사를 고려할 때 헤로인의 사용이 타당하다는 것을 알 수 있다. 그리고 현재 맥락에서 헤로인이 환자의 고통을 완화할 수 있는 유일한 수단일 수도 있고, 실제로 그가 사용 후에 더 효과적으로 기능할 수도 있다는 점에서, 현재의 맥락과 관련하여 타당할 수도 있다. 하지만 환자에게 타당화의 마지막 단계로 가서 타당화를 제공하면 문제가 발생한다. 타당화는 대개 강화의 역할도 하기 때문에, 타당화는 아마도 헤로인 사용을 강화할 것이고, 이것은 분명 좋은 방안이 아니다. 만약 이런 맥락에서 타당성을 전달한다면, 우리는 치료의 매우 중요한 목표에 반대하게 된다. 따라서 우리는 헤로인에 대한 갈망을 과거에 비추어 타당화한다 하더라도, 또 현재의 맥락에서, 물질 사용 욕구를 초래하는 괴로움의 타당성을 인정하더라도 헤로인 사용의 타당성은 전달하지 않는 것을 선택한다. 우리는 심지어 행동 변화의 목표를 추구하기 위해 헤로인 사용을 무효화할 수도 있다. 그러므로 DBT 전문가들이 무효화하라고 할 때, 우리는 그 행동에서 타당성을 찾는 것이 불가능하다는 것을 의미하지 않는다. 그 대신, 우리는 어떤 맥락에서 어떤 행동들은 임상적으로 무효라는 것을 의미한다. 임상적으로 타당하고 타당하지 않은 것은 종종 그 순간에도 같은 복잡한 행동의 얽힘 속에 함께 있기 때문에, 우리는 그러한 상황에서 타당화를 효과적으로 사용하는 데 있어 정확성과 민첩성을 발휘해야 한다. 변증법적 원리를 염두에 두고 타당화를 사용하는 것을 다루는 다음 절에서 이 딜레마로 돌아가 논의할 것이다.

타당화의 대상은 무엇인가

우리는 정확히 무엇을 타당화해야 하는가? 타당화 대상에는 감정, 생각, 행동, 능력, 전인격체 등 다섯 가지 범주가 있다. 각 목표 범주를 타당화할 때 동일한 세 단계를 따르게 되지만, 범주마다 서로 다른 고려 사항이 발생한다.

감정

DBT의 생물사회적 이론은 환자가 평균보다 높은 수준의 감정 민감성과 반응성을 가지고 있으며, 정서 반응에서 기저선으로의 복귀가 느리다는 명제로 시작한다. 이러한 환자들의 정서적 반응은 유년기에 환경에 의해 무효화되었고, 시간이 흐르면서 자신의 감정을 스스로 무효화하게 되었다. 자신의 감정에 판단과 증오로 반응하는 것은 자동적이 되고, 어쩌면 자신을 전인격체로서 혐오하기까지 한다. 삶에서 감정적인 단서들을 피하고, 감정적인 반응을 억제하며, 행동이나 이차적인 감정을 통해 현재의 감정에서 벗어나려는 경향을 가지게 되었다.

많은 DBT 환자들의 정서적 체험에서 겪는 혼란과 억압을 감안할 때 단순히 그들을 알아채고, 그들에 대해 묻고, 주의 깊게 듣고, 우리와 소통할 수 있도록 격려하는 것이 중요하고 또 그 자체로 타당화하는 일이다. 우리는 그들의 감정이 억압되거나 가려지거나 최소화되거나 극대화되었을 때 알아차려야 한다. 우리는 공감하고, 환자의 처지에서 상상하며, 같은 감정을 갖게 되면 어떨지 상상하고, 주어진 감정 앞에서 '감각'을 찾아 느껴보고, 이러한 이해들을 환자에게 전달한다. DBT는 각 환자의 감정 조절 능력을 강화하기 위해 정서중심 치료법이 필요하다.

한 환자는 "어젯밤 집에서 운전 중이었던 친구와 문자 메시지를 주고받고 있었는데 갑자기 답이 멈췄어요. 친구의 차는 길에서 벗어나 나무를 들이받았고, 그 자리에서 즉사했다고 해요." 그녀는 나에게 이 충격적인 소식을 모든 감정을 억누르고 통제하며, 짧게 잘라 말했다. 나는 즉시 내 스스로의 감정 조절이 잘 안 된다는 것을 느꼈다. 울고 싶은 생각이 들었고, 나는 그녀의 심정을 더 말해줄 수 있겠느냐고 물었다. 환자가 답하기를, "이런 일들은 일어나기 마련이에요. 친구는 운전 중에 문자를 하지 말았어야 했어요." 나는 나의 강렬한 감정 반응과 모든 감정을 쉽게 묵살하는 그녀의 반응 사이에서 엄청난 갈등을 겪었다. "하지만 그 사람은 당신의 가장 친한 친구였어요"라고 나는 말했다. 그녀는 "맞아요, 하지만 우리는 누가 살고 죽는지 통제할 수 없죠"라고 말했다. 나는 속으로 한 발짝 물러서서 몇 번 의식적인 숨을 들이쉬고 환자를 유심히 바라보았다. 그녀는 육체적으로 안절부절하는 상태였고 평소와는 달리 조용해 보였다. 하고 싶고 묻고 싶은 말이 너무 많았지만, 그것은 환자보다는 나를 위한 것이었음을 깨달았다. 나는 그녀가 생각하고 느끼고 소통할 수 있는 공간을 만들고 싶어, 아마도 3분 정도, 유달리 오랫동안 침묵을 지켰다. 나는 후퇴함으로써 공간은 만들되 계속 연결되어 있으려 노력했다. 그러던 중, 갑자기 그녀는 "충분히 한 것 같아요"라고 말했다. 나에게는 마치 환자가 회기를 충분히 했으니 떠나고 싶다는 뜻으로 들렸다. 하지만 나는 "무엇이 충분하다는 건가요?"라고 물었다. "인생, 이만하면 충분히 살았어요"라고 그녀는 대답했다. "상처도 받을 만큼 받았고, 바르게 살고도 상처받는 일, 잘못을 하는 일도 다 충분히 했어요." 그녀의 눈에 눈물이 흐르기 시작했다. "그 친구는 저의 가장 친한 친구였고, 거의 유일한 친구였어요. 이제 어떻게 해야 할지 모르겠어요. 저는 제 가장 친한 친구를 죽였어…" 너무 견디기 힘든 시간이었다. 나의 임무는 환자의 고통스러운 생각과 감정 표현에 대한 증인으로 함께하는 것이었다. 이것이 우리가 말하는 정서적 타당화다. 그 후 몇 분 동안 환자는 복잡하고 충격적인 슬픔, 분노, 죄책감을 표현할 수 있었다. 그것은 우리가 서로 고통을 억제하기 위해 거리를 두기보다는 가까이 다가갈 수 있게 해주었다. 그것은 환자가 자신의 감정을 가질 수 있게 해주었고, 감정이 어디로 흐르는지 볼 수 있게 해주었으며, 이해받고 있다는 것을 느낄 수 있게 해주었다. 결국 그것은 무슨 일이 일어났는지, 어떻게 일어났는지, 누구에게 책임이 있는지, 그리고 무엇을 해야 하는지에 대한 실마리를 푸는 과정의 시작이었다. 이 환자에게는 정서 조절을 향한 커다란 발걸음이었다.

감정을 타당화하는 것은 매우 어려울 수 있다. 그것은 감정의 중요성에 초점을 두고,

감정 자체의 속도로 나타나게 하고 달리게 할 필요가 있다. 우리는 종종 우리 자신과 환자들을 감정의 완전한 영향으로부터 보호하기 위해 우리가 치료자로서 하는 수천 가지 일들을 의식적으로 피해야 할 수도 있다. 때로는 감정의 존재를 인식하지 못하고, 때로는 그 강도를 과소평가하기도 하며, 때로는 감정이 어떻게 상황에 적절한지 이해하지 못하기도 하며, 내가 제안한 것처럼 때때로 우리 자신의 감정 반응을 조절할 수 없게 되어 환자가 자신의 감정을 조절하는 데 방해가 되기도 한다. 감정의 타당화로 인도하는 '정서의 마음챙김'은 DBT의 중요한 과제인 환자의 정서 조절 개선을 위한 전제 조건이다.

그러나 우리는 모든 감정 표현을 타당화하지 않는다. 때때로 감정의 표현은 이전의 정서적 반응으로부터 탈출하는 목적으로 행해지기도 한다. 즉, 2차 감정은 1차 감정의 탈출구 역할을 한다. 예를 들어, 나는 강렬한 분노의 표현을 통해 참을 수 없는 슬픔이나 수치심으로부터 벗어날 수도 있다. 만약 나의 치료자와 내가 화를 1차 감정으로 받아들여서 나의 슬픔이나 수치심에서 멀어지는 그 기능을 보지 못한다면, 우리는 탈출을 강화하고 1차적 슬픔이나 수치심을 조절할 수 있는 능력을 높일 기회를 놓치게 될 것이다. DBT 치료자는 주어진 강렬하고 반복적인 행동이 2차적 감정을 나타내는지 늘 경각심을 가지는 동시에 주된 감정이 무엇인지를 고려할 필요가 있다.

생각

우리는 생각을 타당화한다. 다시 말하지만, 우리는 어떤 생각을 인식하고, 어떤 생각을 이해하고, 그 생각을 갖는 것이 어떨지 상상하고, 과거, 현재 또는 미래의 맥락에서 그 생각에 대한 타당한 근거를 듣거나 찾고, 이 모든 것을 소통한다. 대부분의 경우 이 과정은 쉽고 자동적이다. 환자가 "어제 남자친구에게 했던 말이 너무 부끄러워요. 그 사람이 헤어지자고 할까 봐 걱정이에요"라고 말한다. 치료자는 아마도 그 관계가 끝날지도 모른다는 환자의 생각을 타당화할 수도 있을 것이다: "남자친구가 이 일로 관계를 끝낼 것이라고 생각하는 것을 이해할 수 있어요. 그것은 당신의 가장 멋진 순간이 아니었고, 두려워하는 것도 당연하지요." 환자는 치료자가 이해한다고 느낄 것이고, 치료자는 현재의 맥락에서 그 생각이 이해되어 타당화한다. 그는 환자가 과거에도 중요한 관계를 잃었다는 것을 알고 있어, 그녀의 생각이 과거에 대해 타당할 수도 있다는 것을 입증할 수 있을 것이다. 미래에 관하여 치료자는 환자가 이 남자와의 삶에 대해 희망과 꿈을 가지고 있다는 것을 알고 있으며, 그래서 그를 잃는 것에 대해 걱정하는 것은 타당하다고 볼 수 있다. 즉, 과거, 현재, 미래의 맥락과 관련하여 치료자는 남자친구를 잃는 것에 대한 그녀의 생각을 타당화할 수 있다. 그렇게 생각을 타당화한 후, 문제 해결로 방향을 돌릴 수 있다: "본인과 그에 대해 알고 있는 것, 그리고 이전에 함께 어떻게 오해들을 풀어왔는지 볼 때, 그가 이 문제로 당신과 헤어질 가능성은 얼마나 된다고 생각하나요?"

생각의 타당화에 내재되어 있는 것은 생각이 현실에 대한 진술일 뿐, 사실이 아니라는 이해다. 이 요점을 잊어버리는 것은 매우 쉽다. 우리는 환자들이 그들의 생각을 알아차리고 인정하며, 생각에 대해 자세히 설명하고, 그것에 대해 무엇이 타당한지 찾을 수 있도록 돕고 싶을 것이다. 동시에, 우리는 암묵적이든 명시적이든, 생각은 단지 생각일 뿐이고, 생각은 어느 정도 타당성을 가질 수도 있지만, 다른 면에서는 그렇게 타당하지 않을 수도 있다는 것을 전달하고자 한다. 위의 예에서도, 환자가 남자친구에게 한 말을 후회하고, 그가 자신을 떠날 수 있다는 생각을 갖는 것은 타당하며, 상실감에 대한 두려움을 경험하는 것도 타당하다. 그러나 관계의 역사와 궤도를 볼 때, 그리고 그들이 이전의 문제들을 어떻게 처리해왔는지를 볼 때, 그가 이 문제로 헤어질 것이라 생각하는 것은 무효다. 우리는 타당함을 타당화하는 것으로 시작하지만, 때때로 타당하지 않은 것을 무효화하는 것을 포함하는 문제 해결로 이동한다.

DBT에서 더욱 도전적인 시나리오 중에는 환자가 강렬한 자살 충동을 호소하는 순간들이 있다. 치료자는 자살 충동의 존재를 타당화하는 것을 꺼릴 수 있는데, 그렇게 하는 것이 자살 행위도 타당화할 수 있을 것이라 우려하기 때문이다. 자살에 대한 생각은 고통, 무효화, 자기 혐오, 그리고 어쩌면 지난 몇 주나 몇 달 동안의 개선되지 않는 삶의 맥락에서 타당할 수 있다. 치료자는 환자에게 '자살은 고려해서도 안 된다'고 말하고 싶은 유혹을 느낄 수도 있는데, 이것은 자칫 자살에 대해 더 이상 듣고 싶지 않다는 것을 암묵적으로 전달할 수 있다. 따라서 환자는 자신의 자살 사고를 치료자에게 상의할 수 없다고 느끼며 더욱 무효화를 느낄 수 있다. 여기서는 정확성이 중요하다. 우리는 자살 사고가 발전한 맥락에 대한 대응으로서 그것을 타당화하고, 불가능한 현재 상황과 미래에 실행 가능한 비전이 없는 상태에서 자살적 사고를 일리 있는 것으로 타당화할 수 있지만, 그럼에도 자살 행동은 단호하게 무효화시키고자 한다. 우리는 감정을 아예 없앨 수 없는 것처럼 만성적인 자살 사고 역시 쉽게 제거하는 것은 비현실적이다. 하지만 DBT 치료자들은 다양한 관점으로 볼 때 자살 행위에 타당성이 있다고 인식하더라도,

자살 계획이나 임박한 의도나 시도를 타당화하지 않는다. 내 경험에 의하면, 이 무서운 영역에서 올바른 균형을 찾는 것은 자살적 사고에 매여 있는 사람에게 큰 도움이 된다. 생활환경과 뇌 화학의 자연스러운 결과로서 자살을 생각하게 된 이 환자들은, 공감적 환경에서 그 사고를 표현할 수 있는 데서 이득을 얻으며, 그럼에도 자살 행위에 대해 확고한 자세를 가진 치료자로부터 이익을 얻게 된다.

행동

행동 타당화는 다소 복잡해질 수 있다. 환자에게 "예상하기 어려운 교통체증에 갇혀 있었으니 오늘 늦게 온 것은 당연하지요"라고 말하는 것은 그리 복잡하지 않다. 그러나 다음 시나리오를 한번 살펴보자. 한 아이가 수업에서 나쁜 성적을 받은 성적표를 가지고 집에 온다. 모든 수업에서 좋은 성적을 받으려고 야심차게 노력하는 아이로서, 부모님께 "내가 이렇게 못했다니 믿을 수 없어요. 이런 나쁜 성적을 받지 말았어야 했고, 이제 대학에 들어가지도 못할 거예요"라고 말한다. 물론 이 한 문장은 그녀의 행동(시험 성적), 생각("못하지 말았어야 했다"), 감정(자신에 대한 분노와 대학에 들어가지 못할 두려움)을 포함하고 있다. 행동을 타당화하기 위해 부모는 "하지만 이번 주에 다른 시험이 3개나 있었고, 주말에 대회에 참가했고, 월요일에는 장례식에 참석해야 했어. 평소에 하던 대로 준비하지 못했으니 평소처럼 잘하지 못한 게 전혀 놀랍지 않아." 한 아이에게는 이 응답만으로 충분할 수 있다. 나쁜 성적의 타당성을 설명하는 것처럼 정확하고 공감적이라고 느낄 수 있다. 그러나 다른 아이의 경우, 이 반응은 전혀 그렇지 않을 수 있다. 그 아이는 항의할지도 모른다. "인생의 어떤 일이 일어나도 여전히 좋은 성적을 받아야 해. 훨씬 더 잘할 수 있었어야 했는데." 부진한 성적을 타당화할수록 아이는 더 심란해진다. 사실, 부모는 성적에 대한 타당성은 찾았으나 동시에 성적에 대한 아이의 높은 기준은 무효화시킨 것이다. 아이는 높은, 아마도 가혹한 기준을 가지고 있다. 완전한 성공을 가로막는 것은 아무것도 없어야 한다. 이것은 행동 타당화가 어려울 수 있고 변증법적 접근법이 필요할 수 있는 여러 가지 예시 중 하나이다. 이 시나리오에는 두 가지 현상이 교차하고 있는데, 바로 낮은 성과와 높은 기준이다. 전자를 타당화하는 것은 후자를 무효로 할 수 있다. 아마도 두 가지를 함께 타당화하는 것이 부모에게는 더 성공적일 것이다: "너의 기준이 매우 높다는 것을 알고 있고, 우리는 네가 그렇게 열심히 한다는 것이 자랑스럽단다. 너의 기준이 얼마나 높은가를 감안하면, 능력보다 낮은 점수를 받는다는 것은 그저 끔찍한 일이겠지."

이 문제는 상당히 경직되거나 자기 무효화를 하는 자세를 보이는 사람의 행동을 타당화할 때 나타날 수 있는 문제다. 치료자는 행동을 타당화한다. 환자는 타당화를 거부하며(의도된 타당화가 사실 타당화를 못한다는 의미) 더 잘해야 한다는 점을 강조한다. 그렇다면 치료자는 환자의 '해야 한다'는 기준의 근거를 발견하고 그것을 타당화하는 것이 현명하다. 만약 그것이 성공적으로 이루어진다면 환자는 자연스러운 실망의 감정 쪽으로 나아갈 수 있을 것이고, 치료자는 그것을 타당화할 수 있다. 이러한 모든 타당화 사례들은 생각이 현실이라는 믿음을 줄이고, 환자의 사고, 감정 및/또는 행동의 경직성을 감소시키며, 정서적 경험과 조절을 촉진하는 작업을 보여준다.

역량

우리는 역량을 타당화한다. 이를 치어리딩(응원)이라고도 한다. 우리가 논의한 다양한 행동의 타당화와 병행하여 (1) 능력을 인정함으로써 개인의 역량을 타당화한다, (2) 그러한 능력을 갖는 것이 어떤 것인지 이해하고 그 중요성을 인식한다, (3) 그러한 능력이 과거, 현재, 미래의 맥락에서 타당하다고 본다, (4) 능력을 인지하고 타당하다는 것을 소통한다. 우리가 DBT에서 치료하는 환자들은 종종 그들의 능력을 의심하거나, 그들의 성취의 일부를 능력으로서 인식하지 못하기 때문에, 우리가 그를 인식하고 타당화하는 것은 중요하며, 또한 타당화하려는 시도가 받아들여지지 않을 수도 있다는 것을 이해해야 한다.

내 환자 중 한 명은 자살과 여러 문제 행동으로 3년 동안 입원한 후, 자신이 삶을 꾸려나갈 능력이 없다고 확신하게 되었다. 모든 것이 수포로 돌아가는 것 같았고, 모든 것이 그냥 포기해야 한다는 증거처럼 보였다. 환자의 관점에서 보면, 그녀가 어릴 적 상당한 가능성을 보였음에도 불구하고 이제 그것은 사라지고 아무것도 줄 것이 없었다. 나는 환자가 어떻게 그런 결론을 내렸는지 이해할 수 있었다. 거의 모든 사람들이 그녀가 살았던 3년을 똑같이 산다면 무능력을 확신하게 될 것이라고 생각한다. 나는 그녀의 절망과 비관적인 신념을 인정하고 타당화할 수 있었고, 그렇게 할 수 있는 기회도 많았다. 그녀의 능력을 타당화할 방법이 중요할 것 같아 찾기 위해 애써 보았다. 하지만 많은 방법들이 그녀에게 거짓으로 느껴질 것 같았다. 환자가 자신이 얼마나 쓸모없게 되었는지를 계속 이야기하고 있을 때, 그녀는 내가 아는 가장 동정심이 많은 사람 중 하나임을 깨달았다. 그래서 나는 "지난 몇 해는 당신에게 쓸모가 있을 수 있는 경험을 빼앗았다는 것을 알고 있어요. 그에 대해 나도 안타깝지만, 아직 사라지지 않은 정말 특별한 자질을 가지고 있다는 것을 알아줬으면 좋겠어요. 만약 내가 어떤 어려움을 겪고 있거나 필요에 처해 있다면, 그리고 내가 당신에게 요청한다면, 망설이지 않고 도와줄 것이라는 걸 알고 있어요. 당신과의 관계에서는 그게 부적절하기에 요청하지 않겠지만, 만약 그랬다면 날 도와줄 거란 걸 알아요. 당신은 그런 사람이고, 지옥을 겪은 후에도 여전히 그래요." 그녀는 이것이 나의 진심이라는 것과 사실이란 것을 알고 아주 진정으로 나에게 감사를 표했다.

환자의 능력을 타당화하기 위해 자기 개방을 활용한 예시를 공유한 것은 오해의 소지가 있다. 대부분의 경우 역량 타당화는 그보다 일반적이다. 치료자는 회기 도중 또는 환자의 이야기에서 능력이 나타나는 대로 인식하고 강조한다. 행동, 생각, 감정의 타당화와는 달리, 환자는 대개 자신의 능력을 치료자에게 눈에 띄도록 이끌지 않는다. 치료자가 각성을 하면 인지할 수 있지만 대화에서 쉽게 누락될 수 있다. 능력을 타당화하고 단순히 인정할 수 있는 기회가 너무나 많은데, 많은 치료자들이 이 유용한 개입을 충분히 활용하지 못하고 있다는 것이 나의 생각이다. 한 환자가 하나하나 신경을 쏟아 정성스럽게 완성한 관찰 일지를 가져온다; 나는 자기 모니터링과 치료 내 협력 능력에 대한 강점을 강조한다. 생활 관리에 문제가 있어 보였던 환자가 친구와 함께 국내 횡단 여행을 계획하고 있다는 사실을 내게 알리며 그녀가 앞장서서 세부일정을 짰다고 한다. 비록 계획의 어떤 측면들이 나를 걱정하게 할 지라도, 나는 환자가 그런 여행을 계획하는 데 사용한 숨겨진 힘에 대해 언급한다.

환자들은 가끔 한 영역에서 능력이 있는 것으로 보여지면 인생의 모든 영역에서 능력이 기대되는 것을 걱정하기 때문에 능력이 보여지거나 인정받는 것을 꺼린다. 이런 입장은 기술적인 난제를 내포하고 있다. 첫째로, 치료자는 간단한 언급과 무미건조한 객관적 스타일만으로 능력을 강조하는 것이 현명할 수 있다. 둘째로, 치료자는 환자가 능력이 있는 것으로 보일 경우 너무 많은 것에 기대를 받을 수 있다는 두려움을 역량 타당화와 함께 타당화할 수 있다. 나는 한 환자를 타당화할 때 이런 불손함도 사용했다: "내가 칭찬이 당신을 두렵게 하지 않을 것이라고 생각했다면, 나는 당신이 정말 능력이 있다고 말할 거예요."

전인격체

특정 행동 반응을 타당화한다고 해서 반드시 개인 전체가 타당화되는 것은 아니다. 예를 들어, 나는 환자의 사회적 불안감을 감안할 때 그가 기술 훈련 집단에 참석하기를 꺼리는 것을 타당화할 수 있는데, 이는 곧 본의 아니게 그가 너무 쉽게 포기하는 사람이라는 것을 암시할 수도 있다. 그 사람의 존재를 타당화함으로써 우리는 환자를 실질적이고, 적절하고, 의미 있으며, 본질적인 가치가 있는 사람으로 대우하게 된다. 이러한 유형의 타당화는 로저스(Rogers, 1951)가 내담자 중심 치료법에서 기술한 '무조건적 긍정적 존중'에 매우 가깝다. 또한 부버(Buber)가 *Ich und Du*(*I and Thou*, 1923)에서 기술한 바와 같다. 우리는 환자가 때로는 문제가 있는 행동 반응을 보임에도 불구하고, 우리만큼 존경과 연민을 받을 자격이 있는 사람으로서 인생의 여정을 함께 여행하고 있다는 것을 전달하며 환자에 대한 깊은 존중을 유지할 필요가 있다. 그 이하는 우리의 사명을 해치게 된다.

타당화는 언제 하고, 언제 하지 않는가

첫 번째로, 늘 타당화할 기회를 찾으려 혈안이 될 필요는 없다고 밝혀둔다. DBT에서 타당화가 강조되기 때문에 일부 치료자들은 타당화가 치료의 목표나 본질이라고 착각하지만, 그렇지 않다. 궁극적인 목표는 특정한 목표를 통해 살 가치가 있는 삶을 추구하는 것이다. 타당화는 그곳에 도달하는 데 도움이 될 수 있는 중재 중 하나이다. 그것은 목적을 위한 수단이지 끝이 아니다. 나는 가끔 마샤 리네한이 DBT 개인 회기를 진행하는 비디오테이프를 보여준다. 청중의 첫 번째 질문은 많은 경우, "왜 마샤는 타당화를 더 하지 않았는가?"이다. 그 질문에는 두 가지 문제가 있다. 하나는 비디오테이프가 방 안에서 일어나는 타당화를 충분히 드러내지 않을 수도 있다는 점이다. 두 참가자만이 인정하는 미묘한 교류 과정이 될 수 있다. 또 다른 문제는 마샤가 환자를 더 타당화했어야 한다고 생각하는 점이다. 타당화 여부, 시기, 그리고 얼마나 타당화해야 할지를 결정하는 것은 복잡한 평가로서, 타당화해야 할 도덕적 의무보다는 환자가 자신의 목표를 향해 나아가고 있는지 여부에 더 기초해야 한다.

이렇게 말하기는 했지만, 이상적으로는 항상 특정 수준의 타당화을 사용해야 하는 것도 사실이다. 다음 절에서는 DBT의 여섯 가지 타당화 단계를 개략적으로 설명한다.

1수준과 6수준은 치료 내내 일관되게 존재해야 한다. 1수준은 치료자가 환자의 말을 들는 동안 '완전 깨어 있어야 한다'고 규정한다. 6수준은 '급진적 진정성'으로 묘사되는데, 이것은 우리가 환자를 치료하면서 진정성을 유지하는 자세다. 만약 우리가 깨어 있고, 주의 깊게 듣고, 진정한 자신이 되어 있다면, 우리는 환자들도 자신이 실질적이고, 의미 있고, 존경할 가치가 있다고 느낄 수 있는 분위기를 만들어낼 수 있다. 이 기저선 위에 세워진 다른 네 가지 수준의 예로서 다음에 요약된 구체적인 타당화 전략을 논의한다.

타당화는 평가에 수반되는 입장으로, 문제 해결 과정에서 변화를 추진하는 균형을 맞추는 전략의 집합이며, DBT에서 가장 순수한 수용성 지향 전략의 집합이기도 하다. 행동 평가 중에 타당화 검사를 사용해야 하는 규칙은 없지만, 종종 이러한 입장은 사슬의 링크와 대상 행동의 제어 변수를 발견하는 데 가장 도움이 된다. 치료자가 자신의 다양한 행동에 대한 근거에 관심이 있다는 것을 알게 된 환자는 모든 종류의 세부사항에 대해 더 솔직해질 것이다. 그럼에도 불구하고, 감정적 사건을 촉발하는 상세한 상황을 너무 파고드는 듯이 조사하면 정서적 반응성을 촉발시키고 회피와 철회로 이어질 수 있다. 그리고 물론 행동 사슬 분석 중에 행동 변화에 대한 세심한 노력도 비슷한 반응을 불러일으킬 수 있다.

변화를 추구하며 여러 문제 해결 전략 중 하나를 성심껏 사용할 때면, 우리는 환자가 개입을 용인하는 어려움을 쉽게 과소평가할 수 있다. 변화를 향해 나아가면서, 치료자는 정서적 고통과 새로운 행동을 시도하는 것의 어려움을 타당화할 필요가 있다. 나는 경계선 인격장애, 공황장애, 광장공포증, 강박장애, 거식증과 함께 자살 충동을 가진 여성과 함께 일할 때, 점진적 근육 이완요법과 복식호흡 운동을 익힐 수 있다면 자기 혐오적 행동이나 섭식장애 행동 없이도 긴장과 불안을 줄일 수 있다는 확신이 드는 순간이 있었다. 내가 이런 기술들에 대한 방향을 잡고 환자에게 설명을 하고 있던 중, 환자의 불안감은 오히려 내 앞에서 확연히 증폭되었다. 환자는 그런 기술을 시도하고 싶지 않다고 말했고, 도움되지 않을 거라고 믿었다. 환자를 더 밀어붙이는 것은 역효과를 낳았을 것이지만, 나는 여전히 이 운동으로 이익을 얻을 수 있다고 생각했다. 포기하고 싶지 않았다. 나는 방금 무슨 일이 일어났는지 생각해보기 위해 잠시 멈췄고, 어떤 일이 일어났는지, 전혀 비난하지 않는 투로 소리내어 의아해했다: "긴장과 불안 감소를 위한 기법에 관심이 있는 것 같았는데, 오히려 내가 겁을 준 것 같군요. 이게 어떻게 된 것인지 모르겠네요?" 환자는 "전 호흡에 집중하거나, 호흡을 바꾸거나, 호흡에 대해 아무것도 하고 싶지 않아요!"라고 분명한 공포와 조심스러움을 보이며 재빨리 대답했다. 나는 "호흡과 어떤 문제가 있나요?"라고 물었다. 그녀는 "내가 호흡에 집중하면, 호흡이 멈출 거예요. 반드시 그럴 거예요"라고 말했다. 나는 호흡에 집중할 때 호흡이 멈춘다는 것에 대한 과학적 근거에 도전하기보다는, 환자의 진술에서 타당성을 찾으려고 했다. 공황장애가 있는 사람 중 '질식 불안'을 경험하는 사람은 분명 그녀뿐만이 아니었다. 나는 "아, 당신이 하고 싶어 하지 않는 게 당연하네요. 공황장애를 가진 많은 사람들도 같은 생각을 합니다. 호흡에 집중하는 것은 제쳐두고 근육 이완만 하는 게 어때요? 그 자체로 정말 효과적일 수 있어요"라고 말했다. 그녀는 기꺼이, 그리고 열심히 참여를 했고, 도움이 되는 기술이라는 것을 알게 되었다.

우리는 이해와 수용을 전달하기 위해 타당화 전략을 사용한다. 몇 차례 회기 동안 나는 환자에게 행동 변화를 요청했고, 환자의 노력에도 불구하고 그 과정은 우리 모두를 지치게 했다. 내가 변화를 수용과 균형을 이루지 않고 추진해왔다는 것을 깨닫고 나는 다음 회기를 '그저 듣는' 계획, 즉 내 '문제 해결 동반자'가 어떤 상태인지, 무엇을 생각하고 있는지를 확인할 계획을 가지고 임했다. 상황이 어떻게 돌아가는지에 대한 허심탄회한 대화는 우리에게 숨통을 트이도록 했다. 이런 대화는 노력을 강화하고 균형 회복과 유대 강화에 효과적일 수 있다. 하지만 한편, 환자가 협조적이거나 노력하지 않았을 때 이러한 대화를 통한 타당화를 사용하면 수동적인 문제 해결 행동을 강화할 위험이 있다.

때때로 환자의 행동을 타당화하고 싶어도 그 순간 다른 역기능적 행동 패턴도 보이고 있기에 타당화가 그 행동까지 강화할 위험이 있는 경우가 생긴다. DBT 입원병동에서 어떤 환자가 아침 8시 30분까지 침대에서 나오지 못했는데, 그 시간은 모든 환자들이 모두 집단에 참석해야 할 때였다. 간호조무사 직원은 환자에게 단체로 가라고 권할 생각으로 그녀의 방으로 갔다. 간호사 : "이제 일어나서 단체로 갈 시간이에요." 환자 : "너무 피곤해요. 어젯밤 아버지와 힘든 통화를 한 후 늦게까지 못 잤어요. 거의 잠을 한숨도 못 잤어요." 생리학적인 이유에서도, 환자가 침대에 남고 싶어 하는 것은 타당했다. 타당화하는 법을 배운 직원은 "이해해요. 잠을 거의 못 자고 난 뒤에 가는 것은 매우 어렵죠. 무슨 일로 전화가 그렇게 힘들었어요?" 간호사가 그 마지막 질문까지는 잘 해내고 있었지만, 그 질문을 함으로써 몇 분간 환자는 설명을 늘어놓게 되었다. 잠을 제대로 자지 못한 것에 대한 간호사의 타당화는 충분했고, 그의 다음 문장은 "이해하지만 이제 당장 일어나야 해요!"와 같은 것이었어야 했다. 그 대신 간호사는 환자의 지체하는 행동을 거의 확실히 강화하고 있었다.

타당화의 여섯 가지 수준

리네한(1997)은 여섯 가지 타당화 수준을 서로 단계별로 촉진하는 여섯 가지 지침이나 전략으로 표현했다. 이는 DBT 치료자의 타당화 방법에 대한 가장 간결한 설명이다. 우리가 장 초반에 논의한 타당화의 세 단계, 즉 (1) 행동 인식 및 이해, (2) 행동의 진가 찾기, (3) 이해 전달 역시 이 수준에 통합된다. 첫 세 수준은 환자의 행동을 이해하고(또 공감하는) 첫 번째 단계를 어떻게 이행하는지에 대한 지침을 제공한다. 다음 두 수준은 행동의 타당성을 찾기 위한 지침을 준다. 그리고 마지막 수준은 개인을 전인격체로서 타당화하기 위한 지침을 제공한다. 이 장에서는 타당화의 수준들을 검토하며 타당화의 모든 기술적 측면을 먼저 다룬 후, 수용, 변화 및 변증법 패러다임의 원리가 타당화의 사용에 어떤 영향을 미치거나 변형하도록 돕는지 볼 것이다.

타당화 1수준

1수준은 치료자가 '완전히 깨어 있고, 완전히 존재하며, 모든 주의를 기울여 경청하는' 상태를 유지하도록 한다. 이상적으로 치료자는 문제 해결 회기를 포함하여 모든 치료 과정 내내 1수준을 지속적으로 사용한다. 그는 온전히 함께함으로써 환자에게 "당신의 행동은 중요한 의미가 있고 이해할 만하며, 내가 주목할 만한 가치가 있다"고 전달하는 분위기를 조성한다. 위에서 논의한 바와 같이, 이 수준은 타당화 환경에 기여하는 수준 중 하나이며, 다른 모든 수준을 위한 장(場)을 마련한다. 환자에게 자신의 완전한 존재를 내주는 것은 헤아릴 수 없는 가치가 있다. 누군가를 아낀다면 이것은 세상에서 가장 자연스러운 일인데도 하기에는 매우 어렵다. 치료자는 현재 그 순간과 현실에 바탕을 두고 환자에게 영향을 미치는 모든 것에 대해 깨어 있어야 하며, 진정으로 귀를 기울일 수 있도록 충분히 감정적으로 조절되어야 한다. 이런 점에서 DBT에서 심리치료를 하는 것 자체가 일종의 명상 실천인데, 인식의 대상은 환자의 의사소통, 관심 행동, 그리고 전인격체이다.

젊은 여성이 내 사무실로 들어와 앉았다. 나는 긴급한 상황 때문에 그녀의 이전 회기를 하루 전에 취소했었고, 보강 회기를 제공할 수 없었다. 나는 전화로 그녀에게 사과했는데, 그것을 받아들이는 것 같았다. 환자가 회기에 들어올 때, 나는 "Hi"이라고 말했다. 완전히 가식적인 얼떨떨한 목소리로 그녀는 "Hiiiii"라고 길게 빼며 인사했다. 나는 그 순간, 한쪽에 치우치지 않고 들을 준비가 되어 있었기 때문에, 그녀의 말투와 타이밍의 미묘한 측면, 몸의 자세, 그리고 눈을 마주치지 않는 그녀의 모습에 경각심을 갖게 되었다. 그를 어떻게 읽어야 할지 정확히 알 수 없었지만 뭔가 잘못되었다는 것을 알았다. 나는 환자의 새침하지만 동요된 상태가 회기 취소와 관련이 있다고 추측했다. 나는 "지난 번에 취소해서 미안해요"라고 말을 꺼냈다. 그녀는 분명히 짜증나고 빈정대는 어조로 재빨리 대답했다. "그래, 정말 고마워요! 타이밍도 참 좋았죠! 저를 보는 것보다 더 중요한 일이 있었겠지요." 이것은 바로 무슨 일이 일어났는지 그리고 그녀의 해석은 무엇이었는지에 대한 검토로 이어졌다. 우리는 2분도 안 돼 균열을 고칠 수 있었고, 사실 그것은 우리의 관계를 강화시켰다. 만일 내가 온전히 함께하지 않았더라면, 정신 바짝 차리고 깨어 있지 않았더라면, 나는 미묘한 단서들을 놓쳤을 것이고, 아마도 방어적인 상태가 되었을 것이고, 그 문제는 악화되었을 것이다.

타당화 1수준에 방해가 되는 요인

우리가 환자에게 한마디 말하기 전에도 타당화에 많은 문제가 생길 수 있다. 우리는 환자의 말을 오해하거나 그의 언어와 비언어적 의사소통을 오해할 수 있다. 우리의 사각지대로 인해 무엇이 진짜 중요한지 인식하지 못할 수 있다. 우리는 환자의 감정을 감지하지 못할 수도 있고, 이후의 논평은 우리가 잘못 짚었다는 것을 나타낼 것이다. 우리는 그 감정을 알아차릴 수도 있지만 그것의 강도를 과소평가할 수도 있다. 환경 무효화에 대한 반작용으로 환자에게 생긴 '표면적 능숙함'의 신드롬은 그녀의 감정을 읽기 어렵게 만들 수 있다. 우리가 그 감정과 강렬함을 정확하게 인지한다 하더라도 환자는 본인의 감정이 거의 통제 불능이라고 느끼는 것을 놓치기 쉽다. 감정이나 그 강도의 정도, 또는 환자가 느끼는 통제 불능감을 감지하지 못하면 정확한 타당화는 거의 불가능하다.

우리가 환자에게 주는 과제, 다소 간단한 것으로 보일 수도 있는 과제가 그에게는 거의 불가능하게 느껴질 수도 있다는 것을 우리는 이해하지 못할 수도 있다. 환자가 경험하는 난이도를 인식한다면 여전히 과제를 부여할 수 있지만 환자의 경험을 인정하고 난

이도를 타당화할 수 있을 것이다. 환자가 인정받고 이해받았다고 느끼면 과제에 참여하려는 의지가 높아질 수 있다. 환자가 우리에게 애착을 느끼는 정도나 그 애착과 관련된 불안의 정도를 쉽게 과소평가할 수 있다. 우리는 환자가 우리처럼 느낀다고 가정할 수도 있고, 우리의 견고한 유대감이 우리 사이의 사소한 다름보다 더 오래 지속될 것이라고 가정할 수도 있는데, 사실 우리의 환자는 관계의 약간의 틀어짐도 결말로 이어질 수 있다고 두려워한다. 그리고 환자가 실제로 다른 방향으로 가고 있을 때에도 우리는 '한 방향으로 가고 있다'고 생각할 정도로 환자를 놓치는 많은 방법이 있다. 워크숍에서 리네한은 이것을 '위치 관점'의 실패라고 말했다. 우리는 우리가 한곳에 있다고 생각하지만 환자는 우리가 다른 곳에 있다고 생각한다. 16세 소녀가 여러 차례의 자해 사건과 최근 아버지의 신체적인 공격 때문에 나에게 심리치료를 의뢰했다. 그녀는 유쾌했고, 접수면접에 협력적이고 잘 참여했다. 나는 그녀가 DBT를 배우는 데 꽤 관심이 있다는 인상을 받았다. 일이 잘된 것 같았다. 회기가 끝날 때 즈음 나는 다음 약속 일정을 잡기 위해 내 수첩을 꺼냈다. 그녀는 다소 갑작스레 일어서서 친구를 만나기 위해 당장 떠나야 한다고 선언했다. "그럼, 다음 회기는 전화로 일정을 잡을까?"라고 나는 말했다. 그녀는 사무적인 태도로 대답했다. "아니, 나는 단지 한 번의 회기를 원했을 뿐인데, 선생님은 나를 이해하지 못하는 것이 분명해요." 분명, 나는 몇 가지 단서를 놓쳐서 그녀의 '위치'를 잘못 읽었던 것이다. 약 일주일 후, 그녀는 다음 회기가 언제인지 묻는 음성 메일을 남겼다. 다음 회기에서 나는 기억하고 환자의 '위치 확인'을 했는데, 그녀의 협조적인 스타일이 그녀의 절망과 완전히 단절되어 있다는 것을 깨닫고 놀랐다. 그것을 알고 나서는 행간의 속뜻을 더 읽고, 그녀의 낙관적인 태도에서도 절망감을 인식하고, 그녀의 반응을 확인할 수 있었다.

타당화 2수준

성찰이 수반되는 2수준은 1수준의 자연스러운 연장이다. 이미 깨어 있고, 자각하고, 듣고 있음으로써 우리는 환자의 말이나 몸짓에서 무언가를 발견하기 쉽다. 환자의 언어를 빌려서라도 그것을 재진술하여 확인한다. 어느 날 한 환자가 나에게 "찰리, 지난번 회기에서 당신은 정말 나를 실망시켰어요"라고 말했다. 나는 그것을 받아들였고, 다시 말했다: "아, 나는 그것을 깨닫지 못하고 있었네요. 정말 실망시켰나봐요." 환자 : "네, 너무 강하게 나오셨어요." 환자가 전달해주고, 내가 받아서 다시 (내가 잘 받았는지 확인하기 위해) 재진술만 잘하면 다음으로 넘어갈 수 있다. 한편, 재진술을 통해 내가 실제로 그것을 잘 전달받지 못했거나 환자를 정확하게 이해하지 못했다는 것을 전할 수도 있다. 환자가 "남편이 나를 이해하지 못해요"라고 말하고 나는 "네, 알아요, 이미 여러 번 당신은 그에게 이해받지 못하는 기분이 든다고 했죠." 환자는 내가 '못 알아들었다'는 것을 느끼고, "아뇨, 이해 못 하시는 것 같아요. 난 그에게 이해받지 못한다고 느끼는 게 아니라, 그는 내 말을 이해하지 못하고, 한 번도 이해해본 적도 없어요." 만약 내가 정신이 깨어 있고, 내 성찰을 정정하는 이 소리가 들린다면 나는 다시 시도할 수 있다: "아, 내가 오해했나 보네요. 당신은 그가 단지 이해하지 못한다고 말하고 있어요. 맞지요?", "맞아요." 환자가 실제로 하는 말을 되짚어 보는 과정이 서로 공감하는 데 중요한 역할을 한다. 이는 상호 이해를 보장하거나 간극을 메우는 춤으로, 이해의 격차가 있다면 그것이 인정되고 해소되도록 드러내준다. 이는 또한 조율과 애착을 조장한다.

타당화 2수준에 방해가 되는 요인

연못에 비친 모습을 보면 연못의 표면이 고요할 때 가장 우리와 정확하게 닮았다. 마찬가지로, 환자의 언어를 사용하더라도 환자에게 어떤 것을 반영해줄 때 자신이 고요해야 정확할 가능성이 가장 높다. 우리 자신의 정서가 조절되고 있지 않을 때 이 수준의 타당화를 방해할 수 있다. 주저하거나, 의자에서 이리저리 움직이거나, 잠시 시선을 돌리지 않거나, 부적절한 어조로 말을 하면, 우리는 완벽히 정확한 반영도 왜곡할 수 있다. 나는 극심한, 하지만 궁극적으로는 근거 없는 의학적 상태를 보이는 환자를 치료하고 있었다. 우리의 치료는 반복적인 위기로 인해 자주 끊기는 상태였다. 입원 기간 동안 그녀는 담당 의사에게 자신이 일부러 자신의 건강 상태를 저하하고 있으며, 직접 진료를 받아 강화된다고 말했다. 담당 의사는 나에게 이 대화 내용을 전했고, 다음 회기에서 나는 이러한 행동에 대해 이야기했다. 나는 그것을 이해하고 평가하여, 우리의 치료 대상 목록에 추가하기를 원했다. 나는 신중하고 객관적으로 환자의 이야기를 듣고 있다고 생각했다. 그러나 갑자기 그녀가 말을 가로막았다. "나한테 질렸나요?" 나는 환자의 물음에 놀랐지만, 내가 깨달았던 것보다 그녀와 함께 있는 것이 더 '지겹다'는 것을 금방 깨달았다. 그녀의 부정직함과 고의적으로 의료적 문제를 만들어내 위기를 반복적으로 초래한 것이 나를 괴롭혔다. 나의 정서적 자각 부족이 반영 능력을 방해하고 있었다.

타당화 3수준

타당화 3수준은 2수준의 가까운 사촌이다. 2수준은 명시적으로 전달된 내용을 반영하는 반면, 3수준은 암묵적으로 전달된 내용을 반영한다. 환자는 괜찮다고 하지만 표정과 미묘한 몸짓은 그렇지 않을 수 있다. 치료자는 알아차리고 그것을 되짚어본다: "괜찮다고 말하지만, 당신은 괜찮아 보이지 않아요." 그러면 환자는 인정받고 세심하게 살펴봐준다고 느끼거나, 반대로 노출된 것처럼 모욕감을 느낄 수 있다. 2수준과 마찬가지로 3수준의 진술은 환자의 관점에서 정확할 수도 있고 그렇지 않을 수도 있다. 예를 들어 '괜찮다고 하지만 괜찮아 보이지 않는다'는 예시를 계속하면 환자는 '아니, 정말 괜찮은데 여기 오기 직전에 치과를 다녀와서 얼굴이 일그러진 것 같다'고 밝힐 수 있을 것이다. 좋은 심리치료 관계라면 1, 2, 3 수준 사이의 상호 작용(듣기, 반영하기, 공통분모 찾기, 차이점 찾기, 오류 수정하기, 분열 해소하기)은 거의 끊임없이 계속된다. 듣고 인식하고 공감하는 춤이다. 치료자와 환자의 상호작용이 전개되면서 치료자는 환자의 마음과 자신의 마음을 다 마음속에 담아두고, 두 사람의 상호작용을 염두에 두려고 한다. 이것은 애착 이론에서 안전한 애착 관계를 형성하는 핵심 기술로 여겨지며, 정교하게 연마되어야 할 기술이다. 세심한 경청, 민감한 반응, 교감, 정기적 성찰, 속뜻 읽기, 그리고 점점 더 정교한 이야기를 환자로부터 얻는 것이 여기에 포함된다(Bateman & Fonagy, 2004).

타당화 그리고 특히 1, 2, 3수준을 설명할 때, 리네한(1997)은 듣고 탐구하는 과정 속에 점점 정확하고 풍부하며 정교한 서사를 이끌어내는 것을 강조하지 않는다. 그러나 MBT와 정신역동적 심리치료를 하는 사람들에 의해 강조된 이 과정은 DBT에서의 타당화와 잘 들어맞는다. 환자가 이해받는다는 느낌을 가지게 되는 것은 우리가 단지 경청하며 이런 저런 요소를 반영하기 때문만이 아니라, 그 요소 뒤에 숨겨진 이야기를 점점 더 깊게 이해하기 때문이기도 하다. 효과적인 타당화를 하기 위해, 그리고 특히 4와 5수준으로 넘어가며 우리는 환자의 역사, 문화와 하위 문화의 의미, 현재 상황을 경험하는 방법, 미래에 대한 희망 등, 환자의 내면을 깊게 이해할 필요가 있다. 1, 2, 3수준은 이해의 구성 요소이다.

타당화 4수준 및 5수준

4수준과 5수준에 도달하면, 우리는 환자의 행동이 이해된다는 것을 두 가지 방법으로

전달한다: (1) 그의 역사와 생물학에 관한 것(4수준)과 (2) 그의 현재 맥락(5수준)에 관한 것이다. 이 장의 타당성을 결정하는 방법을 설명한 부분에서 과거의 맥락/생물학, 현재의 맥락, 미래의 맥락에 근거한 타당성을 구분했다. 여기서는 회기에서 무엇이 행동을 유효하게 만드는가에 대한 이해를 실천에 옮기고 환자와 의사소통하는 방법에 대해 이야기한다. 예시를 통해 타당화 4수준 5수준을 구분하고 각 수준의 기술적 과제를 살펴보자. 한 여성 환자는 외모에 지나치게 신경을 쓰는 어머니 손에 자랐다. 어머니는 환자의 어린 시절 내내 딸이 건강한 체중을 유지했음에도 불구하고 뚱뚱해질 것이라는 두려움을 내비쳤다. 환자가 스무 살이 되었을 때, 그녀는 몸무게에 집착했고 폭식, 구토, 섭식 제한을 하기 시작했다. 내가 그녀를 삼십 대부터 치료할 때쯤에는 섭식장애의 증상적 행동은 극복했어도 체중과 외모에 대해서 여전히 예민한 반응을 보였다. 그녀는 한 남자와 사귀고 있었고 그 관계에 대해 희망적이었지만, 그가 그녀의 외모를 칭찬할 때마다, 그가 사실은 그녀가 너무 뚱뚱하다고 생각하는지 궁금해했다.

몇 년 만에 처음으로 환자는 폭식과 구토를 다시 시작했다. 바로 다음날 치료회기에서 우리는 대상 행동에 대한 행동 사슬 분석을 진행했다. 이야기인즉슨, 환자는 남자친구와 식당에서 다른 커플과 저녁을 먹고 있었다. 그들이 식사를 주문하고 나서, 빵이 식탁에 올려졌다. 그녀가 빵을 한 조각 더 먹으려고 손을 뻗자, 남자친구가 "자기, 정말 그렇게 먹고 싶어?"라고 물었다. 그녀는 내적으로 감정이 폭발했지만 외적으로는 그것을 숨겼다고 했다. 남자친구가 자신이 먹는 것에 대해 언급하는 것에 화가 났고 친구들 앞에서 그렇게 했다는 것에 굴욕을 느꼈다. 환자의 관점에서 볼 때, 이제 가장 깊은 두려움에 대한 증거, 즉 남자친구가 자신의 몸을 좋아하지 않는다는 것에 대한 증거를 얻은 것이었다. 남성 치료자인 나와 이 이야기를 회기에서 반복하며 환자의 감정은 격렬하게 요동했다. 타당화 1, 2, 3수준을 사용함으로써 나는 저녁 식사 때 그녀의 감정과 생각을 듣고 이해할 수 있었다. 일단 이야기를 파악한 후, 나는 환자의 감정과 생각이 4수준과 5수준에서 모두 타당한 것으로 여겨질 수 있다는 것을 깨달았다. 어머니와의 역사를 바탕으로 4수준에서 타당했고, 이것을 그녀를 외모나 식사에 대한 거의 모든 이야기에 취약하게 만들었다. 대부분의 사람들이 파트너가 그들의 섭식에 대해 공개적으로 언급한다면 당황하고 화가 났을 것이기 때문에, 다른 커플과 함께 저녁 식사를 하는 맥락에 근거하여 5수준에서 타당했다. 만약 내가 5수준도 활용할 수 있는 순간에 4수준 타당화만 썼다면, 그것을 정확하게 사용했더라도 환자에게는 무효화가 되었을 가능성이 크다. 만약 내가 "물론 화가 났을 거예요. 어머니와의 역사가 있는 이상, 먹는 것에 대한 거의 어떤 언급도 당혹감과 분노로 이어졌을 겁니다"라고 말했다면 기술적으로는 맞지만 남자친구의 부적절한 행동을 간과하는 효과가 있었을 것이고, 이것은 거의 누구에게나 화가 났을 것이다. 그것은 환자의 병리를 강조하고 그녀의 반응이 정상이었음을 무시하게 되었을 것이다.

지침으로서, 치료자가 현재 맥락에서 타당한(그리고 규범적인) 행동뿐만 아니라 과거에 관해서도 타당하다는 것을 알고 있다면, 첫 번째 조치는 5수준에서 타당화가 되어야 한다. 그렇다면 이 경우에, "남자친구에게 화가 나고 굴욕감을 느낀 것은 당연해요. 그는 정말 선을 넘었네요. 거의 누구라도 화를 내고 당황했을 겁니다." 먼저 환자의 정확하고 규범적인 현실 인식을 강조하는 것으로 시작한다. 그러면 그녀는 이해심을 느낄지도 모른다. 종종 4수준 타당화는 치료자나 환자에 의해 자연스럽게 나올 것이다. 예를 들어, 환자가 "남자친구가 선을 넘은 게 맞다는 것을 알게 되어 기쁘지만, 아시다시피, 제가 다소 과장된 반응을 보이는 것도 사실이고, 그러고 나서 정말 나쁜 상태에 빠지게 되어요"라고 말했을지도 모른다. 아니면 내가 5수준의 타당화를 "혹시 엄마와의 역사 때문에 더 힘들었을까요?"라는 4수준의 타당화로 뒤따를 수도 있었다.

타당화 6수준

나는 1수준의 타당화(현재에 깨어 경각심을 가지고 존재하기)는 치료 전반에 걸쳐 작동해야 한다고 언급했다. 나는 **급진적 진정성**이라고 불리는 6수준에서의 타당화에 대해서도 같은 말을 하고 싶다. 즉, 우리는 항상 함께 존재하며 듣고, 진실하기를 원한다. 하지만 DBT 치료자가 진실하다는 것은 구체적으로 어떤 의미일까? 환자를 대응할 때 우리는 인간으로서 진정한 반응을 보여주며 그 진정성이 대화의 일부가 되도록 허용한다는 것을 의미한다. 우리는 이런 진정성의 맥락 안에 매뉴얼화된 개입을 내포해야 한다. 내가 간간히 말한 것처럼, 우리는 환자와의 관계를 DBT로 끌어들이는 것이 아니라, DBT를 환자와의 관계로 끌어들이고자 한다. 때때로 치료자들은 치료적인 것처럼 행동하고, 치료 모델의 언어를 사용하고, 지침을 따르지만, 자신처럼 행동하지는 않는다. 급진적인 진정성을 실천한다는 것은 치료자가 환자와 상호작용하는 방식이 친구나 가족과 함께 행동하는 방식과 비슷해 보인다는 것을 의미하지만, 치료도 함께 한다는 것이다. 때로는 기술적으로 노련해지려 노력을 하다 보면 우리는 자연스러운 반응에서 벗어나는 데, 진정성은 무효화된 개인에게 치유 효과를 줄 수 있다는 것을 기억하자.

타당화와 수용 패러다임

타당화는 수용 전략의 가장 순수한 형태이다. 그렇다고 타당화가 단지 수용의 용도로만 사용된다는 것은 아니다. 곧 보게 되겠지만, 그것은 행동 변화와 변증법적인 용도로도 사용된다. 그러나 먼저 가장 순수한 형태의 수용 기반 전략으로서 타당화를 고려하는 것으로 시작하겠다.

수용 패러다임은 바로 현재의 인식에 기초한다. 치료자는 미래나 과거에 대한 어떤 애착도 떨쳐버리고 바로 이 순간에 완전히 자신의 인식을 찾는다. 이처럼 현재 시점의 사고는 목적지가 없고 '행동'이 아닌 '존재'에만 집중된다. 치료자가 심신을 모두 사용하여 현재 순간에 들어서고 머무르는 데 성공할 수 있을 때, 환자는 그 순간, 그리고 그 공간 속에서, 깨어 있는 치료자가 진정으로 존재한다는 것을 명시적으로 또는 암묵적으로 알아차릴 가능성이 높다. 이런 종류의 존재는 그 자체로 이미 환자의 전인격체를 타당화하게 된다. 1수준은 치료자가 다른 다섯 가지 수준를 사용하는 플랫폼을 마련한다.

제3장에서 지적했듯이, 수용 패러다임은 현실의 모든 요소가 영원하지 않다는 인식을 포함한다. 이 순간에 존재하는 모든 것은 다음 순간에 같은 방식으로 존재하지 않을 것이다. 모든 것은 변하고, 모든 것은 일시적이다. 매 순간은 독특하고, 다시는 지금 같지 않을 것이다. 비록 일시성에 대한 인식이 불안할 수 있지만, 그것은 또한 매 순간을 소중하게 만들기 때문에 해방감을 줄 수도 있다. 환자와 함께 있는 치료자는 그가 현실의 일시성에 대한 인식을 유지할 수 있는 만큼 매 순간을 특별하게 대할 것이고, 환자는 치료자를 순간의 현실을 알아차리고 반영하면서 완전히 현존하고 진실한 존재로 경험할 가능성이 높다. 이를 통해 1수준 타당화(깨어 경각심을 가지기), 2수준 타당화(정확한 반영), 3수준 타당화(명시적이지 않은 상태 설명), 그리고 6수준 타당화(급진적 진정성)가 향상된다. 일시성을 인식하는 치료자에게 만약 그 순간이 충만하고 살아있다면, 환자도 또한 그 순간에 치료자가 그와 함께 존재한다고 느끼게 된다.

다음으로, 수용 패러다임은 모든 사물과 사람이 깊게 연결되어 있다는 인식을 포함한다. 어떤 것도 분리된 상태로 독특하지 않으며, 모든 사람은 다른 모든 사람으로 구성되어 있다. 비어있음 또한 이 속성을 가리키는데, 어떤 형태(예 : 신체, 사상)든 모두 다른 곳에서 파생된 요소들로 구성되어 있기 때문에, 다른 현상과 사람 사이에 고유한 정체성, 독특한 자아, 어떤 경계도 존재하지 않는다. 따라서 치료자는 환자, 자신, 그리고 다른 맥락의 실체들 사이의 깊은 상호관련성이 있음을 늘 인식해야 한다. 치료자는 전적으로 환자로부터 오는 요소들과 비치료자적 요소들로 구성되어 있다. 환자는 치료자로부터 오는 요소들과 전적으로 비환자적인 요소들로 구성되어 있다. 이 원리를 인식하면 환자와 치료자 사이의 경계가 약화되거나 해체되어 두 사람이 하나라는 느낌을 갖게 된다. 환자와 치료자는 단순히 인생의 길을 서로의 옆에서 함께 걷는 나그네가 아니다. 그들은 실제로 서로 얽히고, 상호의존하며, 함께 일하면서 하나로 작용한다. 이러한 관점에서 나오는 타당화 전략은 자연스럽다. 환자는 치료자를 따듯하고 자신을 걱정하며, 이해하는 존재로 느낀다. 이는 2수준(정확한 반영) 및 3수준(명시되지 않은 것의 타당화) 타당화의 경험을 심화시킨다.

마지막으로, 수용 패러다임에는 모든 것이 '있어야 할 그대로 있다'라는 인식과 '세상은 있는 그대로 완벽하다'는 인식이 수반된다. 이 관점에서 모든 것에 대한 반응은 '물론!'이다. 모든 것은 결국 올바르게 전개된다는 인식은 치료자가 환자의 행동이 타당하다는 의사소통을 더 깊게 해준다. 환자의 행동은 과거와 생물학, 그리고 현재의 맥락에 근거하여 이치에 맞는 것이다. '물론' 그 방법을 택했겠지, 그럴 수밖에 없었어! 이런 식으로 인격을 타당화하거나 어떤 행동 반응을 타당화하는 것은 환자가 자신을 받아들이도록 도움을 준다. '난 괜찮아', '난 이해할 만해', '내 행동은 일리가 있어', '난 내가 생각했던 것처럼 끔찍한 사람이 아니야', '나는 살만한 삶을 만들어가기에 너무 연약하지 않아.'

이 간단한 논의에서 알 수 있듯이, 수용의 원리, 즉 현재 순간에 대한 인식에 관여하고, 일시성을 인식하고, 상호 관련성과 비어있음을 수용하며, 사물이 있는 그대로 완벽하다는 의식을 유지하려고 하는 치료자는 그 자체로 타당화하는 맥락을 만들어내게 된다. 타당화 전략과 모든 수준의 타당화는 이곳에서 자연스럽게 흘러나온다.

타당화와 변화 패러다임

타당화는 우리가 본 바와 같이 그 원리에서 자연스럽게 흘러 수용 패러다임에 깔끔하게 들어맞는다. 처음에 명확하지 않은 것은, 환자를 변화 패러다임의 원리와 전략으로 이끌 때에도 타당화는 매우 중요하다는 것이다. 앞서 논의한 바와 같이, 타당화는 '변화 기계를 위한 윤활제다'라는 점에서 변화 패러다임의 개입과 균형을 맞춘다. 가끔은 타당화 자체를 활용해 변화를 추진하는 경우도 있다.

고전적 조건화는 제4장에서 논했듯이 단서, 강렬한 감정, 도피 행동에 집중되어 있다. 이 모델은 단서를 수정하거나 회피하고(자극 통제) 단서에 대한 정서 반응(노출 절차)을 줄이는 전략을 제시한다. 이러한 절차는 환자에게 큰 변화를 줄 수 있지만 동시에 고통스러울 수도 있다. 환자의 정서적 고통과 자동적인 반응을 바꾸는 어려움에 대한 타당화는 그가 절차에 참여할 수 있도록 돕는 데 매우 중요하다. 노출 절차 중에 함께 존재하며 깨어 있는 치료자는 안전과 통제의 분위기를 조성한다. 그리고 만약 환자가 불쾌한 일차적 감정을 경험한다면 치료자는 그것을 타당화하여 환자가 회피하기보다는 감정에 계속 접촉하도록 유도하면, 환자가 그 감정을 경험하고 조절하는 능력을 향상시키는 데 성공할 수도 있다.

조작적 조건화는 자극 상황, 특정한 행동, 그리고 그것의 강화 결과를 다룬다. 타당화는 일반적으로 강화 역할을 하기 때문에, 회기 동안 치료자는 환자가 적응적 행동을 할 때 타당화를 사용하고, 환자가 비적응적 행동을 할 때는 타당화를 피한다. 이 점에서 타당화는 변화 지향적 전략이며 일부 행동을 강화하기 위한 수반성 절차이다.

인지중재 모델은 이전의 사건으로 인해 가지게 된 신념이나 가정이 특정한 감정과 행동을 유발하는 것에 초점을 두고 있다. 우리는 반복적인 인지 요소를 찾아 변화시킴으로써 사건의 사슬을 바꿀 수 있다. 특정한 신념이나 가정을 타당화할 때(예 : "당신이 그렇게 믿는 것은 당연하다. 많은 사람들이 그렇게 한다"), 우리는 그 인지적 요소를 강화하여 환자의 인지 반응이 수정되기를 바란다. 다른 때에는, 어떤 생각을 의도적으로 타당화하지 않거나 심지어 무효화하여 그 생각이 신빙성이 없거나 유용하지 않다는 것을 강조하며 약화되기를 바란다. 사슬의 일부 요소를 강화하고 다른 요소를 약화시키기 위한 타당화의 힘을 염두에 두어야 하는데, 여기에 사고적 요소도 포함된다.

마찬가지로, 환자의 행동 사슬에서 기술 결핍을 다루며 우리는 그 결핍의 원인과 조건을 타당화한다. 그렇게 하지 않으면서 결핍을 강조하면 수치심과 자기 혐오가 생길 수 있다. 타당화를 통해 우리는 환자가 자신의 결핍과 기술의 필요성에 대한 균형감각을 갖도록 돕는다. 그런 점에서 타당화는 동기부여와 전념을 높일 수 있다. 특히 이전 환경을 이유로 자기를 무효화하는 사람을 치료하고 있다는 점을 감안할 때, 우리의 타당화는 자기 타당화에 대한 비판단적 접근을 가르친다. 그 결과 환자가 자기 타당화 자세를 취할 수 있다면, 우리는 타당화를 통해 행동 변화를 가져왔다고 할 수 있다. 마지막으로 타당화는 그 자체로도 DBT에서 중요한 대인관계 기술로서 다뤄지는데, 환자가 좋은 관계를 유지하는 데 도움이 되는 여러 기술 중 하나로 사용하게 한다. 또한 타당화 기술은 중간 경로의 가르침 내에서 가족들 사이에 실천해야 할 것으로 다루어지고 있다.

타당화와 변증법적 패러다임

변증법적 패러다임을 사용하여 반대되고 경직된 입장을 다루고 해결하는 데 있어 타당화는 필수적인 역할을 한다. 긴장 속에서 대립적인 입장을 찾은 치료자는 양쪽의 타당함을 찾아 타당화하기 위해 노력한다. 이것이 양면 융합을 찾는 발판을 마련한다. 자해와 물질남용이 목표 치료 행동인 십 대 소녀의 가족과 진행한 회기는 이 긴장감 때문에 거의 마비가 될 지경이었다. 소녀는 회기 중 어머니의 '적절한' 행동에도 불구하고 자신을 못마땅하게 여기며 판단하고 있다고 세게 주장했다. 어머니는 딸에게 건의한 내용이 도움이 되고 격려가 될 것으로 믿었기에, 판단적이라는 비난을 받는 것에 분개했다. 치료자로서 나는 양쪽의 타당성을 알 수 있었다. 어머니는 객관적인 제안을 함으로써 도움이 되려는 의도를 분명 가지고 있었지만, 그녀의 말투는 미묘하고 고집스레 판단적인 톤이 강했다. 치료자가 양쪽을 다 볼 수 있어도 그것을 융합으로 옮기는 방법을 찾는 것은 여전히 어려운 일이다. 소녀가 이 중 가장 괴로워하는 사람이었기 때문에, 나는 엄마에게 "진정으로 돕고자 하는 의도로 하시는 거라 본인의 목소리를 들을 수 없으실 것 같은데, 절제된 반감의 어조가 뚜렷이 들리는 것은 사실입니다. 딸에게 파티에서 다른 여자애들과 행동이 다르다고 했을 때, 아마 어떤 면에서는 옳았을 테지만, 동시에 그것은 마치 딸이 잘못했다고 말하는 것처럼 판단적으로 들렸어요." 소녀는 분명히 나에게서 타당화를 느꼈다. 좀 더 자신 있게 일어나 앉았고, 정서적 조절 곤란도 줄어들었다. 그러는 동안 어머니의 얼굴에는 약간 패색이 돌았다. 나는 딸에게 어머니에 대한 타당화로 옮겨가며, "어머니의 목소리에서 판단이 들리는 것은 분명하지만, 어머니는 정말 깨닫지 못하고 있는 것 같다. 내 눈에는 그저 친구들로부터 네가 받을 수 있는 고통스러운 반응을 피할 수 있도록 도와주고 싶어하는 것처럼 보인다." 양쪽의 타당성을 찾아 그것을 표현함으로써 대화가 잠재적인 융합으로 움직였다. 어머니는 딸이 좀 더 효과적으로 행동할 수 있도록 돕기 위해 부모로서의 역할을 하고 있었지만, 자신의 관찰 결과를 판단적으로 들리는 어조로 제시했다. 딸은 독립심과 자존감을 가지려 애쓰고 있어 당연히 어머니에게 도전했지만, 그러는 동안 어머니의 건설적인 의도를 무시했다. 거기서부터 우리는 서로 존중하는 방법을 강구할 수 있었다.

이 과정은 환자와 치료자 사이에 긴장이 있을 때도 같은 방식으로 작용한다. 치료자는 상호작용을 객관적으로 관찰하면서 치료자의 입장에 반대될지라도 환자의 입장을 타당화하려고 한다. 일단 환자가 이해받고 있는 느낌을 받고 정서를 잘 조절할 것 같으면, 치료자는 자신의 입장에서 타당성을 확인하는 방향으로 움직일 수 있다: "내가 당신을 아는 사람으로서 [1~3수준 타당화], 관찰 일지 완성을 거부하려는 당신의 충동을 확실히 이해할 수 있다. 나는 [4수준 타당화] 완전히 일리 있다 생각한다." 그 외에도 여러 가지 이유로 인해 환자가 관찰 일지를 피하고 싶어 하는 것이 매우 일반적이다(5수준 타당화). "나라도 거절하고 싶을지도 몰라. 하지만 한편, 관찰 일지에서 나오는 정보가 필요하다. 그만큼 정확하게 얻을 수 있는 다른 방법이 없고, 모든 것이 더 나은 치료법을 만드는 데 일조하는 것이다." 이제 두 당사자가 융합을 찾을 무대가 마련됐다.

변증법적 사고는 체계적이며 총체적으로, 모든 부분 간의 복잡한 상호작용을 인식한다. 모든 실체는 다른 실체와 상호 연결된, 더 큰 전체 실체의 일부분이다. 모든 독립체는 그 안에 작은 조각들을 가지고 있고, 그것들 또한 상호 연결되어 있다. 집단이나 가족의 한 사람을 타당화할 때, 우리는 자신도 모르게 같은 모임의 다른 사람을 무효로 만들 수도 있다. 어쩌면 거의 피할 수 없는 일이다. 마찬가지로, 우리가 환자 개개인의 생각, 감정, 행동 중 하나의 현상을 타당화할 때, 우리는 동시에 다른 생각, 감정 또는 행동을 무효화시키고 있는지도 모른다. 예를 들어, 만약 아이가 학교에서 괴롭힘을 당하여 울면서 도망간다면, 우리는 아이가 그 현장을 떠난 것을 타당화할 수 있을 것이다. 이해가 되는 일이다. 하지만 어떤 경우에는, 우리는 동시에 아이의 또 다른 측면을 무효화시키고 있는지도 모른다. 도망가고 싶은 충동을 타당화하고 강화함으로써, 우리는 괴롭히는 자에게 대항할 수 있는 아이의 능력을 무효로 만들고 있는지도 모른다. 이것은 사실 그렇게 드문 일이 아니다. 많은 영향이 항상 평행하게 진행되고 있기 때문에, 한 영향을 효과적으로 타당화하기 위해서는 공존하는 다른 추세에 대해 인식해야 할 필요가 있다. 이것은 한 현상, 다른 현상, 그리고 순차적인 타당화로 이어질 수 있다.

변증법적 사고는 교류에 대한 인식을 증진시킨다. 교류 외의 사람이나 행동 같은 것은 없다. 오로지 한 개체를 대상으로 하는 개입 같은 것은 없다. 하나에 변화가 생기면 다른 것에 변화가 생긴다. 만약 내가 당신과 관계를 맺고 내가 변하면, 당신도 변한다. 만약 내가 내 삶이 끔찍하다고 느끼고 있던 중, 당신에게 더 나쁜 일이 일어난다면, 내 삶은 그렇게 나쁘게 여겨지지 않을지도 모른다. 우리가 한 명의 사람을 타당화할 때, 그것은 다른 사람에게 영향을 미칠 것이다. 한 사람의 한 면을 타당화할 때 다른 면에 파급 효과가 있을 것이다.

나는 가족치료에서 엄마와 두 아들을 만났다. 근래에 생활이 어려워진 이들은, 저마다 다른 사람을 가혹하게 판단하고 있는 것 같았다. 셋 중 누구도 다른 두 사람을 타당화할 수 없을 것 같았고, 각자 목숨을 걸고 싸우는 것처럼 보였다. 내가 소년들 중 한 명을 타당화했을 때, 즉시 다른 소년은 내가 동생의 '진짜 모습을 몰라서' 그렇다고 지적했다. 내가 과도한 스트레스 속에서 자녀 양육을 하는 엄마를 타당화했을 때, 두 소년들은 엄마가 나의 동정을 얻기 위해 자신의 문제를 과장하고 있다고 하며 내가 했던 말에 반박했다. 효과적인 치료를 위해 나는 교류의 측면을 고려해야 했고, 모두를 개별적으로 만나 그들이 다시 함께 만나기 전에 각각의 관점에서 타당성을 찾기로 했다. 또한 어떤 식으로든 다른 사람들을 무효화시키지 않으면서 각각을 타당화할 수 있는 방법을 찾으려고 노력했다. 그것은 나에게 도전이었고, 또한 타당화의 변증법을 보는 것이 중요하다는 것을 보여주는 훌륭한 예였다.

타당화할 때, 우리는 모든 것이 항상 유동적이라는 것을 기억하는 것이 현명하다. 모든 것은 방금 바뀌었고, 모든 것은 곧 다시 바뀔 것이다. 타당화는 지금 당장 타당한 것을 인식하고 이를 전달하는 순간의 개입이다. 타당화 1분 후 동일한 형태로 존재하지 않을 수 있으며, 일단 타당화되면 타당화한 실체는 더 이상 동일하지 않다. 타당화는 여러 경우에 유용하고 합리적인 전략이기에, 이것을 미리 계획한다고 해도, 우리는 여전히 타당화의 시기와 성격을 현재 상황에 맞게 조정할 필요가 있다. 특정 타당화는 지금 이 순간에 속한 것으로, 우리는 그 순간이 지속되기를 기대할 수 없다. 반대로, 지금의 타당화가 이전에 일어났던 일을 강화할 것이라는 두려움 때문에 타당화의 기회를 포기할 필요가 없다. 어느 아침, DBT 입원병동에서 한 환자가 분노를 억제하지 못하고 다른 환자를 신체적으로 위협했다. 극적이고 무서운 순간이었다. 같은 날 오후, 그 환자는 모임에서 다른 환자에게 눈에 띄게 친절했다. 그 모임을 진행하던 직원은 동료 환자를 정확하게 이해하고 돕는 환자의 능력을 타당화하고 싶었지만, 만약 환자를 타당화한다면 그날 아침의 위협적인 행동이 묵인될 것을 우려하여 그 개입을 보류했다. 문제 행동은 발생한 그 시점에 결과나 개입으로 바로 해결한 다음, 이후의 행동에 타당화나 적절한 개입으로 대응할 준비를 하는 것이 환자에게 최선이다.

대부분의 치료자들은 그들이 타당화하는 방법을 이해한다고 확신한다. 그러나 훈련가와 감독자로서 내 모든 경험을 돌아볼 때, 치료자들이 범하는 가장 일반적인 오류는 타당화할 때 100% 수용을 하지 않는다는 것이다. 즉, 치료자는 환자의 반응을 타당화하려고 하지만, 그것이 행동 변화를 향한 추진력을 약화시킬까 봐 두려워하며 약간 주저한다. 타당화는 확실하게 할 때 가장 효과적이다. 그 순간, 치료자는 타당화와 완전한 수용의 '순금'을 주고, 그다음 행동 변화가 필요하다면 그것에 100%를 다시 부여해야 한다. 양자의 균형을 한번에 맞추려고 하는 것은 양자를 다 희석시킨다. 변증법은 타협과 같지 않다. 변증법은 수용의 행위를 완전히, 그리고 변화에 대한 전념을 완전히 할 것을 요구한다. 그것이 DBT에서 변증법의 본질이다.

마치며

타당화는 DBT 수용 패러다임 원리의 가장 순수한 표현이다. 대부분의 사람들은 타당화가 완전히 친숙한 개념과 실천이라고 생각하지만, 사실 그것은 생각보다 훨씬 더 복잡하다. 타당화의 복잡성은 정서적 조절장애, 만연한 무효화의 역사, 그리고 자기 무효화의 경향을 가진 사람들을 치료할 때 명백해진다. 이 장에서는 타당화의 많은 기술적 측면(기능, 정의, 대상 및 수준)을 검토하고 설명했으며, 타당화가 DBT의 세 가지 패러다임을 모두 구현하는 데 어떤 역할을 하는지 고려했다. 세 가지 패러다임 모두의 원리를 인식하는 것은 타당화의 기회와 제약에 더 감탄하게 되고 더 높은 수준의 정확성, 유동성 및 효과성으로 인도해준다.

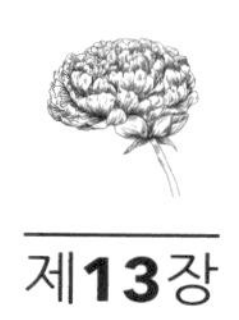

제**13**장

변증법적 전략

DBT의 변증법적 전략 사용을 논의할 장을 마련하기 위해서는 세 가지 핵심 패러다임이 각각 환자의 삶을 변화시키고, 삶의 보람을 얻기 위해 함께 활용할 수 있는 독특한 힘의 원천을 제공한다는 점을 먼저 강조해야 한다. 변화의 패러다임은 목적의 힘을 제공한다. 이 패러다임에 따라 우리는 증가시키거나 감소시키고자 하는 목표와 대상을 식별하고, 목표, 대상 및 치료 방법에 대한 전념을 확보하며, 각 대상 행동의 통제 변수를 평가하고, 환자가 대상 행동을 스스로 모니터링할 수 있도록 주선한다. 우리는 새로운 기술을 가르치고, 옛 기술을 강화하고, 기능적 행동을 강화하는 치료법을 만들어 기능적 행동을 강화하고, 기능장애 행동을 소거시키고 처벌한다. 우리는 문제 있는 가정과 신념을 수정한다. 그리고 노출 절차를 통해 환자가 회피하는 단서와 감정에 접근하도록 돕는다. 치료자는 변화 패러다임을 활용하기 위해 규율, 방향, 책임감, 불일치 모니터링에 의존한다. 불손한 의사소통 전략은 변화 패러다임을 지지하고, 치료자가 환자를 대신하여 환경에 개입하기보다는 환자와 함께 상담하는 전략을 사용하는 것도 변화를 지향한다. 그러나 우리가 논의한 바와 같이, 만성적이고 심한 정서조절장애를 치료하기에는 변화 패러다임이 필요하나 과히 불충분하다.

수용 패러다임은 존재의 힘을 더해준다. 우리는 현재에 존재하는 풍요로움을 충분히 활용하며, 사물을 판단하지 않고, 일정한 목적지를 요구하지 않으며, 모든 현상의 상호

의존성과 일시성을 알아차리고, 모든 일은 앞서 일어난 모든 일에 의해 야기되기 때문에, 모든 것이 마땅히 그럴 만하다고 이해한다. 지금 이 순간 사물을 충분히 보면 우리의 인식은 명료해지고, 동정심은 자연스럽게 흐르며, 인내는 팽창한다. 이 패러다임으로부터 DBT의 타당화, 소통 전략, 그리고 특정 상황에서는 단순히 환자와 상담하기보다는 환자를 대신하여 환경에 개입하는 전략들이 흐른다. 변화와 수용 패러다임을 결합할 때 개입의 선택지는 크게 증가한다. 하지만 치료는 자주 중단될 수 있다. 변화를 추진하는 것은 종종 환자를 악화시키고 좌절시키며 무효화시켜, 저항, 교착, 관계 차질을 초래한다. 그러나 수용만을 소통하는 것은 환자에게 치료자가 자신을 변화시키는 데 도움을 주지 않는다고 느끼게 하여 절망과 좌절을 불러일으킬 수 있다.

변증법적 패러다임은 목적의 힘, 존재의 힘을 증강하고 강화하여 또한 즉흥성의 힘을 더한다. 아무리 끔찍하더라도 이 순간은 끝없는 시간 흐름의 짧은 순간일 뿐이라는 이해에 힘을 얻고, 현재의 고통스럽고 완고한 현상은 아무리 소모적이고 우울한 것이라도 다수의 문맥적 요소와 동적으로 상호의존하고 있으며, 현재의 궤적은 아무리 파괴적이더라도 하나의 궤적에 지나지 않는다는 사실에 고무된다. 또한 진실은 한 입장의 승리보다 반대되는 것의 융합을 통해 발생하며, DBT 치료자는 다양한 즉흥적인 전략에 접근할 수 있다는 것이 모든 변증법적 패러다임의 기여다. 변증법적 전략은 융합, 움직임, 속도, 흐름, 창조적 해결책을 향한 개입의 수단을 기하학적으로 증가시킨다. 변증법적 전략은 순간의 골칫거리를 깨고 상황을 다시 움직이게 하는 데 도움이 될 수 있는 다양한 기동전략을 제공한다.

변증법적 패러다임의 원리를 동시에 알고 있다면 치료자는 특정한 변증법적 전략을 유연하고 유동적이며 창의적인 방법으로 사용할 수 있다. 이러한 전략들은 원칙적으로 서로 겹치기 때문에 결합할 수 있고, 그 사이에서 떠다니며 심지어 같은 목적으로 새로운 방법을 개발할 수도 있다. 우리는 인간의 언어 습득에서 비유를 찾을 수 있다. 언어의 깊은 구조와 규칙(원리와 비교할 수 있다)에 대한 아이들의 직관적이고 생물학적으로 기반한 이해력 때문에, 그들은 한순간에 적응하여 본인이 이전에 한 번도 들어본 적이 없는 언어 구조를 만들어낼 수 있다. DBT의 지정된 변증법 전략과 개인적으로 유용하다고 생각하는 추가 두 가지 전략을 고려할텐데, 각 전략이 원리와 가진 관계와 서로 겹치는 점을 주목할 수 있을 것이다. 하지만 여전히 각 전략은 특정한 치료의 교착 상태에 가장 적합할 수 있는 고유한 변증법적 '맛'을 제공한다는 것을 인식해야 할 것이다.

다음의 다양한 변증법적 전략을 보며, 이들은 행동 변화 전략이 아니라 이동, 속도 및 흐름을 만들어내고, 궤적을 이동시키며, 어떤 경직된 부분을 창조적으로 교란시켜 문제 해결을 증가시킨다는 것을 명심하길 바란다. 먼저 치료 매뉴얼의 변증법 전략을 모두 나열한 후, 가장 직접적인 변증법 원리의 적용, 즉 치료 전략의 균형을 맞추는 전략부터 다룰 것이다.

1. 치료 전략의 균형 조정하기
2. 레몬으로 레모네이드 만들기
3. 현명한 마음 이끌어내기
4. 악마의 옹호자 노릇하기
5. 확장하기
6. 역설 속으로 들어가기
7. 자연스러운 변화 허용하기
8. 은유법 사용하기
9. 변증법적 평가 사용하기

치료 전략의 균형 조정하기

우리는 변증법 원리의 가장 직접적인 적용으로부터 시작하는데, 그것은 치료 전략의 균형 조정이다. 특히 이 전략은 동시에(평행하게) 또는 시간적으로 근접한 순차로 변화 지향 전략과 수용 지향 전략을 병행하는 것을 말한다. 우리는 현실에 내재된 수용과 변화 사이의 자연스러운 대립을 활용한다. 이러한 구체적인 전략 기동을 넘어 순수한 변화와 순수한 수용의 융합은 모든 변증법 전략 전반에 걸쳐 근본적인 주제가 된다.

나는 매 회마다 내 사무실에 들어오자마자 문 근처에 서서 앉기를 거부하며 격분하는 환자를 치료한 적이 있다. 내가 말하거나 한 것(또는 말하지 않은 것이나 하지 않은 것)이 너무 싫었다는 것을 표명할 때까지 그렇게 서 있었고, 늘 그 분열이 해결될 때까지 나와 함께 일을 계속할 수 없다고 주장하며 결론을 내렸다. 환자가 언급한 사건들을 보면 그녀의 분노를 종종 이해할 수 있었다(내가 말한 것이 그녀를 불쾌하게 하거나, 감정을 상하게 하거나, 실망시켰을 수도 있다는 것을 상상할 수 있었다). 하지만 그녀의 극단적인 반응은 나의 비교적 가벼운 죄악에 비해 불균형해 보였다. 그녀의 논평은 상상을 초월할 만큼 극적이었고, 토론으로 이어질 수 있는 분노의 표현은 제공하지 않았다. 환자의 태도는 참여나 해소를 방해했다.

나는 먼저 여러 가지 변화 지향적인 전략을 순차적으로 사용했다. 환자의 의사소통의 문제적 성격을 부각시키며 그녀가 나에 대해 옳다고 해도 그녀의 행동은 대화의 문을 열기보다는 문을 닫는 것임을 분명히 했다. 처음부터 다시 시작하여 자신의 감정을 표현하되 좀 더 능숙하게 접근하기를 요청했고, 그녀가 내게 소리치는 것의 의도와 목표가 무엇인지 확인하려고 애썼다고 했다. 또한 나에게 그런 식으로 말하는 것을 그만두라고 날카롭게 주장했으며, 앉아서 그녀의 심정을 이야기하라고 했다. 그 후 환자가 나와 함께 문제들을 해결하기 위해 기울이는 어떤 노력도 강화했고, 그녀의 어떤 생각이나 추측이 그렇게 강력한 행동을 하게 하는지 큰 소리로 궁금해했다. 가능한 한 정확하게 그녀의 감정을 관찰하고 묘사해 달라고 부탁하기도 했다. 하지만 이러한 노력들은 협업, 능숙한 의사소통, 자기 성찰의 증가를 거의 나타내지 않았다. 환자는 어떤 질문이나 변화에도 열려 있지 않았다. 오로지 내가 그녀를 상처줬다는 확신을 표현했고, 그것이 그녀의 반응을 전적으로 적절하게 만들었다고 했다. 내가 다시는 그런 것을 하지 말아야 한다며, 그렇지 않으면 그녀는 나와 함께 일할 수 없을 것이라고 했다.

변화 지향적인 문제 해결에서 진전을 보지 못하면서, 나는 단호히 수용 패러다임의 원리와 전략 쪽으로 방향을 틀었다. 당분간 변화에 관한 의제를 내려놓고 나는 나에 대한 그녀의 반응을 타당화하려고 노력했다. 오로지 따뜻함, 온화함, 동정심, 그리고 약간의 자기 개방으로 의사소통을 했다. 그저 그녀의 말을 듣고, 그대로 있으려고 노력하며, 그녀의 말, 몸짓, 표정, 목소리 톤, 나 자신의 개인적 반응에 세심한 주의를 기울였다. 나는 환자에게 대항하거나 그녀의 접근방법에 있어서 어떤 것이든 바꿀 필요가 있다고 제안하지 않도록 확실히 했다. 환자가 이해받았다고 느끼게 되면 정서적 반응성이 감소하고 행동도 더 능숙하게 할 수 있다는 희망을 가지고, 나는 환자가 처음부터 끝까지 자신을 표현할 수 있도록 최선으로 노력했다. 하지만 그녀의 과장된 진술은 마치 타당화에 면역이 되어 있는 것처럼 계속 되었고, 마치 감정은 더 격화된 것 같았다. 그러다 갑자기 조개껍데기 안으로 들어가듯 환자는 조용하고 절망적인 모습으로 내 맞은편에 앉고는 했다.

변화를 강요하는 것은 그녀를 더욱 악화시켰다. 변화를 포기하고 몇 가지 수준의 타당화를 사용한 것은 그녀를 더더욱 악화시켰다. 나는 당황했고 좌절했다. 이는 사실 리네한이 변증법적 사고와 전략을 DBT로 들여오게 된 정황과 비슷하다. 우리가 난관에 봉착했다는 것을 인정하면서 나는 즉흥적으로 움직이며 순간적으로 변화와 수용 전략의 융합을 찾으려고 노력했다. 나는 이런 순간에 수용과 변화를 함께 엮어가는 단계들을 명명하기에는 어렵다고 느낀다. 나는 아무런 공식 없이 환자와 계속 교감하며 판단 없이 환자의 반응성을 진정으로 받아들이고, 뭔가는 변해야 한다는 확신을 견지하고, 열린 마음으로 진행한 것밖에 없다. 나는 이 자세를 두 회기에서 더 이어갔는데, 두 번 모두 같은 역기능으로 시작했다. 드디어 세 번째 회기의 시작 부분에서 나는 시행착오에 의해 최적의 타점을 발견했는데, 그것은 수용과 변화를 통합하여 결실을 맺는 개입이었다. 나는 좀 더 느긋한 마음가짐으로, 어쩌면 더 즉흥적으로, 그리고 마음속으로 대본 없이 회기를 시작했다. 환자에 대한 내 감정은 자애롭고 확고한 곳에 도착했었다. 그녀가 문간에 서서 다시 나를 공격하고 있을 때, 나에게 완전히 격분하는 동시에 어느 정도 분리되고 동떨어져 있는 것 같아 나는 날카롭게 그녀에게 말을 걸었다. “지금 당장 앉아서 내 말 좀 들어봐요. 당신에게 할 말이 있어요.” 환자는 놀란 듯 행동했고, 어쩌면 내게 조금이나마 겁을 먹은 것 같았다. 그녀는 고함을 멈추고 자리에 앉았다. 나는 말을 이었다. “또 시작하는 군요. 지난 회기 이후로 아무 연락 없이 있다가 들어오자마자 문 앞에 서서 나한테 화풀이를 해요. 그런 모습은 마치 만화 속에서 분노하는 인물 같아요(과장되어 보인다는 의미_역주). 마치 당신과 내가 진짜 관계가 없는 것처럼 단독적인 방법으로 그렇게 하는 것, 알고 있나요? 하지만 우리는 진짜 관계를 가지고 있고, 이런 에피소드들을 제외하고 정말 좋은 관계를 가지고 있죠. 난 당신을 사람처럼 대하고 당신은 나를 사람처럼 대해요. 당신은 정말 똑똑하고 정말 호감이 가는 사람이라, 정말 좋아요. 하지만 당신이 나한테 화가 나(그 자체는 괜찮지만) 오늘처럼 회기를 시작했을 때, 그건 완전히 다른, 거의 현실같지 않는 느낌이 들어요. 무슨 말인지 알겠나요?”

그녀는 놀라서 처음에는 말을 하지 않았다. 그러고 나서 그녀는 “정말 만화 같아요?”라고 물었다. 나는 “정말 그래요. 나에게 그런 식으로 말을 하면 마치 나를 무슨 비인간적인 물건처럼 대하는 것 같아요. 나와 함께 말하는 것이 아니라, 나에게 소리를 치니. 화낼 이유가 많다는 것을 부정하는 것도 아니고, 그런 이유들을 억누르라고 하는 것도 아니지만, 여기에 또 다른 사람이 있다는 것을 인식해 달라는 것, 즉 느끼고 생각하고 상관하고 반응하는 사람이 있다는 거죠. 그냥 그런 식으로 얘기했으면 좋겠어요.”

그 후 우리는 더욱 인간적이고 연결된 방식으로 진행할 수 있었다. 시간에 걸쳐 '만화 같은 분노'를 평가할 수 있었는데, 분노는 환자가 매우 잘못되었다는 지속적인 수치심에서 벗어나게끔 하는 기능을 가지고 있었다. 나의 개입에 대해 뒤돌아 보면, 인간적이고 진솔하며 배려심을 잃지 않으면서도 행동 변화를 단호하게 요구할 수 있는 방법을 찾아냈기 때문에 효과가 있었다고 생각한다. 환자와의 관계가 이미 얼마나 좋은지 강조하는 맥락에서 관계를 개선하자고 주장한 것이 도움이 되었다.

다행히도, **치료 전략의 균형을 맞추는** 것은 이 예시보다 더 간단하다. 예를 들어, 치료자는 "나는 당신이 그렇게 느끼는 것을 알고 있고, 그것은 많은 것을 의미하지만, 나는 당신이 그것을 다른 방식으로, [변화된] 방식으로 표현하기를 원한다"고 말할 수 있다. 수용과 변화의 신속한 병행은 흔히 요구되며 수용과 변화에 대한 필요를 동시에 말하는 중간지대를 찾는 데 도움이 된다. 그것이 도전적인 예시든 쉬운 예시든 간에, 나는 치료자가 한 발은 수용에 확고히 기반을 두고 있고, 다른 발은 변화에 확고히 기반을 두고 있으며, 환자와 좋은 접촉을 유지하고 있다는 것이 **치료 전략의 균형 잡기** 비결이라고 확신한다.

레몬으로 레모네이드 만들기

치료자들이 DBT를 공부하기 전에도 대부분은 이 변증법적 전략에 익숙하다. **레몬으로 레모네이드를 만드는** 것은 위기에서 기회를 찾는다는 의미로, 미국 문화에서 흔히 사용하는 속담이다. 이 같은 생각의 다른 은유로는 "어두운 구름에서 은빛을 발견한다" 또는 "한 문이 닫히면 다른 문이 열린다"는 말이다. 어떤 비유든 부정적인 경험을 재구성하거나 다른 각도에서 보는 희망의 정신을 나타낸다. 현실의 교류적 특성과 변증법의 일부인 시스템적 관점을 고려할 때, 우리는 항상 하나의 현상이 다른 현상과 교류되고 있음을 알 수 있다. 부정적인 관점은 긍정적인 관점과 교류하고, 좁은 관점은 더 넓은 관점과 관계를 맺고 있다.

DBT에서는 **레몬으로 레모네이드를** 만들 기회가 많다. 관찰 일지 작성을 거부하는 환자와 평가로 시작하여 관찰 일지를 피하고 싶은 욕구의 타당화로 이동한 다음, 관찰 일지 비준수와 관련된 통제 변수를 해결하는 문제로 넘어갈 수 있다. 만약 패턴이 지속된다면 치료자는 레몬으로 레모네이드를 만들며 '변증적으로 진행'할 수도 있다. "사실, 관찰 일지를 쓰지 않아도 좋습니다. 왜냐하면 우리는 필요한 만큼 '관찰 일지 요법'을 할 수 있기 때문이죠. 관찰 일지를 쓰는 것은 재미없지만 인생에서 필수적인 다른 많은 작업과 매우 비슷하기 때문에, 관찰 일지 문제에 대한 진전은 다른 분야에서 도움이 될 겁니다." 이 전략에서 치료자는 환자와 환자의 문제 행동에 대한 수용과 지지를 주면서도 변화에 대한 끈질긴 주장을 전달해야 하는 점에 유의하기 바란다.

종종 난제, 난관, 혹은 마비 현상은 순간적인 현실에 구속된, 좁고 숨막힐 듯한 시야 안에서 일어나는데, 마치 문이 없는 아주 작은 방에 있거나 터널 안에서 꼼짝도 하지 못하고 갇힌 것처럼 느껴진다. 치료자는 환자의 제한된 관점을 인식하고 수용하면서 공간, 시간 및/또는 맥락에 대해 더 넓은 시야를 제공한다. 치료자는 환자가 문이 없는 작은 방에 있거나 터널에 갇혀 더 이상 움직일 수 없는 것이 어떤 것인지 느낄 수 있지만, 치료자는 사실 그런 관점에 매인 것은 아니다. 그는 이 순간이 아무리 끔찍하더라도 한 순간뿐이라는 인식을 유지할 수 있다. 그는 환자가 작은 방에서 나올 수 있는 문이 실제로 여러 개 있다는 것을 알고 있다. 환자가 자신의 구속적인 현실관에 대해 확신하는 만큼, 치료자는 환자가 자신과 교류하고 있다는 것과 다른 사람들은 그와 상당히 다르게 생각한다는 것을 인식한다. 그는 덫에서 벗어날 수 있는 여러 가지 방법이 있다는 것을 알고 있으며, 환자의 좁은 시야가 보다 넓은 시야와 상호 작용하면서 변화될 것이라고 믿고 있다. 즉, 환자가 '레몬'만 볼 수 있는 지경에 이를 때면 치료자는 '레모네이드'의 여러 가지 종류와 레시피를 상상할 수 있다.

환자들의 고통스러운 문제, 즉 자살 행위, 분열적 에피소드, 치료 방해 행위, 물질 사용 행위 등을 해결하는 것은, 어려운 문제를 해결하는 기억을 암호화한다는 점에서 항상 은빛을 띠고 있으며, 이는 향후 문제 해결 노력을 위한 플랫폼이나 템플릿 역할을 할 수 있다. 치료 관계에서 끔찍한 혼란을 회복하는 것은 더 강한 치료 관계와 다른 관계 문제를 해결하기 위한 향상된 기술을 증가시킬 수 있다. 치료에 지각하는 행위는 지각 문제를 해결하거나 그것으로부터 배울 수 있는 기회를 제공한다. 남자친구나 여자친구를 잃은 고통스러운 경험은 다른 사람에게 완전히 의존하지 않고 어떻게 대처해야 하는지를 배울 수 있는 가능성을 열어줄 수 있다. 이것보다 훨씬 많은 항목은 계속되며, 만약 치료자가 안 좋은 상황에서 최선의 것을 만들 사고방식을 가지고 있다면, 그것은 자연적으로, 유동적으로, 거의 균일하게 치료적 상호작용을 채울 수 있으며, 지속적인 움직임과 즉흥성을 가능하게 한다.

이 전략의 잠재적인 문제점은 사용이 너무 쉽다는 것이다. 치료자는 '레모네이드'의 가능성을 너무 쉽게 지적할 수 있다. 그것은 거의 진부하게 들릴 수 있고, 따라서 덜 효과적이다. 때로는 이 전략이 환자의 고통을 실제로 받아들이지 않고 그것을 틀에 맞추거나 비껴갈 수 있는 방법으로서 치료자의 자기 보호 기능을 하기도 한다. 다른 치료자들이 같은 환자들과 같은 맥락에서 정확하게 동일한 단어를 따로 전달하여도 완전히 다른 결과를 얻을 수 있다. 위기에서 기회를 얻으려는 노력은 가끔 고통의 깊이에 대한 이해를 차단하여, 환자는 마치 치료자가 자신을 하찮게 여기거나 무시하는 방식으로 대하는 것처럼 느낀다. 하지만 환자를 분명히 이해한 치료자, 즉 환자와 '지옥으로 내려가' 보아 얼마나 상황이 나쁜지 아는 치료자는 그렇게 하고도 '위기로부터의 기회' 개입을 전달할 수 있고, 공감을 느낀 환자는 다른 관점을 기꺼이 고려하려고 노력한다. 환자가 '무시' 또는 '해고된' 느낌을 남길 수 있는 가능성을 가진 이러한 변증법 전략을 사용함에 있어, 많은 부분이 치료자와 환자와의 관계, 즉 암묵적으로 전달되는 심도, 진정성, 온전함에 달려 있다.

이 전략의 가장 효과적인 사용은 가끔 이 접근법에 대한 명시적인 설명 없이 일어난다. 환자는 자신의 절망의 깊이에 대해 이야기하며, 어쩌면 자살만이 유일한 탈출구이며 마약을 사용하는 것만이 살아남을 수 있는 유일한 길이라고 확신할 수 있다. 치료자는 환자의 어두운 면에 대한 증인의 역할을 하면서, 판단하지 않고 동정적으로 듣는다. 이 전략의 근본적 본질은 환자의 끔찍한 상황이나 절망감을 감수하면서도 치료자가 좀 더 넓은 시야, 더 희망적인 태도, 그리고 어떤 의미나 진보가 그 상황에서 나올 수 있다는 확신을 가질 수 있는 능력을 유지하는 것에 근거를 두고 있다. 그는 환자가 그 절망감을 헤쳐나가면 환자에게 귀중한 자산을 가져다줄 수 있다고 믿는다. 어떤 의미에서, 치료자는 자신의 마음속에서 레몬으로 레모네이드 만들기 전략을 실천하고 있다. 그는 환자의 절망에 마음과 생각을 열어놓고도 상상할 수 있고 레모네이드를 찾을 수 있는 능력을 유지하고 있다. 이 전략은 그렇게 말할 필요도 없이, 치료자가 환자의 '레몬'과 접촉하면서 '레모네이드'를 경험할 수 있다면, 절망감과 가능성을 융합하는 말없는 변증법적 길을 열어줄 수 있다.

현명한 마음 이끌어내기

미국의 인기 있는 텔레비전 퀴즈쇼에서, 참가자들이 어려운 질문에 대한 답을 모를 때, 그들은 '생명줄'을 이용하여 친구에게 도움을 요청할 수 있다. DBT에서 현명한 마음을 이끌어내는 것도 이러한 선택이다. 환자와 치료자 둘 다 길이 막혀 어느 쪽으로 방향을 틀어야 할지 모를 때, 치료자는 환자에게 자신의 현명한 마음에 접근하도록 지시할 수 있다(치료자 스스로도 현명한 마음을 이끌어낼 수 있고, 또 그래야 하는 경우도 있다). 물론 그 전제 조건은 환자가 현명한 마음을 이끌어내는 기술을 습득하고 실천했다는 것인데, 그것은 기술 훈련 그룹과 개인 치료에서 가르칠 수 있다. 치료자는 아마 "이것에 대해 현명한 마음은 뭐라고 말할 것 같니?"라는 간단한 말을 할지도 모른다.

34세의 여성 환자가 어려운 회기 도중에 나에게 매우 화가 났다. 아무것도 도움이 되지 않는 것 같았다. 환자는 자리에서 일어나 문을 열고 걸어 나갈 것이 분명했다. 그 순간 나는 환자의 떠나려는 강한 충동과 생각을 바꿀 수 없음을 알았고, 현명한 마음을 이용해 일시 정지한 후 그 순간에 대한 더 깊은 성찰을 촉진시켰다. "당신이 떠나려 한다는 것을 알 수 있고, 말리려 하지 않을 테지만 가기 전에 한 가지만 물어봐도 될까요"라고 나는 말했다.

환자는 "왜요!?"라고 소리쳤다.

"그냥 알고 싶어요. 떠나기로 결심한 것은 당신의 이성적인 마음인가요 감정적인 마음인가요 아니면 현명한 마음가짐인가요?"

그녀는 단정적이었다: "지금 내가 감정적인 마음인 것을 잘 알고 있잖아요!"

"그럼 한 가지만 더 물어봐도 될까요?"

다시, "뭐!!!"

"현명한 마음이라면 어떻게 할 것 같아요?"

그녀의 대답은 즉흥적이었다. "난 그냥 여기 앉아서 네가 얼마나 개자식인지 말해줄 거야!"

나는 그저 그녀에게 고맙다고 말했고, 그녀는 잠시 망설이기는 했지만 걸어 나갔다. 그것이 환자가 회기에서 나가는 것을 막지는 못했지만, 내 관점에서는 그녀가 분노를 직접적으로 표출할 수 있도록 돕는 중요한 진전이었다. 나중에 다음 단계를 밟으면 되는 것이었다.

이 기술은 좁고 경직된 흑백 사고 과정에 대한 완벽한 해독제로서, 극과 극 사이의 고조되는 압박과 갈등을 쉽게 해소할 수 있다. 역기능적 행동은 이러한 교착 상태에서 발생하며, 현명한 마음을 이끌어내는 것은 '일시정지 버튼을 누른다'는 구조적인 방법을 제공하고 환자들이 스스로에게 다가가 더 복잡하고 사려 깊은 반응을 찾도록 유도한다. 마치 환자가 "내 감정은 지금 매우 강렬하고, 선택지는 적고, 그래서 응급상황이며, 복잡한 정보는 차단하였고 신중한 생각이란 없다"고 말하는 것과 같다. 그리고 마치 치료자가 "당신의 감정이 격하고, 강한 충동이 이는 것은 이해하지만, 이 상황에 대한 당신의 '현명한 마음 반응'이 무엇일지 잠시 멈춰서 생각해보길 바란다"고 말하는 것과 같다.

가족 회기가 한창일 때, '조시'라는 이름의 열다섯 살 소년은 자신이 궁지에 몰렸다고 느꼈다. 어머니는 조용히 앉아 있었지만, 아버지는 그가 친구들과 대마초를 피우기 위해 밤에 몰래 집을 나간 것을 지적하며 1년 동안 집에서 외출 금지 조치를 하겠다고 협박하는 등 화를 내고 있었다. 아버지의 의혹에는 어느 정도 진실이 있었지만, 소년은 억울하다는 생각이 들었다. 조시의 입장에서는 아버지는 과잉 통제적이고 학대적이어서 저녁에 집에서 쉬는 것을 거의 불가능하게 만들었다. 그는 아버지가 소리를 지르지 않도록 집에서 조심스럽게 행동하려고 했고, 이어 대마초에서 찾은 '스트레스 해소'가 필요하다고 했다. 조시의 주장이 다소 타당하긴 했지만, 그의 아버지는 조시에게 마리화나를 어디서 얻었는지, 어디에 숨겼는지 밝히라고 몰아붙이며 더욱 격분했다. 조시도 격동하며 이렇게 말했다. "당신은 위선자예요! 밤이면 아버지도 매일 맥주를 마시면서, 내게 쉼을 주는 단 한 가지를 쓰지 못하게 해요!" 모두 고조되고 있었고, 긴장은 커져갔으며, 조시와 그의 아버지는 점점 더 경직된 입장을 밝혔다. 아버지 : "넌 1년 내내 외출 금지야." 조시 : "내가 여기 있는 게 싫으면 그냥 말해요. 난 그냥 집 나가서 길거리에서 살 거예요!" 나는 도움이 되는 중재를 찾지 못하고 꼼짝 못하고 있는 자신을 발견했다.

상황이 점점 악화되고 있었다. 내가 끼어들었다. "여러분! 타임 아웃! 우린 어떤 진전도 만들어내지 못하고 있어요. 이것은 좋은 해결책이 아니고, 극단적이죠. 우리 모두가 잠시 멈추길 바래요. 가족 기술 훈련으로 현명한 마음이 무엇인지 다들 아실 거예요. 좀 쉽시다. 각자 5분 동안 다른 곳에 가서 현명한 마음을 갖기 위해 해야 할 일은 무엇이든지 하세요. 그리고 다시 이곳으로 돌아옵시다."

그것은 하기 어려운 개입이었다. 어떤 결과가 나올지 전혀 몰랐다. 아버지와 아들 모두 말싸움을 가로막는 나에게 화가 난 것 같았다. 둘 다 멈추어 현명한 마음을 찾으라는 나를 어리석다는 듯이 바라보았다. 이런 종류의 개입은, 도움이 될지 모르는 상황에서도 우리가 두 발로 뛰어들어 과감하고 희망적으로 환자의 의심을 용인할 것을 요구한다. 일단 우리가 그러한 개입에 뛰어들면, 끝까지 모든 방법을 동원해보는 것이 최선이다.

조시는 산책을 해도 되는지 물었고, 나는 그가 5분 후에 돌아오기만 하면 괜찮다며 동의했다. 부모님은 제각기 조용히 앉아 있었다. 어머니는 애처롭게 창밖을 바라보았다. 조시는 5분 만에 돌아왔고 난 그에게 고맙다고 했다. 우리는 다시 시작했다. 나는 이 노력을 성사시키기 위해 노력한 그들 모두에게 감사했고, 그들 모두가 더 잘되길 원한다는 것을 알고 있다고 말했다. 나는 그들 중 현명한 마음을 가지게 된 사람이 있는지 물었다. 회기가 시작된 후 처음으로 조시의 어머니가 말을 시작했다. 그녀는 감정이 북받친 모습으로, "이렇게 싸움으로 번지는 게 너무 슬퍼요. 우리 모두가 두려운 것 같아요. 우리는 조시가 나쁜 결정을 내릴까 봐 두렵고, 단지 조시가 인생을 망치는 것을 원하지 않을 뿐이에요. 우리는 걱정하고 있지만 얼마나 걱정해야 하는지도 몰라요. 그리고 나는 조시가 통제받기 원하지 않는 것은 자연스럽다고 생각해요. 그는 단지 자신의 결정을 내릴 수 있기를 바라지, 정말 집을 떠나고 싶어 하지는 않는 것 같고, 1년 동안 외출을 금지하는 것은 무리일 것 같아요"라고 말했다. 그녀는 울면서 아들에게 고개를 돌렸다. "조시, 우리는 너를 너무 사랑해. 집 분위기가 불편해서 미안해. 우리는 단지 네가 나쁜 결정을 내리는 것을 원하지 않을 뿐이야. 그리고 나는 우리가 이런 싸움 속에 있다는 것이 너무 슬프다. 너무 슬퍼." 그녀의 정직함은 모두를 무장해제하는 것 같았다. 그녀는 남편 쪽으로 몸을 돌렸다. "여보, 당신이 조시를 사랑하는 건 알지만, 가끔 조시를 좀 지나치게 통제하려고 하는 것 같아요. 우리가 그의 나이였을 때는 훨씬 더 많은 독립심을 가지고 있었고, 아무도 우리를 그렇게 가까이서 지켜보고 있지 않았어요. 우리가 우리만의 실수를 했던 것처럼, 아들도 자신만의 실수를 좀 할 필요가 있어요"라고 말했다. 의견 대립은 계속되었지만, 휴식과 어머니의 균형잡힌 이야기와 온화함이 싸움의 불꽃을 식히며 보다 생산적인 협상의 장을 마련했다.

우리는 보통 균형과 융합점을 찾도록 하는 개입이 환자에게 해줄 수 있는 일을 강조하지만, 치료자에게도 그만큼의 가치가 있는 경우도 많다. 현명한 마음을 이끌어내려고 애쓰다 막히는 순간에 약간의 시간과 공간을 허락함으로써, 치료자들도 잠시 멈추고, 한 발짝 물러서며, 그들 자신의 현명한 마음을 찾을 기회를 얻는다. 마음챙김은 DBT에서 환자와 치료자 모두의 조절에 있어서 영구적인 가치가 있으며, 현명한 마음을 이끌어내는 것은 현재의 가열된 순간에 마음챙김을 넣어주는 변증법이다.

악마의 옹호자 되기

이 전략은 치료자가 '악마의 입장'을 표방하며 환자를 놀라게 한다. 환자가 치료자가 듣고 싶어 한다고 생각하는 말을 하면서 치료자의 입장을 옹호하는 것처럼, 치료자는 반대 입장을 취한다. 그것은 일반적으로 치료자와 환자가 치료 프로그램이나 치료 내에서의 특정한 기대에 환자가 기꺼이 전념할 준비가 되어 있는지 여부를 토론할 때 발생한다. 그 전망에 겁을 먹고 위축된 환자는 처음에는 전념을 거부한다. 치료자는 환자로부터 전념을 얻기 위해 전념 전략을 사용한다. 갑자기 환자는 그녀의 의구심을 극복한 것처럼 나타나, "좋아, 할게요. 다음 1년 동안은 자해와 자살을 포기하고 치료에 전념할 거예요. 알겠죠? 할게요." 전념적인 방향으로의 명백한 변화에도 불구하고, 치료자는 의문을 품을 수밖에 없다. 이 환자는 불과 몇 분 전만 해도, 전념하는 것을 상상할 수 없었던 그 환자 아닌가? 지금 전념을 주장함에도 과거에 그런 의도를 고수할 수 없었던 환자가 아닌가? 그리고 환자가 치료자를 단지 떨쳐내기 위해 말을 하는 것처럼 느껴지지 않는가? 치료자가 판을 뒤집는다. 그는 반대편으로 들어가 환자가 진술한 전념 의지에 도전한다. "이 일을 정말 하고 싶나요? 당신이 한 가장 힘든 일 중 하나임을 기억하나요? 정말로 이 일에 전념하기 전에 시간을 좀 더 갖지 않으시겠어요?" 만약 효과가 있다면, 환자는 "해야만 해요. 지금 제 삶은 너무 끔찍해서 다른 선택의 여지가 없어요"와 같은 말을 할 것이다. 그 치료자는 **악마의 옹호자**(선의의 비판자) 역할을 함으로써 환자의 전념을 강화했다.

이 변증법적 전략은 교묘하게 사용되어야 한다. 치료자는 환자가 양가감정을 피상적으로 해결하기 위해 전념하겠다고 주장한다는 것을 인식하면서 두 마음으로 나뉜다: 전념에 조금이라도 가까운 행동을 강화하고자 하는 부분과 전념의 진정성에 도전하고자 하는 부분이 있을 것이다. 환자의 전념 진술이 과장된 것으로 보이면 치료자는 그것을 받아들이지 않아야 할 것이다. 반면에, 만약 치료자가 전념과 반대되는 것을 주장하면, 환자에게 그것이 너무 힘들 것이라 설득하는 것과 마찬가지다. 치료자는 이 두 위치 사이의 중간 경로를 찾아야 한다. 환자는 치료자가 전념을 반대하는 쪽과 동시에 전념을 촉진하는 입장에 있다는 것을 인식해야 한다.

비록 일반적으로 전념을 강화하는 데 사용되지만, 악마의 옹호자는 다른 맥락에서도 사용될 수 있다. 부모와 함께 살면서 한 번도 혼자 산 적이 없는 젊은이를 보았다. 치료의 대상 중 하나는 독립된 삶을 확립하는 것이었다. 그는 부모님으로부터 독립하는 것을 원한다고 거듭 주장했지만, 그것을 실현하기 위해 필요한 조치를 취하지 않았다. 그의 안내에 따라, 나는 문제를 해결하기 위해 그와 함께 일했지만, 우리는 그가 부모님의 집 밖에서 살도록 하기 위해 아무런 진전을 보지 못했다. 나는 독립에 대한 그의 두려움과 그가 취해야 할 조치를 회피하는 것을 확인했다. 그래도 움직임은 없었다. 한편 그의 부모는 아들이 자신에게 의존하는 것에 대해 서로 갈등을 빚었고, 자주 다투기도 했다. 우리가 얼마나 갇혀 있는지 깨닫고, 나는 악마의 옹호자 전략으로 바꾸었다. 나는 그가 당분간 독립에 대한 그의 희망을 버려야 한다고 주장했다. "당신은 부모님의 상황이 좋지 않을 때 집을 떠나고 싶은 마음이 생기는 것 같네요. 그렇지만 부모님은 자주 싸우시고 서로 불행해서 당신이 남아 부모님 사이에서 중재를 해야 할 것 같아요. 부모님의 문제가 해결되려면 몇 년이 걸릴 수도 있지만, 당신은 아들로서 부모님을 도와야 합니다."

그는 즉시 반박하였다. "선생님은 저보고 부모님을 돕기 위해 제 삶을 미루라고 하시는데, 사실 그렇게 하는 게 정말 도움이 될지 알 수 없어요."

나는 계속해서 '악마'를 옹호했다: "그래요, 무슨 말인지는 알겠지만, 부모님이 나아질 때까지 최소한 몇 년만 더 집에 함께 있을 수는 없을까요?"

그는 "하지만 그렇게 제 인생의 2년이 허비될 것이고, 저는 이미 그곳에 오랫동안 있었어요"라고 대답했다.

판을 뒤집고 독립에 반대하는 주장을 펼침으로써, 그의 이사 결심은 강화되었다. 이제 그는 추진력을 제공했던 나를 설득할 수 있는 위치에 있었다. 어떤 독자는 이런 식의 DBT의 역설적 개입에 의문을 제기할 수도 있을 것이다. 그의 치료자로서 나는 사실 그가 부모님과 2년 더 같이 있는 것을 원하지 않았다. 그것은 DBT를 특징짓는 급진적으로 진실한 입장과는 정반대인 것처럼 들린다. 실제로 (1) 치료자가 환자를 배려하고 존중하는 경우, (2) 결과를 매우 중요하게 보는 경우, (3) 결과에 영향을 미치기 위한 다른 개입이 고갈된 경우, 문제는 비교적 경미하다. 환자가 독립으로 나아가는 것을 기피하는 것을 재고하도록 하기 위해 국면을 전환시키는 것은 교묘한 개입이다. 치료자의 마음이 올바른 곳에 있으면 그 사실 이후에 관계의 진실성에 어떤 손상을 입더라도 고칠 수 있다. 때때로 DBT의 두 가지 우선순위 사이에 변증법적 긴장이 있다. 이 경우 합의된 목표를 달성하기 위한 우선순위는 살 가치가 있는 삶을 건설하는 서비스, 그리고 근본적으로 진정한 삶을 사는 우선순위에 있다. 그 융합은 환자의 삶에 대해 깊은 관심을 가지고 악마의 옹호자를 연기하는 데 있어 근본적으로 진실한 것이다.

변증법 전략 중 네 가지를 검토한 결과, 각각 같은 개입의 다른 맛을 내는 것이 분명하다. 각각의 경우에 있어서, 우리가 치료에 갇힐 때, 우리는 현재의 현실이 대립되고 모순되는 요소들로 이루어져 있다는 것을 인식한다. 치료적 움직임을 향한 에너지는 모두 취소된다. 치료 전략의 균형잡기, 레몬으로 레모네이드 만들기, 현명한 마음을 이끌어내기, 악마의 옹호자 되기를 사용함으로써 양극화와 관련된 우리의 입장을 변화시킴으로써 우리는 경직된 양극화를 붕괴시키고 에너지와 움직임을 해방시키면 희망컨대 새롭고 더 실행 가능한 현실을 만들 수 있을 것이다. 나는 남은 변증법 전략에서 이 공식을 다른 방식으로 계속 증명하고 있다.

확장하기

악마의 옹호자에서 확장하기까지는 한 걸음 차이일 뿐이다. 둘 다 환자가 비생산적이거나 파괴적인 패턴에 갇혀 있는 상황에 적용된다. 이 두 변증법 전략에서 치료자는 논쟁의 예상치 못한 쪽으로 뛰어든다. 치료자는 환자가 어떤 종류의 위협을 가하여 문제가 있는 행동을 하는 상황을 다룰 때 확장을 사용한다. 예를 들어 '지금 당장 치료를 그만두고 싶다', '더 이상 출근하고 싶지 않다', '자살하고 싶다', '욕망과 싸우는 것을 그만두고 마음껏 중독되도록 놔둬야 한다'는 식이다. 그러나 치료자는 환자가 실제로, 그런 병적인 입장에 깊이 전념하고 있지 않다는 인상을 받는다. 환자가 강한 감정을 표현하는 방법으로 위협을 이용하고 있다는 게 그의 예감이다. 환자는 "치료를 그만두고 싶다"고 말하지만, 치료자는 이것이 진심이 아니라 치료자에게 극적인 불쾌감을 전달하는 것을 감지한다. 환자는 "병원에서 며칠을 보내야 할 것 같다"고 말하지만, 치료자는 이 '협박'이 치료자에게 자신의 고통을 더 심각하게 받아들이라고 요구하는 방식임을 감지한다. 환자는 치료자에게 도전하고 있으며, 치료자가 "치료를 그만두고 싶지 않을 것 같은데요" 또는 "병원에 들어갈 필요는 없을 것 같아요. 안전을 강화하기 위해 다른 방법을 강구해봅시다"라며 반대하거나 최소한 의문을 제기할 것으로 예상한다. 그러나 치료자는 이미 직접적인 문제 해결과 타당화를 시도한 후, 언급된 것 이상으로 환자의 협박을 확장하며 놀라운 입장을 취한다. "아, 저와의 치료를 그만둘래요? 좋아요, 추천인 명단이 있어요. 좋은 치료자를 찾아봅시다." 아니면 "병원에서 시간을 좀 보내야 한다고요? 장기입원을 살펴보기로 합시다. 아마 그게 필요를 충족시키는 방법일 거예요." 치료자가 상황을 정확하게 평가했다면 환자는 치료자의 '협박을 환자가 편하게 생각하는 영역 이상으로 확대하겠다'는 제안에 반대할 가능성이 높다. "당신과 함께 치료를 그만두고 싶지 않다는 거 알잖아요! 그냥 당신한테 정말 화가 났을 뿐이에요." 또는 "병원에 오래 있을 필요는 없어요! 난 단지 인생에 더 많은 지지가 필요해요!" 만약 치료자가 환자의 협박에 암묵적으로 도전하면서 환자의 협박을 받아들이고 확장하고서 올바른 균형을 찾는다면, 환자가 더 기능적인 자세를 취하는 결과를 초래할 수 있다. 역기능과 기능의 힘의 균형을 이동시킴으로써 새로운 기회들이 시야에 들어올 수 있다. 내가 악마의 옹호자를 이용함에 있어서 급진적인 진정성의 명백한 희생에 대해 언급했듯이, 확장하기 또한 교묘하다. 다시 말하지만, 다른 개입이 도움이 되지 않는다면 교묘한 측면이 필요한 것 같고, 환자에 대한 진심 어린 관심과 존경으로 행해진다면 관계에 대한 부정적인 결과는 쉽게 고쳐질 수 있다.

확장하는 것이 항상 위협이나 역기능적 의도에 대한 적절한 대응은 아니다. 만약 환자가 위협에 대해 양면적이지 않다면, 그것을 확장하는 것은 역기능적 반응을 강화시킬 수 있다. 확장 사용을 요구하는 맥락에서, 치료자는 (1) 환자가 명백한 위협이나 역기능적 의도를 전달하지만, (2) 그 명백한 의협은 어떤 잠재된 의도를 전달하면서도 숨기는 기능을 한다는 점을 알아야 한다. 예를 들어, 명백한 위협은 치료를 중단하는 것일 수도 있다(숨겨진 의도는 치료자에 대한 분노의 전달일 수도 있다). 아니면, 명백한 위협은 15세 환자가 집에서 길거리에서 살기 위해 집을 떠난다는 발표일 수도 있다(숨겨진 의도는 그녀가 진지하게 받아들여지지 않고 있거나 집에서 보살핌을 받지 못하고 있다는 것을 전달하는 것이다). 만약 치료자가 문제 해결 전략으로 명백한 위협과 함께 작업한다면, 그녀는 잠재된 의도를 놓치고 교착 상태를 지속시킨다. 만약 그녀가 잠재된 의도를 직접적으로 다루려고 한다면("나는 당신이 나에게 화가 났고 그래서 당신이 나를 떠나겠다고 협박하는 것 같다.") 환자는 그것을 부정하고 명백한 위협을 강화한다. 그 위협을 확장함으로써 치료자는 명백한 위협을 지지하고 증폭시키는 것처럼 보이지만, 실제로는 판세를 역전시킴으로써 불균형을 재촉하고 있다. 제대로 작동하면 환자는 이제 기본적인 의제를 말할 수 있다. 치료자가 말하길, "그래, 그 집에서 나와서 길을 가도록 하자. 열다섯 살짜리 아이들이 살 수 있는 노숙자 쉼터를 좀 볼까?" 환자는 깜짝 놀라 집을 떠나야 한다는 말다툼을 멈추고, "난 집을 떠나고 싶지 않아! 그냥 거기가 싫을 뿐이야!" 이제 치료자와 환자는 가정 환경에 대한 문제 해결로 옮겨갈 수 있다.

만약 치료자가 환자에게 좌절하여 정서 조절이 잘 안 되고 균형을 잃게 된다면, 확장하기는 역효과를 일으킬 수 있다. 환자가 협박하는 일보다 훨씬 더 병적인 일을 환자에게 권하면 환자는 치료자가 자신을 거부하고 속임수를 쓰는 것이라고 느낄 수 있다. 이 전략은 DBT의 불손한 의사소통 전략뿐만 아니라 다른 변증법적 전략과 마찬가지로 연민과 환자에 대한 배려에 바탕을 두고, 그 당시 정서적 균형을 느끼고, 환자의 양면성을 정확하게 읽을 수 있는 치료자가 사용해야 한다.

역설 속으로 들어가기

이 다음 전략을 효과적으로 사용하기 위한 전제조건은 (1) 환자가 사고, 행동 및/또는 감정의 경직된 패턴에 갇혀 있고, (2) 치료자는 더 넓은 시각에서 바라본다면 환자의 경직된 패턴을 이해하는, 심지어 모순된 방법을 볼 수 있다는 것이다. 그러고 나서 치료자는 환자의 경직된 패턴을, 대개는 더 이상의 설명 없이 재구성하여 환자가 절대적으로 틀리거나 불가능하다고 생각하게 한다. 예를 들어, 나는 입원한 환자와 함께 일했는데, 그녀는 비록 자해를 포기하기로 결심했지만 성공하지 못했다. 그 행동을 포기할 수 없는 이유를 설명하면서, 그녀가 인용한 한 가지 요인은 독립적으로 삶을 관리하는 외로움을 견딜 수 없다는 것이었다. 환자의 경직된 신념은 그녀가 모든 것을 혼자 처리한다는 것을 의미하는 '독립적이어야 한다'는 것이었다. 나는 그녀에게 "당신의 용기는 존경스럽지만 진정으로 독립적이 되려면 다른 사람에게 깊이 의지할 수 있어야 한다는 것을 모르시는군요"고 말했다. 그녀는 조용했고, 다소 어리둥절하거나 혼란스러워 보였다. 무슨 뜻인지 설명하고 싶은 유혹을 가만히 두고 나는 잠자코 있었다. 이 전략의 가치는 부분적으로 환자들이 그 순간의 혼란과 함께 머물 수 있도록 하는 것에 달려 있다. 나는 사실 혼란스럽고, 놀랍고, 역설적인 말을 한 적은 없었다(우리 모두가 성공적으로 다른 사람들에게 의존한 후에 더 독립적이 되는 것은 사실이다). 그러나 환자에게는 그 순간 역설적으로 보였다. 그녀는 완전히 혼자 뭔가를 하겠다는 의지에 갇혀 있었고, 나의 진술은 그녀의 믿음을 놀라운 방법으로 재조명해주었다.

치료적 개입은 역설을 만들어내지 않는다. 단지 이미 역설이 존재하고 있다는 인식을 이끌어낸다. 다시 한 번 말하지만, 이 개입이 상황을 균형있게 풀어주고 움직임을 만들어주는 기능의 일부는 치료자가 더 이상의 설명 없이 실제적인 방식으로 전달해야 한다는 것이다. 요점은 환자에게 정보를 제공하는 것이 아니라 불균형과 움직임을 만드는 것이다. 그리고 치료자가 그리는 변증법 원리는 (1) 현실은 대립관계로 구성되어 있고, (2) 모든 것은 교류(즉, 한 사람의 해석은 다른 사람의 재조명으로 무너뜨릴 수 있다), (3) 변화는 항상 있는 것이라는 것이다.

역설 속으로 들어가기의 또 다른 예에서, 치료자의 지시에 따라 환자가 위기 상황에서 기술 코칭을 위해 회기 사이에 전화한다고 하자. 전화가 잦아지고 횟수가 극심해졌다. 게다가, 환자는 전화 코칭 중 치료자의 모든 제안을 한결같이 무시한다. 치료자는 좌절하고 환자에게 문제를 꺼내 언급한다. 치료자가 자신에게 좀 더 협조해 달라고 부탁하고 있다는 것을 깨달은 환자는 모욕감을 느낀다. 환자의 감정을 상하게 했다는 것을 깨달은 치료자는 상처받은 감정을 타당화하기 위해 노력한다. 그런데도 환자는 계속 화를 내고, 전화를 자주 하고, 문제가 되는 행동을 바꾸지 않아 모든 것이 정체되었다. 이것을 깨닫고 역설 속으로 들어가 변증법적 개입으로 방향을 틀기로 한다. 수용과 변화의 혼합을 동시에 전달하면서 치료자는 "나에게 계속 전화를 걸도록 놔두기에는 당신을 너무 소중하게 생각한다. 그러니 전화를 자주 걸지 말아 달라"고 부탁한다. 물론 여기에 깊은 모순은 없다. 치료자는 환자에게 신경을 쏟고 있고, 그는 그 관계를 보존하기 위해 다소 효과적이지 않은 전화 통화를 제한할 필요가 있다. 그러나 환자는 전화를 걸어야 한다는 확신에 차 있고, 순간적으로 넓은 관점으로 보지 못하고 있기에 환자에게 이것은 모순이다. "나를 아낀다면 어떻게 무언가를 빼앗을 수 있느냐"란 뜻에서이다. 그녀는 혼란스럽고, 어리둥절하고, 균형을 잃어 불안정한 상태에서 뭔가 다른 일이 일어날 수 있다. 변증법적 개입에 대해 생각해볼 수 있는 한 가지 방법은 그것이 일반적인(정체된) 대화 각본에서 변화를 촉진하거나 변화를 허용한다는 것이다.

자연스러운 변화 허용하기

이 전략은 반대편들이 충돌하는 순간에 또 다른(잠재적인) 치료적 반응을 제공한다. 우리는 일반적으로 치료 조건을 둘러싼 의견 불일치나 긴장이 있을 때 이 변증법적 전략을 사용한다. 아마도 환자는 회기가 너무 길거나, 너무 짧거나, 간헐적이거나, 너무 빈번하다고 느낄 것이다. 환자, 특히 청소년은 사무실에 앉아 치료자와 마주하고 이야기를 나누는 것이 억압적이라고 느낄 수 있다. 환자는 치료자에게 선물을 주고 싶을 수도 있지만 치료자는 선물을 거절하고, 환자는 고통스러운 거절감을 느낄 수도 있다. 환자는 회기의 전형적인 의제에서 벗어나고 싶을지도 모르지만, 치료자는 그 의제를 고수하고 싶어 한다. 나는 한 젊은 여성을 치료했는데, 환자의 대상 행동에는 절도, 자해, 환각제 사용 등이 포함되어 있었다. 환자는 그 모두가 자신에게 해롭다는 것을 인정했지만, 자신에 대한 이야기는 하고 싶지 않아 했다. 나는 이러한 행동들을 각각 유지하는 요소들을 평가해야 한다고 주장했다. 하지만 환자는 나의 방식이 자신을 이해하기엔 '제한된 개념'으로 구성된 구식 방법이라고 하며 그저 행동을 멈추기 위해 자기가 해야 할 일을 하겠다고 주장했다. 그녀는 음악과 주술'에 대한 관심에 대해 이야기하고 싶어 했다. 우리의 투쟁은 두어 번 지속되었다. 나는 그녀가 너무 완고해서 치료할 수 없을지도 모른다고 느꼈고, 그녀는 내가 너무 완고하며 통제하려 든다고 느꼈다. 환자는 자신이 신탁이고 스스로 치유할 수 있다는 비밀스러운 신념을 드러냈다. 그녀는 단지 내가 그녀의 말을 들어주기만 하면 된다고 했다. 우리는 교착 상태에 빠져 있었기에 나는 자연스러운 변화를 허용하기로 했다. 나는 환자가 우리의 회기 의제를 결정할 수 있게 해주었고, 그녀가 매주 자신의 절도, 자해, 마약 복용에 대해 보고하기만 하면, 신탁으로서 알게 된 것들을 보고할 수 있다고 말했다. 그녀는 기꺼이 이 목표들을 포함한 일지를 작성했다. 그리고 환자는 가게 물건을 훔치고 자해하는 것을 즉시 완전히 중단했다. 하지만 마약 사용은 지속되어 우리는 이에 대해 반복적으로 토론했고, 환자는 그것을 문제 행동으로 보는 것을 꺼려했다": "그것은 제 마음의 문을 새로운 통찰력으로 열어줘요."

나는 45세 여성과 함께 경계선 행동 패턴과 집행 기능에 중대한 문제를 다루고 있었다. 그녀의 아파트 관리, 자동차, 개, 그리고 의학적 · 정신과적 약속들을 계속 추적하는 것은 그녀에게 압박적이었다. 그녀는 직업이 없었고 장애수당으로 생활하고 있었다. 그녀는 영원히 잊어버리고 물건을 잃어버렸고 그것은 그녀의 삶을 거의 불가능하게 만들었다. 일주일에 한 번 50분 동안 평소와 같은 시간 동안 환자를 만났고 그녀는 DBT 기술 모임에 참석했다. 그녀의 회기 시간의 상당 부분은 자기 관리 문제에서 비롯되는 혼란에 할애되었다. 우리 둘 다 일주일에 한 번의 회기가 부족하다고 느꼈지만, 그녀는 아주 할인된 가격이라도 일주일에 두 번 이상 만날 여유가 없었다. 나는 우리가 매주 두 번, 매번 25분 동안 만나고 그녀가 정상 궤도에 오를 수 있도록 돕는 데 집중한다면 내가 더 도움이 될 수 있다고 제안했다. 그녀는 더 짧아진 회기를 달가워하지 않았지만 변화에 동의했다. 우리 둘 다 그것이 도움이 되었다는 사실에 상당히 놀랐다. 그녀는 50분보다 25분을 훨씬 더 효율적으로 사용할 수 있었고, 우리는 모니터링과 문제 해결로 그녀의 자기 관리 능력을 향상시킬 수 있었다.

자연스러운 변화를 허용함에 있어 DBT의 다른 중요한 원칙을 위반할 위험이 있으며, 이러한 요소들을 DBT의 실행 결정에 무게를 둬야 한다. 중요한 것은, 치료의 틀에서 자연스러운 변화를 허용함으로써 갈등을 해결한다면 치료자가 회피력을 강화할 위험이 있다는 점이다. 치료자가 일관된 시기, 장소, 회기 조건을 고집하는 것은 합리적이다. 이러한 구조들이 환자에게 부정적인 감정을 유발한다면, 치료자는 고통을 완화하기 위해 '단서'를 제거하지 않는 것이 현명할 것이다. DBT 치료자의 이상적인 위치는 치료 틀과 모델을 유지하고 환자의 부정적인 반응을 인정하며 반응에서 타당성을 찾아내어 환자가 틀에 적응할 수 있도록 돕는 것이다. 환자가 현실적인 기대를 받아들인다면 많은 삶의 환경으로 일반화될 수 있는 귀중한 학습 기회를 가질 수 있다. 장기적 회피 행동을 감수하고도 단기적인 구제책, 역기능적 행동을 강화하고 있는지 생각해보는 것도 중요하다. 나는 틀을 유지하며 자연적인 변화를 허용할 시점을 결정하는 공식은 없었다. 이 잠재적인 변증법에 대한 인식은 치료자가 우선순위를 고려하고 '현명한 마음' 치료적 결정을 할 수 있게 해준다. 예를 들어, 앞서 언급한 자기 관리 문제가 심각한 환자를 위해 치료의 일상적인 시간대를 바꾸고 다른 스케줄로 돌리는 것도 바로 그런 결정이었다. 치료 틀을 바꾸는 것을 정기적 관행으로 만들고 싶지는 않지만, 이것은 그녀의 기능 방식과 급한 치료 목표와 일치하는 것으로 생각되었다.

비록 어떤 상황에서는 공식적으로 정의된 변증법적 전략이 사용되기는 하지만, **자연스러운 변화를 허용하는** 것은 치료 전반에 걸쳐 더욱 미묘하게 진행되는 과정을 나타낸다. 치료 초반에는 거의 모든 회기에서 도전적 순간, 저항, 모순, 그리고 긴장이 고조되는 순간들을 마주하게 된다. 이것들은 일반적으로 일시적인 도전이어서, 치료자가 흐름을 유지하고, 갈등을 해결하며, 협업을 보존하기 위해 조정을 필요로 한다. 치료자는 항상 행동에 도전하는 것과 '흐르는 대로 가는' 정도를 결정한다. 치료 전체가 사실 치료의 조건을 정의하고, 그 조건을 고수하며, 변화를 추진하고, 사물을 있는 그대로 받아들이고, 그 순간의 두 가지 융합을 찾아내는 치료자의 역량에 달렸다. 결정화된 전략으로서 그리고 미묘한 순간들의 결정 집합으로서 자연적인 변화를 허용하는 것은 변증법적인 작업의 일부분이다. 변화를 끈질기게 밀어붙이면서도, 우리는 비틀즈의 메시지 "Let it be(그대로 둬, 내버려 둬, 그대로 둬… 지혜의 말을 속삭여. 그대로 둬)"를 적용하기도 한다.

은유법 사용하기

교착 상태에 대한 또 다른 변증법적 대응은 그 변증법을 은유나 이야기에 포함시켜 생각, 움직임, 즉흥성을 촉진시키는 것이다. 리네한(1993a)의 매뉴얼은 은유법으로 가득 차 있으며, 은유의 사용은 DBT를 실천하는 데 필수적인 부분이다. 잘하면 해결과 움직임의 가능성이 멈출 것 같은 갈등에 대해 보다 창의적이고 장난기 있는 과정이 일어날 수 있다. 변혁과 활력을 떨어뜨리는 경직된 대립을 은유적으로 재구성하는 것이다. 내 환자들 중 한 명이 잇따라 감정적인 위기를 겪고 있었고, 내가 평소의 방식을 넘어 자신을 구출하고 그 순간을 견딜 수 있도록 도와야 한다고 주장하고 있었다. 내가 오거나, 전화하거나, 전화를 오래 하거나, 내가 시간이 없을 때에도 그녀를 만날 수 있는 특별한 준비를 하고, 휴가를 취소하는 등, 더 이상의 행동을 취하지 않으면 그녀는 살아남을 수 없다고 협박하는 메시지를 남겼다. 나는 그녀가 거친 물이나 폭풍우 속에서도 더 효과적으로 헤엄칠 수 있도록 돕는 것이 내 일이라고 말했다. 나는 그녀의 수영 강사였다. 그리고 나는 덧붙여서, 환자는 때때로 구조대가 필요하다고 말했는데, 자신이 수영하기엔 여건이 너무 험할 때 계속 할 수 있도록 구조해줄 누군가가 필요했다. 그녀는 수영 강사와 구조대 둘 다 필요했지만, 내가 그녀의 수영 강사라면 구조대원이 될 수 없다고 설명했다. 지역 사회에는 구조대원(응급실, 위기 핫라인, 다른 자원들)들이 있다. 내가 수영하는 법을 가르치는 데 전념할 수 있도록 그녀는 그 자원들에 의존할 필요가 있었다. 위기상황에 처했을 때 코칭으로 불러 자신의 기량을 응용할 수 있도록 도움을 줄 수도 있지만, 그것은 구조대원을 부르는 것과는 달랐다. 그 토론은 그녀의 다양한 욕구를 어떻게 충족시킬 수 있는지, 그리고 그녀가 나에게 무엇을 기대할 수 있는지에 대해 더 확장된 대화의 문을 열었다.

긴장이 너무 심하고 복잡하거나 혼란스러운 상황에 대한 은유를 생각해내는 것은 문제를 명확히 하고, 통상적인 협력을 가능케하고, 상황을 진전시킬 수 있는 수단을 제공할 수 있다. 제9장에서 사례개념화에 대해 논의했듯이, 나는 사례를 개념화하는 데 있어 핵심적인 딜레마를 포착하기 위해 은유를 포함하는 것을 표준화했다. 효과적이라면, 이 은유법은 팀 전체가 사건에 대한 통합적 이해를 할 수 있도록 하여 문제 해결을 위한 대화와 창의성을 촉진한다. 예를 들어, 나는 몇 차례 단계별 치료 계획을 계단에 비유했다. 환자와 함께 밑단부터 시작해서 한 걸음, 한 걸음 살만한 삶이 있는 상단으로 올라간다. 우리는 가장 중요한 단계, 즉 궁극적인 목표를 가능한 한 명확하게 정의하고 그 삶으로 가는 길에 대한 단계들을 정의한다. 한 걸음 한 걸음이 상단에까지 오르도록 해주는 중대한 걸음이다. 이 은유법은 각 단계에 주의를 집중하는 것, 그리고 상단의 살 가치가 있는 삶에 관심을 집중시키는 것 사이의 긴장을 나타낸다.

또 다른 경우, 한 환자는 병원 밖에서 삶을 꾸려나가는 데 도움을 받기 위해 다양한 지역사회 자원을 사용하는 동안에도 자살 행위로 인해 반복적인 입원 치료를 받았다. 일반적으로 그녀는 입원하는 동안 개선되었고, 심리치료, 정신의학적 치료, 지원 주택, DBT 기술 그룹, 낮 프로그램이나 다른 일상 활동, 그리고 위기 계획과 같은 요소들이 포함된 후속계획을 가지고 퇴원했다. 며칠에서 몇 주 사이에 환자는 각 요소의 맥락에서 위기 행동을 보이기 시작했고, 자살 행동은 심해졌다. 그리고 응급실을 두세 번 방문하고 나서 다시 병원에 입원했다. 환자는 그녀가 살고 있는 지역의 제공자들 사이에서 악명이 높았고, 자문을 위한 만남에는 그녀의 치료자, 정신과 의사, 그룹 기술 훈련자 및 위기 팀, 사례 관리자, 입원 치료자, 심지어 지방 경찰대의 대위까지 20여 명의 제공자들이 참석했다. 이렇게 복잡한 치료 환경이었기에, 환자와 함께 이들을 모두 엮는 은유를 찾는 것은 참 유용했다. 상황을 핀볼 게임에 비유하였고, 환자는 그 안의 공이었다. 게임 끝무렵에 공이 '가장 낮은 중력점'으로 굴러갈 때, 그것은 환자가 병원에 입원해 잠시 그곳에 안착하는 것을 상징했다. 환자가 낮은 곳(병원)으로 떨어지지 않도록 하기 위해 작동되는 플리퍼들은 그녀를 입원시키기보다는 다시 지역사회로 보내려는 응급실 내의 노력을 상징했다. 플리퍼가 그녀를 게임 보드(지역사회 치료 시스템) 위로 다시 보내는 데 성공하더라도 그녀는 중력에 이끌리듯 어쩔 수 없이 다시 응급실로 떨어질 수밖에 없었다. 병원에 잠시 입원한 후, 그녀는 병원에서 다시 지역사회로 '발사'되어 그곳에서 그녀는 마치 그들 사이에서 튕겨져 나가는 것처럼 한 제공자에서 다른 제공자로 튕겨 다녔다. 핀볼 경기에서의 공의 움직임처럼 지역사회에서의 그녀의 움직임은 더욱 격렬하게 추진되고 정신없이 바빠졌다. 이 은유는 방에 있는 각 제공자들이 전체 핀볼 기계가 어떻게 작동하는지 보며, 그 안의 자신의 역할도 볼 수 있게 했다. 그 은유를 사용하여, 이 그룹은 '게임의 변화'를 위한 선택사항들을 토론할 수 있었다. '휴식 장소'라는 가장 낮은 중력점이 병원이 아니라 지역사회에서 바람직한 자리일 수 있도록 게임보드를 기울이는 방안에 대해 생산적인 논의를 했다. 우리는 몇 가지 아이디어를 생각해냈고, 그 은유는 몇 달 동안 하나의 틀과 기준점 역할을 했다.

DBT 치료자는 치료 매뉴얼 전체, 특히 변증법 전략에 관한 장에서 많은 은유법을 찾을 수 있다. 하지만 더 설명하기 어려운 것은 어떻게 치료자나 팀이 임상 상황에 맞는 은유를 만들 것인가 하는 것이다. 어떤 사람들에게는 은유법이 쉽게 나타나지만, 다른 사람들에게는 그렇지 않다. 치료자는 회기 동안 은유법을 바로 생산할 필요는 없다(치료자가 그런 능력을 가지고 있다면 도움이 될 수 있지만). 치료자는 한 사례가 정체됨을 발견해 자문팀에 자세한 내용을 제시하고, 그 곤경을 대변할 수 있는 은유를 생각해낼 수 있는 사람이 있는지 물어볼 수 있다. 가능하다면, 치료자와 팀은 그 난국에 내재된 변증법을 찾아 반대 세력들의 융합을 상상하려고 노력한다. 반대 세력들과 가능한 융합을 설명할 수 있는 능력으로 무장한 팀은, 브레인스토밍 과정을 통해 그림이나 이야기, 즉 유사한 세력들이 들어갈 수 있는 비유, 그리고 환자가 이해할 수 있는 은유를 모색할 수 있다. 운동선수는 운동 관련 은유, 음악인은 음악 관련 은유 등에서 더 통찰을 얻을 수 있을 것이다.

예를 들어보자. 환자가 회기 중에 자살 사고를 언급하면 어떻게 될까? 치료자는 환자의 자살 가능성에 대한 두려움에 사로잡히게 된다. 그 결과 치료자의 시야는 좁아지고, 환자의 생존 가능한 삶을 구축하는 것보다 자살 예방에 더 초점을 맞춘다. 환자의 입장에서는 자살 사고가 해결책 역할을 하며, 불행에서 벗어날 수 있는 길을 상징한다. 치료자에게 있어 환자의 자살 사고는 실제로 치료를 방해하는 문제다. 어떤 변증법이 있을까? 한편으로 치료자는 좋은 치료를 할 수 있을 만큼 안정감과 균형을 느낄 수 있어야 하며, 한편으로 환자는 자신의 고통과 괴로움, 자살 충동을 전달할 수 있어야 한다. 치료자가 균형을 잡고 안정되지 않으면 치료는 나빠진다. 만약 환자가 자살 충동의 강도를 전달하지 못한다면, 그러한 감정들은 점점 강해진다. 은유를 찾기 위해, 치료자는 한 개인이 다른 사람을 도우려 하다 그 고통으로 인해 본인이 균형을 잃게 되는 것과 비슷한 장면을 찾을 수 있을 것이다. 한 사람이 호수에 빠져서 다른 사람이 그를 구하려는 장면이 떠오른다. 살기를 간절히 바라는 물에 빠진 사람이 구조대원을 붙잡아 그를 끌어내리고 있다. 두 사람 모두 위험에 처해 있다. 구조대원들은 물에 빠진 사람에게 접근하여 물에 빠지지 않고 그를 구하는 기술을 배운다. 이러한 은유로 '가라앉지 않고도' 환자의 자살 충동을 해소하고 접근하는 안전하고 효과적인 방법에 대한 논의를 할 수 있는 길을 열 수 있다.

같은 임상 상황에 대한 또 다른 은유에서 자문팀은 자살하려는 사람(환자)이 건물 위에 서서 투신하겠다고 위협하고, 구조자(치료자)는 창밖으로 몸을 내밀어 환자가 이해받는다는 느낌을 가질 수 있도록 연결하려 하는 상황에 비유할 수도 있다. 만약 구조자가 안전하게 환자와 계속 교류할 수 있다면, 아마도 안전한 해결책을 찾을 수 있을 것이다. 같은 상황에 대한 또 다른 은유는, 전쟁 지역의 군인(치료자)이 무감각하게 다루면 폭발할 수 있는 폭탄(환자의 자살 충동)을 만난다. 군인이 폭탄에 접근하여 폭파되지 않고 무장을 어떻게 해제할 수 있을까? 보다시피, 이 은유 중 어느 것이든 가능성과 각각의 장단점이 있다. '올바른' 은유를 찾는 것은 불필요하고 불가능한 추구다. 치료자와 팀은 상황에 맞는 은유를 재미있게 만들고, 찾을 수 있는 자유를 느낄 수 있으면 좋다.

변증법적 평가하기

치료 매뉴얼의 마지막 변증법 전략은 아마도 다른 모든 것을 이끄는 것일지라도 변증법적 평가의 그것이다. 우리가 막혔다고 느끼고 문제 해결과 타당화라는 통상적인 작업이 움직임을 만들어내지 못할 때, 우리는 일부러 스스로에게 "내가 놓치고 있는 것이 무엇인가? 그 상황에 대한 나의 이해에서 빠진 것은 무엇인가?"를 질문한다. 성과 없이 다양한 해결책을 시도했고, 점점 좌절감에 빠져들면서, 때때로 우리만의 생각에 사로잡혀 그 문제를 이해하는 가능한 방법들을 다 써버렸다고 믿는다. 우리가 조금만 적응할 수 있다면, 우리가 조금만 더 똑똑하다면, 환자에게 조금만 더 의지가 있다면, 우리가 필요로 하는 변화를 얻을 수 있을 것이라고 확신하게 된다. 다소 흐릿하게 남아 있는 것을 보기 위해 현미경을 조작하는 것처럼 보이지만, 우리는 오직 한 단계의 확대하기만을 사용한다. 우리가 멈춘다면, 그 순간 뒤로 물러서서 "내가 뭘 놓쳤지? 이 방정식에서 빠진 것은 무엇인가?"라고 질문한다면 우리는 다른 수준의 확장으로 전환하여 다른 옵션에 눈을 뜨게 될지도 모른다. 우리는 치료 관계의 영향, 가족 역동의 영향, 인지장애나 학습장애의 역할, 진단되지 않은 정신병적 과정의 압박, 의료적 문제의 부식적 본성, 또는 환자의 환경적 맥락의 숨겨진 측면에 대해 고려하지 않았다는 것을 깨닫게 될지도 모른다. 아마도 우리는 환자가 당면한 일에 실제로 전념한 적이 없다는 것을 고려하지 못하고 있는 것이겠지만, 우리는 마치 그가 한 것처럼 행동하고 있다. 어쩌면 우리는 환자가 우리가 요구하는 바를 성취할 기술이 부족하고, 그러면서도 우리에게 말해주기에는 너무 부끄러움을 느낀다는 사실을 간과하고 있는 것인지도 모른다. 어쩌면 밑바탕에 깔린 수치심이나 두려움의 강도가 우리가 알고 있는 것보다 더 클지도 모른다. 혹은 궁지에 몰린 치료자들이 스스로에게 "이런 상황에서 내가 놓친 게 무엇인가?"라고 묻듯이, 우리는 자문팀으로부터 충분한 지원을 받지 못하고 있으며, 더 많은 것을 요구할 필요가 있다는 것을 깨닫게 될지도 모른다. 가능성은 계속된다. 우리는 항상 어떤 관점, 사실, 역동, 치료와 관련된 요인 등 어떤 것을 놓치고 있기 때문에 만약 우리가 치료의 난관에 봉착해 있다면, 자동적으로 "내가 놓치고 있는 것이 무엇인가?"라고 물어야 한다. 하지만 우리는 어떤 만족스러운 답을 찾지 못할지도 모른다. 확실히 즉시가 아니라 단순히 질문을 하기 위해서, 그리고 아마도 확대 수준을 바꾸기 위해서, 모든 것을 바꾸고, 전환점을 제공할 수 있을 것이다.

나는 거식증과 경계선 인격장애를 가진 30대 후반의 한 환자를 치료하고 있었다. 매주 그녀는 주택, 관계, 물질치료, 재정, 사고 등 또다른 삶의 위기를 겪게 되는 것 같았다. 회기별로 우리는 위기에 대응하는 작업을 했다. 환자의 상황을 개선하기 위한 어떤 계획도 그녀의 최근 위기로 인해 모호해졌다. 그녀는 기술 훈련 그룹에서 기술을 배웠지만, 판단력이 떨어져 반복적인 위기가 기술 연습을 방해했다. 환자는 또한 심각한 문제를 가진 남자들과 교제를 했는데, 대개 물질남용이었고, 이것은 더 많은 위기를 초래했다. 답답해졌다. 때때로 나는 우리가 마침내 '모퉁이를 돌아' 좋은 계획을 짜고 있다는 것을 느꼈지만, 늘 또다른 위기가 나타나 우리의 일을 무산시켰다. 나는 나 자신에게 "내가 뭘 놓치고 있지?"라는 질문을 던졌다. 나는 자문팀과 그것에 대해 이야기를 나누었고, 환자에게 질문을 던졌다. 나는 "우리가 왜 진전하지 못하는지 생각나는 이유가 있나요?"라고 소리내어 질문했다. 그녀의 대답은 아주 의미심장했다: "당신은 나보다 내 진보에 더 신경을 쓰는 것 같아요. 나는 내가 진전을 이루고 싶은지 잘 모르겠어요. 순탄하게 진행되는 삶은 상상하기 어렵고, 완전히 숨이 막힐 것 같아요"라고 말했다. 나는 완전히 놀랐다. 그녀는 설정한 목표 중심으로 교전하는 모습을 잘 보여주었기에, 나는 변화에 대한 그녀의 양가감정을 완전히 놓쳤었다. 그 후 그녀는 나아지게 된다면 삶이 어떨지에 대한 다양한 두려움을 표현해낼 수 있었다. 우리가 그녀의 성공에 대한 근본적인 두려움을 다루지 않는 한 그녀가 진전을 이룰 것 같지 않다는 것이 이해가 되었다.

"내가 현재 이해하고 있는 것 중에 무엇을 빠뜨리고 있는가?"라는 질문을 하는 또 다른 방법은 행동 사슬에서 우리가 놓치고 있는 관련 연결고리를 묻는 것이다. 우리는 목표 행동을 이끌어내고 따라가는 사슬과 관련된 감정, 생각, 행동, 환경 사건에 대해 전부 알고 있을 수는 없다. 우리는 우리가 어디에선가 어떤 연결고리를 놓치고 있다고 가정할 수 있다. 때로는 중요한 연결고리, 때로는 가장 중요한 연결고리를 말이다. 이렇게 가정하는 것은 우리가 겸손한 태도로 계속해서 궁금해 할 수 있게 한다. 또한 변증법적 평가라는 것이 치료가 고착될 때 특히 유용하기는 하지만 사실 치료를 하면서 끊임없이 사용되는 전략이라는 점을 깨닫게 해준다. 우리는 항상 무언가는 빠뜨리고 있을 테니까 말이다.

우리가 변증법적 사고 방식이 시스템적, 전체론적, 교류적인 것임을 기억한다면, 우리는 항상 시야를 넓혀 교류의 또 다른 요소나 시스템의 하위구조를 포함함으로써 그 안에 누락된 요인을 찾을 수 있다. 선택할 수 있는 대안이 바닥났다고 생각하는 바로 그 순간, 시야를 확장하는 개입을 통해 길을 보여줄 수 있는 수백 또는 수천 가지의 대안을 볼 수 있게 된다.

때로는 환자가 중요한 가족과의 경직된 관계 때문에 꼼짝 못하게 되는 경우도 있다. 나는 학교 가기를 거부하는 15세 소년을 치료하는 치료자를 수련감독하고 있었다. 그는 우울해 보이지 않았고 화가 난 것 같았다. 왜 학교에 다니지 않았는지 말하지 않았다. 치료자는 부모와 여동생이 포함된 가족 환경에서 환자와 만나기 시작했다. 소년은 회기 동안 침묵하며 바닥을 내려다보고 있었다. 부모들이 그들의 걱정, 격분, 그리고 그들의 아들에 대한 걱정을 나누는 두 번의 회기가 끝난 후, 치료자는 부모들의 부부 관계에 대해 물었다. 아버지는 아래를 내려다보았다. 어머니는 그를 바라보며 왜 눈길을 돌리고 있느냐고 물었다. 그는 조용해졌다. 아들은 아버지를 바라보았다(나는 단방향 거울 뒤에서 지켜보고 있었다). 어머니는 대화를 다시 아들에게 대한 걱정으로 돌리려 했다. 남편의 철회는 분명하고 골치 아픈 일이었지만, 실질적인 결과 없이 회기는 끝났다.

다음 회기가 시작될 때 어머니는 아버지가 다락방으로 이사해 더 이상 함께 자지 않고 다른 가족 모임에 참가하지 않는다고 발표했다. 그는 아내에게 화가 치밀어 말을 시작했다가 울기 시작했고, 자신이 길을 잃고 우울하며 미래에 대한 희망이 거의 없음을 인정했다. 알고 보니 임상적으로 우울한 상태였고 자신의 결혼 생활에 대해 몹시 불만스러워했다. 그 다음 주 안에 아들은 그것에 대해 더 이상 아무 말도 하지 않고 자연스레 학교로 돌아왔다. 아들과 딸은 면제되었고 치료는 아버지의 우울과 절망과 결혼 자체에 초점을 맞췄다. 알고 보니 불분명한 이유로 소년의 등교 거부는 아버지의 심리 상태와 맞닿아 있었던 것으로 보인다. 우리는 항상 겸손함을 유지하고, 숨겨진 설명에 열려 있으며, "내가 놓치고 있는 것이 무엇인가?"라는 질문에 대한 대답이 문제 해결의 길을 열어줄 수 있다는 것을 깨닫는 것이 현명하다.

나만의 변증법적 전략 만들기

일단 변증법적 전략의 본질이 난제가 있었던 곳에서 움직임을 만들어내고 반대 세력들 사이에서 융합을 찾는 것이라는 점을 인식하게 되면, 우리는 리네한(1993a, pp. 199-220)이 식별하고 이 장에서 논의한 아홉 가지 변증법 전략은 단지 몇 천 가지의 잠재적 전략에 불과하다는 것을 깨닫게 된다. 변증법적 전략의 기본적 본질을 수용하는 유능한 DBT 치료자들은 정지 상태에서 계속 움직임을 유지하고, 경직성과 좁힘에 대한 반응으로 조사 분야를 계속 넓히고, 행동 현상의 교류적 성격을 주시하며, 항상 배제되고 있는 것이 무엇인지 끊임없이 질문한다. 이런 사고방식은 '변증법적인 전략 사용하기'에서 '변증법적인 사람이 되는 것'으로 이어진다.

치료자가 어떻게 새로운 변증법적 전략을 발명하고 사용할 수 있는지를 설명하기 위해, 나는 여기서 나에게 효과적인 두 가지를 언급한다: **밧줄을 내려놓고 개가 되는 것이다.** **밧줄을 떨어뜨리는 것**은 물론 은유 그 자체다. 내가 문제 해결 노력에서 환자와 몸싸움에서 졌고, 그 몸부림이 비생산적이고 피곤해졌다는 것을 깨달았을 때, 나는 그 환자와 내가 서로 밧줄의 끝을 잡고 잡아당기는 줄다리기를 하는 중 어느 쪽도 이기지 못하고 있다고 상상한다. 그리고 나는 그저 그 자리에서 내 밧줄을 떨어뜨리는 모습을 상상한다. 좀 더 현실적으로 말하자면, 나는 논쟁에 대한 애착을 버리는 것이다. 이 개념은 **자연스러운 변화를 허용하는 것**과 같은 다른 변증법적 전략에서 찾을 수 있다. 하지만 때때로 나는 줄다리기를 상상하고 줄을 놓는 것, 다음에 무슨 일이 일어날지 보는 것 자체가 유용하다는 것을 보게 된다.

처음 3개월 동안은 거의 말을 하지 않았던 십 대 소녀를 치료하고 있었다. 환자는 부모님과 함께 기술을 배우는 가족 모임에서는 이야기를 하곤 했는데, 개별적인 회기에서는 그렇지 않았다. 긴 머리를 늘어뜨리고 옆을 보도록 돌려 앉아 나는 그녀의 얼굴을 거의 보지 못했다. 그녀는 항상 화가 난 상태에서 분개하는 것 같았고, 나를 우스꽝스럽고 쓸모없는 것처럼 대했지만, 그럼에도 학교는 중퇴했을지언정 회기는 계속 왔다. 나는 변증법적인 전략 몇 가지를 포함하여 단지 환자가 대화에 참여하도록 하기 위해 내가 생각할 수 있는 모든 것을 시도했다. 아무 소용이 없었다. 그녀의 치료자로 계속 일하는 것은 점점 어려워지고 있었다. 어느 날 나는 딴 마음을 품고 회기에 들어왔다. 나는 단지 그녀를 대화에 계속 끌어들이려고 하는 것은 아무런 의미가 없다고 느꼈다. 나는 그저 이야기를 시작하며 전날 나에게 일어났던 일에 대해 말해주었다.

치료자 : 어제 나는 두 살짜리 아들을 데리고 스노우 타이어를 교환하러 갔어. 아이는 정비사가 차를 들어올리고 타이어를 갈아 끼우는 것을 지켜보고 싶어했거든. 나는 아들을 안고 정비사가 일을 하는 것을 보면서, 건물 뒤편 주차장에 서 있었단다. 그런데 갑자기 후진하던 한 사람이 뒤에서 나를 친 거야! 나는 쾅 하고 땅바닥에 쓰러졌어.

환자 : (갑자기 고개를 내 쪽으로 돌리면서 머리카락은 옆으로 날아갔고, 거의 처음으로 얼굴을 볼 수 있었다) 아드님은 어떻게 되었어요?

치료자 : (조금 충격을 받은 채, 그 질문이 진심이라는 것을 알아챘다.) 매우 운이 좋았지. 범인은 자신이 뭔가 쳤다는 걸 알고는 후진을 멈췄어. 나는 앞으로 넘어져서 포장도로에 무릎을 세게 부딪쳤지만, 아들을 힘껏 안아올려서 팔꿈치도 길바닥에 부딪쳤지. 내 아들은 다행히 괜찮았고, 사실 몇 분 안에 구급차, 경찰차, 소방차가 모두 왔다는 것이 꽤 멋지다고 생각하기만 했지. 난 소방차에 타 무릎을 붕대로 감았지만 병원에 갈 필요는 없었어.

환자 : (나를 의심하는 것조차 조심스러워하는 것으로 보였다.) 무릎 좀 보여주세요. (증거를 원했다)

치료자 : 좋아. (다리를 걷어 올리고, 다행히 붕대는 아직 무릎에 있었다.)

환자 : (그녀는 마치 내가 시험을 통화한 것처럼 행동했다) 알았어요.

이것이 치료의 전환점이 되었다. 나는 그 회기에서 무엇이 장벽을 깨트렸는지 알아내려고 애쓰며 그녀를 좀 더 적극적으로 참여하게 만든 '공식'을 이해하고자 했다. 어쩌면 내가 이야기를 할 때 그녀는 치료자가 환자와 이야기를 나누는 것보다 친구와 대화를 하는 것 같은 편안함을 느꼈는지도 모른다. 아니면 내가 상처받을 수 있는 취약한 존재이고, 아들의 안녕이 위태로운 예를 제공했다는 것이 그녀에게 변화를 준 것인지도 모른다. 나는 결코 확실히 알 수 없었지만, 효과가 있음을 우연히 발견했고 그것을 다시 재현하려고 노력했다. 나는 다음 몇 회기를 시작할 때 내가 취약하거나, 내가 잘못했거나, 내 가까운 사람들이 위험에 처했던 내 삶의 에피소드에 대해 이야기했다. 환자는 나에 대한 반응이 눈에 띄게 부드러워졌고, 나와 마주앉아 자신의 삶에 대해 마음을 터놓기 시작했다. 몇 주 안에 우리는 그녀의 문제를 연구하기 시작했다.

나는 이 변증법적 전략을 '개'라고 규정했다. 환자를 개로, 나를 트레이너로 생각하기보다는 학습 원리를 이용해 나를 개로, 그녀를 트레이너로 생각했다. 개로서 나는 강화인을 찾고 있었다. 환자가 나와 기꺼이 대화하겠다는 형태로 강화가 찾아왔다. 좋은 개로서, 나는 보상을 받을 때까지 계속해서 새로운 행동을 만들어냈다. 그리고 나서 나는 같은 행동을 더 많이 하려고 노력했다. 나와 환자 사이의 긴장을 유지하면서도 나를 '개'로 생각한다는 점에서, 반대되는 원리에 의존하는 이 전략은, 역할이 뒤바뀌었을 때 새로운 행동들이 발생한다는 점에서, 체계적 사고에서도 따르게 된다. 그것은 매우 곤란한 상황에서 나에게 도움이 되었다.

변화와 수용 패러다임 맥락에서의 변증법적 전략

변증법적 전략은 변화와 수용 패러다임의 당연한 융합을 나타낸다. 각각에서 치료자는 변화를 추진하는 동시에 모든 것을 받아들인다. 이것은 치료 전략의 균형을 맞추는 데 있어 명백히 중요하다. 현명한 마음을 이끌어내는 데 있어서, 융합을 찾는 '장소'는 바로 현명한 마음이다. 레몬으로 레모네이드를 만들 때, 치료자는 고통스럽거나 역기능적인 순간을 '수용'하는 동시에 낙관적이고 변화 지향적인 시각으로 그것을 재구성한다. 악마의 옹호자와 확장하기를 모두 사용함에 있어서 치료자는 새로운 불균형이 보다 변화 지향적인 입장을 택하려는 환자의 의지를 촉진시킬 것이라는 희망에서 환자의 역기능적인 입장을 받아들일 뿐만 아니라 한 발짝 더 나아간다. 자연스러운 변화를 허용함에 있어서, 치료자는 치료적 틀을 다시 제자리로 밀어 넣으려 하기보다는 현재의 치료 틀의 변화를 받아들이고, 그렇게 함으로써 새로운 프레임을 확립하게 되는데, 그것은 환자 스스로 변화를 추진하는 데 더 도움이 된다. 역설 속으로 들어가면서 환자는 전형적으로 치료자가 자신의 반대편인 동시에 그녀를 받아주는 자신의 편으로 경험하게 된다. (예를 들어, "나에게 계속 전화를 걸도록 놔두기에는 당신[수락]을 너무 소중하게 생각한다.") 은유법을 사용하면서 치료자는 재기할 방법을 찾는다. 일반적으로 수용과 변화 사이에 변증법적인 긴장을 놓치지 않는데, 이것은 대화와 융합의 창조적 발견을 가능하게 한다. 변증법적 평가를 이용하면서 변화나 수용 전략 중 어느 하나를 사용해도 움직임을 촉진할 수 없다는 것을 알게 된 치료자는 "내가 현재 이해하고 있는 것 중에 놓치고 있는 것은 무엇인가?"를 질문하며 사례개념화를 강화하고 다른 개입을 위한 문을 열려고 한다.

변증법적 전략의 기동을 변화 패러다임의 근간을 이루는 원칙의 관점에서 이해할 수 있다. 결국, 그 목적은 마비가 있는 곳에서의 움직임, 양극화가 있는 곳에서의 융합, 또는 생각이 좁고 경직된 곳에서의 넓은 시야와 같은 변화를 일으키는 것이다. 우리는 일시적이더라도 새로운 결과를 위해 상황을 흔들어 놓기를 원한다. 특정한 난국의 성격이 어떻든 간에, 우리는 그것을 경직되고 예측 가능한 행동 사슬의 한 부분으로 이해할 수 있다. 고전적 조건화라는 관점에서 보면, 방정식에 다른 단서(예 : "이 치료에 전념하고 싶은가?")를 넣고 있을 수 있으며, 그 후 다른 행동 반응을 발생시킨다. 또는 여전히 고전적 조건화 및 노출 절차의 모델 안에서 치료자와의 몸부림을 제거함으로써 환자의 감정으로부터의 탈출을 막고 있을 수도 있다(예 : "관찰 일지 완성을 계속 거부하는 것이 최선일 것 같아요, 그래야 우리가 그 문제를 계속 해결해나갈 수 있으니까요.").

또는 조작적 조건화의 관점에서 행동 사슬의 경직된 부분을 볼 수 있다. 이 경우 일부 변증법적 개입은 특정 문제 행동에서 강화를 제거하고 다른 대응을 위한 강화를 제공한다. 예를 들어, 악마의 옹호자를 이용하거나 확장하기를 사용하는 데 있어서 '상을 뒤엎는다'는 식으로, 치료자의 입장에 반대하도록 강화된 환자는 이제 그 반대 입장을 고수하기 위해서 악마 옹호자의 입장에 반대하는 행동을 만들어내야 하는 혼란스러움에 처하게 된다. 놀랍거나 일시적으로 혼란스러운 방식으로 사물을 재구성하는 것(예 : 역설 속으로 들어가는 것)은 예측 가능한 순서를 강화했을 수도 있는 예측 가능한 결과를 제거하여 패턴의 변화를 위한 문을 열어준다.

대부분의 변증법적 전략들은 새로운 사고방식을 모델링하거나 적어도 하나의 사고방식의 문을 여는 역기능적 사고방식(행동 변화의 인지적 중재)을 강조하거나 도전할 것이다. 현명한 마음을 이끌어내는 것은 현명한 마음을 참고하여 사고의 과정을 변화시킬 수 있다는 것을 제안하는 모델을 제시한다. 은유를 사용하는 것은 고착되고 문제가 된 사고 과정을 재구성하고, 새로운 사고방식의 문을 연다. 자연스러운 변화를 허용한다는 것은 때때로 현실은 자신의 가정과 신념에 맞게 조정된다고 주장하기보다는 자신의 인식에 적응하고 조정할 수 있다는 것을 암시한다.

마지막으로 변화 패러다임의 관점에서 변증법적 사고방식과 변증법적 전략의 '중도 찾기'를 환자가 배울 수 있는 기술로 제시할 수 있다. 만약 환자가 내적으로 변증법적 접근법을 이해할 수 있다면, 기술을 사용하는 방법을 배울 수 있다면, 그것은 이러한 개입을 위한 더 비옥한 토양을 만들 수 있을 것이다.

수용 패러다임의 기초가 되는 원리에 대한 인식은 변증법적 전략의 사용도 가능케한다. 변증법적 전략의 효과적인 사용은 치료자가 명시적이거나 암묵적인 환자의 사고에 대한 적응과 함께 상당한 자유를 경험할 것을 요구한다. 치료자가 그 순간에 완전히 존재하고 무엇이 되어야 하는지에 대해 아무런 애착도 갖지 않고 더 많은 자유와 즉흥성을 위한 무대를 마련하기 위해서이다. 이것은 치료자가 그 순간 자신과 환자 사이의 '경계를 낮추기' 위해, 환자에게서 일어나고 있는 일을 감지하기 위해, 변증법적 전략을 전달하기 위한 올바른 표현과 균형을 찾는 데 도움을 준다. 이는 관객들의 노골적이고 암묵적인 반응을 정확하게 읽을 수 있는 훌륭한 스탠드업 코미디의 실력과 비슷하다. 치료자는 숨겨진 요인을 부각시키거나 현재 상황의 균형을 풀기 위한 전략을 사용하여 순간의 목적과 방향 감각을 내려놓음으로써 더욱 강화된다. 일단 변증법적 전략이 그 효과를 거두게 되면, 그다음에는 목표와 목표를 지향하는 문제 해결 전략으로 되돌아가는 것이 가능할 수도 있다. 마지막으로, 치료자가 고통스럽더라도 '모든 것은 있는 그대로 완벽하다'는 것을 받아들이는 것은 변증법적 전략을 전달하기 위해 최적인 판단적 사고로부터 그를 해방시키는 데 도움이 된다.

마치며

변증법적 전략은 심각하고 만성적인 정서장애를 가진 환자들에게 딱 들어맞는 전략이다. 경직된 사고와 양극화 경향은, 현상을 뒤흔들고, 논쟁의 양쪽에서 지혜를 찾고, 융합을 향해 노력하는 전략에서 그 해독제를 발견한다. 이러한 전략에는 치료 전략의 균형 잡기, 레몬으로 레모네이드를 만들기, 확장하기, 악마의 옹호자 되기, 역설 속으로 들어가기 등이 있다. 단순한 서술과 좁은 관점에 대한 경향은 보다 넓은 시야에서 오는 복잡하고 현실적이며 체계적인 사고에 의해 반박된다. 우리는 치료 전략 균형잡기, 현명한 마음 이끌어내기, 변증법적 평가를 통해 체계적 사고를 통합한다. 막히는 경향은 현실은 항상 유동적이고 치료는 항상 움직인다는 인식에서 해소된다. DBT가 선택할 수 있는 전략적 옵션이 매우 많고, 특히 변증법적 전략이 고착된 상황을 위해 특별히 고안된 추가적인 개입을 제공한다는 사실은 이 치료법을 더욱 실행 가능하게 한다.

이러한 전략을 효과적으로 사용하기 위해서는 문제 해결과 타당화 전략의 효과적인 사용과는 다른 무언가가 필요하다. 우리는 막힘에 직면하고, 난국을 경험하고, 벽에 부딪히고, 변증법에서 반대되는 입장을 인식하고, 그런 맥락에서, 우리의 마음은 효과가 있을지 없을지 모르는 창조적인 개입으로 도약할 수 있을 만큼 충분히 긴장이 풀려 있도록 해야 한다. 이러한 전략들은 마비에 직면해서도 누리는 자유감에서 제일 효과적으로 쓰일 수 있다. 나는 어렵고 양극화된 임상적 만남을 경험할 때 이러한 전략을 내 마음이나 역할극에서 시도해보는 것이 도움이 된다는 것을 알게 되었다. 그 어느 것도 연습을 대신할 수 없고, 시도하고, 실패하고, 다시 시도하고, 실패하고, 배우고, 적응하려는 의지를 대신할 수 없다.

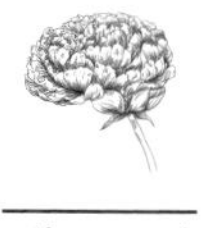

제14장

기술 및 기술 훈련

정신분석 치료자에서 기술 훈련사로

1980년대 후반 DBT에 대해 처음 알게 되었을 때, 나는 DBT 기술에 흥미를 느꼈다. 정신분석가로서 10년의 경력을 가지고 있던 나로서, 그렇게 '표면적인' 것이 정말 행동의 변화를 가져올 수 있다는 주장에 대해 회의적이었다. 그래도 시애틀을 방문하여 단방향 거울 뒤에 앉아 마샤 리네한이 경계선 성격장애가 있는 여섯 명의 여성에게 기술 훈련 수업을 하는 모습을 지켜봤다. 몇 가지가 나의 주의를 끌었다. 첫째, 객관적이고 기술적으로 중립적인 정신분석적 자세와는 대조적으로, 그녀는 너무나 따뜻하고, 직접적이고, 격려적이었다. 또한 나를 대했던 것과 같이 매우 자연스럽게 행동했다. 둘째, 환자들은 분명히 불안해하고 있었다(새로운 집단의 첫 회기였다). 그들 중 일부는 간신히 말을 할 수 있었지만, 마샤는 사람됨이 좋고 낙관적이었다. 그녀는 마치 야심차고 편안하고 흥분된 학생들에게 둘러싸여 있는 것처럼 행동했고, 집단 멤버들이 긴장을 풀고 실제로 관심 있는 학생처럼 행동하기 시작할 때까지 집단 전체에서 그런 어조로 버텼다. 셋째, 비록 스타일은 캐주얼했지만, 기술 교수에는 엄격했고 환자들이 그것을 배워야 한다고 주장했다. 그녀의 모듈 개요는 잘 짜여졌고, 정확했으며, 동기부여가 되었다. 그녀는 환영하는 스타일과 체계적이고 꼼꼼한 의제를 균형 있게 구사했다. 요컨대, 그녀는 심리치료자의 공감과 성찰 기술을 훌륭한 코치의 구조적이고 까다로운 기술과 잘 혼합시켰다.

돌이켜 보면, 마샤가 활동하는 것을 본 것이 내게 새로운 문을 열어주었다. 비록 정신분석을 통해 진로를 선택했지만, 농구 코치가 되고자 하는 다른 열정을 포기해야 했었다. DBT를 통해 나도 치료와 코칭의 통합을 찾을 수 있을 것 같았다.

뉴욕으로 돌아갔을 때, 모든 사람이 나의 새로운 방향에 대해 그렇게 좋게 생각하지는 않았다. 내가 이 책의 머리말에서 언급했듯이, 내가 장기입원 정신분석 심리치료 프로그램에 DBT 요소를 도입하려고 했을 때, 고위급 직원들은 우리의 접근방식을 '희석'하는 것에 강력하게 반대했다. 하지만 그 장애물은 일시적이었다. 나는 DBT의 원리를 이용하여 다른 입원 프로그램을 개발할 수 있도록 허락받았다. 우리의 실행 노력은 스스로 기술을 배운 다음 집단으로 환자들에게 가르치는 것으로 시작되었다. 우리가 기술을 가르치는 데 능숙해지고 자신감이 생기자 환자들은 긍정적인 평가를 해주었고, 우리는 계속 나아갈 수 있게 되었다.

기술 훈련가가 되어가는 우리의 여정에서 경험한 단계들은 기술 훈련의 단계와 유사했다. 기술 훈련의 첫 단계는 지도와 모델링을 통해 얻어지는 기술 습득이다. 우리 스스로 기술을 익힌 후에, 환자들에게 가르치는 방법을 연구했다. 우리는 심지어 각 기술을 어떻게 해야 하는지 명확하게 설명하기 위해 각 기술에 대한 강의를 작성하기도 했다. 그리고 우리는 환자를 지도하는 것 외에도 그 기술을 모델링해야 한다는 것을 재빨리 알아챘다. 우리는 그들에게 기술을 어떻게 하는지를 보여줘야 했고, 좀 더 내적인 기술(예 : 명상 기술)을 위해서는 우리가 직접 내레이션으로 지도해야 했다. 물론 이것은 우리가 기술을 정말 잘 알아야 하고 가르칠 때 자기 개방을 이용해야 한다는 것을 의미했다. 우리는 그 기술들이 사용되는 인기 영화들을 골라 보았다. 우리가 하는 것은 DBT 기술에 대한 '세미나'가 아니라, 가끔 영화 클립도 보며 직접 기술을 모델링하는 코칭 회기였다.

우리는 환자의 주의를 끌어야 했다. 우리는 기술에 대한 관심이 꼭 환자들의 관심으로 이어지지 않는다는 것을 곧 알게 되었다. 만약 환자들이 기술을 습득하려면, 그들은 관심을 가져야 할 것이고, 그들의 관심을 얻기 위해 우리가 열심히 노력해야 한다는 것을 깨달았다. 그 기술적 내용이 아무리 멋져도, 그것으로는 환자들의 관심을 끌지 못할 것이 분명했다. 우리가 직접 기술을 시도하며 개인적 삶과 전문적인 삶에 적용시키는 것이 도움이 되어, 우리는 좀 더 확신과 동정을 가지고 가르칠 수 있었다. 우리는 부대를 언덕 위로 이끌고 가 전투에 임하는 대담한 장군들 같다는 생각이 들곤 했다. 우리 부대는 종종 언덕 아래쪽에 처져 있었다는 것을 제외하고는 좋은 은유였다. 나는 내가 목격한 첫 번째 집단을 되돌아보았다. 침울, 짜증, 망설임, 노골적인 불응으로 가득 찬 환경에서 마샤는 침착하고 낙관적인 에너지와 편안한 느낌을 가져다주었다. 그녀는 부드럽게 그러나 꾸준히 자신의 부대를 언덕 꼭대기로 밀어 올렸다. 그들을 지지하고, 꼬드기고, 유대관계를 가지며 조금씩 그들을 설득하고 있었다. 우리는 마샤를 흉내내려고 노력하며, 가르침을 매력, 오락, 유머, 그리고 무한한 인내심으로 긴박감을 균형 잡아갔다.

"모두 27페이지를 펴주세요" 또는 "이 기술에 대해 어떻게 생각하는지 말해보세요"와 같은 말로 집단을 시작하는 것은 거의 치명적이었다. 이런 경우, 환자들의 반응은 딱딱하고 미적지근했기에 우리는 창조적이고, 유대적이고, 심지어 극적일 수밖에 없었다. 우리는 생활 속 감정에 대한 현실적이고 개인적인 토론을 함으로써 정서 조절 기술의 주제를 소개하는 것을 터득했다. 예컨대, "여기 감정 있는 사람 있나요?"라고 묻는 것으로 시작할 수 있다. 일단 우리의 감정에 대해 현실적인 논의를 하게 되면, 가르침으로 전환할 수 있었다. 다른 때는 "나를 야구장으로 데려가주오"와 같은 흥겹고 친숙한 노래를 모두에게 불러달라고 요청하면서 정서 조절 기술 모듈을 소개했다. 분위기는 시끄럽고 우스꽝스럽게 되었고, 노래가 끝나자마자 우리는 각자에게 노래를 부르는 것이 감정을 어떻게 바꾸었는지 이야기하도록 했다. 거의 늘 감정은 긍정적인 쪽으로 움직였다. 이렇게 행동과 생각을 선택함으로써 우리 모두가 자발적으로 정서를 변화시킬 수 있는 능력을 가졌다는 것을 가르칠 수 있었다. 이런 식으로 우리는 모듈 전체의 핵심에 도달했고, 구체적인 기술에 대한 가르침을 뒤따라 가르치게 되었다.

간혹 대인관계 효과성 모듈을 시작할 때 환자들의 주의를 끌기가 어려웠는데, 특히 첫 번째 유인물이 평범하고 지루하다는 점에서 그렇다. 한번은 도착해서 의자를 잡고 모듈을 가르치기 시작했다. 1분도 안 되어 나의 공동 리더(임상심리학자)인 신디 샌더슨(Cindy Sanderson)이 도착하여 내 맞은편에 앉았다. 그녀는 집단에게 인사하고, 기술 매뉴얼을 펼치고, "좋아요 여러분, 이제 시작할 시간입니다!"라고 발표했다. 나는 재빨리 그녀를 말리며 이미 시작했다고 말했다. 그녀는 또 재빨리 "하지만 이제 내가 가르칠 차례야!"라고 쏘아붙였다. 나는 "신디, 우리는 이번 주에 만나서 내가 이 모듈을 가르치기로 동의했어"라며 목소리를 높였다. 신디는 더욱 날카롭게 반박했다: "그건 사실이 아니야, 찰리. 우리는 분명히 내가 이 모듈을 가르치기로 결정했어. 사람들 앞에서 나한테 어떻게 이러니!"

나도 질세라 그녀만큼 긴장을 늦추지 않았다. 우리의 목소리는 점점 높아지며, 대화

내용은 더욱 비난적이 되었다. 환자들의 눈은 휘둥그레 커졌다. 그들은 공공장소에서 두 리더 사이의 싸움을 목격하고 있다는 것을 믿을 수 없다는 표정이었다. 우리는 확실히 그들의 관심을 끌었다. 사실 미리 짜여진 각본이었지만, 일단 진행이 시작되니 치열해졌다. 우리는 갑자기 논쟁을 중단하고, 칠판 옆에 서서 환자들에게 묻기 시작했다. 신디가 가르칠 수 있도록 나를 설득하는 데에서 어떤 문제가 있었는지 물었고, 환자들은 많은 것을 나열했다. 또한 내가 신디를 거절했던 방식에서 문제를 발견할 수 있었는지 물어보았다. 그들은 또다시 많은 문제를 지적했고, 우리는 모든 답변을 칠판에 적었다. 환자들은 스스로 깨닫기도 전에 모듈의 본질, 즉 자신이 원하는 것을 어떻게 능숙하게 요청하고, 어떻게 거절할 수 있는지에 대한 강의에 이미 푹 빠져 있었다.

기술 훈련의 두 번째 단계는 기술 강화로서, 구체적인 피드백과 코칭으로 행동 리허설(연습)을 통해 진행된다. 우리 팀은 내용을 배우고 직접 기술을 연습하였고, 지도와 모델링 기술을 숙달하기 시작하였으며, 환자의 관심을 끌 수 있는 능력이 향상되어 환자들이 실제로 그 기술을 자신들의 일상적인 레퍼토리에 통합시키고 있는지에 관심을 갖기 시작했다. 우리는 우리가 기술을 충분히 '판매'하면 환자들이 그것들을 사서 사용할 것이라고 가정했던 것 같다. 하지만 그것은 단순히 사실이 아니었다. 때때로 나는 기술 훈련 과정을 마친 환자들에게 퀴즈를 내기도 했고, 그 결과에 놀라기도 하고 낙담하기도 했다. 기술이 삶에 접목되지 않는다면 훌륭한 가르침이 무슨 의미가 있을까? 정신분석 치료자로서의 나의 배경은 환자들에게 행동을 바꾸고 기술을 연습해야 한다고 주장할 준비를 해주지 못했다. 내게 전환점은 기술 훈련이 농구 연습에 가깝다는 것을 깨달았을 때였는데, 그동안 새로운 동작을 연습해야 한다고 주장하면서 지시와 모델링을 세부적인 피드백으로 뒷받침하여 코칭하는 것이었다. 개종자의 열성을 가지고 나는 도전을 받아들였고, 모든 기술에 대한 실습을 처방하여 환자들을 그 실습에서 지도했다. 그 후, 과정은 재미있어지기 시작했다! 뒤돌아보면 한심하지만, 내게 큰 깨달음은 개인의 행동을 바꾸기 위해서는 행동을 정말 바꿔야 한다는 것이었다. 통찰력은 그 자체가 목적이 아니라 행동 변화를 향한 한 걸음이다. 리네한(1993a)이 매 회기 환자에게 '새로운 행동을 이끌어 내는 것'을 강조한 것은 나에게 큰 인상을 주었다.

기술 훈련의 세 번째 단계는 기술 일반화, 새로운 기술을 모든 관련 생활 상황에 적용하는 과정이다. 그것은 일반화 프로그래밍을 통해 나오고, 이어서 관련 환경에서의 연습과 코칭이 이루어진다. 새로운 기술 훈련사로서, 우리는 모든 기술 훈련, 습득, 강화의 첫 두 단계(절차)

를 효과적으로 통합하였지만, 세 번째 단계와 마지막 단계인 일반화에 더 집중해야 했다. 정신건강 전문가들에게 DBT 기술을 가르치는 맥락에서 얻은 개인적인 경험은 내가 이 중요한 단계에서 나아갈 수 있도록 도와주었다(다른 사람들을 가르치는 것의 큰 가치 중 하나는 교훈이 의미하는 바를 개인적으로 이해하는 것이다). 그 무렵, 나는 친구, 동료 앨릭 밀러와 함께 DBT 기술 훈련에 관한 이틀간의 워크숍을 준비하고 있었다. 우리는 미시간주 디트로이트에 있었다. 400명의 참석자가 있었고, 행사 매니저는 다소 격식을 차린, 분명 이전에는 만나보지 못한 매우 전문적인 젊은 여성이었다. 내게 흔히 있는 일이지만, 첫날 나는 일찍 일어나 워크숍에 대해 곰곰이 생각해보고 기술 훈련에서 큰 어려움 중 하나를 생각했다: 우리는 매주, 환자들이 그것들을 필요로 하는지 아닌지에 상관없이, 교과 과정에 있는 모든 기술들을 가르친다는 것이다. 나는 개인적인 경험을 통해 사람이 기술을 보고 그 필요성을 느끼지 않는 한 기술을 배우지 않는다는 것을 알았기 때문이다.

예를 들어, 의대 2년차 때 나는 '산-염기 균형'에 대해 공부했다. 이해하기 어려운 복잡한 개념이었고 그저 학문적인 것 같았다. 나는 시험을 통과하기는 했지만 그 내용을 숙달하지 못했다는 것을 알았다. 의대 3년차 때, 나는 진단되지 않은 산-염기 균형 문제를 가진 환자를 배정받았다. 그날 밤 늦게 환자는 극심한 고통에 빠졌다. 나는 그와 이야기를 나눈 후 혈압과 맥박을 재고 신체 검사를 했으며, 진단검사평가를 위해 피를 뽑고, 소변을 검사하고, 혈액에 공급할 산소를 평가하기 위해 '혈액가스 분석'을 했다. 내가 자료를 종합해보니, 나는 그 남자가 신장질환에 근거할 가능성이 있는 산-염기 균형 문제를 가지고 있다는 것을 깨달았다. 그의 상태는 악화되고 있었고, 산-염기 균형에 대한 나의 불충분한 학습은 갑자기 내 생명을 위협하는 결핍처럼 느껴졌다. 집중이 모아지면서 한 시간 동안 의학서적을 들고 앉아 산-기저 균형에 관한 자료를 빠르고 집중적으로 검토했다. 그 시간 안에 나는 그것을 이해했다. 나는 그것이 필요했기 때문에 배운 것이다.

그날 아침 8시 30분에 가까워짐에 따라, 나는 이 통찰력을 워크숍 참가자들과 공유하는 데 전념했다. 우리는 환자들이 왜 기술이 필요한지 깨닫게 도와야 했다. 참가자들을 위해 이 수업을 모델링하는 최고의 정신으로, 나는 워크숍을 가르치는 동안 DBT의 감정 조절 기술이 필요하다는 것을 그들에게 보여주고 싶었다. 내가 그들에게 기술을 가르치면서 어떻게 나도 기술이 필요하다는 것을 그들에게 보여줄 수 있을까? 너무나도 많은 워크숍을 진행했기 때문에, 나는 그 과정에 익숙했다. 어떻게 하면 가르치는 동안 자신에게 정서적 불편함을 조성하여 기술을 연습하도록 할까? 문득 어렸을 때 나는 교실 한가운데서 옷을 벌거벗고 있는 자신을 발견하는 꿈을 꾸곤 했던 것이 생각났다. 그것은 항상 나에게 큰 고통을 주었다. 가르치는 동안 청중 앞에서 옷을 벗게 된다면, 나는 매우 자의식이 강해지고 당황하며 정서적으로 산만해질 것임을 알고 있었다. 나는 워크숍을 시작하는 동안 허리선까지 옷을 벗기로 결심했다(나는 다행히 예절의 일정한 경계를 여전히 알고 있었다).

나는 최소한 동료 강사인 앨릭 밀러에게 나의 계획을 말하거나, 워크숍의 행사 매니저에게 말해야겠다고 생각했지만, 그들에게 미리 말해두면 그만큼 불안하지 않을 것이라는 것을 알고 있었다. 그래서 나는 비밀로 혼자 간직했다. 단상에 선 채 워크숍을 시작하면서 나는 넥타이를 벗어 앨릭 옆 테이블에 갖다 놓았다. 그러고 나서 스포츠 재킷을 벗어 넥타이와 함께 놓았다. 그 후 잠시 멈추었다. 그리고 셔츠의 단추를 풀어 벗었고, 그 역시 앨릭 옆 의자에 올려놓았다. 그는 충격과 걱정으로 나를 바라보며 내 팔에 손을 얹고 "찰리, 괜찮아?" 나는 그에게 괜찮다고 말했다. 하지만 나는 완전히 당황했고 자의식이 강해졌다는 점에서 정말 괜찮지 않았다. 나는 아침 강의를 하기 시작했는데, 만약 필요가 없으면 아무도 기술을 배우지 않는다고 설명하면서, 그날 아침 내가 가르치는 동안 정서 조절 기술이 필요하여 사용할 것이라고 말했다. 난 그들의 주의를 끌었다! 또한 참가자들을 위해 기술을 모델링하는 차원에서, 나는 그 기술을 그 맥락에서 일반화하는 방법을 발견했다.

DBT를 처음 접하고, 어떻게 시작해야 하는지 물어보는 치료자들을 위해, 나는 일반적으로 기술을 배운 다음 개인이나 집단에게 가르쳐줄 것을 제안한다. 그 과정에서 행동을 바꾸기 위해서는 행동을 바꿔야 하고, 기술을 가르치기 위해서는 스스로 그 기술을 배워야 하며, 다른 사람들에게 그 기술을 가르치기 위해서는 그들의 관심을 얻어야 하며, 사람들이 스스로 그 기술을 필요로 한다고 인식하지 않는 한 새로운 기술을 사용하는 법을 배우지 않는다는 것을 배우게 된다. 기술 훈련사가 되는 학습 곡선에서 기술 훈련의 세 단계인 기술 획득, 기술 강화, 기술 일반화의 필요성을 직접 발견하게 된다. 마지막으로, 시작 지점에서는 '대체 행동'에 대해 배우고 가르치는 것으로 전반적인 행동 치료에 대한 많은 것을 배운다.

살만한 삶을 향한 길은 기술로 포장되었다

지난 15년 동안 섭식장애 환자를 위한 DBT 기술 훈련(개별 치료 없이; Safer et al., 2001), 노인 우울증 환자를 위한 기술 훈련(개별 치료 없이; Lynch et al., 2003) 임상연구를 시작으로, 점점 '독립형' DBT 기술 훈련의 효과성이 명확해졌다. 연구로 입증된 우리의 현재 이해는 DBT 기술의 습득과 사용은 정서적 조절장애를 감소시키고, 그로 인해 자살 시도, 자해 행동, 물질 사용 행동, 섭식장애 행동 등과 같은 주요 목표 행동의 감소가 매개된다는 것이다(Neacsiu et al., 2010). 이 연구 결과들 사이에 리네한(2015b)의 기술 매뉴얼 제2판과 DBT 청소년 기술 매뉴얼(Rathus & Miller, 2015)이 발간되었고, 그만큼 기술 훈련의 가치는 DBT에서도 더 부상했다.

기술의 핵심적 중요성을 증명하는 연구에 비추어 전체 치료법을 공식화하면, 다양한 구조, 프로토콜, 전략 각각이 기술의 습득, 강화, 일반화와 연관되어 있는 것을 알 수 있다. DBT의 궁극적인 목표는 살만한 가치 있는 삶을 구축하는 것이다. 살만한 삶을 건설하는 것은 단계별로 이루어지며, 각 단계마다 행동 변화가 수반된다. 행동 변화는 부적응 행동을 능숙한 행동이 대체하며 이루어진다. DBT에서 살만한 삶을 살기 위한 처방은 긴 단계적 과정으로 요약되며, 각 단계에는 적응적 행동으로 부적응을 대체하는 작업이 포함된다: 즉, 이것 대신에 저것. 무념무상에서… 마음챙김. 고분고분함에서… 주장하기. 정서 혼돈이 아닌… 조절. 불편함을 피하는 대신… 접근. 과거에 매료되는 대신에… 관찰하고, 수용하고, 내려놓고, 나아가기. 역기능적 인식을 믿고 행동하는 대신… 마음속에 현실적이고 현명한 마음과 인식을 만들어내기. 자해 행동 대신… 위기 생존 전략을 구사하기.

자세히 살펴보는 사람은 기술이 '추가 구성(add-on)'이나 '다양한 선택 중 하나'라기보다 치료 패키지 전체에 집약되어 있음을 알 수 있다. 예를 들어, DBT의 각 5단계 치료는 순차적 목표 달성을 위한 기술의 사용을 중심으로 한다. 치료 전 작업을 하는 동안은 환자를 치료 계획에 전념하게 하는 것이 목표인데, 절망, 회피, 혼란, 두려움, 그 밖의 문제적인 행동이 있음에도 불구하고 전념할 수 있는 기술을 늘려야 목표 달성이 가능하다. 1단계에서는 행동통제장애를 행동 통제로 대체하는 것이 목표인데, 이 작업은 부적응적인 생명 위협 행위, 치료 방해 행위, 삶의 질 방해 행위를 행동 기술로 대체하는 것을 포함한다. 이 작업의 일환으로 변증법적 딜레마(정서적 취약성, 자기 무효화, 적극적 수동성 등)라고 알려진 부적응적 패턴을 능숙한 행동 패턴(정서적 조절, 자기 타당화, 필요에 따라 도움을 구하는 적극적인 노력)으로 대체하려고 한다. 1단계 동안의 핵심 조직적 전략은 행동 사슬 분석으로, 사슬 안에 있는 연결고리들의 자세한 설명과 함께, 부적응적 행위의 존재, 기술의 사용, 기술 사용의 결손 등을 강조한다. 목표는 부적응적 연결고리들과 기술 부족을 찾아내고 이를 기술로 대체하는 것이다.

2단계의 목표는 고통스러운 정서적 경험을 고통스럽지 않은 정서 경험으로 대체하는 것이다. 노출 절차에 환자를 참여시키면서 행동 기술의 지속적인 강화를 이용하여, 그들이 감정적으로 환기되는 단서를 회피하기보다는 접근하는 데 필요한 기술을 습득하고 강화하도록 돕고, 감정으로부터 탈출하기보다 그것을 경험할 수 있도록 한다. 이를 위해 여러 가지 전략을 쓰지만, 모든 전략은 정서 조절 기술 향상을 목표로 하고 있다.

3단계와 4단계는 비교적으로 다른 단계만큼 정의가 잘되어 있지는 않지만, 다음의 중요한 목표들을 위한 기술을 향상하는 단계라 이해할 수 있다: '일반적인 행복과 불행(Linehan, 1993a)'의 삶을 구축할 수 있도록 문제 해결하기, 일상 생활에서 보다 지속적인 기쁨과 의미, 자유를 경험하기.

지난 몇 년간 워크숍에서 리네한은 주어진 문제를 해결하기 위한 네 가지 방법을 제안하였고, 모두 기술 응용을 요한다.

1. 문제를 해결하기 위해서는 대인관계의 효과성 기술에서 비롯되는 문제 해결 기술이 필요한 경우가 많다.
2. 감정적인 반응을 바꾸려면 정서 조절 기술이 필요하다.
3. 고통을 더 효과적으로 감내하려면 고통 감내 기술이 필요하다.
4. 비참함을 유지하려면 부적응적인 행동을 기술로 대체하기보다는 계속 사용하면 된다.

기술 훈련은 DBT의 네 가지 변화 절차 중 하나이며, 나머지 세 가지는 인지 수정, 노출 및 수반성 절차다. 인지 수정은 문제 인식과 정보 처리의 오류를 목표로 하는 일련의 기술을 습득, 강화 및 일반화하여 보다 현실적이고 기능적인 과정으로 대체하려고 시도한다. 노출 절차는 자극적인 단서와 고통스러운 감정에 대한 능숙한 반응을 촉진한다. 환자는 반사적으로 단서들을 피하고 이후의 감정적 반응으로부터 탈출하는 대신에, 회피하는 것을 피하고, 탈출 반응을 차단하며, 새로운 학습이 일어날 수 있을 만큼 오랫동안 단서들과 접촉하는 것을 배운다. 또한 감정적 반응이나 단서에 압도되거나 전반적인 억압 반응에 사로잡히지 않고, 환자는 더 이상의 트라우마를 초래하지 않는 선에서 최적의 수준의 노출을 경험할 수 있도록 특정한 정서 조절 기술과 특정한 고통 감내 기술을 능숙하게 사용할 수 있도록 가르친다. 수반성 절차는 새로운 기술을 가르치기보다, 숙련된 행동을 강화하고 때때로 비효과적 행동을 처벌하는 것을 포함한다. 리네한(2015b)의 기술 매뉴얼 제2판은 '중도 걷기'를 가르치는 맥락에서, 환자들이 스스로 능숙하게 사용할 수 있도록 이러한 학습 원리를 이해하도록 가르친다.

DBT의 또 다른 필수적인 프레임워크는 모든 DBT 개입을 포괄적 치료의 다섯 가지 기능으로 분할하는 것이다. 이 형식은 또한 기술의 습득, 강화, 일반화를 중심으로 이해될 수 있다. (1) 역량을 강화함으로써 환자의 숙련된 행동을 증가시킨다, (2) 환자의 자연 환경으로 기술을 일반화함으로써 유관한 맥락에서의 기술 이용을 촉진하기 위한 개입을 더한다, (3) 환자의 의욕을 강화함으로써 우리는 그 기술을 사용하려는 그들의 의욕을 증가시킨다, (4) 환자의 환경을 구조화함으로써, 기술 사용이 그곳에서 강화되도록 하는 방법을 찾는다, (5) 치료자들의 동기와 능력을 강화시킴으로써, 의욕을 유지하고 치료를 정확하게 하기 위한 기술을 증가시키며, 이로 인해 환자들의 기술도 강화된다. DBT의 단계, 목표, 대상, 기능, 방식, 행동 변화 절차 모두 그 핵심에는 부적응 행동을 기술로 대체하는 훈련이 있다는 것에는 의문의 여지가 없다.

기술은 복잡하다

기술에 대한 친숙함은 기술 훈련이 DBT의 '쉬운' 부분이라는 착각을 일으킬 수 있다. 그러나 우리가 필요한 기술을 식별하고 이를 환자에게 제시하기 위해 매뉴얼을 사용할 수 있다는 것은 가르침과 학습의 실제 복잡성을 간과하는 것이다.

환자(또는 우리)가 단 한 가지 기술을 배우려고(습득, 강화, 일반화) 해도 이것은 끊임없이 변화하는 내부환경과 미시적 환경에도 불구하고 여러 가지의 매우 구체적인 행동을 실시간으로 조정하며 적용하는 것을 요구한다. 물리학의 입자 이론에 대한 이해가 하위 입자의 발견으로 더욱 풍부하고 복잡하게 되었듯이, 각 기술이 하위기술들의 연동된 집합체라는 것을 깨달음으로써 DBT에서의 기술 훈련의 실천이 향상되며 또 복잡해진다.

예를 들어, 얼마간 '나 혼자만의 시간을 좀 가질 수 있게 해달라'고 파트너에게 부탁하는 기술을 생각해보라. 사실, 이 요청을 능숙하게 하기 위해서는 몇 개의 하위기술을 통합해야 한다. 첫째, 혼자만의 시간을 가지려는 욕망에 대한 인식을 얻어야 한다. 그러나 자신의 욕망을 반사적으로 다른 사람의 욕망에 종속시킨다면 혼자만의 시간에 대한 욕구를 알아차릴 수 없다. 이 경우 기술 전체를 배울 수 없게 된다. 둘째, 자신에게 시간을 주고 싶다는 것을 알고 있을 수는 있지만, 여러 가지 요인들이 그것을 요청할 의지를 방해할 수 있다. 혼자만의 시간을 가질 자격이 없다고 생각하거나, 파트너에게 불편을 주어서는 안 된다고 확신하고 있을 수 있다. 셋째, 자신의 욕구를 알고 원하는 것을 요청하려 할 때, 그것을 성공하기 위해서는 또다른 여러 하위기술을 통합할 필요가 있다: 재치 있고, 타이밍이 좋으며, 자신의 요청을 전달할 최적의 자세와 목소리 톤을 찾아야 한다. 원하는 것을 효과적으로 전달하며 다른 사람이 동의하도록 설득하는 단어들을 선택하는 것도 또 다른 하위기술이다. 이 모든 것은 파트너의 마음 상태를 '읽는' 기술에 달려있기도 하다. 이것은 진행 중 조정해야 할 수도 있기 때문에, 요청 시 파트너의 반응에 실시간으로 응답하기 위한 복잡하고 미묘한 기술이 필요하다. 한 번의 능숙한 요청을 하는 데 관련된 모든 하위기술들을 열거하는 것은 다소 지루해 보일 수 있고, 대부분의 맥락에서는 그렇게 하는 것이 무의미하다. 그러나 그 기술을 사용하기 어려워하는 사람에게 기술을 가르칠 때, 장애를 진단하고 치료하기 위해 그것을 하위기술로 나누어 할 필요가 있을 수 있다.

기술이 부족하여 결과적으로 인생이 잘 풀리지 않는 사람은, 자신의 실망스러운 결과를 기술 부족 탓으로 돌리지 않는다. 거의 모든 경우, 자신이나 주변 사람들에게 더 '빌어먹을' 문제가 있다고 가정한다. 문제의 구성이 보이지 않을 때 문제를 해결하기가 얼마나 어려운가! "악마는 디테일에 있다" ― 즉, 디테일은 기술(또는 하위기술) 결핍이며, 기술 결핍은 기술로 대체할 수 있고, 그러기 위해서는 근면, 정확성, 동정심이 필요하다는 것을 이해하는 훈련사는 환자의 삶을 바꿀 수 있다. 그 훈련사는 환자의 기술 연습을 보거나 듣지 않고는 기술 장애를 진단할 수 없다는 것을 깨닫게 될 것이다. 그는 그것을 보고, 분류하고, 구체적인 코칭 제안을 하고, 환자에게 그것을 다시 해보도록 하고, 기술의 보다 통합적이고, 부드럽고, 효과적인 연습을 위해 노력해야 한다.

환자가 기술을 자신의 환경에 일반화하도록 지원하는 것은 같은 수준의 근면성을 필요로 한다. 나는 언젠가 커피숍에서 바리스타 일을 막 시작하려던 환자를 기술 훈련 집단에 둔 적이 있다. 그녀는 대부분의 기술 훈련 과정을 거쳤으며, 우리는 어떤 기술이 고객을 대할 때 극심한 사회적 불안감을 조절하도록 돕는지 파악하고 있었다. 그녀는 압도당하지 않기 위해 한 번에 한 가지 일만 하는 '일심'을 사용하기로 했다. 또 호흡을 관찰하고 가끔 휴식을 취하는 등 감정을 조절하고 괴로움을 견뎌낼 계획이었다. 그럼에도 불구하고, 환자와 나는 그녀의 '실제 세계'에서 이러한 기술을 구현할 때 심각한 도전이 있을 것을 기대했다. 일은 분명히 바쁠 것이었고, 그녀는 사장에게 간단한 만남에도 얼마나 어려움을 겪게 되는지 말하고 싶지 않았다. 기술 훈련에 참가한 환자 중 한 명은 집단 멤버들이 교대로 그녀를 보러 오거나 커피를 주문하여 지지와 강화를 제공하자고 제안했다. 실제로 그들은 첫 2주 동안 누군가가 매 2~3시간마다 그곳에 오도록 일정을 잡았다. 이것은 그녀가 기술을 사용하고 초기 단계에서 그 일의 페이스에 적응하는 데 도움이 되었다. 만약 기술 일반화를 위해 이런 지원을 항상 생각해낼 수 있다면 얼마나 좋을까!

기술, 연결고리 및 행동 사슬

나는 자살 시도, 자살 사고, 폭식 장애, 심한 대인관계 장애로 치료를 시작한 젊은 여성과 함께 일하고 있었다. 환자의 반복적인 대인관계 패턴은 두 가지 유형이었다. 그녀는 어떤 사람이 유능하거나 존경할 만한 사람이라고 생각했을 때, 자기 혐오와 수치심을 경험했다. 누군가가 자신보다 덜 유능하다고 생각되면 그 사람에게는 몹시 짜증을 냈다. 이 패턴은 그녀를 다른 사람들과 멀어지게 했고 그 거리를 메우지 못하도록 했다. 그 결과 그녀는 고립되고 외로웠다.

치료 초기에 환자의 자살 행위와 폭식 행위를 감소시킨 후, 더욱 대인관계 장애를 목표로 삼았다. 자살 행위에서부터 대인관계 장애에 이르기까지 그녀의 모든 치료 대상과 관련된 사슬을 분석하는 데 있어서, 일정한 패턴이 파악되었다. 각 사슬의 초기에는 어떤 선행 사건이 환자로 하여금 자신이 심각하게 잘못되었다는 확신을 하게 했고, 따르는 고통은 삶을 끝내고 싶을 만큼 극심했다. 그와 연관된 수치심은 폭식을 통해 일시적으로 누그러뜨릴 수 있고, 그 후에 구토를 했다. 이 맥락에서 우리는 환자가 자신보다 유능하거나 덜 유능한 사람들에게 느끼는 짜증의 기원을 이해했다. '내게 뭔가 심각한 문제가 있어'라는 확신이 발동하면 그 혐오감을 다른 사람에게 돌리는 것이었다. '난 뭔가 깊이 잘못되었다'란 자기 진술이 분명하고 예측 가능한 연결고리라는 것이 분명해졌는데, 이것은 그녀의 행동 사슬이 바람직하지 않은 사회정서적 결말로 가는 길을 여는 '전환점'이었다. 우리는 이 연결고리를 평가하고 목표로 삼기 시작했다. 우리는 '난 뭔가 깊이 잘못되었다'란 믿음과 그 연결고리의 전형적인 결과를 활성화시킬 수 있는 많은 촉발사건들을 확인했다. 당연히 환자는 어린 시절의 영향을 이해하기를 원했고, 우리는 그녀의 학습 역사와 관련된 몇 가지 측면을 탐구했다. 역사적 맥락을 조명하는 것은 흥미로웠지만, 그것이 행동의 변화로 이어지지는 않았다. 나는 우리가 이러한 역기능적 인지 반응에 이르는 일련의 행동에 대해 매우 구체적일 필요가 있다는 것을 인식하고, 보다 적응적인 반응 패턴의 '각본'을 짜서 그녀가 기능장애에 대한 적응적 반응을 실제로 대체할 수 있도록 노력했다.

다행히도, 어떤 때는 이런 역기능적 패턴이 나와의 회기 중에, 내가 말하거나 한 것에 대한 반응으로 생겨났다. 사실, 더 주의 깊게 살펴본 결과, 거의 모든 회기에서 어딘가에 이런 반응이 올라왔다는 것을 알 수 있었다. 자신이 '나쁘다'는 확신이 너무 조용하고 자동적으로 발동되어 너무 늦었을 때까지 그런 일이 일어나고 있다는 것을 전혀 몰랐다. 우리가 그것을 알아차렸을 때면 환자는 이미 사기가 저하되어 상호작용에서 이미 물러났으며, 자신이 '나쁜 사람'이라고 확신하여 빠져나갈 길이 보이지 않았다. 문제가 있는 연결고리로 이어지는 사슬의 진로를 바꿀 방법을 찾아야 했다. 이전에 몰랐던 이 하나의 확신이 가진 영향력을 보는 것은 환자에게 있어 강력한 통찰의 순간이었다.

물론 이 한 가지 특정한 연결고리, 즉 '나에게 깊은 문제가 있다'는 자기 진술은 점차 감정과 행동 요소를 포함하는 보다 복잡한 반응과 연결되게 되었다. 이 자기 진술은 마비되는 충격을 가했고, 결국 그 긁힘이 더 이상 무시할 수 없는 염증 반응을 일으키는 방식으로 작용했다. 어떤 경우에는 이 자기 혐오가 상대방을 향한 분노로 위장하여 시야에 들어왔다. 우리 사이에 자기 혐오를 활성화시키는 일이 생겼을 때면 환자는 설명할 수 없을 정도로 말이 없고, 조심스럽고, 경직된 사고를 보였다. 따라서 해결책에는 숨겨진 상처, 즉 해로운 자기 진술을 제거하고 적응적인 대안으로 대체하는 것이 포함되어야 했다. 이런 자기 훼손 과정이 자각되기 전부터 그녀와 나는 대화 속에 자기 회의적이고, 자기 혐오적인 콤플렉스의 존재를 '감정'하였고, 더더욱 빨리, 잘 식별할 수 있게 되었다.

이것을 더 일찍 '잡음'으로써, 환자는 더 큰 통제력을 얻었다. 실시간으로 이 현상을 보고 느낄 수 있게 되었을 때, 그녀는 옛 패턴을 따라가지 않고 견딜 수 있게 되었고, 그 후 '나에게 깊은 문제가 있다'고 생각하는 신념을 수정할 수 있는 기술을 모색할 수 있었다. 그녀는 몇 가지 기술을 시도해보았다. 한 가지 기술은 자신이 나쁘다는 신념을 촉발시킨 사건을 관찰하고 묘사하는 것, 그리고 그 사건의 해석을 비판단적으로 재구성하는 것이었다. 예를 들어, 한 회기에서 내가 무언가를 읽어볼 것을 제안했을 때 격렬한 자기 비판이 휘몰아쳤다. 환자는 서서히 더 억제되고 경직되었으며, 나는 그 패턴을 지적했다. 그녀는 즉시 이 자기 혐오를 알아채고 촉발사건을 확인했다. 환자는 독서 제안을 내가 그녀를 어리석다고 생각한다는 표시로 자동 해석했었던 것이다. 그녀는 멈추고 한걸음 뒤로 물러서서 자기 혐오와 수치심, 그리고 연관된 육체적 감각을 관찰했고, 자신의 관찰을 나에게 묘사했다. 환자가 이러한 과정이 자신 안에서 거쳐가는 것을 보며 원래의 부정적인 영향은 누그러졌다. 나는 환자에게 나의 제안을 비판단적이고 비정죄적인 방식으로 재구성해보도록 요청했다. 환자는 자신에게 선택권이 있다는 것을 알게 되자, 나의 제안을 다시 재구성할 수 있었다. '찰리는 내가 멍청하다고 생각하여 내게 읽을거리를 주고 있구나'란 생각을 하기보다는 '내가 읽을 만한 것을 제안할 정도로 나를 존중하는구나'라는 생각으로 바꿀 수 있었다.

다른 시점에서는 자기 혐오가 발동된 상황에서 자신이 잘못한 '나쁜 사람'인지 아닌지에 대해 증거를 스캔하는 등 상황의 '사실 확인' 기술을 사용했다. 비록 때때로 자신에게 실망한 증거는 찾을 수 있었지만, 자신이 정말로 나쁜 사람이라는 증거는 거의 찾을 수 없었다. 그녀 자신의 행동 사슬에 더 익숙해지고, 사슬의 역기능적 연결고리나 과정을 찾아내고, 역기능적 연결고리를 대체하기 위한 기술들을 가까이에 두게 됨으로써, 환자는 보이지 않는 경직된 과정이 더 굳어지고 손상을 입히기 전에 해체하는 데 더욱 능숙해졌다. 자신을 객관적이고 현실적으로 생각할 수 있게 되었고, 오래된 자기 비판적 패턴으로 가는 길에 일찍 자신을 잡을 수 있게 되었다.

이 예시는 개인 치료 내에서 발생하는 기술 관련 작업을 이야기하고 있다. 치료자는 환자가 자신의 삶과 회기에 기술을 도입할 수 있도록 돕는다. 환자가 본인의 장애를 이해하고 해결책을 찾아야 할 때면 기술을 하위 기술로 나누어 길을 보여주고, 환자가 드러나는 행동 사슬에 특정한 기술을 어디에 그리고 어떻게 넣을 수 있는지 찾아낸다. 이것은 조심스럽고 따뜻하며, 정확하고 전념적인 작업을 필요로 한다. 기술 훈련의 진가를 경험하려면 치료자는 환자와 '참호 속으로' 들어가, 상황을 안정적으로 유지하고, 과정을 조명하며 계속 관여해야 하며, 연결고리와 그들 간의 상호 연계를 연구하고 바꾸는 데 개입해야 한다. 이 작업은 점진적이고 때로는 지루하지만, 환자가 사슬의 역기능적 연결고리 하나를 대체할 수 있는 한 가지 기술만 배워도 삶을 변화시킬 수 있다.

모든 상황에는 적합한 기술이 있다

워크숍에서 리네한은 DBT 기술 훈련사의 가장 큰 테스트란 어떤 상황에서도 주어진 기술을 사용할 방법을 찾는 것이라고 설명했다. 즉, DBT 기술은 '다용도 도구'란 것이다. 편리를 위해 기술 모듈을 '수용 모듈'(핵심 마음챙김 기술, 고통 감내 기술) 또는 '변화 모듈'(정서 조절 기술, 대인관계 효과성 기술) 중 하나로 분류한다. 이 분류는 DBT의 수용과 변화의 가장 중요한 변증법과 일치하며, 환자에게 사용하기 쉬운 방법을 제공한다. 그러나 '변화 기술'과 '수용 기술'로 모든 것을 정리하기에는 너무 단순하고 제한적이다. 사실 기술은 연동되어 진행되는 특정 행동(하위 기술)의 집합체다. 주어진 기술은 여러 맥락에서 많은 기능을 제공할 수 있으며, 기술 안에는 다양한 기능을 하는 '하위목적' 기술이 있을 수 있다. 기술은 매우 다목적적이고, 능숙한 사람은 아주 융통성이 있다. 수용 모듈로 제시된 마음챙김 기술은 강력한 변화 요인이 될 수 있는데, 대인관계 효과성 기술 모듈 안의 타당화는 수용적이면서도 다른 사람의 행동을 변화시키는 변화 지향적인 곳에 사용된다. 누군가의 1차 감정을 타당화하는 그 감정에 노출을 높여주어 결과적으로 정서 조절 능력이 개선(그리고 변화)될 수 있다. 감정과 관련된 충동(변화 지향적 정서 조절 기술 중 하나)에 '반대되는 행동하기' 기술은 감정 반응을 바꾸는 데 유용하지만, 자신이 도피하고 싶은 불쾌한 현실을 받아들이면서도 행동하는 데 역시 도움이 될 수 있다. 현실은 본질적으로 너무 복잡하고 변증법적이며, 기술 자체도 다용도적이고 복잡해서 우리는 지나치게 단순화된 수용과 변화의 범주에 머물지 못한다. 변화는 수용을 필요로 하고, 수용하려면 변화가 필요하다. 주어진 어떤 기술도 수용, 변화, 변증법 통합에 도움을 줄 수 있다. DBT의 다목적 기술 커리큘럼은 다양하며, 각각의 기술은 변화, 수용 또는 변증법을 위해 사용될 수 있다.

기술 훈련에 DBT의 패러다임 및 원리 사용하기

기술 훈련사의 일은 체계적이고 대본화되어 있으며, 리네한(2015b)의 DBT 기술 훈련 매뉴얼에 기술되어 있다. 첫째, 자신이 그 기술을 알고 있어야 한다. 둘째로, 환자들과 기술 훈련의 목표에 방향을 잡도록 하고 참가 지침을 검토한다. 회기는 세 가지의 우선순위 목표로 구성된다: (1) 치료 파괴 행동 중지하기, (2) 기술 습득하고 강화하기, (3) 치료 방해 행동 감소하기. 매 회기마다 미리 정해진 요강을 따르며 마음챙김 연습, 과제 복습, 휴식, 새로운 기술, 다음 회기까지의 과제, 마무리 순서로 움직인다. 집단 안에서 선호되는 관찰 일지 처리, 참가자 과제 검토, 과제 미완성 문제 해결, 집단 내 문제 행동 관리 방법을 배운다.

DBT 기술 훈련사는 업무 현장에 늘 DBT 전략 무기창고를 가져온다. 문제 해결 전략, 불손한 의사소통 전략, 타당화 전략, 상호적 의사소통 전략, 변증법적 전략으로 매뉴얼화된 집단 기술 훈련 프로토콜을 구현한다. 또한 개인 치료자가 사용하는 동일한 패러다임과 원리를 응용하여 목표 설정, 행동 사슬 분석, 사례개념화, 전념 및 다른 전략을 구현한다. 집단은 이렇게 나머지 DBT와 동일한 토대를 기반으로 하고 있어, 다른 모드들과의 사이에서 시너지를 창출한다. 정서 조절이 잘 되지 않는 환자들이 모두 적시에 기술을 배우도록 하기 위해 노력할 때 기술 훈련사는 밀고 당기기, 생동감 넘치는 순간과 잠잠한 순간, 그리고 행동 조절 장애와 과도한 통제에 직면하게 된다. DBT의 원리에 기반을 둠으로써, 훈련사는 집단 작업에 더 많은 유연성과 유동성, 자신감을 가져올 수 있게 된다. 원리로 프로토콜과 전략을 더 깊이 이해하고 지탱하며 치료자는 기술 훈련의 정확성과 엄격성을 높이고, 더 많은 존재감, 인식, 수용으로 이를 전달하며, 더 큰 속도, 움직임, 흐름으로 어려움들을 탐색할 수 있다.

변화 패러다임의 원리

개인 치료에서 하듯이, 집단 기술 훈련사는 우선순위가 정해진 목표에 맞춰 회기 의제를 구성한다. 최우선 목표는 필연적으로 집단을 파괴하는 행동의 감소다. 이러한 행동이 없어졌을 때 그다음의 최우선 목표는 집단 참가자들의 기술 습득과 강화다. 가능하면 회기 시간의 100%를 이 목적에 사용하는 것을 선호한다. 세 번째의 우선순위는 집단 구성원에 의한 치료 방해 행위의 감소로, 집단을 파괴하지는 않아도 본인과 타인의 학습을 방해하는 행동을 의미한다. 집단에 지속적으로 방향을 제시하고 있다는 점에서 이 목표 설정과 유지는 원리 수준의 개념이라고 할 수도 있겠다. 목표에 초점을 맞추는 것은 행동 진척을 모니터링하는 것과 균형을 이룬다. 이는 관찰 일지로 수월해지는데, 관찰 일지를 통해 매주 각 환자의 진행 상황을 검토할 수 있다.

기술 훈련사는 목표 설정과 모니터링을 통해 방향성과 지속성을 확립한 후 집단과 그 안에 있는 각 구성원이 학습과 기술 사용에 대한 최대한의 전념을 향해 나아가게 한다. (1) 집단 멤버들의 수업에 대한 관심을 얻고, (2) 참여와 희망을 장려하는 공감대 및 문화를 구축하고, (3) 필요에 따라 각 멤버에게 DBT 전념 전략을 활용한다. 집단 리더들의 많은 개입과 그것을 전달하는 어조는, 목표 설정, 모니터링, 그리고 전념에 계속 집중하는 것에 의해 움직인다.

이 의제를 넘어, 각 환자가 기술 습득과 강화에 대한 장애물을 인지하고 극복할 수 있도록 기술 훈련사는 DBT의 네 가지 변경 절차의 기초가 되는 행동 변화 원리에 의해 진행한다.

1. 기술 결핍 모델은 문제적 과정과 결과를 개별적인 기술 레퍼토리의 부족으로 설명하며, 기술 훈련이 해결책임을 제안한다.
2. 감정과 행동에 대한 인지 수정 모델은 문제적 사고가 문제 행동을 유발한다고 주장하며, 그 해결책으로 인지적 수정 절차를 제시한다.
3. 고전적 조건화 모델은 개인의 마음속에 있는 자극의 결합이 상대적으로 중립적인 단서에 대한 강렬한 감정 반응을 초래하고, 그러한 강렬한 감정이 문제 행동 반응을 이끌어낸다고 제안한다. 자극 통제 전략과 노출 절차를 치료로 규정한다.
4. 조작적 조건화 모델은 대상화된 문제 행위가 결과에 의해 강화되고, 수반성 절차의 효과적인 사용을 해결책으로 본다.

기술 결핍 이론

이 모델을 염두에 두면 집단 과정 전반에 걸쳐 특정 현상을 예상 및 이해할 수 있고 특정 유형의 개입을 쓸 수 있게 된다. 집단 환경에서 발생하는 정서적 · 대인관계적 기술의 결함을 일상적으로 스캔하는 기술 훈련사는 이러한 현상이 발생할 때 알아차리고 바로 현장에서 해결할 가능성이 높다. DBT는 근본적으로 '교체 모델'로서, 환자가 '이것 대신 저것'을 할 수 있도록 돕는다. 따라서 기술 훈련사는 '교체 반사'를 키워, 반사적으로 기술 부족을 강조하고 즉시 교체 행동을 제안하거나 브레인스토밍한다. 치료자는 "내가 당신을 비난한다고 가정하기보다 내 반응이 어떤지 볼 수 있도록 이야기 중 나를 보는 게 어때요?" 또는 "이 과제에 대해 나에게 소리 지르거나 욕하지 않고 분노를 표현할 수 있을까요?"라고 말할 수 있다. 치료자는 환자에게서 보다 능숙한 행동을 이끌어낼 수 있는 순간의 기회를 포착할 뿐만 아니라 그냥 나타나는 능숙한 행동이 있다면 무엇이든 강화할 기회로 잡는다. 즉, 커리큘럼을 따르고 기술을 가르치면서, 기술 훈련사는 결핍이 두드러질 때와 기술이 적용될 때 기술 훈련의 원리를 동시에 적용하고 있다. 최선의 경우, 이 모든 것의 결과물은 새로운 행동을 시도하고, 능숙한 행동은 즉각적으로 강화받으며, 의욕이 상승하는 기술 훈련 실험실이다. 최악의 경우, 너무 뻣뻣하고 균형 없이 한다면, 결핍을 기술로 대체하려는 노력은 압박감으로 느껴질 수 있다. 기술 원리의 적용은 대응성, 타이밍 및 재치와 균형을 이루어야 한다.

기술 훈련 원리는 개인은 물론 집단 전체에게 최적의 분위기를 조성하는 데까지 적용하여 실천에 기초한 문화를 조성하고자 노력한다. 치료자는 연습 과제 검토와 함께 회기와 후속 조치 사이에 실제 상황에서의 실습을 권고할 뿐만 아니라, 기술 집단 내에서 '재시도'하는 규칙적 틀을 조성한다. "이제 역할극에 대한 피드백을 좀 받았으니 다시 한 번 해보세요." 또는 "이제 방을 돌아다니면서 계속 '관찰'하는 것이 어떤 것인지, 그리고 서로 그 경험을 '설명'하는 것을 들을 수 있는 기회를 갖게 되었으니, 2분 동안 각자 다시 한 번 해보고 이번에 무엇을 알아채는지 봅시다." 집단 환경에서의 반복 연습은 삶에도 반복이 있고, 생각했던 것보다 삶은 너그럽고 수정 가능하며, 변화의 기회가 도처에 있다는 것, 그리고 '실수'가 당혹감과 자기 혐오보다는 변화와 개선의 기회가 될 수 있다는 의식을 만들어낸다.

이 장 앞부분에서 논의한 기술 훈련의 세 가지 단계(습득, 강화, 일반화)는 단계적 방식으로 사용할 필요가 없다. 그들은 상호의존성이 매우 높고, 엄격한 순서에 따라 수행될 필요가 없으며, 함께 전체 기술 훈련 과정을 형성한다. 예를 들어, 세 번째 단계인 기술 일반화에 대한 순서로 시작하면, 그것이 기술을 습득하고 강화하는 근거가 된다. 즉, 처음부터 배움과 기술의 강화(습득과 강화)를 궁극적인 목적지(일반화)와 연결하면 전 과정이 강화될 수 있다는 것이다. 이는 수학 교사가 논의 중인 방정식을 실생활 문제와 연계해 관련성을 높이고, 결국 동기를 강화하는 것과 비슷하다. 요약하자면, 기술 훈련 원리를 염두에 두고 실시하는 집단의 분위기는 결핍을 실력으로 대체하고, 새로운 행동을 실천하며, 새로운 기술을 환자의 삶의 관련 맥락과 연결시킴으로써 큰 영향을 받는다.

인지 수정 이론

인지 중재 모델을 염두에 두면 집단 참가자들에게서 나타나는 문제 사고의 존재를 알아차릴 수 있다. 기술 훈련사가 기술 결핍을 알아보고 보다 능숙한 대안을 제안하기 위해 '대체 반사'를 개발하는 것과 마찬가지로, 문제 발생 시 인지하는 것을 알아차리고, 어떤 식으로든 즉시 부각하며, 때로는 현장에서 대체 사고를 제안하는 '인지 반사'도 가지고 있어야 한다. 그는 "할 수 없다"고 말하는 환자에게 "그런 생각은 확실히 당신의 변화에 도움이 되지 않을 것이다; '내가 할 수 있을 것 같지만, 정말 어려우리라는 것을 알고 있다'고 말해도 좋을 것 같아요"라고 대답할 수 있다. 다른 때에는 그의 개입이 붓놀림처럼 짧을 수도 있는데, 환자의 비관적인 확신은 사실이라기보다 생각이라는 것을 순간적으로 부각시킨 다음 다음으로 넘어가게 된다. 판단, 비난, 파국화, 과대평가, 과잉일반화 등 '오류 사고'는 어려운 감정과 불안의 자연스러운 동반자이며, 무효화 환경의 자연적 결과라는 점을 강조하면서 훈련사는 문제 의식 인식에 대한 타당화적 맥락을 만들어낸다. 다른 결핍 행동을 인식하고 변화시킬 수 있는 것처럼 문제 사고를 인식하고 고칠 수 있는 행동으로 취급한다면, 위에서 언급한 실험실 분위기에 더욱 힘을 더할 것이다.

고전적 조건화 이론

고전적 조건화에서는 비교적 중립적일 수 있는 단서가 환자의 마음속에서 고통스러운 경험을 촉발한 이전의 자극과 짝을 이루게 되기 때문에, 자동적으로 강렬한 감정을 촉발한다. 예를 들어, '얌전하게' 시작되었지만 곧 학대적으로 변한 남성과의 이전 경험을 가지고 있는 환자는 다른 남성과 객관적으로 '얌전한' 대화를 하는 것이 심한 공포를 유발할 수 있다. 개인은 반사적으로 자극적 단서에 근접하는 것을 피하고 고통스러운 감정의 어떤 경험도 피하려고 할 수 있다. 회피와 탈출은 단서와 감정과의 만남을 방지하기에, 이는 결국 교정 학습 기회를 방지한다. 노출 절차는 회피와 탈출 반응을 차단하고 환자가 단서와 감정과의 접촉을 새로운 학습이 일어날 수 있을 만큼 오래 유지하도록 돕는다. 이 새로운 학습은 단서에 대한 보다 합리적이고 객관적인 반응으로 이어진다.

이 렌즈를 통해 기술 집단을 보게 되면, 유사한 현상을 해당 집단에서 발생하는 즉시 알 수 있다. 첫째로, 그녀는 만성적이고 만연된 정서조절장애를 경험하는 환자들과 함께 일하는 데 있어서, 모든 곳에 단서가 있다는 것을 깨닫는다. 집단 맥락은 불안, 공황, 놀라움, 혐오, 분노, 슬픔, 사랑, 그리고 다른 강렬한 반응을 일으킬 수 있는 중립적인 자극을 제시한다. 몇 명의 다른 환자들, 또는 어떤 특징을 가진 한 환자의 존재는 다른 사람들에 의해 갇혔거나, 놀림을 당했거나, 괴롭힘을 당했거나, 다른 사람들에게 학대받았던 기억과 관련된 공포스러운 감정을 불러일으킬 수 있다. 건설적인 피드백의 전달은 비록 온화한 말로 표현된다 하더라도 일찍이 비난받고, 수치스럽고, 무시당했던 기억과 감정을 불러일으킬 수 있다. 집단 맥락에서 연습 과제 복습에 대한 기대는 어린 시절에 노출과 수치를 당하며 신체적으로 학대를 당한 환자들의 기억과 감정을 불러일으킬 수 있다. 이 외에도 리스트는 계속된다. 기술 훈련사는 선행 학습으로 인해 한 사람에게 '막대기'인 것이 다른 사람에게는 '뱀'이 될 수 있다는 것을 깨닫고 이러한 가능성에 대해 경각심을 유지한다. 그녀는 각 개인의 반응을 진지하게 받아들이고, 같은 경험에 대한 다양한 반응을 타당화할 준비가 되어 있으며, 집단 환경 내에서 각 개인이 규범적인 집단 단서들을 관리하고, 회피에 관여하여 학습에 지장을 주지 않고 감정적인 반응에 대처할 수 있는 방법을 찾도록 제안할 준비가 되어 있다.

단서들이 사실상 삶이나 건강에 위험하지 않을지라도, 그러한 단서들을 일상적으로 피하게 되면 형성된 반응들을 무심코 영구화시키게 된다. 이것이 훈련사에게 가져오는 몇 가지 고려사항이 있다. 우선, 객관적으로 안전하고 지지적인 집단 환경을 구축하여, 압도적인 감정 반응이 회피적이지 않은 상황에서 이루어지도록 할 필요가 있다. 따라서, 기술 훈련사는 편안함, 친절성 및 대응성의 기본적인 태도를 유지한다. 나아가 환자의 강한 정서적 반응과 회피와 탈출에 대한 충동을 타당화하는 동시에, 기술 훈련사는 회피나 도피를 하지 않고서도 견디며 단서에 능숙하게 대처하는 것 등을 일관되게 행동한다. 실제 단서가 문제가 되지 않는 한 단서 자체를 수정하는 것을 꺼려하는 이유는, 그것이 회피와 탈출을 강화시킬 뿐이고 환자가 잘 진행되는 기술 집단의 규범적인 삶을 함께하기에 너무 연약하다는 메시지를 전달하기 때문이다. 기술 훈련사는 (1) 유발된 감정 반응과 회피 및 탈출 행동을 지속적으로 주시하고, (2) 유발된 반응과 충동을 인식하고 타당화하며, (3) 해당 단서가 규범적이고 위험하지 않다면 그대로 두고, (4) 도망가서 숨는 것보다 단서와 감정에 능숙하게 직면할 수 있도록 격려한다. 집단 전체에 이러한 용기와 탄력성의 분위기가 조성된다면 구성원 개개인의 용기와 탄력성으로 전달될 것이다.

고전적 조건화 이론의 노출 절차 원리는 기술 훈련의 중요한 일부이다. 환자에게 습관적인 부적응 행동을 포기하고 새로운, 보다 능숙한 대응으로 대체해줄 것을 요구하면 환자는 불편하고 괴로울 수 있는 감정과 생각에 자동적으로 노출된다. 그때, 기술 훈련사는 환자가 새로운 행동을 계속하도록 돕고, 두려운 반응을 마주하고, 회피하지 않고, 탈출하지 않고, 단서와 접촉함으로써 새로운 학습을 이끌어내기를 원한다. 기술 훈련사는 언어와 행동을 통해 '할 수 있어요', '힘내요', '이런 단서들에 대처하는 데 힘이 되어주겠다'는 태도를 전달한다. 역할극 연습과 같은 집단 연습과 활동이 그만큼 유용할 수 있는 또 다른 이유다. 그것들은 환자가 두려운 상황에 기댈 수 있도록 도와주고 행동 경향과 반대되는 행동을 할 수 있는 완벽한 기회를 제공한다. 마찬가지로 중요한 것은, 훈련사가 새롭고 두려운 것을 하도록 요구할 때, 환자가 자신의 페이스대로 그것을 선택, 연기 또는 할 수 있도록 각 환자에게 보장한다는 것이다. 환자들은 자신이 노출되는 것과 정도를 통제할 수 있어야 한다.

조작적 조건화 이론

조작적 조건화 이론은 치료자의 지속적인 존재와 강화, 소거, 처벌의 힘에 대한 인식이 높아지게 한다. 기술 집단에서는 단 1분도 현재 행동에 대한 수반성의 영향 없이 지나가지 않는다. 그렇기에, 기술 훈련사는 숙련된 행동은 일상적으로 강화되고, 부적응적인 행동은 그렇지 않은 문화를 확립하기 위해 노력한다. 강화인은 노력, 위험 감수, 참여 및 실천에 이용할 수 있어야 하며, 집단 내 협력, 타당화 및 지지적 대응을 뒷받침할 수 있어야 한다. 기술 훈련사들이 (비현실적이지 않은 선에서) 낙관적이고, 편안함과 흥미를 가지고 활동하며, 유머, 따뜻함, 재미를 포함하는 집단 분위기를 지향하도록 노력하면 도움이 된다. 이러한 집단 문화의 특성은 훈련사들에 의해 지속적으로 일구어지며, 출석, 노력, 참여, 협업, 새로운 기술 학습을 강화하는 학습 환경을 조성한다.

사람들이 각기 다른 반응에 의해 강화된다는 것을 깨달은 후, 집단 환경에서 리더가 여러 구성원들을 모두 강화하는 방법을 찾는 것은 어려울 수 있다. 실제로, 한 개인을 강화하는 것은 다른 개인이 혐오하는 것일 수도 있다. 예를 들어, 치료자는 한 집단 멤버에게 칭찬이 강화의 역할을 하기 때문에 칭찬을 사용할 수 있는 반면, 같은 집단의 다른 사람들은 칭찬에 거부적이기 때문에 참여를 꺼릴 수 있다. 이 문제에 대한 간단한 해답은 없지만, 비상사태 관리 원리에 대한 이해를 가지고 있는 숙련된 집단 리더는 점차 각 환자를 충분히 잘 알게 되어 그에 따라 각 환자를 강화하게 될 것이다.

수용 패러다임의 원리

나는 앞서 DBT의 수용 패러다임과 관련된 다섯 가지 원리를 논의한 바 있다. (1) 현재 순간 알아차림, (2) 비집착, (3) 함께 존재함, (4) 일시성, (5) '있는 그대로의 완벽'이다. 이러한 원리들을 기술 훈련 집단의 수행에 접목시키는 것은 현재의 인식과 수용이 촉진되고 타당화 전략과 상호적 의사소통 전략이 자주 사용되는 환경을 만들어가는 데 기여한다.

현재 순간 알아차림

각 기술 훈련 회기를 시작하는 마음챙김 연습은 명상 기술의 실용적 사용을 모델링하는 것 외에도, 모든 사람의 관심을 현재로 가져온다. 현재 순간에 머물기 위해 과거와 미래를 내려놓으려는 이러한 노력은 집단이 진행될수록 수용과 인식의 분위기를 만든다. 그것은 방 안에 있는 모든 사람들이 회기에 들어가는 문턱 역할을 하며, 기술 훈련사는 현재 시점의 수용 지향적인 기준선을 집단 회기의 나머지 부분으로 확장하기 위해 노력한다. 집단이 유쾌하든 불쾌하든 이것이 중요한 것은 아니다. 예를 들어, '이 순간이 유일한 순간이다' 또는 '이 숨쉬는 순간만'과 같은 현재 순간의 인식에 초점을 맞춘 마음챙김 연습과 유사하다. 리더는 집단이 현재 집단 회기에 완전히 들어올 수 있도록 작업한다. 그는 모든 사람들의 주의집중을 얻으며 이 집단이 의미 있고, 관련성이 있으며, 심지어 소중하다는 것을 전달하기 위해 최선을 다한다. 집단의 의제는 항상 꽉 차 있어 서두르는 경향이 있지만, 현재의 의식은 일시 정지, 성찰, 짧은 체험적 연습으로 강화되는 널직한 느낌을 만드는 데 도움이 된다.

비집착

이 훈련 집단들은 힘들 수 있다. 집단이 잘 짜여지고 관리된다 하더라도, 그리고 기술을 잘 가르친다 하더라도 정서조절장애, 흑백적 사고 패턴, 문제적 대인관계 기능, 자기와 타인에 대한 판단 경향 등을 가진 6~8명의 환자들을 모아 놓았을 때면 항상 어려움이 따른다. 분위기는 불안과 긴장, 지루함과 안절부절함, 비관주의와 냉소주의로 가득 차 있을 수 있다. 이는 최적의 낙관적이고 협력적인 분위기와는 거리가 멀다. 기술 훈련사는 편안함과 흐름을 긴장과 불안의 대척점, 안절부절함과 판단의 대척점으로서의 인내와 동정심, 현재의 순간을 피하고 탈출하려는 충동에 대한 대척점으로서 현재 순간을 받아들일 수 있는 기회를 갖는다. 집단의 정서적 과민반응이 순간의 현실을 밀어내고 '이래야 한다'에 집착하는 자극을 만들 수 있다는 점을 감안하면 치료자가 비집착을 모델링할 수 있는 절호의 기회다. 그녀는 '이상적인 집단'에 대한 애착을 놓는다고 할 수 있으며, 그 결점을 모두 안고 있는 그대로의 집단을 진정으로 포용할 수 있다. 그녀는 불편함에 미소를 지을 수 있고, 판단력에 미소를 지을 수 있으며, 그 모든 긴장과 가능성으로 그 순간을 포용할 수 있다. 훈련사는 당일의 기술을 가르치는 것 외에도, 조절 불능에 대한 능숙하고 관대한 반응을 보여줄 수 있는 기회가 있어, 교정 경험을 제공한다. 현재와 같은 순간에 환자 집단과 함께 비집착을 연습하는 것은, 공포증을 치료하면서 환자의 회피, 탈출, 공포와 대조적으로 공포증에 침착하게 접근하는 모델들과 동등한 치료법을 제공할 수 있다.

예상대로, 기술 훈련사가 환자의 연습 과제에 대한 검토를 시작하는 순간은 고조된 불안감과 자의식을 유발한다. 대부분 환자들은 갑작스러운 관심을 받거나, 준수 불응으로 노출되거나, 완벽하지 못하다는 비판을 받는 것을 기대하기 때문이다. 치료자가 환자의 실제 성과를 수용하고 작업하면서 '과제 실습'에 대한 비집착 모델을 만들 수 있는 기회다.

함께 존재함

함께있는 모든 집단 구성원 사이 순간 순간의 상호 관련성과 상호적 영향을 계속 깊게 의식할 수 있고, 집단이 경계도 없고 개별적 자아도 없는 하나의 유기체로 작동하는지 알 수 있는 기술 훈련사는 '우리는 함께다'라는 분위기를 고조할 수 있다. 이 관점에서, 기술 훈련사는 전적으로 집단 참가자로 구성되며, 집단 참가자는 기술 훈련사와 다른 집단 참가자들로 구성된다. 모든 사람은 다른 모든 사람과 동등하게 대우받는다. 모든 사람은 살 가치가 있는 삶을 만들고, 기술을 습득하고, 강화하는 길에 있는 여행자로 대접받는다. 모든 길은 서로 얽혀 있고, 상호적인 영향이 있다. 모든 사람이 중요하다. 누군가가 결석하면 모두가 부분적으로 결석하게 되는 것이다. 만약 누군가가 기꺼이 참여한다면, 어느 정도는 모든 사람이 기꺼이 참여한다. 치료자는 이렇게 집단을 하나의 팀으로 여기며, 같은 목적을 향해 일하고, 구성원들이 서로에게 순간 순간 영향을 미치며 그들이 모두 살만한 삶의 가치와 목표를 추진하고 서로 의미 있게 상호 연결된 유기체라는 경험을 할 수 있도록 돕는다. 자신들이 분리된 각자만이 아니라 더 큰 긍정적인 무언가의 일부, 전체의 필수적인 일부라고 느끼는 것은 환자들의 고립과 정체감에 대한 해독제 역할을 한다.

일시성

일시성의 원리는 이 시점에서 논의된 다른 원리들과 함께 자연스럽게 나타난다. 현재의 순간과 현재 집단 회기가 유일한 순간, 유일한 집단 회기라는 것을 인식한다. 비집착으로 '그렇지 말았어야 해'라는 판단에서 손을 떼려고 한다. 집단의 모든 참가자는 서로 상호적으로 영향력이 있다고 느끼는 지점, 즉 더 큰 전체의 일부로 자신을 느끼는 지점에 도달한다. 이러한 각각의 원리가 고통, 긴장, 고독, 회피, 탈출, 판단의 경험에 해독제 역할을 하듯, 각 집단 회기의 일시성에 대한 인식과 각 집단의 매 순간의 알아차림은 모든(나쁜) 것이 변하지 않는다는 절망감에 대한 해독제가 될 수 있다. 치료자는 커리큘럼의 진행에 대해 언급하면서 집단을 계속 전진시킨다. 그는 환자들의 변화와 표현된 관점들 간의 차이점을 강조하며, 환자의 말을 듣는 동안 환자의 기여, 새 발견, 그리고 자신의 관찰을 설명하는 독특한 방법을 또한 강조한다. 그는 움직임, 발견, 그리고 변화의 분위기를 창조한다. 특정 환자의 발언을 그 환자나 다른 환자가 이전에 했던 발언과 연결시킨다. 때때로 특정 집단의 고유함에 대해 언급하며 이 집단이 특별하다는 것을 암묵적으로 또는 명시적으로 전달하고, 집단의 모든 사람들이 자신의 삶을 변화시키기 위해 노력하고 있으며, 그 시간은 지나가고 있다는 느낌을 전달한다. '아무 일도 일어나지 않고 있다'는 일부 개인의 느낌에도 불구하고, 혹은 같은 일이 반복적으로 일어난다는 느낌에도 불구하고, 이 집단의 리더는 실제로 모든 것이 끊임없이 변화하고 있다는, 아무것도 같지 않다는 생각을 강화한다. 집단 기술 훈련사가 집단이 정체되어 아무 일도 일어나지 않는 것처럼 느낄 때, 실제로 끊임없이 변화하고 있고, 보이는 것보다 더 많은 일이 일어나고 있으며, 기회가 있으며, 무언가 어렵다고 느껴지면 '이것도 지나갈 것이다'라는 것을 기억하는 것은 매우 중요하다.

있는 그대로의 완벽

이 집단은 '있는 그대로 완벽'하며, '있는 그대로의 완벽'한 개인들로 채워져 있다. 집단의 모든 사람들은 현재까지의 모든 것을 고려해볼 때, 그들이 할 수 있는 최선을 다하고 있다. 우리가 과거를 고려한다면, 지금 이 순간까지 모든 것이 그렇지 않을 수 있겠는가? 우리는 집단과 그 안의 각 사람들의 현재 기능을 인정하고, 받아들이고, 타당화하기 위해 계속 노력한다. 서로와 우리 자신을 판단하고 통제하려는 경향에 반대로, 이 깨달음을 체질화할 수 있는 개인과 집단은 현재의 순간에 적응할 수 있고, 판단을 내려놓거나, '꼭 이래야만 한다'에 집착할 필요가 없다. 그들은 집단 내 모든 사람들의 상호의 존성을 허용할 수 있고 당면한 일, 즉 기술의 습득과 강화에 집중할 수 있다.

집단 기술 훈련사가 집단을 이끄는 데 있어서 이 다섯 가지 원리를 구현하고 촉진할 수 있는 정도만큼 모든 사람을 인식과 수용의 방향으로 움직일 수 있는 기회를 갖게 되고, 자신과 타인의 판단을 줄이며 단순히 집단의 일을 하고, 그것이 '하나를 위해 모두를, 모두를 위해 하나를'을 실천하는 문화를 이끌어낼 수 있는 것이다.

변증법적 패러다임의 원리

앞에서 지적한 바와 같이 변증법적 패러다임에는 다음과 같은 네 가지 원리가 연결되어 있다.

1. 대립은 현실 속에 내재되어 있고, 진리는 통합을 통해 진화한다.
2. 현상은 총체적이고 체계적인 방식으로 상호 연관되어 있다.
3. 정체성을 포함한 모든 것이 교류다.
4. 변화는 항상 있고, 모든 것은 흐름 속에 있다.

이러한 원리를 구체화할 수 있는 기술 훈련사는 차이와 갈등에 대한 내성, 누가 옳은지 판단하기보다는 통합을 위한 탐색, 속도, 움직임 및 흐름의 감각, 그리고 각 구성원이 분리된 혼자이기보다 더 큰 전체의 일부분이라는 느낌을 증진시킬 것이다.

현실은 대립으로 가득 차 있다 - 진실은 통합을 통해 진화된다

모든 집단 과정에서 그렇듯이 기술 집단은 분명 갈등을 경험하게 될 것이다. 하지만 대립이 원리이지 예외가 아니다. 환자와 기술 훈련사, 또는 두 환자 사이에 팽팽한 의견 불일치는 분명히 발생하게 된다. 만약 환자와 심리치료자 또는 정신과 의사 사이의 갈등이 집단에서 재현된다면, 집단 내 환자들은 서로 의견들이 분분할 것이다. 어떤 환자들은 자신의 상황을 '깊이' 설명하기를 원하는 반면, 다른 환자들은 표면적인 이야기에 남기를 원한다. 또는 한 집단의 경우처럼, 환자들은 마음을 터놓는 이야기를 원하는 반면, 훈련사는 기술에 집중해서 모두를 정상 궤도에 올려놓으려고 노력한다. 가르칠 자료의 양과 사용 가능한 시간의 양 사이에는 항상 존재하는 갈등이 있다. 환자는 자신을 보호하기 위해 침묵하고 물러나는 것을 원할 수 있지만, 더 많은 참여는 더 많은 학습을 낳는다. 집단 구성원 중 두 명이 깊은 사적인 관계를 하고 싶어 하지만, 이것은 사적인 관계에 대한 집단 지침과 충돌할 수 있다. 이러한 대립은 계속된다. 한 가지 확실한 것은 갈등을 예상할 수 있다는 것이다. 이를 이해하는 기술 훈련사는 갈등이 발생해도 균형을 잃지 않는다. 그리고 계속해서 대립에 대한 변증법적 접근방법을 모델링할 기회를 찾는다: 갈등의 양면을 명시하고, 양쪽의 타당성을 탐색하며, 양쪽의 타당성을 보존하는 통합을 찾는 쪽으로 논의를 옮겨갈 것이다. 반대 세력을 중시하고 통합을 찾아내는 과정이 거듭 강화되면서 모든 사람의 관점이 중시될 것이며, 차이점은 정상적이지 파괴적일 필요가 없다는 확신을 심어준다. 집단에서 경험할 수 있는 교정 경험의 또 다른 측면이다.

현상은 전체론적 · 체계적 방식으로 서로와 연결되어 있다

이 원리은 함께함의 수용 지향적 원리과 중복된다. 집단의 모든 사람들은 더 큰 전체의 일부분이고 어느 정도 전체로서 정의된다. 집단 전체는 개인들의 기여도에 의해 정해진다. 한 사람의 변화는 모든 사람을 변화시키는 결과를 낳는다. 가족치료자가 다른 구성원들에게 이야기를 함으로써 '지정 환자'에게 접근할 수 있는 만큼, 집단 기술 훈련사는 다른 구성원이나 집단 전체에게 이야기함으로써 집단 구성원 한 명에게 접근할 수 있다. 리네한(1993a, 30)은 그랜드 캐니언 위에서 줄타기를 하는 은유를 통해 환자와 치료자 사이의 변증법적 균형을 설명했는데, 이 은유는 한쪽의 움직임이 상대방의 경험과 움직임에 밀접하게 영향을 미치게 된다는 것을 조명한다. 개인과 상호, 개인과 전체 사이의 절묘하고 즉각적인 상호관계를 포착하기 위해서는 이 은유의 집단 버전이 필요하다. 집단이 보트를 타고 급류를 따라 떠내려가고 있다고 생각해보자. 리더가 키를 잡고 있는 이 집단은 한 멤버를 잃거나 전체 보트를 전복시킬 수 있는 변화무쌍한 상황을 헤쳐나가야 한다. 이러한 은유를 마음속에 둔 기술 집단 리더는 집단 과정 내의 긴장과 장애물에 대응할 수 있는 방법을 고안해내고, 모든 멤버를 보트 안에 잘 태워 전복하지 않도록 하는 데 있어서 시스템적으로 생각할 가능성이 높다.

내가 낮 병동 치료 프로그램의 맥락에서 공동 리더로 진행한 첫 집단 중 한 집단에서는, 조울증의 조증 단계에 있는 환자가 있었다. 그는 집단에 대해 엄청난 흥분을 보여주었고 각각의 기술과 집단 멤버에 대해 열광했다. 그의 압박된 과도한 말투와 행복감이 파괴적인 영향을 미쳤다. 그가 모두를 소외시키고 있다는 것을 쉽게 감지할 수 있었다. 그는 한편으로는 정말 기술을 배우고 싶어 하는 열성적인 집단 멤버였지만, 한편으로는 정신병리로 인해 집단을 방해하였다. 그는 집단에 충분히 참여하고 싶었지만, 반면에 다른 멤버들은 그가 조용히 있길 바랐다. 나는 우리가 그에게 집단에서 나가라고 하면 다른 사람들이 더 행복해 할 것 같았지만, 분명히 그는 그곳에 있고 싶어 했다. 집단 리더로서 나는 통합을 찾아보았다. 현상을 바꾸기 위해 뭔가를 해야 했지만, 나는 그를 집단에서 쫓아내고 싶지는 않았다. 나는 공동 리더와 자문 팀에게 의논했다. 우리는 통합을 나타내는 계획을 생각해냈다. 그가 언어적으로 너무 압도적이 될 때까지 모두와 집단에 참석하도록 허락하는 것이었다. 그는 말하고 싶은 충동을 억제해 달라는 요청을 한 번까지는 받을 수 있는데, 그럼에도 말하기를 멈출 수 없다면 그는 테이블에서 떨어져 벽쪽에 놓여진 의자에 앉으라는 요청을 받을 것이다. 그 의자에서 그는 말을 할 수는 없지만, 계속 이어지는 이야기들을 들을 수 있었다. 그렇게 하면 그는 계속 배울 수 있을 것이다. 자신의 이야기로 다른 사람들을 압도하지 않을 수 있을 것 같을 때 그는 다시 테이블로 돌아올 수 있었다. 그는 과거에 여러 집단에서 쫓겨났기 때문에 이 방안에 만족했고, 이렇게 함으로써 우리는 그의 배우고자 하는 욕구를 존중할 수 있었다. 그는 몇 주 동안 몇 차례나 테이블과 벽쪽 의자 사이를 왔다갔다했지만, 이 방식은 모두에게 효과가 있는 것 같았다. 우리는 그를 다른 사람들과 함께 보트에 둘 수 있었다.

정체성을 포함하여 모든 것은 교류적이다

이 원리는 집단의 상호작용을 이해할 때 총체적이고 체계적인 방법을 강조하는 이전의 원리과 연관되어 있다. 한 사람의 정체성은 고정적이고 고립된 것이 아니라 교류의 일부분이다. 나는 학생과 교류하는 한, 선생님이다. 학생이 없으면 나는 선생이 아니다. 각 집단 멤버의 정체성도 정적이고 고립되지 않으며, 특히 집단이 형성되면 집단 내 각 개인의 정체성은 교류에 기초하게 된다. 어떤 집단과의 관계에서는 내가 훌륭한 선생님이 된 기분이 된다. 자신감이 차서 치솟고, 가르침도 쉬워 보이고, 하는 일마다 효과가 있는 것 같다. 다른 집단에서는 서툴고 비효율적이라고 느낀다. 내 자신감은 밑을 치닫고, 나는 나의 교수적 선택에 자신감을 잃으며, 모든 경험은 마치 언덕 위로 바위를 밀어 올리는 것 같은 느낌이다. 교류에 따라 나 자신에 대해 얼마나 다른 감정을 느낄 수 있는지 놀라울 따름이다. 내 자신에 대한 감각이 얼마나 교류에 의존하고 있는지를 깨달았을 때 많은 도움이 된다. 내면의 우여곡절을 판단 없이 관찰하고 집단 내 교류에 어떤 영향을 받는지 살피며 가르침에 계속 집중할 수 있다. 내가 어떻게 그렇게 비효율적인 존재로 느끼게 되었는지 궁금해하면서, 집단 내의 한 환자가 나를 바보처럼 대하고, 이 한 사람이 내게 불균형적인 영향을 끼치고 있다는 것을 알아차릴 수 있을 것이다. 나는 이 한 환자에 대한 나의 반응이 집단 전체에서의 정체성을 규정하려 하는 것을 느끼게 된다. 만약 내가 이런 일이 일어나고 있다는 것을 객관적으로 알 수 있다면, 나는 내 안에서 그것을 다룰 수 있다. 아니면, 나는 집단 전체가 의욕이 낮아진 것처럼 보인다는 것을 깨닫고, 그들의 후퇴가 나를 비효율적으로 느끼게 했다는 것을 깨닫게 될지도 모른다. 나는 모든 사람들을 참여시키기 위해 점점 더 열심히 일하는 나 자신을 발견하겠지만, 그것은 효과가 없을 것이다. 나는 실패자 같은 기분이 든다. 일단 해결해야 할 문제가 있다는 것을 객관적으로 알아내고, 그 문제를 나의 비효과성에만 귀속시키지 않는다면 나는 내 정체성의 하향을 피하면서 집단 전체의 부진을 더 쉽고 자신감 있게 해결할 수 있는 더 좋은 기회를 갖게 된다.

한 집단 구성원과의 교류나 전체 집단과의 교류에 따라 선생으로서의 나 자신의 자아의식이 얼마나 요동칠 수 있는지를 깨닫는다면, 집단 구성원 모두도 같은 것이라 짐작할 수 있다. 환자가 집단 내에서 인정받고, 타당화되고, 가치를 인정받는다고 느낀다면, 그는 효과적으로 행동할 가능성이 더 높다. 기술 훈련사가 이러한 이해를 간직할 때 각 구성원의 행동을 설명할 수 있는 교류의 종류를 지켜볼 수 있다. '문제 환자', '이상치', '프리마돈나'의 역할을 습득하는 환자는, 결과적으로 발생하는 교류에 휘말릴 가능성이 있다. 교류의 성격과 영향을 각 회원들의 정체성과 행동에 알아차린 치료자는 교류의 균형을 맞추거나 교류의 전환을 위해 개입하는 방법을 찾을 수 있다.

여섯 명의 환자가 있었던 기술 집단 중, 오직 한 명이 나와 개인치료를 하고 있었다. 다른 모든 사람들은 다른 치료자들이 있었다. 집단이 시작되었을 때 내 환자는 다른 사람들과 함께 건설적인 역할을 했고 기술을 배우는 데 적극적인 자세를 취했다. 두 달 후, 그녀는 집단에서 더 후퇴하고 짜증내며, 과제 연습에 덜 적극적인 것처럼 보였다. 그녀는 내가 변화를 이해하는 데 도움이 될 말을 개인 치료에서 하지 않았었다. 쉬는 시간 동안 다른 환자들이 서로 통화할 때 그녀는 종종 휴대폰으로 바쁘게 움직인다는 것을 알아챘다. 나는 집단 내의 다른 사람들과의 교류로 그녀의 행동 변화를 설명할 수 있을지 궁금했다. 개인 치료에서 나는 그 질문을 했다. 처음에 그녀는 자신의 행동 변화를 어떻게 설명해야 할지 몰라했고, 그저 집단에서 소외되고 다른 사람들이 자신에게 별 호감을 가지지 않는 것 같다고 말했다. 자신이 비호감형이라 그런 것으로 생각했다. 지난 2개월을 검토하면서 다른 멤버들과의 교류와 집단 내에서의 그녀의 자아의식이 변했음을 알 수 있었다. 집단 내에서 좋은 출발을 한 후, 다른 구성원들이 그녀와 거리를 두기 시작한 것으로 보였다. 그녀는 열성적인 학생이고, 특히 그들 중 유일한 나의 환자였기 때문에 '잘난척쟁이'라며 분개하고 있음을 감지했다. 나는 그녀가 개인 치료에서 나와 함께 했던 토론에 대해 집단에서 의견을 냈던 것을 떠올렸는데, 그것으로 나머지 사람들이 제외되어 그녀를 원망하게 만들었을지도 모른다. 그녀는 이 가설을 뒷받침하는 그들의 의견을 기억해낼 수 있었다. 자신의 쇠퇴하는 자아 의식이 본질적으로 나쁜 것에서 비롯되는 것이 아니라 이 교류에서 비롯되었을지도 모른다는 깨달음은 그녀에게 도움이 되었다. 그녀는 교류를 바꾸고, 집단의 일원이 되고, 다른 멤버들에게 긍정적인 피드백을 주고, 집단 회기 동안 나와 거리를 두는 일을 했다. 교류는 바뀌었고, 그녀 자신에 대한 그녀의 감정은 더욱 긍정적이 되었다.

변화는 항상 있다

이 변증법적 원리는 수용 지향적인 일시성 원리와 상반된다. 집단 내에서는 모든 것이 움직이고 있고, 모든 것이 변하고, 잠시도 같지 않다는 사실은, 가끔 정체되고 고착되어 있다는 느낌에도 불구하고 존재한다. 대립은 오르내리고, 통합은 일어나며, 모든 사람은 다른 모든 사람에게 영향을 미치고, 모든 사람의 자아의식은 집단 상호작용에 대응하여 진화하고 있다. 집단이 고착되고 정체되어 있다고 생각하는 기술 훈련사는 움직임을 만들어내는 것이 자신에게 달려 있다고 느낄 수도 있다. 훈련사가 더 활동적이 되기 위해 집단에 도전을 줌에 따라, 자신을 움직임의 원동력으로 생각하는 반면 나머지 집단 구성원들은 정체 뒤에 뭉쳐 있다고 생각할지도 모른다. 그 대신에 변화는 실제로 일어나고 있고, 힘이 '표면 아래' 작용하고 있다는 것을 계속 의식한다면, 훈련사는 덜 부담스럽고 더 많은 상상력을 가지고 관찰하고 개입하면서, 강하게 밀어붙이는 일을 할 필요가 없다. 변화의 힘이 환자들의 정체에 반대하여 자신 안에 있다고 가정하기보다는, 변화는 실제로 진행 중이라 믿고 상황을 평가하며 효과적인 기술 습득과 강화를 위한 변화를 촉진하게 된다.

경직되고 철회된 집단에게 대인관계 기술을 가르치고 있을 때, 나는 내가 더 활기차고 더 재미있는 방식으로 가르치기 위해 열심히 몸부림 치고 있는 것을 발견했다. 내키지 않는 군부대를 전투에 끌어들이려는 기분이었다. 답답하고 비효율적인 느낌이 들었다. 나는 교육과정을 진행하고 있었지만 그 집단이 참여하도록 이끌지는 못하고 있었다. 위에서 언급했듯이, 나는 마치 그들에게 에너지를 주입해야 하는 것처럼 집단을 움직이게 하는 것은 나에게 달려 있다고 느끼게 되었다. 나는 모든 외관상에도 불구하고 그 집단은 에너지가 넘치고 끊임없이 변화하고 있다는 것을 스스로에게 상기시켰다. 단단해 보이고 고착되어 보이지만 그 아래로는 강한 물살이 흐르는 얼은 겨울의 강물이라고 상상했다. 나는 어떻게 하면 얼음을 깨고 집단 구성원들이 좀 더 적극적으로 배울 수 있는 에너지를 흐를 수 있게 할지 고민했다. 일단 그 은유로 문제를 개념화하자, 내 안에 개입이 일어났다. 내가 환자들을 참여로 몰아붙인 것이 침체기에 기여하고 있을지도 모른다는 것을 깨달았다. 나는 아무런 설명 없이 다음 집단을 역할극으로 시작했고, 내가 소외되고 완고한 아버지 역할을 하며 환자들은 그런 아버지의 관심을 얻어내려는 아이들 역할을 맡았다. 환자들 모두 그 활동을 좋아했다. 재미있었고 생동감이 넘쳤으며, 누군가에게 변화를 요구할 때 능숙하고 그렇지 않은 방법을 함께 알아낼 수 있었다. 움직이지 않는 개체의 역할에 몸을 맡기고, 변화를 위한 힘의 역할에 환자들에게 맡김으로써 얼음이 깨지며 가시적이고 생산적인 변화를 일구어낼 수 있었다.

마치며

긴장감과 대립은 집단 설정에 내재되어 있다. 기술 학습과 실습이란 과제에 초점을 맞춘 기술 훈련 집단에서 잘 구조화된 의제가 교실의 질서를 확립하는 데 도움이 되지만, 여전히 긴장감과 반대는 존재한다. 다양한 옵션을 포함한 선형적인 문제 해결 전략은 집단을 정상 궤도에 올려놓는 데 도움이 될 것이다. 마음가짐과 타당화를 바탕으로 한 수용 중심의 전략은 환자의 고통을 줄이고 참는 데 도움이 된다. 여전히 각 집단 회기 내부와 주변에서 긴장이 고조되고 있다면, 대립세력의 원리를 숙지하고, 교류가 정체성에 영향을 줄 수 있는 방식, 그리고 흐름(일관적인 움직임과 변화)의 원리와 함께 통합으로 나아가는 것에 정통한 기술 훈련사가 되어야 한다. 이러한 훈련사는 갈등을 허용할 수 있는 다양한 도구를 가지고 있으며, 갈등의 양쪽을 타당화하고, 통합을 찾아내고, 현재의 갈등에 대한 시야를 넓히고, 그룹 내에서 속도, 움직임, 흐름을 유지한다. 집단 참가자들은 양극화가 변증법적으로 처리되는 과정의 일부가 됨으로써 많은 것을 배우게 된다.

제15장

치료자 소진에 대한 예방과 치료

만성적이고 심각한 감정조절장애, 판단력 부족, 충동성을 보이는 개인을 치료하는 동안 지속적으로 환자와 온전히 함께하며 연결되어 있으면서 집중을 잃지 않는 것은 그 어떤 치료자에게도 도전이 된다. DBT 치료자라면 우리가 회기 내외에서 환자와 관련된 단서에 반복적으로 노출된다는 점을 인정할 것이다. 환자의 끊임없는 절망은 우리 자신에게서도 절망, 슬픔, 무력감을 이끌어낼 수 있다. 그들의 문제 해결에 대한 수동적인 접근은 사기를 떨어뜨리고 좌절감을 줄 수 있다. 자살에 대한 위협은 우리의 두려움, 불안, 그리고 때로는 분노를 촉발시킬 수 있다. 환자들이 우리를 향해 화를 내면 우리는 두려움, 불안, 원망, 좌절 등을 경험할 수 있다. 주변 사회 전문가 커뮤니티 내에서 내가 맡은 환자의 역기능적인 증상들이 지속되고 있다는 게 알려진다면 수치심과 당혹감을 느낄 수도 있다. 우리의 평판이 위협받고 있고, 그러한 환자들을 돕지 못한 우리의 실패가 '공적인' 것이 되어버렸다는 것에 두려울 수 있으며, 때때로 잠재적인 법적 또는 직업적 결과에 직면할 수도 있다. 정서적으로 단절된 고위험군 환자들은 불안과 불확실성을 유발하며, 우리는 그들과 연결감을 느끼기 위해 미친 듯이 노력하게 될 수 있다. 이러한 경험은 우리가 환자를 치료에 잘 참여시키지 못하고 있다는 사실이 명백하여도 우리 자신을 환자와 치료로부터 더욱 떨어져나가게 만든다.

우리가 우리 자신의 고통스럽고 타당한 감정적 반응에 대처하는 방법은 치료의 질뿐만 아니라 우리 자신의 균형과 회복력에도 영향을 미친다. 우리의 대처 스타일은 개인과 치료자로서의 개인적인 역사, 가치관 및 치료 철학에 의해 형성된다. 이러한 개인적인 요인 외에도, 우리의 행동과 태도는 우리가 환자를 돌보는 과정 중에 상호작용하게 되는 다른 사람들의 반응에 의해 형성될 것이다.

나는 경계선 성격장애로 진단된 환자들과 함께 일하면서 스스로 쩔쩔매고 있는 것 같다는 느낌을 받고 있는 여러 경험 있는 치료자들에게 자문을 제공하였다. 그중 지역 사회 내에서 공감적이고 현명한 치료자로서 높은 평가를 받고 있는 한 중견 여성 치료자가 있었다. 그녀는 갈등, 신체적 위협, 싸움이 수시로 일어나는 노동자 계층의 대가족에서 온 남성을 치료하고 있었다. 치료는 그의 '분노 관리 문제'에 초점을 맞췄다. 그는 남동생들에게 폭력을 행사하여 여러 번 체포되었는데, 이는 동생들이 어머니를 충분히 존경하지 않는다고 느꼈을 때 촉발되었다. 심리치료는 그에게 새로운 경험이었지만, 그는 기꺼이 자신의 분노한 에피소드를 평가하고 해결책을 시도해보려는 것 같았다. 그래도 그는 치료에서도 가끔 막연하게 위협적인 모습을 보였고, 치료자가 동생들의 행동에 대한 자신의 해석에 도전하자 크게 분노하였다. 치료자는 그의 화를 잘 내는 스타일과 묵시적인 협박에 겁을 먹었고, 그에게 도전하는 것을 피하기 시작했다.

치료가 시작된 지 6개월 내내 자신의 행동이 별 변화를 보이지 않았음에도 불구하고 그는 치료자의 연민과 이해에 대해 거듭 칭찬과 감사를 표했다. 그의 감사는 그녀가 지속하는 데 도움이 되었고, 아마도 그녀가 두려움과 걱정을 참을 수 있도록 했을 것이다. 그녀는 이 사례에 대한 어떤 종류의 수퍼비전도 받고 있지 않았고, 자문팀과 교류하지도 않았다. 그러다 그녀는 이 환자가 치료 6개월 동안 눈에 보이는 진전이 없다는 것을 깨달았고, 나에게 자문을 구했다. 나에게 사례를 소개할 때 그녀는 침착하고 이성적으로 보였지만, 이 환자에 대한 자신의 경험과 반응에 대해 이야기하면서는 강렬한 감정들이 올라왔고 이것은 그녀와 나 모두를 당황하게 만들었다. 그녀는 자신이 감정을 억누르고 있었다는 것을 금방 깨달았다. 그녀는 처음으로 이 환자와의 상담이 두려웠다는 것을 알아챘다. 그녀는 그를 두려워하고 자신의 비효과적인 면을 부끄러워했다. 그녀는 무력감과 절망감을 느꼈다. 그녀는 그가 오기로 한 날에는 불안감에 휩싸였고, 그 불안은 다른 환자들과의 회기들에도 영향을 미칠 정도였다. 나와 이야기를 나누는 동안 그녀는 고개를 푹 숙이고 마치 죄를 지은 사람처럼 행동했다.

비록 이 환자의 치료가 어려웠고, 대부분의 치료자들에게도 그랬을 것이지만, 그녀의 소진 수준은 단순히 사례 자체 때문만은 아니었다. 그리고 그녀의 불안, 공포, 무력함, 수치심 등의 경험은 그 자체로 소진의 원인이 아니었다. 이러한 경험들은 치료 관계 내의 단서에 대한 자연스럽고, 타당하고, 일차적인 감정적 반응이었으며, 우리 모두가 일부 환자들의 치료에서 직면하게 된다. 그녀가 자신의 첫 부정적인 감정적 반응들을 억제하는 순간 소진 과정이 시작되었다. 그녀의 접근 방식은 균형을 잃게 되었다. 억압의 대가로 그녀는 모든 대립을 자제하고, 감정적인 반응의 중요성을 최소화하며, 달래고 타당화하는 개입을 과하게 함으로써 일부 단서들을 피했다. 그를 격분시킬 말들을 피하고, 그의 분노 에피소드에 대한 선행사건들을 공감적으로 탐색함으로써, 그녀는 그의 신뢰를 얻어 더 많은 변화 지향적인 작업을 하게 되길 바랐다. 하지만 환자는 여전히 쉽게 분노하였고, 자신의 분노 에피소드에 대해서 아무런 책임감조차 느끼지 않았다. 그녀는 점점 소극적이고 소심해졌고, 환자의 분노의 대상이 되었고, 그와의 관계에 갇힌 느낌을 받게 되었다. 그녀는 스스로를 위한 행동을 할 수 없었다.

감정적인 반응들을 억제할수록 오히려 더 확산되었다. 그녀는 자신이 실제로 얼마나 감정적으로 과민반응을 보이고 있는지, 그리고 얼마나 자신의 고통을 조용히 억누르고 있었는지를 깨닫게 되면서, 그녀는 점차 자신의 곤경을 이해할 수 있었고, 자신감을 부활시켰으며, 환자의 위협적인 스타일과 책임감 없는 모습에 대해 직접적으로 다룰 수 있게 되었다. 나는 그녀에게 한결 같은 존경의 태도로 판단 없이 반응했고, 덕분에 그녀는 자신의 마음을 열어주었다. 한 가지 관점에서 보면, 소진 치료의 본질은 치료자가 자신의 '소진 이야기'를 들려주고, 예상되는 부정적인 결과가 실현되지 않는 비심판적인 맥락에서 관련(이전 억압된) 감정을 경험하고 표현할 기회를 갖는 것이다. 이 치료자가 도움을 청하지 않았더라면, 환자에 대한 그녀의 감정적인 반응은 그녀의 능력을 더욱 마비시켰을 수도 있고, 치료는 좋지 않은 결말을 맺었을 것이며, 치료자의 자신감은 상처를 입게 되었을 것이다. 치료자의 소진은 관련된 모든 사람들에게 악영향을 미친다. 다행히도 이번 경우는 일찍 발견되었다.

이 삽화는 모든 유형의 치료자 소진 과정에 존재하는 단계들을 보여주고 있다. 치료자, 수퍼바이저, DBT 자문팀장으로서 나는 이와 동일한 단계들이 펼쳐지는 것을 수없이 경험하고 보았다. 사건의 공통적인 순서는 대략 다음과 같이 진행된다. 치료자는 :

1. 환자와 무관하게 직업적 또는 개인적 사정으로 인해 정서적 취약성을 이미 경험하고 있을 수 있다.
2. 자신이 특정 환자를 상기시키는 환자 관련 단서에 반복적으로 노출되고 있다고 생각한다.
3. 여러 고통스러운 부정적인 감정들을 경험한다.
4. 스스로 그것들을 다룰 수 있어야 한다고 생각한다.
5. 커져가는 감정들을 억누르려는 시도를 한다.
6. 커져가는 내적 긴장에 대처하기 위해 치료에서 조정과 보상을 만들어내지만 자신의 감정적 반응을 직면하지는 않는다.
7. 억압된 감정의 확산과 강도를 인식하지 못한다.
8. 발생하는 고통스러운 감정에서 벗어나기 위한 행동(생략 및 관여 오류)들을 하며, 이로 인해 치료 관계에 문제가 되는 불균형이 발생한다.
9. 이 환자를 치료할 수 있는 자신의 능력에 대한 자신감 부족에 의해 점점 더 흔들리는 것을 느낀다.
10. 자신의 회피 전술이 다른 환자와의 치료에도 영향을 주는 등 전반적인 기능에 영향을 미치기 시작하며, 이로 인해 치료 활동 전반에 대한 자신감을 잃게 하고, 심지어 그녀의 사생활까지 방해받을 수도 있다. 이 시점에서 치료자는 완전히 소진된 상태에 시달리고 있다.

치료자의 소진으로 이어지는 사례들을 살펴보면 대체로 치료자의 어려움이나 취약성이 환자의 어려움과 취약성을 완벽하게 일치하여 '퍼펙트 스톰(perfect storm : 더할 수 없이 나쁜 상황)'을 일으키는 것을 볼 수 있다. 나에게 자문을 받은 또 다른 치료자의 경우, 삶의 모든 곳에서 불안감을 느끼는 25세 여성의 PTSD 환자는 치료자와 함께 있을 때만 유일하게 안전감을 느낀다고 주장하면서 문제가 시작되었다. 그녀는 치료자의 한결 같음과 연민을 칭찬했고 그것은 치료자의 자부심 원천이 되었다. 그럼에도 치료자는 회기가 끝난 후에도 수시로 지원을 요청하는 환자의 행동에 다소 맥이 빠지고 분개하기 시작했다. 환자는 생활 속에서 문제 해결에 대한 소극적인 접근을 보였고, 이것은 치료자가 아무리 도전해도 크게 변하지 않았다. 치료가 도움이 됐다는 그녀의 주장에도 불구하고, 그녀의 행동은 변하지 않았다. 그는 낙담과 원망, 좌절감을 느꼈지만 억제하려고 애썼다. 그는 적어도 그녀가 자신과 함께 있으면 안전하다고 느낀다는 점에서 위안을 받았다. 그는 환자의 안전감에 방해가 될까 봐 환자에 대한 자신의 부정적인 반응들을 공유하지 않았다. 그는 DBT 자문팀과도 자신의 어려움을 공유하지 않았는데, 다른 팀원들이 다루고 있는 사례에 비해 자신의 사례가 상대적으로 덜 어려워 보였기 때문이었다.

치료 3개월이 접어든 시점에서 환자는 치료자에게 그에게 좀 더 가까이 앉아도 되느냐고 물어보았다. 심지어 그녀는 치료자의 바로 옆에 앉아서 같은 방향을 보며 앉고 싶어 했다. 그녀는 그렇게 하면 그와 더 가깝게 느끼고, 더욱 '함께'하는 느낌을 받으며 자신의 인생 문제를 더 잘 해결할 수 있을 것 같다고 설명했다. 그는 새로운 좌석 배치에 불편함을 느꼈지만 그녀의 감사 표현과 편해진 모습을 보면서 계속 그렇게 앉아서 치료를 진행했다. 다음 회기에서, 그녀는 치료자가 옆에 앉게 해준 것이 자신에게 얼마나 도움이 되었는지에 대해 이야기하였다. 그러면서 그녀는 그가 한 걸음 더 나아가서 회기 중에 손을 잡을 수 있도록 허락해 달라고 정중히 부탁했다. 그녀는 그것이 전혀 성적인 것이 아니며, 그것이 '치료의 일상적인 경계'를 넘어섰다는 것을 알고 있다고 하면서, 그럼에도 그것이 자신에게 더 큰 안전감, 신뢰감, 안정감을 줄 수 있을 것이라고 주장했다. 그녀는 자신이 삶의 긍정적인 전환점에 와 있는 것 같다고 말하면서, 이러한 추가적인 지지가 그녀의 도약에 도움이 될 것 같다고 하였다. 치료자는 치료가 흘러가는 방향에 대해 강한 불편감을 느꼈다. 그 순간 그는 처음으로 자신이 너무 많이 허용해왔고, 너무 많이 억압해왔으며, 그래서 지금 곤경에 처했음을 깨달았다.

그는 굴욕감을 느끼며 이 부분을 되뇌었지만, 사실 앞의 내용은 그다음에 일어난 일에 비해서는 아무것도 아니었다. 그는 불편함에도 불구하고 그녀의 요구에 거절할 수 없다고 느꼈고, 회기 중에 그녀가 그의 손을 잡는 것에 동의했다. 돌이켜보면 그는 마치 '그녀의 통제하에 있는' 느낌이 들었다. 그는 자신의 행동이 환자에 대한 성적 감정과는 관련이 없지만, 그녀에 대한 무력감이 크게 작용하였다고 설명했다. 그녀는 치료자가 자신의 개인적 한계를 기꺼이 위반하려고 하는 것에 대해 계속해서 그를 강화시켰고, 그녀에게 조금이라도 대치하는 개입은 처벌하였다. 치료자는 더 이상 치료를 진행할 수 없게 되었다.

그는 강렬한 반응들을 억누르며 환자의 분노를 피하기 위해 필요한 일들을 하는 지경까지 되면서 자신에게 올라오는 또 다른 감정이 있음을 알아차렸다. 두려움이었다. 그는 그녀에게 도전하는 것이 두려웠고, 자신의 경계 위반이 다른 사람들에게 알려지게 된다면 그의 명성이 훼손될까 봐 두려웠다. 실패자처럼 느껴졌고, 마치 피해자가 된 것처럼 느껴졌다. 수면에 어려움을 겪으면서 자신의 진로에 대해 고민이 되기 시작하자, 그제야 그는 나에게 자문을 구해왔다. 우리가 만나기 전에 그는 환자와 한 번의 회기를 더 가졌었다. 그 회기에서 환자는 마치 어린 아이가 아빠에게 부탁을 하듯 '더 안전하게' 느끼기 위해 그의 무릎에 앉는 것을 허락해줄 수 있는지 물었다. 그는 처음으로 그녀의 요청을 거절했다. 환자는 조용히 자리에서 일어나 창가로 가더니 창문을 받치고 있는 막대를 들어 그것으로 그를 공격하려 했다. 다행히 그는 자신을 방어하고 대기실로 그녀를 데려갈 수 있었다. 그녀는 그를 비난하고 위협하였고, 그는 지역 위기팀을 불러 환자를 병원에 입원시켰다.

이런 이야기를 들으면, 많은 사람들은 이 치료자가 우리와는 다른 사람이고, 심리적으로 장애가 있을 것이라고 생각한다. 우리는 자신을 그로부터 구별하려고 한다. 하지만 그는 경력이 많았고, DBT에 입문한 지는 오래되지 않았지만 그래도 DBT에 대한 확실한 이해를 가진 고도로 숙련된 치료자였다. 그는 이전에 치료에서 이런 일이 겪은 적이 없었고, 그래서 큰 굴욕감을 느꼈다. 이러한 환자와 상황을 만난다면 우리 중 누구라도 치료 중 소진으로 고통받을 수 있고 현재로선 상상할 수 없을 것 같은 결정들을 내리게 될 수 있다. 소진으로 향하게 하는 '공식'을 더 많이 이해할수록 해독제를 찾아 사용하게 될 가능성이 높아진다.

치료자의 정서 조절 곤란에 따른 소진 결과

이러한 예에서 알 수 있듯이, 치료자가 환자에 대한 중요하고 타당한 감정적 반응을 억제하는 것이 소진으로 향하는 첫걸음이 된다. 첫 번째 예시의 치료자는 환자의 분노에 대한 자신의 두려움을 억제했고, 두 번째 예시의 치료자는 환자의 요구에 대한 분노와 그녀의 수동성에 대한 좌절감에 대한 자신의 인식을 억제했다. 각각의 경우에서, 치료자들은 자신의 부정적인 감정을 인정하거나 다루지 않은 채 환자의 신뢰와 참여를 끌어내기 위해 용맹스럽게 노력하였지만, 억압은 불균형을 초래했다. 그러는 동안 그들은 각자 감정적으로 더 큰 괴로움을 겪게 되었고, 다른 사람의 도움 없이 처리하려고 노력했다. 부정적인 감정이 확산되면서 더 많은 어려움이 발생했고, 치료자들은 치료 회기

밖에서도 영향을 받았다. 치료자들은 점점 더 예민해지고 반응적이 되었고, 감정적으로 지치고, 부끄러워졌다. 자신감은 곤두박질쳤다.

치료자 소진의 진행 단계들은 DBT의 생물사회적 이론에서 경계선 행동 패턴의 발생과 유지요인을 설명하기 위해 요약된 단계들과 현저하게 유사하다는 것을 볼 수 있다. 생물사회적 이론은 만성적이고 만연한 감정 조절 기능장애가 삶의 여러 영역에 영향을 미친다고 가정하지만, 특정 사례에 관한 치료자의 감정 조절 곤란에 대해서도 동일한 이론이 적용될 수 있어 보인다. 우리는 그 이론을 빌려서 치료자가 어떻게 환자와의 관계 안에서 경계선 행동 패턴을 발전시키는지 설명할 수 있을 것이다. 우리가 **소진 행동**이라고 부를 수 있는 소진과 관련된 치료자의 다양한 문제 행동들은 치료자가 경험하는 환자와 관련된 정서적 곤란의 직접적인 결과일 수도 있고, 아니면 그 정서적 곤란에 대처하기 위한 노력의 결과일 수도 있다. DBT의 생물사회적 이론의 관점으로 소진을 이해하게 되면, DBT 식으로 소진 사례들을 개념화할 수 있게 되고, DBT의 원리들과 전략을 사용하여 소진을 예방하고 치료할 수 있게 된다. 내가 주장하듯이, 이 접근 방식은 자문팀에게 소진된 치료자를 도와줄 수 있는 하나의 틀과 '치료 계획'을 제공한다.

생물사회적 이론과 치료자 소진

생물사회적 이론은 두 요인들 사이의 교류와 그 결과를 상정한다. 첫 번째 요인은 '사람 요인'이고 둘째 요인은 '환경 요인'이다. 사람 요인은 치료자의 정서적 취약성, 특히 환자와의 치료에서 활성화된 그의 정서적 취약성이다. 환경 요인은 특정 환자의 치료와 관련된 환경의 무효화 또는 '타당화해주지 않는' 특징들을 포함한다. 시간이 지남에 따라, 변환작용은 치료자의 정서 조절 곤란을 초래하고, 이것은 그의 감정, 행동, 생각, 그리고 생리학에 영향을 미친다. 감정적 반응을 직면하고, 표현하고, 처리하기보다는 피하고, 억압하고, 탈출하려는 경향은 문제를 더욱 악화시킨다.

치료자의 정서적 취약성

DBT의 생물사회적 이론에 따라 사람 요인, 즉 치료자의 환자와 관련된 정서적 취약성의 다음 세 가지 특징을 찾을 수 있다. (1) 환자 관련 단서에 대한 높은 정서적 민감성, (2) 일단 감정이 유발되면 높은 정서적 반응성, (3) 감정의 기초선으로의 느린 복귀가 그것이다.

고조된 정서적 취약성은 치료자의 발달이나 삶에 전반적으로 두드러진 요인이었을 수도 있고 아닐 수도 있지만, 그녀의 소진이 발생한 특정 환자와의 치료 맥락에서는 치료자의 정서적 취약성이 존재한다고 가정하고 있다. 치료자는 환자와 관련된 단서에 매우 민감하고 반응적이 되었다. 환자와는 무관한 개인이나 직업생활에서의 스트레스 요인들도 그녀의 취약성에 기여할 수 있다. 또한 치료자는 특정 환자의 특징(긍정적이든 부정적이든 둘 다든)이 강렬한 감정을 유난히 불러일으킨다고 느낄 수도 있다. 우리는 모두 '우리 안의 심금을 울리는(strike a chord in us)', '성미를 건드리는(get under our skin)', '열받게 만드는(push our buttons)' 또는 우리의 과거 경험이나 생물학에 근거한 예민성에 완벽하게 들어맞는 특정한 환자들(그리고 다른 사람들)을 만난 기억이 있을 것이다. 일단 환자에 대한 치료자의 민감성이 활성화되면, 단서들은 높은 수준의 반응을 일으킨다. 이런 일이 여러 번 있은 후에는 이 환자에 대한 치료자의 감정은 기준선으로 더디게 돌아가기 때문에 그다음에 만나게 되는 환자 관련 단서는 강한 반응을 이끌어낼 가능성이 높아진다. 점차 치료자는 자신의 취약성을 관리하기 위한 노력들로 이 환자에 대해 반응하게 되는데, 이것은 진이 빠지는 힘든 일이다.

내가 말하는 환자 관련 단서란, 환자와의 회기 내외의 상호작용뿐만 아니라 가족 구성원들, 다른 전문가들, 동료 치료자들, 기관들과의 접촉/연락 및 이 환자에 대한 자료 요청도 포함된다. 우리의 DBT 주간 치료실 프로그램에서 심리학 분야의 젊은 박사후 선임 연구원이 한 자살 위험이 높은 환자를 DBT로 치료하고 있었다. 그는 일대일 수퍼비전과 DBT 자문팀에 참여했다. 이 사례는 그의 유일한 DBT 사례였고, 그는 수퍼바이저와 팀원들에게 좋은 인상을 남기는 데 심혈을 기울였기 때문에 그는 이 사례 진행에 대한 평에 매우 예민한 반응을 보였다. 그는 환자를 전화 코칭 규칙들에 대해 소개하였고, 환자는 위기 상황에서 기술 코칭이 필요해지면 전화하도록 격려되었다. 그는 낮, 밤, 주말 동안 환자로부터 점점 더 많은 전화를 받기 시작했다. 또 환자뿐만 아니라 딸이 죽을까 봐 걱정하던 환자의 어머니로부터도 전화를 받기 시작했다. 그는 자신의 코칭이 환자가 기술을 사용하는 데 도움을 주지 못하고 있다고 느끼고 있었지만, 이 코칭이 DBT에서 반드시 해야 하는 치료의 일부라는 것을 알고 있었다. 그는 자문팀에게 전화 코칭을 진행하고 있다고는 이야기했지만, 자신이 적절한 수준보다 더 많이 전화를 받고 있을지도 모른다는 두려움에 전화의 빈도나 비효율성, 그리고 어머니로부터 걸려온 전화

등에 대해서는 언급하지 않았다. 그는 점점 더 괴로워지고 있었지만 모든 것이 잘 되어 가고 있는 것처럼 말했다.

치료자는 환자로부터 또 다른 전화가 올 것을 두려워하고 있었다. 생물사회적 이론의 관점에서 볼 때, 이 환자에 대한 치료자의 정서적 취약성은 다음과 같이 명백해졌다. 그는 환자와 관련된 어떠한 단서에도 매우 민감했고, (자신만이 아는) 환자에 대한 감정적인 반응은 강렬했으며, 프로그램이 진행되지 않고 있는 상태에서도 자신의 괴로움을 줄일 수 없었다. 나중에 알게 되었지만, 환자에 대한 그의 불안은 자신의 능력에 대한 의구심을 동반했다. 팀원들에게 정보를 숨기고 있는 것이 부끄러웠고, 자신이 '가짜'처럼 느껴지기도 했다. 그는 기꺼이 그를 지지해줄 팀원들이 있었지만, 이 환자를 치료하는 데 있어서 답답하고 외로움을 느끼고 있었다. 그는 환자나 그녀의 어머니로부터 음성메시지가 남겨져 있을 거라 예상하면서 퇴근 후 집에 가는 것조차 두려워했다.

자문팀 회의에서 다른 치료자들은 그가 회의 중에 예전과 달리 물러나 있는 것 같다고 생각했다. 한 명은 이 치료자의 '사기'를 걱정했다. 팀원들은 우려를 나타내며 무슨 일이 있는지 물었다. 더 이상 괜찮다는 면모를 유지할 수 없었던 그는 이 환자와 그녀의 어머니로부터 하루에 십여 통 이상의 전화를 받고 있다는 것, 그가 매우 비효율적이고 고립되어 있다는 것, 그리고 만일 그녀가 자살할 경우 그의 경력에 파멸을 초래할 것을 두려워한다는 것을, 마지못해 눈물겹게 공유했다. 그는 매우 부끄러웠지만, 팀의 격려와 타당화로 그동안 억눌렀던 모든 반응들을 표현할 수 있었다. 그는 개인 수퍼비전에서 추가적인 도움을 받으며 자신의 개인적 한계 내에서 그리고 잘 정의된 위기 프로토콜을 가지고 환자와의 치료를 재구성할 수 있었다. 환자는 변화에 대해 심란해 했지만, 치료자의 타당화와 위로, 그리고 문제 해결로 치료를 지속할 수 있었고, 궁극적으로는 치료에서 도움을 받을 수 있었다.

치료자의 무효화 환경

우리는 생물사회적 이론의 사람 요소의 특징들을 살펴보았다. 다른 요인은 치료자 주위의 환경, 특히 이 특정 환자의 치료를 둘러싼 치료자의 미세 환경(microenvironment)과 관련이 있다. 이 미세 환경에는 자문팀의 구성원, 그 사례에 대한 개인 수퍼바이저, 환자와 관련된 행정 인력, 환자와 함께 일하는 DBT 팀 외부의 다른 전문가들, 환자의 가족, 그리고 환자 자신이 포함될 수 있다. 치료자는 환자, 환자에 대한 치료, 그리고 환자에 대한 자신의 감정적 반응과 관련하여 이러한 모든 당사자들과 교류할 수 있다. 여기에서 치료자를 (대개 무심코) 무효화하거나 특히 그의 취약성에 대해 그를 타당화해주지 않는 환경 구성원들과의 교류들이 해당 이론 및 소진 진행과 특별히 관련이 있다. 환자의 치료와 관련하여 정서 조절 곤란에 시달리는 치료자는 대개 치료, 환자, 그리고 치료 및 환자에 대한 자신의 반응에 대해 환경이 어떤 반응을 보일지 예민하게 알고 있다. 그는 취약하기 때문에 경계 태세를 취하게 된다. 환자에 대해 이야기하는 것이 미묘하게 또는 그리 미묘하지 않게 무시되거나 비판받을 때 잘 알아차린다. 경계선 성격장애를 가진 개인이 경험해온 무효화의 본질은 다소 심한 방치와 학대를 수반할 수 있는 반면, 치료자가 주변 사람들로부터 받는 무효화의 본질은 그것이 상당히 만연하더라도 훨씬 더 미묘할 수 있다.

전형적인 임상 환경이 가지는 문화적 특성들 중에도 무효화와 취약성 경험을 가중시킬 수 있는 것들이 있다. 첫째, 치료는 다른 사람이 거의 볼 수 없는 환경에서 사적으로 이루어진다. 둘째, DBT가 아무리 증거기반 치료법이고, 치료자와 팀이 치료에 대한 결과를 모아두고 문서화하더라도 치료자는 자신의 치료 작업이 모델에 충실한지, 환자에게 효과적인지 불확실할 수 있다. 셋째로, 치료자는 자족(self-sufficiency)에 가치를 두는 사회적 환경에서 일한다. 치료자는 자신이 많은 도움을 필요로 하지 않아야 한다고 생각할 수 있다. 마지막으로, 치료자들은 치료하기 매우 어려운 환자들과 문제들을 만나게 되며, 위험 부담이 높을 수밖에 없다. 요컨대, 대부분의 임상 환경은 소진과 특별히 관련된 환자가 등장하기도 전에 그 맥락 자체가 치료자의 취약성을 높이는 요인들로 가득 차 있을 수 있다. 리네한(1993a)은 DBT를 정의할 때 모든 치료자가 자문팀의 일원이 되어야 하는 방식으로 정의하였다. 자문팀은 팀원들이 각자의 치료 작업에 대한 취약한 부분들을 공유하도록 독려하고, 팀원 전원은 모두가 오류나 실수를 범할 수 있다는 점을 인정하는 '불완전성에 대한 합의서(Fallibility Agreement)'를 포함한 여섯 건의 합의를 하게 된다. 자문팀은 연결감과 나눔을 높이고 방어성을 낮추기 위해 노력함으로써 치료자들이 업무상 겪는 어려움을 정확하게 표현할 수 있는 여건을 마련하기 위해 노력한다.

언급했듯이, 자문팀의 맥락에서 일어나는 무효화는 명백하지 않을 수 있다. 치료자는 다양한 방식으로 동료 팀원들에 의해 무효화되는 경험을 할 수 있다. 예를 들어 치료자가 환자에게 강한 감정 반응을 경험한 후 그에 대해 동료 전문가들에게 표현했을 때 그들은 치료자의 반응이 '과했다'거나 '부적절했다'라고 볼 수 있다. 이러한 비판적 견해가 명백하게 진술되는 경우는 거의 없지만, 그럼에도 치료자는 이러한 미묘한 비판을 감지할 수 있을 것이다. 못마땅함, 비판, 판단은 말하는 것보다 말하지 않는 것으로 더 많이 전달될 수 있고, 미묘하게 판단적인 어투의 질문이나 제안의 형태로 전달될 수도 있다. 치료자는 그렇게 느끼지 않을 때에도 자급자족하는 듯 유능하게 행동하는 경향이 있을 수 있고, 팀 구성원은 그렇게 느끼지 않을 때에도 예의 바르고 비판단적으로 행동할 수 있다. 그렇기 때문에 팀 내에서 환자와 관련된 부정적인 강렬한 감정적 반응을 보이는 치료자는 팀원들의 예의 바르고 타당화하는 코멘트들이 사실 진실성과 깊이가 부족하다는 것을 느낄 수 있다. 치료자는 '어렴풋한 칭찬에 상처받은 느낌'과 유사하게 '어렴풋한 공감을 통해 무효화되는 경험'을 받을 수 있다. 팀의 비언어적인 피드백은 치료자의 고립감과 무능감을 증폭시킬 수 있다. 치료자는 강한 감정적 반응을 느낄 때, 다음 세 가지 선택지들 가운데 갇혀 있다고 느낄 수 있는데, 사실 이 중 어느 것도 해결책을 제시하지 못한다. (1) 팀 내에서 자신의 감정을 표현하고 무효화의 위험을 감수하는 방법, (2) 환자에게 자신의 감정을 표현하고, 환자를 무효화시킬 위험을 감수하는 방법, (3) 자신의 감정을 억압하고 감정 조절 곤란이 증가할 위험을 감수하는 방법. 자문팀은 치료자가 더 나은 선택을 찾을 수 있도록 도울 수 있는 중요한 위치에 있다. 즉, 자문팀은 치료자가 자신의 감정을 표현할 때 진정성 있는 타당화를 제공하고, 치료자가 자신의 반응 이면에 있는 통제 변수들을 평가하고 문제를 해결할 수 있도록 도울 수 있다.

위의 두 가지 사례를 다시 살펴보자. 하나는 치료자가 환자에 대한 두려움으로 인해 신체 접촉이 포함된 심각한 부적절한 행동을 단계별로 진행했던 사례였고, 하나는 젊은 치료자가 자신의 팀에 알리지 않고 견디기 힘들 정도의 많은 전화코칭 통화를 용인한 사례였다. 이 두 사례에서의 자문팀들은 사실 진심으로 치료자를 존중하고 지지해주었다. 그들은 가혹하거나, 비판적이거나, 방치하거나 적극적으로 무효화시키는 것처럼 보이지 않았다. 그럼에도 두 치료자들은 치료자들 사이의 교류, 자문팀 '문화', 그리고 심리치료라는 더 큰 직업 환경 속에서 자신의 감정에 대한 개방을 주저하고, 강렬한 감정적 반응들을 억제하고, 팀의 도움을 요청하려는 의지를 차단시키는 무언가를 경험하였다. 자문팀은 치료자들이 소진 발생 시에도 자신의 정서적 취약성을 억제하면서 자신감 있고 능력 있는 모습을 보일 수 있다고 가정하는 것이 현명하다. 이런 점에서 팀들은 치료자 소진에 대한 증거를 찾고 이를 해결하기 위해 보다 적극적인 자세를 취해야 한다.

우리 분야에 만연한 무효화하는 또는 타당화하지 않는 태도는 일부 임상 환경에서 더욱 심각하게 나타난다. 사실 환자에게 반응할 때 우리의 감정을 조절하는 일은 많은 경우 매우 어려운 일인데, 우리는 이 어려운 일을 과할 정도로 단순하게 생각하는 경향이 있다. 또, 대부분의 사람들은 치료자들이 타당화나 지원 없이도 환자가 보이는 분노, 위협, 자살 시도, 폭력적 행동, 그리고 삶의 문제에 대한 수동성을 견딜 수 있고 생산적으로 관리할 수 있어야 한다고 생각한다. 미묘하지만 만연하게 무효화하는 임상 환경은 치료자들이 유능한 척하며 자신의 부정적인 감정 반응들을 더 이상 억제할 수 없을 때까지 억제하는 행동을 무심코 강화하게 된다. 치료자가 무너지거나 폭발해서 드디어 주목을 받고 지원을 받을 때, 자문팀은 간헐적인 강화 일정으로 고조된 치료자의 자기 제시를 강화하게 된다. 그 결과로 나타나는 패턴은 부정적인 감정의 일상적 표현을 억제하면서 팀 환경에서 고조된 치료자의 행동을 강화하는 경향이 있다.

치료자에게 미치는 영향

치료자의 환자 관련 취약성과 미묘하게 그러나 만연하게 무효화하는 전문적 · 임상적 팀 환경 사이의 교류는 치료자에게 다음과 같은 영향을 줄 수 있다. 첫째, 치료자는 은연중에 무효화하는 환경에 적응하게 되어 자신의 반응들을 스스로도 무효화하는 경향이 생긴다. 치료자는 자기 능력을 의심하면서 자기 비판적이고 조심스러워진다. 치료자는 자신의 임상적 판단과 직관에 대해 확신이 없어진다. 둘째, 치료자는 대부분의 시간 동안 환자에 대한 자신의 감정적인 반응을 억제하는 것과 극단적인 반응들에 압도되는 것 사이에서 동요할 가능성이 높다. 마지막으로, 치료자는 자신의 환경을 따라 환자에 대한 감정 조절이라는 치료자의 과제를 지나치게 단순화할 수 있다.

치료자의 정서적 취약성과 무효화 환경 사이의 지속적인 교류는 환자에 대한 접근방식에 왜곡과 과잉을 초래한다. 치료자는 자신이 예민해진 환자와 관련된 단서들을 피하기 시작할지도 모른다. 치료의 특정 주제를 피하고, 환자의 감정적인 반응을 이끌어낼 수 있는 특정 종류의 개입들을 피하고, '실수로' 치료 약속을 잊거나 전화를 다시 해주지 않고, 환자와 관련된 협업이나 회기 보고서 작성 등 후속 조치들을 소홀히 하고, 자문팀 회의에서 환자에 대한 논의를 피하면서 치료자는 DBT 치료 모델에서 벗어나기 시작한다. 이러한 모든 회피에도 불구하고, 팀원들은 치료자가 특정 환자를 치료하는 데 있어 조절이 잘 안 되고 있다는 것을 눈치 채지 못할 수 있다.

특히 소진으로 가는 길목에 서 있는 치료자는 환자가 보이는 감정 반응들을 타당화하는 것이 점점 더 어려워질 수도 있다. 타당화는 알아차림과 연민의 위치에서 이루어지며, 환자의 경험에 공감하기 위한 적극적인 노력을 필요로 한다. 따라서 치료자가 환자의 경험에 대해 듣는 것을 꺼린다면 타당화는 제대로 발휘될 수 없다. 환자를 면밀히 살피고 직면하면서 제대로 관여하는 작업을 하기 싫은 치료자는 환자의 중요하지만 극단적이지 않는 감정적 행동에는 관심이나 반응을 거의 보이지 않을 수도 있다. 치료자는 심지어 환자의 자기 통제력 부족이나 극단적인 감정적 반응을 비판하기 시작하면서 환자의 이전의 무효화 환경을 재현할 수도 있다. 환자는 이러한 모든 역동을 암묵적으로 또는 명시적으로 인지하고 있고, 때로는 치료자의 주의를 끌 수 있는 더 많은 극단적인 행동을 한다. 결과적으로 환자의 고조된 행동은 간헐적으로 강화된다.

치료자는 환자와 관련된 단서들을 피하는 것 외에도 그의 고통스러운 감정적인 반응에서 벗어나기 위한 다른 행동들을 하기도 한다. 치료자는 심지어 환자가 1분 전에 했던 말을 잊는 등 환자로부터 멀어져 가는 자신을 발견할지도 모른다. 그는 안전한 주제나 상투적인 이야기로 후퇴하면서 피상적인 치료를 하게 될 수도 있다. 치료자가 정신과 의사같이 물질이 처방 가능한 의사라면 감정적인 주제에 머물기보다는 정신약리학 및 의학적인 문제의 영역으로 옮겨갈 수도 있다. 치료자는 회기에서 어떤 사건에는 과민반응을 하고, 어떤 사건에는 과소 반응을 보일 수 있다. 아직 치료 시간이 20분이나 남았는데 시계를 보거나 회기 후의 일들에 대해 생각할지도 모른다. 회기 밖에서 소진으로 향하는 과정으로부터 멀어질 때에도 치료자는 환자에 대한 생각을 피하려고 해도 환자에 대한 침투적인 생각들을 경험할 수 있고, 그의 사생활로 확장되어 불면증에 시달릴 수도 있다.

치료자의 소진이 환자와 치료에 미치는 영향

요컨대, 감정 조절 곤란을 경험하는 치료자는 환자의 감정 조절 곤란을 더욱 자극하는 여러 가지 방식으로 행동하게 되며, 환자의 반응 패턴은 다시 치료자의 증상을 더욱 자극한다. 즉 교류적인 소진의 소용돌이가 뒤따른다. 이 상태를 내버려두면 치료자는 환자와 치료로부터 거의 또는 완전히 분리되는 방향으로 가거나 환자에게 해를 끼칠 수도 있고, 치료를 종결하기를 바랄 수도 있고, 심지어 자신의 진로를 바꾸고 싶어질 수도 있다. 치료는 누가 알기도 전에 이미 생명을 잃고 치료자와 환자 모두에게 해를 끼친다.

각 팀원의 치료자 소진을 예방하고 치료하는 것은 DBT 자문팀 고유의 역할이다!

이쯤에서 치료자의 소진 현상이 정상이라는 것을 강조하고 싶다. 소방관들이 언젠가는 화상이나 연기 흡입 부상을 입을 수 있다는 가능성에 대비해야 하는 것처럼, DBT 치료자들은 감정 조절이 잘 안 되는 사람들과 함께 일할 때, 언젠가는 자신 또한 감정적으로 조절이 잘 안 될 수 있다는 가능성에 대비해야 한다. 팀 내 어떤 치료자라도 이를 언제든 발생 가능한 가능성으로 간주할 필요가 있다. DBT 팀의 주요 기능 중 하나는 치료자의 소진을 예측하고 능동적으로 관리하여 가능한 한 항상 예방하고, 발생 시 탐지하고, 발생 후 치료하는 것이다.

치료자 소진 예방과 치료에 DBT 원리 적용

DBT 모델에 충실히 준수한다면 특정 지침과 계약에 따라 수행되는 자문팀의 정기적인 미팅이 있어야 한다. 이는 다른 여러 치료 모델에서 제시하는 선택적인 수퍼비전이 아니다. 자문팀 회의는 프로그램의 핵심적인 부분이다. 자문팀의 기능은 치료자의 동기를 부여하고 DBT 매뉴얼을 준수하며 치료를 수행하는 능력을 향상시키는 데 기여하는 것이다. 치료자의 정서 조절 곤란이 치료를 방해하고 자신감과 웰빙을 해칠 수 있다는 점에서 자문팀은 개개인의 정서 조절 곤란을 예측·발견·예방·치료하는 것을 팀의 최우선 과제로 둘 필요가 있다. DBT 자문팀은 DBT 치료 모델과 그 원리를 활용하여 '치료자를 위한 치료'를 제공한다고도 볼 수 있다. 다음으로 팀 기반 소진 예방 및 치료의 3단계를 살펴보자: (1) 소진 과정 발견, (2) DBT 원리의 일관된 적용을 통한 소진 예방, (3) 소진이 이미 발생하였다면, DBT의 원리와 관련 전략들을 활용하여 치료.

소진 발견하기

자문팀 구성원들은 소진이 명시적으로 드러나기를 기다리지 말고 각자의, 그리고 서로의 소진에 대한 증거를 적극적으로 스크리닝해야 한다. 전형적인 임상 환경에서 치료자들은 환자와 관련된 정서적 고통을 개인적으로 관리하라는 일관된 메시지를 받기 때문에 이러한 적극적인 스크리닝은 매우 중요하다.

은유적으로, 원숭이들이 서로의 털 속에 있는 벌레들을 찾아 골라내면서 다정하게 서로를 깔끔하게 단장하듯 팀원들은 서로의 소진 지표들을 발견하려는 노력을 해야 한다.

소진 여부를 나타내는 지표들에는 어떤 것들이 있을까? 소진을 알리는 직접적인 지표들이 있는가 하면 소진이 찾아오고 있음을 보여주는 간접적인 지표들도 있다. 이들 중 어느 것도 소진 현상이 존재한다는 설득력 있는 증거를 제공하지 않는다. 다만 더 많은 조사와 관찰이 필요하다는 것을 알려준다.

직접적인 지표

1. "소진되었어요." 치료자는 자신의 소진 상태에 대해 전혀 불확실함 없이 팀에 보고한다.
2. 조기종결을 하고 싶어 한다. 단서들과 감정들로부터 탈출하고 싶은 치료자는 뚜렷한 이유 없이 환자의 치료를 종결하고자 한다는 의사를 제시한다.
3. 노골적으로 환자에 대한 판단적인 진술을 한다. 치료자는 환자에 대한 자신의 어려운 감정적 반응들을 환자에 대한 비난으로 포장한다.
4. 치료의 불균형이 두드러진다. 팀원들은 치료자가 눈에 띄게 불균형한 반응을 보이는 것을 알아차린다. 그는 (a) 타당화에 거의 신경쓰지 않으면서 행동 변화에 극도로 집중하거나, (b) 변화에 대한 추진은 무시하면서 극도로 공감하고 타당화하거나, (c) 최소한의 유연성으로 환자에게 경직된 요구와 제한사항들을 가지고 접근하거나, (d) 요구나 제한이 거의 없는 상황에서 극단적인 유연성과 돌봄을 제공할 수 있다.
5. 환자가 치료자 소진 가능성을 암시한다. 때때로 환자는 치료자가 변했다고 직접적으로 말하거나 치료자가 더 이상 자신에 대해 관심이 없는 건지 물어보면서 치료자 소진을 가장 먼저 알아본다. 때때로 환자는 이 점을 치료자에게 직접 전달하기보다는 기술 훈련자나 다른 팀 구성원에게 언급하기도 한다.

간접적인 지표

1. 치료자가 정서적으로 취약해 보인다. 팀원들은 치료자가 평상시보다 더 민감하거나, 반응적이거나, 기분 변화가 심하거나, 짜증을 잘 내거나, 슬프거나, 감정적이라는 것을 알아차린다. 이것은 특정 한 사례의 맥락에서 나타날 수도 있고, 한 사례를 넘어서서 더 전반적인 현상으로 보일 수도 있다.
2. 치료자는 특정 환자에 대해 미묘하게 판단적이고, 무례하고, 불균형해 보인다. 팀원들은

위에서 언급한 직접적인 지표만큼 심각하지는 않지만 그럼에도 중요해 보이는 치료자의 변화에 주목한다. 팀원들은 자신들이 관찰한 바에 대해 부드럽게 묻는다.

3. **치료자는 팀에서 불균형을 보인다.** 치료자는 팀 회의에서 해당 환자에 대해 논의할 때 극단적이거나 부적응적인 반응을 보일 수 있다. 그는 더 물러나 있고, 더 논쟁적이고, 더 변덕스럽거나, 어떤 경우에는 과하게 환자를 보호한다. 팀원들은 이 변화에 대해 부드럽게 언급하면서 원인과 상황에 대해 질문한다. 치료자의 소진은 이에 대한 한 가지 가능한 설명이다.
4. **치료자는 DBT의 가정, 합의사항, 또는 생물사회적 이론에서 벗어난다.** DBT의 가정, 합의사항, 그리고 생물사회적 이론은 치료자가 수용과 변화 사이의 '중도'를 걸을 수 있도록 도와주는 가이드라인과 실천철학을 규정하여, 온정적이고 효과적인 돌봄을 야기한다. 보통 가이드라인 내에서 활동해온 치료자는 방향을 잃은 듯 더 이상 치료 매뉴얼을 준수하지 않고 있다(이 점은 모든 DBT 치료자가 가정, 합의사항 및 이론을 숙지해야 한다는 것을 의미한다!). 팀원들은 이러한 변화에 대해 부드럽게 질문하며 이것이 소진에 대한 신호인지 살펴본다.
5. **치료자는 자신의 개인적 한계를 반복적으로 위반한다.** 자신의 개인적 한계를 정의하고 준수하는 데 있어 서로 지지를 제공하는 것은 팀원들의 몫이다. 팀원들은 치료자의 개인적 한계가 평소보다 넓어지거나 좁아진 것 같다는 것을 인지하거나, 치료자의 한계가 환자나 그에게 역기능적인 결과를 초래할 정도로 극단적이라는 것을 알아차린다면, 치료자가 특정 사례나 개인적인 한계에 대해 자문받기를 원하는지 물어본다.

소진 예방하기

DBT의 세 가지 패러다임과 각 패러다임에서 흘러나오는 원리의 사용은 자문팀이 각 치료자의 정서 조절 곤란을 방지하기 위해 필요한 모든 도구를 제공한다. 팀은 수용 패러다임의 다섯 가지 원리에 따라 수용 분위기를 조성한다. 그런 맥락에서 치료자가 팀의 도움을 요청하면, 팀은 깨어 있으면서 비판단적이고 타당화해주는 방식으로 그 요청을 받아들여주면서 치료자가 정서 조절 곤란까지 가게 된 이야기를 개방적이고 정확하게 재현하도록 격려한다. 문제의 일부가 억압과 회피, 탈출 반응들 때문이라는 점을 고려할 때, 이러한 팀의 수용적인 반응은 치료자에게 안도감과 연민을 제공함으로써 감정

조절을 개선하는 과정으로 가는 자기수용을 촉진하게 된다.

이러한 타당화 맥락 안에서, 팀은 변화 패러다임의 원리들을 활용하여 문제 행동을 다루고, 문제를 해결하기 위해 치료자의 전념을 확보하고, 통제 변수들을 평가하기 위해 치료자와 협력하며, 소진 행동과 증후군의 사례개념화에 도달하고, DBT의 네 가지 행동 모델 안에서 문제 해결책을 선택하여 시행한 후, 이어지는 팀 미팅들에서 그 결과를 살펴본다. 팀의 적극적 수용 원리의 활용, 변화의 원리와 합리적인 문제 해결 순서의 활용으로 인해 소진된 치료자는 해결 방법이 있을 거라는 믿음을 다시 회복시킬 수 있게 된다. 변화 원리들의 역할에 대해서는 뒷부분에서 치료자 소진을 팀 내에서 치료하는 과정에 대해 살펴볼 때 좀 더 자세히 논의한다.

치료팀은 변증법적 패러다임의 원리들을 통해 소진 예방과 치료에 도움이 될 수 있는 과정에 다른 재료들을 주입시키게 된다. 이러한 원리들은 치료에서 대립을 인식하고 성공적으로 해결하고, 치료자-환자 교착 상태에 기여하는 시스템적 요인에 대한 관점을 넓히고, 마비나 정체가 발생한 것 같아도 변화는 계속해서 일어나고 있음을 인정할 수 있게 하는 하나의 틀을 제공한다. 변증법은 소진 증후군을 수반하는 경직된 입장과 갈등, 좁은 관점, 정체 등을 다루는 방법들을 제공한다. 소진 예방에 도움이 되는 변증법 원리들은 바로 아래에 설명되어 있으며, 치료자의 소진을 치료하는 데 도움이 되는 변증법 원리들은 다음 절에서 더 자세히 설명되어 있다.

소진 예방에서 수용 패러다임

팀원들이 개방적이고, 함께 하며, 깨어 있고, 기민하며, 온순하고, 연민이 많을 때 치료자가 더욱 자신을 개방하면서 취약점을 공유하고, 치료에서 유발된 감정들을 표현하고, 도움을 요청할 가능성이 더 높아진다는 사실은 아무리 강조해도 지나치지 않다. 개방적인 분위기를 형성하는 것은 어려운 일이지만 각 팀은 그 이상적인 분위기를 반드시 추구해야 한다. 그것은 현재 순간에 존재하는 원리를 적용하는 것으로 시작된다. 자문팀은 치료자들이 선입견을 버리고 현재에 주의를 기울일 수 있도록 하는 마음챙김을 실천하는 것으로 회의를 시작한다. 팀원들은 DBT의 핵심 마음챙김 기술을 실천한다. 관찰하고 설명하고, 참여하고, 비판단적인 입장을 유지하며, 한마음으로 존재하고 효과적으로 상호작용한다. 팀 내 '관찰자'를 지정하는 팀도 있는데, 이 관찰자는 팀 회의에서 마음챙김 참여를 모니터링하고, 판단의 순간이나 마음챙김으로부터 벗어나는 행동이 있을 때마다 마음챙김 벨을 울려 모두에게 알린다. 모든 팀원을 현 순간으로 돌아오도록 거듭 초청하는 것은 누군가 미묘한 문제와 취약한 감정을 제기하면 '전심으로' 응대할 것이라는 기대감을 자아낸다. 팀원들은 서로 경각심을 갖고 조율할 가능성이 높으며, 자연스럽게 타당화의 첫 세 단계(완전 깨어 있는 경청, 정확한 반영, 설명되지 않은 것의 표현)를 실천하게 될 것이다. 소진된 치료자가 자신의 소진 징후를 인식하거나 알리지 못할 수 있기 때문에, 현 순간에 존재하고 있는 기민한 팀원들이 서로의 미묘한 변화를 알아차리고 소진을 선별하여 서로의 소진 징후를 돌볼 가능성이 더 높다.

DBT는 다양한 요소들로 채워진 증거기반치료이고, 각 치료자의 임무는 치료의 전 과정을 충실하게 실천하는 것이다. 이에 따라 팀의 과제는 각 팀원이 DBT를 정확하게 실천할 수 있도록 돕는 것이다. 그러나 일부 팀에서는 치료를 준수하려는 노력으로 인해 개방성, 취약성 공유, 매뉴얼의 요소들을 어긴 작업들에 대한 제시 등을 억누르는 분위기가 연출될 수 있다. 치료자가 환자에 대한 감정과 생각, 행동의 일부를 은근히 생략할 정도로 치료 준수에 지나치게 집착하게 되면, 자신의 반응의 실체를 인정하지 못하고 자신의 수치심을 부채질하면서 도움을 받을 기회를 잃게 되는 상황이 발생한다. 불균형적이고 치료 준수에 지나치게 초점을 맞춘 팀 분위기는 소진 상태를 해소하기보다 오히려 악화시킬 수 있다.

지나치게 변화에 초점을 두는 팀들은 사실 매뉴얼을 준수하지 않는 것이다. 변화와 수용의 균형이 좋은 DBT 관행을 나타내므로, 자문팀에서도 이러한 균형이 반영되어야 한다. 쉬운 일은 아니다. 자문팀은 각 치료자의 준수, 수행, 개선에 초점을 맞추면서 동시에 함께함, 따뜻함, 진솔성, 개방성, 연민의 분위기를 유지해야 한다. 팀 회의는 수용에서 변화로, 변화에서 수용으로 전환하는 것을 끊임없이 반복해야 한다. 비집착의 수용 원리는 변화와 수용 사이에서 선회하는 모든 사람에게 가장 도움이 될 수 있다. 동료 치료자가 자신의 취약점을 드러내야 할 수 있는 어려운 사례 상황을 제시할 때, 팀원들은 '어떻게 되어야 하는지'에 대한 집착을 일시적으로 '내려놓고' 대신 '실제로 어떤지'에만 귀를 기울일 필요가 있다. 팀원들은 동료를 교정하고, 비판하고, 개선하고 싶은 충동을 떨쳐버리고 그저 현재 일어나고 있는 일에 대한 정확한 설명을 듣고, 동료가 '자문을 구해야 하는' 부분 말고 실제로 동료가 팀으로부터 원하는 것이 무엇인지 알아차리며, 동료의 반응들로부터 타당한 부분들을 찾아내야 한다. 치료자는 팀으로부터 이런 존중과 개방성을 경험한다면 자신의 사례가 자랑스럽지 않다 하더라도 보다 기꺼이 솔직하게 나누려 할 것이다. 자문 초반에 정확한 경청과 평가가 이루어진 후에는 치료자가 원한다면 자문팀은 치료자가 주어진 상황을 보다 치료적으로 다룰 수 있도록 도울 수 있다.

팀 구성원들이 팀 내 모든 사람들의 깊은 상호의존성을 인식함으로써 함께 존재함의 원리를 적용할 수 있게 된다면, 그들은 완전히 분리된 존재로서가 아니라 하나의 팀 유기체의 일부로서 활동할 수 있게 된다. 이에 따라 팀이 가지는 힘과 각 멤버가 이용할 수 있는 자원이 증가한다. 각 치료자는 팀 안에 있고, 또 팀은 각 치료자에 안에 있다. 각 치료자의 환자는 모두의 환자다. 치료자들은 잠재적으로 고통스러운 내용을 서로에게 제시함으로써 스스로를 취약하게 만들게 되고, 이 과정에서 어떤 경우에는 환자로, 어떤 경우에는 동료 치료자를 위한 치료자로 존재하게 된다. 역할에 대한 정의가 계속 변하면서, 모든 사람이 모든 역할을 하게 된다. 함께 존재함의 정신에 참여하게 되면 각 치료자는 서로의 신뢰할 수 있는 파트너로서 의미 있게 나누고, 팀에 더욱 참여할 수 있으며, 팀에 의존할 수 있다. 한 치료자의 정서 조절 곤란은 모든 사람의 관심사가 되고, 어떤 의미에서 모든 사람의 정서 조절 문제가 된다. 친밀한 지원은 각 치료자 안에 머물러 있게 되어 각자 치료를 하고 있을 때에도 어느 정도는 마치 팀이 치료를 하고 있는 것처럼 된다. 실제로 리네한은 환자의 자살로 인해 팀 내 치료자 한 명이 법정 심리로 소환될 경우 팀 전체가 출석해야 한다고 권고하면서 모두 팀 안에서 하나임을 분명히 했다. 소진 지표들을 인식하고 치료자가 감정적 반응을 처리하는 것을 도울 가능성은 당연히 서로 관련이 없고 서로 경계하는 별개의 개인들의 집합에서보다 이런 팀 맥락에서 훨씬 더 커질 것이다.

우리가 소중히 여기는 것들과 우리가 두려워하는 것들 모두 일시적이라는 일시성의 원리를 인식하는 것은 현재의 순간에 살면서, 현재 순간에 감사하고, 현재 순간을 소중히 여기고 싶은 욕구를 고취한다. 모든 팀 회의의 매 순간은 덧없고 소중하고 독특하며, 즉시 지나갈 것이다. 팀원들이 이 원리를 따르고 있다면 팀 회의에 더욱 잘 참석하고, 취약성이 드러나는 내용을 공유하며, 서로 잘 챙길 가능성이 높다. 요컨대 매 순간은 중요하다. 현재의 순간이 불쾌하고 바람직한 해결책을 제시하지 못하더라도 팀원들은 이 순간이 일시적이고, 상황은 변화하고, '이것도 지나갈 것이다'라는 것을 안다. 치료자들은 그 소중한 순간에 살고, 그것을 인식하고, 그것을 통제할 필요를 떨쳐버릴 수 있을 것이다. 가능성의 출현을 허용하기도, 심지어 신뢰하기도 쉬워진다. 일시성은 현재 순간 알아차림과 비집착과 더불어 치료자들이 그저 현 순간에 있으면서 통제하는 것을 내려놓고 그것의 일시적인 본성을 인식하면서 치료를 실천할 수 있도록 돕는다. 이것이 만들어내는 분위기는 취약한 감정이나 치료의 어려움을 공유하는 데 있어 애매한 태도를 취하고 있는 치료자로 하여금 '뛰어들 수 있게' 하는 역할을 할 것이다. 소진 예방은 자연스럽게 일어난다.

"세상은 있는 그대로 완벽하다" 모든 일에는 원인이 있다. 각 치료자는 이전에 있었던 모든 것을 고려해볼 때, 자신이 할 수 있는 최선을 다하고 있다. 팀은 치료자가 치료와 팀 미팅에서 취하는 행동에서 타당성을 찾는다. 그 행동들은 치료자의 역사나 생물학의 맥락에서, 즉 치료자의 이전 경험에서 타당할 수 있다. 치료자의 행동 반응이 비슷한 상황에서 많은 사람들의 행동 반응과 같을 수 있다는 점에서 치료자의 행동은 현재의 맥락과 관련해서도 타당할 수 있다. 또, 치료자의 행동은 그녀의 최종 관점에 비추어볼 때 타당할 수 있다. 소진을 일으키는 통제 변수들을 평가해 치료자의 행동을 이해해볼 수는 있지만 판단해서는 안 된다. 팀이 진정 "세상은 있는 그대로 완벽하다"는 식으로 행동을 할 때 치료자가 자신의 오류와 취약성을 포함하여 환자를 치료하면서 발생한 사건들에 대해 이야기를 할 가능성이 높아진다.

요컨대, 현재 순간 알아차림, 비집착, 함께 존재함, 일시성, '있는 그대로 완벽함'의 원리들을 종합하여 모두를 위한 수용적 맥락을 만들어내는 자문팀은 결국 모든 사람을 포용하는 상황을 만들어낸다. 즉, 순응보다 차이를 중시하고, 가정하기보다는 듣고 평가하며, 각 참여자를 강화하는 상호의존성을 지원하며, 민감하고, 고통스럽고, 가슴 아픈 문제에 대한 토론을 가능하게 한다. 모든 치료자와 모든 치료자의 환자들이 이러한 상황의 수혜자가 된다. 각 치료자의 사기와 회복력이 높아지고, 소진 위험도 낮아진다.

소진 예방을 위한 변증법적 패러다임

변증법적 패러다임의 원리를 실행하는 것은 자문팀을 강화하는 역할도 한다. 이러한 원리를 사용하면 (1) 유연성, 창의성, 모든 관점의 포괄성, (2) 움직임, 속도, 흐름, (3) 그리고 통합을 향해 나아가는 변증법적 과정에서 반대 입장의 완전한 표현을 허용하려는 의지가 첨가될 것이다.

DBT 팀원들은 종종 의견 차이가 있는데, 이것은 생산적이거나 파괴적일 수 있다. 한 치료자는 다른 치료자가 환자에게 너무 엄격하거나 너무 융통성이 없다고 주장한다. 한 치료자는 팀이 떠들기와 마음챙김 연습에 너무 많은 시간을 소비하며 상담에 너무 적은 시간을 소비한다고 믿는다. 한 팀원은 팀장이 DBT 충실도에 대해 너무 경직되어 있다고 제안하고, 팀 리더는 이것이 단지 목표라고 반박한다. 한 가지 의견 불일치가 해결되면 또 다른 의견 불일치가 발생한다. 그리고 해결되지 않는 상처들은 팀 내에서 만성적인 곪는 상처가 될 수 있고, 시간이 갈수록 환경이 매우 불편해지고 불안정하게 느껴질 때까지 커질 수 있다.

실제로 팀원들이 서로 다른 반응과 아이디어, 스타일을 가지고 있을 때, 이러한 다양성을 용인하고 오히려 가치 있게 평가한다면 팀 자원과 가능성을 넓혀줄 것이다. 치료자 개인은 팀 지침과 이 책에서 다루는 원리만 따라 참여하더라도 팀 내에서 자유롭게 될 수 있을 것이다. 하지만 팀원들이 서로와의 갈등으로 불편하다면, 다른 상황이 된다. 지적한 바와 같이 변증법적 패러다임의 한 원리는 현실은 대립으로 이루어져 있다는 것과 명제는 그것과 반대되는 명제, 즉 반명제를 야기한다는 것이다. 예를 들어, 모든 사람이 DBT를 최대한 완벽하게 실천하기를 원하는 야심찬 팀장은 팀 내 누군가로부터 DBT를 유연하게 적용하는 것이 중요하다는 반대 의견을 이끌어낼 것이다. 일단 갈등이 존재하면 변증법적 접근은 어느 것이 옳은지 선택하지 않는다. 변증법적 사고는 '이것 아니면 저것'의 사고가 아니라 두 가지의 타당한 시각에서 나오는 통합이다. 팀 미팅에서 변증법적 과정을 구현하면 갈등에 대해 편안해지고 그 안에 담긴 엄청난 가치를 볼 수 있는 길이 열린다. 변증법적 과정은 사람 간의 차이로 인해 교착상태가 발생한 상황에 적용하기에 매우 적합한 과정이다. 팀이 변증법적으로 갈등을 다룰 수 있다면 멤버들은 견해 차이가 안전할 뿐만 아니라 바람직하다는 것을 알게 될 것이다. 변증법적 과정이 마련되면 치료자들은 더 많은 관점을 표현하고 더 많은 해결책을 내놓으며 서로 더 많은 위험을 감수하게 된다.

팀이 갈등을 받아들일 수 있다면, 그것은 여러 가지 면에서 소진을 예방한다. 만약 팀원 전원이 포용되고 그들의 기여가 거절되지 않고 가치 있게 여겨진다면, 그 팀의 안전감과 협력감이 강화된다. 둘째, 만약 팀원들 중 누군가가 자신의 경험이나 관점이 부정확하거나 특이한 것을 두려워한다면, 수용하는 분위기는 그가 의사소통을 하도록 격려하고, 변증법적인 과정을 신뢰하여 자신의 입장의 타당성이 존중될 것이라고 믿게 한다. 치료자가 정서 조절이 잘 안 되는 상황에서 자신의 감정이나 행동을 팀과 공유하기엔 너무 부끄럽다고 해도, 포용적이고 존중하는 반응을 기대할 수 있다면 공유할 가능성이 더 클 수 있다. 반대 입장에 통합을 도모하는 방식으로 변증법적인 운영을 할 수 있다면 팀은 궁극적으로 더 유연하고 안전해진다.

나는 많은 팀과 자문을 해왔는데, 자신들도 인정하기를, '서로에게 너무 상냥한' 팀들이 많았다. 치료자들은 갈등과 차이를 의도적으로 가라앉히기보다 거의 자동적으로 가라앉히는 경향이 있다. 그리고 모두가 항상 서로에게 동의하는 것처럼 보이는 팀에 있는 것은 기분 좋은 일일 수 있다. 그러나 DBT만큼 복잡한 치료에서 치료자들도 도전적인 환자와 일하며 어렵게 감정 조절을 해야 하는 상황에서, 모든 사람들이 진정으로 항상 같은 관점을 가지고 있다고 생각하는 것은 상상할 수 없다. 나는 팀이 동의하지 않을 수 있는 능력을 개발하고, 반대 입장들을 수용할 수 있는 안전하고 생산적인 환경을 만드는 것이 가치가 있다고 믿는다. 자문과 훈련 중 토론이나 역할 놀이와 같은 형식을 사용하여 서로 팀원들이 의도적으로 반대 입장을 취하고 다른 입장을 타당화하며 통합을 찾는 방법을 연습하면, 그들의 변증법적 역량을 확장할 수 있다. 약간의 연습은 의견 불일치를 생산적으로 관리할 수 있는 능력을 강화하고 그에 따라 팀의 안전성과 유연성을 높이는 데 큰 도움이 된다.

체계적 사고는 좀처럼 풀리지 않는 문제에 대한 새로운 관점, 즉 새로운 문제 개념화와 새로운 접근 방식을 형성하는 데 도움이 된다. 어떤 주어진 개체(환자, 치료자, 다른 팀 구성원, 가족 구성원 등)는 항상 더 큰 전체의 일부분이며, 어느 한 부분의 변화가 다른 모든 부분의 변화를 초래한다는 깨달음은 간과했을 법한 선택의 세계를 열어준다. 예를 들어, 치료자가 치료 과정에서 정체되었을 때, 실패자처럼 느낄 수 있다. 다른 선택의 여지가 없어 보이고 그의 생각은 좁아지며, 외로움을 느끼고 낙담한다. 그러나 DBT에서는 환자를 자문팀에 '양도'함으로써 관점을 확장할 수 있다. 이것은 다양한 방법으로 역할극을 통해 이루어질 수 있다: (1) 치료자는 환자를 연기할 수 있고, 다른 팀 구성원이 치료자를 연기할 수 있다. (2) 다른 사람이 환자를 연기하는 동안 자신이 치료자를 연기할 수 있다. (3) 치료자와 환자 모두 다른 팀 구성원이 연기하는 동안 치료자는 지켜볼 수 있다. 새로운 관점이 생기고, 새로운 해결책이 등장하며, 팀은 치료를 '소유'하기 시작한다. 함정에 빠진 개인 치료자는 새로운 아이디어와 확대된 비전을 가지고 일어선다. 더욱 구체적으로 할 것 같으면, 팀원 한 명을 초청하여 환자와 함께 상담을 할 수도 있다. 치료자는 심지어 자문의 일환으로 다른 치료자에게 몇 주 동안 함께 환자와 만나자고 요청할 수도 있다.

내가 17살 소년을 치료했을 때, 우리는 서로 다른 정서적 언어를 사용하는 것 같았다. 나는 그를 좋아했고 그의 우울증, 자살 의도, 그리고 물질 사용 행위가 감소하도록 도와주려고 했지만, 어찌된 일인지 우리는 항상 꼼짝 못하게 되었다. 내가 아무리 부드럽게 그에게 건의를 하면, 그는 마치 내가 자기를 비판하며 '개조'하려고 하는 것 같다고 이야기했다. 자문팀의 도움으로 나는 여러 가지 다른 문제 해결 전략, 타당화 전략, 은유 사용, '레몬으로 레모네이드를 만들기' 같은 변증법적인 전략 등 다른 개입을 시도했다. 하지만 어떤 시도를 해도 우리는 결국 같은 교착 상태에 빠졌다. 아이는 내가 그를 비난하거나 그를 통제하려는 것처럼 느꼈다. 나는 좌절하고 다소 절망하고 있었으며, 소진 위험에 처해 있었다.

그러던 중, 자문 팀원 중 한 명이 내가 그 소년의 가족, 어쩌면 그 소년과 거의 말을 하지 않는 아빠의 '역할'을 연기하고 있는 것인지 궁금해 했다. 무슨 일이 일어날지 모르지만, 그 소년과 그의 아버지를 만나보는 것을 제안했다. 나는 그녀의 제안을 따랐다. 그 만남에서 아버지와 무슨 의논을 해도 대립관계에 걸려, 마치 우리가 쉴 새 없이 다투는 형제인 것처럼 된다는 것을 보았다. 급기야 소년은 자기 아버지와 나와의 갈등에 대해 언급을 했고 통찰력 있는 논평과 능숙한 제안을 했다. 소년의 발언은 다툼의 과정과 비난의 폐해에 대한 깊은 이해를 반영했다. 그 회기는 우리의 일대일 관계에 신선한 변화를 가져왔다. 체계적 사고와 시스템적인 정보에 입각한 개입은 큰 전체와 그 안의 다양한 부분에 주의를 집중시켜 미개척 영역을 열어주고 과정을 계속 이어갈 수 있도록 한다.

치료자가 막히거나 팀이 막히면 좌절과 절망감이 증가하며 시간이 영원히 가는 것처럼 느껴질 수 있다. 사실 제3의 변증법 원리인 흐름의 관점에서 볼 때 정지해 있는 경험은 착각이다. 난관이 감지되는 순간 이 현실의 원리를 기억해내는 치료자와 팀은 착각의 함정에서 벗어날 수 있다. 가만히 있어도 상황은 달라지고, 우리가 움직여도 상황은 달라진다. 이것은 반드시 일어날 일이지만, 단지 그것을 늘 보지를 못한다. 한 치료자가 개인치료에서의 문제를 의뢰하거나 팀원들 사이에서 발생한 완고한 문제를 상담할 때, 문제가 해결되지 않을 것처럼 보일 수 있고 시간이 참을 수 없을 정도로 길게 느껴질 수 있다. 바로 이때가 한 사람이 다른 팀원들에게 상기시킬 수 있는 순간이다: 정체되어 보이는 것에도 불구하고, 사실 모든 것이 매 순간 움직이고 변화하고 있으며, 방안은 시간과 함께 나타날 것임을. 이러한 관점은 갇힌 느낌을 완화하고, 더 큰 인내를 촉진하며,

모든 사람들이 어떻게 움직임, 속도, 흐름을 창조할 수 있는지 새롭게 생각할 수 있게 한다. 때로는 변화를 가져오려는 미친 듯한 노력이 실제 변화를 방해할 수 있는 반면, 사물을 바꾸려고 하는 욕구의 진정한 '내려놓음'은 움직임이 일어나게 하고 새로운 관점이 나타나게 한다.

반대 입장에서의 타당성과 각 입장에서의 타당성을 통합하여 찾고, 체계적 사고를 통해 우리의 시야를 확장하며, 유동성은 모든 시스템의 모든 수준에서 항상 있다는 것을 기억하면, 갈등 해소를 촉진하고, 더 큰 시스템을 다루는 개입을 개방하며, 더 큰 인내와 움직임을 허용하게 된다. 변증법적 원리는 이렇게 자문팀에서 치료자의 소진 및 그 징후를 감지하고 예방할 수 있는 보다 유연한 프레임을 촉진한다. 마지막으로, 치료자의 소진이 일단 확인되면 소진 해소에 대한 원리 기반의 접근법을 다루겠다.

자문팀에 의한 치료자 소진치료

이제 함께 팀으로 일하는 치료자가 중간 범위에서 심각한 수준의 소진으로 고통받고 있는 경우 적용할 단계적인 변화 원리로 넘어간다.

소진치료를 위한 변화 패러다임

소진에 대한 명시적 작업은 **목표 설정**을 하는 과정으로 시작된다. 물론, 자문팀의 최우선 순위는 고위험 생명 위협 행동을 보이고 있는 환자를 치료하는 치료자다. 두 번째로 높은 우선순위는 소진을 경험하거나 소진 증상을 보이고 있는 치료자와의 자문이다. 어떤 경우에는 치료자 스스로가 자문팀의 의제에 자신을 의뢰하며, 소진 또는 정서적 불안정에 대한 도움을 요청할 것이다. 다른 경우, 치료자가 소진으로 향하고 있다는 것을 스스로 알아채지 못하거나 팀과 공유를 안 할 때가 있다. 하지만 자문팀 구성원들이 소진 증세를 보고 물어볼 수 있다. 팀원들 간에 존중과 타당화를 가지고 늘 서로 소진 증세를 확인해준다면, 소진을 조기에 잡아 환자-치료자의 교류까지 영향을 미치지 않도록 예방할 수 있다.

한 팀에서는 DBT 낮 치료 프로그램을 담당하며 평소 팀원들에게 도움을 요청했던 능력 있는 DBT 치료자가 몇 주 동안 점점 더 침묵하게 되었다. 의제에 추가할 내용이 있느냐는 직접적인 질문에 "다 잘 진행되고 있다"고만 답하곤 했다. 이것은 평소와의 모습과 너무 달랐고, 프로그램의 긴장감 높은 성격으로 볼 때 진실일 가능성이 너무 낮아 팀원들은 어리둥절했고 걱정하게 되었다. 회의 안건을 정할 때, 팀은 그녀에게 도움이 필요한지 문의했는데, 그녀는 이에 대해 분개하고 회의 안건에 오르기를 단호히 거절했다. 한 팀원은 버텼고, 그녀는 노골적으로 화를 내며 그 팀원에게 "그만 두시죠!"라고 말했다. 더 캐묻기도, 놓아주기도 어려웠다. 팀은 잠자코 앉아 있었다. 그녀에게 본래 개인적으로 좋은 친구였던 팀원이 "우리가 어떻게 도와줄 수 있을까?"라고 묻자 그녀는 눈물을 펑펑 쏟으며 걱정을 쏟아냈다. 한 가지 예로, 자신의 프로그램에 매우 위험한 환자가 있었고 그 환자의 치료자에게 실망하고 있었으며, 프로그램의 리더로서의 자신의 능력에 대해 낙담하고 있었다. 그녀는 자신이 잘못된 분야에 있다는 것을 "항상 알고 있었다"고 말하며 정신건강 분야를 완전히 떠날 생각을 하고 있다고 말했다. 그녀의 말에 담긴 그 어떤 것도 팀원들에게는 전혀 놀라운 것이 없었지만, 그 강렬함과 절망의 수준은 모두의 수준을 훨씬 뛰어넘었다. 마치 종기가 터져 고름이 거세게 쏟아져 나오는 것 같았다. 다시 한 번 침묵이 흐른 뒤 치료자는 팀의 인내심에 감사하다고 말했고, 그녀의 압박과 절망의 통제 변수들이 평가 가능해졌다. 소진 사례에서는 치료자 자신의 효과성에 대한 반응 억제와 수치심이 포함되어 있기에, 소진 사례의 경우 목표 설정 과정은 간단하지 않은 경우가 많다는 것을 아는 게 중요하다.

나아가, 때로는 한 환자나 집단의 치료를 둘러싼 소진 과정으로 보이는 것이 임상 환경으로부터 멀리 떨어져 있는 원인을 가질 수도 있다는 것을 알아야 한다. 예를 들어, 팀원들은 한 치료자가 어떤 환자에 대해 이야기할 때 매우 시달려 하며, 평소와 다르게 판단적임을 알아챘다. 그녀는 그에 대해 말하기를 꺼렸다. 한 팀원이 조금 도전하자, 그녀는 암 진단을 받았다고 팀원 모두에게 새로운 소식을 거의 외칠 뻔했다. 그녀의 소진은 치료의 결과는 아니었지만 모든 사람들, 특히 그녀의 가장 어려운 환자들에 대한 치료에 영향을 끼치고 있었다. 팀원들은 망연자실하고 걱정하며 도움을 줄 수 있겠냐고 물었다. 그들은 어떤 사례나 집단을 돕고, 가능하다면 더 개인적으로 그녀를 지원하겠다고 자원했다. 그녀는 팀원들에게 고마움을 표시했지만, 좋은 지지 체계가 있고, 다른 곳에서 자신의 정서 관리를 할 수 있다고 알려주었다. 그녀는 자문팀이 자신을 '정상화' 해준다고 생각했기에, 가능한 한 계속해서 팀에 참여할 수 있기를 바란다고 했다. 이 예는 우리가 DBT에서 자문팀을 '치료자를 위한 치료'라고 말할 때, 이것이 '개인 심리치료'의 한 형태라는 의미가 아닌 것을 명확히 해준다. 환자 치료라는 맥락 안에서 서로 돕고 있는 선에서의 '치료자를 위한 치료법'이다.

일단 팀들이 치료자가 소진과 관련된 문제에 대해 도움을 요청하고 있다는 것을 확인하게 되면, 치료자는 이상적으로 사건, 생각, 행동, 감정을 포함한 상황에 대한 상세한 설명을 제공할 것이다. 이때 팀원들이 저지르는 가장 흔한 실수 중 하나는 제안을 시작하는 것이다. 그들은 그들 자신의 경우에도 비슷한 도전을 겪어 보았을 것이고 해결책을 공유하기를 바란다. 그들은 환자를 사전 접촉을 통해서나 기술 훈련 집단을 통해 알 수 있으며, 문제와 무엇을 해야 하는지에 대한 즉각적인 인상을 이미 가지고 있다. 제안이 적중하고 의도는 훌륭하더라도, 너무 빠르고 쉽게 하는 제안은 치료자의 방어적인 반응을 일으킬 수 있다. 다음에 와야 할 것은 사려 깊은 평가다. 대부분의 경우, 치료자가 문제를 좀 더 자세히 설명한 후에, 팀의 누군가가 치료자에게 "문제를 설명했으니, 우리가 당신을 돕기 위해 무엇을 할 수 있다고 생각하는지 말해주세요"와 같은 말을 하는 것이 좋다.

때때로 치료자는 제안보다 단지 팀원들이 듣고 이해해주기를 원할 뿐이고, 그것으로 충분하다. 어떤 경우에는 치료자가 상황을 개념화하는 방법에 대한 아이디어를 원할 것이다. 때때로, 치료자는 환자와의 문제를 실제로 해결하는 방법에 대한 제안을 원한다. 그리고 때로는 치료자가 자신의 감정을 어떻게 조절할 것인가에 대해 구체적으로 도움을 요청하기도 하는데, 감정이 압도적이 되어서 그럴 것이다. 팀원들의 일은 치료자가 어떤 도움을 구하는지 알아내는 것이지, 그들이 생각할 수 있는 모든 것을 제공하는 것이 아니다.

목표 설정과 모니터링은 함께 진행되며, 일단 팀 회의에서 치료자의 소진 상황이 어느 정도 해소되면, 향후 회의에서 다시 검토하여 업데이트를 받고 지속적인 문제 해결을 허용해야 한다.

개인 치료에서와 마찬가지로 문제 해결에 대한 자문팀의 **전념**은 필수적이다. 이 점은 치료자에 대한 자문팀의 전념 수준과 본인의 문제 행동과 치료 관련 감정을 목표로 하는 치료자의 전념 수준을 모두 가리킨다. DBT 자문팀에 참여하려면 6개의 자문팀 협약서에 '서명'을 해야 하며, 정기적으로 제시간에 출석해야 한다. 회의 자체에서 치료자들은 다른 일이나 휴대전화, 부업, 또는 다른 논의에 정신이 팔려 있지 않아야 하며, 서로를 위해 완전히 존재하고 완전한 주의를 기울여야 한다. 지난 몇 년간 세미나에서 리네한은 자문팀에 대한 새로운 통찰력을 이렇게 설명했다: 자문팀에 참여하는 모든 사람들은 '연약'해져야 하는데, 즉 서로에게 어떤 방식으로든 DBT를 실천해야 한다는 것이다. 자신들의 작업을 공유하는 '연약한' 치료자들 중 '바깥 원'에 앉아 있는 사람은 없어야 한다. DBT를 실천하지 않고 있는 하나, 둘, 혹은 그 이상의 '관찰자'가 있는 것은 일부 치료자들이 자신의 단점을 공유하려는 의지를 억제할 수 있다. 예를 들어 팀 개발에 대한 업데이트를 위해 관리자들이 참석하거나, DBT 치료자가 아닌 상담사를 참석시켜 DBT에 대해 배우도록 하는 것은 최적 환경의 분위기를 방해할 수 있다. 한마디로, DBT 자문팀은 세미나나 행정 회의라기보다는 전투를 다루는 '전투 부대'에 가깝다. 시간과 출석은 소중하며, '올인'하는 것이 중요하다. 이런 종류의 명백한 전념이 있는 상황에서는 치료자들도 더 많이 전념하게 될 것이다. 자문팀 내의 문제적 대인관계 역동이 치료자들의 본격적인 팀 전념을 방해하는 것은 꽤 있는 일이다. 하지만 이것은 팀 방해 행위에 해당하며, 전념과 참여의식 회복을 위해 이를 평가 및 해결 목표 의제로 올려야 한다. 나의 경험상 문제적 관계 역동은 정신건강 분야에서의 전형적(비DBT) 다학제적 팀 미팅에서도 발생할 수 있는데, 여기서의 토론은 대개 개인적이지 않고 구성원들이 취약성을 공유하지 않을 가능성이 높지만 좋은 임상 성과는 충분히 일어날 수 있다. 그러나 이러한 과정들은 DBT 팀의 자문 상담 업무에 심각한 지장을 준다.

다음 단계는 치료자가 무엇을 원하고 필요로 하는가에 달려 있다. 평가, 개념화 또는 소진으로 인한 어려움을 해결하는 데 도움을 원한다면 **행동 사슬 분석**의 양식이 유용해진다. 팀원들은 환자와 관련된 단서들의 회피, 회기에서 환자로부터의 철회, 환자에 대한 판단적 태도와 진술, 자신의 개인적 한계에 대한 위반, 환자와 관련된 심각한 수준의 불안이나 수치심 등과 같은 치료자의 소진 관련 행동에 대해 명확히 하려고 노력한다. 행동 사슬 분석의 체계에서, 사슬의 왼쪽에서 오른쪽으로 진행되는 '소진 이야기'를 우리가 그려낼 때, 소진 행동은 개인 치료에서 환자의 주요 목표 행동과 같은 사슬의 지점을 차지한다. 예를 들어, 이전에 언급한 환자의 신체적인 친밀도를 높여달라는 요청에 응한 치료자의 사례에서, 자문팀은 환자가 자신의 손을 잡을 수 있도록 허락한 치료자의 역기능적 결정을 분석했다. 그것은 평가로 보았을 때 소진 행동이 될 것이며, 목표는 '손잡는 행동'의 통제 변수를 식별하는 것이 될 것이다. 여기서 분명히 짚고 가야 할 점은 소진의 핵심 문제다. 소진의 핵심 문제는 치료자의 정서 조절 어려움이지만, 정서조절장애 이후 따라오는 치료자의 문제 행동을 적어도 하나쯤 행동 사슬 분석에 올린다. 이것은 더 집중적인 행동 치료와 DBT에서 환자와 함께 하는 행동 사슬 분석의 종류와 더 일치하며, '**소진**'이나 '**정서조절장애**'와 같은 더 큰 개념에 대해 사슬 분석을 하는 것보다 훨씬 더 전반적으로 생산적이다.

자문팀은 취약 요인을 식별하며 경청한다. 치료자 개인적 또는 환경적 요인(환자와 유관하거나 무관할 수 있음)이 환자를 치료하는 어려움에 취약하게 만들었는가? 만약 그렇다면, 그 해결책에는 각 요인들을 다루는 방안이 포함될 수 있다. 여기에는 치료하면서 받은 최근 스트레스, 치료 환경에서의 스트레스, 치료자의 과도한 사례 부담 또는 최근의 자살이나 다른 부정적인 결과 등이 포함될 수 있다. 치료자는 위협적 또는 폭력적인 경향, 빈번한 자살 위협 또는 시도와 같은 특정 환자의 임상적 양상에서 특별한 취약점을 가질 수 있다. 환자가 치료자가 겪은 문제와 유사한 문제를 제시하기 때문에 취약성을 경험할 수도 있고, 환자가 치료자와 겹치는 지역사회 연결망을 가지고 있을 수도 있기 때문에 가시성과 자의식을 높일 수도 있다. 환자와 치료에서 함께 보낸 시간보다 1분이라도 앞서 있었다면, 위의 요인은 소진으로 갈 수 있는 상당한 편향 요인이 될 수 있다.

자문팀은 치료 관계에서 치료자의 정서조절장애로 향하는 사슬을 촉발시킨 결절의 순간들을 찾으려 촉발 사건들을 주시한다. 예를 들어, 내가 특정 환자의 치료와 관련하여 소진 쪽으로 가고 있다는 것을 알아차렸을 때, 재빨리 촉발 사건을 확인할 수 있었다. 그날 아침, 나와의 회기에 앞서 삶이 질린다는 이유로 대기실에서 램프를 깨뜨렸는데, 그것은 나를 깜짝 놀라게 했다. 비록 즉시 그녀가 램프를 수리하고 그 값을 지불해야 한다고 주장했지만, 나중에는 내가 정서 반응을 억제하고 자신의 분노에 덜 반응했다는 것을 깨달았다. 나는 램프를 수리하는 것에 대해 양보하지 않았고, 치료 관계의 친밀한 수준에서는 더 물러나 관대하게 대했다. 그때부터 우리 사이에 소용돌이가 일어났는데, 그녀는 다양한 합의와 한계를 위반했고 나는 계속해서 불충분한 수반성을 제공했다. 곧 그녀는 행동적으로 통제할 수 없게 되었고 나는 강한 부정적인 감정에 부담을 느꼈다. 내가 '사슬의 시작'을 찾아내고, 그 사슬이 어떻게 연결되어 환자와의 치료를 중단하고픈 강한 욕망과 같은 소진 행동이 일어났는지 보는 것은 내게 유용했다.

자문팀은 치료자와 함께 소진 행동의 결과를 낳은 사슬의 연결고리를 설명할 때, 특정 연결고리가 중요한 것으로 부각되고 패턴이 나타나게 되어 있다. 패턴이 나타나고 치료자와 팀에 의해 지적됨에 따라 가설이 생성되고 시험될 수 있다. 위의 예에서 내가 환자의 고의적인 행동에 과소 반응하고 있는 패턴이 나타났다. 팀원들과 나는 그것이 내 모든 환자와 나타나는 전형적 교류가 아니라는 것을 알았고, 특히 이 환자에 대한 나의 반응에 대해 의문을 제기했다. 나는 그녀가 두려워 너무 관대했는가? 그녀가 연약하고 대립을 용납할 수 없다는 가정 때문에 그녀를 조심하고 있었을까? 만약 내가 그녀의 행동에 합당한 방법으로 도전한다면, 치료를 그만둘까 봐 두려웠을까? 이것들은 소진 경로를 평가하는 데 나올 가설과 질문의 종류인데, 답변에 따라 해결 방안 모색 방향이 결정된다. 이번 사건에서 나의 소진에 대한 평가가 밝혀준 바와 같이, 나는 이 환자를 다루는 데 유달리 조심하고 있었다. 환자는 그녀의 삶에서 심화되는 행동장애를 보여주고 있는 대학생이었고, 그녀의 오빠는 최근에 자살했으며, 그녀를 나에게 소개한 사람은 그 환자 가족의 가까운 친구이자 내가 존경하는 동료였다. 나는 내 사무실에서 환자의 조절장애에 대한 나의 불균형한 대처가 이러한 다양한 요인의 산물이라는 것을 깨닫게 되었고, 자신의 정서 조절 이상과 소진을 설명하는 연결고리라는 것을 깨닫게 되었다. 나는 기여 요인에 대한 폭넓은 인식으로 치료의 균형을 회복할 수 있었다.

치료자의 사슬을 검토하고 관련 링크와 패턴을 찾아냄으로써, 자문팀은 치료자와 함께 특정 소진 현상의 개념화를 추구한다. 다시 말하지만, 팀 내 치료자들은 규율과 객관성을 가지고 임해야, 평가하기도 전에 그들이 가장 좋아하는 해결책을 가지고 뛰어드는 것을 자제할 수 있다.

사례개념화는 DBT의 일부인 네 가지 행동 모델의 원리를 통합하고, 각 모델과 관련된 해결책이 있다. 고전적 조건화에서처럼 치료자의 강렬한 감정 반응은 환자나 환자 관련 단서에 의해 촉발된 것일 수도 있다. 조작적 조건화 모델로 보면, 치료자는 환자의 행동 변화를 추진할 때 처벌을 받는 한편 진정시키고 타당화하는 치료는 환자들에 의해 강화될 수 있으며, 그 결과 치료자는 균형을 잃을 수 있다. 치료자는 자신이 개인적 한계를 어겼다는 이유로 수용할 수 없는 상황이 초래되었을지도 모르는데, 그것은 강화인이 되었을 수 있다. 인지중재 모델에서 예상한 바와 같이, 소진된 치료자는 환자, 치료법 및/또는 자신에 대해 역기능적 가정이나 신념에 도달한 경우가 많다. 마지막으로, 치료자의 기술 부족 또한 부각될 수 있다. 즉, DBT 치료(치료 전략)를 수행하기 위한 기술 또는 DBT에서 환자에게 가르쳐진 기술들의 부족이다. 치료자가 치료적 통제와 균형을 유지하는 데 도움이 될 수 있는 상황, 전략과 기술의 완전하고 적극적인 집합이 없는 치료자는 DBT에서 벗어나는 자동 반응 패턴에 다시 빠질 수 있다. 네 가지 행동 모델은 각각 치료자에게 도움이 될 수 있는 해결책의 레퍼토리를 포함한 변화 이론을 가지고 온다. 다음으로, 나는 치료자 소진 치료에 각 모델의 사용을 고려한다.

소진치료의 고전적 조건화 원리

앞선 예에서 알 수 있듯이, 소진된 치료자는 환자와 관련하여 특정한 반복적인 단서에 매우 민감할 가능성이 있다. 이러한 단서들은 치료자의 고통스럽고 관리하기 어려운 감정적인 반응을 자동적으로 촉발시킨다. 자문팀은 치료자가 단서의 성격과 영향, 그리고 단서에 대한 그의 비자발적 반응에 대해 더 잘 알 수 있도록 도울 것이다. 이런 이해와 지원으로, 치료자는 자신이 의도적으로 어떤 단서들은 피하고 어떤 단서들은 수정하면서 자극 통제 전략에 관여할 수도 있다. 예를 들어, 그는 환자의 회기 시간을 본인이 가장 회복력이 좋은 시간으로 바꾸거나, 환자와 직접 협력하여 자신의 개인적 한계를 넘어서는 특정한 치료 방해 행동을 수정할 수 있다.

때로는 단서에 의해 움직이는 행동 패턴이 더욱 뚜렷해지면 노출 절차를 통해 치료자와 함께 자문팀 모임이나 환자와의 회기 안에서 치료자에게 의도적으로 유사한 단서를 제시할 수도 있다. 예를 들어, 한 번은 내 개입 하나하나에 내가 그녀를 방해하고, 궤도에서 벗어나게 하고, 치료를 망치는 것처럼 반응하는 환자가 있었다. 나는 우리의 관계가 발전하고 나에 대한 환자의 신뢰가 높아질수록 나의 개입이 더 받아들여지고 중요해질 것이라는 가정하에 말을 적게 하고 더 많이 경청하기로 결심했다. 그 후 몇 주 동안 이런 패턴은 계속되었다. 그래도 가끔 나는 개입하곤 했는데, 모든 경우에 그녀는 내 의견을 무시하거나 묵살하거나 반박하곤 했다. 내 개입에 대한 환자의 반응이 나에게 자극 단서가 되었다. 나는 환자의 반응을 예상하며 불안했고, 그 일이 일어나자 즉각 짜증이 나고 분개했다. 나는 그녀의 목소리조차 듣기가 싫어지기 시작했을 때 상황이 점점 악화되고 있다는 것을 알았다. 회기가 부담이 되었고, 나는 환자가 취소하기를 바랐다.

이 패턴을 평가하는 동안 팀원들은 내가 특히 개입을 무시하는 환자의 처사에 의해 촉발되었다는 가설을 세웠다. 나는 사생활에서도 무시당하면 전형적으로 강한 반응을 보인다는 것을 알았기 때문에 이 가설은 내게 진실하게 들렸다. 나는 자문팀 내 역할극에서 팀원 중 한 명이 내 개입을 묵살하는 환자를 연기한다는 제안에 동의했다. 우리는 이것을 여러 번 했는데, 사실은 다소 재미있어졌고, 나는 무시 반응의 충격에 둔감화되기 시작했으며, 여러 대안적인 대응방법을 시도했다. 나는 환자가 나를 무시하는 회기를 거의 기대하게 되었고, 이에 대한 반응으로 나는 더욱 균형 잡히고 곧게 치료를 다루게 되었다. 이 과정은 나의 소진 궤적을 뒤집는 데 중요한 역할을 했다.

거의 모든 소진 경험에서, 환자와 관련된 특정 단서들은 치료자에게 강한 부정적인 감정을 유발하는 힘이 있었다. 그것은 환자의 분노 폭발, 짜증 반응, 절망적 표정, 또는 도전 앞에서 수동적인 태도일 수도 있다. 한때는 치료자에게 호기심을 유발시켰을지도 모르는 일이, 강렬하고 다루기 힘든 감정적 반응을 유발하는 계기가 되었다. 치료자 소진 증후군에 대한 주요 팀 기반 치료에서는 고전적 조건화 모델의 자극 통제 및 노출 절차가 유용한 역할을 할 수 있다. 요령은 팀 미팅에서 환자 관련 단서와 약간 일치하는 자극을 찾아내고, 팀 미팅에서 완전한 감정적 반응을 이끌어내어, 치료자가 그 반응을 경험하고 그 반응과 일치하는 충동과 반대되는 행동을 할 수 있는 다양한 옵션을 탐구하는 것이다.

소진치료의 조작적 조건화 원리

치료자 소진에서는 종종 치료자 행동의 수반적 결과가 부적응적인 반응으로 이끌었음을 알게 된다. 여기에 감정 억제도 포함되는데, 이것은 거의 소진의 공식이라고 할 수 있다. 자문팀이 치료자가 이러한 과정을 보다 명확하게 볼 수 있도록 돕고 적응적 치료 반응을 강화할 수 있다면 치료자는 균형을 회복하고 소진을 줄일 수 있다.

예를 들어, 치료자는 그가 '환자의 이익을 위해' 불가피한 감정적 반응을 억제하고 무심코 자신의 개인적 한계를 어기는 방향으로 간 것을 더욱 정확하게 인식할 수 있게 된다. 자문팀은 치료자가 자신의 편안한 선에 맞게 한도를 수정하는 것에 대해 제안할 수 있다. 이를 통해 치료자는 환자로부터 처벌 대상이 되는 행동에 대해 팀으로부터 강화를 받는다. 또한 자문팀은 치료자가 환자에게 수정된 한계를 효과적으로 제시할 수 있는 방법을 결정하도록 도울 수 있다. 치료자는 자신에게 맞는 한계를 설정해야 하며, 이를 환자에게 명확히 하며 환자를 진정시키고 타당화해야 하며, 한계를 안착시키기 위해 일관되게 환자를 강화해야 하며, 실행 가능한 해결책을 도출하기 위해 환자와 함께 조성, 소거 및 처벌 방법을 사용해야 한다. 이것은 어려울 수 있다. 치료자는 자신의 한계를 그 정도까지 확장되도록 놔둔 것을 부끄러워할 수 있기에, 문제를 해결하기 전에 문제를 분명히 하기 위한 비판단적 팀 접근법을 필요로 한다. 치료자는 자신의 한계가 좁아지는 것에 대한 환자의 반응을 두려워할 것이다. 그는 여전히 환자가 더 넓은 한계로부터 이익을 얻는다고 믿을지도 모른다. 치료자가 자신에게 필요한 한도를 규정하는 것에 대한 개인의 장기적 이익과 더 넓은 한도를 유지하는 것에 대한 환자의 장단기적 이익을 비교하는 것은 아마도 현명하게 판단하기가 어려울 것이다. 이 시점에서 자문팀의 노력은 치료자가 장단점을 따져보는 데 도움이 되는 동시에, 치료자가 자신의 한계를 효과적으로 준수할 수 있도록 지속적으로 강화하는 데 있어 중요한 역할을 할 수 있다. 지적한 바와 같이, 소진 시 장기간에 걸친 부정적 결과는 심각할 수 있으며, 일단 자리를 잡으면 반전이 어렵다.

자문팀이 수반성 절차를 이용하는 것은 치료자의 한계를 강화하는 것보다 훨씬 더 많은 용도가 있다. 모든 치료자와의 상담에서, 자문팀은 어떤 치료자 행동은 강화하고 어떤 행동은 소거하거나 처벌하게 된다. 자문팀 구성원들은 치료자 행동 중, 치료 모델과 일치하고 치료에 효과적인 행동을 강화해야 한다. 치료자는 환자 또는 환자와 관련된 사람으로부터 수반성의 대상이 되기 때문에, 자문팀은 다른 사람들이 비효율적인 치료를 강화할 때에도 좋은 치료 행동을 강화하는 데 일관되게 나아가야 한다. 나는 한때 말을 하지 않는 사춘기 소녀를 치료하고 있었다. 몇 달 후 나는 그 아이가 나에게 전혀 관심이 없는 것처럼 보였기 때문에 치료 중단을 고려해야 한다고 생각하기 시작했다. 나는 환자가 나에 대해 침묵하며 냉소적인 경멸을 하는 것 같은 회기를 견디는 것이 피곤했다. 치료를 멈추려는 '충동'을 자문팀에게 제시했을 때, 치료자 중 한 명은 환자의 침묵 속에서도 그가 나를 어떻게 느끼고, 과연 이익을 보고 있는지 확실히 알 길이 없다고 주장했다. 그는 환자가 내게 애착이 있어 올 필요가 없을 때 오는 것을 선택했다는 것을 상기시키고, 그와 다른 팀원들은 나의 끈기와 인내심, 애착에 대한 상상력을 강화시켜 주었다. 알고 보니, 얼마 지나지 않아 나는 그녀가 대화에 참여할 수 있는 방법을 찾았고, 자문팀의 접근 방식도 일부 확인되었다.

소진치료의 인지중재 원리

이 예는 또 다른 행동적 모델인 인지중재치료의 원리가 자문팀에서 적용되는 사례를 보여준다. 위의 환자가 나에게 애착되지 않았고 경멸의 감정만 가지고 있다는 신념은, 비록 환자가 나와 그 생각을 명시적으로 공유하지는 않았지만, 결국 나는 내 자신이 낙담하여 절망을 느끼고 있었다는 것을 알게 되었다. 팀원들이 내가 환자의 행동을 비관적으로 해석하고 있다는 것을 지적하고 내가 실제 사실에 접근할 수 없었다는 것을 상기시켰을 때, 나는 그들이 옳다는 것을 깨달았다. 환자에 대한 나의 감정과 충동은 사실이 아닌 신념들에 의해 이끌리고 있었다. 그 후의 회기에서 나는 나의 비관적인 생각을 인식할 수 있었고 그녀의 행동에 대한 다른 해석을 할 수 있었다. 그것은 나에게 '참여시켜야만 한다'라는 압력을 완화시켜주었고, 결국 애착과 참여의 과정이 서서히 전개되도록 해주었다. 내가 기억할 수 있는 모든 치료자의 소진 사례를 보면, 비록 소진으로 향하는 초기 동인은 아니었지만, 치료자가 환자, 치료법, 그리고/또는 그 자신에 대해 가지고 있는 역기능적 가정과 신념이 중요한 유지 변수가 되었다. 소진 평가와 치료에서 팀원들은 치료자의 인식에 경각심을 갖고, 사실보다는 생각임을 강조하며 대안적 해석을 제시할 필요가 있다.

자문팀 회의 중, 치료자 한 명이 자살 사고가 있는 환자를 논하고 있었다. 나는 환자가 자살을 시도한 적이 없다는 점에서 치료자가 치명적인 자살 시도 가능성을 과대평가하고 있다는 인상을 받았다. 나는 이 치료자로부터 다른 환자에 대해서도 이런 종류의 해석을 들은 적이 있다는 것을 깨달았고, 그것은 항상 그녀에게 상당한 공포를 안겨주었으며, 때로는 자살에 대해 이야기하는 환자에 대한 원망을 불러일으키기도 했다. 나는 치료자에게 환자의 높은 자살 위험 수준에 대해 어떻게 생각하는지 설명해주기를 부탁했다. 자문팀이 진행되며 치료자는 이 영역이 그녀에게 불안과 혼란을 가져다주는 것을 인정했다. 그녀의 표현대로, "심각한 자살 시도가 있어 깜짝 놀라기보다는 자살 시도가 이미 오고 있다고 가정하는 편이 더 좋다"고 했다. 우리가 알게 된 것은, 그녀가 어렸을 때 가족들 사이에서 자살이 있었고, 아직까지 또 다른 재앙적인 사건, 또 다른 충격적인 소식을 대비하는 방식으로 진행하고 있었다. 그 후 자문팀은 자살 환자에 대한 이 치료자의 '인지적 취약성'에 대해 경각심을 갖게 되었고, 이것은 그녀를 상담하고 자살 환자들로 인해 소진되는 것을 예방하는 데 도움을 주었다.

소진치료의 기술 결핍 이론 원리

마지막으로 자문팀은 치료자를 기술 훈련 절차에 참여시킴으로써 네 번째 행동 모델인 **기술 결핍 이론**의 원리를 구현할 수 있다. 자문팀의 명시적 기능을 수행하기 위해 팀원들은 DBT 적용에 있어 서로의 장단점을 응시하고 있다. DBT의 무기창고에 있어서의 모든 전략의 획득, 상호 간 학습 · 실습 · 강화를 통한 전략의 실천 강화, 환자의 치료나 기술 집단의 수행에 일반화하기 등 이 공동 작업에서 팀원들은 서로의 DBT 실천을 강화한다. 넓은 범위의 전략을 손끝에 가지고 있는 것은 각각 치료의 원리와 연결되어, 필연적으로 소진의 치료에 도움이 된다. 각 치료자는 환자와의 회기나 팀 회의에서도 동일한 전략을 사용할 수 있다. 팀 구성원들이 동일한 언어를 사용하고 동일한 전략과 기술을 숙달한다는 목표를 공유하는 것은 보다 효과적인 팀 과정을 만들어준다. 팀 구성원들은 서로에게 타당화 전략, 모든 변화 전략, 그리고 변증법 전략을 사용한다. 예를 들어, 위에서 논의한 바와 같이, 팀은 치료자가 개인의 한계를 준수하는 것과 같은 수반성 절차를 환자와 더 효과적으로 사용할 수 있도록 치료자 행동에 강화와 수반성 절차를 이용한다. 생물사회적 이론으로서의 소진으로 돌아가자면, 치료자가 무효화 또는 비타당화의 맥락에서 정서 조절 이상을 겪고 있기에, 치료자의 치료는 타당화 환경이 필요하며, 그 안에서 팀은 DBT 전략을 사용하여 치료자가 환자를 치료하며 겪는 정서 조절 이상을 더 효과적으로 대처할 수 있도록 돕는다.

변증법적 패러다임의 원리

이 절은 변증법적 원리가 소진 사례에서 오래된 정체를 해소하는 데 도움을 줄 수 있는 방법에 초점을 맞췄다. DBT 낮 치료 프로그램의 자문팀 치료자 중 한 명은 뛰어난 간호사였다. 그녀는 최고의 DBT 치료자인 동시에 자신의 의학적 지식과 기술을 유지할 수 있다는 것에 자부심을 가졌다. 치료자의 환자 중 한 명은 당뇨, 발작, 심한 고혈압 등 여러 가지 의학적 문제를 안고 있었다. 이 환자는 종종 의료적 문제 때문에 집단을 놓쳐야만 했고, 그런 날이면 가끔씩 치료자를 찾아 의료 문제에 대한 도움을 받곤 했다. 다른 팀원들 중 일부가 이 환자를 집단에 두고 있었는데, 의료 사고가 증가하고 있고, 환자가 집단을 떠나는 경우가 더 많은 것 같다고 하였다. 자문팀 회의에서 한 집단의 리더는 치료자가 의학적인 문제에 대해 너무 많은 지식과 정보를 제공함으로써, 아마도 그녀가 해결하고 있는 것보다 더 많은 역기능적 행동을 강화시키고 있을 것이라고 제안했다. 그 치료자는 부적절하고 무개념이란 비난을 받은 것처럼 상처를 받고 화를 냈다. 목소리를 높이며 답변하기를, "내가 그걸 생각 못했다고 생각해요? 당신은 이 사람을 치료하는 것이 쉽다고 생각하는가 보죠? 좋아요, 당신이 이 환자를 인수해서 완벽하게 한번 치료해보시죠! 당신들 모두 지긋지긋해!"

그녀는 거의 항상 침착하고 차분했던 동료였기에, 어떤 팀원도 예상치 못한 갑작스러운 폭발이었다. 치료자 소진 문제가 갑자기 방에 들이닥친 것 같았고, 그녀의 정서조절장애는 모두의 정서조절장애가 되었다. 팀원들은 잠자코 앉아 몸을 추스리며 어떻게 해야 할지 궁리하고 있었다. 문제를 제기했던 팀원은 동료에게 사과를 했고, 그녀를 비난할 의도는 아니었지만, 그저 궁금할 뿐이라고 말했다. 치료자는 자신의 폭발에 약간 당황한 것 같았지만 위로하기는 어려웠다.

결국 팀의 누군가가 "여기 변증법 같은 게 있는지 궁금하다"고 말했는데, 격한 갈등은 종종 양측의 타당화 실패에서 비롯된다는 사실을 알고 있었기 때문이다. 다른 팀원이 이어받아 말했다: "그 말을 들으니, 반대되는 입장들이 무엇인지 궁금해지네요. 한편으로, [간호사] 치료자는 할 수 있는 모든 것을 하고 있고, 의학적으로 아프고 정서적으로 스트레스를 받는 환자를 어떻게 도울 수 있는지 알아내려고 애쓰고 있으며, 다른 한편으로, 그 일을 너무 잘해서 무심코 환자의 행동을 강화하고 있을 가능성이 있지요. 잘 모르겠어요." 이 팀원이 진술을 하는 데 있어서 효과적인 핵심은 정말 판단적이지 않은 태도에 있었다. 그녀는 단지 2개의 반대되는, 그러나 똑같이 타당한 입장에 기인하는 것으로 갈등을 정리하려고 했을 뿐이다. 일단 변증법이 2개의 반대되는, 하지만 타당한 형태로 확인되면, 토론은 진행될 수 있다. 치료자는 그 타당화를 받아들이는 것 같았다. 치료자는 자신이 환자의 의료 행동을 강화시키는 것에 대해 고려했으며 아플 만큼 너무 걱정된다고 설명했고, 하지만 자신이 어떻게 치료해야 할지 아는 아주 현실적인 의학적 문제들에 갇힌 느낌이라고 했다. 그녀는 특히 환자가 의학적 증상으로 인해 집단 참여가 불가능하다고 주장하면서 자신을 보기 위해 단체 모임을 떠났을 때, 그녀는 화가 났다고 했다. 이 사례로 이미 소진되어 고통받고 있었지만, 상대 팀원들이 자신보다 더 유능하다고 생각되어 부끄러웠고 스스로 해결하고 싶었다고 했다. 일단 변증법이 명명되고 논의된 이 팀은, 환자가 때때로 의료 지원이 필요한 것은 맞지만, 프로그램 비참여를 강화할 가능성에 근거하여, 집단 중에는 치료자의 도움을 구하지 않도록 하는 프로토콜을 제시함으로써 통합을 찾았다. 만약 환자가 의학적인 이유로 집단을 떠나야 한다면 치료자가 아닌 의료진에게 케어를 받아야 하고, 그 결과에 대해서는 집단 리더들에게 보고해야 했다. 더 나아가, 치료자는 의학적 치료가 그녀의 역할이 아니었기 때문에, 의학적 치료의 과정으로부터 자신을 완전히 제외할 수 있는 개인 정책에 도달할 수 있도록 팀의 도움을 요청했다.

소진은 거의 항상 치료 또는 팀 내에서, 또는 양쪽 맥락 모두에서 해결되지 않은 변증법과 관련이 있다. 환자는 무언가를 원하고, 치료자는 그 반대의 것을 원하며, 해결책은 환자나 치료자의 항복과 관련되어 부정적인 감정을 억제하게 된다. 이후, 그 변증법은 팀 맥락으로 들어온다. 치료자는 한 가지 관점을 가지고 있고, 팀원들은 반대되는 관점을 가지고 있다. 한 편이 다른 편에게 표면적으로 항복을 하지만, 그 갈등은 해결되지 않는다. 변증법적 공식은 여기에서 쉽지는 않지만 아주 큰 도움을 준다: (1) 비판단적으로 반대 입장을 식별하고, (2) 양쪽 위치에서 타당성을 찾고 진술하며, (3) 명시적으로 그리고 협력적으로 양쪽을 존중하는 진정한 통합을 탐색하며, (4) 통합을 도입하고 결과를 평가한다.

이 과정에서 여러 DBT의 변증법적 전략이 중요한 역할을 할 수 있다. 치료 전략의 균형을 유지하는 것은 수용과 변화를 모두 적용함으로써 갈등의 양쪽을 존중하는 데 도움이 될 수 있다. 레몬으로 레모네이드를 만들고, 확장하고, 악마의 옹호자 역할을 하고, 현명한 마음을 이끌어내고, 역설 속으로 들어가는 것은 반대편 모두의 존중을 담고, 움직임을 일으키는 창조적인 수단이다. 이것은 제13장에서 광범위하게 다뤄졌다. 이들이 치료에 활용될 수 있는 것처럼 고착된 자문팀의 과정에서도 활용될 수 있다는 점을 명심해야 한다.

교착 상태에 이르렀을 때 치료자나 팀은 **변증법적 평가**의 전략에 의존한다. 모두 현재의 방정식에서 빠진 것을 궁금해하고 찾아나선다. 한 사례에서, 팀의 한 치료자는 섬유근육통을 진단받은 환자와의 매우 좌절스러운 순간을 묘사했다. 매 회기마다 환자는 자신의 고통과 장애에 대해 불평했고, 의료진이 호소를 정신적 문제로 치부한 일들을 지속적으로 이야기하곤 했다. 자신의 삶의 모든 사람들이 그녀가 그저 정상인 것처럼 살아가기를 기대한다는 사실에 대해 분개했다. 환자는 끊임없이 화가 난 상태였고, 몇 달 후 치료자는 그 어떤 것도 변화를 가져올 수 없다는 결론을 내리기 일보 직전이었다. 치료자의 말에 의하면, "환자가 마치 불타는 건물 2층 창문에서 몸을 내밀고 있는 것 같다. 나는 매주 그녀가 빠져나올 수 있도록 사다리를 창가로 올려놓지만 환자는 사다리를 밀어내기만 할 뿐, 곧 더위와 방치로 죽을 것 같다." 치료자는 거의 포기할 준비가 되어 있었고, 빠져나갈 길은 보이지 않았다.

팀의 팀장은 치료자가 불평하는 환자를 연기하고, 다른 누군가가 치료자를 연기하는 역할극을 제안했다. 나머지 사람들은 지켜보았다. 우리는 우리의 이해에서 놓친 것들을 찾고 있었다. 역할극은 빛을 발하고 있었다. 어떤 개입도 효과가 없다는 것을 알게 된 역할극의 치료자는 매우 좌절감을 느꼈다. 이것은 치료자에게 가장 좋은 형태의 타당화였는데, 그는 또한 환자의 입장에 처하는 기회를 얻어 그렇게 치료하기 어려운 것이 얼마나 어려운지를 알 수 있었다. 그것은 그녀의 환자에 대한 공감과 환자의 입장의 원인에 대한 호기심을 증가시켰다. 또한 치료자는 자문팀과 더 하나가 되었다고 느꼈다. 그들은 함께 브레인스토밍을 할 수 있었다. 한 심리치료자는 변증법적 확장 전략을 제시하면서 "세상은 차갑고 딱딱하고, 그 아무도 자신이 얼마나 답답한지 이해하지 못하기에 자신의 불평이 충분히 강압적이지 않을 수도 있다는 것을 제안하는 것이 어떨까"라고 말했다. 그녀의 제안은, 치료자가 환자의 불평으로부터 철회하기보다, 더 격렬한 불평을 늘어놓도록 초대하라는 것이었다.

치료자는 그것이 단순히 환자의 수동적이고 시달리는 사람으로서의 입장을 강화시킬 것이라고 생각했다. 그러나 그녀는 역할극에서, 그리고 이후 환자와 함께 기꺼이 그것을 시도해보기로 했다. 결과는 흥미로웠다. 환자는 무슨 말을 해야 할지 몰랐다는 것이다. 어떤 면에서는 그 어느 때보다도 치료자에게 더욱 심층적으로 타당화된 느낌을 받았지만, "이미 항상 불평을 하고 있었는데, 그것은 도움이 되지 않았어요. 내가 직접 어떻게 뭘 좀 해봐야 하지 않을까요?"라고 말했다는 것이다. 이것은 환자에게 새로운 아이디어로 다가왔다. 비록 치료자가 색다른 방식으로 '반대되는 것과 놀아보기'를 한 이 변증법적 개입이 사례 전체를 변형시키지는 못했지만, 치료자를 덜 피곤하게 만드는 새로운 대화의 문을 열었다. 치료에서와 같이 팀 내에서의 이런 종류의 개입은 본질적으로 문제를 해결하지는 못하지만, 오랫동안 고통스러울 정도로 정적이었던 상황에서 불안정과 움직임을 만들어낸다.

체계적 사고에 기초한 개입은 또한 소진이 문제일 때 변화를 촉진하는 역할을 할 수 있다. 한 팀에서는 치료자가 환자에게 터무니없는 실수를 저질렀다고 고백했다. 그는 이전 회기에서 일어난 일에 대해 부끄러워하며 말을 끊었다. 젊은 치료자로서 그는 그의 팀과 멘토들의 반대를 두려워했다. 그의 환자는 꾀병장애가 있었다. 환자는 병리학적 증거가 전혀 없을 때, 심지어 생명을 위협하는 여러 가지 의학적인 문제들을 가지고 있다고 주장했다. 그녀는 다른 사람들의 동정을 이끌어냈지만, '그냥 관심을 끌기 위해' 문제를 만들어냈다는 것을 알게 되었을 때 그녀에게 화를 내곤 했다. 치료자는 다른 사람들이 환자에게 경멸의 반응을 보이는 것을 알았기에 그녀에게 동정심을 느꼈었지만, 그녀가 자신에게 같은 행동을 하고 있다는 것을 깨달았다. 환자는 자신이 췌장암에 걸려 몇 주 혹은 몇 달밖에 살지 못한다고 아주 설득력 있게 말했다. 그리고 자신의 마지막 날을 잘 보낼 수 있도록 치료자에게 도움을 요청했다. 그는 깊이 마음이 움직였고 환자가 마지막에 집중할 수 있도록 돕기로 동의했다. 하지만 그는 환자와의 다음 회기에 앞서 그녀의 의사로부터 전화를 받았고, 그 이야기가 완전히 날조되었다는 것을 알게 되었다. 불과 몇 분 후에 그는 환자를 만날 예정이었다.

치료자는 충격을 받았고, 환자의 이야기가 설득력 있고 믿을만했다는 것에 놀랐으며, 자신이 잘도 속았다는 것이 부끄러웠다. 회기 전에 약간의 안정을 취할 수 있는 시간이 있었으면 좋았을 텐데, 환자는 이미 대합실에 와 있었다. 시간을 벌기 위한 방법으로, 그는 그녀에게 일이 생겼고 나중에 회기를 시작해야 한다고 말했다. 사무실로 돌아온 그는 마음챙김을 연습하고 보다 큰 균형과 명료함을 이루려는 의도로 의자에 앉았다. 그는 그만 잠이 들었고, 문을 두드리는 소리에 일어났다. 정해진 회기 시간이 끝난 상태에서 환자는 화가 나 문을 쾅쾅 두드리고 있었다. 그는 또 다른 환자가 와서 이 환자를 볼 시간이 없었다. 그는 문으로 가서, 생긴 일이 생각보다 많은 시간이 걸렸다고 설명하고, 그녀와 일정을 다시 잡았다. 그는 자신의 행동에 굴욕감을 느꼈다.

치료자가 팀 미팅에서 이런 이야기를 하고 예상한 반감을 기다리자 아무도 무슨 말을 해야 할지 몰랐다. 누군가가 그에게 팀으로부터 무엇이 필요한지 물었다. 그는 총에 맞아야 한다고 말했다. 그는 반 이상 진지했다. 팀원들은 동정심을 가지고 귀를 기울였다. 그들은 그 상황에서 잠이 드는 것을 이해할 수 있다고 전했지만, 어떤 종류의 타당화도 바로 거절당했다. 그는 모든 사람들이 그저 진짜 생각하고 있는 것을 피하고 있다고 확신했는데, 자신이 '실패자'라는 것이었다. 팀장은 이야기를 더 파악해 잠드는 대상 행동에 대한 행동 사슬 분석을 해보자고 제안했다. 하지만 치료자는 참여하기를 원하지 않았고, 자신이 어렵게 구는 것에 대해 사과했다. 방 안의 모든 사람들이 교착 상태에 있다는 것을 깨닫고 침묵했다.

그러고 나서 한 팀원이 환자가 강간을 당한 사건에 대해 이야기하고 있을 때 그가 잠들었다는 이야기를 했다. 회한에 몸부림치던 젊은 치료자는 그렇게 유능한 사람이 그런 적이 있었다는 말을 듣고 놀랐다. 또 다른 팀원이 모임의 모든 사람들이 치료 중 최악의 순간들에 대해 말할 것을 제안했다. 굴욕감으로 힘들어했던 치료자를 포함한 모든 사람들에게 이것이 미치는 영향은 뚜렷했다. 극적인 실수들이 인정되었고, 분위기는 풀렸다. 실수는, 심지어 심각한 실수도 이 일의 일부라는 암묵적인 인정도 있었다. 그렇기 때문에 6개의 팀 협정 중 1개가 오류 가능성 협정인 것이다.

자문팀이 '변증적'이 된다는 것은 수용 및 변경 패러다임에서의 표준 접근방식을 대체하는 것이 아니라 향상시키는 것이며, 이렇게 사용될 경우 소진을 예방하고 치료할 수 있는 엄청난 잠재력이 생긴다. 변증법적이란 것은 교착 상태에서 반대 입장들을 해명하고 통합을 향해 나아가는 것을 의미한다. 치료자와 팀의 시야를 넓혀 체계적인 사고를 고려하겠다는 뜻이다. 그리고 그것은 움직임이 멈추지 않고, 치료와 팀 내에서 사물이 계속 움직이도록 하게 하는 것이 도움이 된다는 것을 인식한다는 것을 의미한다. 그것은 불확실성 앞에서 위험 감수를 포함하는 창의적이고 즉흥적인 사고와 행동을 촉진한다. 팀이 하나의 시스템이고, 한 구성원의 변화가 모든 것에 변화를 가져올 수 있다는 것을 깨달을 때 변증법에 근거한 무수한 개입의 문이 열린다.

마치며

자문팀은 DBT의 모드 중 하나이다. 따라서 자문팀은 DBT 실제의 기초가 되는 패러다임과 원리들을 사용해야 하는 또 다른 치료 맥락이다. 치료를 이야기하기 위한 만남이 아니라, 치료를 실천하기 위한 만남이다. 그리고 예상되는 사건으로서 치료자의 소진을 발견하고 예방하고 치료하는 것은 자문팀 회의의 목표들 중 최우선시되어야 하는 목표이다. 환자의 정서 조절 곤란을 개념화하듯이 DBT의 생물사회적 이론의 관점에서 소진을 개념화함으로써, 우리는 치료가 서로를 도울 수 있도록 사용될 수 있게 한다. 소진 예방과 치료에서 수용, 변화, 변증법의 원리를 실천함으로써 소진의 해결에만 힘쓰는 것이 아니라 치료 전반에 대한 역량을 강화한다.

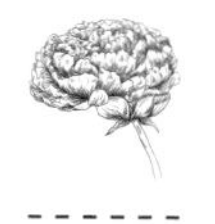

후기

지난 3년 동안 이 책을 쓰는 과정은 나를 변화시켰다. 이 과정은 DBT의 원칙 기반 초점이 충실함과 타협하지 않고도 어떻게 나의 선택지를 확장하고, 유연성을 증가시키며, 창의성을 도모하는지를 고려하는 절제된 노력을 요구했다. 나는 이 책에서 수많은 사례 예시를 통해 개념들을 설명하는 나만의 방법을 찾아냈지만, 분명 마샤 리네한의 눈부신 업적에 의해 이미 존재했거나 암시되지 않은 것은 없다. 만약 독자가 이 책에서 뭔가 중요한 것을 발견한다면, 그것은 모두 마샤와 나의 환자들, 자문팀들, 그리고 동료들 덕분이다.

이 후기는 독자들이 패러다임과 원칙들을 나처럼 쉽게 기억하여 치료 안으로 가져갈 수 있도록 내용을 접근하고 기억하기 쉬운 간결한 형태로 다시 정리한다. 치료전략은 원리에 집중하다 보면 굳이 찾을 필요 없이 그저 나타나게 된다. 이러한 자유로움과 유연성은 내가 치료에서 어려운 순간들을 헤쳐 나가는 데 늘 도움을 주었다.

세 가지 패러다임, 열다섯 가지 원리

변화, 수용, 변증법적 패러다임들, 더 명확히 하자면 인지행동, 마음챙김, 그리고 변증법적 패러다임들 사이의 대치와 합성은 환자들이 만성적이고 심각한 감정적 과민반응의 지옥에서 벗어나도록 하는 견고한 기반을 제공한다. 이 세 가지 패러다임은 사실 생활 전반에서 집요한 문제를 해결할 수 있는 탁월한 기반을 제공한다는 것이 나의 생각이다. 점점 약해지는 배우자를 돌볼 때나 만성질환을 다뤄야 할 때, 청소년을 훈육하거나 가정을 꾸려나갈 때, 직장에서의 어려움과 씨름할 때, 심지어는 가장 높은 수준의 성과를 내야할 때 도움을 줄 것이다. 임상적 상황 밖에서 DBT 원리를 사용하는 법은 다음 책에서 서술해야 할 것이다. 우선 각 패러다임에 초점을 맞춰 한 패러다임당 다섯 가지 원칙을 제시한다.

변화(CBT)

1. 방향(목표)
2. 원동력(전념, 애착, 수반성)
3. 지속성(모니터링, 수반성, 자문팀)
4. 정보(행동 평가, 사례 개념화, 치료 계획)
5. 기법(프로토콜, 전략, 기술)

처음 다섯 가지 원칙은 변화 패러다임의 핵심 요소들로서, 어려운 치료 문제를 해결하는 열쇠다. 이 절에서는 간결성을 위해 각 원칙이 대략적으로 명시되어 있다. 첫 번째는 방향이며, DBT에서 **목표 설정**으로 나타난다. 목표를 향해 가면 이를 위해 다른 문제해결 원리와 활동이 활성화되기 마련이다. 환자의 목표는 치료 계획이 되며, 치료자는 환자를 그 목표 달성으로 이끄는 것을 목표로 삼는다. 가장 좋은 목표는 설득력 있고 명확하며 구체적이고 현실적이며 협력적으로 정의된 것이다. 방향의 부재는 표류로 나타난다. 목표 설정(targeting)은 1차 치료 목표의 설정, 우선순위화, 활용, 2차 치료 목표의 인식과 추구, 치료 절차에 대한 환자의 참여의 독려(예 : 행동 사슬 분석이나 관찰 일지)를 포함한다.

DBT에서 두 번째 변화 원리는 **애착 강화**, 지정된 목표에 대한 **전념 획득**, 애착 및 전념 강화로 나타나는 '**원동력**'이라고 할 수 있다. 충분한 원동력이 없이는 지정된 문제를 해결할 수 없다. 치료의 많은 문제들은 불충분한 원동력에 기인하며, 본인과 환자의 애착과 전념을 강화할 수 있는 치료자일수록 목표한 결과를 달성할 수 있는 확률이 높다.

세 번째 변화 원칙은 **지속성**이다. 지속성은 시간이 지남에 따라 식별된 목표를 향해 충분한 원동력을 유지하는 것을 의미한다. 폭발적인 목표 설정과 전념으로 치료가 시작할 수 있어도, 지속성은 추진력과 인내력을 필요로 한다. DBT 치료자는 치료 대상의 진행 상황을 모니터링하는 습관을 고집하여 환자가 매일 밤 관찰 일지를 작성하고 매주 치료자와 관찰 일지를 검토하도록 한다. 치료 전반에 걸쳐 목표와 전념 수준을 모니터링하게 되면 지속성이 생긴다. DBT 자문팀은 치료자가 목표대로 나아가며 자신과 환자에게 충분한 원동력을 생성하고 치료를 지속할 수 있도록 돕는다. 이것은 소진을 식별, 방지 및 다룸으로써 어느 정도 달성된다.

견고한 문제를 해결하는 데 있어 방향, 원동력, 지속성은 필요한 요소지만 그것으로 충분하지는 않다. 네 번째 원리는 **정보**다. DBT 이론과 가정에 기초하여 발전하는 사례 개념화에 의해 반복적인 행동 평가를 하고, 치료 계획을 조성하며 조정함으로써, 원동력, 지속성, 정보를 가지고 목표를 향해 나아가야 한다. 다섯 번째 변화 원리는 목표를 달성하기 위해 적절한 기술을 사용하는 것이다. 기술은 프로토콜과 전략을 요구하기에, DBT 치료자는 인지행동 전략, DBT 프로토콜 및 전략, DBT 기술들에 대한 전문지식을 갖추어야 한다. 그렇지 않으면 세상의 모든 방향, 원동력, 지속성, 정보가 있어도 치료상의 변화를 일으키지 못할 것이다.

수용(마음챙김)

1. 존재하기
2. 일시성
3. 비집착
4. 함께 존재함
5. 있는 그대로의 완벽

첫 번째 수용 원리는 **존재하기**인데, 이것은 곧 판단하지 않고 주의를 현재로 계속 돌이켜 머물도록 하는 우리의 노력을 말한다. 존재에 대한 인식, 그리고 현재로 돌아오는 반복적인 연습은 환자에게 "소중한 사람이여, 나는 당신을 위해 지금 여기 존재하고 있어요"라는 메시지를 준다.

두 번째 수용 원리인 **일시성**이란 현재 이 순간은 결코 반복될 수 없는 유일한 순간이라는 뚜렷한 인식을 말한다. 이것은 매 순간 치료자의 참여를 심화시키고, 환자로부터 동일한 수준의 참여를 일으킨다. 매 순간 모든 것의 일시성을 인식하며 치료자는 환자에게 "이 단 한 번뿐인 이 소중한 순간, 함께해요"라는 메시지를 준다.

비집착(nonattachment)은 세 번째 수용원리로서 치료자가 다양한 신념과 인식에 관한 집착을 버리는 것을 말한다. '이래야 하지만 그렇지 않은 것들'에 대한 신념, '치료자로서 할 수 있어야 하는 것'에 대한 신념, 그리고 '환자가 해야 하는 것'에 대한 신념들에 관한 집착은 늘 고통과 불안을 초래한다. 이러한 집착을 내려놓고 그저 DBT를 있는 그대로 시행하는 것에 집중한다면, 목표에 집중할 수 있을 뿐만 아니라, 신선함, 자유, 균형을 찾고 유지할 수 있게 된다.

네 번째 수용원리로서 함께 존재함(interbeing)은 몇 가지 핵심적 통찰을 가리킨다: 어떤 면에서는 경계나 자아란 것은 없고, 모든 실체는 전적으로 다른 실체들로 구성되어 있으며(불교적 사상의 '공허'), 모든 현상들 사이의 상호의존성은 깊고 일정불변하다는 것. 함께 존재함에 대한 인식과 실천은 환자와 치료자 사이의 경계의 해산을 촉진하고, '우리는 같은 배를 탔다'는 느낌을 고취시키며, 치료자의 진솔한 상호성을 높인다. 비자아에 대한 인식은 환자의 행동만큼이나 우리의 행동이 맥락과 우발상황에 의해 영향을 받는다는 것을 깨닫는 데 도움을 준다. 이로 인해 우리는 현실을 좀 더 객관적으로 볼 수 있고, 치료자, 환자, 그리고 주위의 모든 관련자들에게 영향을 미치는 상호적 영향을 고려할 수 있게 된다.

다섯 번째이자 마지막 수용 원칙은 '있는 그대로의 완벽'으로서, 모든 것이 원인과 환경적 조건으로부터 발생하기에 그들이 있어야 할 당연한 자리에 있다는 깨달음을 말한다. 이러한 현실을 인식함으로써 타당화 전략들이 나오게 된다. 이 원리는 현실에 대한 급진적인 수용을 촉진하고, 현실을 부정함으로써 생기는 고통을 줄여주며, 치료자가 균형과 신선함을 유지하도록 돕는다.

변증법

1. 대립
2. 통합
3. 체계적 사고
4. 교류적 과정
5. 유동성

첫 번째 변증법적 원리는 **대립**이다. 현실은 자연적으로 대립되는 관계들로 구성되어 있음을 알고, 즉 X는 −X를 유발한다는 것을 인정한다. 긴장, 갈등, 혼란, 혼돈은 대개 다른 입장들 사이에서 대립되고 있는 것들의 징후다. 우리 내면, 팀 내, 환자와 치료자 사이, 환자들의 내면, 환자들과 그들의 환경 사이에서 언제나 존재하는 대립을 인식함으로써, 우리는 대립 상황에서도 균형을 유지할 수 있게 된다.

두 번째 변증법적 원리로서 **통합**은 반대되는 입장 모두에서 타당한 '알맹이'를 찾는 것으로 시작된다. 두 가지 입장 사이에서 결정하기보다는 양쪽 모두에서 타당성을 찾고 보존하려고 노력하며, 우리는 결론에 도달하기보다는 통합을 추구하는 과정을 강조한다. 물론, 간혹 결론을 도출해야 하는 경우도 있지만, 일단 양 입장의 타당성을 찾으면 양쪽의 진실이 모두 보존되는 통합이 용이하게 된다. 통합을 위한 탐색은 DBT에서 1차 목표와 2차 목표를 추구하는 전반에 걸쳐 지속적인 목표가 된다.

체계적 사고는 세 번째 변증법적 원리로, 우리는 한순간의 현상이나 갈등을 평가하고 다룰 때 시야를 넓혀 그 순간에 영향을 미치는 체계적 변수를 보려고 노력한다. 이 원리는 통제변수를 평가하고 현재의 목표나 갈등에 대처할 때 우리의 시야를 넓혀준다. 각 변수는 다면적인 시스템의 일부분일 것이고, 다른 시스템의 변화는 그 변수의 변화를 초래할 것이다. 모든 변수는 또한 자신 안에 여러 파트를 가지고 있기에, 각 변수는 여러 부분을 내포하는 '전체'인 동시에 다른 '전체'의 일부가 된다. 모든 부분의 모든 변화는 관련된 모든 부분과 전체를 바꾸게 된다.

네 번째 변증법적 원리는 세 번째 변증법의 일부분이며, **교류적 과정**의 인식과 사용을 의미한다. 모든 요소의 현상은 다른 요소들과 교류관계에 있다. 한 사람의 정체성 역시 독립적인 것이 아니라 교류 안에서 결정되며, 교류가 변하면 정체성 또한 변하게 된다. 교류적 과정을 예외가 아닌 원칙으로 인식하기 시작하면 주어진 행동이나 정체성을 유지하는 요인들을 보다 잘 평가하게 되고, 이에 따라 교류의 변화를 통해 행동이나 정체성을 바꾸는 방법을 모색할 수 있게 된다.

다섯 번째 변증법적 원리는 **유동성**이며, 이는 수용 원리 중 **일시성**과 겹친다. 모든 것은 모든 수준에서, 즉 세포, 분자, 그리고 하위 입자까지 항상 움직이고 있다는 것을 기억해야 한다. 무언가가 막혀 같은 일이 반복되며 '아무 일도 일어나고 있지 않다'고 생각될 때도, 계속되는 움직임을 위장한 환상임을 알아야 한다. 현상에 대해 우리가 아무것도 하지 않아도 변화는 계속되고, 무언가를 함으로써 그것을 해결한다 해도 변화는 계속된다. DBT 치료자는 모든 것의 유동성을 인지하며 고착된 상황에서도 속도, 움직임과 흐름을 가지고 환자를 치료에 몰입시킨다.

끝으로 …

이 책에서 나는 DBT 실천의 원리를 명확히 설명하려고 노력했다. 우리는 원칙 기반 접근 방식의 장점과 그것이 어떻게 DBT에 충실한 실천을 향상시키고 강화하는지를 보았다. 여기에 쓰여진 원리들에 대한 강해와 다양한 임상 사례들이 독자들로 하여금 더욱 유연하게 DBT를 실천할 수 있도록 돕기를 바란다.

참고문헌

Bateman, A. W., & Fonagy, P. (2004). Mentalization-based treatment for BPD. *Journal of Personality Disorders, 18*(1), 36–51.

Brown, J. (2016). *The emotion regulation skills system for cognitively challenged clients: A DBT-informed approach.* New York: Guilford Press.

Buber, M. (1923). *Ich und Du [I and thou].* Leipzig, Germany: Insel Verlag.

Dimeff, L. A., & Koerner, K. (2007). *Dialectical behavior therapy in clinical practice: Applications across disorders and settings.* New York: Guilford Press.

Feigenbaum, J. D., Fonagy, P., Pilling, S., Jones, A., Wildgoose, A., & Bebbington, P. E. (2011). A real-world study of the effectiveness of DBT in the UK National Health Service. *British Journal of Clinical Psychology, 51*(2), 121–141.

Gottman, J. M., & Katz, L. F. (1989). Effects of marital discord on young children's peer interaction and health. *Developmental Psychology, 25*, 373–381.

Gutteling, B. M., Montagne, B., Nijs, M., & van den Bosch, L. M. C. W. (2012). Dialectical behavior therapy: Is outpatient group psychotherapy an effective alternative to individual therapy?: Preliminary conclusions. *Comprehensive Psychiatry, 53*(8), 1161–1168.

Haley, J. (1973). *Uncommon therapy: The psychiatric techniques of Milton Erickson, M.D.* New York: Norton.

Harned, M. S., Jackson, S. C., Comtois, K. A., & Linehan, M. M. (2010). Dialectical behavior therapy as a precursor to PTSD treatment for suicidal and/or self-injuring women with borderline personality disorder. *Journal of Traumatic Stress, 23*, 421–429.

Harned, M. S., Korslund, K. E., & Linehan, M. M. (2014). A pilot randomized controlled trial of DBT with and without the DBT prolonged exposure protocol for suicidal and self-injuring women with borderline personality disorder and PTSD. *Behaviour Research and Therapy, 55*, 7–17.

Hill, D. M., Craighead, L. W., & Safer, D. L. (2011). Appetite-focused dialectical behavior therapy for the treatment of binge eating with purging: A preliminary trial. *International Journal of Eating Disorders, 44*(3), 249–261.

Kernberg, O. F. (1984) *Severe personality disorders.* New Haven, CT: Yale University Press.

Koerner, K., Dimeff, L., & Swenson, C. (2007). Adopt or adapt: Fidelity matters. In L. A. Dimeff & K. Koerner (Eds.), *Dialectical behavior therapy in clinical practice: Applications across disorders and settings* (pp. 19–36). New York: Guilford Press.

Koons, C., Robins, C. J., Tweed, J. L., Lynch, T. R., Gonzales, A. M., Morse, J. Q., et al. (2001). Efficacy of dialectical behavior therapy in women veterans with borderline personality disorder. *Behavior Therapy*, *32*, 371–390.

Linehan, M. M. (1987). Dialectical behavior therapy for borderline personality disorder: Theory and method. *Bulletin of the Menninger Clinic, 51*(3), 261–276.

Linehan, M. M. (1993a). *Cognitive-behavioral treatment of borderline personality disorder*. New York: Guilford Press.

Linehan, M. M. (1993b). *Skills training manual for treating borderline personality disorder*. New York: Guilford Press.

Linehan, M. M. (1997). Validation and psychotherapy. In A. Bohart & L. Greenberg (Eds.), *Empathy reconsidered: New directions in psychotherapy* (353–392). Washington, DC: American Psychological Association.

Linehan, M. M. (2015a). *DBT skills training handouts and worksheets* (2nd ed.). New York: Guilford Press.

Linehan, M. M. (2015b). *DBT skills training manual* (2nd ed.). New York: Guilford Press.

Linehan, M. M., Armstrong, H. E., Suares, A., Allmon, D., & Heard, H. L. (1991). Cognitive-behavioral treatment of chronically parasuicidal borderline patients. *Archives of General Psychiatry*, *48*, 1060–1064.

Linehan, M. M., Comtois, K. A., Murray, A. M., Brown, M .Z., Gallop, R. J., Heard, H. L., et al. (2006). Two-year randomized controlled trial and follow-up of dialectical behavior therapy vs. therapy by experts for suicidal behaviors and borderline personality disorder. *Archives of General Psychiatry, 63*(7), 757–766.

Linehan, M. M., Dimeff, L. A., Reynolds, S. K., Comtois, K. A., Welch, S. S., Heagerty, P., et al. (2002). Dialectical behavior therapy versus comprehensive validation plus 12-step for the treatment of opioid dependent women meeting criteria for borderline personality disorder. *Drug and Alcohol Dependence*, *67*(1), 13–26.

Linehan, M. M., Heard, H. L., & Armstrong, H. E. (1993). Naturalistic follow-up of a behavioral treatment for chronically parasuicidal borderline patients. *Archives of General Psychiatry*, *50*, 971–974.

Linehan, M. M., McDavid, J., Brown, M. Z., Sayrs, J. H. R., & Gallop, R. J. (2008). Olanzapine plus dialectical behavior therapy for irritable women meeting criteria for borderline personality disorder: A double blind, placebo-controlled pilot study. *Journal of Clinical Psychiatry*, *69*(6), 999–1005.

Linehan, M. M., Schmidt, H., Dimeff, L. A., Craft, J. C., Kanter, J., & Comtois, K. A. (1999). Dialectical behavior therapy for patients with borderline personality disorder and drug dependence. *American Journal of Addiction*, *8*(4), 279–292.

Lynch, T. R., Morse, J. Q., Mendelson, T., & Robins, C. J. (2003). Dialectical behavior therapy for depressed older adults. *American Journal of Geriatric Psychiatry*, *11*(1), 33–45.

McCann, R. A., Ball, E. M., & Ivanoff, A. (2000). DBT with an inpatient forensic population: The CMHIP forensic model. *Cognitive and Behavioral Practice, 7*, 447–456.

Mehlum, L., Tormoen, A. J., Ramberg, M., Haga, E., Diep, L. M., Laberg, S., et al. (2014). Dialectical behavior therapy for adolescents with repeated suicidal and

self-harming behavior: A randomized trial. *Journal of the American Academy of Child and Adolescent Psychiatry*, *53*(10), 1082–1091.
Miller, W. R., & Rollnick, S. (2012). *Motivational interviewing: Helping people change* (3rd ed.). New York: Guilford Press.
Neacsui, A. D., Rizvi, S. L., & Linehan, M. M. (2010). DBT skills use as a mediator and outcome of treatment for borderline personality disorder. *Behaviour Research and Therapy*, *48*(9), 832–839.
Ougrin, D. (2011). Efficacy of exposure versus cognitive therapy in anxiety disorders: Systematic review and meta-analysis. *BMC Psychiatry, 11*, 1–6.
Prochaska, J. O., DiClemente, C. C., & Norcross, J. C. (1992). In search of how people change: Applications to addictive behaviors. *American Psychologist*, 47(9), 1102–1114.
Rathus, J. H., & Miller, A. H. (2002). Dialectical behavior therapy for suicidal adolescents. *Suicide and Life-Threatening Behavior*, *32*(2), 146–157.
Rathus, J. H., & Miller, A. L. (2015). *DBT skills manual for adolescents*. New York: Guilford Press.
Rogers, C. (1951). *Client-centered therapy: Its current practice, implications, and theory*. New York: Houghton Mifflin.
Safer, D. L., Robinson, A. H., & Jo, B. (2010). Outcome from a randomized controlled trial of group therapy for binge eating disorder: Comparing dialectical behavior therapy adapted for binge eating to an active comparison group therapy. *Behavior Therapy*, *41*(3), 106–120
Safer, D. L., Telch, C. F., & Agras, & W. S. (2001). Dialectical behavior therapy for bulimia nervosa. *American Journal of Psychiatry*, *158*, 632–634.
Schneidman, E. (1996). *The suicidal mind*. New York: Oxford University Press.
Swenson, C. (1989). Kernberg and Linehan: Two approaches to the borderline patient. *Journal of Personality Disorders, 3*(1), 26–35.
Telch, C. F., Agras, W. S., & Linehan, M. M. (2001). Dialectical behavior therapy for binge eating disorder. *Journal of Consulting and Clinical Psychology*, *69*(6), 1061–1065.
Thich Nhat Hanh. (1975). *The miracle of mindfulness*. Boston: Beacon Press.
Turner, R. M. (2007). Naturalistic evaluation of dialectical behavior therapy-oriented treatment for borderline personality disorder. *Cognitive and Behavioral Practice*, 7, 413–419.
van den Bosch, L. M. C., Koeter, M., Stijnen, T., Verheul, R., & van den Brink, W. (2005). Sustained efficacy of dialectical behavior therapy for borderline personality disorder. *Behaviour Research and Therapy*, *43*, 1231–1241.
van den Bosch, L. M. C., Verheul, R., Schippers, G. M., & van den Brink, W. (2002). Dialectical behavior therapy of borderline patients with and without substance abuse problems: Implementation and long-term effects. *Addictive Behaviors*, *27*(6), 911–923.
Verheul, R., van den Bosch, L. M. C., & Koeter, M. W. J. (2003). Dialectical behavior therapy for women with borderline personality disorder. *British Journal of Psychiatry*, *182*, 135–140.

찾아보기

【ㄱ】

가정 128
감정 66, 67, 69, 88, 293
감정 마음 112
감정 이입 281
강화 74, 420
강화되지 않은 노출 69
개 344
개념화 407
결과 73
경계 42
경계선 성격장애 ix
경직성 108
경험적 추론 286, 287
경험적 타당성 287
계약 전략 3
고전적 조건형성 66, 88
고전적 조건화 원리 408
고전적 조건화 이론 366
고조된 수용성 25
고조된 의식 23
고통 감내 기술 356
공인된 권위 285, 287
공인된 권위에 대한 추론 286
과거에 대한 타당화 283
과거 전념을 현재와 연결하기 242
관찰 일지 1, 29
관찰하기 29
교류적 과정 422, 423
교육적인 개입 56
구조 전략 131
금욕 225
급진적 진정성 301, 309
기능 127
기능 분석 73
기능적 타당화 289
기법 420
기술 강화 352
기술 결핍 17, 79
기술 결핍 이론 57, 89, 364, 411
기술 습득 350
기술 일반화 352
기술 훈련 79
기술 훈련 절차 56
끊임없는 위기 182

【ㄷ】

단서 66, 69
대립 422, 423
대안이 없는 현실에서 선택의 자유 강조하기 239

【ㄹ】

레몬으로 레모네이드를 만들기 112
링크 의식 23

【ㅁ】

마음챙김 먹기로 가는 길 166
맥락 72
모니터링 64, 88, 404, 421
모드 127
목적의 힘 317, 318
목적지에 관한 변증법 10
목표 124
목표 설정 64, 402, 404, 420
목표 설정 및 모니터링 57
목표 우선순위 목록 140
목표 행동 72, 87, 88
무아 44
무조건 자극 67
무조건적 긍정적 존중 300
무효화 16
문간에 발 들여놓기와 머리부터 들이밀기 241
문제 해결 기술 356
문제 해결 전략 25
물질사용장애 치료 132
미래에 대한 타당화 284
미세 환경 121, 387

【ㅂ】

반명제 92
반응 조건화 66
밧줄을 내려놓고 개가 되는 것 342
밧줄을 떨어뜨리는 것 342
방향 420
배열 50
변증법적 10
변증법적 딜레마 173
변증법적 전념 225
변증법적 전략 25
변증법적 패러다임 5, 25, 313, 398, 412
변증법적 평가 101, 414
변증법적 평가 사용하기 114
변증법적 평가하기 339
변화 기반 전략 131
변화 절차 56
변화 패러다임 5, 311, 363
불순응 1
브라운 운동 101
비어있음 44, 310
비집착 36, 369, 396, 421, 422
빠진 링크 분석 248

【ㅅ】

사례 개념화 57, 87, 88, 197
사전 단계 82
사전치료 2, 125
살만한 삶에 대한 대화 6
삶의 질을 심각하게 저해하는 행동 126
생각 295
생명을 위협하는 행동 126
생물사회적 이론 173
선의의 비판자 입장 취하기 243
선행 조건 72
세상은 있는 그대로 완벽하다 50
소거 74
소거 폭발 74
소진 405
소진 예방 395, 398
소진 예방하기 394
소진치료 402
소진 행동 385
수반성 명료화 85
수반성 절차 56, 72
수용 33
수용 기반 전략 131
수용 패러다임 5, 310, 395
수용 패러다임의 원리 369

타당화 환경 32
습관화 과정 69
식별 자극 72
실망 281

【ㅇ】

악마의 옹호자 329
악마의 옹호자 노릇하기 111
악마의 옹호자 되기 328
알아차림 25
알코올 남용 149
애착 420
양극 92
양극화 108
억제된 슬픔 171, 182
업보 51
역량 298
역설 속으로 들어가기 38, 110, 332
연결고리 359
연역적 추론 286, 287
오리엔테이션 전략 56
외상성 재연 35
원동력 420
원리 기반 치료 21
위치 관점 305
위해성 감소 접근법 225
유동성 422, 423
은유 337
은유법 113
은유법 사용하기 336
이론 128
인지 수정 82
인지 수정 이론 366
인지적 재구성 57, 85
인지적 중재 82, 87
인지 중재 모델 56
인지중재 원리 410
인지 중재 이론 57, 89
인지행동적 기술 25
일시성 48, 371, 397, 421, 423
임기응변 능력 25
있는 그대로의 완벽 421

【ㅈ】

자극 조절과 노출 절차 56
자기 42
자기 개방 299
자기 무효화 171, 176
자문팀 402
자살 11
자살 대 살만한 삶 변증법 10
자살 예방 21
자연스러운 변화를 허용하기 334
자연스러운 변화를 허용하는 것 335
자연스러운 변화 허용하기 333, 334
자해 행동 149
장단점 평가 238
적극적 수동성 171, 179
전념 88, 217, 404
전념에 가까운 행동 조성하기 245
전념에 대한 약속 57
전념 전략 56, 217
전념 획득 420
전략 130
전인격체 300
정명제 92
정보 420, 421
정서적 취약성 171, 173, 176
정서 조절 기술 356
정서 조절 장애 4, 405
정체 108
조건 자극 67
조성 74
조작적 조건형성 72, 88
조작적 조건형성 이론 57
조작적 조건화 407

조작적 조건화 원리 409
조작적 조건화 이론 368
존재의 힘 317, 318
존재하기 421
종합 DBT 프로그램 163
종합적 타당화 치료 279
중도 14
중재적 변증법 10
증거기반치료 396
지속성 420
진실 가치 282
집착 36, 53
집행 기능 15

【ㅊ】

그라운딩 35
처벌 74
체계적 사고 96, 400, 415, 422, 423
초심자의 마음 50
치료 관계 10
치료 방해 행동 126
치료의 집 143
치료자 소진 과정 381
치료자의 무효화 환경 387
치료자의 정서적 취약성 385
치료자의 정서 조절 곤란 384
치료 전략의 균형 잡기 322
치료 전략의 균형 조정하기 109, 319

【ㅌ】

타당화 277, 280, 291
타당화 전략 25
타당화 환경 57
탈출 66, 68, 69, 88
통찰 55
통합 92, 422, 423
틀의 문제 117

【ㅍ】

퍼펙트 스톰 382
폭식장애 165
표면적 능숙함 171, 179
프로토콜 기반 치료 21

【ㅎ】

한마음으로 존재하기 29
함께 존재함 42, 44, 370, 397, 421, 422
합명제 93
합의 285
합의에 의한 추론 286
해결 분석 56
핵심 마음챙김 기술 34
핵심 재앙 9
행동 10, 297
행동 기술을 증가 126
행동 사슬 분석 55, 57, 87, 88, 276, 308, 405
행동의 타당성 288
행동 인식 280
행동주의의 전문적 기술 24
행동주의적이라는 것 58
행동 타당화 297
현명한 마음 286, 287, 326
현명한 마음 이끌어내기 112, 325
현명한 마음 추론 287
현재 기능의 단서 66
현재 순간 53
현재 순간 알아차림 35, 369
현재와 관련된 타당화 285
형성물 50
확장하기 111, 330, 332
환경 16
환자 관련 단서 386
회기 의제 153
흐름 101

【기타】

ADHD 219
CVT 279
DBT 치료의 집 118
'GIVE' 기술 71
MBT(정신화기반치료) 197
PTSD 155
TFP(전이초점 심리치료) 197
1단계 125, 144
1차 감정 295
2단계 125, 145
2차 감정 295
2차 목표 184
3단계 125, 145
4단계 125, 146
5단계 수준 타당화 285

지은이

Charles R. Swenson

미국 매사추세츠대학교 의과대학 정신건강의학과 임상 부교수로 노샘프턴에서 성인, 가족, 청소년 전문 정신과의원을 운영하고 있다. 25년 넘게 캐나다, 미국, 유럽을 다니며 변증법적 행동치료(DBT)의 실천 · 감독 · 훈련 · 구현에 힘쓰고 있다. Marsha M. Linehan이 최초로 허가한 DBT 집중교육 전문가이자, ISITDBT(International Society for the Improvement and Teaching of DBT)의 공동 창립자이며, DBT에 관한 수많은 논문과 책을 저술했다. ISITDBT의 Cindy J. Sanderson 우수 교육자상을 수상했으며, 미국정신의학회의 Distinguished Life Fellow이다. 웹사이트는 www.charlesswenson.org이다.

❀

옮긴이

남지혜

Fawzia Sultan Healthcare Network 임상심리전문가

전 차의과학대학교, 한동대학교 상담심리학과 조교수

미국 보스턴대학 박사(상담심리학 전공)

미국 하버드대학교 석사(예방학 전공)

미국 웰즐리대학 학사(심리학 전공)

대한민국 보건복지부 1급 정신보건임상심리사

한국상담학회 1급 전문상담사

미국 공인 심리전문가

남지은

이화여자대학교 교육대학원 상담심리전공 주임교수

전 서울대학교 대학생활문화원 전임상담원

서울대학교 석 · 박사(교육상담 전공)

미국 웰즐리대학 학사(심리학 전공)